KB265188

Rothschild

A Story of Wealth and Power

세계적 금융위기는 절대 기회다.

아들아, 돈을 쏴라 !

데릭 윌슨/신상성 이희영 옮김

로스차일드 문집 표장

DEREK WILSON

위 : 유대인거리 빨강방패집 거실. 마이어와 구틀레, 그리고 대가족이 유일하게 공유한 방이다. (프랑크푸르트역사박물관)

가운데 : 19세기말 유대인거리를 묘사한 판화. 좁은 장소에 몇백년 동안 들어찬 건물들이 심각한 구조적 결함을 가지고 있음을 보여준다. (프랑크푸르트역사박물관)

아래 : 유대인거리 마이어 암셸의 회계사무실. 현금과 수표, 장부를 넣은 무거운 금고와 책상 하나가 그에게 필요한 가구 전부였다. (프랑크푸르트역사박물관)

네이선과 가족들이 예배를 드리던 런던 듀크거리에 있는 아슈케나지 시나고그. (롤랜드애커맨 출판사 발행 《런던이라는 소우주》에서)

늘 서 있던 증권거래소의 어느 기둥 앞에 있는 네이선 로스차일드를 묘사한 풍자화 (대영박물관 인쇄방)

'증권거래소의 기둥'에 바탕한 다른 그림. 네이선의 죽음이 시티 일상에 빈곳을 남겼음을 보여준다. (대영박물관 인쇄방)

트라팔가해전에서 병사를 지휘하는 넬슨제독. 1805년 10월 21일 이베리아반도 남서부 트라팔가곶 난바다에서 넬슨제독이 이끄는 영국함대가 빌뇌브제독이 지휘하는 프랑스·에스파냐 연합함대를 격파했으나 넬슨 자신은 전사하였다. 이 해전으로 나폴레옹은 영국상륙을 단념했다.

위 : 빈회의 풍자화. 손을 잡고 춤을 추는 오스트리아, 러시아의 황제와 프로이센왕. 왼쪽 두 사람은 탈레랑과 카슬레이, 왕관을 벗으려는 사람은 나폴레옹측에 붙어 있던 작센왕

아래 : 나폴레옹전쟁 전후처리를 위해 열린 빈국제회의(1814. 9~1815. 6). 회의를 주재한 오스트리아 재상 메테르니히는 회의가 난관에 부딪칠 때는 무도회를 열어 '회의는 춤춘다. 그러나 회의는 진행되지 않는다'라는 비난을 받았다.

구틀레 로스차일드
(BBC 힐튼사진도서관)

제임스 드 로스차일드남작
(BBC 힐튼사진도서관)

암셸 폰 로스차일드남작
(BBC 힐튼사진도서관)

카를 폰 로스차일드남작
(BBC 힐튼사진도서관)

네이선 로스차일드를 '미덥지 않은' 천사로, J.C.헤러스를 실패한 정치가로 묘사한 크룩섕크의 1828년 풍자화. 헤러스가 재무대신 자리를 얻는 데 실패한 뒤 두 사람은 연합하여 자신들을 위로하고 있다. 네이선은 포르투갈의 새로운 왕 돔 미구엘에게 돈을 빌려주는 것으로 위안을 삼고, 헤러스는 '민트 소스'(민트는 조폐국의 의미) 조폐국장으로 자신을 달래고 있다. (대영박물관 인쇄방)

1828년 하원 연설에서 급진주의자 토머스 던컴은 왕의 주치의 윌리엄 나이트 경과 네이선 로스차일드가 이 나라의 실제 권력을 모두 행사하고 있다고 단언했다. 그 점을 묘사한 크룩섕크의 풍자화(대영박물관 인쇄방)

워털루싸움. 1815년 6월 벨기에 워털루 남쪽에서 나폴레옹의 〈백일천하〉에 종지부를 찍고 23년 만에 유럽에 평화를 가져온 역사적 싸움으로 나폴레옹은 이 싸움에 져 세인트헬레나섬에 유배되었다.

리버풀-맨체스터간 철도 개통식 (1830. 9. 15)

위 : 런던세계박람회 개회식 (1851년)

왼쪽 : 빅토리아시대 번영의 그늘에는 노동자계급의 비참한 생활이 있었다.

오른쪽 : 런던세계박람회를 구경온 농민들

잘로몬 폰 로스차일드 남작(에릭 드 로스차일드남작 소장)

잘로몬의 70회 생일에 헌정된 금박세공을 한 축사 표지(프랑크푸르트역사박물관)

2월혁명으로 왕정을 폐지한 프랑스에서는 대통령이 된 루이 나폴레옹이 쿠데타를 일으켜 1852
년 황제 나폴레옹 3세로 즉위했다. 1852년 12월 파리로 입성하는 루이 나폴레옹

7월혁명. 1830. 7. 29. 2일 전에 봉기한 파리 민중이 승리를 거두었다. 부르봉왕조가 무너지고
오를레앙가의 루이 필리프가 즉위하여 7월 왕정이 시작되었다.

러시아와 오스만제국·영국·프랑스·사르데냐의 연합군 사이에 일어났던 크림전쟁(1853~56) 때
야전병원에서 병사들을 돌보는 나이팅게일

유럽에서 온 이민들을 환영하는 자유의 여신상

1882년부터 이집트는 영국 지배 아래 들어갔다. 1921년 사카라로 향하는 여행자

영국인 여행자를 위한 카이로의 이집트사무소

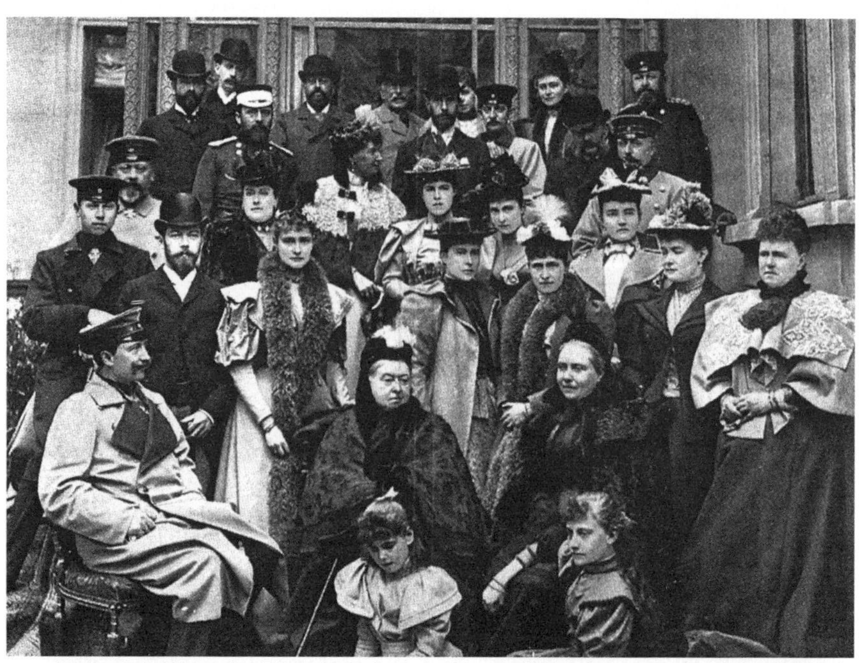

1877. 6. 하원이 아돌프 티에르에게 〈국토의 해방자〉라는 칭호를 주고 경의를 표하고 있다.

1894년 빅토리아여왕 75회 생일. 오른쪽에 앉아 있는 장녀(독일황제 고 프리드리히 3세 비)와
왼쪽에 앉아 있는 프리드리히 3세의 장남 독일황제 빌헬름 2세. 주위에는 영국·독일·러시아·
루마니아의 왕후귀족들

왼쪽 : 제임스 드 로스차일드남작(에리 드 로스차일드남작 소장)

오른쪽 : 1862년 2월 17일 나폴레옹 3세가 페리에르로 제임스 드 로스차일드를 방문했을 때의 모습을 그린 풍자화(코르티가 그린 《떠오르는 로스차일드》에서)

페리에르성 응접실(기 드 로스차일드남작 소장)

앵그르가 그린 베티 드 로스차일드남작부
인 초상화

생각에 잠긴 샬럿 드 로스차일드의 초상.
에어리 셰퍼 그림(에릭 드 로스차일드남작
소장)

가죽 벽걸이 그림 《다윗의 개선》. 17세기 거장 플링크가 그린 연작
중 하나로, 페리에르의 벽을 장식했다가 현재는 기 드 로스차일드남
작의 파리저택에 있다. (기 드 로스차일드남작 소장)

1850. 7. 29. 라이어닐 드 로스차일드가 하원에서 의원선서를 하고 있다. 그가 선서문의 '그리스도교도의 진실한 신앙으로…'라는 문구를 따라하기를 거부하자 소란이 있었고 의장은 물러날 것을 요구했다. 한 기자가 이 장면을 이렇게 묘사했다. "시민과 종교의 자유를 위한 투쟁의 역사에서 매우 진기한 일화였다."(《일러스트레이티드 런던 뉴스》 사진도서관)

1862년 라이어닐은 웅장한 새 타운맨션을 짓기 위해 피커딜리 147과 148을 헐어버렸다. (《일러스트레이티드 런던 뉴스》 사진도서관)

라이어닐 드 로스차일드남작(미리엄 로스차일드박사 소장)

1857년 3월 거너스버리 파크에서 거행된 알퐁스와 레오노라의 결혼식은 그때 가장 호화스러운 사교행사 가운데 하나였다. (《일러스트레이티드 런던 뉴스》 사진도서관)

18세기 유대인 부부 복장

수에즈운하. 전체길이 162.5㎞의 수에즈운하는 유럽 열강의 식민지를 지배하려는 야심으로 만들어졌으나 지중해와 인도양·태평양을 잇는 단축항로 탄생은 관광업자를 기쁘게 하였다.

프로이센—오스트리아전쟁. 프로이센과 오스트리아는 슐레스비히—홀슈타인 처리를 둘러싸고 전쟁을 벌였으나 이 전쟁은 독일통일을 둘러싼 소독일주의와 대독일주의의 전쟁이기도 했다.

프로이센—프랑스전쟁(1870~71). 빌헬름 1세에게 항복하는 나폴레옹 3세

1871년 1월 18일 패전국 프랑스 베르사유궁전 〈거울의 방〉에서 독일황제즉위식이 거행되었다.

1888년 비스마르크의 별장에서 73세인 비스마르크와 혈기왕성한 빌헬름 2세(오른쪽)

빌헬름 1세는 프로이센 왕(1861~1888), 독일황제(1871~1888), 비스마르크는 프로이센 재상(1862~1890), 독일제국 재상(1871~1890)으로 활약했다. 1879년 베를린왕궁의 빌헬름 1세

〈사회주의자진압법〉의 풍자화. 1890년 〈진압법〉은 폐지되었다.

라살은 1863년 〈전독일노동자협회〉를 창립, 노동자를 조직했으며, 현재의 독일사회민주당에 커다란 영향을 준 이론가이다.

드레퓌스대위는 근대정치사에서 반유
대주의 최초 희생자인가 ? 1895년 파
리 신문에 실린 〈반역〉이라는 제목의
그림. 1894년 A.드레퓌스는 군사기밀
을 빼돌렸다는 죄로 종신유형을 선고
받았다. 1898년 1월 13일 신문에 발표
한 에밀 졸라의 글은 커다란 영향력을
지녔다. 드레퓌스가 무죄로 완전하게
복권한 것은 1906년 3월이었다.

빅토리아여왕(1819~1901, 재위 1837~1901). 대영제국의 상징으로서 역대 총리와 대신들의
정확한 통찰에 힘입어 그 영예는 흔들리지 않았다. 자주 국정에 개입하여 혼란을 초래하였으나
그녀에게 〈군림하되 통제하지 않는다〉라는 왕도를 가르쳐준 사람은 남편 앨버트공이었다.

콘스턴스와 애니는 우아하고 세련된 여자 기수였으며, 두 사람은 말타고 사냥하기를 즐겼다. …아버지 앤서니경은 그렇지 않았지만

퍼디넌드 드 로스차일드(메리 에반스 사진도서관)

앨프릿 드 로스차일드(메리 에반스 사진도서관)

너새니얼 로스차일드(만셀 컬렉션)

레오폴드 드 로스차일드(메리 에반스 사진도서관)

《베니티페어》지에 실린 1880년대 영국 로스차일드 주요 인물들의 풍자화

위 : 제네바호수를 내려다보는 장려한 성. 팩스턴이 아돌프 폰 로스차일드를 위해 지었다. (에드몽 드 로스차일드남작 소장)

가운데 : 프레니성의 아름다운 광경을 묘사한 19세기 중엽 수채화(에드몽 드 로스차일드남작 소장)

아래 : 와디스던영지. 퍼니넌드 드 로스차일드 남작이 버킹엄셔에 세운 장려한 프랑스풍 대저택(내셔널 트러스트 사진도서관 닉 미어스)

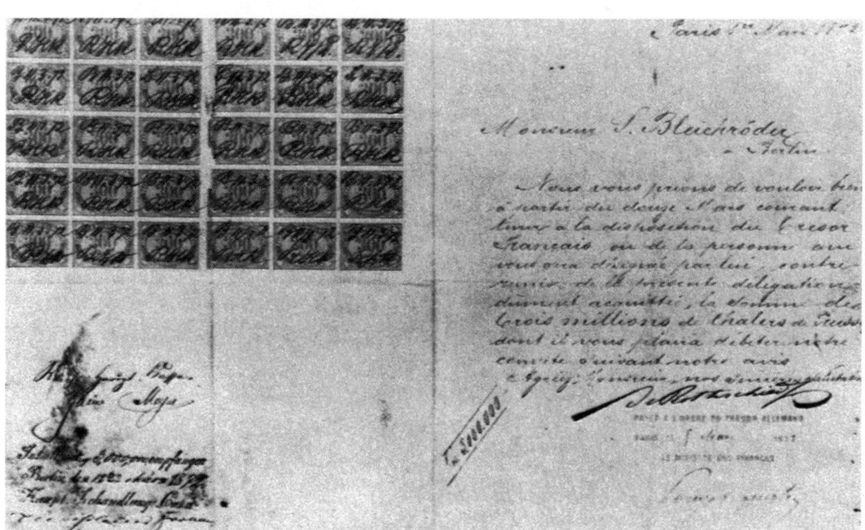

위 : 알퐁스 드 로스차일드(에릭 드 로스차일드남작 소장)

아래 : 1870~71년 전쟁에서 독일에 진 프랑스가 부담하는 배상금 중 1회분을 지불하는 환어음
(에릭 드 로스차일드남작 소장)

너새니얼과 레오폴드(미리엄 로스차일드박사 소장)

너새니얼의 부인 에머는 프랑크푸르트 로스차일드 사람이었다. (미리엄 로스 차일드박사 소장)

랜돌프 처칠과 함께 한 로스차일드경. 너새니얼이 처칠에게 상당한 영향력을 미친다는 건 널리 알려진 일이었다. (미리엄 로스차일드박사 소장)

1885~98 에일즈버리 하원의원을 지낸 퍼디넌드 드 로스차일드의 선거운동원(와디스던 소장)

월터 로스차일드가 고안해낸 놀라운 마차. 그는 야생 얼룩말을 훈련시키는데 성공한 유일한 사람이었다. (미리엄 로스차일드박사 소장)

레오폴드 드 로스차일드 (1845~1917)

앨프릿 찰스 (1842~1918)

프린스 오브 웨일즈 (황태자)가 1934년 엑스버리
방문시 에드먼드의 어머니 마리 루이즈와 함께

라이어닐 (1882~1942), 1912년 약혼 당시의 사진

에드먼드의 할머니 마리 드 로스차일드, 라이어닐이
거너스버리에서 1910년에 촬영한 사진

거너스버리대저택, 레오폴드(1845~1917)부부가 해마다 여름부터 가을까지 머물렀다

버킹엄셔주 애스컷의 레오폴드 집, 영국 로스차일드가의 네트워크 거점의 하나이다

1912. 4. 14. 타이타닉호 침몰사건을 알리는 16일자 《뉴욕타임스》 제 1 면

구명보트에 타는 승객. 승객·승무원 2224명에 대해 보트는 1100명분밖에 없었다.

구조를 기다리는 구명보트 위의 승객들. 타이타닉호로부터 SOS를 수신한 카르파티아호가 현장에 도착한 것은 15일 오전 4시경. 구조된 사람은 711명이며 1513명이 물속으로 사라졌다.

1914. 7. 28. 오스트리아, 세르비아에 선전포고 제1차세계대전 발발. 〈전쟁상태〉 선언 뒤인 31
일, 군대가 동원령을 읽는 긴장의 베를린

파리에서 기세를 올리는 예비역들. 독일의 대프랑스선전포고는 8월 3일.

영국은 1917. 2. 오스만제국의 지배로부터 아랍을 해방한다며 예루살렘에 입성했다(왼쪽). 그러나 그 한 달 전 〈밸푸어선언〉으로 유대인에게 팔레스타인에 민족적 향토를 건설할 것을 약속했다.

밸푸어선언 이후 저항은 끊임없이 계속되었다. 나치스가 정권을 획득한 1933년 급격히 증가한 유대인 이민에 반대하여 예수살렘에서 일어난 아랍인 데모 후 혼란을 수습하려는 영국 치안부대

앤서니 구스타브(1887~1961)

세인트 스위츠신거리에 있는 구(舊) 뉴코트의 현관

뉴코트의 파트너룸. 마이클 벅스, 르네, 이블린 드 로스차일드, 에드먼드, 필립 셰르본, 제이컵 로스차일드, 데이비드 코르빌(왼쪽부터)

1919. 1. 18. 파리강화회의 주요 구성원. 앞줄 왼쪽부터 올란드 이탈리아 총리, 로이드 조지 영국 총리, 클레망소 프랑스 총리, 윌슨 미국대통령.

'토의 시기는 지났다'라고 외치는 클레망소 총리를 앞으로, 조약 서명을 끝마친 독일 외상 H. 뮐러. 사라예보사건으로부터 꼭 5년째이며, 장소는 베르사유궁전 〈거울의 방〉이다.

황금의 관(투탕카멘의 제3관)

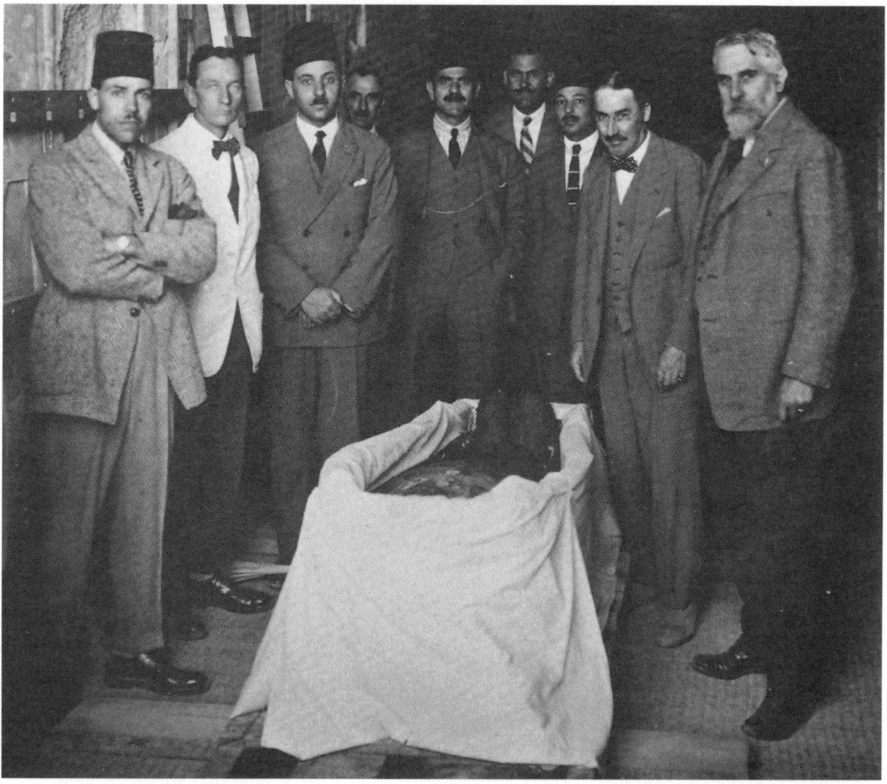

위대한 발굴을 이루어낸 조사대. H.카터(오른쪽 두번째)를 중심으로 7년 세월이 걸렸다.

팔레스타인에 도착한 유대인들, 1918년

1934. 2. 정계의 정화를 위해 콩코르드광장에 모인 우익군중들. 공산당이 지도하는 좌익도 모였으며 좌우익 모두 정부타도를 부르짖었다. 폭도화한 군중을 경찰대는 총칼로 진압했다.

1937. 9. 25. 베를린 시내를 퍼레이드하는 무솔리니(왼쪽)과 히틀러. 처음 독일을
방문한 무솔리니는 100만명이 넘는 시민들로부터 환대를 받았다.

1940. 5. 10. 승리 사인을 하는 영국의 새총리 처칠. 히틀러는 영국이 대독평화를
구할 것이라고 여겼으나 처칠은 단호한 태도로 나치스에 임했다.

카리스마, 국민적 영웅, 구세주를 연기한 히틀러. 천성이 선동자이며 과장된 몸짓, 단호한 태도는 청중을 매료시켰다.

뉘른베르크의 당대회에서 기를 들고 행진하는 나치당원. 크고 무거운 기는 하나의 목적으로 향하는 상징이었다.

1942년 5월 5일. 바르샤바 게토 안의 러그보멜 고아원에서 열린 음악회

로마 시내에 나타난 미군 병사. 1944. 6. 4. 몬테카시노전투에서 독일군 방위선을 무너뜨린 열광 속에 연합군은 로마를 해방시켰다. 독일은 로마를 문화적으로 중요한 도시로서 무방비도시 선언을 했기 때문에 로마는 파괴를 면했다.

지상최대작전 노르망디상륙작전이 1944. 6. 6. 시작되었다. 상륙용 주정(舟艇)에서 내려 해안으로 향하는 미군 병사. 그러나 연합군은 독일이 구축한 〈대서양의 벽〉에 막혀 오마하해안에 상륙한 미 제 5 군에서만 약 2500명의 사상자를 냈다.

1944. 8. 파리 개선문을 행진하는 연합군. 파리는 1500일 만에 해방되었다.

위 : 1943. 4. 19. 친위대에 연행되는 유대인. 바르샤바 게토 무장봉기는 약 5주 만에 진압되었다. 나치스는 최대 게토인 바르샤바에 약 50만 명을 수용, 이중 12만명이 아사했으며 32만명이 다른 수용소의 가스실로 보내졌고 약 7만 명이 살아남았다.

가운데 : 암스테르담에서 은신생활을 일기로 쓴 안네 프랑크

아래 : 1945. 1. 27. 소련군과 연합군의 진군으로 수용소는 점차 해방되었다. 미군이 해방한 다하우수용소의 흰색과 푸른 줄무늬옷을 입은 사람들은 〈화장소〉행이 결정되어 있던 자들이다.

1946. 10. 1. 뉘른베르크재판법정. 괴링(가운뎃줄 왼쪽) 사형, 헤스(가운뎃줄 왼쪽 두번째) 종신형…

1948. 5. 14. 이스라엘 독립 후 초대 대통령에 선출된 바이츠만이 워싱턴을 방문하여
트루먼과 회견하였다. 미국은 이스라엘의 독립을 즉시 승인하였다.

1948년 이스라엘에 도착한 유대난민

1951. 6. 7. 란츠베르크형무소에서 집행된 교수형. 이날 교수대에 오른 사람은 〈불용분자〉 말살을 행한 독일군 나치장교 외에 바르샤바 게토 파괴를 지휘한 SS 장교 등이 있었다.

1969. 3. 17. 골다 메이어는 세계에서 세번째 여성 총리가 되었다. 우아한 풍모와는 반대로 힘의 평화를 주장했다.

1960. 3. 14. 처음으로 뉴욕에서 회담하는 이스라엘 벤 구리온 총리(왼쪽)와 서독 아데나워 총리

1961. 4. 이스라엘최고재판소에서 유대인사
냥 책임자 아이히만을 재판하였다. 재판장
은 유대인에 대한 죄, 인류에 대한 죄, 전
쟁에 대한 죄로 교수형을 선고하였다.

1970. 12. 7. 독일·폴란드조약 조인을 위해 바르샤바를 방문한 브란트 서독총리가 바르샤바 게
토의 유대인비 앞에서 무릎을 꿇고 기도를 올렸다.

1968. 5. 30. 행해진 드골 지지파 데모. 이날 드골대통령은 〈나는 대통령을 그만둘 수 없다. 총리도 바꿀 수 없다. 나는 오늘 의회를 해산한다〉고 강한 어조로 연설했다.

최루가스방지용 마스크를 하고 경찰에 돌을 던지는 학생들

1980. 5. 20. 23년 만에 프랑스에 좌익정권이 탄생하였다. 엘리제궁에서 연설하는 미테랑대통령, 왼쪽에서 두번째가 다니엘여사

1985. 5. 나치스친위대원도 매장되어 있는 비트부르크묘지 방문 전에 베르겐벨젠에 있는 유대인 강제수용소 기념비에 헌화하는 레이건 미국대통령. 유대인의 반발을 예상한 것이다.

왼쪽 : 제임스 드 로스차일드
오른쪽 : 월터 로스차일드

일본을 방문한 찰스 로스차일드

'무서운' 테레즈와 '말썽꾸러기' 아들 앙리

위 : 사랑하는 무통을 거니는 필립 드 로스차일드(필립 드 로스차일드의 부인 소장)

가운데 : 필립남작이 캘리포니아의 로버트 몬더비와 합작해서 만든 첫번째 와인의 라벨(C. 레이의 《내퍼계곡의 로버트 몬더비》에서)

아래 : 필립남작부부가 무통에 세운 웅장한 와인박물관(필립 드 로스차일드의 부인 소장)

왼쪽 : 샤토 라피트 로스차일드의 포도주 저장실에 있는 에릭남작(《데일리 텔레그래프》)

아래 왼쪽 : 샤토 라피트를 묘사한 19세기 운송표 원판(에릭 드 로스차일드남작 소장)

아래 오른쪽 : 영국 엘리자베스여왕 모후에게 샤토 라피트의 포도주 저장실을 안내하는 엘리 드 로스차일드남작. 그는 제 2 차세계대전 뒤 샤토 라피트 재건에 성공했다.

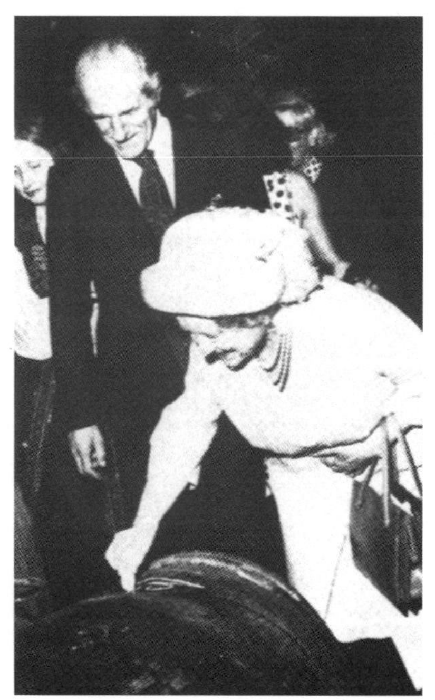

'현대 이스라엘의 아버지'
에드몽 드 로스차일드남작(에드몽 드 로스차일드남작 소장)

모리스 드 로스차일드남작
(에드몽 드 로스차일드남작 소장)

위 : 1974. 4. 22. 〈그리고 그 뒤…〉의 세계공연. 밧셰바 드 로스차일드가 후원한 발레(밧셰바 드 로스차일드 소장)

왼쪽 : 에블린 드 로스차일드, 1963년(BBC 헐튼사진도서관 소장)

아래 : 1972년 페리에르에서 열린 '초현실주의무도회'에 모인 손님들(기 드 로스차일드남작 소장)

프라하에 있는 이 고딕양식 〈시나고그〉는 13세기 말에서 14세기 초에 세워졌다.

프라하에 있는 유대인묘지와 시나고그 입구

체코 프라하에 있는 유럽에서 가장 오래된 유대인묘지. 약 1만 2000명이 잠들어 있다.

통곡의 벽. 기원 70년 로마군에 의해 파괴된 솔로몬신전 유구로 유대인에게는 〈약속의 땅〉의
상징이 되었다. 아침에는 벽이 이슬에 젖어 울고 있는 것처럼 보이므로 〈통곡의 벽〉이라 한다.

왼쪽 : 유대교도 소년은 13세가 되면 성년식을 치러 종교상 한 사람의 어른이 된다. 소년이 랍비에게 법률을 읽는 가르침을 받고 있다.

아래 : 카이로에 있는 시나고그. 유대교도는 하루에 3번, 서서 19항목의 기도를 한다. 혼자 해도 되지만 성인 남자 10명 이상이 모여 기도하는 것이 정식이다.

페레스트로이카로 출국의 자유를 얻은 소련 유대인이 이스라엘에 도착하여, 텔아비브공항에서 샤미르 총리로부터 환영 인사를 받고 있다.

동유럽에 있던 유대인학교. 교사는 학생들에게 헤브라이어와 유대교를 중심으로 가르쳤다.

하누카제를 기원하는 유대계 미국인 가정. 12월초 1주일간 행하는 하누카제는 이교도에게 더럽혀진 예루살렘신전을 마카베아가 유대가 깨끗하게 하여 신에게 바친 기원전 2세기 고사를 기념하는 것이다.

영국 유대인은 자신들의 정체성을 스스로의 노력으로 획득하려 하고 있다. 해마다 11월 유대인들은 제1·2차 세계대전의 희생자를 추도하는 행사를 한다.

기 드 로스차일드남작(BBC 헐튼사진도서관)

로스차일드재단이 예루살렘에 건축한 이스라엘대법원건물

'벼룩여왕' 미리엄 로스차일드박사, 1983년

빅터 로스차일드, 1978년 (BBC 휠튼사진도서관)

새로 지은 내셔널갤러리 신관에서 찰스왕세자와 함께 한 제이컵 로스차일드경 (런던 내셔널갤러리 콜린 하비 소장)

세계적 금융위기는 절대 기회다.

아들아, 돈을 쏴라！

ROTHSCHILD: A Story of Wealth and Power

유대 금융황제 로스차일드／데릭 윌슨／신상성 이희영 옮김

DEREK WILSON

세계적 금융위기는 절대 기회다.

아들아, 돈을 쏴라!

유대 금융황제 로스차일드는 말한다

거지굴 같은 유대인 게토 고물가게에서 환전상을 일으켜 기적의 금융 역사를 창조한 사나이, 마이어 암셸 로스차일드. 그의 다섯 아들은 다섯 개의 화살이 되어 프랑크푸르트, 런던, 파리, 빈, 나폴리에서 막대한 부를 쌓아가며 세계를 움켜쥔다. 그리고 마침내 로스차일드는 돈으로 2천년의 한(恨)을 풀어 유대민족의 꿈인 이스라엘 건국의 주춧돌을 놓는다. 그 비결은 무엇인가. "우리의 돈버는 비결 말인가? 첫째는 5천년이라는 역사야. 오랜 영광의 전설밖에 없는 우리 민족이야. 경작할 땅도, 사냥할 숲도, 아무것도 없었어. 우리가 의지할 것은 조그만 머리와 빈곤의 밑바닥에서도 자신감을 안겨주는 영광의 전설뿐이지. 하지만 중요한 건 돈에 단련된 그 조그만 머리야. 금융대란 오라고 해. 우리에게는 최대 찬스란 말이야."

세계금융 위기란 무엇인가?

100년에 한번 온 금융대위기에서 자산을 지키고 늘리는 방법

이번 금융위기는 1929년 세계대공황에 필적할 만한, 100년에 한번 있을까 말까 한 최악의 대폭락이라고들 한다. 대파산으로 이어지는 뼈아픈 손실을 겪은 사람들도 많을 터이다. 하지만 뒤집어 생각해 보라! 지금 경제 불안에 떨고 있는 우리 눈앞에 다가온 금융대파산 쓰나미는 로스차일드 말대로 지금이 돈을 쏠 천재일우 투자 기회인 셈이다. 바로 이 때가 돈을 크게 벌 수 있는 찬스가 아닌가. 당연한 이야기지만, 주식은 크게 하락했을 때 투자하는 것이 기본 전략이기도 하다.

미국 최고의 투자가인 버핏도 이렇게 말했다.

"주식을 사는 규칙은 단순하다. 다른 사람들이 욕심을 부릴 때 겁을 내고, 그들이 겁내고 있을 때 욕심을 부리는 것이다."

그러므로 이 장에서는 지금까지의 경제 분석을 바탕으로, 천재일우의 투자 기회에 가장 유효한 투자 전략을 소개하겠다.

로스차일드 예를 따르면 물론 커다란 수익을 얻는 데에는 주식 투자만큼 중요한 것이 없다. 그러나 그 전에, 현재 상황에서의 금 투자, 외화 투자, 투자신탁 등 투자 상품에 대한 일반적인 평가부터 정리해 두겠다.

리먼 쇼크 이후로 금을 구입하는 사람들이 늘었다고 한다. 세계 공황이라도 일어난다면 주식이니 국채니 하는 것은 언제 휴지조각이 될지 모른다. 이에 우리나라 지폐나 달러도 마찬가지라고 본 사람들이, 불변의 가치를 지닌 금 투자에 눈을 돌린 것이다.

그러나 이것은 큰 착각에 사로잡힌 투자이다.

금은 본디 인플레이션 헤지에 목적을 둔 투자 상품이다. 인플레이션이 발생하여 현금의 가치가 떨어진다 해도 금의 가치는 떨어지지 않는다. 따라서 인플레이션이 일어났을 경우 표면적으로는 금 가격이 상승한다.

앞으로 값이 떨어지면 떨어졌지 지금보다 더 오를 거라고는 생각하기 어렵다. 안타깝지만 금 투자에 달려들 시기는 이미 지나갔다. 이제 와서 금 투자에 손댄다 한들 큰 이익을 기대하긴 어렵다.

금은 환원성이 높은 금속이다. 금은 화학적으로 변하는 일 없이 언제나 금이다. 이런 특성이 금의 높은 가치를 증명해 주는 것으로 여겨져 왔다.

하지만 앞으로의 투자를 생각해 봤을 때, 금의 환원성은 오히려 투자의 맛을 없애 버리는 특징처럼 보인다. 왜냐하면 이 환원성 때문에, 전자 부품 등에 사용되고 있는 금의 재활용이 추진되리라 예상되기 때문이다. 재활용이 보편화되면 당연히 금이 가진 희소가치도 떨어지게 될 것이다.

금의 수요가 급속히 증가할 만한 산업이나 제품이 등장한다면 또 모르겠지만, 현재로선 수요 급증으로 이어질 만한 새로운 기술이나 산업이 탄생할 기미는 보이지 않는다. 게다가 금의 구입 및 보관에는 수수료가 든다. 그 금액은 결코 만만치 않다. 인터넷을 이용해 아주 약간의 수수료만 내고 가볍게 투자할 수 있는 현대의 환경에서는, 이 수수료라는 측면에서만 봐도 금 투자는 매력이 적다.

이런 환경에서 굳이 귀금속에 투자해야 할 필요는 없을 것이다.

투자신탁은 절대 사지 마라

지금 가장 매력적인 투자대상은 단연 주식이라고 할 수 있다(특히 시장에 비관적인 생각이 만연해 있을 때가 기회이다).

물론 주식투자는 매매 타이밍이 모든 것을 결정하므로 대강 확인해보지 않고서는, 사기만 하면 돈을 벌 수 있을 것처럼 안이하게 구입을 권할 수는 없다. 그러나 곧바로 찾아올 반등국면에서는 주식투자에 그다지 친숙하지 않은 개인투자가도 매우 쉽게 큰 이익을 거둘 수 있게 되지 않을까?

장래의 주가 회복을 고려하여 투자신탁 구입을 검토하고 있는 사람도 있을 것이다. 투자신탁도 주식에 투자한다는 것은 마찬가지이다. 주가가 회복되어 그 나름의 운용수익이 나오게 되면, 현재 참담한 상태인 투자신탁도 그 나름의 수익을 가져와 줄 것이 틀림없다.

그러나 투자신탁을 권할 수는 없다. 왜냐하면, 상품의 특성 때문에 투자신탁을 떠나는 일이 생길 것이라고 여겨서이다.

첫 번째 이유는 수수료가 높다는 것이다. 구입한 뒤 그대로 내버려 두어도 매년 일정한 정도의 수수료를 뺏긴다. 이것은 투자신탁 구입에 충당한 자금이 매년 그만큼 가격이 떨어져가는 것과 마찬가지이다. 이것은 앞으로 디플레이션 경제가 올 것을 고려하지 않더라도, 큰일이다.

두 번째는 설정한 단계에서 주식으로 만들어야 하므로, 단계적으로 산다거나 자금을 현금인 채로 놔둘 수가 없다는 것이다. 즉, 스스로 자금을 제어할 수가 없는 것이다. 현금으로 되돌리려고 하면 해약하는 수밖에 없는데, 이때도 무시할 수 없는 액수의 해약수수료를 지불해야만 한다.

세 번째는 주식 배당이 직접 손에 들어오지 않고, 또한 주주우대도 받을 수 없다는 점이다. 인터넷증권으로 주식을 구매한 경우에는 배당도 주주우대도 바로 받는다. 그런데 투자신탁은, 배당금이 신탁원금에 편입되어 직접 받는 일이 없다. 주주우대에 대해서는 투신설정회사에 보내졌을 테지만, 투자신탁 구입자는 그것을 받아볼 기회조차 없다.

투자신탁은 앞으로 추운 겨울을 맞이할 것으로 여겨진다. 투자신탁에 모이는 자금이 뚜렷하게 감소경향을 나타내게 되면 투신운용에도 당연히 힘이 들어가지 않게 된다. 이러한 장래를 생각하면 주식시장의 환경이 호전된다고 해도 투자신탁에 자금을 투입하는 것이 상책은 아니라고 할 수 있다.

하락시세로 확실하게 이익을 취하라

그럼 본론인 주식투자에 대하여 이야기해 보자. 주식은 최저가를 확인하기 전에는 더욱 싼값이 있다고 생각해야 한다. 지금 시세가 무엇에 의해 움직이고 있냐면, 경제정책이다. 이 하락시세는 재촉시세이며, 금융위기 회피에 유효한 정책이 발표되면, 그것을 평가하는 형태로 일단 상승을 반복한다.

상품 저마다 자율반발을 되풀이하고 있으므로, 타이밍만 맞으면 이 하락시세에서도 나름의 이익을 얻을 수 있다. 단, 오래 끌어서는 안 되며, 욕심을 내어 큰 이익을 노려서도 안 된다. 구입한 상품이 잘 반발했다고 해도, 3%~5% 정도 상승하면 재빨리 이익을 확정하는 것이 하락시장 투자에서 손해를 보지 않는 요령이다.

최근 몇 개월의 반발 상승률이 높고, 본인에게 익숙한 상품으로 범위를 좁혀 투자하면 그리 큰 리스크를 느끼지는 않을 것이다.

만약 예상치 못했던 상품이 하락하기 시작하면, 그 때는 과감하게 손절매해야 한다. 손절매 라인은 상품에 따라 다르지만, 지금까지보다 훨씬 낮게 설정해 두는 것이 중요하다.

또한 신용의 공매도를 잘 활용하는 것도 중요하다. 한동안은 상승세를 탈 것으로 보기 어려우므로, 공매도도 이용하는 쪽이 효율이 높을 것이다.

물론 공매도를 할 때는 다우 평균이 상한가에 가까워졌음을 확인해야 한다. 공매도는 어쩐지 버겁다면, 구입한 상품에 조금이라도 연계매매를 해서 하락에 대한 보험을 준비하는 방법도 유용하다.

이러한 투자를 계속하면 시세 변동을 보는 눈도 기를 수 있으므로, 세 번째 하락의 최저가에 도달했을 때의 감각도 대략 파악할 수 있을 것이다. 다음으로 찾아 올 최저가에서는 본인이 자신 있는 상품에 집중하는 것도 좋은 방법이지만, 특별히 큰 회복을 기대할 수 있는 상품으로 갈아타는 방법도 매우 효과적이다.

추천할 수 있는 투자전략을 몇 가지 소개하도록 하겠다.

이번 위기는 미국의 주택에서 야기되었으며, 그 영향으로 한국에서도 부동산, 은행·증권이 직격탄을 맞았다.

금융위기가 수습되고 근본적인 처리 대책이 취해지면 이 두 업종은 이제까지의 위축된 상태에서 급격히 회복할 것으로 보인다. 부동산 가격의 상승, 대부채권 가격의 상승을 예측하여 투자자금이 한꺼번에 몰려들 것이기 때문이다.

즉 원인이 있어서 팔린 상품은 그 원인이 해소되는 즉시 엄청난 기세로 회복한다. 그러므로 으뜸가는 투자전략은, 은행주식 또는 부동산 주식을 노리는 것이다.

사는 타이밍, 파는 타이밍을 포착하라

금융위기가 클라이맥스를 맞이할 때는, 시세 예측의 변동률이 높아지고, 매일 주가의 변동 폭이 매우 커진다. 예측할 수 있는 세 번째로 낮은 최저가격권에서도 시세변동은 매우 크다고 생각된다. 그러므로 용기를 가지고 매입하지 않으면 안 된다.

그러므로 최저가격으로 사재기를 하려는 등의 '대담한 행동'을 취해서는 안 된다. 크게 떨어진 날에 조금씩 건지는 것이 중요하다. 샀다가 가격이 내려가면 거기서 또 그것을 산다. 그처럼 반복하는 것이다.

그리고 주식을 살 때에는 동시에 팔 때를 염두에 두지 않으면 안된다. 파는 시기에 대한 판단이 어렵다는 것은 여러분이 지금까지 많이 경험했을 터이므로 새삼스러운 조언은 필요 없을지도 모른다.

그러나 최저가 확인 후의 급등은 이것인가, 이것인가 하고 계속된다. 일단 팔고 손을 놔 버리면 하락세다운 하락세가 없기 때문에, 두려워져 분할 매입하는 것도 망설이게 된다. 결국에는 생각한 대로의 이익을 얻을 수 없는 결과에 빠지게 된다.

경기에 민감한 소재산업의 주는 경기의 최후국면에 장기하강 추세에 들어가서, 저가격 대에서 헤매는 상품이 많다.

경기의 감속, 후퇴로 인해 물건이 팔리지 않게 되면 소재 그 자체의 수요가 줄어들어 매상이 감소하고 침체상태가 일어나는 것을 알기 때문이다. 이번처럼 세계에서 동시에 경기후퇴의 리스크를 의식하기 시작하자, 생산이 감소하고 재고가 증가하여, 생산량 축소, 과잉설비와 인원 정리라는 악순환을 반복하는 것은 아닌가 하고 연상되어, 닥치는 대로 팔아버리게 된다. 뿐만 아니라 원재료가의 급등으로 수익환경이 악화되기 때문에 더욱 그러하다.

소재와 연관된 상품은 대형주가 많고, 가격 변동도 심하지 않다고는 할 수 있지만, 시장이 경기회복을 시작하는 최초의 시기에는 크게 가격이 상승한다는 특징이 있다.

이러한 상품이 취급하기 쉬운 점은 일단 상승 경향에 들어서면, 경기와 수요의 회복과 동반해 당분간은 계속 가격이 오르는 점이다.

주가에서는 이미 하한가를 굳히고 있으며, 이 이상의 하락은 생각하기 어려울 정도의 수준이기 때문에 계속 기다릴 수 있는 여유만 있다면, 어떠한 마이너스적인 원인에 반응해서 가격이 내려간 타이밍에 주저하지 않고 사는 것도 좋지 않을까 생각한다.

특히 소재연관의 상품은 주가에서는 저가인 점이 매력이다.

1000원~2000원이라는 주가가 붙어 있는 상품이 배인 2000원~4000원으로 상승하는 데에는 그 나름의 원인이 필요하지만, 100원~200원의 소재와 관련된 상품이라면 원래부터 가지고 있는 기업가치를 재평가하는 형태로 주가가 배가 되는 것이 비교적 쉽기 때문이다.

이때에도 상품을 선택할 때에는 그 분야의 톱 기업을 선택하는 것이 중요하다. 투자가의 이목은, 역시 톱의 위치에 있는 기업에 우선적으로 집중되기 때문이다.

10년 정도 차트를 꼼꼼 확인하라

국제 우량상품 가운데에는 가격이 폭락하고 있는 헤지펀드 상품이 있다. 건설기계 혹은 상사 주식, 반도체 제조장치 등의 기계 주식 등이 바로 그것이다.

이 상품은 PER(주가 수익률)이나 PBR(주가 순자산배율) 등에 관계없이 팔린다. 왜냐하면 헤지펀드는 고객의 해약신청에 따르고, 주가에 관계없이 처분을 할 수 있기 때문이다. 따라서 PBR에서 0.5배, 주가가 기업의 해산가치의 반 정도가 되는 상품도 눈에 띈다.

왜 이러한 주가가 되는지 이해하기 힘들지만, 사려고 한다면 아직 주가가 내려가는 상황이기 때문에 가격이 폭락하고 있는 헤지펀드를 얼마나 계속 팔지, 그 상황을 볼 수 있다.

이러한 상품을 주가가 저가권으로 하락할 때나 저가를 갱신했을 때 천천히 골라내는 전술도 또한 현명한 방법이라 할 수 있다. 자원 시세가 다시 상승하거나 세계경제회복 조짐이 보이거나 하면 상당부분 많이 살 것이 예상되기 때문이다.

앞으로 주가회복 국면은 업적 거래이다. 업적을 무시하는 형태로 팔리던 상품에 대한 투자가의 주목도는 매우 높아 당연히 첫 물색 대상이 될 수 있다.

판단이 어려운 것은 헤지펀드가 언제까지 계속 팔리고, 어디서 그칠지 하는 문제이다. 유감스럽게도 이것에 대해서는 알 수 있는 방법이 없다.

헤지펀드의 매물이 줄고, 한편 다른 펀드를 계속 사들이는 상품을 확인하는 포인트는 서서히 가격이 올라가는 경향을 보이는 점이다. 이것은 차트를 확인하면 거의 알 수 있다. 또 그러한 상품은 주가가 크게 내려갈 때 총액이 크게 늘어가는 경향을 보이므로 차트와 총액을 지켜보면서 차분하게 사들이는 것이 유효할 것이다.

헤지펀드가 보유하고 있는 우량상품은 이른바 스타상품이 대부분이다. 반등 시세가 되면 빠른 상승을 기대할 수 있지만, 반면 스타상품이 있기 때문에 헤지펀드가 고가로 팔리는 경우도 적지 않다.

따라서 상품을 고를 때는 고가에서 이미 몇 십 퍼센트 떨어지기 때문에 반 정도는 돌려받겠지 하는 판단은 잘못된 것이다. 10년 정도 차트를 확인하고, 최고 값이 되는 때가 언제인지를 잘 보고 매가목표를 결정한다.

또 팔 때의 판단으로는 지난날의 하종가 이후 주가 상승이 아주 많이 참고가 된다. 당시 자료를 구할 수 있으면 확인하길 바란다.

해서는 안 될 투자

아시다시피 해운주는 경기에 매우 민감하게 반응한다. 세계적인 경기회복이 이루어지기까지는 앞으로 시간이 좀 걸릴 것으로 보고 있지만, 해운 분야의 회복은 의외로 빠를 것이라고 생각한다.

그 가장 큰 이유는, 세계가 지금 BRICs를 중심으로 수평분업의 시대에 접어들었기 때문이다. 예를 들어 텔레비전은 반도체, 액정 등의 부품을 대만이나 한국에서 조달하여 중국에서 조립하는 방법을 채용하는 구조가 늘고 있다.

이렇게 하는 편이 가격경쟁에서 우위를 차지할 수 있기 때문인데, 유일한 문제점이었던 품질도 제조관리를 철저히 함으로써 향상되고 있다. 앞으로는 모든 분야에서 수평분업이 이루어질 것이다.

세계의 공장인 중국이 세계적인 대불황으로 큰 상처를 입을 것은 분명하지만, 그대로 정체가 계속될 것이라고 보기는 힘들다. 경제격차에 대한 불만이 커질 것임을 감안하면, 새로운 성장목표를 내세우지 않는 한 국내를 진정시키기도 힘들 것이다. 분쟁 등, 컨트리 리스크의 고조는 염려되지만, 일단 움직이기 시작한 경제자유화를 무용지물로 만들만큼 어리석은 나라는 아니다.

2010년에는 상하이 만국박람회도 예정되어 있다. 12억 중국 국민은 여전히 경제적 성공에 열을 올리고 있다.

마지막으로 해서는 안 되는 투자를 정리해 보자. 주식 시장에 위기감이 떠도는 현 상태에서는 디펜시브 상품에 무심코 손을 뻗는 것은 인지상정일 것이다. 그러나 이토록 무시무시한 폭락이 일어난다는 뜻이니, 디펜시브 상품이라 해도 폭풍우에서 헤어나갈 수단이 되지는 못한다. 금융위기 하에서는, 여기에서 자금을 도피시키는 것이 오히려 커다란 리스크를 부담할 수 있기 때문이다. 왜냐하면 시세 하락 시에 동반하락은 일어나도 시세 상승 시에 시세 회복은

서브프라임 론의 증권화 3 포인트

서브프라임 론의 구조

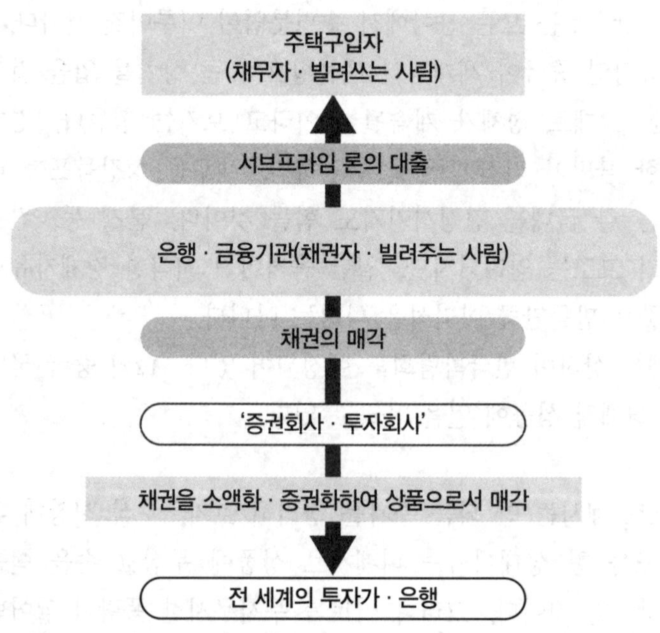

보충설명

채권의 매각으로 얻은 자금을 사용하고, 계속 되풀이해서 론의 대출이 가능한 것이 특징적이다.

그리 기대할 수 없는 일이 부지기수이기 때문이다.

지금이 그러하듯 역사적으로 주가가 바닥을 치는 시기를 향해 내달릴 때에 디펜시브 상품을 매입하는 것은 결코 상책이라 할 수 없다.

시가총액이 100억 원 정도의 상품에서는 펀드 등의 조작으로 바로 급등, 급락이 일어난다. 시세상태가 좋지 않은 상황이 이어지면, 이런 재료 주식에 주목하는 것도 하나의 투자방법이겠지만 이제부터 발생하려는 시세하락에서의 상승국면에서는 별로 투자 메리트가 없다고 여겨진다.

이유는 명백하다. 증권 거래소 일부의 우량상품에 투자가의 자금이 집중되면, 그쪽에서 커다란 마진을 기대할 수 있기 때문에, 소형재료주식에 자금이 몰리지 않게 되게 때문이다.

마침내 시세가 1년 동안 최저 가격으로 치달았다며, 투자가들 모두 시간을 다툴 때에는, 역시 왕도를 따르는 상품에 자금을 집중시키는 것이 베스트가 아닐까?

서브프라임 론 대지진

그럼 이제부터 이번 세계적 금융위기 원인을 분석해 보자. 어려울 것은 없다. 결국 돈버는 이야기가 아닌가. 즐겁고 유익하게 생각해 보기로 한다. 이른바 '서브프라임 론'이, 이번 세계금융위기라는 대지진을 가져 왔다. 리먼 브라더스를 붕괴시키고 단숨에 금융기관들을 신용경색에 빠뜨렸다. '서브프라임 론'이란 미국의 '신용도가 낮은 사람들'을 위한 론(대출)을 말한다. 주택거품에 들떠 있던 미국에서는 앞으로 구매할 주택의 가격이 올라갈 것을 전제로 하여 설계하는 대출상품이 개발되어 큰 인기를 얻었고, 그들은 집을 마구 사들였다. 이렇게라도 하지 않으면 집을 마련할 수 없었다.

그러나 2006년에 주택거품이 꺼지고 주택가격이 떨어지자, 이 대출상품은 불량채권이 되기 시작했다. 여기까지라면 미국 국내의 일이지만 문제는 '증권화'에 있었다. 서브프라임 론은 증권화되어 전 세계로 퍼졌다. 이 대출제도로 돈을 빌려 준 쪽인 금융기관은, 빌린 쪽인 '집을 산 사람'(채무자)에 대하여 '채권을 갖고' 있는 상태이다. 빌려 준 돈이 돌아오지 않을지도 모르는 위험이 있다. 그래서 '채권' 자체를 증권으로 하여 상품으로 만들자 그것을 사는 투자가가 나타났다. 채권을 팔아버린 덕에 위험이 줄어든 금융기관은 신용도가 낮은 서브프라임층에 자꾸자꾸 대출상품을 팔았다. 동시에 다른 채권과 섞이거나 '레버리지'라는 방법으로 소비자가 매우 무리한 돈을 빌릴 수 있는 금융상품을 만들어 내어, 앞에서 말한 증권을 온 세상에 마구 되팔았다.

다른 채권 등과 복잡하게 얽혀 있던 탓에, 2006년에 주택거품이 꺼지고 뚜껑을 열어보니 누가 얼마만큼 손해를 보았는지, 세상에 얼마만큼 불량채권이 있는지 확실하게 알 수 없는 참담한 상황이 되고 말았다. 이리하여 금융기관들 사이에서 '신용수축'이 일어났다. 즉, "저 은행(또는 증권회사)도 막대한 불량채권을 끌어안고 있지 않을까? 돈을 빌려 주어도 돌아오지 않는 것이 아닐까?" 하고 의심하게 되어 서로 돈을 빌려주고 빌릴 수 없게 되고 말았다. 이로 인하여 자금조달을 할 수 없게 되는 금융기관이 속출하면서 금융위기가 시작되었다.

2007년 6월에 증권 대기업 베어 스턴스 산하에 있는 헤지펀드가 파탄하고, 8월에는 유럽으로 위기의 불똥이 튀었으며, 10월에는 메릴린치·시티그룹 등 미국 금융기관의 대명사격인 기업 총수들의 인책 사임으로 확대되었다. 그리고 2008년 9월 리먼 브라더스 파탄이라는 대지진에 이르렀다. 달러 자금의 은행간 거래는 마비되고 구미 각국의 중앙은행은 막대한 자금을 공급할 수밖에 없는 상황에 빠졌다.

서브프라임이 큰 문제가 된 이유

서브프라임 론은 심사 기준이 낮은 대신 금리가 다소 높은 것이 일반적이다. 그러면 왜 이 서브프라임층에게 많은 대출이 이루어졌는가? 그것은 미국의 주택시장이 신뢰받고 있었기 때문이다.

미국에서는 2000년이 되면서 '많은 사람에게 내 집을'이라는 주택붐이 일어났다. 다른 나라에서 건너온 이주민이 많은 미국에는 집을 소유한 사람이 적다. 그래서 금리와 세금면에서 우대하여 집을 쉽게 살 수 있도록 했다. 이 정책으로 인해 집을 사는 사람이 늘고 주택가격이 급상승했다. 주택담보대출을 받는 사람(채무자)은 집을 산 뒤에 그 집의 가격이 오를 것을 전제로 상승분을 담보로 하여 은행에서 돈을 빌린다. 이것이 '서브프라임층'이라 불리는 사람들이 많은 빚을 내어 집을 살 수 있었던 이유이다.

그러나 한편에서 이러한 서브프라임 론 채권 계약 자체가 증권화되어 금융기관과 각국의 자산가와 투자가 사이에서 거래되었다. 론을 계약한 채무자의 지불은 금융기관과 은행에서 투자자에게로 옮겨졌다. 본디 금전대차에서 중요한 것은 '확실히 갚을 수 있는 금액을 빌린다, 빌려주는 쪽도 상대의 수입에 걸맞는 만큼만 빌려준다'는 것이다. 그런데 서브프라임 문제에서는, 평상시라면 주택담보대출을 빌릴 수 없는 사람에게까지 대출해 주었다. 이것이 세계를 말려들게 한 문제로까지 확대된 것이다.

채권자인 은행은 추심 권리인 채권까지 한꺼번에 소액증권화하여 투자자에게 판다. 돈을 빌린 사람이 갚을 수 없게 된 경우의 채권 추심을 투자가에게 전가하여 불량채권을 떠맡을 위험을 줄이기 위해서이다. 그러나 주택가격이 한계점에 이르자 가격이 하락했다. 그와 더불어 집 구매를 유보하는 사태가 일어났다. 이로 인해 주택가격이 폭락하고, 가격상승을 기대했던 채무자의 변제연체와 압류 등이 증가하면서 불량채권이 되는 증권이 증가했다.

리먼 브라더스의 파산

2008년 9월, 미국의 거대한 투자은행이자 증권회사인 리먼 브라더스가 파산했다. 총자산은 약 7천억 달러, 사원수 약 3만 명의 대기업이다. 투자은행이란 자본시장에서 자금조달을 주로 하며, 기업을 대상으로 업무를 행하는 금융기관이다. 개인 고객 한 명에게서 맡은 자금을 주로 투자하는 상업은행과는 다르다. 주된 수입은 주식이나 채권의 매매 때 발생하는 수수료로, 보통 대규모의 투자는 이뤄지지 않는다.

한편, 증권회사도 투자은행과 같은 형태를 취하고 있고, 주식이나 증권의 매매에서 얻어지는 이익이나 그 매매의 중개인으로서 얻는 수수료를 수입으로 하고 있다. 리먼 브라더스는 서브프라임 론 등의 증권화된 론을 투자가들에게 팔고 이익을 올렸다.

미국의 3대 투자은행은 골드만 삭스·모건 스탠리·메릴린치라고 한다. 리먼 브라더스는 이 세 회사의 뒤를 잇는 제4위의 투자 은행이었다. 그런 거대 규모의 투자은행이 왜 파산했을까?

최대의 요인은 서브프라임 론에서 난 손실이다. 주택가격의 폭락으로 발생한 거액의 손해에 경영진이 대응할 수 없었다고 한다.

서브프라임 문제의 표면화

서브프라임 문제가 외국에까지 화제에 오르내리기 시작한 것은 2007년 중반부터이다. 서브프라임 문제는 언제 발생한 것인지 정확한 시기는 알 수 없다. 대략적인 흐름으로는, 우선 20세기 말에 시작한 미국 주택거품이 2006년 이후 급속히 꺼지며 채무자의 변제 연체가 눈에 띄게 드러났다는 점이다. 그 상황이 줄곧 이어지면서 금융기관의 압박, 투자자들의 매수 보류가 일어났다. 2007년에 들어서며 서브프라임 론을 다루는 증권회사의 운영실패와 경영위기 등이 공개되자 문제가 금융시장 전체로 확대되었다.

결정적으로 쐐기를 박은 것은 미국 거대 증권회사 베어 스턴스가 산하의 헤지펀드 2개사에 대한 자본투입을 실행하고, 또한 프랑스 거대 금융회사 BNP 파리바가 서브프라임 관련 펀드를 동결한 것이다.

2007년 중엽부터는 일본·북유럽 등 세계 각지에서도 서브프라임 문제가 보도되어 서브프라임에 관한 상품 신용도가 단숨에 하락하고 말았다. 이 시기는 그러나 개인이나 기업에서의 지원책 등이 마련되면서 주식시장이 안정되는 듯 보였다. 그렇지만 결국 채권회수의 전망이 불투명해지며 론 회사의 대출금 상환이 이뤄지지 못하는 등 주식이 폭락하며 세계적 금융위기로 이어졌다.

서브프라임 문제는 시간이 흐름에 따라 세계 각국에서 점차 표면화하기 시작하였다. 보도의 상태만 보면 폭발적인 문제처럼 생각할 수도 있지만 세간에 떠들썩해지면서부터는 '때는 이미 늦었다.' 여기저기에 널리 퍼진 독은 바로 나타나지 않고 시간이 지나면서 서서히 드러나는 것이라고 말할 수 있을 것이다.

또한 서브프라임 문제가 좀처럼 표면화하지 않은 이유로 소액화되어 여러 증권과 어우러져 매매된 채권이 전세계에 뿌려졌기 때문이다. 그 탓에 현재, 누가 얼마만큼의 손해를 봤는지에 대한 정확한 실태가 눈에 보이지 않은 것이다. 세계 각국이 문제 해결을 위한 대응책을 내세우고 있으나 대책은 뒤로 미뤄지고 있다.

이번 금융위기로 중대한 국가위기에 빠진 아이슬란드는 모든 은행의 국유화를 단행하였다. 독일은 800억 유로를 뛰어넘는 공적자금에 의한 자본주입을 결정하였고, 이탈리아·스페인에서는 금융기관 파산시에 예금보호한도액을 10만 유로까지 끌어올렸다.

'금융위기'의 발단

집을 갖지 못한 사람이 많았던 미국에서 주택붐이 일어나 내 집 마련의 움직임이 활발해졌다. 이 영향으로 미국에서는 주택가격이

'불량채권'의 3가지 포인트

각국의 금융위기 대책

	대책규모	예금보호	특징
미국	7000억 달러	25만 달러	재무부가 금융기관으로부터 불량채권을 사들인다.
영국	6900억 달러	8만 달러	영국중앙은행이 은행에 3510억 달러를 공급한다.
프랑스	4900억 달러	예금전액보호	국내 6대 은행에 총액 141억 달러의 공적자금을 지원한다.
아일랜드	6500억 달러	예금과 사채 전액 보호	은행이 정부의 예금보호정책을 받아들여 2년 동안에 10억 유로를 지불하기로 약속했다.
러시아	2100억 달러	약 3.5만 달러	러시아중앙은행이 약 100개 국내 은행에 무담보로 융자를 제공한다.
스웨덴	1900억 달러	예금전액보호	금융기관의 차입을 최대 1조 5000억 크로나까지 보증한다.

보충설명

각국의 정부와 은행이 서로 협력하여, 금융위기를 극복하기 위한 정책을 내놓았다.

상승하고, 대출의 차환이나 전매를 목적으로 한 주택구입으로 가치가 상승하고, 이로 인한 이익과 차액을 기대할 수 있게 되었다.

이런 움직임의 발단이 된 것은 정부가 미국 중앙은행에 해당하는 FRB(연방준비제도이사회)에 제안한 저금리정책이다. 2001년 미국에서 일어난 동시다발 테러사건에 의해 미국의 경기는 후퇴했고, 이를 막을 수단으로 내세운 방법이 이 저금리정책이다. 페더럴 펀드라 불리는 이 정책은 1%까지 금리를 내렸다. 일반적으로 FRB의 금리저하는 민간금융기업의 금리인하를 일으킨다. 이것이 주택론 금리저하에까지 이어진 것이다.

저금리를 지지하는 것처럼 제시된 정책이 주택우대세제였다. 이것은 주택론으로 지불한 금리가 소득에서 공제되는 정책으로 100만 달러를 상한으로 빚이 있는 한 계속되는 것이 특징이다. 순수하게 집을 구하려는 사람뿐만 아니라 고액소득자의 절세대책으로도 이 정책은 유효했다. 많은 사람이 부동산을 구입하는 데 큰 역할을 했다고 말할 수 있다. 저금리정책에 의한 경기자극, 주택우대세제, 이 두 정책에 의해 주택을 구입하려는 움직임이 강해져 서서히 주택가치가 오르기 시작했다.

이러한 주택가치 상승을 기대하고 집을 산 사람이 늘어난 것은 사실이다. 다시 생각해 보면 담보도 없이 직장도 수입도 안정되지 않은 서브프라임층들이 론에 가입한 것만으로 집을 살 수 있었다는 것은 매우 부자연스러운 일이지만, 이를 허용할 정도로 미국 주택가격이 상승했었다. 2004년 이라크전쟁이 종결되고 경기가 좋아진 것을 이유로 FRB는 공공기관에서 정한 수수료를 이전 수준으로 되돌려 주택대출금리도 함께 상승하였다.

원래 서브프라임 론은 채무자가 파산할 가능성을 안고 있기 때문에 일반 주택대출보다도 금리가 높게 설정되어 있다. 통상은 금리가 5% 수준이지만, 서브프라임 론은 8% 정도이다.

주택가격은 이미 올라가 있기 때문에 채무자가 금리를 지불할 수 없게 되어도 구입한 집을 팔면 된다고 생각한 론회사는 담보도 계약금도 필요 없는 서브프라임 론을 잇달아 융자해 주었다.

금융업계의 재편 움직임

서브프라임 문제에 대한 여러 가지 대책이 세워지고 있다. 그 중 하나로 합종연횡을 들 수 있다.

리먼 브라더스의 파산 이후 금융기관이나 증권회사에 대한 고객의 신용은 형편없이 내려갔다. 많은 고객들이 예금을 인출해서 일부의 주주가 되거나 위기감에서 주식의 덤핑판매가 일어났다. 주가가 반으로 하락했다. 투자가나 고객으로부터 '여기의 금융기관도 위험하다'고 판단되면 빠르게 주가가 하락, 결국은 기업이 몰락하게 되는 흐름이 일어나고 있다. 리먼 브라더스와 같은 파산을 피하기 위해 금융기관들이 합병, 손을 모아 신뢰를 회복한다. 이것이 합종연횡책이다.

대표적인 합종연횡은

'영국 대기업 금융그룹 로이즈(Lloyds) TSB에 의한 영국금융그룹 HBOS 합병'

'아메리카 대기업 증권회사 와코비아의 합병'

'뱅크오브아메리카에 의한 미국 3대 투자은행의 하나인 메릴린치의 매수' 등을 들 수 있다.

합종연횡의 목적은 기업의 확대화, 순수한 구제합병 등 여러 가지이지만 서브프라임 문제로의 대응책으로써 유효하다고 여겨진다.

서브프라임 문제는 금융업계에 머물지 않고, 대규모 문제가 된다. 투자가들로부터 일반가정까지 많은 사람이 손해를 입은 미국에서는 FRB, 금융기관, 또는 지역사회에도 협력해서 변제불가에 의한 압류회피로 향했던 활동이 적극적으로 실시되었다.

서로가 합의했던 계약에 따르고 깔끔히 변제를 행한다. 돈을 대출해주고 본래의 계약을 지키는 것이 서로에게 최선의 이익이라는 것을 인식시켜 준다. 금융기관도 채무자가 어느 정도의 위험을 안고 있는지를 설명하여 무리한 대출을 보류시킨다.

미국과 아시아·유럽·브릭스(BRICs)와의 관계

서브프라임 론의 회수불능으로 인하여 미국뿐 아니라 세계 주식시장에 큰 혼란이 일어났다. 서브프라임 문제의 주무대인 미국에서는 주택가격의 폭락으로 시작하여 주가하락, 금융회사 경영파탄, 미국 전체 소비축소, 론 파탄자 증가에 따른 실업상승 등 다양한 문제가 일어나고 있다. 지금의 미국 시장은 안전하다고는 할 수 없는 상황이다. 미국 시장에 위기감을 품은 투자가나 세계 각국의 기업은 미국으로부터 자금을 거두어 들이기 시작한다. 만에 하나라도 미국이 붕괴한다면 엄청난 손해이기 때문이다.

그러나 미국기업의 주식과 달러를 판다는 것은 달러약세뿐만 아니라 미국 국력 자체의 약화로 이어진다. 주식이나 달러를 처분할 투자가가 늘어나는 것을 피하고 싶은 미국은 신용회복을 꾀하여 달러를 증발, 8조 달러의 자금을 시장에 투입했다. 그러나 달러를 증발한 것은 달러의 과잉공급으로 이어져 달러가치를 단번에 떨어뜨렸다.

세계의 리더로 불린 미국이지만 서브프라임 문제로 인하여 혼란에 빠진 것을 엿볼 수 있다. 세계금융위기를 일으킨 미국이 세계에 대해 약체화된 것은 확실하다. 그러나 미국 그 자체가 엄청나게 거대하므로 좀처럼 붕괴하지 않는다는 것도 사실이다.

한국과 일본 등 많은 나라가 미국을 중요 무역상대국으로 하고 있다. 달러를 외자로서 사용하는 등, 미국의 영향력은 전세계에 널리 퍼져 있다. 그러한 무역대국 미국이 경제악화를 이유로 무역을 줄이면 거래처인 한국이나 일본 등 여러 나라의 무역도 함께 정체된다. 한국은 수출에 나라경제가 달려 있으므로 최대 수출국인 미국 경제가 정체된다는 것은 우리에게 큰 문제가 아닐 수 없다.

유럽의 우크라이나·헝가리·아이슬란드 등 3개국은 서브프라임 문제와 미국경제 불경기로 인해 거액의 손해를 입어 IMF(국제통화기금)의 긴급지원을 요청했다.

오늘날에는 자기 나라만으로 나라 경제를 꾸려갈 수 있는 나라는 거의 없다. 미국의 약체화에 반비례하여 세력을 넓힐 수 있는 나라는 그만큼 많지 않으며, 미국의 약화에 이끌리듯 경기가 나빠지는 나라가 대부분이다.

'세계화'는 21세기의 지침인가

지금까지 어느 나라이든 국경을 경계로 하여 구별되어 왔다. '세계화(globalization)'란 국가나 지역 등의 경계를 넘어 지역의 틀을 지구 규모로 생각하자는 의미이다. 인터넷이 등장하여 통신기술이 보급된 지금, '세계화'라고 불리듯이 환경문제 등에서도 지구 규모로 생각할 필요가 생겼다.

이번의 서브프라임 문제와 같이 한 나라만으로는 좀처럼 해결할 수 없는 문제가 자주 일어나는 현대에는 서로 지혜를 모아 해결책을 찾는 것이 중요하다. 그러나 이 세계화론에는 찬반 양론을 비롯해 여러 가지 의견이 나오고 있다. 찬성 측의 의견을 보면 다음과 같다.

① 적재적소에 국제간 분업화가 진행되어 효율적인 생산이 가능하다.

② 선택폭이 증가하여 투자나 융자 등 세계 각국의 기업이나 개인을 선택할 수 있다.

③ 직업·주거·오락 등 개인이 누리는 자유의 폭이 넓어진다.

한편 반대 측 의견은 다음과 같다.

① 기업간의 경쟁이 격화되어 임금 저하나 실업자 증가가 예견된다.

② 타국의 문화가 유입됨에 따라 자기 나라의 전통문화·사회제도가 점차 쇠퇴하게 된다.

③ 활발한 단기투자에 의해 시장이 혼란해지고 경제가 안정되지 못할 가능성이 있다.

경제나 환경문제를 중심으로 세계 단일화가 진행되려 하고 있다. 그러나 현실적으로는 각국의 서로 다른 사회제도·생활양식·문화양식이 존재하는만큼 이를 단일화한다는 것은 쉬운 문제가 아니다.

세계화는 선진국과 개발도상국의 격차를 부추길 것이라고도 생각된다. 또 세계화가 미국제도로 바뀌는 것은 아닐까 하는 비판도 적지 않다. 그러나 현실에서는 확실히 세계화가 진행되고 있다. 인터넷을 사용하면 누구나가 세계 각국에 접속할 수 있고, 지구의 뒤편에서 어떤 일이 일어나는지를 알 수 있다.

거대 다국적기업의 세계 지배

20세기 후반부터 미국 주도의 시장원리주의에 기반하는 신자유주의 경제정책이 세계 각지에 도입되었다.

신자유주의란, '균형재정·복지 및 공공 서비스의 축소, 공기업 민영화, 경제의 대외개방, 규제완화로 인한 경쟁촉진, 노동자 보호 폐지' 등을 하나로 묶은 시장원리주의 경제정책이론이다. 요컨대, 약육강식의 미국식 자본주의 자체이다. 이 미국식 자본주의정책을 세계 각국이 도입함으로써 재화나 서비스 거래와는 관계없는 거액의 투기적 자금이 순간적인 이익을 추구하여 전세계를 종횡무진하는 현재의 글로벌 자본주의경제가 탄생했다.

글로벌 자본주의경제에 의하여 투자가로부터 돈을 모은 헤지펀드가 다른 나라 통화에 공매도(空賣渡)를 시작하여 이익을 얻고, 그 나라와 주변국을 파탄 직전으로 몰아넣는 것 등도 정당화된다. 1997년에 태국을 중심으로 시작한 아시아통화기금이 전형적인 사례로, 미국을 중심으로 한 헤지펀드가 태국의 바트에 공매도를 시작하여 바트의 통화가치를 폭락시킴으로써 차익금을 벌었다. 호경기였던 태국경기는 붕괴되었으며, 영향은 바트경제권에서만 그치지 않고 한국이나 인도네시아를 국가파탄 직전까지 몰아넣고, 멀게는 러시아 재정위기를 불러일으키는 요인이 되기도 했다.

글로벌 자본주의는 국가간의 자유무역협정(FTA)를 추진하고, 이로 인하여 관세 장벽이 사라진다. 그러면 거대한 다국적기업들이 후진국에서 상품을 생산함으로써 인건비를 최대한 줄여서 시장을 손에 넣기 위하여, 국경을 넘어 돈과 재화를 마음대로 움직일 수 있게 되었다. 세계시장에서 매출과 이익이 크고 이익률이 높으며 경쟁력이 강한 기업이 그런 점들에서 떨어지는 기업이나 사업을 사들이는 사례도 국제적으로 진행되었다.

이처럼 글로벌 자본주의경제란, 거액의 자본이나 거대한 다국적기업이 국경을 넘어 전세계로 이윤을 추구하는 경제활동을 말한다. 생산활동에 관계하는 노동자나 국경을 넘을 수 없는 기업은 글로벌경제 하에서는 패자가 되어 그 격차는 전세계에서 확대되고 있다.

금융경제 거품이 만드는 세계동시 불황

최근 10년 동안, 글로벌경제는 세계의 돈을 미국으로 일단 집중시켰다가 모인 돈을 투자라는 형태로 세계에 배분하는 미국 주도 시스템에 의하여 성립되었다.

미국은 1995년부터 시작한 '강한 달러정책'으로, 높은 금리를 지불하기로 약속함(이익보증)으로써 전세계로부터 돈을 끌어 모았다.

세계로부터 투자를 받은 미국기업은 해외기업을 매수하거나 합병하여 거대한 다국적기업이 되어 세계를 석권했다. 투자가는 기축통화가 된 달러를 배경으로 환(換)이나 주식, 금융상품의 거래에 의하여 막대한 부를 얻고, 투자대상이 된 유럽연합(EU)의 신흥금융국이나 BRICs(신흥경제 4개국)도 호경기에 뜨거워졌다.

이 과정에서 전세계에 거대한 거품이 발생했다. 미국의 주택거품, 영국이나 스페인의 부동산거품, EU신흥국의 금융거품 등 돈이 돈을 불러 소비도 확대됐다. 유가상승으로 열기를 더해가는 러시아나 중동, 자본주의화한 중국에서는 부유층이 대두하는 등 세계는 급변했다. 한편, 판로가 국내에 한정되어 있는 글로벌경제화의 흐름에 뒤처진 선진국의 기업은 쇠퇴하고, 가혹한 생산원가 절하경쟁에 처한 후진국의 노동환경도 악화되었다. 전세계에서 '가진 자'와 '가지지 못한 자'의 격차도 크게 벌어졌다.

2007년에 미국의 주택거품이 무너졌다. 전세계에 널리 퍼진 서브프라임 론이 회수불능이 되고, 구미의 금융기업은 위기상태에 빠졌다. 세계 각처의 거품도 꺼지고 주가도 폭락했다. 투자가는 손실을 메우기 위하여 전세계로부터 투자자금을 회수했다. 투자를 믿고 있었던 기업이나 나라는 파탄 직전에 이르렀다.

미국은 제1차 세계대전 후의 호황 속에서 전세계 돈의 절반 이상을 모으고, 남아도는 돈을 투자가들이 주식투기에 쏟았다. 전쟁 후인 데다 다른 나라들의 국력이 떨어질 대로 떨어져 있었기 때문에 미국의 기업주는 계속 올라가고 투기열도 높아졌다. 그러나 1929년 10월 24일, GM의 주가가 폭락하고 주식거품은 붕괴했다. 투자가는 패닉에 빠져, 주식 손실을 메우기 위하여 다양한 지역과 분야에서 자금을 거두어들이고, 미국경제에 대한 의존을 더해가고 있던 각국 경제도 연쇄적으로 무너졌다. 미국에 의한 일국 지배와 실체경제에 수반하지 않는 투기자금에 의한 금융경제가 과거에도 현재에도 세계동시불황을 만드는 원인이라고 할 수 있다.

유럽이 처한 위기

서브프라임 문제에서 시작된 미국발 금융위기는 유로고에 의한 투자와 부동산붐으로 들끓는 유럽경제에도 큰 타격을 주었다.

유럽계 은행은 압도적인 유로고를 발판으로, 최저금리정책을 실시하고 있는 일본에서 엔화를 빌려(엔 캐리 트레이드) 미국의 서브프라임 론에 거액의 투자를 계속했다. 유럽의 은행이 서브프라임 론에 거액 투자를 한 배경을 살펴보면, 2001년 이후에 미국을 비롯한 세계적인 경기후퇴가 있었는데, 그것을 해결하려고 전세계에서 저금리정책을 펼쳤던 적이 있다. 유럽은 경기회복이 비교적 빨리 이루어져서 2003년에는 주가도 상승하기 시작했다. 그러나 세계의 경기회복이 유럽을 따라잡지 못하자 투자할 곳이 없었다. 그래서 주목한 것이 '낮은 위험으로 높은 이율을 올리는' 서브프라임 론을 증권화한 상품이었다. 달리 투자할 곳이 없는 유럽은 이 서브프라임 관련 증권을 닥치는 대로 사들여서 이번 금융위기의 진원지인 미국과 같거나 그 이상의 위기를 초래했다.

그 중에서도 특히 피해가 큰 곳은 영국이다. 영국에는 2001년 동시다발테러 이후 테러자금 규제를 강화한 미국을 꺼린 중동의 오일머니가 대량으로 유입되었는데, 그 자금을 서브프라임 관련 상품에 투자하여 거액의 손실을 입었다. 실제로 영국은 2008년 7~9월의 실질GDP성장률이 전년에 비해 −0.5%로, 마이너스 성장을 보일 정도로 경기가 악화되었다. 2008년 9월 중순 미국 리먼 브라더스 파탄 이후 은행금리는 상승하고 주가는 오르락내리락하는 등 금융증권시장의 혼란은 갈수록 커지고 있다.

이러한 시장의 움직임을 보고 구미 주요 각국은 협조하여, 금리인하를 실시하고, 은행 등 금융기관에의 공적자금에 의한 자본투입 등의 대응책을 잇달아 제시했다. 영국은 500억 파운드, 독일은 800억 유로, 프랑스는 400억 유로, 스위스는 60억 스위스 프랑을 준비하여 각국의 주요은행에 투입할 예정이라고 발표했다. 2007년 미국에서 서브프라임 론 문제가 일어난 1년 반 만의 이 대응은 매우 신속하게 이루어진 편이다.

그러나 주가급락은 계속되고, 유럽 통화도 달러와 함께 폭락하고 있다. 이 시장 움직임의 요인이, 유럽 각국의 부동산 가격의 예상을 뛰어넘는 하락 때문인지, 투입된 공적자금이 부족해서인지, 아니면 다른 폭탄이 대기하고 있는 것인지 아직은 확실히 알 수 없다. 그러나 유럽의 금융위기가 심각한 것은 틀림없는 사실이며, 다른 지역보다 앞서 경기회복에 들어설 가능성은 적어 보인다.

주가·원유가격 모두 폭락한 중동경제

국제 석유가격은 미국의 대표적인 원유인 서부텍사스 중질유(WTI)의 선물가격으로 결정된다. WTI의 선물은 뉴욕 상품거래소(NYMEX)에 상장되어 있는데, 같은 선물상품이 런던에 있는 국제석유선물거래소(ICE)가 운영하는 넷 상의 선물거래시장에서도 거래되고 있다. 미국의 헤지펀드와 투자은행은 뉴욕의 NYMEX뿐 아니라 런던의 ICE를 통하여 활발하게 WTI 선물을 사서 원유가격을 끌어올렸다. 석유·지정학 전문가 F. 윌리엄 엥달에 의하면, 국제원유가격 중 최대 60%가 투기자들에 의한 인상효과 때문이라고 한다. 세계 최악의 채무국 미국은 석유거래에 이용되는 달러 수요가 늘어나자, 달러 가치를 떨어뜨리지 않고 달러 지폐를 발행하여 채무변제에 충당하는 데 성공했다.

그리고 원유가격 폭등으로 막대한 오일머니를 손에 넣은 원유수출국은 큰 이익을 얻어, 미국 국채를 중심으로 전세계로 투자의 범위를 넓힘으로써 실물경제를 주무르는 거대한 힘을 손에 넣었다. 이상한 호경기에 열광하는 두바이나 사우디아라비아에서는 건축·부동산 붐이 일어 높이 1000미터를 넘는 초고층빌딩 건설도 계획되었다. 그런 열광 속에 미국발 금융위기는 중동에도 그림자를 드리우게 된다.

사우디아라비아 등 중동 연안 산유국의 주식시장은 2008년 10월부터 전면적인 하락세를 거듭했다. 12일, 두바이 증권거래소가 거래 시작부터 6%로 대폭 하락했으며, 아랍국가들의 최대 거래소인 사우디 증권거래소에서는 주가가 약 6% 하락한 전날보다도 0.5% 더 떨어졌다. 아랍 2위인 쿠웨이트 증권거래소에서는 정부가 금융기관에 12억 달러의 공적자금을 투입했음에도 불구하고 2.9% 하락했다. 두바이와 마찬가지로 아랍수장국연방의 아부다비 증권거래소에서는 부동산과 에너지 관련 주식을 중심으로 4.2% 하락, 이집트의 대표적인 주가지수인 CASE30은 16.4%로 사상최대의 하락폭을 기록했다. 전세계의 투자가가 자금회수에 나섰고, 연안산유국의 주가 시가총액은 매일 몇 십억 달러 단위로 떨어지고 있다.

수입되는 원유가격도 큰 폭으로 하락했다. 연안지역 전체에서 하루 약 1600만 배럴을 산출하는 원유가격도 뉴욕 원유 선물시장에서 1배럴당 80달러로 떨어지는 등 폭락했다. 원유가격이 1배럴당 147달러로 최고치를 기록했던 7월부터 연안 6개국(GCC)의 원유수입은 하루 10억 달러씩 떨어진 셈이다. 원유가격 거품은 꺼졌고, 오일머니의 영향력도 약해졌다.

앞으로 원유가격은 폭등 전의 수준으로 돌아가고, 중동의 경제성장도 감속될 것이다. 건설 중인 초고층빌딩 공사도 중지될 수 있다.

브릭스의 성장력은 부활하는가

21세기에 들어와서 브릭스(BRICs, 브라질·러시아·인도·중국의 신흥경제 4국)은 크게 성장했다. 근대화가 이미 끝난 선진국은 자국 내에서나 선진국들끼리의 거래에서는 이윤을 낼 수 없게 되었다. 그리하여 선진국은 아직 성장의 여지가 있는 개발도상국에서 이익을 얻기로 생각하고 투자처를 찾았다. 그 투자처로 선택된 것이 브릭스였다. 1990년대 중반 이래 IT혁명에 의해 설계도만 있으면 선진국이 아니라도 디지털 제품을 제조할 수 있게 되었고, 기업은 생산기지의 장소를 가리지 않게 되었다. 따라서 브릭스 국가들은 한 발 앞서 미국 주도의 글로벌 자본주의에 참가해 정치·경제체제를 시장경제화시켰다. 투자의 수익 예측이 가능하게 됨에 따라 선진국은 브릭스에 안심하고 투자하게 되었다.

선진국의 투자에 의해 브릭스 국가들의 경제는 급격하면서도 안정적으로 성장을 계속했다. 2003~2006년의 실질GDP성장률은 중국이 10.1%, 인도 8.0%, 러시아 6.9%, 브라질 2.8%. 이러한 속도로 경제성장이 계속된다면 중국이나 인도는 50년 이내에 선진국과 같은 소득 수준이 되리라는 계산이 된다.

이번 금융위기로 인해 브릭스의 성장이 구미에 휘말려 정지해버리는 것은 아닐까 하는 염려가 일어났지만, 많은 전문가들은 브릭스의 성장속도는 둔화되지만 멈추는 일은 없을 것이라고 보고 있다.

브릭스의 성장을 지속시키는 요인은 크게 두 가지로 나뉜다. 첫번째는 브릭스 국가들이 장기간의 성장으로 재화를 축적해왔기 때문에 재정이 안정되어 있다는 것이다. 브릭스 국가들의 은행은 외국의 차관에 의존하지 않았기 때문에 구미선진국의 신용위기의 영향력을 한정시킬 수 있었다. 독일 은행에 의하면 자국 GDP(국내총생산)에 대해 중국 은행의 외국채무비율은 고작 2%. 인도는 4%, 브라질, 러시아도 13%에 그친다. 그것도 2008년 중국 외화준비고는 1조 7천억 달러에 달했으며, 러시아는 5천억 달러, 인도는 3천억 달러, 브라질은 2천억 달러에 달하고 있다. 세계의 경제환경과 금융시장이 아무리 악화되어도 네 나라의 은행에는 충분한 돈이 있으므로 곤경을 극복할 수 있을 가능성이 높다.

또 한 가지 원인은 네 나라에서는 구미에 대한 수출의존도가 낮아지고 있다는 것이다. 브릭스 국가들은 전에 없이 다른 신흥국가에 대한 수출을 증가시키고, 자국경제는 구미의 소비에 이전만큼 좌우되지 않고 내수로 지탱하게 되었다. 네 나라는 대규모의 인프라 투자도 하고 있다. 게다가 브라질과 러시아에는 지하에 매장된 자원이 많다. 러시아의 석유와 천연가스 생산량은 세계 제일을 자랑하며, 브라질은 세계 제일의 철광석 수출국이다. 이것들로 미루어보아 브릭스는 선진국의 소득수준에 가까워질 때까지 견실하게 성장을 계속할 것으로 예상된다.

세계적인 금융위기에서 이익을 얻은 나라나 기업이 있는가

결론부터 말하자면 리먼 브라더스의 파산을 시작으로 발생한 이번의 금융위기에서 덕을 본 기업이나 나라는 없다고 할 수 있을 것이다. 서브프라임 론 문제가 표면화된 2007년 여름 이래 세계 기업들의 주가가 하락하던 와중에 로키드 마틴(스텔스 전투기 등을 생산)·레이시언(세계 최대의 미사일 제조업체)·미쓰비시 중공업(전투기나 이지스함 제조. 일본 방위성에 병기납품 실적 1위) 등 군수산업에 관한 기업만이 주가를 올리고 있다. 1929년 세계대공황이 제2차 세계대전의 방아쇠가 되었다는 과거의 예도 있듯이, 군수산업 관련주의 주가상승은 제3차 세계대전의 전조라고 생각되었지만, 이들 기업의 주가도 9월 15일 리먼 브라더스가 파산한 후 다른 산업과 마찬가지로 폭락했다.

미국의 오래된 증권회사를 헐값으로 손에 넣은 일본의 금융회사들은 이익을 얻었을까. 리먼 브라더스의 구미, 중동부문을 헐값으로 사들인 일본 최대의 증권회사인 노무라 홀딩스의 목적은 취약한 투자은행업무나 헤지펀드의 세일즈를 보강하기 위한 것이라고 하지만, 시장의 반응은 차가웠다. 리먼이 파산한 후 가격을 회복한 주가는 사원의 고용계약교섭을 진행하는 사이에 폭락했다. 노무라에 이어 증권 2위의 미쓰비시 UFJ 파이낸셜그룹(MUFG)도 질세라 미국 모건스탠리와 자본제휴를 했지만, 자본 투입 이후 상승한 모건의 주가에 반해 MUFG의 주가는 급락했다.

선진국의 경제력이 떨어져가고 있는 와중에도 반대로 성장했다고 생각되는 브릭스(BRICs)나 비스타(VISTA, 브릭스에 이어 경제발전이 예상되는 베트남·인도네시아·남아프리카 공화국·터키·아르헨티나 그룹) 국가들의 주가도 선진국과 마찬가지로 하락해서 앞을 예측할 수 없다.

이번 금융위기로 이익을 얻을 가능성이 있었던 불황에 강한 군수산업(불안 여파로 군비증강)도, 싼 가격으로 오래된 금융기관을 매수한 일본의 금융기관도, 성장의 여지를 남기고 있는 신흥국도 현재는 모두 함께 쓰러지는 상태가 되었다.

100년에 한 번이라고 일컬어지는 승자 없는 금융위기. 이후로 적어도 5년은 불황이 계속된다는 것이 대부분의 전문가들의 의견이다.

아이슬란드가 맛본 비극

인구 32만의 '작은 금융대국'이라고 일컬어지는 아이슬란드에 금융위기의 엄청난 지진이 찾아왔다. 아이슬란드의 위기는 이번 금융위기의 원인인 '세계경제하의 금융 비대화'를 단적으로 나타내고 있다.

아이슬란드는 카드의 보급으로 현금 유동량이 GDP의 1%이고, 세계에서 가장 현금 없는 사회에 근접해 있는 나라로, '소국개방경제의 성공모델'로도 꼽혔다. 어업을 주산업으로 하는 유럽 최빈국이었던 1970~1980년대에는 어획량이나 오일쇼크의 영향으로 30~50%의 인플레를 경험했다. 경제의 안정을 꾀하기 위해 정부는 90년대 시장자유화와 민영화를 진행시켰다. 1994년에는 유럽경제지역(EEA)에도 가입했다.

　아이슬란드 정부는 스위스나 룩셈부르크 등 작은 금융대국을 모델로 삼았다. 자유화를 진행시키며 금리를 높이 설정해서 세계의 돈을 집중시켜 수수료수입을 얻는 것이 주요한 목적이었다.

　그 결과 아이슬란드의 고금리는 해외의 돈을 끌어당겼고, 국내은행의 총자산은 국내총생산(GDP)의 10배로 증가했다. 국내에서는 건설 러시도 일어났다. 지열발전을 이용한 알루미늄 정련사업도 확대했고, 폴란드나 중국에서 온 이주노동자들도 늘었다. 연 3~5%의 경제성장이 계속되어, 2004년에는 1인당 GDP로 세계 6위를 차지해 부유국 대열에 합류했다.

　기관·개인 투자가는 일본 등 해외에서 저금리로 돈을 빌려, 고금리의 아이슬란드 은행에 맡긴다. 국내에는 인플레가 일어나 금리가 치솟고, 해외에서는 한층 더 돈이 유입된다. 이는 아이슬란드의 통화인 크로나의 가치가 치솟는데 박차를 가해, 마침내 인플레율은 14%, 정책금리는 15.5%가 되었다. 2005년에는 1인당 GDP가 세계 5위로 상승했다.

　주요은행인 란즈방키의 회장은 제2위의 부호로 2006년에는 영국 프로축구의 프리미어리그 팀을 매수했지만, 이 기세는 거품이 낳은 외관에 지나지 않았다. 2008년 미국발 금융위기의 여파를 받아 거품이 꺼지고, 자국통화 크로나는 유로화에 대비해 30% 폭락했다. 하르데 총리는 국가붕괴의 위기를 호소했고, 의회에서는 모든 국내은행을 국유화하는 법안을 가결했다. 국유화된 은행은 GDP의 3배의 대외채무를 안게 되었고 정부의 경영적자도 거액이 되었다.

　100개 이상의 단체가 약 10억 파운드를 위탁했던 영국은 반테러법을 적용해서 아이슬란드의 은행이 영국 국내에 가지고 있는 자산을 동결했다. 네덜란드나 독일도 예금반환을 청구하고 있다. 어업국에서 금융대국으로 변신함에 따라 단기간에 부유국이 된 아이슬란드의 붕괴는, 세계의 금융경제가 안고 있는 문제의 축소판이다.

글로벌경제에서 앞으로 주역이 되는 나라는 어디인가

미국의 금융위기에 의해 선진국의 몰락의 속도가 빨라졌다는 세계경제, 앞으로 세계경제 주역이 되는 나라는 어디일까?

가장 먼저 꼽히는 것은 역시 브릭스이다. 드넓은 토지, 풍부한 인재, 풍부한 자원을 가진 데다가, 최근 수십 년 동안 여러 개혁을 진행해 온 것에 의해 그 결과로서 잠재력을 실제 성장률로 반영시키는 것이 가능해졌다. 세계최대의 투자회사인 미국 골드만삭스의 예측으로는 현재 G6(미국·일본·독일·영국·프랑스·이탈리아 등 6개국)의 15%에 지나지 않는 경제규모는 2025년에는 약 반으로, 2040년 무렵에는 선진국을 웃돌고, 2050년에는 브릭스가 G6의 1.5배의 규모가 될 것이라고 보고 있다. 앞으로 세계경제의 열쇠를 쥔 이 네 나라가 주목되는 이유와 공통점을 소개한다. 브릭스가 가진 압도적인 이점은

① 광대한 국토 및 자원대국이다. 네 나라의 국토면적을 합한 것은 세계의 약 29%를 차지한다. 따라서 천연자원도 풍부하고, 석탄·철광석·천연가스·원유·보크사이트 등도 산출되고 있다.

② 인구대국이다. 2000년대 초 인구는 중국이 약 13억(세계 1위), 인도가 약 11억(세계 2위), 브라질이 약 1억 7천만 명(세계 5위), 러시아가 약 1억 4천만 명(세계 7위)이고, 총계 27억으로 세계인구의 약 45%를 차지하고 있다.

③ 정치·군사력에서 지역 패권을 누리고 있다. 러시아·중국·인도는 핵보유국이고, 러시아·중국은 유엔안보리 상임이사국으로, 브라질과 인도도 새 상임이사국에 들어갈 가능성이 크다.

④ 경제개혁을 추진하고 있다. 1970년대 후반 중국과 브라질·러시아·인도의 1990년대 초 경제정책의 전환은 모두 대외개방에 따른 해외로부터의 투자·시장경제화를 추진하는 것이었다.

이 네 가지 이점은 강력하다. 이것은 브릭스가 앞으로 여러 문제

를 안으면서도 세계를 견인한다고 예측되는 근거가 되고 있다.

다음 후보는 비스타(VISTA)이다. 베트남·인도네시아·남아프리카 공화국·터키·아르헨티나는 브릭스에 이은 신흥경제국 그룹이다. 베트남은 높은 학력과 중국의 3분의 1의 임금, 인도네시아는 천연자원과 세계에서 4번째로 많은 인구, 남아프리카공화국은 귀금속과 희유금속(rare metal), 터키는 아시아·중동·유럽 사이에 위치한 지리조건, 아르헨티나는 곡물생산과 싼 통화를 무기로 세계시장에서 경쟁하고 있다.

미국의 금융안정화법안과 정부의 개입

2008년 9월 하순, 미국의회에서 금융안정화법안이 구체화되고 하원에 상정되었지만 이 법안은 찬성 205, 반대 228로 부결되었다. 이에 따라 전세계에서 신용경색이 가속화되고, 최근 다우존스 평균주가는 종가 777달러로 최대 하락폭을 기록했다.

미국 정부는 바로 법안을 수정하고, 새롭게 예금자의 보호확충이나 세금우대제도 등을 포함시켜 제출한다. 상원에서 가결된 뒤, 2008년 10월 3일 하원에서도 통과되었다.

이 법은 주로 불량채권의 매입에 중점을 둔 것으로 금융기관으로부터 시장가치가 떨어진 주택론의 채권 등을 공적자금으로 사고, 손실확대에 제동을 걸어 정체되기 쉬운 금융기관의 자금거래 및 은행의 자금대출을 지원하는 것을 노리고 있다.

10월 28일, 미국 정부는 규모가 큰 9개 금융기관에 대해 총 1250억 달러를 투입하고 우선주를 매입했다. 이에 따라 80년 전을 생각나게 하는 금융위기는 수습이 되어가는 것인가?

공적자금 투입과 시장의 자기책임원칙은 기본적으로 상반된 생각으로 자기책임원칙은 당사자(투자가)가 결과에 대해 그 책임을 져야 한다는 생각이다. 하지만 그 원칙을 관철했다면 주가폭락이 일어나고, 연쇄적인 파산이 일어나는 것은 불을 보듯 뻔하다. 공적자금을 투입했다 하더라도 부채가 사라지는 것은 아니다.

미국 대통령선거 이후, 새 정권 아래에서 강제적으로 자금을 투입하는 법 정비를 해야 한다는 의견도 있다.

세계적으로 폭락하는 외환시장

달러자금 제공이란 미국에서 빠져나가는 달러를 다른 나라가 사는 것, 곧 자국의 원화나 유로를 달러로 바꾼다는 것이다. 경제가 악화되어 주가가 하락하고, 미국에 대한 자금유입이 감소된다. 공적자금 투입으로 국가의 재정적자도 확대된다. 이것들이 서로 작용하여 달러가 국외로 유출되고, 달러 하락으로 이어진다.

이러한 전세계에서 발생한 통화가치변동으로 G7(선진 7개국 재무장관·중앙은행총재회의)은 금리인하를 발표하였다. 10월 말에 2007년도에 비해 모두 0.5~1%의 금리인하를 한다. 일본은행도 0.5%에서 0.3%로 인하를 결정하고, 그날 실시했다. 11월말 현재, 미국의 금리는 1%까지 내려갔다.

미국·유럽·일본의 5개 중앙은행은 2008년 10월 13일 금융기관에 대한 달러자금의 협조공급을 대폭 확대한다고 발표했다. 달러자금 공급액 상한 6200억 달러를 사실상 폐지하고, 금융기관이 필요로 하는 자금 전액을 공급하는 방침을 확정했다. 자금조달이 힘들어지고 있는 금융기관을 지원하기 위해서이다.

FRB(연방준비제도이사회)는 9월 24일에 오스트레일리아·스웨덴·덴마크·노르웨이 4개국, 10월 29일에는 한국·브라질·멕시코·싱가포르 4개국과 통화스와프협정을 체결한다. 각각 총액 2770억 달러, 1200억 달러를 공급하고 각국 달러 조달을 지원한다.

FRB의 9월 24일까지의 일주일 간의 대출은 하루 평균 1877억 5300만 달러로 지난주 4배에 달하고, 사상 최고치를 기록한다. 시장에 신용이 없어지고 자금대출이 불가능해지며, 미국 금융기관과 증권회사가 FRB로부터의 차입을 급격히 늘리고 있기 때문이다.

잇달아 달러를 발행하고 이상할 정도로 금액을 기업에 빌려주고 있는 FRB. 엄청난 인플레이션의 예감마저 감돈다. 오바마 새 정부는 이 난국을 극복할 수 있을까?

중앙은행의 권한과 역할은 주가에 어떻게 영향을 미치는가

중앙은행은 국가 또는 국가연합의 금융시스템의 중심에서 은행권 (통화)을 발행하여 시중은행에 자금을 빌려주는 정부기관이다. 또한 국채를 매매하고, 국가에 대한 자금제공도 한다. 통화가치를 일정하게 유지하는 등의 금융정책도 중앙은행이 결정한다. 정부의 은행이자 시중은행에 돈을 빌려주는 은행의 은행이기도 하다. 미국의 중앙은행을 FRB(연방준비제도이사회), 유로의 중앙은행을 ECB(유럽중앙은행) 한국의 중앙은행을 한국은행이라고 부른다.

2008년 10월 11일, 금융위기를 맞이하여 G7(선진7개국 재무장관·중앙은행총재회의)이 실시되어 자본도입의 중요성에 대하여 이야기를 나누었다. 요컨대, 중앙은행은 금융정책을 명확히 하고 유통되는 통화량을 조절한다. 시중은행에 자금을 빌려줄 때의 금리를 높이거나 낮춤으로써, 시중의 통화량을 조절하고 물가를 안정시키는 역할을 가지고 있다.

급변하는 주가·환율…대책의 효과는 나타나고 있는가

미국 정부가 서브프라임 론 문제에 발단이 된 금융위기에 투입한 공적자금 지원은 총액으로 최대 1조 3140억 달러에 이른다. 이것은 캐나다·스페인의 GDP에 상당하는 액수이다. 여기에서 더 추가될 수도 있다. FRB(연방준비제도이사회)는 9월에만 1년분 이상의 달러를 증발했다. 주식은 마구 깎여 팔리고, 주가는 점점 싸진다. 달러는 시장에서 달아나버린다. 자금이 줄어 위태로워진 기업에게 자금을 대출하고, 시장에 달러를 안정되게 공급하기 위해 달러를 계속 발행해야만 하는 것이다. 10월 시점으로 FRB 자금공급 잔고는 1조 5331억 2800만 달러이다. 서브프라임, 리먼 문제가 일어나기 전과 비교해 64%가 증가했다.

미국 정부는 국채를 발행해 자금을 조달하고 있지만, 신뢰도 낮은 미국 국채를 대체 누가 인수할까? 약 2조 달러의 가장 많은 외화를 준비하고 있는 중국이 7월 말에 5187억 달러로, 일본의 5734억 달러에 이어 세계에서 두 번째로 많은 미국 국채를 보유해, 근래 몇 년간 최대의 인수자가 되었다. 현재 중국에서는 새로이 최대 2천억 달러 규모의 미국 국채를 인수하는 안이 제출되었다. 덧붙여 말하면, 보유액 제3위는 영국의 2908억 달러이다. 전세계를 합한 미국의 국채총액은 2008년 8월 기준 2조 7400억 달러라는 엄청난 금액이 되었다. 전세계의 GDP는 합계 5430억 달러 정도이다. 미국 국채는 무디스가 매긴 등급으로 AAA 수준이었는데, 아마도 완제되는 날은 영원히 오지 않을 것이다.

그런데도 달러를 구제하지 않으면, 거래를 하고 있는 미국기업으로부터의 자금지불이 연체될지도 모른다. 전세계에서 활동하고 있는 미국기업이므로, 어느 나라건 미국의 구제는 남의 일이 아니다.

한 나라의 GDP에 맞먹는 양의 공적자금을 쓴 미국은, 국채발행이라는 연금술을 써서 다른 나라에 떠맡기고는 어떻게든 위기를 벗어났다. 하지만 아직 끝난 것은 아니다. 미국에게는 일본이 거품경제 뒤에 경험한 것과 같은 긴 불황의 파도가 기다리고 있을 것이다.

세계대공황과 아시아통화위기는 어떻게 다른가

세계대공황이란 1929년 10월 24일부터 시작된 주가 대폭락, 그에 따른 대불황이다. 미국 주가는 그 전달의 절반이 되고, 1주 동안 300억 달러를 잃었다. 이것은 당시 미국 국가예산의 10배에 이르는 금액이다.

1930년에서 1933년 사이에 약 9천 개의 은행이 파탄에 이르고, 예금자가 한꺼번에 예금을 인출해 시장에 돈이 없어졌다. 실업률은 25%에 이르고, 거리는 직업을 잃은 사람들로 넘쳐났다. 1933년 대통령에 취임한 F. 루스벨트는 뉴딜정책을 내세우며 공공사업·고용대책·생산량 조정 등으로 경제를 바로잡고, 제2차 세계대전에 따른 군수 확대와 더불어 미국경제는 원래의 규모를 웃도는 성장을 보였다.

아시아통화위기란 1997년부터 태국을 중심으로 시작된 아시아 여러 나라의 급격한 통화하락과 그에 따른 금융위기이다.

1995년 미국은 달러인상정책을 시행했고, 대부분이 고정상장제였던 아시아 여러 나라의 통화가 영향을 받고 상승했다. 헤지펀드가 시장을 조작함으로써 아시아 여러 나라는 변동상장제로 바꿔야만 했고, 그 결과 통화가치는 폭락하고 경제위기에 빠진 것이다.

이미 변동상장제였던 일본도 융자의 회수불능이 많이 일어나고, 대불황의 한 원인이 되었다. 미국의 주가 또한 적지 않은 타격을 받았다.

이번 서브프라임 문제의 발단이 된 금융위기는, 세계공황과 비슷하다. 1920년대 중반, 미국에서는 투기열이 높아져 투자신탁의 구입이 크게 유행했다. 이에 따라 미국 주가는 5년 사이에 약 5배가 되어 일종의 거품경제 상태가 되었다. 넉넉해진 국민들은 신용판매, 즉 빚을 내어 자동차·냉장고·라디오 등의 가전을 차례로 사 모았다. 한계점에 이른 투기는 급격히 식고, 자동차업계의 가장 큰손인 제너럴모터스(GM)의 주가가 하락한 것을 시작으로, 한꺼번에 팔려고 내놓아 폭락이 시작되었다.

현대의 미국 국민은 빚을 내어 주택을 구입하고, 그 주택을 담보로 새로이 돈을 빌려 그 돈은 여행이나 LCD텔레비전 구입에 썼다.

그 결과 채무가 눈덩이처럼 불어나 집을 잃고 노숙자가 된 사람은
3만 5천 명, 약 9천 세대에 이른다. 고용자 수는 약 16만 명이 줄
어들고 실업률은 6%를 넘어섰다.

수출이 뚝 떨어지고, 생산대국에서 금융대국으로 변화한 미국은
원래의 힘을 잃었다. 금융대책과 각국의 도움으로 어떻게든 공황은
벗어날 수 있었지만, 국민의 경제적 어려움은 확실히 조금씩 번지
고 있다.

세계경제구조는 어떻게 바뀌었나

1816년에 영국이 금본위제를 도입했다. 그때부터 100년 정도 금
본위제가 이어졌지만, 제1차 세계대전으로 중단되어 역사상 처음으
로 화폐통화제도가 도입된다. 그 뒤 일시적으로 금본위제로 돌아가
기도 했지만, 세계대공황의 영향으로 1937년에는 전세계가 금본위
제를 중지하고 화폐경제제도로 이행했다.

금본위제란 본위화폐를 금으로 하고, 지폐와 금의 교환을 보장하
는 제도이다. 1944년에 체결된 브레튼우즈협정에서, 금과 달러의
교환비율을 1온스당 35달러로 정하는 고정상장제가 되었다.

하지만 미국의 재정적자·무역적자가 확대되고, 달러가 미국에서
계속 유출되었다. 1971년 닉슨 대통령이 금·달러의 교환정지를 발
표한 닉슨쇼크로 고정상장제는 마지막을 고했다. 이에 따라 달러는
계속 내려가, 미국은 70년대에 불황을 맞이하게 되었다.

이 닉슨쇼크로 인해 세계의 경제정세는 크게 변화한다. 이것은
강한 미국·강한 달러의 끝을 뜻한다. 각국의 경제성장에 힘입어 이
후 달러는 점점 싸졌다.

현재의 세계경제정세는, 미국의 투기열이 가속화하고 거품경제의
상태가 된 것에서 오늘의 금융위기가 일어났다. 실물경제의 성장
이상으로 자산가격이 커지고, 투기가 멈추면 그 부풀어 오른 자산

가격을 지탱할 수 없게 된다. 애초에 가격상승을 전제로 한 자산가격이기 때문에 되돌릴 수도 없고, 불량채권이 발생한다.

WTO의 자유무역협상은 선진국에 유리한 불평등조약이다

보호주의란 수입제한이나 관세 등에 의해 자국 산업을 보호하고자 하는 생각이다. 국가가 대외무역에 간섭하고 수입제한이나 관세를 부과, 또는 수출입 품목·수량·상대국가·결제방법을 지정하는 등 무역을 관리하는 것이다. 자유무역과 상반된 생각으로 세계대공황 후, 1930년대에 유럽이 행한 블록경제 등이 보호주의의 뚜렷한 예라 하겠다.

대공황으로 큰 타격을 입은 유럽 각국은 식민지를 끌어들이고, 관세장벽을 둘러쳐서 자국 산업을 보호하고 내수를 확대하여 위기를 뛰어넘었지만 자국중심사상의 대두가 제2차 세계대전을 불러오는 계기가 되었다.

WTO(세계무역기구)는 GATT(관세 및 무역에 관한 일반협정)가 발전하여 자유무역을 실현한 국제기구이다.

① 자유(관세를 낮추고 줄임, 수량제한의 원칙금지)

② 무차별(어느 나라에서도 평등한 대우를 함)

③ 다각적 통상체제를 기본원칙으로 한다.

그러나 각국이 고용·내수확대를 위해 보호주의를 추진하면 자유·무차별·다각적 통상체제의 원칙으로 한 자유무역은 형식화되어 버린다.

19세기 말 프랑스의 경제학자 F. 바스티아의 재미있는 이야기가 전해진다. '자연광을 차단하는 법을 만들어 인공광의 수요를 창출하면 양초산업·낙농·농업 등의 원료, 자국의 많은 산업이 번성할 것이다.'

보호주의를 비판하는 비아냥거림인데, 이것은 자기 나라의 고가

이면서 성능이 떨어지는 자동차 수출을 지키려는 현재의 미국에게 도 꼭 들어맞는 말이다.

WTO는 2001년 무역장벽을 철회하는 것을 목적으로 한 국제각료 회의(도하개발어젠다)를 개최하였다. 그 후 제네바·파리·우루과이 등에서 회의가 속행되었으나 농작물 분야에서 미국과 유럽연합·일본이 대립, 더욱이 선진국과 개발도상국은 여러 분야에서 첨예한 대립이 일자 2008년 7월에 농업·광공업 분야의 협상이 결렬되었다.

이 협상이 결렬된 배경에는 개발도상국에 대한 불평등이었다. 미국은 자국의 농업에 막대한 보조금을 확보하고 있음에도 불구하고 개발도상국의 농업에 대해 보호정책을 해제하도록 요구해 왔다. 개발도상국의 농산품 관세를 대폭 삭감하지만 그럼에도 선진국은 공업제품이 개발도상국으로 최대한 들어갈 수 있도록 요구하였다. 개발도상국의 수입원 감소는 불가피해졌다. 이 교섭의 결렬을 개발도상국은 크게 환영하였다.

미국은 금융위기로 더욱더 보호주의정책을 펼치려 하고 있다. 위기라고는 하나 선진국이 불평등을 강요하며 자기중심주의의 이른바 자국의 이익을 위한 정치가 용인되어야 하나?

미국 오바마 새 정부 정책은 어떻게 되나

미국을 시작으로 각국이 대응한 협조이율인하, 공적자금투입, 달러자금공급 등의 대책으로 인해 주가 하락은 진정되어, 일단 안정을 되찾은 듯 보인다.

그러나 미국에는 널리 퍼진 불량채권 처리와 국내경제 재정비, 미국 적자국채를 새로이 구입한(차금을 짊어진) 나라들의 가계사정과 피폐한 미국의 보호주의정책에서 세계경제는 새로운 위기에 직면하게 될 것이다.

전후, 미국이 주도하여 서방 여러 나라의 경제성장을 촉진시켜

왔는데 '미국중심'이라는 경제체제도 드디어 끝나고 세계는 새로운 국면을 맞이하고 있는가. 혼란이라 하면 현재는 경기가 악화하며 물가고가 된 스태그플레이션 상태에서 원유고가 그에 추격한다. 미국 및 세계 소비는 낮아지고 거품경제 이전 같은 경제성장률은 현대 선진국에서는 실질적으로 불가능하며 겨우 경제성장을 유지할 수밖에 없다.

주가하락은 일단 멈춰섰으나 신용경색으로 자금대출이 위축되어 대출증대에는 상당한 시간을 요할 것으로 보인다. 불안정한 정세는 당분간 이어질 것이다.

미국 제44대 대통령으로 취임한 오바마는 보호주의무역을 강화할 듯하다. 피폐한 국내산업을 지키기 위해 무역에 간섭한다는 방침이다. 한국이나 EU의 수출산업, 특히 개발도상국에게 심각한 문제가 된다. 결렬된 WTO의 자유무역협상도 재개될 전망이 어둡다.

세계경제의 정체로 인해 각국은 수출감소, 엔고 진행, 주가하락이 예상된다. 주택에 관한 거품경제의 붕괴도 큰 문제이다. 영국을 시작으로 독일·스위스를 제외한 유럽 각국, 오스트리아의 주택가격이 크게 하락해 미국보다 심각한 상태이다.

2008년 11월 15일, 워싱턴에서 G20 긴급 금융정상회담이 열렸다. 각국 정상이 서로 의논하여, IMF의 자금기반 확보, 금융시장의 규제·감독, 자유무역협상의 연내합의 등이 결의되었으나 완전한 해결안은 내지 못하였다.

'금융입국화'의 아킬레스건은 무엇이었는가

국내뿐 아니라 전세계에서 금융거래가 가능하게 된 시점부터 '금융입국화'라고 하는 단어가 종종 들리기 시작했다. 금융입국이라고 하는 것은 금융업·금융비지니스를 이용하여 외화를 벌어 번창하는 힘이 있는 나라를 가리킨다. 명확한 기준은 없으므로 어떤 나라가 금융입국이라고 잘라 말하기는 어렵지만, 미국이나 영세중립국 스위스 등은 금융입국이라고 부를 수 있다.

이번 금융위기로, 금융입국이라고 크게 보도된 나라가 있다. 바로 아이슬란드이다. 북유럽에 위치한 인구 30만 명 정도의 작은 나라이지만 국민 1인당 GDP(국내총생산)의 수준이 높기 때문에, 국제경쟁력은 세계4위, 유럽 1위를 차지하는 강한 경제력을 가지고 있었다.

그러나 서브프라임 문제로 인한 금융위기에 빠져 국가파탄의 위기를 초래했다. 서브프라임 론으로 불량채권을 끌어안게 되어 국내 금융기관의 경영은 악화되었다. 자국의 화폐단위인 크로나는 30% 이상 급락했다. 자국화폐의 대폭락 때문에 외화를 얻는 것이 불가능해졌다. 2008년 10월 6일, 아이슬란드 정부는 비상사태를 선언, '은행과 국가가 함께 쓰러지는 일'을 피하기 위해, 국내의 모든 은행을 정부의 관리 아래 두는 국유화법을 제정하였다. 그 후 러시아와 IMF로부터 지원을 받아들이는 등 일단 안정을 보이고는 있으나, 은행의 국유화로 인해 발생한 외국단체의 일부 예금이 동결되어 아이슬란드에 고액의 예금을 하던 나라들로부터 불만의 목소리가 높아지고 있다.

'반글로벌 자본주의'의 내용과 그 후 세계시장은

한편으로는 글로벌 자본주의에 반대하는 조직도 있다. 반대측은 이렇게 주장한다. '글로벌주의라는 것은 막대한 경제력을 가진 대기업, 그리고 강력한 경쟁력을 가진 다국적기업에 유리한 체제이며, 규모가 절대로 크지 않은 약한 기업이 착취당해 대항할 수 없는 시장원리이기도 하다.'

또한 입안국이라고 할 수 있는 미국이 자국의 가치관과 태도를 일방적으로 강요하고 있다. 지나치게 과열된 경쟁사회가 빈부격차뿐만 아니라 환경문제도 일으킨다는 견해도 있다.

현재 세계시장은 타국과의 무역 없이는 성립이 되지 않는다. 원래대로라면 서로 협력하여 시장을 보다 좋게 만드는 것이 중요한데 반해, 이번 서브프라임 사태는 눈앞의 이익에만 급급했던 결과라고 말할 수 있다.

세계적인 금융위기가 일어난 원인의 한쪽 끝에는 세련되지 못한 자본주의가 있었다. 그러나 자본주의가 실패했다고 단정할 수는 없다.

중앙은행의 금리인하·금리인상이 시장에 불러온 효과는

서브프라임 문제가 당긴 방아쇠로서 FRB의 금리인하·금리인상을 들 수 있다. 어느 나라에서나 중앙은행은 공정금리를 신중하게 결정하지 않으면 안 된다.

금리인하·금리인상은 경제에 어떤 영향을 끼치는 것일까? 금리인하는 일반적으로 경제의 활성화에 관련된다고 일컬어진다. 금리가 내려가는 것은 기업이 저금리로 융자를 받아 자금이나 물건의 유통이 원활하게 된다는 것이다. 원활한 유통이 경기를 자극해 주가에도 영향을 끼친다.

한편, 금리인상은 기업이 돈을 빌리는 것을 망설이는 움직임으로 이어진다. '좀더 금리가 낮을 때 빌리자'고 생각하기 때문이다. 그런 이유로 시장에서의 유통은 정체, 주가하락이나 불경기를 일으킬 가능성도 있다. 그러나 주가하락은 주주에게는 기쁘지 않은 일이지만 주식의 새로운 구입자에게는 예전보다 싼 가격에 주식을 살 수 있게 된다. 금리인하·금리인상이 시장에 끼치는 영향은 각각 장단점이 있어서 상황에 맞는 공정금리가 필요하다.

미국은 주가하락의 제동과 미국 시장의 활성화를 목적으로 서브프라임 문제 이후 몇 번인가 긴급 금리인하를 실시했다. 금리인하에 의해 모든 문제가 해결되는 것은 아니지만, 하나의 계기는 된다. 언제 금리인하를 할 것인가. 몇 퍼센트를 조절할 것인가. 실행하는 것으로 큰 손해를 내지는 않는 것인가 등 갖가지 요소가 뒤섞여 판단하기 어렵다.

각국 중앙은행의 공정금리인하는 서브프라임 문제에서 불량채권을 안은 금융기관을 구하기 위해서 시행되었다고 생각된다. 금융기관이 대출을 꺼리는 것은 시장의 불경기로 이어지기 때문이다.

금융기관이 안고 있는 문제를 정리하면 금융기관의 거액 자산인 부동산채권이 서브프라임 문제에 의해 가치가 떨어져 불량채권으로 변했다. 금융기관의 신뢰회복을 위해 중앙은행의 금리인하나 나라가 채권을 사들이는 등의 구제책이 시행된다. 그러나 미국의 부동산가격은 계속 하락해 매수에 의해 일시적으로 회복한 신뢰는 다시 잃어버리게 된다.

금리인하나 자금투입 등 다양한 금융정책이 잡히고 있지만 부동산상장의 하락을 멈추지 않고서는 론의 대출회수는 어렵고 서브프라임 문제의 근본적인 해결로는 이어지지 않는다. 금리인하가 일시적 수단이라고도 말하는 이유는 여기에 있다.

로스차일드의 위기를 기회로!

1990년대 초기, 러시아에서 하이퍼인플레이션이 발생했다. 구소련시절 국내금융이나 외교 등에서 떠맡은 다양한 문제가 쏟아져 나와 자국통화인 루블이 폭락하고 국내 물가가 급등한 것이다.

소련이 붕괴되기 전, 소련의 국채는 15%의 연이율을 붙여 대출이 이루어졌다. 현재로서는 생각할 수 없을 정도의 이율이지만, 당시는 이 이율에 매력을 느끼고 많은 국가와 기업이 소련에 돈을 맡겼다. 그러나 소련이 붕괴하고 러시아가 되자, 통화인 루블을 비롯하여 러시아의 주식·채권 등의 급격한 가격하락으로 러시아 관련

서브프라임 문제가 초래하는 인플레이션은?

세계 경제의 혼란에서 탈출하는 데에는
시간이 걸린다. 더 이상 악화되는 것을
막기 위해 과거의 교훈을 되살려 행동
하는 것이 필요하다.

세계가 풀어야 할 경제문제

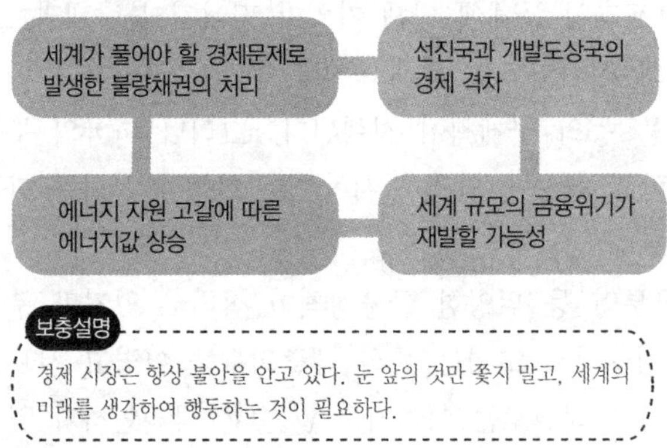

보충설명

경제 시장은 항상 불안을 안고 있다. 눈 앞의 것만 쫓지 말고, 세계의 미래를 생각하여 행동하는 것이 필요하다.

한국이 안고 있는 경제문제

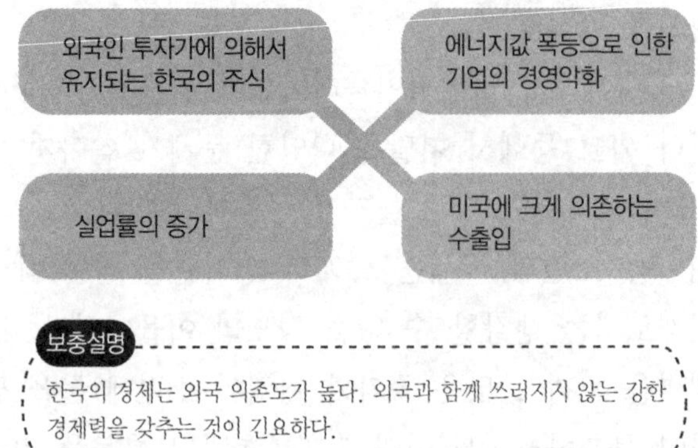

보충설명

한국의 경제는 외국 의존도가 높다. 외국과 함께 쓰러지지 않는 강한 경제력을 갖추는 것이 긴요하다.

매각이 쇄도했고, 이것을 계기로 세계금융위기가 일어났다. 금융위기 발생의 기원이 되었던 러시아에서는 국내 은행을 봉쇄하고 예금 지급을 금지하여 민간인의 예금이 정부에 몰수된 상태가 되었다. 러시아의 하이퍼인플레이션과 같이 물가상승의 위기는 언제나 도사리고 있다.

인플레이션이 발생하는 대표적인 조건은 주로 두 가지가 있다.

첫 번째는 시장에 나도는 자금이 늘어, 재화가 팔리는 추이가 호조되는 '디맨드 풀 인플레이션'이다. 돈이 있기 때문에 사람들의 구매욕구가 솟아나고, 그것이 물가의 상승을 재촉한다.

두 번째는 생산에 관한 재료비나 인건비 상승에 의해 발생하는 '코스트 푸시 인플레이션'이다. 식료품이나 에너지자원 등의 재료비를 예로 들 수 있으며, 재료비 상승에 따라 시장물가가 오른다.

미국뿐만 아니라 세계 각국이 서브프라임 문제에서 발생한 경제위기를 떠안아, 은행이 폐쇄적이 되고 시장이 침체되고 있다. 아직 여파가 있는 것은 아닐까 하고 의심을 품어, 금융업계뿐만 아니라 다른 업계도 보수적이 되는 것이 금융위기의 특징이다.

경기침체는 유통을 정체시켜 시장에 재화가 나돌지 않는 것을 의미한다. 그렇게 되면 모든 물건의 가격이 올라 인플레이션으로 이어지기 때문이다. 국가에 따라 차이는 있지만, 물가가 높아진다는 것은 사람들의 생활에 직접적인 영향을 미친다. 빈곤층에 속하는 사람들은 생활이 곤란해지고, 병자가 늘어나며 동시에 범죄율도 높아진다. 상황의 변화 없이 악화되는 일이 있으면 그것은 국가가 붕괴하는 것과도 연관된다.

한국은 식료품을 비롯하여 생활물자의 대부분을 수입에 의존하고 있다. 수입이 끊기면 급격한 물가상승이 일어날 것으로 예상된다. 이번과 같은 세계적인 금융위기가 발생했을 경우, 무역전망이 불안해졌을 때를 위해서도 국내에서의 생산력을 강화하고, 특정 국가에

의존하지 않고 폭넓은 무역관계를 유지하여, 극단적인 인플레이션
이 일어나지 않도록 대응책을 갖추는 것이 중요하다.

유대 금융황제 로스차일드는 말한다.
"아들아, 돈을 쏴라! 세계금융위기는 절대 기회다."
이희영

오직 돈만이 우리 유대의 무기다
가라! 다섯 아들아, 돈을 쏴라! 세계를 정복하라!

오직 돈만이 유대인의 무기

프랑크푸르트의 거지굴 같은 유대인 거주지역 게토 고물가게에서 환전상을 일으켜 기적의 금융 역사를 창조한 사나이, 마이어 암셸 로스차일드. 그의 다섯 아들은 다섯 개의 화살이 되어 프랑크푸르트, 런던, 파리, 빈, 나폴리에서 막대한 부를 쌓아가며 세계를 움켜쥔다. 그리고 마침내 로스차일드는 돈으로 2천년의 한(恨)을 풀어 유대민족의 꿈인 이스라엘 건국의 주춧돌을 놓는다.

그 비결은 무엇인가.

"우리의 돈버는 비결 말인가? 첫째는 5천년이라는 역사야. 오랜 영광의 전설밖에 없는 우리 민족이야. 경작할 땅도, 사냥할 숲도, 아무것도 없었어. 우리가 의지할 것은 조그만 머리와 빈곤의 밑바닥에서도 자신감을 안겨주는 영광의 전설뿐이지. 하지만 중요한 건 그 조그만 머리야. 양모, 비단, 무명, 뭐라도 좋아. 사들인 천을 두 조각으로 잘라 조금씩이라도 더 비싸게 파는 거야. 그것으로 더 큰 천을 사서 세 조각으로 잘라 같은 방식으로 파는 거야. 벌어들인 돈으로 살 수 있는 데까지 계속 천을 사는 거야. 그렇게 몇 백 번이고 되풀이하는 사이, 자기가 5000년을 이어져 내려온 장사꾼의 핏줄이란 걸 스스로 알게 되는 거야. 장사하는 건 우리의 본능 같은 거야. 어때, 간단하지?"

S. 나자만은 《유대성공법》에서 이처럼 냉소적으로 말한다.

마크 트웨인도 〈유대인에 대해서〉라는 글에서, 유대인이 유사 이래 다른 민족에게 증오와 박해를 받아온 것은 그들의 빼어난 경제적 수완 때문이라고 해석했다. 대다수 국가들이 법령을 동원하여 '무서운 경쟁자' 유대인들로부터 그들이 가진 직업을 차례차례 빼앗았지만 그 '조그만 머리'는 어쩌지 못했다. 유대인에 대한 적의(敵意)는 어떠한 분야에서도 평균적 유대인을 이겨내지 못하는 평균적 그리스도교도의 무능함에서 비롯하고, 그 무능함으로 말미암은 빈곤이 유대인에 대한 증오를 부추긴다. 유럽은 공포와 전율에 떨고 질시와 시기는 반유대, 반로스차일드라는 피의 홀로코스트를 불러왔다.

반유대는 외친다─유대 세계정복음모 비밀회의가 있다

1860년, 전세계 이스라엘동맹 대회가 파리에서 열렸다. 대회에 참석한 아도리프 클레뮤(유대인이며 프랑스계 프리메이슨의 유력한 간부, 1848년 혁명 후의 프랑스 국무장관. 프리메이슨이란 중세의 숙련 석공 길드에서 비롯된 세계 최대의 박애주의 비밀결사체를 말함)는 연설을 통해 이렇게 주장하였다.

'우리 유대인을 오랜 옛날부터 원수같이 보아온 가톨릭주의는 이미 멸망했다. 이스라엘인의 땅에 던진 망(網)은 시간이 지남에 따라 확대되었고, 우리 성서에 적혀 있는 예언은 차례로 실현되어, 예루살렘은 우리 모두의 기도의 크고 높은 전각이 되었다. 유대 일신교의 정기가 온 세상에 높이 나부낄 때가 머지않은 것이다. ……지구상에 존재하는 모든 부(富)가 이스라엘 자손의 소유가 될 날이 머지않았다.'

클레뮤는 그즈음 널리 알려진 유대인 지도자이며 프랑스 정계의 실력자였다. 그러한 그가 '우리를 원수같이 보아온 가톨릭교회는 이미 멸망했다'라고 단언하고 있다. 로마교황청은 존속하고 있지만 실상은 죽어 있는 듯하다. 프로테스탄트 그리스도교도도 많은 부분 유대의 의도대로 움직이고 있다.

1848년의 혁명 이후 영국에 이어 프랑스도 유대에게 점령되었다. 미국·영국·프랑스(및 그 속국인 벨기에·네덜란드·룩셈부르크·캐나다)는 20세기 초에 세계 대륙의 대부분과 일곱 바다의 제해권을 독점한, 사실상 세계의 주인이었다. 이런 그즈음 상황으로 볼 때, 클레뮤의 연설도 단순한 호언장담이 아니라 치밀한 계산 위에 만들어진 유대의 선언이며, 전세계 비유대인들에 대한 시위와도 같은 것이었다.

반유대는 외친다—유대 제국의 황제는 로스차일드다

세계 각 국민을 적수(敵手)로 하기 위해서는 정당하면서 효율적인 지배 시스템이 필요했다. 유대인이 구한 그 해답은 '돈'이었다. 이어 '세계 지배를 노리는 유대 7대 재벌'이 불쑥 모습을 드러냈다. 클레뮤가 '지구상에 존재하는 모든 부(富)를 이스라엘인의 소유로 하는 날이 머지않았다'고 선언한 1860년에 이미 유대세계제국의 토대는 비밀리에 완성되어 있었고, 그 제국의 황제가 로스차일드였다.

로스차일드의 창업 시조는 1744년 독일 헤센의 프랑크푸르트에서 태어나 1812년에 죽은 마이어 암셸 로스차일드이다. 그는 헤센의 영주 빌헬름 9세의 재정을 관리하면서 거대한 부를 쌓았다. 프랑스대혁명과 나폴레옹시대의 혼란을 틈타 마이어 암셸은 빌헬름 9세의 재산을 이용해 큰 이익을 얻었고 이것이 로스차일드집안 재산의 밑거름이 되었다.

마이어 암셸은 아들 다섯과 딸 다섯을 낳았다. 장남 암셸 마이어(1773~1855년)는 프랑크푸르트, 차남 잘로몬 마이어(1774~1855년)는 빈, 삼남 나탄(네이선) 마이어(1777~1836년)는 런던, 사남 카를 마이어(1788~1855년)는 나폴리, 오남 야콥(제임스) 마이어(1788~1868년)는 파리에서 저마다 로스차일드 재벌의 확고한 기반과 막대한 부를 쌓았다. 이것이 유대세계제국의 도약을 위한 첫 발판이 되었다.

마이어 암셸은 눈을 감으면서 다섯 아들에게 '묶여 있는 다섯 개의 화살'처럼 흩어지지 말고 힘을 합쳐 가업을 발전시키라는 유언을 남긴다. 다섯 형제는 아버지의 유언을 착실히 지키며 유럽 최대 금융왕국을 건설해 나간다.

로스차일드 집안의 재산은 국경을 뛰어넘은 전세계적 규모의 신탁자금으로 존재해왔으며, 또한 그것은 단순한 로스차일드 가족의 자산이 아닌 국제유대왕조의 금고였다. 유대세계제국은 이렇게 그 모습을 드러냈고, 이 제국은 마이어 암셸과 그의 아들들에 의해 통치되었다.

반유대는 외친다—로스차일드는 어디든 권력을 장악한다

유대 금융왕국의 재력은 먼저 유럽지역 유대인의 해방을 위해 쓰여졌다. 그즈음 이미 네덜란드와 영국은 유대의 낙원이 되어 있었고, 유대는 다음 목표로 프랑스 부르봉왕조를 무너뜨리기 위해 프리메이슨을 동원했다. 프랑스대혁명과 나폴레옹전쟁이 끝났을 때 유럽에는 새로운 황제 로스차일드가 등극했다.

로스차일드는 영국에서 잉글랜드은행 지배권을 손아귀에 넣었다. 물론 이 과정은 극비로 진행되어 은행 주주 리스트는 한번도 공개된 일이 없다. 로스차일드는 이 잉글랜드은행을 통해 영국이 '금본위제'를 채용하도록 했고, 다른 나라들도 영국의 뒤를 따랐다. 이렇게 해서 로스차일드는 온세계 경제를 조종하는 기구를 손에 넣는다.

그러나 잉글랜드은행의 금본위제도 알고 보면 유대 로스차일드왕조가 펼치던 많은 전략의 하나였을 뿐이다. 사순재벌(로스차일드의 집안의 하나)을 통하여 이 왕조는 인도와 중국의 주요 은행마저 지배했다. 게다가 로스차일드는 1839~40년과 1873년 및 1893년과 1907년의 불황과 경제공황을 의도적으로 연출함으로써 그리스도교도 자본가들의 재산을 '합법적'으로 빼앗아갔으며, 18세기 끝무렵부터 약 200년간에 일어난 주요한 전쟁은 모두 유대 로스차일드가 설치한 특수장치나 속임수, 바로 그것이었다.

반유대는 외친다―세계유명 매스컴은 유대 세뇌도구이다

유대는 정보를 전쟁의 무기로 여기고 조작해 왔다. 유대 저널리스트 앨빈 토플러는 《권력이동》에서 '권력의 무게중심이 폭력에서 부(금전)와 정보로 옮아가고 있다'고 했다. 요컨대 21세기가 부와 정보를 장악하는 유대세계제국이 완성되는 시대라고 예고하고 있는 셈이다. 유대에서 매스컴은 여론을 조작하기 위한 무기이며, 유대인 저널리스트는 정보전쟁의 첨병인 것이다.

로스차일드왕조는 19세기 중엽, 이 정보전쟁에 새로운 포석을 놓았다. 그것은 지금까지 백 수십 년에 걸쳐 국제 통신계에 군림하고 있는 로이터 통신사의 설립(1851년)이었다. 창립자인 폴 그리우스드 로이터 남작은 영국으로 귀화한 유대인이었다. 또 미국의 AP

(1848년)·UPI(1907년), 프랑스의 아바스 통신사(1825년)도 유대의 지배하에 있다. 워싱턴 포스트를 비롯한 미국·영국·프랑스의 주요한 신문은 모두 유대가 소유하여, 미국에서는 신문을 '쥬스(Jew's) 페이퍼'라 부르기도 한다.

19세기 후반 유대는 비유대인들을 세뇌하는 전세계적인 문화공작에 본격적으로 나섰다. 이 문화공작의 새 전술로서 '3S(스크린·스포츠·섹스)정책'이 채용되었다. 3S정책의 중심은 영화산업이며 그 주무대는 미국 헐리우드였다. 미국 영화·연극계에 유대가 개입하기 시작한 것은 1885년이었으나, 불과 10년 뒤 미국의 영화·연극은 섹스만이 난무하는 선정적 대중예술로 전락했다. 스포츠, 특히 올림픽 또한 유대전략의 일익을 담당하고 있음은 명백하다.

그러나 아무리 질시와 시기를 해도 유대는 살아 있다

반유대, 반로스차일드들의 박해는 끊임없이 계속되었다. 그러나 지금껏 유대와 로스차일드를 반대하거나 적시했던 세력은 모두 패하여 역사의 무대에서 사라져 갔다. 로스차일드집안만큼 재산을 축적하고 그것을 자유자재로 활용하면서도 대중들의 호감을 유지했던 유대인들은 역사를 통틀어 없었다.

로마는 죽었어도 유대는 살아 있듯 로스차일드는 강건한 생명력으로 이제 200살이 넘었다. 로스차일드 아버지와 아들들의 이 장대한 드라마는 20세기의 끝자락에 닥쳐온 한국의 IMF에까지 쉼없이 펼쳐지고 있다.

로스차일드가 극복해 온 '시련과 역전의 역사'는 21세기 새 밀레니엄을 맞아 급변의 시대를 헤쳐 나갈 한국인들에게 시사하는 바가 자못 크다고 하겠다.

이 책은 영국의 Andre Deutsch가 출판한 Derek Wilson의 《Roth-

schild》완역판이다. 데렉 윌슨은 탁월한 역사가이자 전기작가이며,
주요작품으로 《토머스 모어 시대의 영국》《혁명기 영국의 인간과
사회》《드레이크의 대항해》등이 있다.

신상성 이희영

아들아, 돈을 쏴라!
유대금융황제 로스차일드
차례

세계금융 위기란 무엇인가? —이희영
오직 돈만이 우리 유대의 무기다—신상성 이희영

천년을 깊은 눈물

그는 사물을 빠르게 파악하고 사업능력도 뛰어났다
인생에서 무엇이 좋은지 알고 이루려 눈물을 씹으며 애썼다

인류역사의 매우 놀라운 존재 로스차일드

독일 프랑크푸르트 게토의 가난한 집에 태어나 금력과 권력으로 유럽을 움직여온 이 유대가문은, 200년이 지난 오늘날까지 다이아몬드·금·우라늄·와인·레저·백화점·국제금융 등 세계 곳곳에서 다국적 거대사업을 무섭게 펼쳐왔다. 그 괴력은 세계경제는 물론 정치·문화에까지 엄청난 힘을 떨치고 있다.

한때 부와 권력을 거머쥐었던 사람들은 그 시대와 함께 전쟁·혁명·공황의 골짜기로 사라져갔지만, 로스차일드만은 격렬한 사회변동 위기를 역전(逆轉)의 발상으로 이겨내며 살아남았다.

그들이 피와 눈물의 시련을 어떻게 극복해 왔는지, 이데올로기의 종언이라는 대전환의 21세기를 맞아 새롭게 도래한 국제경제전쟁 현실에서 세계적 관심사가 아닐 수 없다.

그리워할 수도 없을 만큼 지독히 궁핍했던 옛날 한 초라한 마을에서 이 불굴의 이야기는 시작된다.

1944년 3월, 연합군의 폭격으로 그곳은 흔적도 없이 사라져 버렸

다. 이제 프랑크푸르트 암 마인을 찾아오는 사람은 복잡하게 뒤얽힌 도로 한복판에 조금 남아 있는 중세 성벽에서 역사의 흔적을 더듬을 수밖에 없다.

그 성벽 바로 뒤가 그리스도교도 거주지에서 격리된 유대인거리였다. 그곳에는 빽빽이 들어선 누추한 집들이 8백 미터쯤 처마를 잇대고 서 있었다.

시대와 더불어 사라져간 것 가운데, 구시가지 입구 브뤼켄문의 장식화가 있다. 그 그림에는 돼지등에 올라탄 한 랍비(유대교 선생)가 돼지 꼬리를 들어올리고, 다른 랍비가 돼지똥을 받아 먹는 것을 악마가 지켜보는 모습이 그려져 있었다. 아래에서는 유대인 아기가 돼지젖을 빨고 있다. 이 그림의 메시지는 유대인과 돼지는 시내로 들어올 수 없다는 것이다.

프랑크푸르트. 유럽 자유상업도시였던 이곳에서도 유대인은 그리스도교도와 전혀 다른 삶을 살았다. 두 종교는 여러 세기에 걸친 증오와 질투와 의혹으로 반목하고, 반유대주의자들은 약탈·방화·집단살륙을 일삼았다.

유대인을 몰아세우는 외침소리가 거리에 울린다.

"헤프! 헤프! (의미없이 마구 다그치는 소리)"

유대인은 서둘러 아이들을 집 안으로 불러들이고 문을 굳게 닫고는 공포에 떨며 숨을 죽인다. 여자들은 아이들을 꼭 부둥켜 안고 마음 죄며 눈물을 흘린다. 그러면서도 유대인은 희망을 버리지 않았다.

사람들은 유대인거리를 게토라고 불렀다. 게토라는 말은 '작은 동네'라는 뜻의 이탈리아어 '보르게토'에서 유래한다.

그리스도교도는 게토에 다닥다닥 붙어 사는 유대인들을 냄새나고 더러운 하찮은 짐승으로 여겼다. 문화의 장벽으로 뚜렷이 갈라져, 유대교 랍비도 그리스도교 사제도 자신들의 문화를 지키는 일에서

한 치의 양보가 없었다.

1460년 프랑크푸르트 그리스도교 장로회에서 유대인 열한 가족을 이곳으로 옮겨 살게 했을 때는 그래도 견딜 만한 상황이었다. 굴욕적인 이주가 아니라 다만 유대인을 그들과 다른 곳에 살게 하려는 목적이었기 때문이다. 그러나 인종격리가 축복받는 정책일 리 없었다. 편견과 공포에서 탄생했기에 필연적으로 폭력과 야비함과 인간 존엄성에 대한 모욕이 따랐다.

유대인 인구는 자꾸만 늘어도 게토 밖으로 뻗어나가지 못했다. 게토주민은 볼일 있을 때 말고는 시내에 들어갈 수 없었다. 일요일에는 출입이 더욱 철저히 금지되었다. 유대인 주부는 프랑크푸르트 상점에서 물건을 살 수 없고, 아이들은 길가에서 놀 수 없었다.

1750년에는 3000명의 유대인이 짐승우리에 갇히듯 게토의 200채 집에 처넣어졌다. 그 45년 뒤 한 외국인 여행자는 이렇게 쓰고 있다.

지붕 밑까지 온갖 틈새에 비좁은 방이 촘촘이 들어서 있다. 유대인들은 자기네 움막을 빠져나와 온갖 쓰레기가 나뒹구는 골목에서 바깥공기를 호흡하면서 그나마 이렇게라도 살 수 있어 운좋은 편이라고 생각했다.

15세기에 지어진 상가(商家) 건물은 계속 조각조각 나뉘고, 집과 집 사이 틈새며 뒤뜰에 또 집이 들어섰다. 길 양쪽 땅바닥이 새로운 건물로 꽉 메워져버릴 때까지 집들이 들어찼다. 때로 건물이 무게를 견디지 못해 여러 채가 잇따라 쓰러지는 일도 있었다.

1711년에는 큰 화재로 시가지가 모조리 불타버렸다. 그래도 '라트'라 불리는 프랑크푸르트시의회는 게토의 생활조건개선에 아무 관심도 없었다.

프랑크푸르트는 커져도 유대인거리는 그대로였다. 게토는 그리스
도교 시민의 넓은 저택에 둘러싸여 점점 파묻혀갔다.

1678년의 지도를 보면 좁은 구시가지와 새로 지어진 성채까지 뻗
은 신시가지의 넓은 주택지 사이에 유대인거리가 끼어 있다. 유대
인에게는 이웃한 신시가지의 깔끔한 주택지를 들여다보는 일도 허
용되지 않았다.

1702년의 '유대인 주택법'은 다음과 같이 포고하였다.

　　그리스도교도 집이 유대인에게 들여다보이지 않도록(유대인집
　　창문은) 벽 속에 파묻을 것.

게토주민이 볼 수 있는 것은 자신들 내면세계, 유대인거리의 물
건판매대와 시궁창, 파랑과 검정 줄무늬 베일을 두른 여자들, 오로
지 법률에 정해진 대로 모자를 쓰고 카프탄을 입고 거리를 오가는
남자들——그런 광경에 한정되었다.

유대인거리는 북쪽이 보른하이머 성채로 가로막히고 남쪽은 몬히
스문으로 구획지어진 폐쇄된 지역이었다. 거기에 들어가려면 라트
와 유대인거리 대표의 허가를 받아야 했다.

이렇듯 통행을 제한하는 것은 주민들을 보호한다는 명분이었지만
사실은 그리스도교도들이 더럽혀지지 않도록 하기 위한 것이었다.

게토사람들은 늘 반유대주의에 시달렸다. 유대인이 아이들을 유
괴해 유월절 축제 빵에 그 피를 섞어 반죽한다는 이야기까지 떠돌
았다.

성직자들은 자주 게토주민의 옷에서 나는 냄새를 지옥의 악취에
비유했다. 그들은 유대인이 빈곤에 허덕이는 것은 그들이 하등생물
이라는 증거라고 여겼다.

가난에서 벗어난 몇몇 유대인도 사정은 비슷했다. 직업 길드에서

제외된 유대인이 할 수 있는 일은 대금업(貸金業)과 장사뿐이었다. 그것도 중세 그리스도교회가 대금업을 금지하여 유대인에게 남겨졌을 따름이다.

그러나 성공한다 해도 분노와 시기와 비방을 받을 뿐이다. 어떤 유대인이 그리스도교도에 버금가는 부를 쌓았다면, 그것은 그 유대인이 악마와 손잡은 증거였다. 악마의 명령으로 그리스도교도로부터 돈을 모조리 쥐어짜냈다는 것이다.

반유대주의는 무지한 미신과 폭도의 편견만으로 나타나는 게 아니다. 칸트 같은 대철학자도 반유대주의를 지지했다.

유대인은 팔레스타인땅에서 쫓겨나 유럽인 속에 섞여 살게 되었다. 그들은 대부분 대금업에 종사하며 사람을 잘 속인다고 한다. 이것은 얼마쯤 사실이다. 유대인은 대금업민족이라고 여겨도 좋다……유대민족은 대부분 자신이 사는 나라에서도 유대신앙관습으로 단결하고 있다. 때문에 그 나라에서 출세를 꾀하지는 않지만, 대신 자기네를 받아들여준 나라 사람들의 허를 찌름으로써, 심지어 자기들끼리 서로 속여가면서까지 그 보상을 얻으려 한다. 유대민족 전체가 사회의 생산적 활동에 기여하지 않는 상인들이니 어쩔 수 없는 일이리라.

칸트의 제자 피히테는 유대인의 생활조건개선 따위는 송두리째 부정하며 말한다.

"유대놈들에게 시민권을 주려면, 한밤중에 놈들 목을 모조리 갈아치워 유대사상이 전혀 남아 있지 않게 하는 수밖에 없다."

독일사회 모든 계층이 유대민족을 경멸했다. 밤에는 반드시 문을 꼭 잠그고 소동이 일어날 듯할 때는 집 밖으로 나오지 않도록 유대인거리 지도자들이 사람들에게 늘 당부하는 것도 당연했다.

밖에서 압력이 주어지면 물질은 안으로 더욱 단단하고 견고해지듯 여러 세기의 탄압, 천년에 이르는 박해로 유대인은 유럽에서 가장 긴밀하게 맺어진 민족이 되었다.

게토에서는 남녀 모두 유럽민족의 신앙과 문화보다 훨씬 오랜 하나의 종교, 하나의 역사적 사명으로 굳게 단결했다. 다른 민족의 박해는 유대민족으로서의 일체감과 의지를 강화시켜 주었다.

프랑크푸르트 게토에서 자란 19세기의 한 유대작가는 이 민족의식을 다음과 같이 표현하고 있다.

프랑크푸르트 유대인거리에서는 독일 전지역에서 1년 동안 발휘된 것보다 더 많은 창의와 연구가 단 하루 동안에 이루어진다. ……몇 백 년에 걸쳐 이 거리에서는, 밖에서 온갖 포악함이 미쳐 날뛰어도 안에서는 인간다운 삶이 이루어져 온 것이다. 아무리 박해가 심해도 이곳에는 신앙과 올바른 마음과 정의가 살아숨쉬고 있다.

게토의 생활중심은 물론 유대교회당(시나고그)이다. 이곳의 유대교회당은 1711년 화재로 불탄 뒤 새로 지어졌다. 세 개의 양파모양을 한 둥근 지붕이 눈에 띄는 멋진 건물이었다.

유대인 가운데에는 엄격한 규율이 싫어 게토에서 달아난 이들도 물론 있었다. 그러나 대부분의 사람들은 자기 생활에 충실했다. 여자는 늘 집 안을 깨끗이 정돈하고 남편을 열심히 뒷바라지했으며 아이들을 예의바르게 키웠다. 이웃들은 병자가 생기거나 재난이 닥치면 서로 도왔다.

나날의 생활은 오로지 유대교 율법 토라와 탈무드에 따라 영위되었다. 그 생활의 정점을 이루는 것은 축제일이다. 이를 담당하는 공직자에게는 급여가 지불되었다——랍비, 제식용(祭式用) 정육담당자, 기도문 독창자, 교회사무원, 묘지관리자 등.

프랑크푸르트의 유대인은 죽어서도 혼잡을 피할 수 없었다. 1241년에 좁은 묘지땅이 주어진 뒤 여러 차례의 청원에도 불구하고 전혀 늘어나지 않았다. 이미 조성된 묘지를 건드리는 것은 죽은이를 욕되게 하는 의식적 문제가 따르므로, 무덤 위에 흙을 덧씌워 새로운 무덤을 만들었다. 이 유대공동묘지는 1828년에 폐쇄될 때 묘석수가 5930기에 이르렀다.

그 소박한 화강암 분묘 하나에 로스차일드 집안 첫주인의 이름이 보인다.

이작 엘하난, 1585년 사망.

이 사나이에 대해서는 그가 1560년대 유대인거리 한 곤궁한 집에 살았으며, 그 집의 특징은 방패모양의 빨강간판, 즉 '빨강방패(rot schild)'였다는 사실만이 알려져 있다.

유대인에게는 성(姓)이 허용되지 않으므로 이작의 자손에게도 이름만 주어졌다——바하라크, 한, 바크, 바우어 등. 그러나 그들이 사는 집에 연유한 이름은 세대가 바뀌고 주거를 옮겨도 계속 남겨져 '빨강방패＝로트실트＝로스차일드'라고 알려지게 되었다.

이작이 세상을 떠난 뒤 백여 년 동안 그 자손들은 얼마쯤 번영했다. 1690년 기록에 의하면, 6000플로린의 가처분소득을 바탕으로 가장에게 세금을 부과하고 있다. 이 정도 수입이면 가족을 부양하기에 충분했다.

좁은 게토사회에서는 어느 정도의 재산과 지위가 있으면 곧 두드러져 보인다. 세월이 흐르면서 로스차일드는 착실하게 재산을 늘려

나갔다.

1750년대에 암셀 모제스라는 로스차일드 집안 사람이 있었다. 유대인에게는 사치품 거래를 금지하는 시 법률에도 불구하고 비단 등의 상품을 팔았다는 기록이 보인다. 그는 아버지로부터 환전상(換錢商)도 물려받았다.

그즈음 독일은 235개 공국 및 공작령에 51개 도시가 있어 저마다 독자적인 화폐를 발행했다. 그래서 프랑크푸르트 같은 큰 상업중심지에서는 오스트리아 달러, 색슨 탈레르, 베스트팔렌 경화 및 그밖의 몇 백 가지 화폐의 순도(純度)며 교환시세에 정통한 상인이 필요했다.

모제스는 사업을 차츰 발전시켜 은행으로 확장해 나갔다. 그 분야에서 모제스가 처음은 아니어서, 이미 요제프 지스 오펜하임이라는 유대인 은행가들이 활동하고 있었다.

오펜하임의 경력은 유대인이 비참한 게토에서 탈출하는 오직 하나의 방법을 보여주는 좋은 예였다. 그는 프랑크푸르트에서 태어나 친척이 은행업을 하는 하노버로 옮겨갔다. 그곳에서 뷔르템베르크 공의 신임을 얻어 공작의 재무대신이 되었다. 부유한 공작에게는 유능한 재무관리자가 필요했고, 대부분 유대인이 고용되었다.

이 눈부신 성공은 모제스에게도 꿈과 기회를 주었다. 모제스는 오펜하임에게 접근하여, 그 은행업의 일부를 맡아보게 되었다.

궁정유대상인 생활은 특권이 주어지고 장래도 보장되었다. 그들은 자유롭게 통행했으며, 유대인 인두세(人頭稅)를 면제받았다. 주거와 복장에도 굴욕적 제한을 받지 않았다.

그러나 대공의 비호에만 의존해 살므로 생활기반이 불안정했다. 대공쪽에서 보면 이것이 큰 이점이 되어, 마음껏 부리며 안심하고 재정관리를 맡길 수 있었다. 아무리 세금을 부과해도 비난의 화살은 모두 유대인 재무대신에게로 날아갔던 것이다.

1737년에 뷔르템베르크공이 세상을 떠나자, 비호세력을 잃은 오펜하임은 적들의 비난을 받고 쫓겨나 재판에 부쳐졌고 이듬해 처형대의 이슬로 사라졌다.

그러나 오펜하임의 실각이 모제스에게는 그리 영향을 미치지 않았다. 그는 장사를 여전히 계속하면서 발전을 거듭해나갔다.

그 몇 해 뒤 모제스는 결혼했다. 1744년 2월23일에 장남이 태어났다. 이름은 마이어 암셸이라고 지었다.

아버지가 영리한 마이어에게 거는 기대는 각별했다. 그래서 아들이 학교 다닐 나이가 되자 집에서 200킬로미터나 떨어진 피르트의 랍비양성학교로 보내기까지 했다. 여기서 마이어는 독일어와 헤브라이어를 공부했다.

이 소년은 피르트에서 무엇이든 수집하는 열정을 획득한 것 같다. 이 수집욕은 그 자신의 사업확장에는 물론, 대대로 이어지는 로스차일드사람들의 매우 중요한 특질이 되었다.

학교에 다니는 동안 마이어는 유대인거리 밖의 넓은 세계와 그 세계를 흔드는 격동적인 움직임에 눈뜨게 되었다. 그가 태어난 무렵은 유럽이 종교개혁 이래 끝없는 혼란과 개혁에 맞닥뜨리고 있던 대격변의 시기였다. 역사가는 이때를 '계몽주의시대'라고 부른다.

계몽주의는 유럽사회를 완전히 뒤바꾸어 놓았다. 그 대전환기에서 유대인은 가장 많은 영향을 받은 민족의 하나였다.

마이어가 4살 무렵, 극작가이며 철학자인 고트홀트 레싱의 '유대인'이라는 작품이 라이프치히에서 초연되어 큰 돌풍을 일으켰다. 주인공인 유대인이 악한도 바보도 아닌, 문화적으로 세련된 고귀한 성품의 인물로 그려진 것이다. 그 민족차별 비판사상은 많은 지식인을 매료시켰다.

1755년에 레싱은 모제스 멘델스존(작곡가 멘델스존의 조부)과 만나 친교를 맺는다. 몸집이 작고 볼품없으며 등굽은 유대인 멘델스존은 그즈음 가장 뛰어난 지식인 가운데 한 사람이었다. 철학을 전공하는 학생들은 앞다투어 그의 책을 읽고, 그의 가르침을 받으러 그가 사는 베를린의 비단공장으로 몰려갔다.

멘델스존과 레싱의 만남은 유럽사상사의 중요한 전환점이 되었다. 멘델스존은 이윽고 유대교 계몽주의라 할 만한 하슈칼라를 전개하기에 이른다.

하슈칼라는 유대의 종교와 법을 이성(理性)과 결부시킨 것으로, 그리스도교와 유대교 종교학자들이 쌓아온 배타적 장벽을 무너뜨려 서로 문화를 교류해야 하며, 하나의 신 아래 모든 인간이 평등하다는 사상을 세운 것이다.

오늘날의 그리스도교도 가운데 빛을 얻으려는 이는, 저마다의 진리와 성전(聖典)이 다르다 하여 유대교도에게 싸움을 걸어선 안된다. 서로 힘을 합쳐 교의(敎義)의 모순이 근거없는 것임을 입증해야 한다.

이 일은 오늘날 가장 중대한 과제이다. 교의상 차이를 논쟁하는 것은 뒤로 미루어도 좋지 않겠는가. 지금은 힘을 모아 서로를 위협하는 불신을 제거해야 한다.

이제 서로를 적대시하는 논리의 오류를 들춰내어, 그러한 대립이 겉으로만 그럴싸해 보이는 것임을 밝혀내야 한다.

이러한 사고방식은 그즈음의 지배적 랍비와 보수적 그리스도교도들, 그리고 '앙시앵 레짐(옛제도)'을 지지하는 이들로부터 맹렬한 반발을 받았으며, 장기적으로 그리 영향력을 미치지 못했다.

그러나 유럽에는 새로운 기운이 넘치고 있었다. 그리고 이 새로운 정신을 배경으로 마이어 암셀 로스차일드와 아직 태어나지 않은 그의 다섯 아들이 지금까지 유대인으로서는 상상도 할 수 없었던 꿈을 실현시켜 나간다.

마이어가 11살 때 프랑크푸르트에 천연두가 번졌다. 아버지 모제스가 세상을 떠나고 곧이어 어머니마저 숨졌다. 마이어는 학업을 포기해야 했다. 어린 나이에 누이와 아우 넷을 거느린 가장이 되어 인생설계를 바꾸게 된 것이다.

한 친척이 아버지의 옛친구인 하노버시 금융업자 오펜하임의 견습생이 되도록 도와주었다. 오펜하임 집안은 예전의 불운을 딛고 일어서 은행업을 계속하고 있었다.

마이어는 그곳에서 6년 동안 일했다. 그동안 그는 많은 유력자와 실업가를 만나볼 수 있었다. 그들은 사치스러운 옷차림에 호화로운 마차를 타고 다녔다.

마이어는 생각했다.

'이러한 사람들과 관계 맺어 그 신용을 얻는다면 부와 영화를 손에 넣을 수 있을 것이다. 그들은 돈을 어떻게 쓸까? 그들이 사고 싶어하는 것은 무엇일까? 그 돈 가운데 얼마쯤 내 손으로 운영할 수 있는 방법이 없을까?'

그 시절에는 수집이 유행이었다. 돈많은 귀족과 부호들은 예술작품과 골동품을 사들여 자신의 명성을 과시했다. 고대 그리스·로마시대 조각과 르네상스의 회화·책·보석 등을 닥치는 대로 모아서 궁전과 성을 장식했다.

마이어는 골동품에 눈을 돌려 조금씩 공부도 하고 수집도 하며 그 길의 전문가가 되어갔다.

그가 관심가진 것은 옛화폐였다. 마이어는 어릴 때 이미 특수하게 주조된 색다른 옛화폐 식별기술을 아버지에게 배워 알고 있었다.

그러던 중 하노버에서 그는 폰 에스토르프장군을 알게 되었다. 그는 헤센 카셀공국 계승자인 하나우공(公) 빌헬름의 상담역을 맡아보고 있었다.

장군은 꽤 열성적인 수집가였다. 그의 친구들 또한 옛화폐나 골동품들에 흥미를 나타냈다. 마이어가 그것을 놓칠 리 없었다. 그의 해박한 고전학(古錢學)과 미사여구로 씌어진 카탈로그를 호기심에 읽어본 장군과 그의 친구들은 물건을 사주었다.

이에 힘을 얻은 마이어는 손수 공들여 만든 화려한 카탈로그를 주변의 다른 여러 제후며 공작들에게도 보냈다.

어느 날 마이어는 드디어 부호인 영주 하나우공 빌헬름을 직접 만나는 행운을 잡았다. 빌헬름은 마침 체스에 이긴 뒤라 기분 좋은 나머지 마이어의 진기한 메달과 옛화폐를 많이 사주었다. 이것은 1760년대 일로, 로스차일드가 국가귀족과 첫번째로 한 거래였다.

빌헬름과의 이 만남에 마이어는 남다른 의미를 부여했다.

'내가 노리는 것은 당장의 돈벌이보다 관계를 맺는 일이다. 만일 이 관계가 잘 되어간다면, 유럽에서 가장 돈많은 권력가의 궁정 어용상인이 될지도 모르지 않는가.'

이런 생각에 그는 빌헬름과 언제나 값싸게, 때로는 원가보다도 싸게 거래하곤 했다. 그는 사업에 있어 미래를 내다보는 안목을 가졌던 것이다.

그즈음 프랑크푸르트의 이웃에는 다름슈타트·바이마르·하나우·카셀 등 작은 공국들이 있었다. 괴테가 예술을 사랑하는 바이마르공 아래에서 자유롭게 활동할 수 있었던 것도 바로 이때였다.

카셀에서는 헤센 카셀집안이 지배자로 군림하고 있었다. 카셀과 그 지배 아래 놓인 하나우는 바이마르와 전혀 분위기가 달랐다.

빌헬름의 조상은 1618년 이래 전쟁으로 돈을 벌었다. 그 집안의 상품은 독특하게도 무력(武力)이었는데 이것을 팔아 돈을 벌어들였다. 전투가 벌어지는 곳에는 반드시 헤센의 독일인 용병부대가 있었다. 영국·프로이센·스웨덴 및 그밖의 유럽대륙 권력투쟁에 투입된 병사 한 사람 한 사람이 헤센 카셀백작의 금고에 엄청난 돈을 벌어주었다. 그는 병사가 한 명 죽을 때마다 특별위로금까지 받아냈다.

그 죽음의 거래로 벌어들인 이익에 왕가와의 몇 차례 정략결혼이 더해져 재산은 엄청나게 늘어만 갔다. 그들은 카셀을 장원과 저택과 화랑이 딸린, 북유럽에서 가장 세련되고 화려한 도시로 만들었다. 그들이 사는 호사스런 빌헬름스호어궁전은 다른 공국들의 부러움을 사곤 했다.

그들은 벌어들인 수입을 낭비하지 않고, 일부는 투자하고 나머지는 다른 정부에 높은 금리로 빌려주었다. 헤센 카셀백작은 대기업을 경영하듯 국가를 운영한 것이다.

이 사업의 최고경영책임자 지위계승자가 바로 마이어가 공들이고 있는 사나이, 그 지위에 멋지게 어울리는 인물 하나우공 빌헬름이었다. 그는 마이어 암셀보다 한 살 위로, 정력적이고 의지가 강하며 저돌적이고 탐욕스러웠다.

성년이 되자 빌헬름은 온갖 일에 정열을 쏟아부었다. 매춘(그에게는 70명 넘는 사생아가 있었다)도, 전통문화 연구도, 군대교련(그는 병사들 단추가 반짝거리게 잘 닦여져 있는지 일일이 살펴보고, 턱수염 길이를 재기 위한 자를 늘 가지고 다녔다)도 그에게는 모두 중요한 일이었다. 한편 옛화폐 수집에 대한 열정도 뜨거웠다.

18세기 첫무렵 빌헬름의 아버지 헤센 카셀백작 프리드리히 2세는 영국국왕 조지 2세의 딸을 왕비로 맞아 영국왕실과 인척이 된 이래 용병들을 주로 영국에 팔았다. 1776년부터 83년에 이르는 미국독립 전쟁에서 영국이 많은 군인을 필요로 했기 때문이다.

빌헬름은 1761년부터 프랑크푸르트에서 20킬로미터 떨어진 하나 우궁전에 살기 시작했다. 마이어 암셸이 하노버에서 프랑크푸르트 의 유대인거리에 있는 집으로 돌아온 것은 그 몇 달 뒤 일이었다. 그때 그는 빌헬름공과의 사이에 맺어진 거래관계를 더욱 강화시키 려 결심하게 된다.

야망을 이루려면 오랜 세월이 걸리는 법이다. 18살의 가장 마이 어 암셸은 온갖 종류의 옷감, 와인, 가죽 등을 파는 잡화점을 시작 했다. 프랑크푸르트 시장상인들이 가져오는, 장사가 될 만한 물건 은 무엇이든 취급했다. 그러는 한편 가업인 환전상 일도 함께 보았 다.

그러나 바깥세상을 구경한 이 젊은이는 게토의 전통적 매매양식 이 마음에 들지 않았다. 그는 안목있는 부자들만이 사들일 사치품 에 관한 기호와 지식을 갖추고 있었다.

그는 자신이 팔고 있는 진기하고 아름다운 물건의 호화로운 카탈 로그를 해마다 만들었다. 그 품목은 나날이 다양해졌으며, 값도 차 츰 올랐다.

1783년에는 아래와 같은 카탈로그를 만들었다.

동전과 메달, 그밖에 몇 가지 입상(立像) 등 조각상, 다이아몬 드가 박힌 액자에 든 그림을 소장하고 있습니다.

미술애호가로서 이런 물품을 감상하고 싶은 분이 계시면, 특별 히 낮은 가격으로 배달해 드리겠습니다.

그는 프랑크푸르트 주변 대저택과 성에 사는 신분 높은 사람들에 게 카탈로그를 보냈다. 그리고 가게는 아우들에게 맡기고, 먼 궁전의 대기실을 찾아다니며 하급관리들을 상대로 장사했다. 헤센 카셀 집안뿐 아니라 독일에서 사회적·정치적으로 힘있는 다른 권력자들과도 조금씩 계약을 맺어갔다.

어느 날 그는 중앙유럽에서 기묘하고도 활기있는 일을 하는 투른 탁시스집안을 단골고객으로 만들었다. 그들은 신성로마제국의 하나뿐인 공식우편기구를 독점관리하고 있었다.

그들의 프랑크푸르트 사무소에는 독일과 오스트리아 사이의 산적이 날뛰는 험한 길을 속달우편을 가지고 재빠르게 오가는 배달조직이 있었다. 황제의 인가를 받아, 또는 충성심으로 때로 그들의 일은 우편배달영역을 넘어서기도 했다. 빈에 관련된 내용일 듯 싶으면 편지를 개봉해 옮겨 적고 다시 밀봉했던 것이다.

그들 집안에 대한 봉사로 마이어는 황제의 궁정과도 얼마쯤 가까워졌다. 더욱 중요한 일은 이때 그 신속한 전달시스템을 눈여겨보고 그 중요성을 배운 것이다.

빠른 정보가 부를 낳는다──는 가르침이었다.

마이어 암셸은 그것을 마음에 깊이 새겼다. 몇 년 뒤 그가 아들들과 국제규모의 금융조직을 확립할 때, 그들이 만든 재빠른 전달기관에 힘입어 성공할 수 있었다. 그들은 시장의 흐름, 상품가격, 주된 정치사건 등의 정보를 경쟁자보다 빠르게 손에 넣어 번영을 이룬 것이다.

20살이 된 마이어는, 유대거리의 좀 나은 구역에 사는 상인 잘로몬 바루크 슈내퍼의 딸 구틀레를 알게 되었다. 그녀는 몸매가 자그마하고 건강하며 비프스튜를 맛있게 끓이는 17살 된 아가씨였다. 지참금이 2400플로린쯤으로 마이어에게 알맞고, 성품도 따사로웠다. 야망에 찬 마이어 암셸의 이상적인 반려가 될 것 같았다.

마이어가 그녀를 만나는 횟수는 잦아졌으나, 그도 그녀의 아버지도 결혼에 대해 명확한 판단이 서지 않아 결정을 내리지는 못했다.

이때까지 마이어의 야망은 고향에서 그리 멀리 떨어져 있지 않았다. 유력한 고객들의 호응으로 사업이 확장되었지만, 그의 운명은 빌헬름의 지원에 달려 있었다.

1769년, 그는 지금이 바로 빌헬름의 비호를 구할 시기라고 판단했다. 그는 힘차고 호소력 있는 문장으로 정성들여 청원서를 썼다.

지체 높으신 영주님께

기쁘게도 저의 보잘것없는 옛화폐가 영주님을 조금이나마 즐겁게 해드린 데 대해 큰 행복을 느낍니다. 영주님의 신하 소인 로트실트에게 하명해 주신다면 언제 어느 때든 높으신 영주님께 즐거움이 되도록 미미하나마 모든 힘과 자력(資力)을 바치겠습니다.

황공하옵게도 지체 높으신 영주님께서 만일 궁정어용상인으로 저를 임명하시는 영광을 베풀어주신다면 저는 그 일에 온갖 노력을 다할 것입니다. 목숨을 걸고 이 같은 청원을 하게 된 것은 어떤 문제도 일으키지 않고 영주님의 일을 수행할 확고한 신념을 갖고 있기 때문입니다.

제가 삼가 말씀 올리는 바가 이루어져 이끌어주심을 받게 될 때에는 그로 말미암아 영주님의 사업상 지위가 더욱 높아지시고, 프랑크푸르트는 모든 부문에서 으뜸가는 도시가 될 수 있음을 감히 확신하는 바입니다.

1769년 9월21일, 유대인거리 가난한 한 구역에서 수염이 검게 난 등굽은 젊은이가 간판에 못질을 하고 있었다. 그 간판에는 헤센 하나우집안 문장(紋章)이 들어 있고, 그 아래에 금글씨로 다음과 같이 적혀 있었다.

M.A. 로트실트(빨강방패), 하나우공 빌헬름전하 궁정어용 상인으로 임명함.

어용상인이란 단순한 명예에 지나지 않는다. 궁정과 거래하게 되었음을 세상에 확인시키는 것뿐이다. 그러나 이것은 초라한 유대인 거리를 흥분시키기에 충분한 사건이었다. 감격한 집주인은 마이어가 오랫동안 바라던 집의 권리 중 일부를 양도해 주었고, 그때까지 별로 마음 내켜하지 않던 구틀레의 아버지도 딸을 시집보내기로 결정했다.

구틀레는 마이어 암셸과의 사이에서 22년 동안 모두 16명의 자식을 낳았다. 그 가운데 아들 다섯과 딸 다섯——열 명이 살아남아 건강하게 자랐다.

'냄비' 표지가 붙은 집에서 그들은 살았다. 그곳은 장사하는 장소이기도 했다. 아이들 웃음소리와 떠들썩한 소리로 늘 시끄러웠다. 그들은 행복했다. 장사도 순조로웠다.

마이어와 구틀레는 신앙심이 돈독하여 아이들을 '선택된 유대백성'의 율법과 탈무드에 어울리게 교육시켰다. 가정생활에서는 오랜 관습인 유월절·오순절·신년제·속죄의 날을 엄격하게 지켰고, 대문 밖으로 나서면 함께 괴로워하고 함께 기도하는 유대인사회 속에 더불어 살았다.

이 전통이 지배하는 작은 세계에도 새시대를 알리는 계몽의 빛이 스며들었다. 마이어는 유대인에게 희망과 함께 의혹과 두려움도 안겨준 이 진보적 사상에 이끌린 몇 안 되는 사람 가운데 하나였다.

모제스 멘델스존의 제자로 스스로 마스킬림이라고 부르는 사람들이 팸플릿과 정기간행물을 만들어 배포하며 그 운동을 펼쳐나갔다. 그들은 이디시어(유대독일어)가 아닌 헤브라이어를 쓰고 유대인들에게 자신이 사는 나라의 문화를 공부하도록 권유했다.

또 다른 자극도 있었다. 1782년에 황제 요제프 2세는 관대한 명령을 내렸다. 유대인이 그 부와 재능을 게토 밖에서도 활용할 수 있도록 한 것이다. 구별된 의복착용과 인두세를 폐지하고 교육도 장려했다. 그리고 남자는 병역의무를 하도록 시민으로 등록하게 했다.

이 혁명적 법률이 프랑크푸르트에는 적용되지 않았지만, 빈에 등장한 자유주의와 마스킬림 사상이 유대인거리와 교회당 등 사람들이 모이는 곳마다 큰 화제가 되었다.

마이어 암셀도 그 영향을 받았다. 그는 인종 편견을 없애기 위한 운동을 환영했으며, 열린 사회는 상업적 이점이 있다고 생각했다.

1792년에 그는 멘델스존이 베를린에 세운 '자유학교'를 본따 '박애학교'라는 유대인 학교를 세우려 했다. 새로운 가치관을 가르치려 한 것이다. 그러나 유대인사회 내부 보수세력의 반대에 부딪쳐 1804년에야 문을 열 수 있었다.

이것은 로스차일드가 경험한, 보수적 유대인에 의한 최초의 반대였다. 그리고 10년 동안 마이어와 그의 아들들은 유럽사회와 정치를 덮친 혁명적 권력전환을 최대로 이용하려 했지만, 자주 동화와 배척의 권력투쟁에 말려들었다.

1770년대와 80년대에 마이어의 최대목표는 이교도 세계까지 상업기반을 넓히는 일이었다. 특히 빌헬름공의 재정을 한 손에 쥔 카를 프리드리히 부더루스와 친하게 지내려 애썼다.

부더루스는 재무담당관으로 빌헬름의 궁정에 근무하고 있었다. 아직 젊은 그는 탈레르 아래 화폐단위인 헬러를 반올림하는 간단한 방법으로 영주의 목장우유 수입을 늘려, 자산축적에 남다른 관심을 보이던 빌헬름의 마음을 흡족케 했다. 빌헬름은 이 발견이 몹시 마음에 들었던지 개인재산관리까지 부더루스에게 맡겼다.

빌헬름의 많은 자식들을 먹여살리는 재원으로서 소금세 창설에 힘쓴 사람도 부더루스였고, 진귀한 술이며 오래된 동전 등 특이한 상품을 가지고 모습을 나타내는 마이어 암셀에게 처음으로 깊은 관심을 보인 사람도 부더루스였다. 마이어는 그의 마음에 드는 사람이었고, 축제일에 선물로 보내는 귀한 물품도 기꺼이 받아주었다.

마이어 암셀이 바라는 것은 하나우궁정의 은행가가 되고, 나중에 헤센 카셀궁정에서도 같은 일을 하게 되는 것이었다. 이 지위를 얻으면 다른 부유한 고객들 일도 맡게 된다.

이렇듯 조심스럽고 확실하게 마이어는 오펜하임처럼 게토 탈출단계를 차근차근 밟아나갔다.

그즈음 은행가들의 주요업무는 교환지폐할인이었다. 교환지폐란 일종의 약속어음으로, 많은 돈이 오고가는 일 없이 고액 거래를 할 수 있는 서류였다. 어음발행인은 그 어음을 가지고 지불을 요구하는 사람에게 정해진 날에 특정한 금액을 지불하게 되어 있었다.

재정적으로 안정된 개인이나 정부·은행·회사 같은 조직이 발행한 어음은 제삼자가 현금으로 바꿀 수 있었다. 실제로 은행가와 상인은 어음을 할인해 사들이는 수수료와, 나중에 어음발행인으로부터 받는 액면금액과 사들인 어음금액과의 차이로 이익을 얻었다.

예컨대 1776년에 아메리카 식민지 반란을 제압하기 위해 조지 3세가 하나우공국에 10만파운드를 주기로 하고 용병부대를 고용했다고 하자. 영국은 그 교환지폐를 잃어버릴 경우에 대비해 세 장 발행하여, 1777년 1월1일에 돈을 지불하기로 약속한다. 이 교환지폐는 하나우공국으로 보내지고, 그곳에서 은행가와 상인들이 할인해 사들인다.

그 교환지폐는 알맞은 할인비율로 시장에 유통시킬 필요가 있었다. 그것을 현금화하는 데 너무 비싼 수수료가 붙어도 안되었다. 물론 어떤 상업적·정치적 위기 때에는 수수료가 변화한다. 그러므로 국가쪽에서는 되도록 많은 금융가 사이에 이를 확산시켜 두려고 애썼다.

하나우공의 비호를 원하는 은행가와 상인들은 얼마든지 있었다. 지불능력과 안정된 상업적 지위만 증명하면 누구나 할 수 있으며, 그 일로 실제적인 이익은 물론 자신의 지위를 더욱 향상시킬 수 있었기 때문이다.

어느 은행가가 10만파운드짜리 교환지폐를, 수수료를 제하고 9만 5000파운드에 샀다고 하자. 그 은행가는 복사본 두 장을 대리인을 통해 런던에 보내서 현금화한다. 영국재무성이 1777년 1월1일이나 그 이후에 받은 최초의 복사본에 대해 그 금액을 지불하는 것이다.

마이어 암셀 로스차일드는 1785년 이전부터 빌헬름의 소액 어음 할인을 하고 있었다. 그는 착실하게 발전해 나갔고, 근면과 노력으로 눈에 띄게 재산을 불려나갔다.

그해 로스차일드는 유대인거리의 좀 넓은 집으로 이사했다. 가게와 거실과 부엌, 그리고 부부침실과 아이들방이 있는 그 집에는 '빨강방패' 간판이 내걸렸다. 작고 검소한 집이지만, 조그만 뒤뜰과 테라스가 있고 그즈음 최고사치품인 수도 펌프도 있었다. 구틀레는 아이들을 엄격하게 기르며, 집안을 늘 깨끗이 하려고 애썼다.

몇 달 뒤 마이어가 이사를 후회하게 될 일이 일어났다. 10월에 그의 운명을 뒤흔든 사건이 터진 것이다. 바로 헤센 카셀백작의 갑작스런 사망이었다.

빌헬름은 곧 하나우를 떠나 백작집안 영지를 계승하여 빌헬름 9세가 되었다. 마이어가 만일 이 새주인의 신용을 충분히 얻고 있었다면 이것은 멋진 소식이 되었으리라. 그러나 그의 노력에도 불구하고 마이어는 아직 하나우궁정 재계에서는 미약한 상인에 지나지 않았다. 이제 그 궁정이 멀리 떨어진 헤센 카셀로 가버린 것이다.

빌헬름이 빌헬름스호어궁전으로 옮겨간 뒤에도 마이어는 그와의 관계를 돈독히 하기 위해 힘썼다. 옛화폐나 메달, 뛰어난 미술품을 구하여 카셀에 선물로 보냈다.

백작은 기뻐했지만, 마이어를 비지니스의 중요한 지위에 앉히는 데까지 그를 신임하지는 못했다. 하지만 몇 가지 일을 맡겨주었다. 1786년에 그는 헤센 카셀에서 잘름공국에 빌려주는 30만플로린을 교섭하고, 또 다음해에는 투른탁시스공에게 15만플로린을 빌려주는 일도 맡았다. 그러나 교환지폐할인이라는 큰 돈벌이에는 아직 참여하지 못했다.

1787년 프랑스대혁명이 일어나기 2년 전, 마이어는 다시 귀중한 옛돈을 조그마한 비단상자에 넣었다. 얼마 뒤 빌헬름 백작은 진기한 물품 10점을 M.A. 로스차일드의 청원서와 함께 받았다.

지난 몇 해에 걸쳐 적으나마 소액 환어음할인을 해드린 일이 있음을 상기해 주시기 바랍니다. 맡겨만 주신다면 카셀의 대은행보다 유리한 조건으로 어음할인을 해드리겠습니다.

궁정의 일처리는 시간이 걸리는 법이다. 1789년에야 겨우 800파운드의 어음이 마이어의 환전가게에 도착했다. 그에게 앞으로 막대한 이득을 가져다줄 거래가 시작된 것이다.

이 첫거래는 마이어의 기대만큼 그리 큰 액수가 못되었다. 마이어는 실망의 쓸쓸함 속에서도 액수를 늘려나가기 위한 꾸준한 노력을 참을성있게 계속했다.

1789년 프랑스에서 대혁명이 일어났다. 7월14일 파리시민들이 바스티유 감옥을 습격하고, 혁명은 태풍처럼 돌진해 나갔다. 그 뒤 유럽은 여러 해 동안 폭력이 폭력을 부르는 혼란에 휩싸였다. 세계를, 그리고 유대인사회를 영원히 바꿔버릴 새로운 사상으로 세상을 해방시켜간 것이다.

1791년 파리에서는 새로운 법률이 공표되었다.

국민공회는 프랑스 시민되는 이의 필요조건에 맞추어 헌법에 의해 창립된다. 시민자격을 가진 자는 시민의 맹세를 하고, 헌법에 의해 임무를 수행하며, 헌법이 보증하는 모든 권리를 보장받는다. 시민의 맹세를 한 유대교도에게 예전 법령이 규정한 모든 규칙·제한·예외를 무효화한다.

프랑스유대인에게 주어진 완전시민권은 프랑크푸르트유대인에게는 아직 아무 영향도 미치지 못했다. 그러나 이 새로운 혁신적 사상은 순식간에 온 유럽으로 퍼져갔다.

자유·평등·박애사상은 게토 유대인거리에서도 자유로이 토론되기에 이르렀다. 유대인들은 그것을 기뻐하기도 하고 두려워하기도 했다.

어떤 사람은 좁고 냄새나는 유대인거리를 떠나 넓은 세상으로 나갔다. 율법에 머물러, 전통과 보수의 벽에 둘러싸여 자신들의 문화를 지키려는 사람도 있었다.

이제 새시대를 맞아 가족이 흩어지는 일은 피할 수 없었다. 로스차일드도 예외는 아니었다.

프랑크푸르트는 너무 좁다

형제들은 유대인거리의 부지런한 일꾼이었다
어릴때부터 아버지가게 점원노릇 장부정리 잘하기로 소문났다

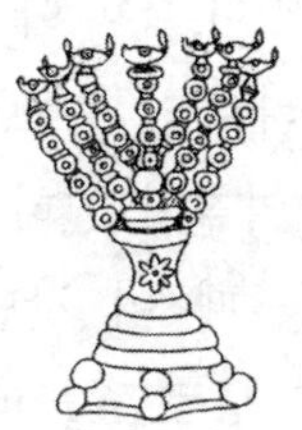

유럽의 얼굴을 알아볼 수 없게 바꾸어버린 운명적 첫걸음을 먼저 내디딘 것은 프랑스혁명 주체들이 아니고 짓궂게도 그 적들이었다. 1792년 4월 오스트리아황제 프란츠 2세는 프로이센왕과 손잡고 프랑스왕 루이 16세의 권위를 되찾아주기 위한 전쟁을 일으켰다.

파리에서는 당통 등 급진파가 권력을 잡고 왕과 왕비를 감옥에 가두었다. 그들은 회의를 소집하여 공화국을 선언했다. 프랑스군은 침공하는 프로이센군에 밀렸으나, 다시 전세를 역전시켜 8월20일 발미에서 승리를 거두었다.

역사의 흐름은 걷잡을 수 없이 격렬해졌다. 1792년 가을, 프랑스군은 니스와 사부아에 침입했다. 제2군이 오스트리아령 네덜란드를 장악하고, 제3군은 라인강을 건너 슈파이어·보름스·마인츠를 점령했다. 10월22일, 프랑크푸르트시의회는 유혈사태를 피하기 위해 도시의 문을 활짝 열었다.

프랑크푸르트사람들은 복잡한 감정으로 침입자를 바라보았다. 낯선 옷을 입고 무장도 제대로 갖추지 못한 이 병사들은 자신이 믿는 정의를 위해 싸우는 자유로운 사람들이었다. 잘 훈련되었지만 대포

먹이가 될 뿐인 빌헬름백작의 용병부대와는 전혀 달랐다. 그들은 형제애와 평등의 이상을 실현하려는 정부의 대표였다.

그해 초 구틀레는 막내아들을 낳아 야콥(나중에 제임스라고 이름을 바꾸었음)이라고 이름지었다. 이 아기를 안고 창가에서 행진하는 프랑스군을 걱정스레 바라보는 부모도, 흥분한 형제들도 이 침입이 그들에게 어떤 영향을 미칠지 전혀 알지 못했다.

유럽의 평화가 회복되었을 때 이 갓난아기는 23살이 되어 있었고, 로스차일드집안은 프랑크푸르트를 떠나 뿔뿔이 흩어져 살고 있었다. 그리고 제임스는 그 무렵 프랑스 수도 파리에서 가장 재력있고 존경받는 인물 가운데 하나였다.

마이어 암셀은 그즈음 꽤 부유해졌다. 물론 유대인이므로 사회적·정치적 활동에는 참여하지 못했다.

프랑스인을 고무시킨 자유·평등·박애사상은 빠르게 온 유럽혁명가들의 지지를 얻었다. 마이어도 프랑스인들의 이 새로운 사상에 큰 매력을 느꼈다.

그러나 머리좋고 야망에 불타는 실업가 마이어 암셀은 자신의 이익이 지금의 지배계급 질서를 대표하는 이들과 일치하는 것을 알고 있었다. 궁정어용상인 유대인이 활약할 자리는 공화국 안에 존재하지 않는 것이다.

마이어는 뿌리 깊은 현실주의자였다. 자신의 운명이 고객과 떨어질 수 없는 사이임을 잘 알고 있었다. 그러므로 12월2일, 헤센과 프로이센군대에 의해 프랑크푸르트가 해방되었을 때 마이어는 안도감을 느꼈다.

그러나 백작집안과의 관계는 좀 변화되었다. 전쟁으로 헤센 카셀의 빌헬름 9세는 전보다 더 은행가의 필요성을 절실히 느끼게 되었다. 연합군을 위한 군대를 더 많이 길렀으며, 또한 이를 위한 현금이 필요했다.

그의 자금은 대부분 영국에 투자되어 자금조달이 어려웠다. 부유한 토지소유자들과 상인들은 재산을 감추거나 해외로 빼돌려두었다.

1795년 프랑스의 네덜란드 침공으로 암스테르담 증권거래소가 문을 닫았다. 자코뱅당정부는 해외무역에 대하여 프랑스 국경을 폐쇄했다. 그 결과 많은 상인과 은행가들은 장사를 계속할 수 없게 되었다.

프랑크푸르트의 유력한 네 은행가 메츨러·베트만·곤타르트·드루빌은 백작집안의 고액단기대출 요청에 응하지 못했다. 그대신 루펠·조르디스·로스차일드 세 사람이 공동으로 그 일을 맡게 되었다.

마이어가 그토록 참을성있게 기다려오던 소망이 마침내 실현된 것이다. 마이어는 백작의 재무담당관 부더루스의 추천을 받아 유럽에서 가장 부유한 군주를 위해 고액자금을 조달하는 금융가 대열에 들게 되었다.

엄청난 규모의 돈을 움직이는 일에서 자신의 재능과 운을 시험할 기회를 얻은 마이어는 아들들의 도움을 구하였다.

1795년 장녀가 결혼하기까지 마이어 암셸과 구틀레는 아이들 모두와 함께 살고 있었다. 1792년에는 자넷(21살), 암셸(19살), 잘로몬(18살), 네이선(15살), 이자벨(11살), 바벳(8살), 카를(4살), 줄리(2살), 헨리엣(1살), 그리고 갓난아기 제임스가 있었다. 아이들에게는 어머니의 일을 돕거나, 누이나 아우를 돌보거나, 장사일을 배우는 등 어릴 때부터 저마다 책임이 주어졌다.

1792년에 이미 위의 세 아들은 아버지 사업에 깊이 관여하여 그 복잡한 상업구조에 대해 모르는 게 거의 없을 정도였다. 금융일가를 꿈꾸는 마이어 암셸은 날마다 자식들에게 성공을 위한 훈련을 엄격하게 시켰다.

딸들은 사업에 참여하지 못하게 했다. 남자친척들에게도 철저하게 그 원칙을 지켰다. 자넷의 남편 베네딕트 모제스 보름스는 로스차일드상회 주식을 갖지 못했고, 마이어의 사촌과 조카도 마찬가지였다.

그는 자신의 아들이라는, 완벽하게 믿을 수 있는 사람만 자신의 사업에 관여케 했다. 그들은 뒷날 '프랑크푸르트 다섯 형제'로 세상에 알려지게 된다. 그들은 저마다 성격이 다르고 장사수완도 다양했다. 그 가운데 둘은 천재적 금융가로 능력을 발휘했지만, 나머지 셋은 다른 집에 태어났다면 평범한 생애를 보냈을 것이다.

이들은 의견차이가 커서 때로 말다툼을 벌이기도 했다. 그러나 유럽의 주요도시로 하나씩 흩어진 뒤 20여 년에 걸쳐, 세계최대 국제은행조직을 형성하였다.

장남 암셀은 언제나 게토의 소년답게 행동하며 자랐다. 신앙심 깊은 아버지를 가장 많이 닮았다. 그러나 장사솜씨와 독립성과 넓은 시야는 물려받지 못했다. 로스차일드집안의 제2인자로 키워진 그는 유대교회당에서 아버지 대리로 일하며, 유대인거리위원회 위원장이 되었다. 그것은 그가 희망한 일이며, 동시에 그가 품은 야망의 한계였다.

여위고 깊이 주름 파인 얼굴의 암셀은 걱정 많은 사람이었다. 그는 공동경영자들이 무언가 실수할까 늘 염려했다. 장사가 잘되지 않는다고 걱정하고, 잘되면 내일은 나빠지지 않을까 염려했으며, 형제와 가족들이 유대교 가르침에서 벗어나는 것을 우려했다.

그의 결혼생활은 불행했다. 의무감에서 좋은 집안 딸과 결혼했지만, 애정도 없고 자식도 태어나지 않았다. 그는 아내 에바와 부모 집에서 함께 살다가 몇 해 뒤 풍요한 재산에 어울리는 큰 집으로 이사했다.

그는 장사 때문에 필요한 여행 말고는 한평생 프랑크푸르트에서 살았다.

 잘로몬은 로스차일드집안의 외교관 역할을 했는데 쾌활하고 상냥하며 겸손한 성품이었다. 그는 주위의 모든 사람들과 사이좋게 지내 형제들은 무슨 일이 생기면 그에게 의논했다. 건강하지는 못했지만, 전쟁 동안 사업이 급속히 확장되어 늘 여행하며 지냈다.
 성품이 너무 좋아 남의 허점을 이용할 줄 모르는 게 단 하나의 결점이라고 할까. 그 점이 때로 사업에 나쁜 영향을 미쳤다. 그러나 잘로몬의 뛰어난 중재역할이 없었다면 로스차일드 다섯 형제가 사업 초기의 역경을 넘어설 수 있었을지 의심스럽다.

 삼남 네이선 마이어(또는 N.M.으로 종종 불림)는 전혀 성격이 달랐다. 붉은 얼굴에 뚱뚱하며 늘 활력이 넘치고 성질이 급했다. 그는 야망과 상상력이 너무나 커서 게토생활에 만족하지 못했다. 그의 창의적 두뇌는 유럽의 혼란이야말로 사업확장에 절호의 기회임을 꿰뚫어보았다.
 그는 일찍이 기업가 기질을 발휘해 프랑크푸르트를 떠나 자유롭게 새로운 사업근거지를 찾아간다.

 네이선보다 11살 어린 카를은 형들과 전혀 다른 인생을 살아갔다. 네이선의 활력과 재능을 늘 부러워하며 그를 흉내내려 했지만, 자신감이 적고 참을성이 없었다.
 그는 암셸의 보수적이고 한 곳에 안주하는 태도가 자신을 속박한다고 늘 불평했다. 그러나 가족과 종교와 유대공동체의 도움없이는 살아갈 수 없음을 잘 알고 있었다. 카를은 나폴리에 근거지를 정했지만, 외국생활에 순응하지 못하고 프랑크푸르트를 자주 오가며 지냈다.

막내 제임스가 어른이 되었을 때는 아버지와 형들이 로스차일드의 부를 이미 쌓아놓고 있었다. 그는 폭넓게 여행하고, 외국 수도에서 사치를 즐겼으며, 프랑스와 영국의 자유로운 분위기를 찾아 게토에 영원히 등을 돌렸다.

그는 사물을 재빠르게 파악하고 사업능력도 뛰어났다. 인생에서 무엇이 좋은지를 알고 그것을 이루기 위해 노력했다. 자신과 아랫사람들에게 어려운 과제를 맡겨 효율이 떨어지거나 무능하면 결코 용서하지 않았다.

막내이면서 두 번째로 해외에 이주했고, 네이선에 뒤지지 않는 사업수완을 발휘했다.

이들 형제는 유대인거리의 부지런한 일꾼이었다. 어릴 때부터 아버지 마이어의 심부름은 물론 점원노릇을 했으며 장부정리도 맡아 했다. 형제들은 시장에 가면 힘이 솟았고, 환전가게에서는 용기에 넘쳤으며, 계산 잘하기로 소문날 정도였다.

형제들은 야망을 키워가고 있었다. 그러나 아버지 마이어 암셸이 없었다면 그 꿈도, 추진력도 좌절되고 말았을 것이다. 그의 가르침 속에서 다섯 형제는 세련된 귀족사회의 사교술과 처세술을 배웠다. 이 기본적 교양은 이들이 성공하는 밑바탕이 되었다.

마이어는 다섯 아들에게 기원전 6세기 무렵 카스피해 동부 일대에 강대한 국가를 건설했던 스키타이의 왕에 대한 일화를 즐겨 들려주었다.

임종을 맞은 왕은 자식들을 불러모아 한 묶음의 화살다발을 내밀며 한 사람씩 그것을 꺾어보라고 말했다. 아무도 그것을 꺾지 못하자 왕은 화살다발을 풀어 하나씩 주고 꺾어보게 했다. 이번에는 누구나 쉽게 부러뜨렸다.

왕은 말했다.

"너희들이 결속해 있는 한 그 힘은 강력할 것이다. 그러나 흩
어지면 그 번영은 끝날 것이다."

이것은 로스차일드집안의 가장 중요한 가르침이 되었다.

빌헬름백작은 막대한 수입의 대부분을 채권에 투자하고 있었다.
그것에 비하면 환어음할인쯤은 아무것도 아니었다. 당시 독일의 여
러 왕국들이 발행한 채권을 취급하던 사람은 베트만형제(15세기 이
래 프랑크푸르트 금융업자 일족)와 뢰플·운트·하르니엘 등 프랑크
푸르트 대은행이었는데, 마이어형제는 이들 은행과 백작 사이의 중
개인 역할을 모색했다.

로스차일드의 아들들은 모자를 벗어들고 프랑크푸르트의 대은행
을 찾아가 유대인거리의 독특한 독일어로 말했다.

"존경하는 여러분! 성미 까다로운 빌헬름백작님과 지체 높은 금
융업자이신 여러분 사이의 중개를 아무쪼록 저희에게 맡겨주십시
오. 우리 형제들은 비록 내세울 만한 지위 하나 없지만, 빌헬름
백작의 성급한 주문에 언제라도 응할 수 있는 만반의 준비를 갖
추고 있습니다."

프랑크푸르트의 대은행가들은 이 촌스러운 형제들을, 다행히도
열의에 넘친 젊은이들로 기특하게 여겨 이들의 신청을 받아들이기
로 했다. 유대인거리의 이 젊은 촌뜨기들에게는 매우 적은 수수료
가 지불되었다. 심부름꾼으로서 빌헬름백작의 비웃음의 표적이 되
는 데 대한 보수였다.

그들에게도 이득은 있었다. 빌헬름백작은 느닷없이 뛰어든 이 젊
은이들을 마음에 들어했던 것이다. 결국 백작의 재무담당관 부더루
스는 은행설립을 꿈꾸는 환전상의 숨은 협력자가 되었다.

마침내 로스차일드는 궁정어용 금융기관으로 가입하고, 차남 잘로몬이 거의 날마다 카셀에 나가 있게 되었다. 장남 암셀도 빌헬름 백작의 저당일에 참여하게 되었다.

지난 20여 년 동안 마이어 암셀의 과세평가액은 200굴덴 정도였다. 그런데 1795년에 갑자기 2배로 불어났다. 그 다음 해에는 평가 결정액이 1만5000굴덴에 이르러 유대인거리에서 최고액이 되었다. 프랑크푸르트 유대인사회는 이 엄청난 액수에 놀라지 않을 수 없었다.

이해 프로이센은 전쟁에서 손을 떼고, 4월에 바젤조약을 맺었다. 혼자 남아 전쟁을 계속하던 오스트리아는 나폴레옹 보나파르트라는 코르시카섬 출신의 젊은 장군에게 위협을 느껴, 프랑스군으로부터 독일의 여러 지방을 지키는 일은 불가능하다는 사실을 깨닫고 있었다.

나폴레옹의 이름은 이미 유럽 구석구석까지 알려졌다. 7월에 프랑크푸르트는 다시 포위되었다. 오스트리아군은 성벽 안에서 끝까지 저항하도록 엄명받았다. 7월14일 밤에 프랑스군은 시를 포격했다.

여러 곳에서 화재가 일어났지만 곧 가라앉았다. 시민들은 각자 집을 지키느라 필사적이었다. 게토 거주자들도 스스로 집을 지켜야 했다. 날이 밝을 때까지 교회당과 유대인거리 북쪽 끝의 140채쯤 되는 집이 불타버렸다.

빨강방패집은 조금 허물어지는 데 그쳤다. 큰 참사는 아니었다. 그리고 그 덕분에 유대인 거주구역 제한이 철폐되어 마이어 암셀은 쉬누어거리의 가죽가게 일부를 빌릴 수 있었다. 그곳은 시 중심에 자리하여 창고와 사무소를 겸해서 쓰게 되었다.

그에게 일을 새로 개척해 나갈 수 있는 기회는 얼마든지 있었다. 바젤조약 뒤 헤센 카셀은 전쟁에서 물러났지만, 금융면에서의 그

탁월한 노력 덕분에 빌헬름백작은 유럽제일의 대금업자가 되었다. 프랑크푸르트시민들로부터 오스트리아황제에 이르기까지 전 유럽의 거의 모든 권력이 그에게서 빌린 돈으로 유지되었다.

이러한 거래는 프랑스의 보복이 두려워 공공연히 이루어질 수 없었으므로 빌헬름은 중개업자를 이용했다. 이제 로스차일드는 엄청난 규모의 사업을 다루게 되었다.

마이어의 효과적인 업무수행능력을 인정한 사람은 빌헬름 한 사람만이 아니었다. 몇몇 귀족이 이 초로의 유대인에게 명예로운 칭호를 수여했다. 마이어는 적극적으로 그들에게 다가갔다. 왕실의 인증을 받으면 사업에 매우 유리했기 때문이다. 그는 독일 성 요한 훈장 등 여러 개의 훈장을 사람들에게 자랑스레 꺼내보이곤 했다.

그 가운데 가장 명예로우면서도 또한 현실적 이익을 가져다 준 것은 1799년 오스트리아황제로부터 하사받은 황실어용상인의 명예였다. 그에 따른 1800년 1월29일의 특별허가로 그는 무기를 지닐 권리, 얼마쯤의 세금면제, 황제 영내에서의 자유로운 이동 등 특권을 부여받았다. 마이어 암셀 로스차일드는 실로 국제적 은행가로 커나갔다.

몇 세기 동안 유대인은 멀리 떨어진 곳과의 통상에서 두드러진 역할을 해왔다. 그들의 민족의식, 몇백 년에 걸친 게토의 존재, 그리스도교도의 모멸 등이 유대인사회를 강하게 결속시켜 상업적으로 이질적인 집단을 만들어냈다.

1712년에 런던의 《스펙테이터》잡지는 이 상업세계를 유대인이라는 못에 걸린 액자로 비유하고 있다.

그러나 디아스포라(뿔뿔이 흩어져 떠도는 유대인)의 자식들이 적에게 둘러싸인 상황에서 효율적으로 일하려면 반드시 왕과 귀족들의 보호가 필요했다.

그리고 산업혁명과 혁신적 정치사상은 하나의 기업가계급을 만들어냈다. 그 지위는 어디까지나 돈의 힘으로 이루어졌으며, 결코 가문에 의한 게 아니었다.

전통이 완전히 사라져버린 건 아니지만 그것은 알게 모르게 조금씩 죽음으로 다가가고 있었다. 1800년, 반란과 급격한 개혁의 세기가 바로 코앞까지 닥쳐와 있었던 것이다.

혁명이라는 태풍 속에서 마이어 암셸의 탄력있는 강건함은 충분히 발휘되었고, 그 덕분에 아들들은 새로운 계급의 지도자들 사이에 자리잡게 되었다. 하지만 정치적 주목의 대상이 되지 않으려 애썼고, 상업거래에서는 늘 신중함을 잃지 않았다. 로스차일드집안은 옛체제 아래에서는 어떤 유대가족도 이룩할 수 없었던 독립과 왕성한 성취와 권위를 쟁취했다.

과거와의 첫번째 결별은 1798년에 일어났다. 로스차일드 집안에서 유대인거리를 떠나는 사람이 생겼다. 네이선이 어른이 되기를 기다리지 못하고 프랑크푸르트를 떠나 영국에서 스스로 사업을 시작한 것이다.

그는 유럽대륙으로 돌아오지 않고 1806년 영국에 귀화했다. 그는 죽기 전까지 아버지와 단 한 번 만났을 뿐이었다.

그의 게토로부터의 탈출은 갑작스럽고도 완벽했다. 그 결단 뒤에는 과연 무엇이 있었던가——30년이 지난 뒤 그는 어느 만찬자리에서 말했다.

프랑크푸르트는 우리에게 너무 좁았습니다. 나는 영국상품을 다루었는데, 어느 날 대상인이 나타나 시장을 독점했습니다. 그는 매우 능력 있는 사나이로, 나에게 물건을 팔았다면 우리를 도와줬을 테지만, 그만 그를 화나게 만들어 완강하게 상품견본을 보여주려 하지 않았습니다.

이것은 화요일의 일이었는데, 나는 그날 저녁 아버지에게 영국으로 가겠다고 말했습니다. 나는 독일어 아닌 말은 한마디도 할 줄 몰랐습니다. 목요일에 나는 집을 떠났습니다.

활달한 성품으로 게토의 생활에 숨막혀 했던 그는 큰 이상을 가슴에 품은 젊은이였다. 상상력이 한정된 아버지와 형제들과의 생활은 견딜 수 없었다.

그에게 있어 경제적 이해관계에 명석하지 못하고 재빠르게 시대를 읽지 못하는 어리석은 자는 참을 수 없는 존재였다. 때문에 집안의 밀실적 분위기 속에서 네이선은 끊임없이 분쟁을 일으켰다. 형제들은 네이선의 무례함과 독설에 늘 불평했다.

말다툼은 그 뒤로도 계속되어 1805년에 마이어는 아들에게 이런 편지를 보내고 있다.

사랑하는 네이선,

아버지에게 화내지 말거라. 네 편지를 읽고 나는 매우 속상했다. 나라면 그런 편지를 집으로 보내지 못할 것이다. 자기만 똑똑하고 다른 형제는 모두 어리석다고 생각하는 따위의 말은 결코 해서는 안된다.

하지만 이제 이런 일은 모두 잊어버리자. 더이상 불쾌한 생각은 하고 싶지 않다. 그러므로 편지를 모두 되돌려보낸다. 영국에서 편지가 오는 날은 아버지에게 두려운 날이다. 반드시 밤에 그 편지 꿈을 꾸게 된다.

아버지 사무소에 이 성급한 야심가가 머물 자리는 없었던 것도 무리가 아니다. 집을 떠나기로 결심한 네이선은 매형 베네딕트 보름스와 함께 영국으로 갔다.

두 사람은 직물수입사업을 시작했다. 보름스가 독일쪽 일을 맡고 네이선은 맨체스터로 옮겨갔다. 2만파운드 자금으로 유럽상업사에서 가장 기념할 만한 여행길에 그는 첫발을 내디딘 것이다.

이것은 그리 특별한 일도 아니었다. 그즈음 이미 여러 독일계 유대인상점이 영국에 지점을 두고 있었다. 그들은 점차 늘어가는 영국의 상업적 중요성과 유대민족에 대한 너그러움에 이끌렸다.

18세기에 수천 명의 유대인이 박해와 게토에서의 고립된 생활에서 달아나 영국으로 건너갔다. 이 무렵에는 1만2000에서 2만5000에 이르는 유대인이 영국에 살고 있었다.

그들은 대부분 가난하여 런던이나 지방의 항구도시에서 행상과 소규모 장사로 생계를 꾸려나갔다. 그중에는 꽤 성공한 사람도 있어, 식민지 무역과 주식거래에 관여하고 금융업에도 적극적으로 뛰어들었다.

그 선두에서 극소수 자본가는 정부 신임을 얻어, 전쟁목적의 금융이나 그밖의 임시비용대출을 행하고 있었다. 이를테면 1760년 애머스트장군의 병참장교로 캐나다에 따라간 아론 하트, 1777년에 사망한 뒤 90만파운드의 엄청난 재산을 남긴 에이브러햄 프랑코 같은 인물들이다.

18세기 끝무렵, 영국은 약속의 땅이었다. 네이선은 집을 나가기 훨씬 전부터 영국에 매료되어 있었다. 그는 자신을 위한 사업을 했지만, 아버지에게도 역시 믿음직한 중개인이 생기는 셈이었다.

영국으로 진출해 자리잡는 일이 자신의 사업에 얼마나 유리하게 작용할지 마이어는 확실히 꿰뚫어보고 있었다. 성장하고 있는 금융사업의 자금을 축적하기 위해 로스차일드에 필요한 것은 신속한 유동성이었다. 그리고 장사를 위한 그날그날의 현금수입이 있어야 했다.

프랑크푸르트나 자유유럽의 창고에 들어오는 상품은 대부분 영국에서 만들어지거나 식민지로부터 영국을 거쳐왔다. 면·모직물·설탕·인도 남(藍)염색물감·커피·담배 그리고 와인이 마이어의 주요 거래품목이었다.

전쟁 때문에 가격이 올랐다는 영국상인의 말에 프랑크푸르트상인들은 아무 말도 못했다. 따라서 당연히 중개인을 배제하고 싶어했으며, 그렇게 해야 한다는 성급한 아들의 말에 마이어는 따를 수밖에 없었다.

로스차일드의 초기역사는 선견지명있는 마이어 암셸이 경제제국 설립이라는 큰 구상의 일부로서 아들들을 유럽의 각 주요도시에 파견했다는 신화를 만들어냈다. 오늘날에는 로스차일드사업의 성장을 좀더 우연에 의한 것으로 보게 되었지만, 아직도 옛전설이 뿌리 깊게 남아 있다.

네이선은 M.A. 로스차일드부자상회의 외국지점 설립을 위해 영국으로 '파견되었다'고 그들은 주장한다. 그러나 실제로 그들 사업에 관한 네이선의 활동이 큰 성과를 거둔 것은 그 2, 3년 뒤이며, 연합경영은 프랑크푸르트가 아닌 런던에서 발전해 나갔다.

1796년 네이선은 게토의 밀실공포에서 재빠르게 달아나 보다 넓은 사회로 뛰어들었다. 그뒤 때로는 아버지의 신용에 의지한 일도 있었지만, 상업적 관점에서 그는 매우 색다른 존재였다.

네이선의 첫목표는 맨체스터 직물업계에 뛰어드는 것이었으나 영어를 모르는 외국인으로서는 쉬운 일이 아니었다. 영어와 영국의 상업관습을 공부하기 위해, 네이선은 아버지와 정기적인 거래관계에 있는 L.B. 코엔, 리바이 샐러먼스와 런던에서 몇 달 함께 지냈다. 샐러먼스의 아들은 최초의 유대인 런던시장이 되었다.

프랑크푸르트에서 온 젊은이를 영국의 유대공동체 지도자들, 특히 아슈케나지 지도자들이 따뜻이 맞아주었다.

영국의 유대인은 두 그룹으로 나뉘어져 있었다. 스페인과 지중해 연안 출신인 세파르디, 프랑스와 독일계인 아슈케나지였다. 얼마 전까지는 신앙과 예의에 엄격한 세파르디가 많았지만, 북유럽에서의 이민이 늘어나 그 비율이 비슷해졌다.

두 공동체의 대치는 런던에서의 예배장소 분열로 상징된다. 세파르디는 시티(런던 금융가) 끄트머리 하운즈디치에 가까운 베비스 마크스 교회당에 나가고, 아슈케나지의 교회당은 듀크스 플레이스 거리에 있었다. 두 그룹 모두 유대인의 이익을 위한 기관인 연합대표위원회에 대표를 보내고 있었다. 그들은 늘 논쟁을 벌였다.

그러나 네이선에게는 그럴 틈이 없었다. 1799년 5월, 그는 영국에서 가장 급성장하고 있는 북쪽 공업도시로 옮겨갔다.

키작고 몸집이 단단하며 빨강머리에 강한 독일사투리를 쓰는 이 유대인은 맨체스터의 증권거래소에서 상인들의 놀림거리가 되었다. 뒷날 풍자만화가들의 좋은 소재가 되곤 했던 그를 보며 사람들은 슬그머니 웃음지었다.

이익이 원료·염색·제조의 세 단계에서 생겨나는 것을 나는 곧 깨달았다. 나는 제조업자에게 말했다.

"원료와 염료는 내가 제공하겠소. 당신은 좋은 제품을 만들어 주시오."

나는 세 배의 이익을 얻어 다른 누구보다도 값싸게 팔 수 있었다. 내 성공은 하나의 격언에 바탕한다——'누군가 할 수 있는 일은 나도 할 수 있다.'

네이선의 성공은 경쟁자보다 열심히 일하고, 손님에게 알맞은 금액의 물건을 제공하며, 늘 새로운 시장·아이디어·사업방법을 찾아내려고 세심한 주의를 기울이는 것에 있다.

그는 외국인으로서 맨체스터의 면직물 벼락부자들에게 없는 것을 지니고 있었다. 그것은 그가 전통에 얽매이지 않는다는 점이었다.

그는 되도록 많은 거래장소를 직접 돌아다니고 현금거래로 명성을 높여갔다.

직물업은 대개 가내공업으로, 직공들은 상인에게 신용만으로 물건을 내주었다. 두 달, 심할 때는 여섯 달씩 지불이 늦어지는 일도 있었다. 네이선은 늘 현금을 마련하여 시장으로 나가 필요한 물건을 보다 값싸게 사들였다. 따라서 생산원가가 최대한 억제되어 남보다 싸게 팔 수 있었다.

그는 전쟁상황을 언제나 주의깊게 살펴, 필요하면 바닷길을 바꾸어서라도 상품이 빠르게 도착하도록 힘썼다.

그는 '팔고 나면 그뿐'이라는 생각을 하지 않았다. 아버지 가게에서 상인의 기본원칙을 배웠던 것이다.

'손님이 소중히 대우받는 듯 느끼게 할 것.'

그의 거래용 편지는 상대에 대한 찬사로 넘치고, 손님의 부인에게 보내는 선물이라든가 '비밀서비스' 등의 특별우대가 덧붙여졌다.

네이선의 사업확대가 순조롭지만은 않았다. 곤경에 빠진 일도, 실패한 일도 여러 번 있었다. 전쟁이 불러일으킨 혼란으로 자금 문제나 정신적 측면에서 괴로움도 겪었다.

영국의 거래상대들은 잇따라 나폴레옹에게 정복되고, 영국배가 들어갈 수 없는 항구가 차츰 늘었다. 프랑스와의 전투로 폐쇄될 가능성이 있는 대륙의 길과 항구에 대해 네이선은 끊임없이 정보를 입수해야 했다.

어떤 길을 고르고 어떤 배를 선택할지 늘 걱정거리였지만, 그런 고민 덕분에 그와 그의 대리인들은 믿을 만한 통신시스템을 이룩할 수 있었다. 발빠른 급사를 고용하고, 중요한 정보를 실어나를 빠른 배를 위해 결코 돈을 아끼지 않았다.

1802년부터 3년에 걸쳐 아미앵조약으로 전쟁상황이 일단락되자, 네이선은 고객을 찾으러 유럽대륙으로 갔다. 그러나 그렇게까지 일부러 새 고객을 찾을 필요는 없다는 것을 곧 깨닫게 된다.

"어째서 프랑스는 어디서나 성가시게 구는지 이해하기 힘들다. 모든 상품이 매우 값싸서 맨체스터의 어떤 상점에서도, 나 말고는 이렇듯 싸게 손에 넣을 수 없다고 확신하는데."

네이션이 느끼는 또 하나의 압박은 늘 현금이 필요하다는 것이었다. 그의 장사방식은 현금거래였다. 잠시 융통이 어렵다고 해서 재산가라는 평판에 흠이 나면 안되었다. 그는 할 수 있는 한 어디서든 돈을 빌리려 했다.

그는 암스테르담의 하나우상회로 편지를 썼다.

자금이 좀 부족합니다. 당신 형님이 이곳에 오셨을 때, 만약의 경우 당신에게 돈을 빌릴 수 있을 거라고 제게 말씀하셨습니다.

이런 요구는 여러 번 거듭되었다. 이 사실이 프랑크푸르트에 알려지면 집안사람들과의 관계가 악화될 뿐이다. 마이어는 눈치채이지 않게 아들의 동정을 지켜보며, 그런 대담한 방식의 장사로 빌린 돈을 갚을 수 있으리라고는 결코 생각지 않았다.

그러나 2, 3년 지나자 네이션의 사업은 번성하기 시작했다. 그 덕분에 베네딕트 보름스뿐 아니라 그의 아버지도 함께 번영해 나갔다.

그는 취급하는 상품의 범위를 넓혀나갔다. 영국산, 식민지산, 아메리카산, 동양산 상품이 로스차일드의 상업망을 거쳐 온 유럽시장으로 나갔다.

네이션은 금융업자로서의 기반도 다졌다. 그는 여느 은행이 유럽대륙 어음에 1.5~2퍼센트의 수수료를 받는 데 대해 1퍼센트만 받았다.

젊은 네이션 로스차일드의 초상은 다음과 같았다.

언제나 기운과 자신감이 넘치고, 끊임없이 떠오르는 아이디어를 실현시키려 애쓰는 사나이. 위험을 무릅쓰고 다짜고짜 돌진하는 사나이. 성공에 열성적이고, 사업 이외의 일에는 신경쓰지 않는 사나이. 그의 꿈을 나눠가질 수 없는 사람, 그의 말대로 일하지 않는 사람에 대해 결코 용서없는 사나이.

네이선은 오로지 성공만을 위해 치달리며 자신을 엄격하게 다스리고, 부하며 동료들에게도 많은 것을 요구했다.

새로운 세기에 들어서 그의 자산은 눈에 띄게 늘어갔다. 1806년에는 결혼할 준비가 되었다. 그는 해너 코엔을 선택했다.

해너는 런던의 일류자본가 리바이 베어런트 코엔의 맏딸이었다. 이 결혼은 네이선이 영국유대사회 상류계급의 인정을 받게 되었다는 것을 의미하고 있었다.

6년 뒤 코엔은 또 한 딸을 모제스 몬테피오레에게 시집보냈다. 이 일로 그는 영국에서 가장 저명한 유대인이 되었다. 그는 서리시민군(民軍)대장이었으며, 증권거래소 주요멤버였다. 이것은 그의 아버지가 1200파운드를 지불하고 얻어준 특권이었다.

1815년 모제스의 형제가 네이선의 누이 헨리엣과 결혼하여 두 가족은 더욱 굳건하게 맺어졌다. 이 새로운 관계로 네이선은 샐러먼스 집안, 골드스미드 집안 등의 명문가들과도 가까와졌다.

그의 아내 해너는 여러 면에서 이상적인 반려였다. 애정과 미모와 사업에 관한 전문지식은 말할 것도 없고, 네이선이 갖지 못한 사교적인 우아함도 지니고 있었다.

20년 뒤 학식있는 상류계급 독일인이 서로 경쟁하는 어느 금융가의 아내와 그녀를 비교하여 이렇게 표현했다.

"그 따사롭고 부드러운 자태, 넘치는 위엄, 그리고 훌륭한 교양

을 지닌 이 빛나는 유대의 여왕은 그리스도교도 여인을 훨씬 능
가한다."

그녀는 남편의 번뜩이는 사업수완에는 미치지 못했지만 재치있고
남편보다 세상일에 밝았다. 해너 코엔은 어학실력이 부족한 남편을
영국신사로 바꾸기는 어렵다고 생각했지만, 아들들은 영국신사로
자라줄 거라고 확신했다.
네이선은 이 결혼으로 그가 선택한 나라와 완벽하게 맺어진 셈이
었다. 그는 영국시민이 되어 런던실업계에 많은 친구를 가지게 되
었다. 다른 이민자들과 마찬가지로 국가 이익에도 깊이 관여하게
되었다.

운명아, 비켜라

돈으로 싸우자!
유대인의 유일한 무기는 돈뿐이다

1806년 끝무렵 나폴레옹은 유럽대륙의 지배자가 되었다. 오스트리아는 지난해에 이미 울름과 아우스터리츠전쟁에서 결정적으로 패배했다. 프로이센은 전투를 재개했지만, 예나와 아우어슈테트에서 또다시 패퇴했다.

나폴레옹에게 남겨진 적은 단 하나, 영국뿐이었다. 그러나 영국은 대륙의 나라들과 달랐다. 단 한 번의 전투로 무찌를 수 있는 나라가 아니었다.

1805년 10월20일의 트라팔가해전으로 영국해군은 제해권을 확립했다. 프랑스군은 이미 됭케르크에서도, 볼로뉴에서도 영국을 향해 진격할 수 없었다.

그러나 나폴레옹에게는 고집스러운 브리튼섬 사람들을 무릎꿇게 할 무기가 아직 남아 있었다. 대륙과의 통상봉쇄였다. 이에 성공하려면 유럽의 항구와 대륙 안의 상업망을 완벽하게 장악해야 한다.

프랑크푸르트의 대규모 국제시장은 특히 그의 마음을 끌었다. 자유도시 프랑크푸르트는 새로운 프랑스괴뢰 라인연방본부가 되었다. 시민들은 프랑스제국 장교가 강요하는 새로운 법률에 속박되었다.

이러한 정세변화 속에 로스차일드의 사업도 위기를 맞았다. 손실을 최소한으로 줄이기 위해 그도 다른 금융업자나 상인들처럼 새로운 지배자에게 굴복할 수밖에 없었다. 프랑스의 지배자들과 그 꼭두각시가 된 작은 영주들과의 사업은 얼마든지 있었던 것이다.

반대로 쫓겨난 군주나 프랑스의 적과 거래하면 당연히 엄청난 불이익을 당했다. 경찰의 수사를 받고 통신을 차단당했으며, 상품을 압수당하고 난폭한 심문을 받아 감옥에 갇히거나 목숨이 위태롭기까지 했다.

새로운 지배에는 유대인들이 환영할 만한 면도 분명 많았다. 프랑스의 자유로운 법률은 1810년 8월16일의 특별법령에 의해 라인연방 전체에 퍼졌다. 유대인에게는 매우 유리한 법이었다. 그들은 완전한 평등을 누리는 시민이 되었다.

1811년에는 유대인이 게토에서 해방되었다. 하지만 마이어와 구틀레는 여전히 그곳에 계속 살았다. 유대인 해방은 그들 모두에게 매우 이로운 것이 될 터였다. 이미 마이어는 평등과 관용의 혁명원리를 가르치는 학교의 설립을 금전적으로 원조하고 있었다.

그러나 아직 신중하게 생각해야 할 문제가 남아 있었다. 프랑크푸르트의 정세였다. 모든 게 좋은 방향으로만 나아가고 있는 건 아니었다. 시민은 외국군대에 숙식을 제공해야 할 의무를 지고 있었고, 또 무거운 세금이 부과되었다. 그것은 14년 동안의 점령으로 인해 8백만 플로린이나 되는 큰 액수였다.

게다가 헤센 카셀백작이며 그 밖에 프랑스에 적대하는 다른 지배자들과의 관계가 마음에 걸리기도 했다. 부더루스는 헤센 카셀 백작집안에 계속 봉공하도록 열심히 권유했다.

"영주인 빌헬름백작을 돕는 것은 위험한 일이지만, 상황이 바뀌면 충성을 맹세한 금융가들에게 크나큰 혜택이 주어질 게 틀림없습니다."

  부더루스도 꽤 열심히 권유했지만, 그 요청에 재빠르게 응한 네이선의 열의는 그것을 능가했다. 전쟁 동안 수입상품의 값은 자꾸만 올랐다. 베네딕트 보름스와 로스차일드의 수익도 늘어가, 그들은 이 좋은 장사를 그만두기 싫었다.

  그러나 이윽고 그들에게도 결의를 굳히고 더한층 교묘하게 행동해야 될 때가 닥쳐왔다. 1808년 11월에 나폴레옹이 대륙봉쇄를 실시한 것이다.

  '영국 및 영국식민지로부터 직접 오는 배는 우리 대륙 어떤 항구에도 들어올 수 없다.'

  다음해 나폴레옹은 러시아와 유럽대륙 다른 동맹국에게까지 이 경제제재조치를 강요했다. 1808년이 밝을 즈음 발트해에서 지중해에 이르는 모든 항구가 표면상 영국상품에 문을 닫았다. 런던정부는 그 보복으로 대륙과 관계되는 모든 해안도시의 봉쇄를 선언하고 거기에서 짐을 내리는 배를 몰수한다고 위협했다.

  이런 상황에서 결국 독일 로스차일드는 비밀리에 거래를 계속하기로 결정했고, 다른 나폴레옹의 적들에 대한 지지도 계속하기로 했다. 물론 그들은 겉으로는 프랑스황제에 충성하는 듯 꾸며보였다. 이를테면 새로운 지배자들에게 저금리로 돈을 빌려주고, 프랑크푸르트행정부와도 우호관계를 유지했다.

  라인연방대주교 카를 폰 달베르크는 오래된 가문의 애국자였지만, 나라를 통일할 수 있는 건 나폴레옹뿐이라고 믿어 그와 운명을 함께 하기로 한 인물이었다. 그러나 개인적으로 헤센 카셀백작에게 의지하고 있던 달베르크는 로스차일드의 사업을 눈감아 주었다.

  나폴레옹쪽에도 황제의 장대한 구상과 상관없이 부정을 저지르는 이가 있었다. 결국 프랑크푸르트 로스차일드가 양다리를 걸치고 돈벌이하는 것은 그다지 어려운 일이 아니었다.

  유럽의 지배자가 된 나폴레옹은 그동안 쌓인 원한을 풀려고 했다. 오스트리아황제가 1803년에 '선제후(選帝侯)' 명예를 부여한 헤센 카셀공에 대한 그의 원한은 매우 깊었다. 빌헬름 백작이 중립을 가장하며 여러 해 동안 나폴레옹의 적을 도와온 일을 오래전부터 알고 있었던 것이다. 나폴레옹은 모르티에장군에게 명령했다.

모든 재산과 음식물 반입을 봉쇄하고, 라그랑주장군을 총독으로 임명하라. 세금을 올리고, 판결은 우리 이름으로 내릴 것. 완벽한 성공을 위해 비밀을 엄수하고, 신속히 행동할 것을 명심할 것. 우리 목적은 헤센 카셀집안을 권력 밖으로 내쫓는 데 있다.

그러나 '비밀엄수, 신속행동'은 나폴레옹만의 전유물이 아니었다. 빌헬름백작은 이미 위험을 느끼고 있었다. 그의 신하들은 금괴와 돈뭉치를 저당증권과 함께 수송하거나 숨기는 일에 몰두했다.

그러나 빌헬름백작은 아주 조금밖에 성공하지 못했다. 속좁고 의심많은 그는 긴급한 사태에서도 대리인들을 믿지 못해, 금괴 대부분이 카셀에 발묶이는 결과를 초래하였다. 선장이 요구하는 운임에서 50탈레르를 깎으려 했기 때문이었다.

재물에 얽매여 자유를 잃게 될 상황이었다. 그의 마차는 시종 여섯을 거느리고 어디론가 달아났다. 나폴레옹부대는 그때 이미 쳐들어오고 있었다.

마이어는 그 며칠 전에 떠났다. 회사의 이익을 지키고 프랑크푸르트 금융업자의 영향력 증대를 시샘하는 경쟁자들의 활동에 대항하기 위해, 그는 1803년부터 카셀에 머무르고 있었던 것이다.

다음해 봄, 이제 추방당하는 신세가 된 빌헬름백작은 마이어에게 도움을 청하지 않을 수 없었다. 사업상 중요한 서류관리를 긴급히 부탁할 필요가 생긴 것이다.

어느 날 마차 한 대가 유대인거리에 멈추고 마이어 암셀 로스차일드의 집 현관 앞으로 상자 네 개를 날라왔다.

여기에서 로스차일드가 이룩한 부의 기원을 이야기하는 전설이 생겨났다. 이 이야기는 1836년 영국신문에 실려 널리 알려졌다. 빌헬름백작이 이 나이든 금융업자에게 금과 보석관리를 맡겼을 때, 그 일의 위험을 알고 있던 로스차일드는 꽤 망설였으나 마침내 설득되었다고 씌어져 있다. 이야기는 이렇게 계속된다.

로스차일드가 그의 집 조그만 뜰 한구석에 빌헬름백작의 재보를 파묻었을 때 프랑스군은 프랑크푸르트에 진격해 들어오고 있었다.

상품과 돈을 합쳐 4만탈레르쯤 되는 그 자신의 소유물은 숨기지 않았다. 만일 숨긴다면 엄격한 수색에 의해 빌헬름 백작의 재보까지 발각되어 약탈당하리라는 것을 잘 알고 있었기 때문이다.

공화주의자들은 로스차일드를 습격하여 그의 돈과 소유물을 남김없이 가져가버렸다. 그들도 다른 유대인시민들과 마찬가지로 가난의 밑바닥에 떨어졌지만, 빌헬름백작의 재보는 무사할 수 있었다. 프랑스군이 프랑크푸르트를 떠난 뒤, 로스차일드는 소규모 금융업을 다시 시작하여 조심스럽게 사업을 확대해 나갔다. 빌헬름공의 돈을 사용하여……

빌헬름백작이 돌아왔을 때 마이어 암셸이 그 재산에 이자를 더하여 돌려주려 하자 그는 말했다.

"그대가 정직하게 얹어주는 이자도, 아니 원금도 되돌려 받을 생각은 없다. 이자 따위, 그대가 내 재산을 구하기 위해 잃은 것에 비하면 하찮겠지. 내 돈은 앞으로 20년 동안 2퍼센트 이하의 이자로 그대에게 맡기겠다."

로스차일드 자산의 기원을 이야기하는 이 낭만적이고 단순화된 이야기는 네이선의 입에서 나온 게 틀림없으리라. 그는 속아넘어가는 친구들을 보며 즐기는 한편 성공의 참된 비밀을 감추려 했던 것이다.

실제로 일어난 일은 그보다 덜 극적이었다. 프랑스장교 라그랑주는 뚜껑을 열어젖힌 빌헬름백작의 재보상자를 보았을 때 욕심에 사로잡혔다. 부더루스가 몇 개의 서류상자에 담아 밖으로 내가고 싶다고 말하자, 그는 순순히 뇌물을 받았다. 계약서와 돈뭉치, 빌헬름백작의 사업정보에 대한 장부와 함께 이 재보는 네 개의 상자에 담겨져 프랑크푸르트의 게토로 운반되어 간 것이다.

마이어네 집 뜰에는 지하실로 가는 비밀입구가 있어 지하도를 통해 옆건물로 빠져나가게 되어 있었다. 이 비밀지하실에 마이어는 현금과 비밀문서를 보관했는데, 여기에 선제후의 재보상자가 더해졌다.

그해 끝무렵 빌헬름백작은 또 다른 일을 희망해 왔다. 위험은 마찬가지이니 좀더 돈을 불릴 방법이 없겠느냐는 것이었다. 덴마크의 고트로프로 망명해 있어 재산을 직접 운용할 수 없었던 그는 자포자기할 만큼 경제적 궁핍에 빠져 있었다.

런던의 어느 회사에 부더루스의 편지가 급박한 상황을 알렸다.

"우리는 매우 비참한 지경에 놓여 있습니다. 급히 금전적 원조를 받고 싶습니다. 달리 손을 내밀 데가 없습니다. 카셀로부터는 한 푼도 얻을 수 없으니까요. 아, 이 무슨 비참한 운명일까요!"

마이어는 자신의 후원자를 위해 할 수 있는 모든 일을 했다. 그는 빌헬름백작이 오스트리아황제에게 빌려준 돈의 이자를 대리로 받아주었다. 또한 아들을 영국과 네덜란드로 보내 백작과 관련된 재산을 조사하라고 시켰다. 큰아들 암셀과, 뒤이어 카를도 자주 프라하에 갔다. 망명한 백작은 1807년부터 프라하에 머물고 있었다.

백작이 강제로 독일을 떠나 있는 동안 프랑스가 손내밀기 전에 되도록 많은 부채를 회수하려고 세 은행이 동분서주했다. 카셀의 레나프, 함부르크의 라바츠, 프랑크푸르트의 로스차일드였다. 그 총책임자 부더루스는 로스차일드에게 맡기는 업무의 비율을 차츰 늘려갔다.

1807년 3월, 그는 백작에게 말했다.

"프랑크푸르트가 모든 일의 중심입니다."

얼마 뒤 로스차일드는 부채 회수보다 훨씬 중요한 일에 종사하게 되었다. 백작의 자금운영을 시작한 것이다.

빌헬름백작은 영국에 돈을 축적하여 유효하게 사용하고 싶었다. 그는 재산관리에 있어 다른 사람을 믿지 않았다. 결국 부더루스가 이 탐욕스러운 빌헬름백작을 설득하여 네이선 로스차일드에게 그의 자금을 맡기게 하였다. 1808년 네이선은 백작대리인으로 영국정부의 3퍼센트 국채를 15만파운드 사들였다.

로스차일드가 제국의 경계를 넘어 자금을 교묘하게 거래하고 있다는 소식은 부자유스러운 처지에 놓인 다른 작은 영지의 군주들 귀에도 들어갔다. 마이어의 아들들에게 잇따라 주문이 들어왔다. 그들은 암호로 씌어진 전갈을 온 유럽에 보내고, 마차의 비밀스러운 곳에 돈을 넣어 나르고, 적에게 발각되면 막대한 이익을 날려버리게 되는 모든 종류의 서류를 유대인 거리 지하터널에 숨기곤 했다.

한편 네이선은 언제나 넘치는 활력과 교묘함으로 나폴레옹에게 저항하고 있었다. 그는 런던 금융가인 그레이트 세인트 헬런스거리 12번지에 새 사무소를 열었다.

맨체스터의 사업은 로스차일드 형제상회라는 이름으로 계속되었다. 카를이 와서 이 북부사무소를 경영할 계획이었다. 카를은 백작

의 궁정에 자주 드나들어 영국과의 상업문제를 처리하며 그 프랑크
푸르트쪽 대리인 지위에서 열심히 일하고 있었다. 1809년에 성년이
되면 네이선으로부터 직물사업을 물려받으려 마음먹고 있었다.

그러나 런던으로 옮겨간 뒤 네이선은 직물사업을 그만두고 런던
에서 새로운 사업계획에 전념했다. 카를은 뒤에 나폴리에서 그 자
신의 사업을 해나간다.

네이선은 상업에서 융자로 활동형태를 바꾸어, 사업과 고객을 전
보다 늘려나갔다. 런던사무소 문에는 'N.M. 로스차일드 형제상회'
라는 간판을 붙였다.

그는 봉쇄를 빠져나가는 사업경영, 즉 프랑스쪽에서 보면 '밀수'
인 자신의 사업에 정력적으로 종사했다. 그는 죽음을 두려워하지
않는 선장들을 고용했다. 그들은 대부분 폭스턴 언저리 켄트연안에
서 활동하여 네덜란드의 발트해 항구를 속속들이 잘 알고, 사나운
날씨에도 바다에 나갈 각오가 되어 있었다.

그들의 도움과 로스차일드의 무한한 정보망에 힘입어 그는 북해
맞은편에 있는 무방비의 조그만 항구로 화물을 잇따라 보냈다. 그
곳에서는 대리인이 기다리고 있다가 내륙으로 재빠르게 날라갔다.

로스차일드의 중심은 이제 프랑크푸르트에서 런던으로 옮겨졌다.
네이선이 그 주도권을 쥐었다. 그는 전쟁상황에서 기회를 잡는 데
재빠르고 융자에 관하여 천재적이었기 때문이다. 또한 영국에 살고
있어 독일에 있을 때와는 다른 각도에서 국제적 사건을 바라볼 수
있었다.

영국인은 나폴레옹을 쳐부수려 단호하게 결심하고 있었다. 해너
의 친척도, 네이선의 친구들도 대륙봉쇄를 타파하려는 결의에 양보
가 없었다. 사업 때문이긴 했지만, 애국심도 어느 정도 작용하고
있었다.

두 가지 요소가 그에게 유리했다. 영국산 및 식민지산 상품은 하주(荷主)와 운송업자, 상인들이 위험을 무릅쓰고 노력을 기울여도 될 만큼 꽤 수요가 많았다. 정확한 최신정보로 대담무쌍하게 일을 추진하고, 때로 타락한 장교에게 뇌물을 쓰면 나폴레옹이 둘러싼 유럽의 벽 틈새를 발견하는 일쯤은 늘 가능했다.

이때 비밀주의는 특히 꼭 필요한 것이었다. 프랑크푸르트에서는 누구나 큰 압력 아래 놓여 있고, 때로 의혹의 눈총을 받기 때문이다.

그들은 늘 여행하고 있었다. 카를은 빌헬름백작이 있는 프라하를 자주 오갔다. 암셀은 거의 카셀에 머물렀지만, 잘로몬은 암스테르담으로 날아갔는가 하면 어느새 함부르크며 북부의 항구로 가곤 했다. 어린 제임스는 이미 프랑스를 여러 차례 방문했다.

제국의 권력자들은 로스차일드가 백작의 어용상인임을 알고 있었고, 그들이 밀수를 하는 게 아닐까 의심했다. 그들은 스파이를 풀어 로스차일드의 편지를 압수하곤 했다. 나폴레옹의 부하들은 집을 수색하여 그들에게 비밀을 털어놓게 할 구실을 찾아내려 노리고 있었다.

1809년 봄, 빌헬름백작이 그들에게 그 기회를 주었다. 헤센 카셀 안에서 일어난 어수룩한 반란에 재정지원을 한 것이다. 반란이 진압되자 부더루스는 곧 체포되어 엄격한 추궁을 받았다. 5월10일, 경찰국장은 경관들을 유대인거리로 파견해 마이어 암셀의 집 문을 부쉈다.

그러나 달베르크가 알려주어 로스차일드 사람들은 미리 알고 있었다. 그들은 재빨리 터널을 지나 백작의 재보상자를 이웃집으로 옮겼다. 상자가 단단히 꾸려져 있지 않아 흥분상태의 소동 속에서 열려버렸다. 서류는 눈깜짝할 새 다른 은닉처에 분산되어 숨겨졌다.

경찰이 와서 본 것은 여기저기에서 많은 사람들이 열심히 일하는 모습뿐, 아무 흠잡힐 데 없는 풍경이었다. 그들은 마이어 암셸의 장부를 조사했지만 아무 잘못도 찾아내지 못했다. 그것은 놀라운 일이 아니었다. 그는 요 몇 해 동안 이중장부를 만들어두었던 것이다.

경찰은 집안을 속속들이 뒤지고 가족들을 하나하나 심문했지만, 모두 이미 예행연습을 마친 뒤였다. 그들의 이야기에서는 한 점의 의혹도 발견되지 않았다.

경찰은 이집 가장에게 경의를 나타내지 않을 수 없었다. 이 병들고 늙은 사나이는 자신이 잘 기억하지 못하는 데 대해 용서를 빌었다. 검사관에게 유리한 상황에 대한 그의 기억은 특히 애매모호했다.

국장은 끝내 단념하고 보고서를 작성했다.

"로스차일드는 매우 현명하며 잘못이 없다."

그러나 위기가 완전히 사라진 것은 아니었다. 백작의 비밀경영자로 알려진 부더루스는 종종 심문을 받았다. 1810년 마이어 암셸은 달베르크를 설득하여 부더루스를 관청에서 일하게 함으로써 옛친구를 구하는 데 성공했다.

그러나 그해 끝무렵 그들은 다시 곤경에 빠졌다. 나폴레옹이 엄중한 밀수단속을 명령한 것이다. 나폴레옹은 대륙봉쇄가 실패로 끝났다는 불쾌한 사실에 직면하고 있었다. 대륙봉쇄는 영국에 아무 타격도 주지 못한 채 프랑스에 인플레와 물자부족과 경제파탄을 가져왔다.

마침내 1810년에 그는 외국상품에 관한 제한을 풀어, 사실상 합법화된 밀수라고 할 만한 수입허가증 제도를 도입해 실시했다. 그 결과 영국 및 식민지 상품의 수입이 급격히 늘어 비싼 값에 날개돋친 듯 팔렸다.

규제가 완화되었다고 해서 나폴레옹의 관리들이 전보다 수입거래를 제한하는 일이 어려워진 것은 아니었다. 다만 네이선 로스차일드 같은 대담한 상인이 더 늘어난 것은 사실이었다.

밀수품 공급제한이 뜻대로 되지 않자, 나폴레옹은 이번에는 그것을 사들인 사람들을 위협하기로 했다. 금지상품을 다루는 상인을 찾아내어 본때를 보여주려는 것이었다. 경찰과 밀고자와 군대가 투입되었다.

부더루스가 프랑크푸르트의 상황을 주인에게 알렸다.

프랑스군 대표가 세관관리들과 함께 왔습니다. 문이 모두 닫히고, 철저한 검색을 받지 않고는 아무도 지나갈 수 없습니다. 창고는 모두 봉쇄되어, 영국과 식민지산 상품의 대규모 수색이 시작되었습니다.

상품이 발견되는 경우 엄한 벌칙이 내려집니다. 그 혼란과 곤궁은 이루 표현하기 어렵고……친절한 척하며 염탐질하고 배반하는 자도 수없이 많아, 지금은 아무도 믿을 수 없습니다.

나폴레옹은 특히 프랑크푸르트에 본때를 보여주려 마음먹은 것 같았다. 병사와 관리들이 모든 상인의 집과 가게를 수색하여 위법상품을 찾아냈다. 상품이 발각되면 관련거래자에게 세금을 매겼다. 상품은 몰수되어 불태워졌다.

로스차일드상점에서 발견된 상품총액은 1만9348프랑으로, 시 전체에서 거두어들인 925만프랑에 비하면 그리 큰 액수가 아니었다. 현명한 은폐공작과 관리에게 준 뇌물이 효력을 나타내어 그들은 요령좋게 빠져나갈 수 있었던 것이다. 백작에게 보낸 보고 속에서 부더루스는 로스차일드부자의 근면과 용기와 교묘함에 대하여 매우 칭찬했다.

마이어 암셸은 이제 66살의 노인이 되어 건강을 잃어가고 있었다. 이 몇 해 동안의 노심초사가 그를 무겁게 짓눌렀음에 틀림없었다. 파란만장했던 자신의 생애를 되돌아보고 그는 충분한 만족을 느꼈으리라.

소규모 장사로 시작한 사업을 자본금 80만굴덴이 될 만큼 성장시켰다. 그는 이제 유럽에서 가장 부유한 영주를 모시는 금융업자였다. 그리고 오스트리아황제를 비롯한 다른 지배자들에게도 다양한 서비스를 제공하고 있었다.

상업망을 크게 펼쳐 정치적 교섭에 관여하고, 새로운 기술도 잘 이용했으며, 다섯 아들 모두 성공을 거두었다. 때로 말다툼을 하지만 아들들은 의무를 다하며 서로 돕고 있다. 이대로만 계속된다면 그들의 가능성에는 한계가 없다.

그러나 그는 앞으로 자식들의 성공을 끝까지 지켜볼 수 없을 것이다. 자식들을 위해 모든 것을 말끔하게 정리해둘 때가 된 것이다.

1810년 9월, M.A. 로스차일드 부자상회의 결속을 위해 새로운 공동경영동의서가 작성되었다. 그 속에는 사업자본을 등분주식으로 나누어 다음과 같이 할당한다고 기록되어 있었다. 마이어 암셸 50, 암셸 12, 잘로몬 12, 카를 1이었다. 제임스는 아직 어리므로 '급료를 대신하여 회사를 위한 여러 차례의 출장여행보수'로 1을 준다고 씌어 있었다.

두 아우의 결혼에 따른 재분배를 위해, 그리고 사업에서 돈이 쓸데없는 곳으로 흐르는 것을 방지하기 위해 새 규칙도 세웠다. 마이어 암셸이 카를과 제임스에게 원하는 것은 회사에 도움이 되는 결혼이었다. 이것은 딸들과 친척, 그리고 네이선 로스차일드도 마찬가지라고 명시하였다.

네이선의 사업은 표면상 뚜렷이 분리되었다. 그는 이제 로스차일드사업의 주도적 역할을 하고 있지만, 적지에서 활동하므로 프랑크푸르트로부터 거리를 둘 필요가 있었다.

　네이선의 경영은 이제 새로운 국면을 맞아 웅대한 날개를 펼치려 하고 있었다. 네이선은 형제들을 끌어들여 사업영역을 확대하고 대담한 모험을 잇따라 계속하여 겨우 5년 만에 사업규모를 엄청나게 키워놓았다.

　마이어 암셸이 1810년에 무슨 생각을 하고 있었든, 33살의 아들이 자신이 시작한 사업을 세계에 손꼽히는 금융업으로 바꿔놓으리라고는 상상도 못했으리라.

초고속으로 재산 만드는 법
단 하나의 즐거움은 사업일 뿐
카드놀이도 극장도 술도 여자도 그 다음에

　5년이란 짧은 기간 동안 로스차일드 자산에 이루어진 변화는 상업사상 드문 사건으로 실로 놀랍기 그지없다.

　1810년에 네이선 로스차일드는 런던의 한 유망한 기업가에 지나지 않았다. 그런데 1815년에는 영국정부의 재정을 주도하는 자본가 선두에 서서, 웰링턴의 이베리아반도 전투와 영국 역사상 가장 위대한 워털루전쟁의 승리를 만든 자금을 제공하게 되었다.

　봉쇄를 뚫으며 활동하던 상인과 영국정부에 봉사하는 국가적 금융가 사이에는 큰 거리가 있다. 그 거리를 네이선은 겨우 5년만에 뛰어넘었다.

　프랑크푸르트 게토 출신 사나이가 혼잣몸으로 뛰어들어 어떻게 온 유럽의 사업가가 선망하는 대성공을 거두고, 쉽사리 얻을 수 없는 지위에 오른 것일까. 이런 엄청난 대성공은 복잡하게 뒤얽힌 거듭된 거래로 이루어졌을 터이지만, 대부분 수수께끼에 싸여 오늘날에는 이미 밝혀낼 길이 없다. 그러나 분명한 것은 이 5년 동안의 움직임이 긴박한 드라마처럼 자연스럽게 세 단계로 나뉘어져 있다는 것이다.

　제1막은 헤센 카셀의 선제후 빌헬름백작이 로스차일드에게 건넨 투자자금을 중심으로 펼쳐진다. 빌헬름백작의 돈은 그들 일가가 재산을 형성하는 실마리가 되었다.

　거기에 대하여 카를은 1814년에 말하고 있다.

　"백작께서 우리들 재산을 만들어주신 것입니다. 만일 네이선이 백작의 투자자금 30만파운드를 받지 않았다면 아무 일도 못했을 겁니다."

　카를은 여러 해 동안 프랑크푸르트와 프라하 사이에서 심부름하여, 욕심많은 빌헬름백작의 돈을 운용하는 일이 얼마나 중요하며 또 계속 맡기도록 하는 게 얼마나 어려운지 누구보다 잘 알고 있었다.

　1808년에 15만파운드를 위탁받은 네이선은 얼마 뒤 백작에게 증액을 부탁했다. 런던에 다른 대리인이 있는 빌헬름백작은 네이선에게 맡기려 하지 않았다. 그런데 1809년 저물녘 마음에 여유가 생겼는지 백작은 네이선에게 15만파운드를 더 맡겨 런던에서 투자하게 했다.

　그러나 백작은 불안해했다. 그는 자신의 돈이 영국공채에 투자되었다는 증서를 아직 받지 못한 것이다. 부더루스는 그를 위로하며 안전한 방법이 찾아지는 대로 런던에서 증서가 올 테니 걱정할 필요없다고 보증했다.

　머뭇거리는 주인을 그는 부추겼다——백작이 이 말에 솔깃해 하리라는 것을 그는 잘 알고 있었다.

　"오랜 시간 로스차일드를 설득하여 15만파운드의 투자를 1퍼센트의 4분의 1 미만 수수료로 해주도록 약속받았습니다. 그는 주식의 73.75퍼센트를 건네주게 되므로 4521파운드를 벌게 됩니다."

　과연 그 예상은 들어맞았다. 백작은 그 거래에 응하고, 뒤이어 분할로 15만파운드의 투자를 더 약속했다. 그러나 증서 문제로 여전히 불평했다.

"투자증서를 되도록 빨리 받아보았으면 좋겠네."

백작이 걱정하는 것은 전쟁을 핑계로 네이선이 그 자본금을 자신의 목적을 위해 사용하는 게 아닐까 하는 점이었다.

그 의심은 그대로 들어맞았다. 사실 네이선은 그 돈 가운데 꽤 많은 액수를 일시적으로 유용하여 금융업에 손대고 있었으며, 융통이 순조로워져 신망도 얻고 있었다. 결국은 영국재무성으로 들어갈 돈이지만, 먼 길을 돌아서 가고 있었던 것이다.

네이선은 차츰 금융시장에서 능력을 발휘했다. 증권거래소에 등장한 모든 주식시세를 기억하고, 그것이 어떻게 변동되어 갈지 본능적으로 느꼈다.

그는 곧 시티의 유명인사가 되었다. 단기거래를 되풀이하며 백작의 자금을 늘려가는 방식이 사람들 눈길을 끌었다. 그는 금에 투기하고 있었다. 전쟁 끝무렵에 이르러 금값이 꽤 올랐던 것이다.

네이선이 잘 이용한 것은 단지 백작의 자금만이 아니었다. 백작의 경계심도 도움이 되었다. 백작은 나폴레옹의 적들을 재정적으로 돕는 일이 남에게 알려지는 것을 싫어했다. 그러므로 모든 투자는 네이선의 명의로 이루어졌다. 덕분에 이 신참자는 태풍처럼 시티를 휩쓸게 되었다.

그는 채권을 되풀이해서 사고팔았다. 그 규모는 두세 달 안에 그를 주요국채 채권자로 만들었을 정도였다. 경쟁자도 친구도 그의 돈의 출처를 몰랐다. 그들은 다만 눈을 휘둥그렇게 뜨고 이 풍운아를 바라볼 뿐이었다. 그들은 서둘러 그의 방법을 배우려 했다. 네이선은 곧 재계의 선두주자로 올라섰다.

네이선이 재산불리기에 바쁜 한편에서 백작의 분노와 의혹의 화살은 고스란히 그의 형제와 부더루스에게로 날아갔다. 몇 달이 지나도 여전히 증서는 오지 않았다. 그는 투자금액을 거두어들이겠다고 위협했다.

마이어는 지금은 통신이 곤란한 시기라고 설득하고 수수료도 더 깎아주며 백작을 달랬다. 마침내 카를이 영국으로 가서 18만 9500 파운드의 증서를 가지고 돌아왔다.

드디어 많은 액수의 현금을 손에 넣은 네이선은 사업중심을 금융과 주식거래로 옮겨갔다.

네이선 등 유능한 상인들의 노력에도 불구하고 영국의 통상 수지는 그리 좋지 않았다. 1810년부터 11년에 걸쳐 수출 및 재수출 액수가 6천2백만파운드에서 4천4백만파운드로 떨어졌다.

네이선은 당연히 금괴거래와 공채로 눈을 돌렸다. 거기에는 꽤 많은 이익이 뒤따랐다.

영국은 인플레에 시달리고 있었다. 정부는 1811년 6월에 금본위제를 폐지하고 은행지폐를 발행했다. 이것은 돈의 가치를 끌어올리는 작용을 했다. 그리고 계속되는 전쟁으로 빚이 해마다 늘어 공채 시장이 활성화되었다.

상황은 매우 불안정했다. 영국은 강한 군대가 없어, 1810년에 불운의 나락에 떨어져 있었다. 군사와 경제 모두 어려운 국면이었다.

나폴레옹은 대륙의 적을 하나하나 쳐부수었다. 포르투갈만이 제국에 흡수되지 않으려 저항하고 있었다. 영국은 1808년 이래 이미 수많은 금화와 병사를 희생시키고 있었다. 이베리아반도에서는 웰링턴이 이끄는 영국군이 스페인의 민족 게릴라를 지원하며 소규모 전투를 계속하고 있었지만, 경비만 소요될 뿐 아무 성과가 없었다.

제해권 덕분에 식민지 무역에 대한 프랑스의 공격은 벗어났지만, 유럽시장이 축소되어 영국은 재고상품창고가 될 운명에 놓였다. 폭등하는 빵값에 대한 민중의 저항과 휘그당원의 해방요구가 이미 약화된 스펜서 퍼시벌내각을 압박했다.

엎친 데 덮친 격으로 조지 3세가 정신이상을 일으켰다. 황태자가 대리로 정무를 보았는데 그는 총리를 매우 싫어했다. 내각이 곧 실각할 듯 보였다.

그러나 퍼시벌은 살아남았다. 그를 쓰러뜨리려는 계획이 실패하자 황태자는 불만 속에서도 그를 지지하지 않을 수 없게 되었다.

육군 및 식민대신 리버풀경의 부추김을 받아 황태자는 새로운 군사예산안을 강제로 통과시켰다. 1811년 2월까지는 누가 보나 이 내각이 계속될 듯 여겨져 웰링턴은 불만스러웠다.

"지금 정부에는 전쟁을 수행할 의지도, 능력도, 자신도 결여되어 있다."

그래도 정부는 여전히 나폴레옹과의 대결을 무력으로 해결하려 했다.

3월5일, 사기왕성한 5000명의 영국군대가 리스본에 상륙했다. 웰링턴은 한 달만에 프랑스군을 포르투갈에서 쫓아냈다. 승리의 소식이 영국에 전해졌다. 정부는 뛸 듯이 기뻐했으며 국민들은 열광적으로 환호했다.

나폴레옹은 이미 러시아와 사이가 나빠져 이베리아반도에 더이상 군대를 보내지 못했다. 정치적인 안목을 가진 사람들은 이 사실을 중요시하여 전황이 바뀌었다고 판단했다.

네이선 로스차일드도 그 가운데 한 사람이었다. 가족을 통한 광범위한 정보망을 통하여, 그는 런던의 누구보다도 유럽의 사건을 빠르고 정확하게 알 수 있었다. 그리고 그 지식과 연줄과 기술을 그가 선택한 나라 영국이 잘 이용해주기를 바랐다.

네이선과 형들 사이의 간격은 더욱 크게 벌어졌다. 형들의 생각은 아직 유대의 전통에 얽매여 있었다.

큰형 암셀이 특히 그러했다. 그에게는 개인적 일보다 유대공동사회 일이나 안식일을 엄격히 지키는 게 먼저였다. 그는 쇠약한 아버지가 프랑크푸르트의 게토에 남겨준 집에 들어앉아 아우들이 이방인사회에 열정적으로 빠져드는 것을 우려하고 있었다.

암셸에게 있어 '애국주의'는 선택된 민족으로서의 의무와 책임이었다. 그는 책임감 강한 장남 역할에 만족했다. 그와 자식을 못낳은 그의 아내는 부모를 모시고 유대인거리에 살았다. 아버지가 죽은 뒤에도 그들은 계속 눌러살았다.

네이선은 달랐다. 영국의 자유로운 분위기가 주는 기회를 모두 받아들이는 동화주의자였다.

1809년에 그는 유대 사업공동체가 자리잡고 있는 시티 끄트머리의 그레이트 세인트 헬런스거리에서 세인트 스위진골목(N.M. 로스차일드 부자상회는 지금도 여전히 그곳에 있다)의 뉴코트 2번지로 이사했다. 잉글랜드은행과 증권거래소가 바로 앞에 있었다.

이 위치는 사업상 편리와 더불어 상징적 의미가 있었다. 네이선은 이제 영국재계의 중심에 자리한 것이다.

그러나 완벽하게 섞여들지는 못했다. 실제로 그는 그 귀족적인 분위기와 우아함을 경멸했다. 한편 무뚝뚝하고 붙임성없는 사업가라는 평판을 즐기기도 했다. 그를 그렇게 만든 것은 종교적 망설임에서가 아니라 너무 바빠 그럴 틈이 없기 때문이었다.

네이선은 밤낮없이 장부나, 유럽시장의 금과 상품과 주식시세에 대해 상세히 알려오는 형제들 편지를 열심히 읽었다. 철저한 안전을 위해 이 편지들은 이디시어와 암호 두 가지로 씌어졌다.

그곳에서 온 편지를 아마 백 번쯤 읽을 겁니다. ……저녁식사가 끝나면 할 일이 없습니다. 책도 읽지 않고, 카드놀이도 하지 않으며, 극장에도 가지 않습니다. 나의 단 하나의 즐거움은 사업입니다. 그런 까닭에 '암셸로부터' '잘로몬으로부터' '제임스로부터' '카를로부터' 온 편지를 읽는 것입니다.

답장 속에서 네이선의 어조는 차츰 높아져 갔다. 그는 영국에 건너와 아버지 대리인으로 일했다. 그러나 이제 상황이 바뀌어 프랑크푸르트쪽에서 네이선의 지시를 받고 있는 것이다. 형제들은 그의 태도를 기꺼워하지만은 않았다.

네이선의 편지가 자꾸만 성급해져가는 이유 가운데 하나는 그가 점점 더 큰 위험을 무릅쓰는 데 있었다. 그는 금괴밀수를 하고 있었으며, 이 위험한 거래를 위해 켄트해안 어부들을 이용했다. 로스차일드라는 이름은 아직도 이 지방에 전해내려오며 그 그림자를 드리우고 있다.

한 가지 이야기를 들어보자.

폭스턴의 컬린이라는 사람이 어느 날 밤 아내와 함께 잠자리에 들었는데, 창문을 똑똑 두드리는 소리가 났다. 집주인은 어둠 속에서 '사람 눈을 피하듯 큼직한 외투에 모자를 깊숙이 눌러쓴' 한 사나이를 보았다.

낯선 사나이는 컬린에게 아무 말도 말라는 시늉을 하며 열린 문으로 살그머니 들어왔다. 그리고 문이 단단히 잠기는 것을 지켜본 뒤 비로소 신분을 밝혔다. 로스차일드 집안의 네이선이었다.

그는 10만기니의 위법화물을 프랑스행 배가 출항준비를 끝낼 때까지 숨겨줄 수 없느냐고 물었다. 컬린은 그것을 맡았다. 금화가 가득 든 자루가 여러 개 그의 침대 매트리스 아래 숨겨졌다. 방문자는 돌아가고 컬린부부는 '인생에서 가장 불안한 밤'을 지샜다. 다음날 밤 네이선이 다시 와서 어둠 속의 항구로 돈자루를 날라갔다.

과장된 말인지도 모르지만, 이 이야기의 핵심은 다음과 같다. 어업과 장사는 물론 밀수며 봉쇄령 돌파며 약탈이며 때로는 해적행위마저 업으로 삼던 켄트해안 주민들 마음을 네이선은 단단히 사로잡고 있었던 것이다.

이것은 네이선이 영국에 온 지 얼마 되지도 않았을 때의 일이리

라. 그 무렵 그는 벌써 정보와 화물을 빠르고 효과적으로 바다 건너에 보낼 수송체계를 확립하려 하고 있었다. 그는 최고의 봉사를 원하고, 그에 대한 최고액수의 보답을 치르는 인물로 해안 일대에 알려졌다.

악천후 속에 바다로 나갈 용감한 선장이 급히 필요할 때면 그는 늘 수고비를 듬뿍 주었다. 이렇게 맨체스터와 런던·파리·프랑크푸르트 등 대륙의 수많은 상업중심지를 잇는 강한 끈이 만들어졌다.

컬린은 그 일을 하는 데 매우 중요한 사람이었다. 그는 선원에서 선주로 자수성가한 사나이였다. 그는 우편국의 허가를 얻어 폭스턴의 우편선을 운영하고, '떠돌이배'를 무장시켜 작은 범선으로 만들어 선단에 편입시켰으며, 때로는 대형선박을 사들여 나포선으로 사용하기도 했다. 금괴수송이라는 위험한 대형거래가 그의 전문이었다. 금시장변동으로 화폐밀수는 매우 큰 돈벌이가 되었다.

이 관계는 친밀하게 지속되었다. 컬린집안은 몇 세대에 걸쳐 다양한 자격으로 런던 로스차일드은행에 드나들었다. 19세기 중엽 네이선의 한 아들이 하이드와 폭스턴의 의원을 지낼때, 그 선거대리인은 토머스 컬린이었다.

네이선은 이들의 깊은 신뢰를 얻었고, 그들은 네이선을 위해 태풍과의 싸움을 서슴지 않았다.

그들은 네이선에게만 쓸모있는 존재가 아니라 영국이 치르는 전쟁에서도 일익을 담당했다. 대륙봉쇄에 구멍을 뚫고 스페인의 웰링턴장군에게 물자를 수송한 사람은 컬린 같은 사나이들이었다. 이 전쟁 중 내내 로스차일드의 돈은 이베리아 반도 주둔병력의 양식공급에 큰 도움이 되었다.

이 전쟁의 경제적 측면에 적극적으로 개입하여 그의 사업은 크게 확장되었다. 그는 큰 돈을 벌었고, 그가 살고 있는 나라 또한 그 혜택을 입었다.

  1810년 프랑스정부는 상품과 금의 위법거래에 관한 규칙을 완화하는 결정을 내렸다. 프랑스정부는 칼레와 됭케르크 사이의 그라블린에 특별한 세관소를 설치했다. 밀수품을 공식적으로 받아들이기 위한 것이었다.

  네이선이 고용한 선장들은 이 일을 계기로 더욱 열심히 일했다. 덕분에 잘로몬과 제임스는 이 사업의 대륙쪽 일처리를 위해 프랑스로 자주 가야 했다. 1810년 가을부터 제임스는 프랑스에 눌러살았다.

  네이선의 계획은 로스차일드가 프랑스에 '영속적으로' 뿌리내리는 일이었다. 네이선은 아버지에게 편지를 써서 그 준비를 부탁했다.

  마이어 암셸이 그에 필요한 수속을 하는 것은 어려운 일이 아니었다. 프랑크푸르트대공이며 라인연방대주교인 달베르크가 나폴레옹이 애타게 기다리던 계승자 아들의 웅장한 세례식에 참석하러 파리로 떠나게 되어 현금이 급하게 필요했던 것이다.

  마이어는 기꺼이 그 편의를 봐주고, 대신 19살 된 아들의 여권을 원했다. 여권을 손에 쥔 제임스가 파리로 출발하면서 제1막의 막이 내린다.

전쟁은 돈벌 기회
현실은 몸이 떨릴 만큼 무시무시한 상황
화폐가치와 주식시세가 격렬하게 오르내렸다

　로스차일드는 총력을 기울여 광기와도 같은 폭발적인 활동으로 들어갔다.

　제임스의 파리 도착은 그 시작이었다. 그는 나폴레옹거리에 있는 훌륭한 집에 거처를 정했다. 그리고 그라블린, 됭케르크, 암스테르담 등으로 자주 여행을 떠났다. 때때로 영국해협을 건너 이득을 꾀하기도 했다. 때로는 잘로몬도 함께 갔다.

　네이선은 날마다 형제들에게 대리인을 파견하거나 여러 정황에 대한 소식과 위탁화물을 보내며 지냈다. 암셀과 카를은 프랑크푸르트에서 사업을 해나가면서 런던에서 급한 지령이 오면 모든 것을 팽개치고 그 일에 매달렸다.

　이렇듯 비밀스럽게 여기저기를 오가는 일이 제2막 내내 이어진다. 화폐와 채권, 금거래를 활발히 계속하려면 반드시 그렇게 해야 했다.

　네이선은 이제 금투기에 익숙해졌다. 그것은 눈깜짝할 새 확대되어갔다.

　로스차일드에게는 곧 준비될 수 있는 자본이 있다. 그들은 신경질적으로 반응하는 유럽대륙 통화시장에서 이익을 얻을 수 있는 좋은 입장에 있는 것이다. 사실 2, 3년 동안 그들의 자산은 열 배로 불어났다.

전쟁상황이 일진일퇴를 되풀이하면, 주식시세와 금리도 오르락내리락했다. 이때야말로 재산을 잃거나 얻는 시기였다. 냉정한 두뇌와 대담한 결단력과 뛰어난 정보망을 가진 자만이 성공할 수 있다. 네이선 로스차일드야말로 그러한 사나이였으며, 그는 단기간에 기적을 일으켰다.

네이선의 방법 가운데 중요한 것으로 오늘날에도 분명하게 확인할 수 있는 것은 다음 사실이다.

런던에서는 금값이 비싸고, 수출제한으로 값이 더욱 올랐다. 그러므로 금을 대륙으로 나르는 방법, 시장을 침체시키지 않도록 통제하는 방법을 체득한 자가 재산을 이룬다. 네이선에게는 그 방법이 있었다.

프랑크푸르트의 로스차일드회사——영국로스차일드가 가담해 있는 사실을 숨기기 위해 사업은 모두 모회사 명의로 이루어졌다——가 됭케르크의 두 금융회사인 부브 도미니크 모렐 부자상회와 R.파베르사에 구좌를 연다. 한편 네이선의 선장들은 영국의 기니화인 금화를 그라블린으로 날라간다.

제임스가 그것을 받아 런던 발행어음으로 지불한다. 모렐과 파베르는 연줄을 이용하여 그것을 파리의 주요은행에 투자한다. 그 은행을 통하여 로스차일드는 대륙의 은행이 발행한 어음을 손에 넣을 수 있었다.

이 경우 여러가지 수수료가 붙고 또 다른 경비도 많이 들지만, 그 수입은 32퍼센트에 이르렀다.

프랑스 당국은 물론 사태를 파악하고 있었다. 제임스가 파리에 처음 도착해 경찰에 인사하러 갔을 때, 그는 강한 의혹의 눈길을 받았다.

귀금속을 이토록 대량으로 움직이면 아무래도 감출 수 없는 법이다. 그래서 제임스는 처음부터 숨기려 하지 않았다. 도착하자마자 당국에 출두하여 사업내용을 설명해 두었다.

재무대신 몰렝백작이 황제에게 보내는 3월26일자 문서 속에 흥미로운 사실이 보고되어 있다.

프랑크푸르트 발행여권을 가지고 현재 파리에 머무르는 로스차일드라는 이름의 사나이가 영국해안으로부터 됭케르크로 기니화 운송일을 하며 한 달에 10만 기니(400만 프랑)를 날랐다고 보고해 왔습니다.

그는 말레, 샤를 다빌리에, 오탱게르 등 파리의 주요금융가와 관계 맺어 런던 발행어음을 건네받고 있습니다.

런던에서 온 이달 24일자 편지를 그는 몇 통 받았다고 신고했는데, 그것에 의하면 금은화 수출금지 때문에 크라운 화폐가치가 5실링에서 5실링 반으로, 반기니 금화가치는 21실링에서 30실링으로 올랐다고 영국에서는 짐작하는 듯합니다……

몰렝백작은 제임스가 제공한 이 정보에 매우 기뻐했다. 이런 정세는 영국이 경제적 파국을 맞은 징후이며, 그 거래에 나선 자들은 자신의 자본금을 파탄 속에 내던진 거라고 그는 여겼다.

그러나 그것은 프랑스의 바람에 지나지 않았다. 영국에서는 두드러진 화폐가치 하락이 없었고, 금괴도 미국과 식민지에서 흘러들어와 대륙으로 유출된 양을 보충해 주었다.

바다를 건너는 금괴의 흐름은 결코 일방적인 게 아니었다. 제임스와 네이선은 교환비율의 미묘한 변화로 돈을 벌기 위해, 또 불안한 상태를 불러일으킬 격렬한 변동을 피하기 위해 자금을 이리저리 움직이고 있는 것이었다.

두 정부 모두 이제는 금융가들이 '큰돈벌이'하는 것을 방해하려 하지 않았다. 프랑스정부는 이 거래가 자신들을 우위에 두는 듯 보여 기꺼이 용인했다. 소문만큼 영국정부는 당황하지 않았다. 실제로 그뒤 곧 구름이 갤 듯한 조짐이 영국정부에게 보였던 것이다.

그러나 로스차일드사람들에게 이 과정은 신경을 갉아먹는 듯한 고통스러운 체험이었다. 혼신의 힘을 다하여 세심한 주의를 계속 기울여야 했다. 대륙의 네 형제는 짐을 가지고 온 유럽을 떠돌고, 오랜 시간 일하며 편히 잠도 자지 못하고, 런던으로부터 오는 엄격한 지령을 참고 견뎌야 했다. 이것이 과연 이토록 죽을 힘을 다 기울여야 할 만큼 가치있는 일인지 의문마저 느껴졌다.

네이선은 자신이 성급하고 까다롭게 구는 것은 어쩔 수 없는 일이라고 생각했다. 그는 이제까지 오랜 기간에 걸쳐 복잡하게 세워온 재정투기계획을 이제 주도하려 하고 있는 것이다. 자신이 얼마나 위험한 일을 하려는 것인지 문득 생각해보는 순간도 종종 있었다.

생각하면 현실은 몸이 떨릴 만큼 무시무시한 상황이었다. 유럽대륙은 전쟁으로 갈가리 찢겨 화폐가치와 주식시세가 격렬하게 오르내리고 있다. 초일류고객을 위해 그는 늘 많은 자금을 운용하고 있었다. 단 한 번의 잘못된 판단으로도 그가 이제까지 쌓아온, 정치가와 상인과 금융가들의 변덕스러운 신용을 무너뜨리기에 충분하다.

그들 일가는 예전에 비할 바 없는 막대한 자금을 축적했지만, 한 번 신용을 잃으면 그것으로 끝이다. 1811년 8월에 네이선은 이 사업에 전력투구하기 위해 맨체스터의 사업체를 팔았다. 그는 이제 모든 것을 걸었다.

가장 큰 어려움은 비밀엄수였다. 거래가 양방향으로 이루어지는 것을 프랑스당국이 모르도록 하는 게 꼭 필요했다——만일 영국에서 금이 밀수되는 것을 그들이 환영한다면, 같은 이유로 재밀수되어 가는 것을 단연코 저지하려 할 것이다. 또한 런던과 프랑크푸르트 사이의 관계도 숨겨야 한다. 그러므로 모든 활동을 정당한 상업거래 아래 감춰야 했다.

그러나 가장 비밀을 요하는 것은, 로스차일드의 사업 속에 영국정부와 관련된 일이 있다는 사실이었다. 예전에 그들은 헤센 카셀의 선제후 빌헬름백작을 위해 영국공채를 산 일이 있었다. 이제 그들은 자신을 위해 그것을 샀다.

금괴거래에서 얻어진 이익은 런던에서 거의 국채로 바뀌었다. 퍼시벌내각이 전쟁을 계속하기로 결정하여 국가의 빚은 나날이 늘어갔다. 1811년에 시티를 통하여 만든 액수만도 2350만파운드였다. 이 가운데 꽤 많은 부분을 로스차일드가 제공했다.

그들은 정부발행어음도 사들였다. 이것은 대단히 위험한 일이었다. 만일 그러한 서류가 파리나 프랑크푸르트에서 느닷없이 노출되어 당국의 눈에 띈다면 제임스와 암셸이 그것을 어떻게 설명할 것인가.

그런데 그 당시 항구 근방에서 전해오는 전설에 의하면, 로스차일드는 이런 순수한 금융활동만 한 게 아니었다. 이제는 낭만적인 신화가 되었지만, 그들은 웰링턴의 병참부로 금을 날랐다고 한다. 로스차일드형제들이 금괴를 숨긴 마차를 타고 온 유럽을 돌아다녔다는 이야기도 전해진다.

이러한 이야기는 얼마나 신빙성 있는 것일까. 1813년 끝무렵에 네이선은 분명 런던에서 웰링턴의 어음할인을 해주었고, 그 이전에도 그런 일이 있었을지 모른다. 1809년 이래 웰링턴은 군대에 지불하는 현금의 부족이 심각함을 느끼고 있었다. 그는 스페인과 몰타의 금융가에서 규정 이상의 이자로 돈을 빌려야만 했다.

네이선은 웰링턴장군이 불만을 품고 있는 것을 잘 알았다. 그리고 영국이 나아갈 길은 웰링턴이 리버풀경에게 보고한 대로 나폴레옹과 스페인에서 싸우거나 아니면 영국에서 싸우는, 둘 중의 하나라는 사실에 동의하고 있었다. 그리하여 1811년 10월1일, 영국이 스페인에서 싸울 수 있도록 네이선은 도움을 준 것이다.

그날 존 찰스 헤러스는 병참부주임으로 발탁되어 영국군 야전에서 재정과 설비관리를 책임지게 되었다.

헤러스는 런던 상업집안 출신으로 네이선과 비슷한 나이였고 라이프치히에서 교육받았다. 1798년 영국으로 돌아왔는데, 기묘하게도 그해는 네이선이 맨체스터에 자리잡은 때이다.

프랑크푸르트에서 온 젊은이가 상업계에서 강렬한 개성으로 두각을 나타내기 시작했을 때, 헤러스는 정부 안에서 눈부신 출세를 하고 있었다. 런던의 정치경제계라는 작은 세계에서 같은 시기에 성공을 거둔 두 사나이가 서로 몰랐을 리 없다. 아는 사이였다면 단순한 지기 이상의 친밀한 사이가 되었으리라.

2년 뒤 존 헤러스와 네이선 로스차일드는 이베리아전쟁 끝무렵의 재정계획을 함께 세우게 되었다. 모든 정황으로 미루어 네이선은 웰링턴의 한 팔이 되어 비공식적 활동을 할 기회를 얻었을 게 틀림없다.

이렇게 생각하면 그의 형제들이 남프랑스 도로를 마차로 달렸고, 기니화가 가득 든 상자를 비밀장소에서 대리인에게 건넸으며, 대리인은 그것을 피레네산맥의 오솔길을 지나 영국군에게 날라갔다는 낭만적인 이야기는 안타깝게도 배제할 수밖에 없다. 로스차일드사람들은 이러한 활동에 익숙했지만, 웰링턴에게 그런 봉사를 할 필요는 없었기 때문이다.

영국에서 수출된 금화는 파리의 은행이 가지고 있었다. 네이선과 제임스가 할 일은 그 은행이 발행하는 어음을 손에 넣는 일뿐이다.

이들 어음은 은행 또는 정부의 급사에 의해 웰링턴에게 보내져 스페인의 상사에 지불되면 되었다. 그리고 무거운 몇 톤의 경화를 한 신사의 마차에 숨겨 운반한다는 것은 도저히 불가능하다.

남자들이 온 유럽을 돌아다니는 동안 로스차일드의 아내들도 집에서 난롯불만 지키고 있지는 않았다.

여자의 역할에 대한 유대인의 생각은 19세기 첫무렵 유럽의 여느 사람들과 뚜렷이 달랐다. 아내는 가게의 계산대와 사무실 책상 뒤에서 남편을 도왔고, 남편의 일을 이해하며 함께 일했다. 딸들도 남자형제와 마찬가지로 교육받았다. 여성해방문제며 남성세계에의 참여 등에 있어 유대인 아내는 이교도 여성들보다 적극적이었다.

잘로몬의 아내 캐럴라인은 집안일을 하고 베티와 안셀름 두 아이를 보살피는 한편, 출장 중인 남편 사무소의 일처리를 하고 그의 건강에도 마음썼다.

쉴새없는 여행으로 잘로몬은 지병인 류머티즘이 악화되고 편두통에도 시달리고 있었다. 사업걱정과 형제들과의 끊임없는 논쟁으로 병은 전혀 낫지 않았다.

잘로몬은 제임스를 돕느라 꽤 많은 시간을 파리에서 지냈다. 수많은 교섭의 중심에 언제나 제임스가 있었다.

이 막내 로스차일드는 마음고생이 매우 컸다. 런던과 프랑크푸르트 양쪽에서 돈과 어음과 증서와 최신거래문제가 그에게로 쉴새없이 밀려들었다. 그는 멀리 떨어져 있는 대리인과 모렐, 파베르 등 은행가와의 교섭도 날마다 처리해야 했다. 파리의 환율을 늘 지켜보고 어느 것을 얼마나 팔 것인지 판단해야 했다. 그리고 프랑스당국이 보내는 의심의 눈길에서 자신을 지켜야 했다.

그는 아침 5시에 일어나 밤 12시 전에는 잠자리에 들지 못했다. 그 장기간에 걸친 초반의 혹독한 훈련으로, 그는 이윽고 융통성있는 강건한 재정가로 성장했다.

　로스차일드에 외부로부터 압박이 닥쳐오고 있었다. 1812년 첫무렵 여러 주일에 걸쳐 나폴레옹은 유럽에서 일찍이 볼 수 없었던 대군단을 편성했다. 그 가운데에는 14살 소년도 들어 있었다. 러시아원정준비를 마친 것이다.

　61만2000명의 병사로 이루어진 대군단의 인원을 확보하느라 나폴레옹은 국민들을 쥐어짰다. 이 군대의 3분의 2는 프랑스의 위성국가에서 끌어모아졌다.

　젊고 건강한 남자가 징집을 벗어나는 길은 단 하나밖에 없었다. 마이어 암셸 같은 부유한 아버지밖에 할 수 없는 일로, 그는 아들들의 병역을 면제받으려 적지 않은 돈을 썼다.

　만일 제임스와 카를이 모스크바 행군대열에 참가하는 것을 피할 수 없었다면 로스차일드역사는, 아니 유럽역사는 바뀌었을 것이다. 6월에 러시아로 들어간 61만2000명 병사 가운데 12월에 돌아온 사람은 겨우 11만명뿐이었으니까.

　그동안 스페인에서는 프랑스군이 타호강 남쪽연안에서 쫓겨나고 있었다. 영국은 그 강한 적에게 이제야 가까스로 복수를 하게 된 듯 여겨졌다. 영국의 외로운 저항을 응원하던 사람들은 그 영광과 승리에 대해 기대를 품기 시작했다.

　그러나 마이어 암셸 로스차일드는 독재자의 몰락을 지켜보지 못했다. 구틀레와 함께 27년 동안 살아왔으며, 역사상 가장 주목할 만한 발전을 이룬 사업의 첫발을 내디딘, 유대인거리의 빛이 어슴푸레하게 흘러들어 오는 한 방에서 그는 생애를 마감하려 하고 있었다.

　9월18일 68살의 마이어 암셸은 유대교회당 예배에 참석한 뒤 병상에 누웠다. 건강이 사그라들어도 그는 쉬려고 하지 않았다. 그러나 몸은 한계에 이르러, 다음날 그는 변호사를 불러 유언장을 작성했다.

그는 신중하게 거듭 생각하며 꼼꼼하게 서류를 만들었다. 한평생 편안히 지낼 충분한 유산을 구틀레에게 주고, 딸들과 그 자식들에게도 나눠주었다. 카를과 제임스에게는 결혼에 따른 재산증여가 별도로 준비되었다.

유언을 보충하는 글에 유대인거리 148번지의 일부를 암셀과 그의 아내가 사용하도록 하는 내용이 덧붙여졌다. 다른 아들은 결혼하지 않은 카를만 빼고 모두 게토를 떠나 있었다. 암셀만이 아버지 곁에 남아 충실한 사업협력자가 되었고, 또 유대교회당 예배에 착실히 참석하고 있었다.

마이어 암셀의 나머지 재산은, 다양한 유대자선사업에 기부한 100굴덴 말고는 모두 사업적인 용도로 남겨졌고 그의 몫은 동업자들에게 배분되었다.

이 집안의 가장은 죽음을 앞두고 딸과 사위와 그 자식들은 M.A. 로스차일드 부자상회의 사업에 관여하지 못하도록 새삼 다짐해 두었다. 그들은 사업에 관련된 어떠한 업무처리도 할 수 없었고 장부나 서류에 손대는 일도 허용되지 않았으며, 은행에 대해 어떤 요구도 할 권리가 주어지지 않았다.

그는 마지막으로 이 말을 남겼다.

돈이야말로 유대인을 구원하는 단 하나의 무기라는 것을 늘 명심하여라……

만일 아버지로서의 내 바람에 거역하여 아들들이 사업경영을……평온하게 계속하지 못하는 사태가 발생한다면, 나는 내 아들이라 할지라도 결코 용서할 수 없다.

이에 불복하는 자식은 유언장에 쎄어진 권리를 박탈한다. 서로 사랑과 우애를 가지고 살아가며, 유언의 의도에 충실히 따라줄 것을 간절히 바란다.

그들의 경제적 성공은 혈연관계에 의해 이루어진 것이므로, 죽음을 눈앞에 둔 마이어 암셀은 결속의 필요성을 아들들에게 강하게 인식시켜 주려고 했다.

그들은 모두, 잘로몬은 예외인지도 모르지만, 고집 세고 의지가 굳은 성격이었다. 지금까지는 아버지를 존경하는 마음으로 맺어져 왔지만 저마다 다른 힘에 이끌려 나아가고 있는 것을 그는 잘 알았다.

그는 아들들이 뿔뿔이 흩어지는 것을 겁냈다. 암셀은 종교에 열심이며, 다른 형제들이 이교도세계와 친하게 접촉해 타락한다고 늘 걱정하는 것을 잘 알고 있었다. 네이선은 야심만만하여 집을 멀리 떠나 이미 완전히 혼자 일어서고 있다. 카를과 제임스는 네이선의 성공에 위축되어 있는 참을성없는 젊은이들이다.

그래서 마이어 암셀은 자신의 사업과 재산을 물려받을 아들들에게 로스차일드라는 이름의 자부심을 심어주고, 형제간의 사랑이 약해진다면 그들 사이에 공통되는 이익을 추구함으로써 결속을 강화할 수 있도록 가족회사경영을 지시한 것이다. 그가 얼마나 철저한 선견지명을 지니고 있었는지는 그 뒤의 역사가 증명해준다.

마이어 암셀은 1812년 9월19일, 암셀과 카를 두 아들만이 지켜보는 가운데 세상을 떠났다. 임종은 너무도 갑작스럽게 닥쳐와 누구에게도 알릴 여유가 없었다. 게다가 이 노인은 네이선과 잘로몬과 제임스에게 최후의 축복을 받으려는 생각이 전혀 없었다. 그들이 하는 일은 매우 중요하며, 2, 3일이라도 자리를 비우는 게 얼마나 어려운지 그는 잘 알고 있었다.

이 비범한 노인은 조용히 조상 곁으로 갔다. 선조대대로 살아온, 그리고 그의 아내가 앞으로 37년 동안이나 더 살아가게 될 게토에서…….

반세기 동안 그는 다양한 사업을 하며 뛰어난 업적을 이룩했을 뿐 아니라, 민족사업에도 힘을 기울였다. 여러 세기에 걸쳐 프랑크푸르트의 유대인들을 옭아맨 속박에서 그들을 해방시키려 애썼다. 그의 마지막 사업은 달베르크와의 거래였다. 그 덕분에 프랑크푸르트 유대인들은 완전한 시민권을 얻었다. 이 협정 이전에는 지위가 불안정했던 것이다.

나폴레옹 혁명에 의해 자유주의가 침투했지만, 그것은 인도적 관점에서가 아니라 자신의 제국을 일치단결시키기 위해서였다.

나폴레옹은 유대인에게 두 가지를 원했다. 그들의 사업활동과 부를 잘 통제하고, 한시바삐 프랑스문화에 동화되는 것이었다. 그는 모든 유대교회당의 활동을 종합·지배하는 기관을 만들고, '악명 높은 법령'이라고 불리는 1808년의 법령 속에서 나폴레옹 지배하의 독일 영내에 살도록 규정했다. 게토의 인구를 제한하여 예로부터 내려오는 공동체를 무너뜨리려 한 것이다.

그런 제한에 아랑곳없이 유대인들은 '자유'로워졌는데, 그 자유는 각 공동체 지도자에게 달려 있었다. 유대인 해방의 자잘한 사항들을 각 지역 권력자와 교섭한 것은 그들이었다.

프랑크푸르트에서는 마이어 암셀과 J.J. 굼프레히트가 이 일을 맡았다. 그들은 대공을 설득하여 유대공동체가 해마다 내는 세금을 공제받았다. 그 대신 이번만 44만 굴덴을 한꺼번에 내는 데 합의했다. 그 가운데 10만은 마이어 암셀이 개인적으로 부담했다. 이로써 유대인과 그 이웃 그리스도교도 사이의 마지막 차별도 없어져 법 앞에 평등한 시민이 되었다.

예로부터의 프랑크푸르트 지배층은 격노했다. 로스차일드가 달베르크의 관리들에게 뇌물을 주었다는 소문이 순식간에 널리 퍼졌다. 유대인들은 자신을 지켜주는 사람이 관청에서 없어지면 새로이 얻은 권리들을 박탈당하지 않을까 불안해 했다. 투쟁은 아직 끝나지 않았지만, 마이어 암셀은 자신의 힘으로 민족을 위해 온 힘을 다 기울였다는 적지않은 만족감을 느꼈다.

그의 죽음으로 드라마의 제2막이 끝난다.

1812년, 나폴레옹은 모스크바에서 비참하게 퇴각했다. 어쩔 수 없이 그를 따르던 나라들은 이 일에 자극을 받았다.

영국으로부터 다시 재정지원을 받은 오스트리아와 프로이센은 러시아와 연합하여 1813년에 전투를 시작했고, 10월18일 라이프치히에서 나폴레옹에게 결정적인 타격을 주었다.

라인동맹은 곧 무너지고 달베르크는 프랑크푸르트를 떠났다. 몇 주일 동안에 헤센 카셀선제후 등 추방되었던 영주들이 저마다의 도시로 돌아왔다.

한편 웰링턴은 프랑스군 생존병을 스페인에서 내쫓고, 피레네산맥 북쪽에 진을 쳤다. 20년 만에 처음으로 프랑스군은 자기 나라 안에서 싸워야 하는 곤경에 빠졌다.

그러나 전쟁은 아직 끝나지 않았다. 나폴레옹을 쓰러뜨리려면 인원과 돈이 좀더 필요했다. 드라마의 제3막은 이러한 일을 배경으로 전개되고, 로스차일드의 성공은 연합군 공식은행가가 되는 일로 그 정점에 이르게 된다.

이제 네이선형제는 대륙 곳곳에서 거액의 자금을 마음대로 주무르며, 그 근면함과 정확한 판단력과 가능성을 철저하게 증명하고 있었다. 병참 일로 큰 문제를 떠안게 된 헤러스의 머리에 네이선이 떠올랐다.

웰링턴이 남쪽에서 프랑스로 진군하려면 프랑스의 금화를 끊임없이 확보해야 한다. 다른 통화는 소용없었다. 그들이 탐내는 것은 그곳에서 사용할 수 있는 돈인 것이다.

헤러스는 가장 최근에 버려진 제국 영내에는 대량의 프랑스 경화가 있으리라고 추측했다. 로스차일드와 그 대리인들이라면 거기서 꽤 많은 양을 회수하여 헬보에츠라이즈연안으로 날라 무사히 영국 배에 옮겨실을 수 있지 않을까. 가능하다고 대답하는 네이선의 태도는 자신감에 넘쳤다.

네이선에게는 일생일대의 기회였다. 그 결과는 예측할 수 없다. 만일 실패하면 영국정부를 궁지에 빠뜨리고 아마도 전쟁 결과에도 영향을 미치리라. 그리고 사업확대에도 제동이 걸릴 것이다.

만일 성공한다면 어떠한가. 큰 돈벌이가 약속되는 사업이 그 문을 활짝 열고 기다릴 것이다. 영국뿐 아니라 온 유럽의 나라들, 그리고 바다 저편으로까지 나아갈 수 있으리라. 네이선은 나날이 늘어가는 에너지를 더욱 배가시켜 이 새로운 일에 뛰어들었다.

그 일은 매우 어려웠다. 전란으로 황폐해진 땅에서 충분한 양의 나폴레옹 금화를 찾아내는 게 얼마나 힘든지 상상도 할 수 없을 정도였다. 황제의 군대는 현금을 거의 남기지 않고 가져가 버렸으며, 돈을 모아두었을 듯한 시민은 내놓지 않았다.

여기에서 다시 로스차일드의 계략이 작용했다. 네이선의 형제와 대륙쪽 대리인들은 성급한 그의 질타를 받았다. 얼마 뒤 프랑스금화를 가진 사람들은 영국에서 가져온 금괴나 런던은행 발행어음과 바꿔준다는 말에 금화를 쏟아내기 시작했다.

무거운 짐마차가 북유럽의 길을 달려 네덜란드의 헬보에츠라이즈 항구를 향해 나아갔다. 귀중한 화물은 항구에서 영국 군함에 실려 비아리츠에 가까운 생 장 드 뤼로 떠났다.

헤러스는 물론 그 상관도 매우 기뻐했다. 이 일이 얼마나 잘 수행됐는지, 헤러스가 쓴 보고서를 보면 짐작할 수 있다.

남프랑스의 돈문제는 쉽게 해결되었습니다. 네덜란드의 헬보에

츠라이즈에서 선적된 충분한 양의 프랑스금화가 빠르게 도착해 병참장교는 액수를 교섭할 필요도 없이 원하는 물건을 손에 넣을 수 있었습니다.

이베리아반도에서 많은 손실과 곤경의 원흉이 되었던 군사채무가 대륙에서는 발생하지 않았습니다.

이때 다루어진 금화의 양은 1천만파운드에 이르렀다. 더 놀라운 일은 그 까다로운 교섭이 완벽한 비밀 속에 이루어진 것이다. 네이션과 그 형제들이 덤벼들어 해낸 이 일이 영국 정부에 이익이 되었음을 의심하는 사람은 아무도 없었다.

프랑스쪽에서는 로스차일드가 여전히 금투기를 하고 있는 줄로만 알았다. 그것이야말로 헤러스와 그의 상관이 노리는 바였다.

1814년의 이 몇 달 동안은 실로 눈이 핑핑 돌 정도로 바빴다. 헤러스는 네이션과 거의 날마다 연락하며 자신의 눈으로 이 런던금융가의 행동을 지켜보았다. 처음에는 불안감도 없지 않았으나 순식간에 사라져버렸다. 그래서 그는 정부의 다른 일도 네이션에게 맡기려 했다.

이 사업이 시작될 때 그는 조건을 붙였다. 실패하면 그 자신도 잃는 게 많은데다, 네이션의 동정을 줄곧 감시할 필요가 있었기 때문이다. 그는 프랑크푸르트에 대리인을 두어 독일로스차일드와 서로 돕고 그들의 활동을 감독하게 했다.

그 대리인은 라이프치히의 유대인 드 랑부르제였다. 본디 담배업에 종사했지만, 중요한 것은 그가 헤러스의 믿을 만한 옛친구라는 점이었다. 그들의 친교는 학창시절까지 거슬러올라가는 것이었고, 헤러스는 드 랑부르제 부인과의 사이에 적어도 자식 하나를 두고 있었다.

드 랑부르제는 서둘러 로스차일드에 대해 신중히 조사했다. 그는 이윽고 프랑크푸르트의 형제들과 친하게 되었다. 암셀, 카를, 잘로몬쪽에서는 헤러스의 친구를 극진하게 대접했고, 그 부인에게도 경제적으로 여러 가지 전문지식을 제공하여 그녀가 이익을 얻도록 배려했다.

로스차일드는 분명 연줄을 잘 활용했지만, 또한 성공을 위해 열심히 일하기도 했다. 특히 4월13일 나폴레옹의 퇴위에 이어진 몇 달 동안은 정신없이 바빴다.

연합군은 3월 마지막 날 파리에 들어왔다. 황제는 피할 수 없는 운명에 필사적으로 저항했지만, 결국 조그만 엘바섬의 통치라는 관대한 처분을 받아들여 4월20일 유형지로 떠났다.

1807년부터 영국에 살던 루이 18세는 곧 조국으로 돌아가려 했다. 그러나 당당하게 승리의 입성을 할 비용이 없어 그는 영국재무부에 호소했다. 헤러스에게 그 교섭이 맡겨져, 그는 네이선을 불렀다.

마침내 부르봉왕조는 파리시민의 열렬한 환호 속에 궁전으로 되돌아갈 수 있었다. 네이선이 당장 필요한 20만파운드를 대출해 주었던 것이다.

평화가 찾아왔다고 해서 유럽 각 정부의 돈에 대한 욕망이 줄어든 것은 아니었다. 전쟁은 겉으로 끝난 듯 보였지만, 연합국측은 여전히 많은 요구를 했다. 온 유럽 안에 군대가 배치되어 있고 그들이 해산하기까지 아직 몇 주일 남았으므로, 그때까지 병사들의 수당문제도 있어 금화모으기는 그 여름 내내 계속되었다.

네이선은 런던에서 계속 복잡한 일처리를 하며 동해안의 항구로 날마다 급사를 파견했다. 군대에 대한 지불은 8월 끝무렵에 완료되었다. 그러나 병사들이 무사귀환하기 위한 대륙 연합군 보조금 문제가 아직 남아 있었다.

프랑스정부에 2천5백만프랑의 손해배상금이 부과되었다. 유럽 각

나라는 전쟁으로 악화된 경제를 바로세우려 했지만 어디나 빚이 너무 많았다.

프랑크푸르트, 파리, 그리고 런던의 로스차일드은행은 이제 막대한 자산을 쌓아올려 국제적인 어음교환시스템을 확립했다. 그것은 새로이 개척된 금융분야로, 그들은 이것을 기회로 대활약을 펼치려 마음먹고 있었다.

사업의 성장이 확실하다고 판단한 네이선은 뉴코트 사무소를 새로이 정비했다. 그는 첫협력자였던 매형 베네딕트 보름스를 문득 생각해냈다. 그는 이 노인의 아들, 그에게는 조카인 솔로몬을 프랑크푸르트에서 불러와 회사의 중매인으로 증권거래소 일을 시켰다. 솔로몬은 숙부의 숙련된 지도 아래 솜씨가 늘어갔다.

그러나 각 정부가 이 새로운 사업을 기꺼이 이용하리라고 예상했다면, 그것은 인간본성을 너무 모르는 생각이었다. 궁전으로 돌아와 환성을 지른 왕족과 귀족들은 '앙시앵 레짐'의 완전복고에 취해 있었다. 나폴레옹을 비롯하여 그에 앞서 혁명을 이끌었던 모든 게 덮여지고 잊혀졌다.

유대인 해방 역시 마찬가지였다. 반동정신이 순식간에 퍼졌다. 프랑크푸르트 등의 도시에서 귀족계급이 다시 자신들의 우위를 강하게 주장하기 시작했던 것이다.

전쟁 중의 암울한 나날에 마이어 암셸의 비위를 맞췄던 대공들이 이제는 그의 아들들을 경멸하게 되었다. 혜성같이 대두한 로스차일드를 시기하던 경쟁금융업자들은 주요시장에서 그들을 쫓아내려고 했다.

그 때문에 로스차일드는 중요한 일을 하나 얻기 위해 죽을 힘을 다해야 했다. 특히 암셸은 오스트리아에 고용되어 보조금과 배상금을 담당하려고 필사적이었다.

그러나 관리들은 헤러스와 랑부르제의 지원에도 불구하고 그 일을 빈의 은행에 맡겨버렸다. 네이선과 제임스쪽은 러시아정부와 내밀하게 중요한 계약을 맺고 있었는데, 벨기에에 대한 배상금 지불 교섭건을 거부당하고 말았다.

그러나 사람들이——로스차일드도 포함해——다른 일에 눈을 돌리고 있는 사이 모든 것을 혼란으로 되돌리는 사건이 일어났다.

1815년 3월2일 아침 5시, 모제스 몬테피오레는 현관문을 거칠게 두드리는 소리에 눈을 떴다. 네이선이 놀라운 소식을 가져온 것이다.

'나폴레옹이 엘바섬을 나와 프랑스로 돌아왔다.'

은행의 급사가 소식을 갖고 도착한 지 몇 분도 지나지 않은 시간이었다. 그리고 총리대신이 자신의 사자로부터 공식적으로 소식을 듣기 몇 시간 전이었다.

왕의 태도에 실망하고 있던 시민들의 열렬한 지지를 받으며, 나폴레옹은 북쪽으로 행군했다.

뜻하지 않은 이 위기는 네이선에게 경제계의 패권을 거머쥘 기회를 주었다. 헤러스와 함께 했던 일들이 다시 한 번 되풀이되었다. 보조금과 군대의 재정원조문제가 다시 발생한 것이다.

오스트리아인들은 프랑크푸르트의 유대인과 계약을 맺는 데 반대했다. 그러나 너무도 화급한 일이었다. 헤러스가 런던대사관에 정중하고도 단호한, 다음과 같은 내용의 요구서를 제출하자 그 효과가 당장 나타났다.

영국정부는 보조금 수송에 있어 프랑크푸르트의 로스차일드상회를 각하에게 강력하게 추천하도록 저에게 요청했습니다. 이 회사는 여러 형제가 운영하며, 그 가운데 한 사람은 영국에 이주해 있고 대륙의 주요한 재정문제에 관하여 영국정부에 고용되어 있습니다……저는……각하의 힘으로 이 회사를 원조하고 보호할 것을 부탁드립니다.

로스차일드는 사실상 1815년의 모든 보상금지불을 처리했다.

전투를 위한 프랑스금화 수집은 지난번과 같은 방법으로는 어려웠다. 이제는 그리 남아 있지 않았던 것이다. 금괴와 다른 화폐를 녹여 새로운 금화와 은화를 주조할 것을 네이선은 헤러스에게 제안했다.

지금도 뉴코트에는 네이선이 영국정부에 제공하여 실제로 사용되었던 경화가 보존되어 있다. 거기에는 '1815년 4월~10월'이라는 날짜가 기록되어 있다. 이것이 영국·네덜란드·프로이센으로부터 2만900명의 병사를 벨기에에 집결시켜 워털루 전투에서 나폴레옹에 맞서게 했던, 로스차일드가 공급한 경화였다.

1815년 6월 중순, 거의 사반세기 동안 되풀이되어온 전투가 드디어 정점에 이르러 온 유럽이 그 결과를 지켜보고 있었다. 대륙 각 도시에 최초로 날아든 뉴스는 프로이센의 패전이었다. 이어서 6월 18일에 웰링턴이 지휘하는 연합군과 나폴레옹이 대결한다는 소식이 들어왔다.

6월21일 밤 11시, 헨리 퍼시육군소령이 육군본부에 도착하여 워털루에서의 대승리라는 웰링턴의 보고를 알렸다. 전투가 끝난 뒤 그 자리에서 곧 출발하여 잠시도 쉬지 않고 달려온 소령은 몹시 지쳐 있었다. 그러나 네이선 로스차일드는 그보다 24시간 전에 이 소식을 알고 있었다.

네이선이 이 소식을 어떻게 입수했는지, 또 그것을 어떻게 이용했는지에 대해 여러 가지 이야기가 전해지고 있다. 이 뚱뚱한 은행가가 인도말에 올라타 싸움터를 누볐다느니, 우연히 소식을 알았다느니 하는 이야기와, 요트를 타고 프랑스연안을 종종 지나간다는 사나이 이야기며, 천리안을 가진 켄트인 이야기 등이다. 아무튼 이 빠른 소식으로 네이선형제가 얻은 이익은 1억3천5백만프랑이라고 한다.

여기서 가장 주목할 것은 로스차일드의 뛰어난 통신망이다. 이것을 통해 승리의 소식은 6월18일 한밤중 벨기에의 수도에 도착했다. 발빠른 말에 올라탄 연락원은 8, 9시간 걸려 됭케르크나 오스텐데까지 달려간다. 그곳에서 대기하던 로스차일드의 배는 순풍을 타고 달려 다음날 밤 켄트에 상륙한다.

정보를 받자 네이선은 당연히 총리에게 맨 먼저 알리려고 했다. 이미 밤이 깊었지만 그는 총리관저 다우닝거리 10번지로 서둘러 갔다. 맞으러 나온 집사가 말했다.

"총리께서 쉬고 계시니 방해하지 말아 주십시요."

아침에 다시 네이선이 알리러 가자 공식 정보가 아직 와닿지 않았다며 총리는 믿지 않았다.

다음으로 네이선은 증권거래소로 향하여 정부주식에 크게 투자했다. 워털루소식이 전해지면 주식시세는 상승한다. 조금 전에 사들인 주식은 그대로 네이선의 이익이 된다.

로스차일드상회는 정확한 판단과 성실함과 신속한 처리로 막대한 금액을 벌어들이는 능력을 유럽 각 정부에 멋들어지게 증명해 보였다.

이렇듯 나폴레옹전쟁 끝무렵의 여러 해 동안 로스차일드의 재산이 형성된 과정을 3막에 걸쳐 살펴보았다. 세계경영사상 극적인 성공이야기라 할 수 있지 않은가.

거부의 철학은 다르다

벼락부자들은 상류계급 흉내내어
화려한 의복 훌륭한 마차 미술품 갖추느라 열중했다

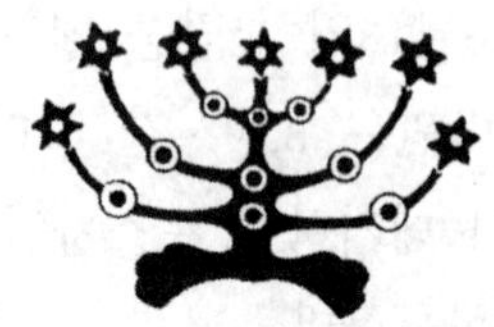

전쟁 뒤 로스차일드는 큰 부자로 이름날렸다. 그러나 뒷날 유명해진 그 사치스러움에는 아직 빠져들지 않았다. 실제로 부(富)란 그들에게 성가스러웠다.

전쟁으로 돈을 번 몇 백만의 기업가들은 '신흥벼락부자' 계급을 형성했다. 유대인거리 출신인 이 형제들은 그들과 좀 달랐다.

벼락부자들은 상류계급을 흉내내어 화려한 의복과 훌륭한 마차와 미술품을 갖추느라 열중했다. 도시의 당당한 집, 교외의 넓은 저택을 소유하고 고상한 사람들의 사회로 들어가려고 열심이었다.

로스차일드사람들 중에도 그런 야심을 품은 이가 있기는 했다. 그러나 그들의 생활은 그리 단순하지 않았다. 욕망을 억누르는 요소는 두 가지——유대인이라는 것과, 정부일을 맡아보고 있다는 것이었다.

유대인 은행가가 행정부와 특별한 관계에 있으면 당연히 좋지 않은 소문이 생긴다. 공모를 한다느니, 뇌물을 준다느니 하는 비난은 늘 있는 일이다.

네이선이 정부일을 맡아 엄청난 이익을 얻었다는 이야기를 많은 사람들이 그대로 믿었다. 그의 뜻대로 움직이는 대신이 있다는 소문마저 나돌았다. 네이선과 헤러스가 신경질적이 되는 것도 무리가 아니었다.

네이선과 그의 가족은 여러 해 동안 참으로 검소하게 살아왔다. 그는 세상떠나기 몇 달 전에야 비로소 교외에 저택을 사들여 사치를 맛보았다.

네이선이 자신에 대한 이런저런 평판보다 더 혐오하는 것은 없었다. 그는 자신을 단순한 실업가로 여겼으며, 런던 사회지도자들이 사람눈을 끌려고 사교장에 가거나 사치를 해도 그는 그럴 마음이 없었다.

그러나 나폴레옹을 무찌르는 데 그토록 독특한 역할을 하고, 영국에서 엄청난 부를 지닌 은행가였으므로 사람들의 관심대상이 되는 것은 당연했다. 신문에 기사가 실리고, 살롱의 화제에 오르고, 풍자만화가들의 좋은 소재가 되었다. 그런데도 네이선은 유명인사라는 사실에 도무지 익숙해지지 않았다.

대중이 떠들어대는 건 그리 나쁘지만은 않았다. 로스차일드의 중요성을 알리는 좋은 기회이기 때문이다.

그러나 리처드 다이턴이 그린 '왕립거래소 연줄' 같은 매우 온건한 풍자조차도 매우 불쾌해했다. 배불뚝이 뚱보, 두터운 입술, 억센 독일사투리. 네이선은 싫었지만 곧잘 이런 풍자의 대상이 되었다. 다이턴은 이제 거래소의 '얼굴'이 된 이 사나이를 그리 심술궂게 묘사한 것은 아니었다. 그래도 네이선의 마음에는 들지 않았다. 친절한 솔로몬은 유명인사는 다 그런 거라고 부드럽게 그를 위로해야 했다.

다이턴의 그림을 보면 네이선은 언제나 거래소의 남동쪽 구석에 있다. 그곳은 중매인으로 인가받지 않은 유대인들을 위한 장소였다. 그는 그곳이 마음에 드는지 언제나 도리아 양식 기둥에 기대서 있다. 그 모습을 미국에서 온 어떤 사람이 이렇게 묘사했다.

네이선 로스차일드는 기둥에 기대서서 뜰안쪽을 향하고 있다. 그에게 의지하려는 사람들이 그곳으로 모여들었다.

그는 의젓한 풍모지만 첫눈에는 그리 대단한 인물로 보이지 않았다. 축 처진 입술에 튀어나온 차가운 눈, 몸집은 건장하나 볼품없었다. 거기다 구겨진 헐렁한 외투를 입고 있다.

그러나 그 분위기에는 어딘지 범하기 어려운 데가 있어, 가까이 가는 이는 절로 존경의 마음이 우러난다. 그것은 그가 범상치 않은 인물이라는 증거였다.

네이선의 이러한 모습은 또한 1829년에 토머스 존스가 '거래소의 기둥'이라는 풍자만화에 그리고 있다.

네이선의 왕 같은 이런 태도를 좋아하지 않는 경제계 친구들도 있었다.

1833년 12월1일의 《업저버》신문은 '왕립거래소의 기묘한 광경'이라는 제목 아래 다음 기사를 실었다.

화요일 왕립거래소에서는 그 고명한 자본가 네이선 로스차일드 때문에 한바탕 소동이 있었다. 그는 언제나 왕립거래소 남동쪽 기둥에 기대서 있곤 했는데, 그 일을 방해받았다. 로스차일드가 외환일로 잠시 안에 들어간 사이, 트리니티 스퀘어의 로즈라는 인물이 그 장소를 차지한 것이다.

로스차일드는 그에게 정중히 부탁했지만 들으려 하지 않았다. 거래소 수위가 나와 애썼지만 그 또한 허사였다. 로즈는 기둥에서 한 걸음도 움직이려 하지 않았다.

이윽고 로스차일드는 뒤쪽 벤치로 물러났다…… 그는 그곳에서 쫓겨난 데 너무나 화난 나머지 얼마 동안 냉정함을 잃어 일을 시작하지도 못할 정도였다.

이런 기사는 사리분별이 없는 야유이다. 그것이 인종적 편견과 증오에 바탕하면 더욱 악질적인 게 된다. 로스차일드가 재산을 공표하는 데 신중한 것은 이런 이유 때문이기도 했다.

프랑크푸르트에 있는 암셸의 집에는 유대 배척을 외치는 비밀조직의 협박장이 몇 통이나 날아들었다. 오스트리아의 귀족들이 '벼락부자' 로스차일드를 어떻게 생각하는지, 메테르니히의 오른팔 프리드리히 폰 겐츠의 다음 말로 요약된다.

"로스차일드는 야비하고 무지한 유대인입니다. 표면상으로는 체통을 갖추고 있지만, 고귀한 혈통은 전혀 아닙니다. 다만 그들은 사물을 선택함에 있어 반드시 유리한 쪽을 택하는 본능을 갖추고 있습니다. 그들의 막대한 부는 실로 이 본능의 선물입니다."

자유로운 영국에서조차 네이선은 증오와 배타로 긴장된 나날을 보내야 했다. 한 번은 그를 찾아온 상류금융가들에게 느닷없이 책과 장식물을 던지며 살려달라고 있는 힘껏 고함을 질러 그들을 놀라게 한 일이 있었다.

그날 아침 그는 암살을 암시하는 협박장을 받았다. 방문객들이 소개장을 꺼내려고 주머니를 더듬는 것을 보고, 불안감에 떨고 있던 그는 총을 꺼내는 줄로만 알았던 것이다.

반유대주의가 가장 추한 양상을 드러낸 곳은 독일이었다. 전쟁 뒤 어두운 시기의 독일에서 사람들이 맨먼저 속죄양으로 삼은 것은 유대인이었다.

그것이 1819년에 폭력으로 발전했다. 반유대폭동은 남독일 여러 곳에서 일어났다. 8월에는 푸랑크푸르트에서도 예로부터의 편견과 증오에 휩싸인 사람들이 폭동을 일으켰다. 10일에 젊은 폭도들이 유대인거리와 그 근처를 행진하며 유대인 박해의 오랜 문구인 '헤프, 헤프'를 외쳤고, 벽이나 문에 비속한 낙서를 했다.

유대젊은이들은 그러한 박해에 맞섰다. 난투가 시작되었다. 남자는 아이든 어른이든 무기가 될 만한 것을 집어들었다. 시민 중에는 달아나는 이도 있고 난투에 가담하는 이도 있었다.

방화, 약탈 등 대립은 밤에도 계속되었다. 새벽이 될 때까지 파괴물 잔해와 핏자국과 참혹한 시체가 거리에 나뒹굴었다. 이런 상황 속에서 유대인들이 오직 하나 기뻐한 것은 시민군이 처음으로 그들을 위해 출동한 사실이었다. 암셸의 은행이 약탈을 면한 것도 그 군인들 덕분이었다.

제임스를 비롯한 파리의 유대인들도 마음놓지 못했다. 프랑스의 수도에서도 반유대감정에 의해 작은 폭동이 여러 차례 일어났다.

로스차일드는 종종 이들의 공격대상이 되었다. 유대사회에서의 그들 입장이 크게 변모하여, 그리스도교사회에서 활동하는 큰 부호로서 싫든좋든 유대인의 상징적 대표로 여겨진 것이다. 몇 년 뒤 나온 반유대 팸플릿의 표제는 '로스차일드 1세, 유대왕'이었다. 이것은 그들이 일반대중에게 얼마나 큰 이미지로 자리잡고 있는지 뚜렷이 증명해 준다.

그들은 그 명성을 유대인의 권리획득을 위해 사용하는 데 인색하지 않았다. 동시에 그들에게 가장 중요한 것은 늘 몸을 낮추는 일이었다. 고객의 도움을 받고 때로 경멸도 받아온 로스차일드는 불안정한 지위에 결코 흔들리지 않았다.

또 하나, 그들 다섯 형제의 생활에 영향을 준 존재는 어머니였다. 구틀레 로스차일드는 사치품을 몇 점 가지고 있긴 했지만, 부를 과시하는 일에는 무관심했다.

그녀는 남편과 함께 살아온 집에서 떠나는 것을 거부했다. 그 집

벽에는 1796년에 프랑스군의 포격으로 박힌 탄환이 그대로 남아 있었다. 좀더 쾌적하고 안정된 곳으로 옮기도록 아들들이 설득했지만 듣지 않았다. 창문이 두세 장 깨어지고 못된 낙서가 씌어졌다고 해서 유대인거리를 떠날 수는 없었다. 그녀는 99살로 세상떠날 때까지 그곳에 살며, 전형적인 유대미망인으로서 검소한 생활을 했다.

시인·철학자·풍자가였던 하인리히 하이네는 그녀를 인상적으로 묘사하고 있다.

로스차일드의 노모라면 독일인들에게 참된 애국심이 무엇인지 두세 가지 이야기해줄 수 있을 것이다.

왼쪽을 보라, 조그만 집이 있다——그녀는 그곳에 살며 레티치아(나폴레옹의 어머니. 자식을 많이 낳고 검소했다)라 불리고 있다. 아들이 많으며, 모두 금융의 천재인 대금업가족이다. 그러나 아들들이 세계적 명성과 부를 얻어도 그녀는 궁핍한 유대인거리의 조그만 본거지를 떠나려 하지 않는다.

오늘 그녀는 창문에 흰 커튼을 드리워 기쁨의 날을 축하하고 있다. 그녀가 축하의 불을 밝히는 조그만 촛대는 얼마나 귀여운지……

이 나이든 여인은 그 촛대를 볼 때마다 눈물이 글썽해진다——젊은날 마이어 암셀과 함께 마카베오 축일을 축하했던 일을 감미롭고 간절하게 떠올리면서.

아이들은 그때 아직 어렸었다. 조그만 촛대를 바닥에 내려놓자 그림자가 일렁거리고, 아이들은 기쁨의 환호성을 질렀다.

구틀레는 아들들의 출세에 흥미가 없었고, 자랑도 하지 않았다. 그저 선물을 주고받거나 마음에 걸리는 일에 대해 충고하는 한편, 늘 경건하고 검약한 생활을 하도록 자식들을 설득하곤 했다.

그녀는 결코 자신쪽에서 아들들을 찾아가, 그들이 얼마나 훌륭해졌는지 보려고 하지 않았다. 아들도 손자도 증손자도 언제나 자신의 집에서 만났다. 그럴 때면 그들은 좁은 유대인거리 어귀에서 마차를 내려 너저분한 거리를 지나 걸어가야 했다.

한 증손녀가 게토의 집을 방문했던 어린시절을 회상하고 있다. 그것은 성지순례였으며, 아이들은 애정과 외경심이 엇갈리는 마음으로 그녀를 만났다.

두 하녀의 뒤를 따라 방으로 들어간 기억이 난다. 긴의자 쪽으로 안내되었다. 거기에 몸집이 자그마한 할머니가 웅크리고 앉아 쉬고 계셨다. 큰모자가 머리를 완전히 뒤덮고 있었다.

할머니는 몸을 조금 일으켜 독일어로 나에게 뭐라고 말씀하셨다. 나는 좀 놀라며 움츠러들었다. 하녀가 과자와 과일을 권했다. 그뒤 나는 방을 나왔다.

몇 해 뒤 나는 그때 굉장한 사람을 만났었다는 사실을 알았다. 할머니는 19명의 자식을 낳았으나, 그 가운데 10명만 자라났다. 유럽을 뒤흔든 저 프랑스혁명 전에 태어나 자신의 집을 결코 떠난 적 없는 증조할머니……

할머니는 매우 검소하게 살았고, 자손들이 끊임없이 할머니를 방문하고 있었다. 그들은 모두 할머니를 소중히 여겼다.

불필요한 사치를 하지 않는 것도 중요했지만 로스차일드의 사업을 세상에서 인정받는 일도 중요했다. 몇 세기에 걸쳐 내려오는 유대인에 대한 편견과 오해——대륙의 형제들은 이제 그것에 맞섰다.

어떻게든 유럽의 정치지도자들과 손잡아야 한다. 그래야만 새로운 사업기회를 얻을 수 있다. 그리고 그들과 유대사회가 위엄을 지니고 살아갈 수 있도록 확고한 명예를 갖고 싶다. 그들은 그렇게 소망했다.

그 활동을 위해 그들은 아낌없이 돈을 썼다. 주요인물을 식사에 초대하여 자신들이 무언가 베풀려 한다는 것을 보여주었다.

그리스도교도 금융가와 실업가들은 그러한 인물들을 저녁식사에 초대하지 않았는지도 모른다. 그렇다고 해서 로스차일드가 사치스 럽게 꾸민 그들의 식탁에 사람들을 초대하지 말란 법은 없다. 시간 이 지남에 따라 초대에 응하는 사람들이 차츰 늘어났다.

손님 중에 외국의 고관이 있다고 알려지면 특히 많은 사람들이 초대에 응했다. 이를테면 메테르니히의 비서 프리드리히 폰 겐츠 등이 그러한 인물 가운데 하나였다.

그는 1818년 가을 프랑크푸르트에 도착하자 곧 로스차일드의 극 진한 접대를 받았다. 그들은 그 고관에게 음식과 마실 것만 대접한 게 아니었다. 돈과 주식을 끊임없이 선물로 보내 그의 호의를 사려 고 했다. 그 덕분에 겐츠는 그들에게 힘있는 후원자가 되었다.

로스차일드는 이미 겐츠의 주인인, 유럽에서 가장 영향력있는 정 치가와 관계맺고 있었는데, 겐츠는 그것을 더욱 굳건하게 해주었 다. 물론 이것은 경제적 특전을 얻는 게 당연시되던 시대의 이야기 이다. 겐츠는 로스차일드로부터 받은 금액에 대해 굳이 숨기지 않 았다.

로스차일드의 대접이 사치스러움과 거리가 먼 경우도 있었다. 1812년 메테르니히가 프랑크푸르트를 방문했을 때 암셀은 조심스럽 게 그를 초대했다. 이 은행가는 너무 사치스러운 것을 그리 좋아하 지 않았던 모양이다. 아무튼 그는 유럽에서 가장 위대한 정치가에 게 점심식사로 '스프'를 내놓았을 따름이었다.

그들이 전쟁 뒤 최초의 대성공을 거둔 것은, 이제까지 줄곧 로스차일드를 꺼려 멀리해온 나라에서였다.

한편 광대한 오스트리아제국이 자금을 필요로 하고 있었다. 재상 메테르니히와 재무대신 슈타디온백작이 국가재정을 안정시키려 계획하고 있었기 때문이다.

전후처리 보상금이며 프랑스의 배상금 지불 등 필요한 금액을 매력적인 금리로 빠르게 대출해줄 금융회사는 단 하나뿐이었다. 다섯 형제가 막대한 금액으로 움직이고 있는 로스차일드은행——그것은 이제까지 제국의 사업을 다뤄온 빈의 은행들과 전혀 달랐다.

슈타디온은 현실주의자였다. 개인적으로 독일의 유대인을 어떻게 생각하든, 오스트리아에는 로스차일드가 필요했다. 그는 그것을 잘 알고, 로스차일드쪽에서도 오스트리아를 필요로 하는 사실을 알고 있었다.

암셀과 잘로몬이 원하는 것은 합스부르크황제만이 줄 수 있었다. 그들은 이 몇 달 동안 오스트리아 고관들에게 자신들의 사업을 공식적으로 인가해 주도록 끊임없이 암시를 보내고 있었다.

계급차별이 있는 19세기 세상에서 직함은 중요했다. 황제의 인증은 바로 사회적 지위가 되며, 보다 크고 유리한 사업으로 나가는 통행증이 된다. 로스차일드의 명예를 위한 일이라면 다른 경쟁자들에게 양보할 수 없다. 그들은 궁정관리들에게 계속 ‘뇌물’을 주었다.

슈타디온은 로스차일드에게 어울리는 명예가 어떤 것인지 동료들과 의논했다. 훈장과 하찮은 칭호가 몇 가지 후보에 올랐다. 프랑크푸르트의 형제들이 어떻게 받아들일지는 물론, 다른 단체며 개인이 그것을 묵인할지도 고려해야 했다.

1816년 6월, 슈타디온은 프란츠 2세에게 보내는 보고서를 준비했다.

프랑크푸르트의 금융회사 마이어 암셀 로스차일드 부자상회는 영국의 전후보상금을 신속하게 처리한 공적이 있고, 또 지금 상황에서 앞으로 애호하심이 이로우실 것이라고 여겨 인가해 주시기를 삼가 신청합니다.

그들은 한낱 개인으로서는 분명 엄청나게 여겨지는 업무를 이미 수행하고 있습니다. 영국정부 역시 광범위한 업무에 이들을 고용하고 있습니다……

모든 가능성에 관한 이런저런 검토를 하고 나서 재무대신은 결론을 내렸다. 위의 두 형제에게 적어도 오스트리아 귀족칭호 정도는 내려야 하지 않겠느냐고.

프란츠 2세는 망설였다. 그런 명예를 내리면, 그리스도교도가 경영하는 금융회사의 시기심을 자극하고……그렇잖아도 프랑크푸르트 유대인의 시민권리를 어떻게 할 것인지 문제가 되어 있는 지금, 소란을 불러일으키게 되지 않겠느냐고.

만약 그렇더라도, 암셀 로스차일드 같은 대부호이며 중요성도 있는 인물에 대해 뭔가 다른 배려가 있어야 하지 않겠느냐고, 재무대신은 다시 한 번 정중하게 주장했다.

……그가 바라는 건 시민훈장 같은 게 아닙니다. 그만한 부를 지니고 있으면, 돈으로 환산될 만한 것……에는 관심이 없습니다. 관리에게 내리는 포상이라면 훈장이 어울리겠지만, 로스차일드는 이미 그 관리들을 자기 뜻대로 움직이는 몸이니 훈장 따위는 하찮게 여길 겁니다.

따라서 프랑크푸르트의 마이어 암셀 로스차일드 부자상회의 봉사에 대한 폐하의 만족을 일반사람들에게 알리기 위해 독일 세습 귀족칭호를 내리고 모든 세금을 면제해 주시도록, 그리고 저 슈

타디온 백작은 폐하의 의향을 전하는 사자가 될 수 있도록 부탁
드립니다.

이 추천장은 정규 수속을 거치면서 예상대로 거센 반대에 부딪쳤
다. 추밀관 폰 레더러남작은 두 가지 점에서 반대했다.
그는 주장했다.
"유대인은 완전한 시민으로서의 권리를 누릴 수 없습니다. 따라
서 세습칭호는 예외적 경우 말고는 수여할 수 없습니다. 게다가
로스차일드는 단순한 사업가입니다. 그들이 어떤 봉사를 했든 그
것은 순수한 이익추구이지 오스트리아황제에 대한 충성에서가 아
닙니다.
　만일 무언가 포상을 내리려 생각하신다면, 금담배케이스에 폐
하의 머릿글자를 다이아몬드로 표시해 두 사람에게 하나씩 내리
시는 게 가장 어울린다고 여겨집니다. 슈타디온 백작은 그러한
선물의 금액이 어느 정도 되는지 알아보시는 게 좋으리라고 생각
합니다."
이러한 의견 대립에 난처해진 황제는 메테르니히에게 의논했다.
메테르니히는 실용주의자였다. 그는 으스대는 귀족보다 금융가를
기쁘게 해주는 편이 중요하다는 것을 알고 있었다. 게다가 그는 이
미 잘로몬 로스차일드와 친교가 있었다. 그것은 우정으로까지 발전
하고 있는 관계였다.
　1816년 9월25일, 암셀과 잘로몬에게 귀족칭호를 내린다는 증서
가 발행되었다. 10월21일에는 카를과 제임스의 이름도 거기에 더해
졌다. 1815년의 재정교섭에서 두 사람이 중대한 역할을 한 공적에
따른 것이었다.
　이 새로운 명예로 로스차일드는 하급귀족이 되어 이름 앞에 폰
(프랑스어 지역에서는 드)을 더하고, 문장(紋章)을 사용할 수 있는

자격을 얻었다.

그들은 서둘러 특전을 이용했다. 집안의 방패모양 문장이 만들어졌다. 도안은 로스차일드의 결속을 상징하는 4개의 화살을 쥔 하나의 손.

화살이 다섯 개가 아닌 게 마음에 걸렸지만, 계보문장원(系譜紋章院)은 외국 국적을 가진 자를 도안에 넣을 수 없다고 했다. 네이선이야말로 복잡한 업무를 잇따라 주도했으며, 그 덕분에 로스차일드가 포상받게 되었는데도 혼자 명예에서 제외된 것이다.

네이선에게는 그런 건 아무래도 좋았다. 적어도 그는 그런 척했다. 형제들이 훌륭한 칭호를 탐낸다고 하더라도 그와는 상관없다. 그로서는 단순한 '로스차일드씨'로 충분했다. 네이선은 계속 사업에 전심전력을 다했다.

몇 해 뒤 한 친구가 그에게 말했다.

"내 아들들은 돈벌이에 열중하지 않았으면 좋겠네. 인생에는 그보다 좀더 중요한 일이 있을 테니까."

그러자 네이선은 곧 대답했다.

"나는 열중하기를 바라네. 몸과 마음을 다하여 사업에 몰입하기를 바란다네. 그것이 행복해지는 길이지. 큰 재산을 이루려면 대담함과 신중함이 산더미처럼 필요하다네."

그러나 네이선의 이 단순함은 일종의 도착된 허영이었다. 그것은 즉 이런 말이 된다.

"나에게는 재산이 있다. 영향력도 있다. 중요인물이 내 비위를 맞춘다. 나는 예의도 우아함도 몸에 지닐 필요없다."

그가 점잖은 척하는 태도를 경멸하는 데 대한 실로 많은 이야기가 전해져, 이 특이한 사나이의 일대기를 장식하고 있다. 그 가운데에는 만들어낸 이야기처럼 여겨지는 것도 있다.

은행신용장을 가지고 뉴코트에 온 독일의 어느 대공에 관한 이야

기이다. 그가 네이선의 사무실에 들어왔을 때 이 은행가는 서류를
보느라 열중해 있었다.

은행가는 얼굴도 들지 않고 말했다.

"앉으시오."

그뿐 아무 말도 하지 않았다. 1, 2분 지난 뒤 방문자는 그 무례함
에 화가 나서 소리쳤다.

"내가 누군지 아오!"

그는 자신의 긴 이름과 직함을 되풀이해서 말했다. 네이선은 그
제야 손님을 흘끗 보고는 퉁명스럽게 말했다.

"아, 그렇습니까. 그러면 의자를 두 개 드리지요."

이 이야기는 네이선이 죽고 35년 지난 뒤 활자화되었다. 그러나
다른 이야기는 기록이 잘 남아 있다. 프로이센의 주영대사 빌헬름
폰 훔볼트가 기록한 사건도 그중 하나이다.

어제 로스차일드와 식사했다. 그는 무례하고 교양없지만, 매우
머리 좋고 돈벌이에 분명 천재적인 것은 틀림없다.

그는 마틴스소령을 한두 번 멋지게 골탕먹였다. 마틴스도 함께
식사하고 있었는데, 그는 프랑스 것이라면 무엇이든 입에 침이
마르게 칭찬했다. 그는 전쟁의 공포에 대해, 얼마나 많은 사람들
이 살해되었는지에 대해 매우 감상적이 되어 있었다.

그때 로스차일드가 말했다.

"흠, 과연! 만일 그 사람들이 죽지 않았다면, 소령, 당신은 아
마 아직까지 북이나 치고 있겠지요."

그 말을 들은 마틴스의 얼굴은 참으로 볼 만했다.

그렇듯 무신경한 네이선도 인간적 허영심에 전혀 관심 없지는 않
았다. 네이선 로스차일드의 일터와 가정에서의 모습을 생생하게 이

야기해 주는 글이 있다.

그것은 헤르만 폰 퓌클러-무스카우공이라는, 유력하지만 돈에 궁핍한 독일인의 글이다. 그는 돈많은 아내감을 찾아 영국에 왔으나 잘되지 않아, 여행기를 써서 출판해 큰 인기를 얻었다. 그가 이 은행가를 만난 것은 1826년 10월이다.

그에 의하면, 세계의 경제중추를 돌아보려면 시티의 '살아 있는 사자……지배자——그 이름 로스차일드'를 만나보아야만 한다는 것이다. 그는 네이선이 회계사무소 옆의 평범한 집에 사는 데는 꽤 놀랐지만, 그곳으로 가는 길에 은괴가 산더미처럼 실린 짐마차가 있었던 일에는 그리 놀라지 않았다.

바로 그 무렵, 러시아 영사도 네이선을 방문했다. 그는 뛰어난 인물로 머리가 좋고, 채무자로서 어떻게 하면 위엄을 유지하며 겸손하게 보일지를 터득하고 있는 사나이였다. 그러나 네이선의 퉁명한 무례함에 실제로 맞닥뜨리자 위엄을 갖추는 일이 쉽지 않음을 깨달았다.

"그는 독특한 말, 반쯤 영어이고 반쯤 독일어 같은 지독한 독일 사투리영어로 이야기하며 당당하고 침착했다. 그가 내 빚 따윈 참으로 하찮은 것으로 생각하고 있는 듯한 기분이 들었다."

네이선은 투덜거리며 말하곤 했다.

"러시아인도 독일인도 모두 내게 돈을 빌리러 오지. 부자들은 여행을 다니거나 놀러다닐 수 있으니 태평스러워. 하지만 가엾은 나에게는 이런저런 걱정거리가 남겨질 뿐이야."

퓌클러-무스카우는 네이선의 기분을 돋워주려고, 유럽 각나라 정부에 그가 한 봉사를 이야기해 보았다. 그 칭찬에 네이선은 곧바로 대꾸했다.

"아니, 당치도 않소. 놀리지 마시오. 나는 다만 심부름꾼으로서 사람들이 좋아하도록 노력할 뿐이오. 심부름꾼이란 그런 거지요.

그리고 그 감사의 표시로 심부름꾼은 아주 조금 국물을 맛볼 뿐
이지요."

그러면서도 이 대화가 꽤 마음에 든 듯 스톡 뉴잉턴의 집으로 그
를 초대했다.

이집 또한 방문자를 놀라게 했다. 그는 '공작저택' 같은 집을 예
상하고 있었는데 그것은 '깔끔한 작은 별장'에 지나지 않았다. 함께
식사하게 된 사람들도 고상한 상류계급이 아닌 네이선의 동료 유대
금융가와 동인도회사 간부 등이었다. 주인은 기분좋은 목소리로,
직함만 자랑하는 고객에 대한 독설을 재미있게 들려주어 손님들을
즐겁게 했다.

R(로스차일드)씨는 유쾌하게 지껄여대며 흥겨워했다. 그는 식
당에 장식한 그림에 대해 설명했다——유럽 군주들의 초상이 죽
걸려 있었는데, 그것은 각나라 공사(公使)들이 선물한 것인 듯했
다. 이어서 자신의 이야기를 친구에게 하듯 들려 주었다. 듣고
있으면 유쾌해졌다.

그는 말했다.

"그렇지, 그 모(某)씨는 돈을 빌려달라고 했는데, 그의 자필
편지가 온 그 주에 그의 아버지가 로마에서 역시 자필 편지를
보내왔는데, 부탁이니 그 일에 관여하지 말아달라고 하지 않겠
소? 자기 아들처럼 부정직한 놈은 달리 없을 거라면서 말이
요. 진지하다고는 좀 말하기 어렵지만.

아마도 그 편지는 어머니가 쓴 거겠지요. 아들을 너무 미워
한 나머지 그런 말을 한 거요——그가 얼마나 부정직한 인간
인지 누구나 알고 있다, 얼굴은 온화하지만 마음은 알 수 없다
……라고."

금융문제로 부탁해오는 사람에 대해, 네이선은 어떤 위대한 권력자도 대수롭지 않게 여겼으며, 동시에 손님으로서 대우하려는 노력은 아끼지 않았다. 그는 자신이 '하려는 일'에 결코 싫증내지 않는 사람이었다.

퓌클러-무스카우는 로스차일드의 친구라고는 할 수 없지만 적어도 로스차일드 그룹의 단골이 된 듯 뉴코트며 스톡 뉴잉턴에 종종 얼굴을 내밀게 되었다. 사실 네이선 부부는 낯선 땅에 머물고 있는 그에게 마음써주었다.

그는 그들이 개최하는 큰 파티에 이따금 참석했다. 1827년 5월 26일의 파티에서는 저명인사들과 함께 참석하여 은그릇에 주홍색 냅킨으로 식사하고, 이 금융가의 재보를 구경했으며, 그즈음 유명한 음악가들의 연주를 들었다.

그는 또 친한 사람들만 모이는 가족적인 모임에도 참석을 허락받았다. 1827년 3월26일에 그런 모임이 있었을 때, 그 대금융가는 여느때와 달리 허물없는 모습을 보여주었다.

……로스차일드는 하인에게 최근에 받은 오스트리아 영사 제복을 가져오도록 분부했다. 그의 말에 의하면, '친구 메테르니히'가 빈에서 보내주었다고 했다. 그것을 우리들에게 보여준 다음 큰거울 앞에서 입고 걸어보이기까지 했다.

수집가란 일단 시작하면 끝이 없듯, 그는 이번에는 화려한 궁정의상을 몇 벌 가져오게 해 여러 차례 갈아입어 보였다. 마치 무대에서 쇼라도 하고 있는 듯했다……

그것은 왠지……기묘한 느낌이었다. 여느때는 고지식하고, 더욱이 실업가인 사나이가, 몸을 숙여 절하며 궁정의 우아한 행동을 흉내내는 모습이, 웃음을 자아내기는 했지만 조금도 흥겹지는 않았다.

그러나 그 자신은 말할 수 없이 흥겹고 신명나 보였다. 그럴 기분만 들면 남들이 어떻게 보든 전혀 상관하지 않는다는 듯이. 확실히 그럴지도 모른다고 생각했다.

또 퓌클러-무스카우는 네이선이 종교에 대해 개인적 의견을 이야기하며 긴 토론에 몰두했다고 쓰고 있다. 이 문제에 관해 그는 꽤 보수적으로 보였으며, '특히 신앙에 관해서는 유서깊은 귀족'이었다는 것이다.

독일에서 온 이 손님은 결코 쉽사리 감탄하지 않는 사람이었고, 듣기 좋은 이야기만 하는 영국사회를 신랄하게 비판했다. 그런 성격의 그에게 네이선은 분명 강한 인상을 준 것 같았다.

런던을 떠난 몇 달 뒤 퓌클러-무스카우는 네이선에 관한 마지막 소견을 쓰고 있다. 시작은 보잘것없어도 결과는 원대했음을, 그는 시를 쓰듯 표현하고 있다.

나폴레옹은 아작시오에서 조용히 태어나 지구상의 모든 왕좌를 뒤흔들었다. 나는 눈사태를 떠올린다. 찌르레기의 조그만 발의 움직임으로 발생하여 얼마 뒤 마을을 통째로 삼켜버리는 눈사태. 로스차일드도, 그의 아버지는 잡화점 상인이었다. 그런데 지금 유럽의 어떤 군주도 로스차일드 없이는 전쟁을 일으키지 못하는 것이다.

네이선 로스차일드의 엄청난 부와 권력에 대한 글은 같은 시대를 살았던 사람들의 편지며 일기며 인쇄물에 끊임없이 등장한다. 하인리히 하이네는 1828년 이탈리아를 여행할 때 발 치료를 전문으로 하는 의사를 만났다. 그 의사는 '브라질 황제가 다이아몬드 왕관을 담보로 제공했다는 그 네이선 로스차일드를 자신이 치료했다'고 말

했다. 그는 잔뜩 비꼬는 투로 그 의사가 한 이야기를 그대로 옮겨
쓰고 있다.

　　그곳은 그의 개인방으로, 그는 녹색 팔걸이의자에 왕처럼 앉아
있었습니다. 정신(廷臣)들이 주위에 늘어서고, 그는 줄곧 여기저
기 왕들에게 속달우편을 보내고 있었습니다.
　　나는 그의 발에서 굳은살을 떼어내면서 마음속으로 자신에게
말했습니다.
　　'아, 너는 지금 온 세계를 손아귀에 쥔 사람의 발을 만지고 있
다. 때문에 이 순간, 너도 세계를 손아귀에 쥔 듯 대단하다.
왜냐하면 네가 약간의 실수로 그의 굳은살을 좀 깊이 떼어내면
그는 노할 것이고, 그렇게 되면 여러 왕들에게 신경질적으로
대할지도 모르니까.'
　　그것은 내 인생 최고의 순간이었습니다.

　　네이선이 퓌클러-무스카우를 접대한 스톡 뉴잉턴의 집은, 가족이
늘어남에 따라 넓고 공기좋은 곳에 살 필요를 느낀 네이선이 1818
년에 빌린 집이었다. 네이선은 시골지주라는 이미지를 엄격하게 멀
리했지만, 네 자식들에게는 자신은 하지 않는 사치를 누리게 했다.
　　아이들은 네 마리의 흰 산양이 끄는 조그만 마차를 가지고 있었
다. 장남 라이어닐이 말에 흥미를 느끼자 아버지는 상등품 서러브
레드종 말을 사주었다. 한 번은 모로코 왕에게서 아라비아말을 구
해주었다.
　　아이들은 팩엄에 있는 기숙사 딸린 유대학교에서 공부하고, 가정
교사와 함께 대륙을 여행했으며 대학에도 진학했다. 라이어닐, 앤
서니, 너새니얼은 괴팅겐대학, 메이어는 케임브리지대학에서 공부
했다.

아이들 교육에 관한 태도를 보면 로스차일드집안은 참으로 자유로웠음을 알 수 있다. 그들이 사치와 우아함에 양면적인 의식을 가졌는지도 모르지만, 아들과 딸들에게 최상의 것을 주고 싶어했고, 유럽에서 가장 기품 있고 부유하게 살도록 해주려고 했다.

그들 형제의 다음 세대 중 가장 큰 아이는 잘로몬의 자식인 안셀름과 베티였으며, 그들은 나폴레옹전쟁이 끝났을 때 10대에 접어들어 있었다. 안셀름은 그의 할아버지가 설립을 원조한, 프랑크푸르트에서 가장 훌륭한 유대학교인 박애학교에서 공부했다. 누이에게는 가정교사를 두었다.

잘로몬은 때때로 두 아이 가운데 하나를 외국여행에 데려가 외국문화를 알게 했다. 집에서는 실제적인 사업과 사회에서 필요한 세련된 예절을 가르쳤다. 그들은 장래에 담당할 역할——안셀름은 국제적 금융가, 베티는 교양넘치는 여성——에 어울리게 성장해 나갔다.

한편 암셸은 귀족칭호를 얻게 된 일을 무척 기뻐했다. 그는 이 명예를 독일유대의 승리로 보았고, 사업면에서도 유익한 도구가 되리라고 여겼다.

그의 인생에서 가장 중요한 것은 두 가지, '우리 재산, 그리고 공동체에서의 우리 명예'였다. 그러나 그는 매우 사려깊고 또 신앙상 문제도 있어 화려함은 의연히 피하며 살아왔다. 은행은 버크하이머거리로 옮겨 훌륭하게 꾸몄지만, 생활은 전과 다름없었다.

젊은 제임스는 완전히 다른 반응을 나타냈다. 유럽에서 가장 세련된 도시에 살고 있는 그는 허세를 부리고 싶어 좀이 쑤셨다. 진지하고 검소한 생활을 하도록 형들이 타일렀지만 그는 사치스럽게 살 수 있는데도 그러지 않는 것은 어리석다고 생각했다.

그는 대체로 형들의 충고를 무시했다. 양복은 런던에서 가장 솜씨 있는 곳에서 만들게 하고, 춤과 승마를 배웠다. 하지만 승마는 뜻대로 되지 않았다. 말에서 떨어져 발목을 삔 것이다. 이런 사고를 당해도 네이선의 동정을 전혀 받지 못했다. 때로 가족들로부터 행동이 경솔하다는 말을 듣고 교묘한 변명을 해야 했다.

네이선 형님, 화내지 말아주십시오……나는 사업일밖에 머리에 없습니다. 파티에 가는 것도 사업에 도움되는 사람을 사귀게 될지 모른다고 여겨서입니다……

그러나 형들의 비난보다 더 제임스를 괴롭히는 것은 파리 '상류사회'의 귀족취미와 반유대사상이었다. 그는 사교계에 들어가고 싶어 견딜 수 없었으나, 고상한 살롱과 클럽, 화려한 파티에서 소외되고 있음을 뼈저리게 느꼈다.

1817년 3월에 그는 이렇게 불평했다.

"라피트가 큰 무도회를 열었는데 나는 초대받지 못했어. 그들은 시기심에서 우리가 지금보다 더 커지는 것을 원치 않는 것 같애. 아무튼 화가 나서 미치겠어!"

그러나 제임스는 그런 경멸을 받고 그대로 참을 사람이 아니었다. 라피트의 무도회가 열린 며칠 뒤 그는 웰링턴공작을 식사에 초대하여 접대했는데, 그 일로 그는 한 차례 풍파를 일으켰다.

그는 왕의 마음에 들었고, 프랑스에서 가장 힘있는 인물인 경찰 대신 엘리 데카즈의 비호를 받고 있었다. 그리고 이제부터 오랜기간에 걸쳐 더욱 중대한 의의를 갖게 되는, 오를레앙공을 은행고객으로 맞아들였다. 왜냐하면 이 공작이야말로 루이 필립이라는 이름으로 알려진, 이후 프랑스의 왕이 될 인물이었기 때문이다.

이런 일들을 통해 이전에 그토록 마음 아픈 경험을 하고 난 이 땅딸막하고 얼굴이 넓적한 빨강머리 젊은이는 파리 상류사회에 순식간에 발을 들여놓게 되었다.

그무렵 그는 두 번 이사했다. 1817년에 파리의 금융중심지 프로방스거리로, 그뒤 18년 끝무렵에 아르투아거리(뒷날의 라피트거리)로 옮겼다. 여기서 그는 황비 조제핀의 딸 오르탕스가 예전에 소유했던 훌륭한 호텔을 송두리째 차지했다. 이 건물은 1세기 반 뒤 국유화될 때까지 프랑스 로스차일드의 본거지가 되었다.

이곳을 거처로 그는 정치가·궁정사람·예술가와 음악가들을 초대하고, 극장과 오페라와 고상한 살롱에 드나들었다.

젊은 로스차일드가 자신과 종교가 다른 사람들 사회에 필사적으로 들어가려 한 일은 우스갯거리가 되었다. 그의 식탁에 앉는 사람들 중에 친하게 지내는 유대인은 거의 없었기 때문이다.

어머니와 형들은 제임스도 이제 결혼할 때라고 여겨 폰 에스켈레스집안과 혼담을 진행시켰다. 에스켈레스집안은 오스트리아 유대명문의 하나였다.

로스차일드집안은 신부 선택에 까다로운 기준을 정할 만한 명성과 지위를 지녔는데, 에스켈레스집안은 그것을 충분히 갖추고 있었다. 로스차일드집안과 혼인하려면 신앙이 같고 지위가 동등하며 재산이 있어야 했다.

아마도 제임스는 좀더 독신생활을 계속하고 싶었으리라. 그러나 형제 가운데 결혼하지 않은 사람은 그 하나뿐이었다. 카를은 1818년에 30살 나이로 프랑크푸르트 유대상인의 딸인 18살의 아델하이드 헤르츠를 아내로 맞았던 것이다.

1816년부터 18년에 걸쳐 형제들은 사업 내역을 상세하게 다시 조사했다. 그들의 활동에는 이미 광기 어린 신속함이나 기밀엄수의 필요성이 없었다. 사업기반은 단단히 굳혀졌고 날마다 정당한 이익이 들어왔다.

1816년에 파리의 은행이 로스차일드형제상회라는 이름으로 새로운 출발을 했다. 프랑크푸르트·파리·런던의 세 상회는 전혀 다른 사업내용을 가졌지만, 저마다 결산한 수입을 정기적으로 순환하여 이익을 총계로 산출했다. 이 유연한 상호의존이야말로 19세기 상업사회에서 큰 힘을 발휘했다.

네이선의 주도권은 이미 형식적인 것이 되었다. 그러나 형제들은 자신들의 번영이 모두 네이선의 에너지와 통찰력의 산물임을 잘 알고 있었다. 그러므로 그에 대한 배분이 많아도 불평하지 않았다.

형제들은 그들이 지금 누리고 있는 명예로운 지위에 네이선 혼자 제외되어 있는 것을 마음아파했다. 영국해협이 그대로 형제간의 균열을 뜻할 수는 없었다. 네이선에게도 오스트리아 황제가 주는 명예를 받게 해주고 싶었다. 그들은 문장의 네 화살을 다섯 개로 만들기를 원했다.

교섭은 어려움을 겪었고, 이것을 달성하기엔 세월이 필요했다. 그들에겐 다시 한번 사업운영의 힘을 시험해볼 필요가 있었다.

1818년 9월, 유럽의 지도자들이 엑스 라 샤펠(아헨)에 모여 회의를 열었다. 회의내용은 프랑스의 부흥, 프랑스에서의 외국군대 철수, 그리고 각 나라의 평화유지에 따른 일반적 상황에 대해서였다.

여기에서는 또 중요한 재정협정에 대해서도 서로 이야기를 주고받아, 주요금융가들이 끈질긴 구혼자처럼 회의장에 무리지어와 자신들 회사를 선전했다.

사업에 관련된 가장 중요한 의제는 프랑스 국채에 대한 것이었다. 새로이 재건된 프랑스정부가 전쟁배상금 지불을 위해 국채를 분할하여 발행했는데, 그 두 번째 발행시기가 다가와 있었던 것이다. 로스차일드는 지난번엔 참여하지 못했지만, 이번에는 많은 액수를 맡게 되길 희망했다.

잘로몬과 카를은 그 일을 위해 엑스 라 샤펠로 서둘러 떠났다. 카를의 새신부 아델하이드도 함께 갔다. 로스차일드집안 여자는 남자와 마찬가지로 무엇보다도 사업을 먼저 생각하는 게 당연함을 그녀는 결혼한 지 두세 시간도 지나지 않아 배우게 되었다.

아델하이드의 아름다움과 매력은 거의 날마다 열리는 무도회나 만찬회에서 큰 힘을 발휘했다. 그러나 '성공한 유대인'과 사업을 함게 하는 것은 싫다고 말하며 완고한 태도로 나오는 경쟁자들을 제압하기에는 무력했다.

첫번째 발행 때 참여한 것은 파리의 우브라르, 영국과 네덜란드에서 활동하는 홉스라는 이름의 금융회사, 그리고 런던의 베어링이었다. 그들도 그들의 동업자들도 프랑스국채 가격이 2년 동안 크게 상승하는 것을 보아왔으므로, 이번 발행에서는 너도나도 맨먼저 많은 배분을 얻으려 호시탐탐 노리고 있었다.

그들이 저마다 로스차일드를 배척하는 데는 나름대로 이유가 있었다. 개중에는 개인적 원한이 사업과 겹쳐진 사람도 있었다.

앨릭잰더 베어링은 특히 헤러스와 로스차일드의 제휴에 원한을 품고 있었다. 그의 아버지 프랜시스경은 거의 밑바닥에서부터 베어링형제상회를 쌓아올린 인물이었다. 1810년에 사망한 그는 '유럽 최초의 본격적인 상인으로 교양있고 재능풍부하며 인품 좋은 일류 신사'로 일컬어지고 있었다.

그의 은행은 전쟁내내 영국정부를 재정적으로 지원해왔다. 그런데 1814년부터 15년 사이에 갑자기 로스차일드에게 그 자리를 빼앗긴 것이다.

베어링은 의회에서 헤러스를 공격하고, 시티에서는 격렬하게 네이선과 대립했다. 그리고 이번에야말로 로스차일드의 뒷모습을 보게 될 거라며 남몰래 미소지었다——그러나 그런 생각은 오래 계속되지 못했다.

　잘로몬과 카를은 프랑크푸르트, 파리, 그리고 런던으로 급사를 보냈다. 며칠 안에 로스차일드 금융조직이 힘차게 돌아가기 시작했다.

　먼저 엑스 라 샤펠에 모여 있던 사업가들은 증권거래소에서 프랑스국채가 한순간 급격하게 상승한 뒤 계속 내려가는 것을 보게 되었다. 그들이 투자한 새국채가 갑자기 폭락하기 시작한 것이다. 이토록 심하게 하락하는 까닭을 전혀 알 수가 없었다.

　금융가들은 서둘러 모임을 열고 각자 가지고 있는 정보를 한데 모아 이 문제를 의논했다.

　차츰 실태가 밝혀졌다. 먼저 로스차일드와 그 대리인들이 시장에 나온 공채를 남김없이 사들인 것이다. 가격이 조금씩 오르자 투자가들은 서둘러 팔았다. 로스차일드는 계속 사들였다. 그리고 적절한 때라고 생각한 순간 그들은 모든 주식을 일제히 팔아치웠다.

　그 상업수완은 전례가 없는 것으로, 기대한 만큼의 효과를 얻었다. 다른 금융가들은 이번 사업에서 로스차일드가 그에 어울리는 배분을 얻는 것을 묵묵히 보고만 있을 수밖에 없었다.

　로스차일드 세 회사는 이제 무서울 만큼 강력한 지위를 차지했다. 그토록 극적인 발전은 달리 찾아볼 수 없었다.

　그들의 주된 사업은 정부공채에 관여하여 국채와 현금을 교묘하게 조작하는 일이었다. 주요업무 입찰 때 지난날 실적을 들먹여 늘 경쟁자들을 이겼다. 결국 효율과 신용뿐 아니라 공정하다는 평판까지도 얻었다.

　그들은 관습적으로 적은 수수료와 낮은 금리를 받고 있었다. 1818년 프로이센정부에 긴급하게 돈이 필요했을 때, 베를린의 몇몇 은행은 급한 사정을 이용해 높은 금리를 요구했다.

　프로이센정부는 하는 수 없이 네이선 로스차일드 앞으로 신청서를 냈다. 영국 회사라면 알맞은 이율로 대출해줄 것이라는 훔볼트의 이야기를 듣고, 정부는 가슴을 쓸어내렸다. 다만 주영대사 홈볼트가 지적했듯 네이선은 자신의 방식으로만 업무를 수행했다.

　로스차일드는 누가 보나 지금 이 나라에서 가장 힘있는 사업가입니다…… 게다가 그는 믿을 만한 인물이며, 이곳 정부도 꽤 많은 사업을 맡기고 있습니다. 그는 또한 내가 아는 한 매우 정직하고 머리 좋은 사나이입니다.
　그러나 한마디 덧붙여둘 필요가 있습니다. 일단 그에게 의뢰한 사업은 그가 하는 대로 맡겨두어야만 한다는 것입니다. 그는 독립심이 강합니다. 그것은 이 나라에 오래 머무르며 부를 얻어가는 가운데 길러진 것이겠지요.
　그는 이제 하나쯤 실패해도 아무렇지 않을 만큼 많은 업무를 처리하고 있습니다. 그는 공채를 독점하고 싶다고 말하고 있으며, 이 일에 매우 단호한 태도를 보이고 있습니다.
　그는 이곳의 프로이센영사에게 편견을 갖고 있는 듯합니다. 그의 말에 영사는 어떤 경우에도 대꾸를 해서는 안될 것입니다.

로스차일드의 행운을 부러워하는 사람이 많을 것이므로, 형제들은 스파이에 대하여 경계를 게을리하지 않았고 경쟁자들은 내부정보를 얻기 위해 수단방법을 가리지 않았다.
　스톡 뉴잉턴에 사는 네이선의 이웃에 루커스라는 주식중매인이 있었다. 이 위대한 인물의 친구가 되고 싶어했던 그는 어느날 밤늦게 네이선이 시티쪽으로 서둘러가는 것을 목격했다.

　그는 마차에 뛰어올라 뒤를 따랐다. 로스차일드는 말을 질주시켜 뉴코트에 닿았다. 얼마 뒤 루커스는 취한 듯 비틀거리는 걸음으로 문을 지나, 하인들이 말리는데도 상관하지 않고 로스차일드의 서재로 들어갔다. 거기서 그는 털썩 쓰러져버렸다.

로스차일드와 친구들은 느닷없는 방문객에 깜짝 놀랐지만, 완전히 인사불성된 이 사나이를 곧 긴의자에 눕히고 찬물과 향수를 뿌려주었다. 그리고 손발을 주물러 혈색이 돌아오게 하려고 애썼다. 하지만 효과가 없었다.

루커스가 나타나 중단된 대화는 매우 중요한 것이었고, 그가 규칙적으로 조용히 숨쉬는 모습으로 보아 잠든 듯하여 그들은 이야기를 계속하기로 했다.

그것은 긴급한 사업에 관한 이야기였다. 스페인에서 중대한 소식이 와서, 만일 어떤 주식을 비밀리에 한꺼번에 사들이면 꽤 돈벌이가 되리라는 것이었다.

그들은 이 계획을 다음날 실행에 옮기기로 하고 저마다 집으로 돌아갔다. 물론 병자에 대해 잊지 않고, 그의 상태가 좋아지는 대로 돌려보내도록 하인에게 일러두었다.

그럴 필요는 없었다. 로스차일드가 돌아가자마자 루커스는 하인들이 떠들어대는 것을 무시하고 그 집을 나왔다. 아직 몸상태가 그리 좋지 않은 듯 걸음을 비틀거리고 있었지만.

그는 물론 집으로 돌아가지 않고 사무소로 서둘러 갔다. 그리고 문제의 주식을 로스차일드가 사기 전에 사들이도록 손썼다.

대성공이었다. 그는 막대한 이익을 얻었다. 그 뒤로 로스차일드가 루커스의 이마에 향수를 뿌려주는 일 따윈 두 번 다시 없었다.

엑스 라 샤펠회의 뒤 금융계에서 로스차일드의 패권을 의심하는 이는 아무도 없었다. 대공도 대사도 대신도 형제들에게 아첨하느라 여념이 없었다.

황제 프란츠 2세의 대리자들은 더욱 열성이었다. 프랑크푸르트에서 네이선의 명예문제를 언급했을 때, 이제는 그것을 신중히 검토할 시기로 생각되었다.

1820년 3월, 암셀은 네이선의 사업을 인가받는 데 성공했다. 결국 네이선 로스차일드는 런던의 오스트리아 총영사로 임명되기에 이르렀다. 외교관 자격은 네이선의 사회적 지위를 꽤 끌어올려 주었다. 면책특권이 부여되고, 개인용은 물론 사업통신에도 외교관 우편주머니를 사용할 수 있게 되었다——물론 이렇게 보낸 편지는 제국당국이 개봉해도 어쩔 수 없는 일임을 그는 잘 알고 있긴 했지만.

유럽정계에서 로스차일드의 지위는 차츰 상승했다. 빈정부도 이 일로 이익을 얻었다. 영사에게는 제국정부에 이익이 될 만한 정보는 무엇이든 런던대사관에 전할 의무가 있었기 때문이다. 잘로몬의 제안으로 1년 뒤 제임스에게도 영사임무가 주어졌다.

이렇듯 제국정부와 긴밀한 관계를 맺고 특히 새국채 교섭에 깊이 관여하던 잘로몬은——오스트리아 관계사업은 그의 담당이 되었다——빈으로 자주 가게 되었다. 그는 늘 렌거리의 일류호텔인 '로마황제호텔'에 묵었다. 그곳은 왕족과 귀족이 주로 묵는 곳이었다.

이 호텔은 유럽의 음악도시에 자리하여, 유일하게 음향처리가 잘 된 작은 연주회장을 가진 것을 자랑으로 여기고 있었다. 여기에 빈의 상류계급 사람들이 정기적으로 모여 유명한 슈판치히사중주단 연주에 귀기울였다. 때로는 '사자' 베토벤이 연주하는 일도 있었다.

1814년 4월11일, 귀머거리가 된 이 천재는 그의 작품 97번의 삼중주를 피아노로 연주하고, 다음해에는 그의 오라토리오 '감람산의 그리스도'를 로마황제호텔에 모인 빈의 명사들 앞에서 지휘했다.

잘로몬은 프랑크푸르트보다 오스트리아의 수도 빈에 있는 날이 더 많았다. 그는 방을 더 빌려 아내와 10대의 두 아이를 그곳에 살게 했다.

이렇게 해서 잘로몬과 캐럴라인의 소원이 이루어지게 되었다. 오랜 세월 체력을 소모시키고 그들을 고통스럽게 했던 여행생활이 끝난 것이다. 그들은 지금까지보다 훨씬 많은 시간을 함께 지낼 수 있었다.

그러나 빈은 그의 안식처가 되지 못했다. 오스트리아의 유대주민은 나폴레옹체제의 계몽적이고 자유로운 법률의 혜택을 전혀 누리지 못했다. 그들은 자신의 토지와 가옥을 가질 수 없었던 것이다.

정치행정으로부터, 거의 모든 직업으로부터 배척당했다. 병역면제도 허용되지 않고 인두세를 내야 했다. 이사와 결혼에 대한 권리도 엄격하게 제한되었다. 그리고 외국에서 온 유대인은 단기간의 체류허가밖에 받지 못했다.

잘로몬의 경우 이 마지막 규정은 다른 굴욕적인 요구를 몇 가지 받아들여 피할 수 있었지만, 사업과 주거를 위해 집과 땅을 사고 싶다는 신청은 거부되었다. 잘로몬과 캐럴라인에게는 시대가 거꾸로 가는 느낌이었다. 프랑크푸르트에서는 적어도 부분적으로 인정되는 권리가 빈에서는 전혀 주어지지 않았다.

잘로몬은 조심스럽게 저항을 시도해 보기로 했다. 그는 도시에 적당한 집을 빌릴 수 있었지만 그렇게 하지 않았다. 그대신 로마황제호텔을 선택했다. 호텔 안의 모든 방을 모조리 사무소와 가족들이 지낼 거처로 바꾸었다.

로마황제호텔에 늘 머물던 VIP들은 다른 호텔로 가야 했다. 이런 불편을 당할 때마다 그들은 잘로몬이라는 인물의 대단함, 반유대적 법률에 대한 그의 의견을 상기해야 했다.

잘로몬은 이 호텔에서 만찬과 파티와 무도회를 열어 오스트리아 귀족을 초대하고 그들과 어울렸다. 그것은 곧 빈의 화제가 되었다. 어떤 오랜 가문의 자손도 이 유대인 금융가의 호화로움에는 미치지 못했다.

잘로몬이 아이들을 위해 작은 파티를 열 때도 로스차일드의 부를 과시하듯 호화로웠다. 그것은 또한 정치적 선전의 기회이기도 했다. '아이들을 위한 가면무도회'에서 아이들이 임금과 여왕으로 꾸미고 노는 모습을, 그 자리에 참석했던 손님 하나가 이렇게 묘사하고 있다.

……큰아이 가운데 하나가 네이선 로스차일드씨와 똑같은 모습을 하고 있었습니다. 그는 능란한 연기로 두 손을 바지주머니에 집어넣고, 어린 임금님들이 모두 돈을 빌리러 와 성가시다는 듯 돈을 흔들어보이기도 하고 머리를 내젓기도 했습니다.
그는 흰 웃옷에 빨간 바지를 입은 어린 임금님——그것은 오스트리아황제였습니다——에게만 호의를 보였습니다. 그는 아이의 볼을 가볍게 두드리며 칭찬했습니다.
"우리 아기, 내 마음에 드는, 내 자랑거리……"

메테르니히는 잘로몬이 빈에 살게 된 것을 기뻐했다. 이 금융가는 재정면에서 현명한 충고를 해주었다. 다른 데서는 얻을 수 없는 로스차일드만의 정보를 알려주고, 제국의 국고에 관한 일과 합스부르크 속국과의 자금교섭에 늘 곧바로 응해 주었다.
그러나 무엇보다도 메테르니히는 이 온화하고 정중한 유대인을 마음에 드는 친구로 여겼다. 로스차일드사람들 사이에는 제국 재상이 메테르니히 '아저씨'로 알려져 있었다. 잘로몬과 유럽 최대 유력자 사이의 강한 유대는 로스차일드의 대성공을 증명하는 일이었다.
평화가 온 뒤 10년 동안 메테르니히는 유럽의 조정역할을 했다. 여러 해 동안 그의 영향력은 강대했다. 그는 안정을 약속하고, 회의석상에서 논쟁을 억눌렀으며, 예전 정부를 세워 혁명분자를 억압하고 힘의 균형을 꾀했다.

이러한 국제적 상황이 로스차일드에게는 매우 유리했다. 그들은 이제 국가재정가로서의 지위를 굳히고, 산업시장에도 개입하기 시작했다.

메테르니히의 비호는 그들에게 무한한 명성과 사업기회를 주었다. 그뿐 아니라 사업확대에 유리하도록 정책에 영향을 미치는 경우도 있었다. 로스차일드는 이렇듯 정치에 은밀하게 영향을 주는 기술을 감각적으로 빠르게 몸에 익혀갔다.

메테르니히쪽에서는 재정을 보조해주는 친구의 지위를 끌어올려주는 데 이의가 없었다. 잘로몬이 하급귀족보다 더 높은 직함을 요구해왔을 때도 머뭇거리지 않았고, 심지어 각 부서 사이에서 검토할 필요조차 느끼지 않았다.

1822년 9월29일, 다섯 형제 모두와 그 남계 자손이 남작에 서품되었다. 오스트리아의 독수리와 헤센 카셀을 나타내는 사자를 조합한, 새로운 방패모양 문장이 주어졌다. 제명(題銘)은 '화합, 성실, 근면'. 그리고 다섯 개의 화살을 쥔 손도 그려져 있었다.

그런데 이 다섯 번째 화살이 다시 명예로부터 제외되었다. 여론에 극히 민감해져 있던 네이선은 외국의 칭호를 사용하는 데 반대는 없는지 정부당국에 문의해 보았다.

그러나 그 대답을 기다리기도 전에 그는 이미 마음을 정하고 있었던 게 틀림없다. 자신은 단순한 '네이선 로스차일드씨'로 지내고 싶다고.

세계금융황제

고대에 유대인들은 한 왕을 받들었다
이제는 왕들이 한 유대인을 우러른다

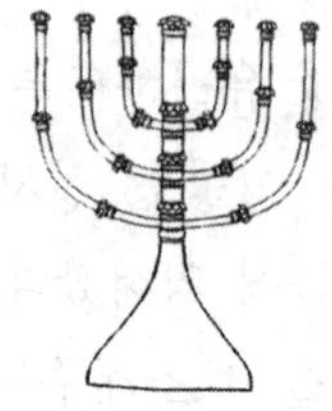

1822년 메테르니히는 오스트리아 전지역에서 《알게마이네 차이퉁》 신문의 판매를 금지했다. 이 신문은 로스차일드를 반동적 제국정부의 재정적 기둥으로 비판했던 것이다.

이 신문이 그러한 공격을 할 때마다 메테르니히는 가만히 있지 않았다. 메테르니히정부의 평판은 유대은행가의 평판과 운명을 함께 하므로, 겐츠는 편집장 앞으로 보낸 편지에서 분명하게 잘라말했다.

로스차일드상회를 자주 공격의 목표로 삼아 매우 격렬하게 비난하는 것은 결과적으로 오스트리아정부를 중상하는 일이다. 왜냐하면 오스트리아정부는 그 회사와 중요한 재정거래를 맺고 있으며, 그것은 비난의 여지가 없을 뿐 아니라 공명정대하고 동시에 우리 정부 품격에 전혀 해로운 일이 아니기 때문이다.

새국채에 대한 악의적 비평은 우리나라 공채가 이제까지 얻어온 신용을 손상시키기 위해 날조된 것으로 여길 수밖에 없다.

메테르니히의 비호를 받은 것을 보면, 로스차일드가 오스트리아에 얼마나 소중한 존재였는지 알 수 있다.

오스트리아뿐만이 아니다. 1820년대·30년대를 통하여 영국, 프랑스, 프로이센, 오스트리아, 벨기에, 스페인, 나폴리, 포르투갈, 브라질, 독일 여러 나라, 그리고 그밖의 작은 나라 정부가 이 형제들과 중요한 거래를 했다.

'고대에 유대인들은 한 왕을 받들었다. 이제 왕들이 한 유대인을 우러른다.'

온 유럽왕자들을 고객으로 은행업을 했으므로, 사람들 입에서 종종 흘러나오는 이런 비아냥도 근거없는 것은 아니었다.

대출은행가로 일하면서 세계에서 가장 부유한 위치에 오른 그들은 이윽고 상업과 공업방면으로 융자의 손길을 뻗어갔다. 미국영사의 재정계획을 다루고 또한 대리인을 통해 미국과 인도, 쿠바, 오스트레일리아 등 멀리 떨어진 시장에 적극 개입했다.

그러나 로스차일드 활동의 중심영역은 지금까지도 그러했고 앞으로도 유럽이었다. 1821년에 다섯 번째 은행이 설립되었다. 그리고 프랑크푸르트 다섯 형제 가운데 이 은행을 책임지게 된 카를이 마지막으로 외국 수도에 정착하게 된다.

이탈리아 나폴리왕국에 파견된 그는 처음에는 단기간 머무를 예정이었다. 그러나 국제정세가 복잡해지고, 또 카를 자신이 암셀의 영향으로부터 벗어나려는 바람도 있어 기간을 무한정 연기했다.

그 계기가 된 것은 두 시칠리아왕국의 대두였다. 이탈리아는 독일과 마찬가지로 작은 나라들이 퍼즐처럼 엮어져 있었다. 한 나라가 불안정해지면 그것은 곧 다른 나라에 파급되고 국제 정세에 영향을 미쳐, 오스트리아 제국처럼 인종이 다양한 나라는 매우 위태로운 처지에 직면하게 된다.

그래서 메테르니히는 남이탈리아의 페르디난드 1세에게 원군을 파견하기로 했다. 군대에는 수당을 지불해야 하는데, 그는 쓸모없는 경비지출로 오스트리아의 부담을 무겁게 하고 싶지 않았다.

그는 잘로몬을 불러 공채를 준비시켰다. 그것을 변제하는 것은 나폴리왕국이라는 조직이다. 카를이 나폴리로 간 것은 이탈리아쪽에서 이를 운영하기 위해서였다.

몇 달 안 되어 왕국정부는 카를에게 자금을 요청하였다. '해방'군대의 재정부담은 나폴리사람들이 마련한 액수를 크게 넘고 있었다. 이제 나폴리왕국은 로스차일드에 전면적으로 의존하게 되었다.

카를과 아델하이드, 그리고 네 아들과 딸 하나로 이루어진 가족은 남이탈리아에 자리잡았다. 그러나 그들은 그 나라에 결코 동화할 수 없었다. 제임스——그도 끝내 프랑스시민은 되지 못했지만——와 네이선처럼 되지 못하고, 잘로몬 같은 처지에 놓이게 되었다.

나폴리 로스차일드는 나날이 발전하고 있는 이땅의 상업계에서 거의 주도권을 쥐지 못했다. 그들은 프랑크푸르트로 자주 돌아가 게토시절의 보수적이고 경건한 사상적 신조를 계속 지켰다. 자식없는 암셀이 세상을 떠나면 프랑크푸르트 본가 경영은 카를의 아들 가운데 하나가 계승하기로 되어 있었다. 그러나 그것은 아직 먼 앞날의 일이었다.

다음으로 그들 일가의 중대사는 제임스의 결혼이었다. 아내를 골라 집안의 번영을 대대로 이어야 한다고 형제들이 줄곧 독촉했다.

1824년 32살이 된 제임스는 마침내 그 압력에 굴복했다. 그가 누구를 신부로 고를지, 그것은 그와 그 자손의 성공뿐 아니라 로스차일드라는 기업 전체에까지 큰 영향을 미치는 일이었다. 제임스가 손을 내밀어 자신의 운명을 맡긴 것은 19살 된 조카 베티였다.

베티는 뛰어나게 아름답다고는 할 수 없으나, 사교적으로 세련되고 지적이며 매력있는 여성이었다. 부모의 소중한 보살핌을 받으며 자란 그녀는 제임스에게 없는 여유롭고 침착한 태도를 지니고 있었다.

그녀는 프랑스 표준어를 말하고, 젊은 여성에게 중요한 기술인 피아노 연주와 자수와 그림그리기도 익혔다. 여행을 자주 하고 책을 많이 읽어, 철학과 예술로부터 현대의 정치까지 폭넓은 화제로 이야기할 줄 알았다. 파리 사교계와 실업계의 새지도자에게 참으로 어울리는 배우자였다.

같은 로스차일드인 그녀와 숙부의 결혼은 좋은 예가 되었다. 수많은 젊은 친척들이 그 뒤를 따라, 1875년 무렵 로스차일드는 유럽에서 가장 근친결혼을 많이 한 집안이 되었다.

근친결혼은 귀족과 부유층에 드문 일이 아니었다. 그러나 로스차일드처럼 관습적으로 되풀이하는 경우는 거의 없었다. 그 경향은 마이어 암셸의 손자 세대에 뚜렷해져 열네 쌍의 결혼 가운데 외부인과의 결혼은 겨우 네 번뿐이었다.

친척관계가 매우 복잡해졌다. 이를테면 1869년에 카를의 손녀 에머 루이저가 네이선의 손자 너새니얼 메이어(내티)와 결혼했으며, 샬럿 백모가 그녀의 시어머니가 되는 식이었다.

이러한 혈족관계가 그물눈처럼 얽히면 사업에서 분명 유리해진다. 그것은 다섯 은행의 결속을 다지고, 마이어 암셸이 구상한 공동경영체제를 지켜나가는 데 도움이 되었다.

사실 로스차일드도 다음 세대가 되면 오스트리아인, 프랑스인, 영국인, 이탈리아인, 독일인이 되어 저마다 살고 있는 나라에 동화되어 간다. 그 나라들은 서로 다투고, 때로는 전쟁을 하게 될 수도 있다. 각 은행 입장에서 볼 때 더 멀리 떨어져 있는 편이 좋다고 여겨지는 일도 있으리라.

그럼에도 불구하고 로스차일드 집안의 가장 주목할 만한 측면의 하나는 그 유대관계에 있었다. 각 상회가 저마다 독자적인 규모와 업무와 국제관계를 가지면서도 동시에 형제은행으로서 날마다 연락하며 수많은 거래를 하여, 무섭도록 강력한 힘으로 결속했던 것이다. 19세기의 근친결혼은 그들의 결속을 강화해 로스차일드가 자랑하는 좌우명 '협조'의 달성을 촉진했다.

그것은 물론 그들의 총자본을 유지시켜 주는 의미도 있다. 부모들은 현금이 남의 손에 넘어가지 않으므로 지참금에 꽤 너그럽다. 잘로몬은 베티에게 150만프랑을 주었다.

집안결혼은 또한 로스차일드여자들을 보호하는 역할을 한다. 그녀들 주위에는 열성스러운 구혼자들이 많았다. 그러나 대부분 받아들일 수 없는 이들——재산을 노리거나, 종교가 다르거나, 상업을 잘 모르는 남자들이었다. 고집스러운 딸이 터무니없는 상대를 골라 사랑한다고 말하면 난처하리라.

앤서니와 루이저의 딸로 태어나 배터지경 부인이 된 콘스턴스(코니)는, 로스차일드집안은 특이한 입장에 놓여 근친결혼을 피할 수 없었다고 말했다.

그즈음 로스차일드는 영국, 프랑스, 독일, 오스트리아, 이탈리아에서 남다른 지위에 있었다…… 유럽 다섯 도시에서 거대한 사업을 이룩한 그들은 각 나라의 지배자나 관리들과 밀접한 관계를 맺었다.

이제까지 어느 유대사업가도 그런 지위에 오른 적이 없었고, 만일 있다 해도 이미 유대인이라고 할 수 없었다. 그러나 로스차일드는 신앙을 엄격히 지켜 유대공동체에 계속 깊이 관여했다.

저마다 사는 곳에서 그들은 유대지도자로 여겨졌고, 또한 그 평가에 어울렸다. 그들은 유대교신자와는 다른 생활기반에 뛰어들어, 유대친구와 고객들에게 굳게 닫혀 있던 세계로 나아가 자리잡았다.

　　그러면서도 여느 보수적인 유대인처럼 그들은 다른 종족과의 결혼을 반대했다. 그런 상황에서 결혼은 매우 어려운 문제가 된다. 그러므로 집안결혼은 그 어려움을 극복하는 유일한 방법이었다.

　　결혼이라는 중대사에 대해 로스차일드의 계산이 얼마나 치밀했는지 엿볼 수 있다. 그러나 그들의 경우 계산적이라고만 단정하기에는 좀 무리가 있다.

　　19세기의 결혼은 당사자보다 대개 주위사람들에 의해 이루어졌다. 혼담은 특히 그들이 속한 사회 속에서 이루어졌다. 부유한 부모가 앞날의 며느리에게 기대하는 것은 상류집안살림을 잘 꾸려나갈 수 있는 솜씨와 건강한 계승자를 낳는 일, 그리고 충분한 지참금과 사교에 유익한 연줄 등이었다.

　　이렇게 준비된 혼담에서 만약 애정이 싹튼다면 이 혼담은 이루어진다. 그렇지 않으면 신중하게 다시 찾는다. 그것이 당시의 관습이었으며, 누구나 당연하게 여겼다.

　　그러나 로스차일드사람들은 낭만적인 연애를 무시하지 않았다. 사실 집안을 위해 거의 알지 못하는, 때로는 결혼식 당일까지 얼굴도 본 적 없는 남자에게 시집가던 그 시대의 딸들에 비해 로스차일드여자들은 성공적인 결혼을 한 셈이었다.

　　그들에게는 영악한 면도 있었지만 동시에 딸들의 인격을 소중히 여겼다. 어른들이 정략적으로 의도된 집안결혼을 시킨 게 결코 아니다. 다만 어린아이들, 다양한 연령대의 아이들을 서로 사랑이 싹틀 만한 상황에 놓아두는 일——그 효과는 참으로 놀라웠다.

　　이에 대해 프랑스로스차일드의 엘리남작이 적절하게 표현하고 있다.

　　"로스차일드여자아이들에게 있어 로스차일드남자아이들은 가장 즐겨 택하는 배우자였다."

어린시절, 그리고 청년시절을 통하여 어린 숙녀들은 사촌형제들과 가까이 지내며 자랐다. 그들은 교양있고 국제감각이 풍부했다. 자주 여행하여 적어도 세 나라 말을 능숙하게 한다. 그들이 즐겁고 지적인 친구임을 그녀들은 잘 알고 있다. 부자 유대젊은이와 꼭 결혼해야 한다면, 이 친척들만한 젊은이를 찾기 어려웠던 것이다.

이렇게 해서 그들은 혈연적으로 깊게 맺어졌다. 그 일은 마이어 암셀이 의도한 게 아닐지도 모르지만, 틀림없이 그를 기쁘게 했을 것이다.

그의 아들들도, 손자들도 집안결혼이 어떤 결과를 가져올지에 대해 전혀 몰랐다. 이렇듯 여러 세대 동안 유전자가 응축되어가면 뜻하지 않은 사태에 이를지도 모른다는 사실을 그즈음의 그들은 알지 못했던 것이다.

제임스와 어린 신부는 1824년에 결혼했다. 베티는 곧 숙부이자 남편인 제임스의 방대한 집안살림을 꾸려나갔다.

안목 높은 파리 주재 영국대사 그랜빌경부인은 언니에게 다음과 같은 편지를 쓰고 있다.

우리는 토요일에 로스차일드저택의 호화로운 파티에 참석했어요. 그는 얼마 전 조카와 결혼했는데, 아직 어린 그 유대여인은 은스푼으로만 식사하며 자란 듯한 '타고난 부자'였지요.

아이들방에서 갓 나온 얼굴로 그녀는 지금까지 이런 일만 줄곧 해온 것처럼 주인역할을 잘 해냈어요. 베티는 그 아름다운 우아함으로 남편이 초대한 재산가들에게 강한 인상을 주었답니다.

그 자리에 참석한 어떤 사람은 말했지요.

"이 더할 나위 없는 호화로움과 사치가 그녀의 기품과 어우러져 매우 일상적인 분위기를 자아내는군요."

제임스는 새 아내를 얻음으로써 그토록 고대하던 사교계에서의 성공을 손에 넣었다. 그러나 베티조차 뚜렷이 알 수 있는 남편의 한계는 어쩔 수 없었다.

어느 영국 저널리스트는 아마도 그를 염두에 둔 듯 이렇게 쓰고 있다.

로스차일드집안 예절은 붙임성없고 결코 세련되지 못하며, 그들의 이야기에도 설득력이 그리 없다.

제임스는 사교에 아직 서툴고 예술과 문학적 소양도 충분치 못했다. 거의 모든 점에서 그는 '신흥벼락부자'였다. 그 품위 없고 화려하기만 한 겉모습 아래 우아함이 결여되었음을 필사적으로 감추려 하는 부르주아였다.

그를 구원하고 큰 성공으로 이끌어간 것은, 다른 사람의 재능에 대하여 오류없는 판단을 내리는 능력이었다. 그는 그림과 가구, 은과 도자기 등 '예술품'에 대한 감식안은 갖추지 못했지만 인간에 관한 감식안은 뛰어났다. 따라서 그는 최고의 인물만 가까이에 두었다.

만일 저택관리자들을 그가 엄격하게 고르지 않았다면, 그의 사치스러운 취미는 궁정사람과 귀족들의 웃음거리가 되었을지도 모른다. 그의 마차는 금테두리가 둘러지고 금글자로 장식되어 있었다. 만일 남작의 마부가 그것을 정성껏 닦고, 마차를 끄는 네 마리 갈색말을 열심히 돌보지 않았다면 모든 게 다만 무의미한 호사스러움으로만 비쳤을 것이다.

그의 시내저택과 결혼 뒤 곧 사들인 볼로뉴 쉬르 센저택의 금빛 가구와 장식품은 그즈음의 인기건축가가 골라 배치한 것이었다.

부엌은 역사에 이름을 남긴 일류요리사 카렘이 관리했다. 남작이 고용하기 전에는 영국황태자와 러시아황실을 위해서 일한 적 있는 요리사이다. 벼락부자 유대인을 어떻게 생각하든 유럽 으뜸가는 식탁으로 초대받으면 아무도 그에게 항거할 수 없다.

남작의 초대손님은 엄청났다. 점심식사에는 30명 이상, 저녁식사에는 60명 넘는 사람들을 정기적으로 접대했다. 손님들 중에는 외교관, 관리, 왕족도 있었다. 그리고 예술계 거물도 이곳에 모였다.

낭만파 최번성기의 파리는 예술적 활기로 넘쳐흐르고 있었다. 빅토르 위고, 알프레드 드 뮈세, 오노레 드 발자크, 조르주 상드, 알렉상드르 뒤마, 하인리히 하이네, 프란츠 리스트, 조아키노 로시니, 외젠 들라크루아, 장 앵그르――이 천재들을 한 자리에 모이게 하는 자는 분명 예사인물이 아니다.

예술가들은 후원자를 필요로 하고, 후원자는 자신을 과시하기 위해 예술가들이 필요하다. 그즈음의 수많은 작가, 화가, 음악가들은 로스차일드와 친교를 맺었다.

이와 관련된 전설이 하나 있다. 1831년 파리에 온 젊은 작곡가가 어떻게 명성을 얻었는지에 대한 이야기이다.

그 작곡가는 몇 달을 헛되이 보낸 뒤 빈털터리가 되어 미국으로 가려고 했다. 그런 어느날 밤 친구 발렌틴 라지빌 공작에게 이끌려 로스차일드저택으로 갔다.

젊은 외국인 작곡가는 여주인을 위해 피아노를 연주했다. 완전히 황홀해진 여주인은 그에게 피아노 교습을 요청했다. 이것을 계기로 그 작곡가는 마침내 파리에 자리잡고 이름을 날리게 되었는데, 그가 바로 저 유명한 프레드릭 쇼팽이었다.

쇼팽은 파리시절 첫무렵 제임스남작의 비호를 받으며 로스차일드 저택에 자주 드나들었다. 그는 베티와 딸 샬럿을 가르쳤다. 그는 이 두 여인이 마음에 들었다.

뒷날 이 작곡가는 친구에게 말했다.

"나는 로스차일드집안을 사랑했고, 로스차일드집안도 나를 사랑
해 주었다네."

1824년부터 36년에 걸쳐 파리음악계에 군림한 음악가는 로시니
였다. 그는 이탈리아극장 음악감독이며 왕실작곡가였다. 그는 은행
고객처럼 자주 로스차일드집안을 드나드는 손님이 되었다.

하인리히 하이네도 남작과 허물없는 사이였다. 하이네는 이미 그
자신도 인정하듯 순전히 출세를 노려 그리스도교로 개종했지만, 두
사람은 민족적 애국심으로 맺어져 있었다. 제임스는 이 시인과 이
야기하기를 즐겼다.

하이네는 회상록에 쓰고 있다.

제임스남작과 은행의 한 방에서 편안하게 점심식사를 함께 했
다고 어떤 이에게 이야기했더니, 그는 놀라 손뼉을 치며 말했다.
"그것은 로스차일드사람들이나 한 나라 지배자밖에 누리지 못
하는 명예입니다. 나라면 코를 반쯤 내놓아도 좋을 그런 명예
를 당신은 누렸군요."
그의 코라면——반쯤 짧아진다 해도 아직 충분히 길지 않을까.

하이네는 후원자와 그런 친밀한 시간을 가지면서도, 또 그로부터
충분한 원조를 받으면서도, 은인을 풍자하는 일을 그만두지 않았
다.

……이 사나이가 많은 사람들을 고무시키는 일만으로도 사람들
은 그를 존경해야 마땅하리라.
나는 은행집무실로 그를 찾아가는 일을 즐긴다. 거기에서는 온
갖 세상사람들이 그의 앞에 정중하게 예의차리는 모습을 철학자
로서 관찰할 수 있기 때문이다.

그들은 허리를 굽히거나 돌리는 등 최고의 곡예도 마다하지 않는다. 남작에게 다가서면 볼타 전지에 닿은 듯 부르르 몸을 떠는 사람도 있다.

모세가 성지 시나이산에 섰을 때 이런 모습이었을까 생각케 한다. 그리고 그때 모세가 잠시 신을 벗었듯, 발냄새로 남작님을 불쾌하게 하는 일만 생기지 않는다면, 많은 주식중매인이 폰 로스차일드씨 전용집무실로 들어가기 전에 장화를 벗었을 것이다.

그 전용집무실이란 실로 드넓은 바다처럼, 별이 총총이 빛나는 하늘처럼, 고상한 사상과 감정을 불러일으키는 멋진 장소였다. 그곳은 사람이 얼마나 보잘 것 없으며, 신이 얼마나 위대한지를 알게 해준다. 오늘날은 돈이야말로 신이며, 로스차일드는 그 예언자이니까⋯⋯

로스차일드를 만나러 갔을 때 한 번은 제복입은 하인이 그의 실내 변기를 들고 복도를 걸어가는 것을 보았다. 마침 그곳에 있던 한 투기꾼이 그 황공한 용기를 향하여 정중하게 모자를 벗었다.

악의가 있는 건 아니지만, 이런 우연한 일에 맞닥뜨리면 완전히 두손 들 수밖에 없다. 나는 그 예절바른 사나이의 이름을 적어두었다. 그는 머지않아 백만장자가 될 게 틀림없다.

친구들의 오락을 위해 돈을 치르고 고용한 예인(藝人)처럼 제임스가 자신을 다루는 경우 이 시인은 매우 민감한 반응을 나타냈다. 어느날 밤 로스차일드저택에 모인 손님들과 커피를 함께 하자고 초대받은 그는 이런 답장을 보냈다.

'저는 식사한 장소에서 커피를 마시므로 초대에 응할 수 없습니다.'

로시니도 후원자가 마음에 들지 않으면 꽤 준엄한 태도를 보였다. 한 번은 남작이 온실에서 딴 포도를 선물로 보낸 일이 있었다.
그는 답례편지를 썼다.

포도는 매우 먹음직스럽습니다만, 내게는 와인을 알맹이 상태
로 받는 습관이 없습니다.

이윽고 로스차일드사람들도 탐탁지 않은 인상을 피하기 위해 경
비지출을 억제할 것을 신중히 생각하게 된다. 그들이 다른 사람들
의 눈치를 보며 자신들의 부를 충분히 즐길 수 없었다고 해도 어쩔
수 없는 일이다. 하지만 그들이 어떤 방식으로 살든 정적과 유대인
박해자들은 생피를 빨아먹는 고리대금업자로 비웃을 것이다.
1825년 네이선은 집과 은행점포를 겸한 뉴코트가 좁게 여겨져 런
던사교계 한복판 피커딜리 107번지에 있는 훌륭한 저택을 사들였
다. 이 집은 20세기 첫무렵까지 로스차일드의 소유였다. 이때에는
그 부근의 수많은 건물을 로스차일드가 사들여 피커딜리는 로스차
일드거리로 알려졌다.
이 크고 화려한 저택에서는 그린 파크가 내다보이고, 웰링턴공작
의 업슬리 하우스와도 가까운 거리에 있었다.
10년 뒤 그는 스톡 뉴잉턴의 집을 정리하고 교외에 저택을 사들
였다. 교외라고는 하나 시티에서 가까운 곳이었다. 액턴과 일링,
두 마을에 가까운 거너즈버리 파크는 런던교외의 가장 아름다운 주
거지로 손꼽혔다.
그곳은 18세기에 조지 2세의 딸 어멜리어공주가 살던 곳이었다.
나폴레옹전쟁 때 군대 병사(兵舍) 건설로 돈을 번 건축업자 앨릭잰
더 코플런드가 그곳에 지은 훌륭한 저택이 있었다. 이 저택을 1835
년에 네이선이 사들인 것이다.
그러나 그에게는 이 저택이 만족스럽지 못했다. 소유권을 얻자마

자 건축가·건설업자·정원사·도장공을 고용하여 개축에 들어갔다.
런던 으뜸가는 부자시민——1825년에 잉글랜드은행 및 영국정부를
참사에서 구한 이 사나이에게는 최고의 것만이 만족을 주었다.

　다음 이야기는 로스차일드집안의 경제력을 한눈에 보여준다. 이
일로 네이선과 그가 사는 나라의 이해관계는 완전히 일치되었다.
　워털루전쟁 이후 10년 동안 영국은 국내외에서 상업활동 규모를
확대해 나갔다. 그 결과 신용거래가 엄청나게 늘어났다. 그리고 몇
백 개의 작은 은행이 잇따라 나타났다. 그들은 대부분 성급한 판단
으로 사업을 지나치게 확장했으며, 특히 남아메리카로 많이 진출했
다.
　그러나 상황이 매우 불안정해졌고, 이를 느낀 사람들은 금화를
사재기 하기 시작했다. 그것은 영국을 경제위기에 빠뜨릴 위험이
있었다.
　1825년 11월, 그것이 현실로 나타났다. 며칠 동안에 70개 은행
이 파산하여 잉글랜드은행을 압박했다. 잉글랜드은행에서는 1파운
드짜리 금화를 겨우 10만파운드밖에 공급할 수 없어 앞날의 불운이
너무나도 명확했다.
　총재들은 은행예비금이 회복될 때까지 정부에 지불연기허가를 신
청했다. 리버풀경은 거부했다. 위기발생으로 내각이 영향을 받으면
그의 사임요구가 나오게 되고 사태가 한층 악화된다고 생각해서였
다.
　시티와 웨스트민스터(영국의회)에서 격렬한 토론이 벌어졌다.
《타임스》신문은 정부가 '부정으로 파멸을 가져오는 가치 없는 사업'
에 대한 투기를 조장하여 공업과 농업진흥에 사용할 자금을 헛되이
써버렸다고 통렬하게 비판했다. 은행도산이 끝없이 계속되었다.
1825년부터 26년에 걸쳐 145개 은행이 쓰러졌다.

그러나 잉글랜드은행은 끝까지 문을 닫지 않았다. 다른 은행과 달리 공적인 기관으로서 결코 무너지지 않는다는 것을 과시해 보였다. 잉글랜드은행은 그 책무를 다한 것이다. 그 덕분에 위기가 억제되어 공황이 치유될 수 있었다.

이 '기적'의 배후는 네이선 로스차일드였다. 11월 중순 그는 정부——아마도 헤러스——의 상담을 받았다.

그는 곧 퉁명스럽게 대답했다.

"좀더 일찍 찾아왔으면 위기를 미리 막을 수 있었을 텐데."

그는 곧 뉴코트와 라피트거리에서 1파운드짜리 금화를 모아들여 잉글랜드은행으로 보냈다. 그러나 조폐국 생산과 고객수요 사이의 부족분을 메우기에 충분치 못했다.

이듬해 네이선은 오스트리아·터키·러시아 및 그밖의 다른 여러 나라로 배를 띄웠다. 그가 모아들인 금의 총액은 약 1천만파운드. 이런 일을 할 수 있는 것은 로스차일드뿐이었다.

네이선의 조카 솔로몬 보름스가 이 위기와 비슷한 규모로 일어난 다른 일에 대해 이야기하고 있다. 그것은 정부가 신뢰가 실추되는 것을 피하려고 일으킨 사건이었다. 그의 아들이 뒷날 기록한 바에 의하면 다음과 같다.

——어느날 아침 네이선이 무뚝뚝하게 말했다.

"솔로몬, 나와 함께 웰링턴공작 집으로 가야겠다. 내가 이 공황을 완전히 치유해 보이겠어."

웰링턴공작은 내각의 주요자리에 있지는 않았지만, 실제로는 총리 리버풀경보다 중요한 위치에 있었다.

그들은 서둘러 마차를 타고 업슬리 하우스로 갔다. 그들을 맞으러 나온 하인이, 공작은 이렇게 일찍——아침 10시쯤이었는데——약속없는 사람과는 만나지 않는다고 말했다.

그러자 로스차일드는 말했다.

"로스차일드가 만나고 싶어한다고 전하게. 빨리 서둘러."

잠시 뒤 로스차일드와 그 조카는 공작 앞으로 안내되었다. 플란넬 가운을 입은 공작은 말했다.

"어쩐 일이오, 로스차일드씨, 대체 무슨 일이오?"

"시티쪽은 지금 대소동입니다."

"어떻게 하면 좋겠소?"

"정부의 중매인 콜을 부르십시오. 그에게 재무부증권을 무한정 사들이게 하십시오. 그러면 공황이 치유됩니다."

"알겠소. 시키는 대로 하지요."

오후에 콜이 증권거래소로 가서 재무부증권을 사들였다. 공황은 사라졌다.

네이선은 또 마스터맨스은행으로 고객들이 예금을 찾으러 몰려들자 간단한 방법으로 이 소동을 가라앉혔다. 그는 세인트 니컬러스 골목의 은행점포로 직접 나가 불안한 얼굴의 고객들 사이를 헤치고 들어가서 두툼한 돈다발을 카운터에 내밀었다. 그리고 모두에게 들리도록 큰 소리로 말했다.

"이것을 내 계좌에 넣어주게."

1803년에는 이미 새로운 로스차일드 세대가 은행가로 세상에 나왔다. 그들은 가업을 계승하도록 어릴 때부터 특별한 훈련을 받았다.

가장 나이 많고 재능 있는 자손은 잘로몬의 아들 안셀름이었다. 그는 사업을 위해 태어난 것 같은 사나이였다. 그는 몇 년 동안 암셀과 잘로몬이 저마다 운영하고 있는 프랑크푸르트와 빈의 사업체를 둘 다 지원해야 했는데, 그가 훌륭하게 성장한 것은 이 때문이라고 말해도 좋으리라.

안셀름은 아버지의 성품을 그대로 물려받았다. 그는 붙임성 좋은 성격으로 집안의 온갖 일들을 해결했다. 그리고 아버지보다 훨씬 폭넓은 인품을 지닌 만만찮은 사업가였으며, 사람을 너무 믿는 성격 때문에 실패하는 일도 없었다.

1826년 안셀름은 숙부 네이션의 딸 샬럿과 결혼했다. 밤색 고수머리에 부드러운 얼굴을 한 사랑스러운 여성이었다.

음악과 미술에 재능있는 그녀는 프랑크푸르트의 집에서 그곳의 단 하나뿐인 살롱 모임을 주재했다. 모임은 매우 호화로웠다. 멘델스존, 리스트, 로시니를 비롯한 여러 예술가들이 자주 찾아와 그녀 남편의 사업에 관련된 사람들이나 저명한 고객들과 자리를 함께 했다.

안셀름은 거장들 작품을 적극적으로 수집했다. 그에게는 전문가나 그 분야에 대해 잘 아는 사람의 도움이 필요했다. 샬럿은 그가 모은 대부분의 그림을 감식하고 평가해 주었다. 아이들이 작품에 관해 이것저것 물으면 그녀는 상냥하게 가르쳐주었다.

그녀는 세 아들과 네 딸을 길러냈는데, 그들은 모두 그녀를 진심으로 사랑했다. 한 아들은 오랜 뒷날까지도 그 어린시절을 선명하게 추억하며 회상하고 있다.

나는 내가 지닌 애정을 모두 어머니에게 바쳤다. 그녀는 한평생 모든 것을 바쳐 아이들을 돌보고 교육시켰다.

어머니 모습이 보이지 않으면 나는 안절부절못했다. 가장 행복한 시간은 아파 누워 있는 내 머리맡에서 어머니가 간호해 주는 시간이었다. 어머니는 나를 지켜주는 천사였으며, 나는 항상 그녀 주위를 맴돌고 있었다……

……우리는 프랑크푸르트에서 살았는데, 겨울에는 시내에서 지

내고 여름이 되면 근교 별장으로 갔다.

제비가 날아올 무렵이면 아버지는 골동품들을 꾸려 금고실에 집어넣었다. 추위가 닥쳐와 우리가 시골에서 돌아올 때까지 그것들은 그곳에 들어가 있었다.

나는 오래된 가죽케이스에 자잘한 물건들을 넣어두고, 겨울이 오면 그것을 제자리로 돌려놓곤 했다. 그것은 내 특권이었다. 그런 물건은 어린 마음에도, 만지기만 해도 몸이 떨리는 듯한 기쁨을 주었다.

샬럿의 아이들 가운데 셋은 국제적으로 인정받는 미술품 수집가가 되고, 다른 하나는 뛰어난 작곡가 겸 연주가가 되었다. 예술적 감각은 마이어 암셸의 손자들 가운데 특히 프랑크푸르트사람들에게만 있었던 것은 아니다. 손자들 대부분이 그러한 감각을 지니고 있었다.

그들은 아버지 세대보다 훨씬 더 창조적인 재능에 공명하고 그것을 이해했다. 이를테면 쇼팽과 로시니는 제임스보다 그 딸 샬럿과 친했고, 로시니는 네이선의 아들 라이어닐과 깊은 친교를 맺었다.

그들은 예술과 늘 가까이하고 뛰어난 공예작품이 가득 널려 있는 가정에서 자라났다. 광범위한 대량의 수집품은 욕심 많은 아버지들 덕분이었지만, 아이들이 그 작품의 위대함과 가치를 배우고 아름다움을 알게 된 것은 어머니들로부터였다.

독일에서 샬럿이 기품있는 여주인 생활을 시작한 무렵, 그녀의 동생들은 공부를 마치고 사업에 참여했다.

내성적이고 짓궂은 유머감각을 지닌 라이어닐은 대학을 졸업하고 곧바로 뉴코트에 들어갔다. 거기서 사업의 기초를 배우고 숙부 제임스를 도우러 4년 동안 파리에 파견되었다.

흔히 '냇'이라는 이름으로 알려진 너새니얼은 나폴리의 카를 밑에서 수습시절을 보냈다. 라이어닐이 영국으로 돌아오자 이번에는 너새니얼이 프랑스의 드 로스차일드 형제상회로 보내졌다.

제임스의 두 아들은 아직 어렸고, 다른 두 아들은 아직 태어나지 않았다. 그러므로 제임스는 조카들에게 많이 의지했다. 빈에서는 안셀름이, 영국에서는 네 젊은이가 라피트거리로 와서 오랜 기간 일했다.

그리고 너새니얼은 끝내 그곳을 벗어나지 못했다. 호리호리하고 기품있는 멋쟁이인 이 젊은이는 파리를 좋아했지만, 프랑스인을 경멸하는 기분이 해마다 강해졌다. 그는 어디까지나 영국인이었고, 날마다 《타임스》신문을 열심히 읽었다. 고향사람이 찾아오면 세상이야기를 꽃피우고, 조금이라도 구실이 생기면 바다를 건넜다.

그는 한때 영원히 프랑스에 머무는 것이 아니라, 제임스의 아들들이 자라면 영국으로 돌아가게 될 것이라고 기대했었다. 그런데 제임스숙부는 점점 더 그에게 의지하게 되었고, 로스차일드사람들은 집안의 뜻에 따라야만 했다. 7년이 지나자 그는 마침내 단념하고 뉴코트에 소중하게 보관시켜둔 자신의 소지품을 파리로 날라오게 했다.

네이선의 아이들 모두에게 여행은 교육의 큰 부분을 차지했다. 셋째아들 앤서니는 괴팅겐과 스트라스부르에서 공부하고 가정교사와 함께 유럽 여기저기를 여행했다. 그런 다음 금융의 기본을 익히기 위해 프랑크푸르트에 맡겨졌다.

그의 여행은 프랑크푸르트에서 끝나지 않았다. 쾌활하고 통통하게 살쪄 '빌리'라는 애칭으로 불리던 이 젊은이는 1년 뒤 뉴코트에서 일하기 위해 잠시 집으로 돌아갔다. 그뒤 이번에는 빈으로 파견되었다.

다섯 은행에서는 다음 세대를 담당할 젊은 로스차일드들을 훈련시키는 일이 일상적으로 이루어졌다. 이것은 그들에게도 환영받는 훈련이었다.

여행이 주는 흥분, 부모 눈길에서 벗어나는 해방감, 낯선 장소, 새로운 사람들과의 만남. 이제까지 알지 못했던 일도 배우고, 가정교사가 완벽하게 가르칠 수 없었던 외국어에도 능숙해졌다. 국제인이 되어 다양한 즐거움을 맛볼 수도 있었다. 파리, 나폴리, 빈, 런던——어디나 가슴두근거리는 기대를 갖기에 충분했다.

그러나 프랑크푸르트만은 예외였다. 엄격하고 신앙심 깊은 암셸 백부님, 그리고 자식없는 불행한 백모님, 유대교 음식과 안식일의 엄격한 의식, 문화의 자극이 전혀 없는 생활과 지루한 친구들.

그리고 프랑크푸르트는 사업훈련마저 시대에 뒤떨어져 있었다.

지불은 받는 쪽 사무소에서는 탈레르와 플로린 등의 은화로 계산이 이루어졌다. 그것들을 여러 개의 부대에 담아 손수레에 실었다.

수령인이 고용한 두세 사람이 수레를 밀어 그의 사무소로 날라간다. 그곳에서 다시 한 번 계산이 되풀이된다……

가장 원시적인 방법이다. 런던에서 보는 것과 같은 수표나 당좌예금 등을 여기에서는 전혀 알지 못한다.

그러나 그곳에는 그 이상의 것이 있었다. 프랑크푸르트는 황량하고 음울한 장소만은 아니었다.

젊은 로스차일드들의 마음에는 서로 대립하는 의식이 있었다. 프랑크푸르트는 그들 모두가 충성을 맹세한 조상의 땅이며 예전에 그들 모두가 뛰쳐나온 게토였다. 두 가지 모두 그들에게는 다른 무엇보다 중대했다. 로스차일드들은 프랑크푸르트에 대해, 그 중대한 의미에 완전히 이끌리든가 혐오하든가 둘 중 하나였다.

그들의 발상지는 그들에게 있어 성지였다. 카를의 아들처럼 태양이 빛나는 나폴리에서 이곳으로 되돌아온 자와 디아스포라로서 유랑하는 로스차일드로 살아가는 자. 몇십 년이 지남에 따라 이 두 종류 로스차일드의 차이는 차츰 크게 벌어져 갔다.

네이선과 형제들은 자식들에게 풍부하고 폭넓은 교육을 시켰다. 유럽의 어떤 귀족과 왕족에게도 뒤지지 않는 학식을 지니고, 사교에 뛰어나며, 국제적으로 세련된 젊은이들의 손에 은행의 장래가 걸려 있다고 그들은 확신했다.

그러한 사업경영이 효율적으로 잘 이루어지는 일에 그치지 않는다. 좋은 취미와 완벽한 예절을 몸에 지니는 것은 이교도 세계에 대하여 유대인이 단순히 돈만 아는 장사꾼이 아님을 선전하는 좋은 방법이다.

로스차일드사람들은 세대가 바뀌어도 끊임없이 반유대주의와 싸우며, 많은 시간과 에너지를 그 일에 쏟아넣었다.

패업의 사상
좀더 성공하고 돈벌기 위해 끊임없이 노력해야 한다
그리고 민족에 대한 책임을 갖는다

　로스차일드사람들은 홀로 돌진하여 거대한 경제력과 정치에 대한 영향력을 손에 넣었다. 유럽에서 그들은 독립적이고 독보적인 존재였다. 누구에게 책임을 미루지 않고 의지하지도 않았다.

　'그리스도교 세계의 참된 지배자는 그들'이라고 써서 인기를 얻은 풍자글이 있다. 군주도 교황도 그들 앞에 무릎 꿇고 엎드려야 한다는 것이다.

　다섯 형제도 그 아들들도 특이한 위치에 놓인 자신들의 입장을 마음에 깊이 새기고 있었다. 그들이 유념한 것은 무엇보다도 먼저 사업에 대한 책임——좀더 성공하고, 좀더 돈을 벌기 위해 끊임없이 노력해야 한다는 것——이고, 다음은 물론 그들의 민족에 대한 책임이다.

　프랑스인이 만든 헌법이 폐지되자 독일 여러 나라의 권력자들은 예전의 민족법을 부활시켰다. 로스차일드사람들은 나폴레옹전쟁이 시작된 시점에서 이미 그렇게 되리라는 걸 알고 있었다.

　이에 앞선 1815년, 그들은 빈회의에 보낼 유대대표단을 조직했다. 그들은 참석한 모든 나라들이 유대인에게 일반시민과 동등한 시민권을 주어야 한다는 성명을 쟁취했다.

그러나 그것을 지키게 할 강력한 국제관리기관이 없었다. 그 보증은 완전히 각 정부의 양식에 맡겨질 수밖에 없었다. 되돌아온 지 얼마 안 되는 군주들이 추구하는 것은 아무래도 인기를 끌 정책뿐이었다.

유대인보호법 제정은 인기를 얻을 정책이 못된다. 독일 여러 나라에서는 반유대사상이 맹렬한 기세로 퍼지고 있었다. 독일사람들은 군대의 패배와 적의 지배라는 굴욕적인 경험을 했다. 뒤이은 경제혼란과 빈곤층의 확대, 그것이 1819년의 반유대폭동을 불러일으켰다.

그 소식이 파리에 닿자 제임스는 분노했다. 친척과 사업관계자들에게 잇따라 편지를 보내 곧바로 행동을 일으키도록 촉구했다.

보헤미아의 카를스바트에서는 전쟁 뒤 새롭게 형성된 새독일연방의 대신들이 모여 회의를 하고 있었다. 그곳에 로스차일드 대리인 데이빗 패리시가 있었다.

제임스는 패리시에게 보낸 편지에서 강한 어조로 쓰고 있다. 이런 소동이 두 번 다시 일어나지 않도록 확실한 대책을 강구하라고.

이러한 폭동을 일으켜 대체 어떻게 하려는 것이오. 고작해야 우리 유대민족 부자들을 독일에서 모두 쫓아내 프랑스나 영국으로 재산을 가져가게 할 뿐이잖소.

나 자신도 프랑크푸르트의 형에게 은행문을 닫고 이곳으로 오도록 충고했소. 우리가 그렇게 하면, 다른 부자들도 모두 우리를 따를 것이오. 대체 독일 군주들은 자금이 필요할 때 프랑스와 영국에 머리숙여야 하는 지경으로 자신을 기꺼이 몰아넣으려는 거요?

우리 말고 누가 독일 국채를 사겠소? 누가 환율을 올리려 애

써왔단 말이오? 우리 덕분에 국채의 신용이 오르고, 그리스도교
도 회사도 그에 힘입어 마음 놓고 저축할 수 있게 된 것이 아니
오?……부자들은 독일에서 안전하게 살 수 없으면 다른 데로 이
주하려 생각할 것이고, 자신의 목숨을 위험에 빠뜨리는 나라의
공채 따위는 거들떠보지도 않을 거요.

프랑크푸르트의 선동자들이 목적하는 것은, 이스라엘백성을 모
두 하나의 길로 몰아넣으려는 것 같소. 만일 그렇게 된다면, 그
것은 이른바 대학살로 이어지지 않겠소? 대중이 유대인 집을 습
격하고 태연히 약탈하지 않겠소? 이러한 것들이 얼마나 바람직
하지 못한 일인지, 여기서 내가 낱낱이 말할 것까지도 없소.

특히 지금 우리 회사에서는 오스트리아와 프로이센궁정을 위해
많은 돈을 준비하고 있는 중이오. 이번 달 10일에 일어난 것과
같은 사건에는 프랑크푸르트의회가 적극적으로 개입해 모두의 재
산을 안전하게 확보하도록 오스트리아와 프로이센도 어떤 방책을
강구해야 할 거요.

메테르니히각하에게 이 일을 잘 전해주시오. 우리 유대민족을
대표하여 내 친구인 당신이 반드시 그의 마음에 강하게 호소해
주리라 믿소.

제임스의 말 그대로였다. 특히 프랑크푸르트의 경제는 극단적으
로 침체되고 있었다. 부유한 시민이 떠나는 것을 막을 대책도 없었
다. 시의회 '라트'는 이곳의 전통인 독립정신을 굳건히 지니고, 프
로이센이 주도하는 관세동맹에 참가하는 것을 거부했다.

그 결과는 파괴적이었다. 프랑크푸르트상인은 여러 나라들로부터
운송된, 또는 그곳을 지나 운반되어 온 상품에 높은 세금을 물어야
했다. 수출한 상품도 밖에서 터무니없는 비싼 값이 매겨졌다.

밀수에 암시장·도산·실업 등 불황의 징후는 순식간에 퍼져갔다.

많은 상인들이 이 도시를 떠나 관세동맹에 가입한 오펜바하 근교로 옮겨갔다.

유대상인과 은행가들을 보호해 주지 않는 것은 그들이 다른 데로 이주하도록 장려하는 게 된다. '라트'로서는 그것만은 꼭 피해야 했다. 폭동주모자에 대한 수색이 대대적으로 이루어졌다. 유대공동체 지도자들과 코블렌츠에 있는 소문난 완고한 대표자들의 기분을 돌이키려 한 것이다.

로스차일드는 곧 떠날지도 모른다는 소문에도 불구하고 프랑크푸르트를 떠나지 않았다. 제국 관리들도 빈으로 옮기도록 몇 번인가 설득했을 정도였다.

그러나 암셀은 고향을 떠나려 하지 않았다. 그는 프랑크푸르트의 유대공동체 안에서만 몸과 마음이 편안했다. 이곳을 떠나서는 행복해질 수 없었다.

그는 여행이 싫었다. 종교 의식과 정해진 식사를 엄격하게 지키기 어려웠기 때문이다. 그것을 지키는 일은 무엇보다도 중요했다.

이 경건한 유대인은 아우들에게 보내는 편지의 날짜에 반드시 헤브라이력을 사용했다. 게토의 조상대대로 물려내려온 옷을 입고, 형제들과 달리 자신의 야심을 늘 자제했다. 사업계획과 그 혁신에 온 힘을 기울였지만, 고향에 애써 내린 뿌리를 뽑아 일부러 외국땅에 옮겨심지는 못하는 사나이였다.

사업면에서도 프랑크푸르트를 떠날 수 없었다. 상품에는 관세가 붙어도, 규모가 큰 금융처리는 영향받지 않았다. 그러므로 암셀은 위기에 무릎꿇지 않았다.

그러나 긴장은 여전히 계속되고, 다른 사건도 몇 가지 일어났다. 1822년에 로스차일드는 귀족칭호를 받았는데, 그뒤 암셀이 사무소에 가면 '남작'이라는 말이 천한 욕과 함께 벽에 씌어져 있었다.

하지만 그가 결국 프랑크푸르트에 남은 가장 큰 이유는, 이곳이

유대인 권리를 위해 싸우기에 가장 좋은 본거지였기 때문이다. 연방의회가 열린 곳도 이곳이었다.

프랑크푸르트를 비롯한 여러 나라에서 법이 지체없이 시행되게 하는 가장 좋은 방법은, 법이 민중의 의사에 좌우되지 않는 상급단계에서 공포되어 각 참가국 정부에 맡겨지지 않게 하는 일이다.

로스차일드는 열심히 그 운동을 계속하여, 프로이센 대신 하르덴베르크공 등 주요고위관리들에게 압력을 가했다.

각하께서 그 강력한 원조의 손길을 우리 공동체에 뻗어주시기를 기대합니다. 그것만이 프랑크푸르트유대인에게 최소한의 안전을 보증해 주는 일입니다.

모든 게 연방의회의 지명으로 구성된 위원회에 맡겨져 이 일에 관해 논리정연하게 운영되고 있으므로, 각하가 영향을 미치면 반드시 만족할 만한 결과를 낳을 것입니다. 그러므로 우리가 제출하는 신중하고도 정당한 요구를 프랑크푸르트의 프로이센대사에게 되도록 빨리 전해주시면, 필히 각하의 친절에 보답해 드리겠습니다.

이것도 새로운 방식은 못 되지만……우리에게 남겨진 구제의 손길은 이것뿐입니다.

개혁을 요구하는 그 열성적인 호소에, 유대인을 적대시하는 이들은 격렬하게 반격했다. 18세기 최대 작가 괴테는 늘그막에 '전능한 로스차일드'에 대한 분노를 노골적으로 드러내며 예언하고 있다.

"유대인에 대한 법을 느슨하게 하면 반드시 파멸적인 결과가 초래될 것이다. 가장 심각하고도 무서운 사태가 예상된다……가족 안의 윤리감각, 그것은 완전히 신앙의 원칙에 바탕한 것인데, 그것이 이 터무니없는 법률로 위험에 빠질 것이다."

로스차일드를 좋게 여기지 않는 것은 이교도만이 아니었다. 유대인들 사이에서도 많은 비판이 있었다.

1824년 런던의 풍자만화는 상스러웠다. '친구에게 자비를 베푸는 위대한 왕'이라는 제목 아래, '돈주머니'라는 상표가 붙은 기구 바구니에 네이선이 올라타고, 그것을 소와 곰이 떠받친 그림이었다. 그리고 가난한 유대인에게 주는 쥐꼬리만한 기부일람표를 마부가 훑어보고 있었다. 거리에 늘어선 불행한 사람들은 말한다.

"아, 나리, 우리에게 부디 자비를. 우리들 영혼은 편안히 사는 사람들의 웃음거리가 되고, 교만한 이들의 모멸에 고통받고 있습니다."

유럽의 유대인은 대부분 가난했다. 그들은 부유한 자기 민족 사람들로부터 구제받을 수 있기를 바랐다.

이 풍자화가 의미하는 것은, 적어도 런던에서는 거지들이 네이선의 도착을 기다리며 뉴코트 밖에 늘어서 있는데도 불구하고 그리 좋은 응대를 받지 못했다는 것이다.

이 만화는 그와 같은 종교를 가진 이가 그를 모욕하기 위해 그린 것임을 충분히 알 수 있었다. 네이선의 형제들도 마찬가지로 공격받았다.

그러한 비판이 얼마나 타당한 것이었는지는 알기 어렵다. 로스차일드의 자선사업에 관한 자료가 남아 있지 않기 때문이다.

그러나 암셸은 분명 인심이 좋았다는 평판이다. 그는 해마다 2만 굴덴을 가난한 사람들에게 베풀었다. 그것은 유대인에게만 한정되지 않았다.

이러한 봉사에서 카를도 큰형과 함께 꽤 많은 활동을 했다.

다른 형제들은 각 나라 사회에 동화하는 게 첫번째 목적이고, 유대인에 대한 자선은 그 다음 문제였다.

제임스는 파리의 좁은 유대인사회에 깊이 관여하는 일이 없었고,

유대인을 위한 자선에 정기적으로 기부하게 되기까지 여러 해가 걸렸다.

네이선은 런던에 사는 가난한 유대인들의 고통을 줄일 계획을, 유대교회당 임원으로서 제출하는 입장에 있었다. 그는 500파운드의 기부를 시작으로 기금을 운영하는 안을 내놓았는데, 결코 인심 좋다고 말할 수 있는 활동은 아니었다.

그러면서 그는 유대민족에 한정되지 않는 박애활동에는 참가하고 있었다. 그는 런던시 산원(產院)의 임원을 여러 해 동안 지냈다. 감화원과 성병(性病)병원 등 여러 시설에도 기부했다. 또 기근에 허덕이는 아일랜드에도 깊은 관심을 기울였다. 1826년 총리대신 리버풀경에게 편지를 보내, 정부는 서둘러 아메리카와 동인도의 쌀을 사들여 아일랜드농민들에게 값싸게 제공해야 한다고 주장했다.

그러나 동정하는 마음을 겉으로 드러내보이는 일은 없었다. 사물을 겉으로만 판단하는 사람들이, 제임스는 허영 많고 암셸은 고리타분하다고 말하듯, 네이선은 인색한 구두쇠이며 부정을 저지르고 있다고 비난했다.

비방과 중상은 단순히 본인에게만 그치지 않고 다른 사람들에게까지 영향을 미쳤다. 네이선과 관계된 사람은 그 때문에 때로 희생을 강요당했다.

1827년 9월 헤러스는 조지 4세를 알현하고 재무대신에 임명되었다. 참으로 그의 실력에 어울리는 자리였다.

그때 고드리치자작이 이끄는 내각은 힘이 약했고 개인적 의견충돌로 혼란에 빠져 있었다. 이듬해 1월에 내각이 쓰러지고 웰링턴 연립내각이 조직되었다.

헤러스는 군부의 명성을 등에 업은 이 사나이의 지지를 기대했다. 그러나 그는 새내각에 참여하지 못했다. 그는 해임되고, 대신 조폐국장자리가 주어졌다.

헤러스를 끌어내리는 데 그의 적들은 로스차일드와의 관계를 최대한 이용했다. 그의 숙적인 상무원(商務院)총재 윌리엄 허스키슨은 네이선에게 종종 힘겨운 공격을 해온 인물이었다. 그는 금융의 팽창과 자본의 유출을 관리하는 책임을 맡고 있었으므로 네이선을 끊임없이 지켜보고 있었다.

몇 주일 동안 웨스트민스터 대기실에 헤러스에 관한 나쁜 소문이 퍼지고, 보도관계자 사이에 그에 대한 반대운동소식이 전해지기 시작했다. 책략은 효과를 나타냈다.

헤러스가 로스차일드에게 비밀정보를 흘려 개인적으로 배를 불리고, 네이선과 공모해 대규모 건설계획을 위한 자금을 무한정 왕에게 제공했다는 소문이 나돌기 시작한 것이다.

2월18일, 하원에서 헤러스는 반격을 시도했다. 그러나 하트포드 출신 급진파의원 토머스 덩컴의 연설이 훨씬 설득력 있었다.

그는 이렇게 공격했다.

"눈에 보이지 않는 어떤 인물이 전쟁도 평화도 뜻대로 한다고 자부하고 있습니다. 그는 재정에 관한 무한한 권력을 가졌고 때때로 국가운영마저 그의 뜻대로 움직입니다. 웰링턴공도 내무대신께서도 이 위대한 나라를 한 유대인이 제멋대로 하도록 내버려두지는 않으리라고 믿습니다."

이 사건은 '커튼 뒤의 은밀한 영향 혹은 유대인과 박사'라는 제목으로 크룩섕크의 풍자화에 그려졌다. 거기에선 땅딸막한 천사로 그려진 네이선이 돈자루를 메고 하늘에서 내려온다. 그리고 헤러스는 야심을 방해당한 신흥성직자로 그려졌다.

만화에 의하면 이 두 사람은 영향력을 잃게 된 보답으로 애석상을 받는다. 네이선은 웰링턴의 도움으로 포르투갈의 미겔경을 위한 대출을 시작하고, 헤러스는 민트소스를 듬뿍 뿌린 진수성찬에 입맛을 다신다──그는 조폐국장이라는 실익 많은 지위에 오른 것이다.

네이선은 대중의 비웃음을 무시했다. 그는 카를에게 보낸 편지에
서 친구의 실각에 대해 담담하게 이야기하고 있다.

　헤러스가 그 자리에서 물러난 건 참으로 안됐다——하지만 나
로서는 어쩔 수 없구나. 그가 참을 수밖에 없고, 그러다 보면 다
시 좋은 자리가 주어지겠지……

헤러스에 대한 대중의 반감은 웰링턴에 대한 실망이 커진 때문이
기도 했다. 그리고 유럽을 계속 지배해온 반동적 정부에 대한 적대
감의 반영이기도 했다.

토리당은 1830년에 정권을 내놓았다. 새로운 휘그내각에서는 외
무대신 퍼머스턴경의 인기가 가장 높았다. 오스트리아를 비롯한 전
제군주국을 '노파'라고 부르는 솔직하고 날카로운 태도로 그는 '퍼
미스스턴(研磨石)경'이라고 불렀다.

네이선은 어느 당에도 들어가지 않았지만, 아들들은 휘그당으로
기울었다. 휘그당은 자유당이 되고부터 관습에 얽매이지 않았다.
이 벼락부자들의 당을 그들은 확실하게 지지했다. 예로부터 토지를
소유한 귀족과 특권계급 정당을 지지할 까닭이 없었다. 장사하거나
직업을 가진 중산계급의 이익을 위해 개혁을 추구하는 것은 당연한
일이었다.

로마가톨릭이나 국교를 믿지 않는 소수파와 마찬가지로 영국의
유대인들은 정치적·사회적 해방을 구하기 위해 여러 해 동안 운동
을 계속해 왔다. 로스차일드는 이 운동에서 큰 역할을 맡아왔다.

법 개정을 지지했던 웰링턴이 1830년에 갑자기 그것을 뒤엎어 그
들의 희망을 무너뜨렸을 때 그들은 분노했다.

1830년은 혁명의 태풍이 유럽을 휩쓴 해이다. 네이선의 장남 라

이어닐은 안정된 영국에서 민주주의자가 늘어나는 것을 환영했다. 그는 새로운 시대의 여명을 보게 될 것으로 믿고 있었다.

제임스남작에게는 문제가 그리 단순하지 않았다. 혼란으로 가족과 사업이 위험에 빠지게 될 일이 걱정되었다. 그는 잠시 프랑스왕 샤를 10세의 지나친 보수주의를 우려했다. 그러나 정부기관에는 계속 드나들며 폴리냑총리와도 좋은 관계를 유지했다.

1830년 9월, 왕이 헌법을 중단하고 혁명 전의 독재제도 부활을 꾀했다. 제임스는 굉장히 놀랐다. 거리에 바리케이드가 쌓이고 민중과 왕의 군대 사이에 전투가 벌어지자 그는 두려움에 사로잡혔다. 메테르니히에게 보고하기 위해 상황을 살피러 파리에 와 있던 잘로몬도 마찬가지였다.

공포 속에서 며칠을 보내면서 그와 다른 유력자들은 1789년의 일이 되풀이되지 않을까 겁냈다. 그러나 이번에는 샤를 10세의 퇴위로 빠르게 위기를 벗어났다.

제임스의 친구이며 고객인 루이 필립이 새로이 왕관을 썼다. 그는 민중들에게 '시민왕'이라는 이름으로 친숙하게 불렸다.

제임스는 잠시도 머뭇거리지 않고 자유정부의 비호를 얻기로 결심했다. 그는 '7월 끝무렵의 부상자와, 사망자의 남겨진 아내와 자식들을 가엾이 여겨' 1만5000프랑을 기부했다.

정부가 바뀐 것은 파리의 로스차일드에게 큰 힘을 주었다. 루이 필립은 자신이 '신의 선택과 인민의 의지에 의한 프랑스왕'이라고 선언했다. 이것은 중산계급의 뚜렷한 승리를 의미했다. 그리고 제임스 드 로스차일드는 실로 전형적인 중산계급이었다.

새로운 지배자는 정통왕조파와 나폴레옹 1세 지지자 및 공화파의 집요한 반대에 맞닥뜨렸다. 깊이 생각한 끝에 새정부는 중산계급을 권력의 기반으로 삼았다.

그 내부실력자의 한 사람이 된 제임스남작은 정치적인 영향력을 손에 넣었다. 궁정에 허물없이 드나드는 비공식 상담역으로, 그는 빈의 형 잘로몬보다도 큰 영향력을 갖게 되었다.

1831년 3월, 그는 카지미르 페리에가 총리대신에 지명되도록 힘써서 이 일을 성공시켰다. 페리에는 은행가로, 제임스와 오랜 기간 함께 일해왔다. 그는 확고한 기반 위에 선 새로운 내각을 조직했다. 그러나 1832년 불행하게도 콜레라로 숨졌다.

그즈음 러시아 외무대신의 부인인 네설로데백작부인이 모스크바로 이런 편지를 보냈다.

프랑스총독, 아니, 프랑스왕이라고 해도 좋을 거예요. 그게 누구인지 아세요? 바로 로스차일드랍니다.

로스차일드가 국가적으로 악영향을 미친다며 풍자하고 헐뜯는 사람들은 자신들의 분노와 우려가 정당하다고 믿었다.

은행업계는 언제나 '다섯번째 계급'——왕의 지갑끈을 자유로이 조정하여 중대사에 관여하는 집단——을 구성해 왔다. 그런데 로스차일드상회는 예전의 그 어떤 경제권력도 훨씬 능가하는 강력한 힘을 쥐고 있었다.

로스차일드는 막대한 부를 자유자재로 움직였다. 그는 국제적이며 독립적이었다.

각 나라 왕의 정부는 그들에게 신경질적이 되었다. 로스차일드를 통제할 수 없었기 때문이다.

대중은 로스차일드를 미워했다. 로스차일드는 인민과 어울리지 않았기 때문이다.

또한 입헌주의자는 로스차일드를 불쾌하게 여겼다. 그 영향력이 눈에 보이지 않고, 비밀에 싸여 있었기 때문이다.

비밀주의는 변함없이 로스차일드 활동방침의 특징이었다. 그들은 중대사에 관련된 모임에 거의 모습을 나타내지 않았다. 공직에 오르는 일도 결코 없었다. 뒷날 의원직에 오른 몇 사람도 런던과 파리와 베를린의 회의장에서 눈에 띄는 일은 하지 않았다. 그들은 다만 자금을 준비하고, 관리와 비공식 외교모임을 갖고, 유력자에게 영향을 미치고, 결정권자와 날마다 교섭하며 시대의 중대사에 계속 관여해 왔다.

그들이 철저하게 비밀을 지키는 데에는 그럴 만한 까닭이 있었다. 은행가로서 로스차일드는 비밀을 지킬 필요가 있다. 사업가로서 경쟁자를 조심해야 한다. 유대인 지도자로서는 언제나 공격받기 쉬운 위치에 있으므로 왕이나 대신들과의 거래를 최대한 감추어야 했다.

자주 오해를 받아서 사실이 알려지지 않을 경우 보통 사람이 취하는 태도는 둘 중의 하나――나서서 변명하든가 침묵하는 것이다. 로스차일드는 언제나 침묵을 택했다.

그러나 그즈음 사람들 말대로 19세기에 로스차일드가 전능했다고 믿는 것은 잘못이다. 그들은 국왕을 옹립할 만한 실력자는 못 되었다. 상대 권력자가 누구든, 또는 어떤 정치이념을 가졌든, 그들은 다만 자신들의 자산을 교묘하게 운영했을 따름이다.

파괴적 음모나 적개심을 선동하는 일 등은 그들에게 아무 관심도 불러일으키지 않았다. 그들은 브레이마을 목사(19세기에 왕실의 신앙이 바뀔 때마다 유연하게 대처해 지위를 보전했다고 함)처럼 반동적 정부와도, 개혁주의정부와도 좋은 관계를 유지해 나갔다.

유럽대륙에서 그들은 당파활동을 전혀 하지 않았다. 격렬하게 계속되는 분쟁 속에서 정부의 일상적인 결정에 영향을 미치면서도 정부쪽에 서지 않았다는 그들의 주장은 사실이었다. 19세기 중엽 격동기의 그들 활동을 이야기할 때, 우리는 이러한 사실을 이해해 둘 필요가 있다.

파란 많은 1830년에 폴란드, 벨기에, 북이탈리아 등 여러 나라에서 반란이 일어났다. 소규모 폭동은 모데나며 루마니아 같은 나라에도 일어났다.

빈·베를린·상트페테르부르크정부는 소동이 일어날 때마다 신경을 곤두세웠다. 이들 나라에는 자유세력이 많아 정부의 족쇄가 되고 있었다.

그들에게는 로스차일드도 또다른 족쇄였다. 무력을 사용하려면 언제나 돈이 필요하다. 돈은 즉 '유럽의 다섯 형제'였다. 그리고 이제 로스차일드는 대출에 정치적 제한을 두기 시작했다.

이에 대한 잘로몬의 태도는 단호했다. 그는 네덜란드의 지배에 반항하여 폭동을 일으킨 벨기에 지도자에게 말했다.

"분별없이 행동하는 분은 사절합니다……우리를 때릴 곤봉을 상
대에게 쉽사리 건네줄 만큼 우리는 호인이 아닙니다. 전쟁을 일
으키거나, 우리의 모든 노력과 수단을 무너뜨리는 일에는 한 푼
도 빌려줄 마음이 없습니다."

이 말에는 로스차일드의 기본방침이 잘 드러나 있다. 반동파나 급진파 정부에 대한 군자금 원조를 그들은 되도록 거부하고 평화유지에 힘썼다. 그것이 옳은 일이라고 그들은 생각한 것이다.

혁명으로 얻어진 자산은 혁명으로 파괴된다. 만일 유럽이 혼란에 빠져 여러 나라가 돈을 갚지 못해 공채 가치가 떨어지기 시작하면 로스차일드는 파멸이다.

폭도에 대한 잘로몬의 단호한 말은 효과적이었다. 벨기에 혁명가들은 무기를 버리고 대화를 택하여 국제적으로 독립을 인정받았다.

혁명 뒤 로스차일드는 새로운 왕국의 경제안정에 협력을 아끼지 않았다. 제임스가 브뤼셀의 대리인에게 말했듯, 이미 순수하게 사업적으로만 대출하지 않았다.

"우리는 벨기에 재정의 절대적 지배자가 되기 위해 남보다 앞질

러갈 필요가 있소. 먼저 벨기에의 새 재무대신과 손잡고 그의 신용을 얻어 이를 발판으로 삼아야 할 것이오……그리고 국채는 모두 우리에게 맡기게 하시오.”

정부는 로스차일드에게 의지했지만, 끝내 파산이라는 괴물과 소리없이 다가올 자유주의라는 도깨비 사이에 서게 되고 말았다.

제임스와 잘로몬은 이제 권력자들의 심복을 이용하는 데 주저하지 않았다——늘 경의를 나타내고는 있었지만.

잘로몬은 파리에서 메테르니히에게 보고했다.

프랑스왕께서는 자신이 입헌군주로 있는 한 모든 나라의 혁명가와 적대할 거라고 저에게 단언하셨습니다. 그러나 그분 입장에서 자유주의를 열망하는 소리에 귀기울이지 않을 수도 없다고 하셨습니다.

왕께서는 제임스에게 말씀하셨습니다.

“메테르니히각하에게 내 견해를 전해주오. 지금의 정세를 감안한 이해관계 속에서, 긴급하게 나폴리궁정에 얼마쯤 양보해 주도록 그대가 특별히 청원해 주면 매우 고맙겠소.”

로스차일드의 권력은 생각만 해도 몸이 떨릴 만큼 엄청났다. 1835년에 메테르니히의 파리주재대사 안톤 오포니는 시민전쟁으로 혼란한 스페인에서 이 은행이 했던 활동에 대해 다음과 같은 내용을 쓰고 있다.

네이선은 네 개의 회사를 통하여 마드리드정부에 1천6백만 프랑을 제공하고, 재무대신에게 꽤 많은 뇌물을 주고 있었다. 내각이 국채차용기일을 무시했을 때 잘로몬과 제임스는 모욕을 받았다고 느꼈다.

은혜를 모르는 그 행동에 그들은 ‘분노가 머리끝까지 치밀어’ 스페인사람들에게 본때를 보여주자고 마음먹었다. 그들은 스페인정부 공채에 180만파운드를 투기하여 그것이 폭락하도록 조작했다.

오포니는 감탄했다.

"로스차일드의 힘이 얼마나 엄청난가! 그들의 복수에 스스로 몸을 내던지는 일은 얼마나 불운하고 어리석은가!"

일반대중은 이 사건에 질투와 조소와 의혹의 눈길로 반응했다. 대중은 비난조 보도에 간단하게 도발되는 것이다.

프랑스에서는 제임스에게 '유대교 사제장'이라는 별명을 붙였다. 교황은 바티칸 공채를 준비한 뒤, 그를 공공연히 맞아들였다.

그때 어느 저널리스트가 혐오를 한껏 담아 썼다.

로스차일드가 교황의 손에 키스했다……드디어 질서가 회복된 것이다……

만일 로스차일드가 로마 공채를 65퍼센트 아닌 66퍼센트 손에 넣는다면 어떻게 될 것인가.

……그는 성베드로를 끌어안는 일을 허락받았다. 왕들이 차례로 퇴위하고 로스차일드가 왕좌에 오른다면 세계는 좀더 행복해지지 않을까?

경탄으로 표현되든 비웃음으로 표현되든, 이러한 발언은 다섯 형제가 얼마나 큰 영향력을 갖고 있었는지 충분히 보여준다.

로스차일드 권력의 신화와 현실은 표리일체인 것이다.

1836년, 집안에 결혼식이 있었다. 라이어닐과 17살 된 사촌누이의 결혼이었다. 그 사촌누이는 나폴리에 사는 카를의 딸 샬럿이었다.

결혼식날은 6월15일로 정해져, 로스차일드사람들은 저마다 프랑크푸르트를 향해 떠났다.

라이어닐은 이 기회에 친구 로시니와 함께 벨기에와 라인강 서쪽 지역을 여행했다. 작곡가에게 그곳 풍경을 보여주고 싶었던 것이다. 로시니는 이 여행을 매우 즐겼다.

프랑크푸르트에 닿기까지 브뤼셀, 앤트워프, 엑스 라 샤펠, 콜로뉴, 코블렌츠, 마인츠 등을 지나갔다. 라인 강변만큼 아름다운 곳은 세계에 또 없을 것이다.

녹음이 짙은 풍요로운 풍경, 교회, 옛시대 건물! 루벤스와 반 다이크의 그림을 말하는 게 아니다. 여기서 그곳 풍경의 아름다움을 다 이야기하려면 끝이 없다.

이 짧은 여행에 나는 완전히 만족하고 있다. 본디 목적은 프랑크푸르트에서 거행되는 친구 라이어닐의 결혼식에 참석하는 일이지만.

이 결혼식으로 프랑크푸르트시 전체가 들떴다. 로스차일드 사람들뿐 아니라 재계, 정계, 예술계의 친한 친구들로 호텔이 가득찼다.

이 행복한 행사가 준비되는 가운데 어두운 그림자가 드리워졌다. 영국에서 오고 있던 네이선이 등뼈 아래쪽에 심한 통증을 느낀 것이다.

6월11일, 이름난 독일의사가 불려왔다. 의사는 종양이라고 진단했다. 아무 일도 하지 않고 푹 쉬는 게 가장 좋은 치료라고 말했다.

네이선은 결혼식 때 병상에서 일어나 무리하게 움직였다. 병세가 호전되지 않아 이번에는 영국에서 급히 외과의사를 데려왔다. 독일 의사가 '종양(사실은 좌골직장간농양)'수술을 했지만 효과없이 오히려 독소가 환자의 혈관에 흘러들어 몸 안으로 퍼졌다.

'일중독자' 네이선은 고통 속에서도 아내와 자식들에게 쉴새없이 이것저것 지시하고 편지를 받아쓰게 했다.

위험한 상태가 계속되어 가족들이 지켜보는 가운데 밤새 잠 못 이루는 날이 많아졌다. 네이선은 쇠약해졌고, 곧 죽음이 닥쳐오리라는 것을 누구나 예상할 수 있었다.

7월28일, 네이선 로스차일드는 파란 많은 인생의 첫걸음을 내디딘 땅 런던시티에서 59살의 생애를 마쳤다. 불행한 소식을 전하는 비둘기가 날개를 펼치고 해협을 건너갔다.

네이선, 사망.

이 소식을 예상하고 런던시장의 정부공채시세가 며칠 동안 계속 떨어지고 있었다. 그러나 그 소식이 현실이 되자 시세는 다시 올랐다.

아마도 《타임스》신문이 지적했듯, '그것은 그의 사업이었지만, 실제로는 아들들이 관리하고 있어 평온하게 계속되리라는 걸 누구나 알고 있었기 때문'이었다. 실제로 N.M. 로스차일드상회는 이때 이미 N.M. 로스차일드부자상회가 되어 있었다.

이 신문은 또한 네이선의 죽음을 알리는 긴 부고를 실었다——'시티에서, 아마도 유럽에서, 가장 중요한 사건의 하나'라고.

증권거래소 기둥을 그린 석판화가 발행되었다. 기둥에 기대선 회색 실루엣의 뚱뚱한 모습. 표제는 '위대한 사나이의 그림자'였다.

그러나 가장 감명을 준, 후세에까지 남겨진 기념비는 벤저민 디즈레일리가 8년 뒤에 쓴 소설 《커닝스비》이다.

네이선 로스차일드를 시도니어의 모델로 삼은 이 책 속에서는, 이 위대한 사나이의 부고가 몇 세대에 걸쳐 계속 읽혀지는 것으로 되어 있다.

그것은 소설구성상 필요한 허구였지만.

이베리아전투로 긴 혼란이 계속된 동안, 한 용기있는 젊은이가 그야말로 많은 기회를 잡고 큰 재능을 꽃피웠다. 집안의 셋째아들인 그는 군대에 다양한 군수물자를 보급하여 거액의 재산을 만들었다.

평화가 오자 유럽경제의 장래를 선견지명으로 예상하고, 그 풍부한 재능에 의지해 국고에 관한 독자적 전망을 가지게 된 이 시도니어는……영국에 이주하기로 결심하고, 확고한 상업기반을 닦는다.

파리에 평화가 온 뒤, 그는 큰 자산을 가지고 이곳에 왔다. 워털루 전투자금을 부담하는 데 그는 모든 것을 걸었다. 그리하여 유럽 으뜸가는 자본가가 되었다.

시도니어는 알고 있었다……25년 동안의 긴 전쟁으로 피폐하여 유럽에는 평화를 영위할 자금이 필요하다고.

그 현명함은 보답을 받았다. 유럽은 돈이 필요했고, 그에게는 빌려줄 돈이 있었다. 프랑스도, 오스트리아도, 프로이센도, 러시아도 모두 탐냈다. 시도니어는 그들 모두에게 대응할 수 있었다.

10여 년에 걸쳐 많은 일을 성취한 뒤 시도니어는 유럽에서 손꼽히는 저명인사가 되었다. 그는 세계금융시장의 주인이며, 실질적으로 다른 모든 것의 주인이었다.

그는 남이탈리아의 세입(歲入)을 담보에 넣었다. 모든 나라의 군주와 대신이 그의 충고를 구하고, 그 지시에 따랐다.

그는 열심히 일했고, 단순히 돈벌이에만 마음쓰지 않았다. 그 지위에 어울리는 일반적 교양을 지녔고, 거대한 규모의 기업과 일에서 해방되어, 공익을 위해 큰 힘을 기울이게 되기를 마음속으로 바라고 있었다.

그러나 그 번영의 절정기에 그는 세상을 떠났다.

사람은 죽어도 돈은 죽지 않는다
성격이 강하고 혁신적이며 오로지 성공으로만 나아가는 사나이였다

　네이선의 갑작스러운 죽음으로 로스차일드는 지도자없는 상태에 놓였다. 암셀은 지난 25년 동안 명목상으로만 우두머리였다.

　네이선은 마이어 암셀의 아들들 가운데 가장 강하고 재능이 있었다. 적어도 사업에 관한 한 맏형노릇을 해왔다. 그런데 후계자 문제도 거론하지 못한 채 이 위대한 사나이는 가버린 것이다.

　다행히도 공백은 빠르게 메워졌다. 암묵적인 양해 속에 제임스를 내세우도록 모두들 인정한 것이다. 제임스는 그때 44세로 형제들 가운데 가장 젊었으나 이미 그들 사이에서 우위를 차지하는 존재였다.

　제임스는 네이선과 마찬가지로 성격이 강하고 혁신적이며 오로지 성공의 길을 가는 사업가였다. 사업상 파리가 런던을 능가하기 시작한 징후는 네이선이 죽기 전부터 이미 나타나고 있었다.

　여기에는 제임스가 루이 필립과 친하다는 사실도 한몫했다. 그리고 또한 1830년대 경제변동현실에 프랑스로스차일드가 맨먼저 적극적인 반응을 나타내보인 때문이기도 했다.

때는 공업이 폭발적 발전을 이룬 시대였다. 영국기업가는 증기력의 가능성을 매우 활발하게 활용했다. 이제 대륙쪽에서도 맹렬히 그 뒤를 따랐다. 서유럽 곳곳에서는 광산, 철공소, 철도, 직물공장 외에 이른바 경공업 콤비나트라는 게 잇따라 만들어졌다. 그 모든 것이 자금을 필요로 했다.

공동자본으로 서로 연결된 잉글랜드은행에 위험을 가져다줄 수 있는 투자에 신중을 기하여, 네이선은 공업방면에 깊이 관여하려 하지 않았다. 그러나 제임스는 좀더 모험적이었다. 그는 이 새분야에서 로스차일드를 강력하게 이끌어 상상을 초월하는 강인함을 발휘하고 굉장한 성공을 이끌어냈다.

멍청한 사람은 결코 받아들이지 않는 점에서 제임스도 네이선과 닮았다. 중년이 된 그는 잔혹하고 교만해졌다.

젊은 로스차일드들은 그의 존재를 재미있어하며, 이 숙부를 '대남작'이라고 과장해 불렀다. 이 칭호는 비꼬듯 쓰이기도 했지만, 그 나름의 경의도 포함하고 있었다. 집안사람들 사이에서도 은행에서도 그를 외경심으로 바라보고 때로는 공포를 느꼈다.

부하 한 사람이 다음과 같이 쓰고 있다.

이 거대한 은행에서는 모든 일이 믿기 어려울 만큼 엄격하게 관리되고 있다. 어디나 잘 정돈되어 있다!

고용자들은 앞서서 일하고, 참으로 모든 것을 잘 알고 있다! 아들들은 또 얼마나 순종적인가! 확고한 서열의식! 경의가 넘치는 태도!……

온 세계 어디를 찾아보아도 이렇듯 모든 게 조직화되어 순조롭고 당당하게 운영되는 은행은 달리 없다. 그 분위기는 분명 중요한 사업을 하고 있는 느낌을 갖게 하고, 그 노동에 어울리는 재산을 쌓아올렸다고 여기기에 충분하다……

제임스는 꽤 오랜 동안 네이선의 그늘에 있었다. 사반세기 동안 그는 네이선의 혹독한 비판을 끊임없이 받아왔다. 그가 형의 명령으로 온 유럽을 돌아다니게 되고부터 많은 세월이 흘렀지만, 무언가 결단을 내릴 때마다 거대한 존재가 어깨 위로 불쑥 나타나는 것 같은 기분을 언제나 느꼈다.

네이선이 죽자 제임스는 마침내 온전한 자기자신이 되어, 라피트 거리에서 누구의 반대도 없이 한 인간으로서 자유로운 존재임을 실감했다. 그리하여 교만하리만큼 자기 주장이 강하고, 자신에 찬 사나이가 되었다.

그는 그때그때의 기분에 쉽사리 좌우되어 자주 맹렬하게 분노를 폭발시켰다. 그것은 부하들을 두려움에 떨게 하고, 동료들로부터는 존경을 받게 했다.

이 은행에서 여러 해 일한 유명한 극작가의 아버지 에르네스트 페도는 이 성급한 고용주를 다음과 같이 생생하게 묘사하고 있다.

> "대체 뭐하는 녀석이냐, 너는! 뭘 안다는 거야? 놈을 당장 내쫓아버려!"

이것은 우리가 무언가 주문을 받고 책임질 때 반드시 그가 입에 올리는 말이었다. 그것이 그의 최대한의 예의인 것이다. 왜냐하면 다른 사람에 대한 그의 태도는 더 거칠기 때문이다.

어느 날 같은 유대인을 향해 그는 말했다.

> "아, 뭐야, 훌쩍훌쩍 짜대니, 정말 지긋지긋해, 이 유대놈!"

가엾은 그 사나이는 한껏 움츠러들어 그곳에 서 있었다. 그러나 그도 역시 그것을 찬사로 받아들여도 좋았을 것이다.

그러한 태도가 적을 만들었다 해도 이상할 건 없다. 이 '고약한 유대인'을 끌어내리고 싶어하는 사람은 분명 있었다. 실제로 행동에 나선 이도 있었다. 그러나 결국은 섣부른 행동을 후회하는 것으로 끝나게 마련이었다.

조카들은 제임스숙부의 불 같은 성질뿐 아니라 따사롭고 너그러운 점도 알므로 잘 이해했다. 그들은 알고 있었다. 제임스가 조카들 모두에게 가장으로서의 책임을 느끼고 있는 것을. 그리고 그 책임감이 그의 어깨의 짐을 더욱 무겁게 하여 그를 오랜 시간 일하게 한다는 것을.

다른 사람들 앞에서 대남작은 그 칭호에 부끄럽지 않은 생활을 하고 있었다. 그를 능가하려는 자는 없었다. 그는 신분 높은 사람에게도 태연히 아무렇지도 않게 충고했다.

1830년부터 48년까지 프랑스정치에 대한 제임스의 영향력은 너무도 확고하여 청하지 않아도 의견을 이야기하는 게 그의 버릇이 되었다. 그는 때로 애써 얻은 지식을 다른 나라 외교관에게 주고, 대신을 느닷없이 방문하여 런던과 빈의 친척들을 당혹스럽게 만들었다.

어쩌다 로스차일드사람 가운데 누군가가 그의 조심성없는 행위를 나무라도 그는 전혀 신경쓰지 않았다. 그들이 세상일을 얼마나 안단 말인가? 이 제임스가 나폴레옹을 무찌른 데 공이 있는 것을 아는가?

제임스남작에 관한 것은, 그 생김새만 빼고는 모든 게 '최고'라는 한 마디로 충분했다. 하이네의 말을 빌면 그의 파리저택에는 '19세기 정신이 창안해낸 온갖 종류의 물건과, 그리고 19세기 지갑이 사들일 수 있는 모든 종류의 물건'이 있어 ……그것은 돈왕국의 절대군주가 소유한 베르사유였다.

제임스의 수집벽은 상상을 초월했다. 라피트거리저택, 페리에르저택, 볼로뉴 쉬르 센의 저택을 옛거장들 작품과 18세기의 최고급 프랑스가구, 온갖 공예품과 오브제로 가득 채운 뒤에도 그는 계속 사들였다.

한 조카가 그를 따라 하인리히스바트로 갔을 때의 일을 다음과 같이 쓰고 있다.

나의 선량한 숙부가 얼마나 열심히 골동품을 수집했는지 다른 사람들은 도저히 모를 것이다. 무언가 팔려고 내놓은 물건이 있다는 이야기를 들으면 곧 마차를 불렀다. 아무리 멀고 날씨가 나빠도 상관하지 않았다.

우리는 40마일이나 떨어진 콩스탕츠로 향했다. 거기에서 비교적 가치 있는 것이라고 여길 만한 것은 20여개 남짓한 물건…… 그림이 그려진 금이 간 유리창 등이었다.

그의 취미는 병적이라고 할 만했는데, 그것이 널리 알려져 가까운 시골에서 농부들이 장식품을 들고 찾아왔다. 그러나 그가 손에 넣은 것은 조출한 컵과 접시뿐……그는 그것에 꽤 많은 돈을 치렀다.

제임스나 그의 대리인이 참석하지 않은 채 유럽의 큰 경매가 이루어지는 일은 없었다. 그는 귀족으로부터, 농부로부터 물건을 사들이듯 조지 4세, 덴마크의 크리스티앙 8세, 네덜란드의 빌렘 1세를 비롯한 몇몇 유럽왕족 수집품도 입수했다.

제임스의 예술적 기호는 매우 폭넓고 무절제했다. 파리저택 응접실 벽에는 렘브란트, 벨라스케스, 프란츠 할스, 무리요, 반 다이크, 루벤스가 장식되어 있었다.

모두 19세기 예술에 공헌한 거장의 작품들이다. 인정받은 작품은 비싼 게 상식이다. 즉 다른 일들과 마찬가지로 수집이란 확실한 저축이며, 이것만도 1천만프랑은 되었다.

이 굉장한 예술품들도, 그 자체로는 그에게 큰 의미가 없었다—
—즉 애호가들이 가까이 두고 특별한 기분을 맛보거나 하는 그런
종류의 취미는 갖고 있지 않았던 것이다. 재미있게도 제임스가 자
기 방에 장식한 것은 주로 가족의 초상, 그리고 묘하게도 감상적인
분위기의 '바구니 속의 모세'라는 그림이었다.

제임스가 즐기는 '명작'의 하나로 고급와인이 있었다. 메독 고원
의 유명한 포도원, 샤토 라피트산 레드와인을 특히 즐겼다.

1847년에는 마음에 드는 조카에게 양조학을 공부하도록 권했다.
그의 견해에 의하면 학습법은 단 하나였다.

"최고급 샤토 라피트 50병을 손에 넣는 거지……나에게 맡겨라.
저장실은 내가 기꺼이 관리해 주마."

최상의 와인을 늘 확보해 두고 싶어 제임스는 17년 전에 이 이름
높은 포도원을 사고 싶다고 말한 적이 있었다. 포도원주인은 영국
은행가 새뮤얼 스콧경이었다.

그 요청은 거절되었다. 그러나 대남작의 열의는 시들지 않았다.
기다리면 된다. 그리고 실제로 37년 동안 기다렸다.

마음에 드는 포도원을 사들이려는 맨처음 시도는 실패로 끝났다.
그러나 지금 자신이 1만 에이커의 스포츠센터를 갖고 있다는 생각
으로 그는 스스로를 위로했다.

최근 손에 넣은 파리 동쪽 페리에르에서 그는 중요한 고객과 친
구들을 접대했다. 그것은 상속부동산을 소유한 어느 프랑스귀족에
게도 뒤지지 않을 만큼 넓었다.

영국친척들은 그곳 생활을 즐겼지만, 그러면서도 마음에 든다고
는 할 수 없는 것을 느꼈다. 검약한 생활을 지향하는 그들에게 그
것은 너무 사치스럽고, 풍요롭고……아무튼 너무 지나친 느낌이었
다.

제임스보다 어린 친척들은 모두, 네이선의 아들들 역시 그가 시

키는 대로 했다. 그의 자식들보다 훨씬 나이 많은 그들은 라피트거리에서 자주 숙부의 호통을 들었다. 그것은 급속히 팽창해 가는 사업에 잘 대처하기 위해서였다.

그러나 이들 영국의 젊은이들이 바다를 건너는 것은 사업만이 목적은 아니었다. 제임스부부는 곧잘 유럽의 인기있는 광천지를 여행했다. 그즈음 사람들은 그 물로 여러 가지 병이 치유된다고 믿었던 것이다.

이 여행에 함께 가도록 권유받는 것은 조카들에게 있어 가족생활 속에 흔히 있는 성가신 일이었다. 건강을 염려하는 나이든 사람들 속에서 몇 주일 동안 지그시 참고 지내야 하는 지루함은 지독했다.

제임스는 로스차일드사람들이 모두 자신의 지시에 따라야 한다는 태도였다. 그 자신의 아이들에게는 완전히 독점욕 강한 아버지였다.

그러므로 맏딸 샬럿이 영국의 사촌 너새니얼과 결혼하자 사위는 파리에 영주해야만 했다. 제임스는 사랑스러운 딸 샬럿이 외국에서 사는 일을 참을 수 없었던 것이다.

제임스와 베티에게는 맏이 샬럿 외에 네 아들――알퐁스, 구스타브, 살로몽, 에드몽이 있었다. 그들은 애정이 깊은 부모가 생각하는 한의 폭넓은 교육, 돈으로 살 수 있는 최고의 교육을 받았다.

여러 곳을 여행하고, 능력있는 교사――그 가운데에는 교수 월급이 500프랑인 시대에 1000프랑을 지불한 경우도 있었다――에게 배우고, 춤과 그림과 첼로도 세련되게 익혔다.

종교교육도 소홀히 하지 않았다. 제임스는 신앙면에 꼼꼼하지 않았지만, 아내가 그 일을 맡았다. 마치 그에게 부족한 사교상의 우아함을 그녀가 보충하듯.

그는 친구와 동료들에게 설명하곤 했다.

"아내는 안식일에 마차를 타지 않는다네."

"아내는 오늘 외출하지 않네. 그래서 내가 이것저것 해야만 하지."

베티가 신앙심 깊은 것을 그는 불편해 하지 않고 오히려 기뻐했다.

남편과 마찬가지로 아내도 자신의 역할을 훌륭하게 해냈다. 그녀는 아름답고 세련된 비범한 여인이었다. 프랑스어를 능숙하게 말하고, 아름답고 당당한 문장도 쓸 줄 알았다. 친한 친구들을 모아 시대의 첨단을 가는 문학, 예술, 정치에 관하여 토론하기도 했다. 그 중에는 루이 필립의 왕비 마리 아멜리도 있었다.

베티의 지식은 광범위하고 화술도 능란했다. 게다가 강한 의지를 지녔으며, 호기심도 왕성했다. 그녀의 친척 가운데 누군가가 그녀에게 압도된다 해도 이상한 일이 아니었다.

영국로스차일드의 한 여성이 1849년 남작부인과 만났을 때의 이야기를 쓰고 있다.

우리는 어제 베티를 만나러 생 레오나르로 갔습니다……그녀는 언제나 변함없이 매력적으로 이야기하며, 몸가짐이 빈틈없는 훌륭한 부인이라는 느낌이었습니다.

베티는 여러 가지에 대해 이야기하여 나는 내가 여느 때보다 좀 바보스러운 느낌이 들었습니다……

1840년대 파리저택에서 그녀는 살롱의 여주인노릇을 했다. 파리의 모든 여성들이 그녀를 부러워했다.

로스차일드가 오를레앙궁정과 친하게 지내 그녀는 사교계의 일류명사들을 불러모을 수 있었다. 그녀 자신의 취미도 다양하여 재능 있는 예술가들이 모여들었다.

라피트거리 손님들은 리스트와 파가니니의 듀엣연주를 듣고, 두

대의 피아노연주용으로 편곡된 쇼팽의 피아노협주곡을 그와 카를 필츠가 연주하는 음악회에 초대받았다. 백작의 낭독에 귀기울이고, 하이네의 장난스러운 위트에 웃음을 터뜨리기도 했다.

유럽의 이름난 예술가 가운데 남작부인의 멋지게 꾸며진 살롱에서 한두 번 조명받지 않은 사람은 거의 없었다. 그녀가 개최하는 모임을 다른 경쟁자들과 구분지은 참된 원인은, 여주인과 그녀를 둘러싼 음악가·작가·화가들과의 친밀한 관계에 있었다.

유대민족이므로 로스차일드는 생 제르맹근교에 사는 명문귀족과 달랐다. 남작부인, 그리고 남작까지도 분방하고 화려한 세계와 자유롭고 편안한 관계를 계속 유지할 수 있었다.

1842년, 쇼팽과 조르주 상드가 오를레앙 광장 근처에 살게 되었다. 그 집은 재능이 풍부한 친구들이 정기적으로 모이는 장소가 되었다. 즉흥연주와 시낭송을 즐기는 저녁 시간에 그곳에 모이는 사람들 가운데는 베티 드 로스차일드도 있었다.

마찬가지로 제임스는 오노레 드 발자크와의 우정을 소중히 했다. 그는 한 번 이렇게 불평했다.

"당신은 친구를 완전히 잊어버렸구료. 우리를 만나러 찾아오지 않으니. 우리와 저녁식사를 함께 할 마음이 없는 거요? ……당신을 정말 집으로 오게 하고 싶은데."

발작은 소설 《저주받은 아이》를 베티에게 바치고, 다른 소설 《실업가》는 가장 어울리는 사람 대남작에게 바쳤다.

그러나 제임스와 발자크의 사이는, 하이네며 로시니 등 다른 대예술가들과 마찬가지로 제임스가 원한 만큼 진정 친밀한 관계에 이르지는 못했다. 이교도 귀족사회와 마찬가지로 그들이 사는 세계는 제임스가 집에서 느끼는 것과 같은 세계는 아닌 것이다.

그들은 다른 가치관을 지니고 있었다. 제임스가 인생을 모두 바쳐 축적하는 것——돈이라는 것에 그들은 무관심, 아니 경멸감마저 느꼈다. 그들에게는 맹렬한 독립심이 있는 것이다.

앵그르를 예로 들어보자. 이 파리 부르주아 '궁정화가'는 자신의 그림이 상류사회에 인기가 있다는 데 격분해 있었다. 하물며 그는 초상화 따위 시시하다는 듯 의뢰가 들어오면 엄격하게 선택한 다음 겨우 승낙했다. 실제로 대남작은 아내의 초상화를 그려주도록 정중하게 부탁해야만 했다.

제임스는 후원자로서 선물을 보내고 돈을 빌려주는 등 기분내키는 대로 그들을 대하곤 했다. 끈덕지게 달라붙거나 뻔뻔스러운 태도로 나오는 사람이 있으면 은행가로서 분노를 터뜨렸다. 그러나 동시에 바람 부는 대로, 마음 내키는 대로 살아가는 그들이 부럽기도 했다.

하이네는 이런 이야기를 전한다. 그 특유의 독설로 채색되었지만, 제임스 드 로스차일드가 어느때 어떤 생각을 하는지 잘 보여주는 장면이다.

어느 독일시인이 남작에게 물었다.
"기분이 어떠십니까?"
남작은 대답했다.
"미칠 것 같소."
"당신이 창문으로 돈을 내던져버리기라도 하지 않는 한 도저히 믿을 수 없습니다."
그러자 남작은 한숨을 내쉬며 말했다.
"그렇게 하지 않는 게 미친 증거 아니겠소."

제임스의 예술감각은 참으로 애매모호했다. 그러나 그의 자식들 중에는 뛰어난 이들이 있었다.

알퐁스는 수준급 예술애호가였고, 샬럿은 그림에 풍부한 재능을 타고났다. 그녀는 수채화에 재능을 보여, 오늘날에도 수집가들이 탐낼 정도이다.

샤토 라피트에는 그녀의 초상화가 두 점 있다. 7살짜리 아이와 아름답게 성숙한 모습이다. 그것을 그린 두 화가의 묘사에는 공통된 점이 있다. 생각에 잠긴 모습, 좀 슬픈 듯 먼 곳을 바라보는 눈. 모델은 주위사물에 마음을 주지 않고, 내면세계에 침잠해 있는 듯하다.

그녀는 아름다움에 예민한 감각을 지니고, 다른 사람이 무엇을 필요로 하는지에 대해 민감하여 누구에게나 사랑받았다. 쇼팽의 제자 가운데 우수한 학생으로, 그의 친구들 모임에도 참여했다.

1849년은 쇼팽의 인생에서 마지막 해로, 체력이 약해져 재능있는 상급학생 몇몇만 가르쳤다. 샬럿도 그 가운데 하나였다. 그녀는 그에게 지도받으면서 그의 기운을 북돋아주곤 했다.

쇼팽은 그의 마지막 여름에 도시를 떠나 황량한 샤이요 언덕에서 지냈다. 7월, 그곳에서 샬럿과 그의 친구들이 빈사의 거장을 위해 특별한 모임을 마련했다. 유명한 소프라노 가수 제니 린드를 불러 그를 위해 노래부르게 한 것이다.

그가 평소 매우 소중히 했던 물건 가운데 샬럿이 소녀시절 만든 쿠션이 있었다. 쇼팽은 이 어린 친구에게 적어도 세 편의 곡을 바쳤다. ──두 편의 왈츠(올림다단조 작품 64의 2, 변 가장조 작품 69의 1)와 화려하고 심금을 울리는 음조의 바단조 발라드 작품 52의 4를.

샬럿은 또한 로시니로부터도 소품을 헌정받았다. 이 작곡가가 그녀에게 바친 곡은 이름없는 피아노곡인데, 다음과 같은 헌정사가 붙어 있다.

'조그만 추억으로 샬럿 드 너새니얼 남작부인에게 바친다. 충실한 G. 로시니. 1843년 9월10일 파리에서.'

샬럿은 1842년에 영국의 사촌 너새니얼과 결혼했다. 그녀도 로스차일드의 딸로서 의무를 다한 셈이다.

이 결혼은 그녀의 아버지를 기쁘게 했다. 새로운 세대의 젊은이들이 결혼에 관하여 모두 어른들 생각대로 되어주지 않는 것을 바로 3년 전에 보았기 때문이었다.

젊은이들은 가족에 얽매여 애정문제로 괴로움을 느꼈다. 연애문제에 백부와 백모들은 날카롭게 눈을 빛내고 있었다. '어울리지 않는' 관계에 빠지는 듯하면 엄한 훈계가 따랐다. 어른들이 특히 겁내는 것은 해방기분에 들뜬 젊은이가 그리스도교도와 맺어지는 일이었다.

이 위험에 대하여 특히 속끓이는 사람은 암셀이었다. 앤서니가 유대인 아닌 여성과 꽤 친한 듯하다는 소문이 귀에 들어오자 그는 거의 발작상태에 놓였다.

앤서니는 이미 소문난 바람둥이였다. 그가 상대한 여자들 중에는 은행까지 쳐들어와 돈을 요구하는 사람도 있었다.

새로운 생활양식의 침투에 따라 암셀의 형제들도 전통적 관습과 유대교 신앙에 어긋나는 불명예가 일어나지 않을까 얼마쯤 걱정하고 있었다.

1817년에는 이미 14살이던 잘로몬의 아들 안셀름을 파리로 보내려던 계획이 취소된 적이 있었다. 프랑스 수도의 화려함이 신앙과 사업에서 그의 마음을 떼어놓지 않을까 하는 염려에서였다.

형제들의 우려는 근거없는 게 아니었다. 그 무렵은 많은 유대인들이 그리스도교로 개종한 시대이며, 그 수가 해마다 늘고 있었다.

1839년의 일이었다. 생각지도 못한 일이 일어났다. 한 로스차일드의 딸이 신앙에 어긋나는 결혼을 해버린 것이다. 그 당사자는 앤서니의 누이 해너 메이어였다. 그들 사이에 'H.M.'으로 알려져 있었는데, 그것은 그녀가 아버지를 많이 닮았기 때문이었다.

그녀는 워털루전투가 있던 해에 태어난 네이선의 다섯째 아이로, 아버지로부터 강철 같은 의지와 고집스러운 성격을 그대로 물려받아 감정이 격렬했다.

그녀는 언니나 사촌자매들이 친척과 결혼하여 외국도시로 가서 사는 것을 보면서 그녀만의 독립심을 키워나갔다. 라이어닐의 아내 샬럿은 런던에서 매우 불행하게 지내고 있었다.

그런 구체적인 예를 자신의 눈으로 보고 배운 그녀였다. 로스차일드 딸들이 대개 아내나 어머니가 되는 24살이 되어서도 그녀는 아직 독신이었다.

사랑하는 사람과 결혼하리라고 그녀는 마음먹고 있었다. 어울릴 듯한 혼담이 준비되어도 그녀는 거부했다. 그럴 때 헨리 피츠로이를 만났다.

그는 그녀보다 8살 위로, 루이스 선출의원이기도 한 서댐프턴남작의 둘째아들이었다. 그가 사는 그레이트 스탠호프거리의 피츠로이 저택은 피커딜리 107번지에서 매우 가까웠다.

그는 라이어닐이 이즈음 열중해 있던 정치운동의 동료 가운데 하나였다. 그와 해너 메이어는 로스차일드사람들이 정기적으로 참석하는 화려한 무도회와 파티 등에서 만났다.

관계가 깊어지자 가족들이 설득했지만, 어떤 감동적인 호소에도 해너 메이어의 결심은 굳어져만 갈 뿐이었다.

그녀는 헨리의 프로포즈를 받아들여 교회에서 결혼식을 올리는 데 동의했다. 날짜가 정해졌다. 1839년 4월29일, 하노버 광장의 세인트 조지교회.

그녀의 결심이 보수적이고 매사가 원만한 행복한 가정을 얼마나 고뇌하게 만들었는지, 너그러운 열린 사회에서 살아가는 사람들은 상상도 할 수 없었다.

어머니 해너도 애정과 자존심 사이의 갈등이 엄청났다. 그녀와 아들들이 해너 메이어를 설복하지 못한다면 다른 로스차일드사람들의 분노를 어떻게 감당할지 알 수 없었다.

앤서니와 막내 메이어(머피)는 집을 떠나 있었다. 앤서니는 유럽대륙에 있었고, 메이어는 케임브리지에서 공부하고 있었다. 남겨진 형제 라이어닐과 너새니얼은 이 위기에 대해 저마다 다른 태도를 취했다.

이 가족의 가장인 과묵한 라이어닐은 누이가 일으킨 소동에 화내고 있었다. 아마도 그녀를 잘 다룰 수 없는 자신에게 화난 것이리라.

너새니얼은 누이를 사랑하고 동정하여 그녀 편이 되어주었다. 또한 친척들이 관대함을 가지고 그녀를 대해주기 바랐다. 그러나 균열을 막을 수는 없었다.

결혼식날 라이어닐은 한 마디도 하지 않았다. 언제나처럼 은행에서 지냈다.

너새니얼은 그것을 냉혹하고 어리석은 짓이라고 생각했다. 그는 누이가 집을 나가는 마지막 순간까지 그녀 편이었다. 세인트 조지교회로 그녀를 데려가고, 오직 혼자 결혼식에 참석했다.

어머니는 그 상황에서 할 수 있는 한의 일을 했다. 그들과 함께 마차에 올랐지만, 교회문 앞에서 헤어져 집으로 돌아왔다. 그녀가 그때 무슨 생각을 했는지 아무도 알 수 없다.

대남작은 이 소식을 듣고 격노했다. 얼마 동안 입도 열지 못할 정도였다. 그를 달래는 역할은 너새니얼과 앤서니에게 맡겨졌다. 너새니얼은 런던에서 편지를 쓰고, 앤서니는 보양지에 있는 숙부에게로 달려갔다.

너새니얼은 편지로 신중하게 설명했지만, 하인리히스바트에 있는 숙부로부터 좀 늦게 맹공격이 날아왔다. 제임스의 말에 의하면 이 소식으로 그는 병이 나기까지 한 것 같았다. 젊은 해너 메이어의 행동을 도저히 용서할 수 없었던 그는 다음과 같은 답장을 썼다.

해너 메이어는 로스차일드의 자존심을 송두리째 무너뜨렸다……
……너는 그녀가 종교문제만 빼고는 모든 면에서 훌륭한 결혼을 했
다고 말했지. 하지만 종교야말로 모든 것이다. 우리의 행운도 축
복도 종교에서 나온다.

그런데 해너 메이어는 그것을 잊어버렸다. 그녀를 기억에서 몰
아내버리자……그녀가 행복하기를 바란다. 그리고 그녀의 존재는
처음부터 없었던 것처럼 모든 일에 대처해 나가면 될 것이다……

이토록 노골적으로 그녀를 거부하는 것은 너무 지나치다고 너새
니얼은 생각했다. 그는 열의를 담아 다시 편지를 보냈다. 해너는
그리스도교 나라에서 그리스도교도와 결혼했을 뿐인데 그렇듯 배척
당할 건 없지 않느냐고.

제임스는 마음을 돌리지 않았다.

그애는 이미 5살 때부터 그리스도교도에게 끌리고 있었어. 그
때문에 지금 가족의 바람에 거역하게 되고 만 거야.

그는 신혼가정과의 접촉을 금지한다고 못박았다. 그 까닭을 다음
과 같이 써보냈다.

"나는 가족의 희망에 어긋난 결혼을 합니다."
이런 말을 하는 딸이 우리 아이들에게 어떤 영향을 미치리라고
생각하느냐?……(불복종에 대한) 아무 벌도 없다면 우리 아이
들, 그 아이들의 아이들이 우리 뜻에 고분고분 따르겠느냐?……
아이들이 친척 이외의 사람과 결혼하지 못하도록, 재산이 우리
안에 보전되도록, 사랑과 결속을 유지하도록, 우리는 늘 노력해
야 한다.

줄줄이 감정을 쏟아낸 긴 편지 속에서 제임스는 이 꺼림칙한 관계는 그가 마음속 깊이 두려워해 오던 일이라고 되풀이 강조했다.

그것은 가장 신성한 원칙——로스차일드의 결속을 짓밟는 일이다. 지금 확실한 태도를 취하지 않으면 다른 딸들마저 그리스도교도와 결혼해 그리스도교 귀족이 되려 할 거라고 그는 얼마쯤 신경질적인 결론을 내렸다.

제임스의 태도는 로스차일드현상을 불러일으킨 그 세대의 정신 속에서 신앙, 돈, 전통, 자존심이 얼마나 밀접하게 연관되어 있었는지 가르쳐준다.

제임스는 암셸처럼 순수한 신앙을 가지고 있는 것은 아니었다. 유대인에 대한 그의 태도에는 어디로 보나 애증이 엇갈리는 면이 있었다. 그러나 그것이 로스차일드의 결속과 재산을 지키는 일에 관련되면 아무 망설임이 없었다.

너새니얼은 달랐다. 그도, 그의 형제자매도 런던사회에 녹아들었다. 친구들은 자유로운 사고방식을 가진 영국인이다. 그들은 종교를 그리 진지하게 여기지 않고, 세련된 유대인이 어째서 종교에 노예처럼 따르는지 이해하지 못한다.

해너 메이어에 대한 배척은 실제로 그녀 자신보다 너새니얼에게 타격을 주었다. 친구들은 헨리 피츠로이와 그 신부 주위에 모여들었다. 로스차일드는 고립되었다.

분노에 쫓겨 다시 격앙된 마음으로 답장을 쓰려던 너새니얼은 상황을 슬기롭게 치유하려고 애쓰던 형으로부터 편지를 받았다.

앤서니는 아마도 아직 결혼할 뜻이 없었던 탓인지 논쟁의 두 국면을 냉정하게 바라보려고 노력하여, 너새니얼에게 되도록 빨리 제임스숙부의 용서를 구하라고 권고했다.

그에 의하면 제임스숙부는 이 일로 매우 상태가 나빠졌다고 말했다. '조그만 일에도 기분을 상해, 그것이 며칠이고 몇 달이고 계속되는’ 지독한 상태에 놓여 있다고 했다. 그는 인내와 신중함이 가장 중요하다고 설득했다.

이번 일에 관해 네게 호의적으로 편지를 써주시도록 제임스숙부와 베티숙모님께 부탁드렸다. 그러는 편이 싸우는 것보다 훨씬 좋은 결과를 낳을 테니까……
너도 로스차일드의 결속을 가장 중요하게 여겨, 해너 메이어의 일은 당분간 덮어두는 게 어떻겠느냐…… 그러다 보면 형편이 좋아지고 모든 게 잘 되어나갈 것이다.
숙부님에게 어머니는 어머니 마음이 내키시는 대로 하시게 해달라고 말해 두었다. 그래도 지금은 해너 메이어의 집에 초대받고 싶어하시지 않는 편이 낫겠지.

로스차일드사람들의 안정감을 크게 흔들어 놓은 문제는 다른 사람들과의 동화에 종교문제가 필연적으로 따르기 때문에 생기는 고통이었다. 실제로 현대의 어느 지식인이 쓴 것과 같은 사태가 온 유럽의 유대인 사이에 계속 제기되었다.

유대민족에게 있어서 그 유랑역사상 최초로, 상황변화에 대처하는 일이 불가능하게 여겨지는 듯한 최대위기이다. ……여러 세기에 걸친 박해의 역사를 짊어진 그들은 유대교 나라가 아닌 국가에서 완전한 시민권을 얻은 유대인이라는 입장에서, 새로 얻은 정치·사회적 지위에 어울리게 신앙을 잘 조정해 나가는 일이 너무도 어렵다.

적어도 예전 같은 갖은 박해는 받지 않게 된 유럽의 유대인이, 이번에는 자기 인식의 위기와 맞닥뜨리게 되었다. 무엇보다도 그들은 유대인인 것일까, 아니면 프랑스인·영국인·독일인인 것일까? 유대인이란 무엇일까? 특별한 인종인가, 특정 종교의 신봉자인가? 일시적으로 유랑의 몸이 되었지만, 역사상의 국가를 구성할 것인가?

카를 마르크스는 이 문제에 대하여 하나의 해답을 주고 있다. 그는 유대주의와는 완전히 분리된 새로운 것을 제시했다. 이 유대인 사회주의자는 시대의 정치적·문화적 동란으로부터 빠져나와 한 시대를 풍미했다.

그를 키워온 배타적 사상에 등돌리고, 보편적 형제애를 받드는 새로운 주의를 신봉했다. 과거를 거부하는 가운데 자신의 민족에 반항하고, 그들을 돈벌이에 열중케 하는 자본주의자를 인민의 적이라고 불렀다.

마르크스는 쓰고 있다.

니콜라이황제는 스티글리츠를 러시아의 남작지위에 앉혔다. 프란츠황제가 로스차일드를 오스트리아의 남작으로 만들었듯이. 그리고 루이 나폴레옹은 풀드를 각료에 임명했다. 그 집안여자들을 위한 튈르리궁정 무료입장권을 덧붙여서.

이렇듯 전제군주의 그늘에는 반드시 유대인이 있다. 교황의 그늘에 예수회 사람들이 있듯이. 실제로 만일 사상을 탄압하는 예수회군대며 자금을 제공한 유대인이 없었다면, 압제자의 욕구는 충족되지 못하고 전쟁도 실행에 옮겨지지 못했을 것이다.

다른 반응을 보인 사람도 있었다. 동화는 불가능하고 원하지도 않으며, 이론적으로 유대인은 민족주의에 의지할 수밖에 없다는 견해다.

초기 시오니스트 모제스 헤스는 쓰고 있다.

유대인 사이에 자본과 노동의 보다 건전한 관계를 가져다 주려면, 정식으로 건립된 조국땅이 필수조건이다.

데이빗 프리들랜더가 창시한 개혁운동 신봉자는 중립적이다. 유대주의는 단순히 종교문제일 뿐이며, 다른 면에서 유대인은 이교도인 이웃과 섞여들어야 한다고 주장했다. 프리들랜더는 그 신봉자들을 루터파 교회에서 조건부로 받아들여 주기를 청하기도 했다. 그 조건은 예수의 신성에 동의하도록 그들에게 요구하지 말라는 것이었다!

그러나 하이네 등은 완전히 갈 데까지 가버렸다. 그의 슬픈 이야기는 외부세계에 동화하는 일에 얼마나 엄청난 정신적 긴장이 따르는지 가르쳐준다. 그는 대학에서 자리를 얻기 위해 공공연히 세례를 받았지만, 끝내 그 직책을 얻지 못했다. 그는 한평생 비꼬인 실의 속에 지냈다.

해너 메이어의 결혼에 대한 반응으로서 유대인들 속에 나타난 갈등과 동요에는 이러한 배경이 있었던 것이다.

앤서니가 희망했듯, 결국은 세월이 상처를 낫게 해주었다. 해너 메이어와 헨리는 적어도 영국가족으로부터는 그리 오래 배척당하지 않았다. 얼마 뒤 그들은 로스차일드가 자주 드나드는 사교계에 다시 등장하게 되었다.

그뒤 가족의 신용을 얻을지 못얻을지는 해너 메이어보다 헨리 피츠로이쪽에 더 많은 부담이 지워졌다. 그는 좋은 관계, 특히 라이어닐과의 관계를 회복하려고 노력했다.

해너 메이어쪽은 집안사람들을 그리 쉽게 용서할 수도, 자신이 배척당한 일을 잊어버릴 수도 없었다. 그녀는 조금이라도 섭섭한 대우를 받으면 언제까지나 마음에 두었다. 이 우울은 이윽고 괴로움으로 바뀌었다.

슬프게도 이 결혼은 행복하게 오래 계속되지 못할 운명이었다. 그녀의 아들 아서가 망아지에서 떨어져 다리가 부자유해져 늘 돌봐주어야 하는 몸이 되었다. 그 아이는 1858년에 15살의 나이로 세상을 떠났다.

이듬해 헨리 피츠로이가 오랫동안의 병상생활 끝에 숨졌다. 그녀는 친척들의 위로도 받지 못하고, 슬픔 속에 과부로 살아갔다. 친척들이 그녀를 거부한 게 아니라, 그녀 자신이 그들과의 사이에 적의의 벽을 쌓아버렸기 때문이었다.

그러나 언제까지나 적의를 품은 사람은 해너 메이어뿐만이 아니었다. 적의는 그 악명높은 결혼이 행해졌을 때 아직 태어나지도 않았던 세대의 마음마저 좀먹었다.

1858년 무렵, 앤서니의 딸 애니가 어른들로부터 들은 의견인 듯 일기에 쓰고 있다.

가엾은 해너 메이어 고모님을 엄습한 불행은 모두 그녀가 조상의 신앙을 버리고 어머니의 뜻을 어긴 결혼을 한 대가라고 생각한다.

어쨌든 집안어른들은 1839년의 위기에 관해 오로지 하나의 견해를 가졌다——이러한 일은 두 번 다시 있어서는 안된다고. 젊은 로스차일드들은 되도록 빠르게 혼담을 결정해야 했다. 그들 가운데에서 더이상 '어리석은 생각'에 사로잡히는 이가 나오지 않도록.

그해 여름 어머니 해너는 해너 메이어의 19살 된 여동생 루이즈를 프랑스로 데려갔다. 그곳에서 나폴리의 마이어 카를 드 로스차일드와의 혼약을 만족과 안도 속에 결정했다.

다음해 3월, 앤서니의 혼담도 정해졌다. 상대는 먼 친척인 루이저 몬테피오레였다. 로스차일드집안 딸들 가운데에서 고르도록 권유받았지만 그는 저항했다. 루이저야말로 그가 진심으로 사랑하는 여자라고 느낀 것이다.

그러면서도 그는 결혼허락을 받을 때 어떤 운명이 기다리는지 그녀에게 알려두는 편이 좋다고 생각했다.

"우리 집안사람들이 모두 얼마나 사업의 노예가 되어 있는지, 루이저, 곧 알게 될 거요. 우리가 어떤 일을 계획하고 희망하든 상황이 허락되지 않으면 우리 생각을 바꿀 수밖에 없소……"

그리고 앤서니가 이미 잘 알고 있듯이――지난해 사건을 생각하면――사업에 관한 일은 그의 아내가 맞닥뜨린 가장 작은 문제에 지나지 않았다. 그는 또한 자기 집안사람들이 소유욕에 사로잡혀 있다고 그녀에게 여러 차례 경고했다.

"그래서 말인데, 루이저, 집안사람 누구하고든 너무 친하게 지내지 마오. 우리는 우리 힘으로 살아가도록 합시다."

넓은 시야를 지닌 양식있는 앤서니는 이 결혼을 행복하게 이끌려고 노력했다. 루이저도 총명하고 상냥한 여자였다. 앤서니와 함께 그녀는 친구와 친척들이 자주 방문하고 싶어하고 또 언제나 그들을 따뜻이 맞아주는 가정을 이루어나갔다.

1842년에 또 하나의 경사가 있었다. 너새니얼과 제임스의 딸, 사랑스럽고 섬세한 샬럿의 결혼이었다.

결혼식은 로스차일드다운 호화로움과 의식적인 분위기 속에 치러졌다. 이로써 로스차일드 집안에 새로운 흐름이 탄생하게 되었다.

너새니얼은 은행에서 열심히 일했지만, 프랑스로스차일드에 완전히 용해될 수 없었다. 아들대에 이르러 라피트거리와의 관계가 더욱 멀어지고, 3대째 너새니얼의 자손은 완전히 다른 길을 열어가게 된다.

해너 메이어의 결혼식으로부터 3년 동안에 어머니 해너는 아이들의 좋은 상대를 찾아내는 일로 영국로스차일드를 바로 세웠다. 결혼적령기의 세 아이들 상대 가운데 둘이 로스차일드인 것이다.

그 결과 그녀의 가족은 뿔뿔이 흩어졌다. 그렇다고 그녀가 그들에게 계속 영향을 미치지 못하게 된 건 아니었다. 그녀는 여행을 겁내지 않고 자식들 집을 번갈아 방문했다. 사실 남편을 먼저 보내고 나서 1850년에 세상 떠날 때까지 그녀는 아이들의 생활을 지배했다.

큰 키에 현명해 보이는 푸른눈을 한 자존심강한 이 부인은 피커딜리 107번지에 계속 살며 가족을 돌보는 일과 마찬가지로 사업에도 큰 역할을 했다.

네이선이 임종자리에서 받아쓰게 한 유언장에는 사업에 관한 큰 결정에는 모두 해너가 관여하도록 되어 있었다.

아들들은 어머니의 조언을 듣지 않고 중요한 거래를 제멋대로 하지 않도록 하라.

너희들의 아들과 딸들도 그녀를 진심으로 사랑하고, 친절하게 대하며, 존경심을 갖도록 가르쳐라.

그것만이 오랜세월 상냥하고 충실하게 애정 넘치는 아내로서 기쁨과 슬픔을 나와 함께 해온 그녀에게 어울릴 것이다.

사업에 관한 자신의 책임에 해너는 매우 진지하게 임했다. 아들들은 젊고 경험도 적다. 그녀는 은행의 일상업무를 방해하는 인상을 주지 않으려 애썼다. 그러면서도 매우 확실하게 지도해 나갔다. 그녀는 라이어닐이나 대륙의 형제들과 주식시세변동, 흉작의 영향, 잉글랜드은행에 관한 문제와 그밖의 중요한 일들에 대해 의논했다.

나이를 먹어도 해너는 지칠 줄 몰랐다. 딸과 며느리들을 방문하고, 자식들도 자신을 찾아와주기 원했다.

그러나 자식들 일을 지나치게 걱정하며 그들 생활에 간섭하는 것은 아무래도 성가스러운 데가 있었다. 라이어닐의 아내 샬럿은 해녀로 말미암아 괴로움을 느끼고 있었다. 그 탓인지 그녀는 영국을 싫어하여 결혼 뒤 몇 해가 지나도록 나폴리의 친정을 그리워했다.
　어느 날 그녀가 시어머니와 함께 거너즈버리에 있을 때, 남편에게 그녀의 심정을 나타내는 편지를 보냈다.

　멘트모어(시동생 메이어의 집)에 가주지 않겠어요, 라이어닐? 당신 어머님께서 가고 싶어하셔요. 그러니 나도 함께 가야겠지요.
　당신과 결혼하고부터 나는 다른 사람이 원하는 일만 하며 살아왔어요. 내가 하고 싶은 일은 전혀 못해요. 아, 부디 천국에서 내 뜻이 이루어지기를.

해녀는 1년에 두세 주일 함께 있고 싶다고 생각하여 며느리를 잡아두었다. 젊은 세대는 이러한 일을 견딜 수 없어했다.
　루이저도 남편 앤서니에게 얘기하고 있다.

　당당한 저택으로 당당한 마차를 타고 가 당당한 태도로 맞아졌을 때 나는 한기를 느꼈어요.
　……하지만 시간은 지나갔어요. 즐겁게 지내든, 그렇지 못하든. 아무튼 여기에는 2주일 이상 못 있겠어요.

로스차일드집안도 시어머니와 며느리 문제에는 묘약이 없었던 모양이다. 2세대 로스차일드딸들은 자신의 어머니 가까이에서 살게 되는 일이 드물었다. 대부분 외국의 도시에서 결혼생활을 해야 하는 현실이 기다리고 있었다.
　그러나 불행한 사람이 있으면 행복한 사람도 있다. 해녀의 딸 샬럿과 루이즈는 사이좋게 서로 위로할 수가 있었다. 둘 다 프랑크푸르트에서 지내는 일이 많았기 때문이다.

샬럿의 남편 안셀름은 오스트리아와 독일 두 곳의 은행에 영향력을 지닌 인물이었다. 그의 아버지도 백부도 나이가 많았으므로 그는 프랑크푸르트와 빈을 오가며 지냈다. 그리고 루이즈의 남편 마이어 카를은 1840년대에 나폴리를 떠나 부모집에서 안셀름을 돕고 있었다.

프랑크푸르트가 쓸쓸한 유형지처럼 여겨질지라도 샬럿은 그곳을 되도록 효과적으로 이용했다. 그녀는 자신의 집을 문화와 교양의 중심지로 바꾸었다. 그것은 검소한 여성의 가슴에 빛나는 다이아몬드 브로치처럼 단조로운 환경 속에서 한 줄기 광채를 띠었다.

구틀레할머니는 여전히 옛집 게토에서 소박한 생활을 했지만, 암셀백부네는 교외의 정원 딸린 훌륭한 집을 사들였다. 샬럿은 저녁 모임, 만찬회, 파티 등을 열어 프랑크푸르트사교계에서 자신을 최고의 위치에 올려놓았다. 그것은 암셀이 교외에 사들인 그뤼네부르크(녹색 저택)라고 불리는 별장에서 개최되었다.

유행의 첨단을 가는 파리에서 베티가 여는 호화로운 파티와는 비교가 안될지라도, 멘델스존이며 슈만 같은 낭만파 선구자들을 모으기엔 충분했다.

앤서니가 그 손님 가운데 한 사람에 대해 이야기하듯, 샬럿은 위대하고 재능풍부한 이들을 그녀의 식탁으로 불러오기 위해 노력을 아끼지 않았다.

……두세 군데 파티에 가보았지만, 어디나 지루하고 재미없었네. 그러나 샬럿이 전번 일요일에 개최한 모임은 달랐지.

루비니의 감미로운 노랫소리에 귀가, 아니 오감(五感)이 모두 기쁨으로 마비되었어. 이 멋진 가수는 리스트와 함께 이곳에 2, 3

일 머물고 있어서 샬럿이 프랑크푸르트 사교계를 위해 저녁모임을 계획한 거라네.

공교롭게도 리스트는 다른 예정이 있어 연주할 수 없었지. 대신 돌러라는 사람이 했는데, 그는 뛰어나게 잘한다고는 할 수 없지만 아름다운 연주를 하여 아무튼 충분히 만족스러웠다네.

루비니와 그 재능있는 상대는 그 이틀 뒤 밤에 특별연주회를 열어주었지. 그래서 나는 세계에서 가장 기발한 연주를 듣고 또 볼 기회를 가졌네.

'본다'라는 말은, 듣고 보기에 그가 좀 색달랐기 때문일세. 긴 머리칼이 이따금 흘러내려 얼굴을 뒤덮고, 또 때로는 머리에서 힘차게 벗어나듯 머리칼 전체가 뒤로 나부꼈지. 한 번씩 번뜩이는 눈을 주위로 돌려 마치 그가 어떤 인상을 주고 있는지 확인하는 듯했네.

자주 미소를 떠올렸는데, 어딘지 부자연스러운 느낌이 들었지. 그리고 이렇게 말하는 듯 보였다네.

"어떻습니까, 나, 굉장하지 않습니까?"

또 때로는 자신의 연주에 대한 기쁨을 나타내고 있는 듯 보였네. 사교계에서도 그는 인상좋고 이야기를 즐기는 사나이로, 기분좋은 사랑스러운 친구라네.

샬럿은 일곱 아이들을 기르는 데 많은 시간을 바쳤다. 그들은 모두 건강하고 우수한 아이들이었지만, 특히 둘째딸 마틸드가 뛰어났다. 그녀는 그 세대 중에서 가장 재능있는 로스차일드였다. 집의 문화적 분위기에 감응하고 섬세한 어머니의 격려에 잘 따랐다.

마틸드는 모든 분야에 관하여 훌륭한 지적 이해력을 지녔다. 누구나 그녀를 보면 사랑하지 않을 수 없는 매력의 소유자였다.

그녀는 1924년에 92살로 세상을 떠났는데, 그녀를 알던 미리엄 로스차일드박사는 말했다.

"만일 여자들이 좀더 많은 기회를 부여받는 오늘날 같은 시대에 그녀가 살았다면, 골다 메이어나 적어도 뛰어난 피아니스트가 되었을 겁니다."

마틸드는 음악적인 재능이 뛰어났다. 제임스의 딸 샬럿과 마찬가지로, 그녀도 10대 때 쇼팽에게 배웠다. 이 거장은 그녀의 재능에 감동하여, 숨지기 직전 병들어 제자를 거의 받지 못할 때에도 이 로스차일드 여자아이에게는 시간을 내주었다.

마틸드는 연주를 잘했을 뿐 아니라 뛰어난 작곡가이기도 했다. 그녀는 가곡 네 권과 많은 피아노곡을 썼다. 그 작품들은 모두 아마추어 예술가의 경지를 넘어 있었다.

그러나 그녀도 어쩔 수 없이 로스차일드의 아내며 어머니가 될 운명에 있었다. 그녀와 그녀의 언니는 나폴리에 사는 카를의 아들들과 결혼했다.

아버지 집을 떠나기 전까지 그녀들은 그뤼네부르크에서 가족과 행복한 시절을 보냈다. 그것은 참으로 느긋하고 편안한 시간이었다.

그들은 자신이 하고 싶은 대로 하면서 살았다. 사촌자매들을 만나기 위해 그곳을 처음 방문한 어린아이를 깜짝 놀라게 했을 정도였다.

"줄리와 마틸드는 매우 우아하고 아름다우며 기품이 있었다……두 자매는 내가 처음으로 만난 여성 흡연가였다.

내 어린 눈은 남자의 것으로만 알았던 도락에 놀라 눈도 깜박이지 못했다——그녀들이 피우고 있던 것은 종이에 만 담배가 아니라 시가였던 것이다……"

철도는 노다지
때는 공업가와 기업가 시대
이제부터의 수송기관은 철도다

　로스차일드은행은 유럽역사의 큰 격변 속에 태어났다. 그리고 혁명기에 독자적으로 쌓은 기반을 굳건하게 다진 것은, 다음 시대의 변혁과 혼란에 들어서서였다. 이번은 정치적인 동시에 경제적인 변혁이기도 했다.

　1830년부터 48년까지 두 차례의 흥분이 유럽에 소용돌이쳤다. 고삐풀린 망아지 같은 자본주의가 가져온 사상 최대의 경제발전과, 드높아진 과격파 내셔널리스트들의 불만이 그것이었다. 워털루전쟁으로부터 15년, 유럽 대부분이 다시 파열하기 직전의 위험상태에 있었다.

　1830년에 케케묵은 절대군주들이 만들어낸 각종 특권은 과격분자들을 전혀 만족시킬 수 없었다. 20년 동안 사람들은 클럽이며 비밀결사 등으로 모여 대표제 정치의 꿈을 이야기했다.

　그 가운데 마르크스와 엥겔스가 있었다. 두 사람은 1840년대 파리에서 만나 사회주의자·혁명가들과 토론을 거듭하면서 이상과 정치와 '역사법칙'의 융합을 꾀했다. 그것이 '공산당 선언'으로 세상에 나오게 되었던 것이다.

이 두 독일인은 나중에 크게 이름을 날렸지만, 그 시점에서는 많은 사람들 속의 두 목소리에 지나지 않았다. 그 소리마저도 대륙을 태풍처럼 휩쓰는 과격파의 성난 외침에 파묻혔다.

이러한 공기 속에서 권력자들은 전보다 한층 혁명의 기운에 민감해졌다. 그들은 밀고자와 선동분자를 고용하여 정부에 반대하는 움직임이 드러나면 곧 진압하고 압력을 가했다.

독일에서는 합스부르크집안 황제의 전통적 권위와, 세력을 차츰 키워온 프로이센이 적대하여 상황이 복잡하게 뒤얽혔다. 둘 다 독일연방에 속한 39개 주의 독립에 말로만 찬성하고 있었다. 동시에 둘 다 독일에서 저마다의 지위를 끌어올리는 데 필사적이었다. 독일에서는 많은 사람들이 나폴레옹 지배아래 명이 짧았던 라인연방을 기억해 내고, 언젠가는 독일어권이 하나의 국가로 합쳐질 것을 바랐다.

모자이크처럼 조그만 주가 옹기종기 모인 독일. 그 각 주의 통치자들이 그 생각에 맹렬하게 반대하는 것도 무리가 아니었다. 황제는 연방세습맹주로서의 권위로 오스트리아의 주장을 관철시키려 했다.

한편 프로이센정부는 좀더 현실적인 자세를 취하여 북독일 여러 주를 규합해서 관세동맹으로 결속을 꾀했다. 1836년 프랑크푸르트는 이러한 흐름을 피할 수 없음을 알고 이 독일관세동맹에 참가했다. 경제독립을 대가로 치르고 경제부흥을 산 것이다.

영국에서도 산업혁명, 흉작, 정치적 불평등에 대한 불만증대 등이 겹쳐 폭동이 자주 발생해 정국이 불안정했다.

1827년부터 41년까지 내각이 여덟 번 바뀌고, 31년부터 이듬해 32년에 걸쳐서는 선거법 개정안으로 나라가 몇 개의 선거구로 나뉘어, 시민전쟁 이래 그 예를 찾아볼 수 없는 분열상태로 대논쟁이 벌어졌다.

실질적으로 유럽 각 정부에 돈을 빌려준 은행가 로스차일드는 자신에게 유리하도록 그 고객의 정책을 조종하고 있는 게 아닌가 하는 의혹의 눈총을 받았다.

그들은 아무 정치적 견해도 드러내지 않았다. 그렇다고 해서 그들이 과격파에 동조한다고 기대한다면, 당치도 않다!

하이네의 저술 속에 한 공산주의자 이야기가 있다. 그 사나이는 제임스가 그즈음 3억 프랑쯤의 자산을 축적하고 있다고 보았다. 그는 그 자산을 자신과 공유할 것을 제임스에게 편지로 요구했다.

제임스는 통계를 내어 여러 가지로 계산해 보았다. 그는 그 젊은 이에게 그의 몫 9쑤우를 보내고, 다음과 같이 덧붙였다.

"내 걱정은 마시오."

로스차일드는 더이상 애매한 태도를 지닐 수 없게 되었다. 특이한 입장의 그들은 서로 다른 여러 방향으로 끌어당겨져 각자의 입장을 취할 수밖에 없었던 것이다.

군주정부와 깊은 관계를 가진 은행가로서는 지금 상태를 유지하는 게 중요하다. 한편 사회적 지위가 낮은 소수파로서는 평등주의 쪽에 서야만 한다.

그들이 정치적 중립노선을 버려도 괜찮다고 생각하는 문제는 오직 하나——유대사람들 문제에 관한 것으로 그것에 대해선 언제든지 견해를 표명하고, 그들의 지위에 도움이 된다면 자신들의 처지를 쓸모있게 사용할 용의가 있었다.

개혁운동실천에 이르러 그들은 영국의 사례에서 용기를 얻었다. 영국에서는 유대지도자들이 먼저 업적을 쌓아 기반을 굳히고, 일반에게도 인정받도록 운동을 펼쳐나간 것이다.

19세기 첫무렵 영국의 유대공동체에는 두 가지 중요한 변화가 있었다. 무엇보다도 많은 유대인이 성공하여 중류시민이 된 것이다. 이민은 한 해에 겨우 200명 남짓으로 줄었고——1848년 이후 유럽

대륙의 정치적 혼란·기근·유대인 대학살에 따라 다시 늘어났지만
──많은 가족이 북적거리는 런던 동부를 떠나 상류사람들이 사는
스톡 뉴잉턴 같은 교외로 이사했다.

그러나 빈곤이 꽤 널리 존재한 것도 사실이다. 파긴(디킨스 소설
《올리버 트위스트》에 나오는 유대인 도둑두목) 같은 사람도 많이
있었다. 그러나 영국의 유대인들은 다른 나라에 비하면 자유로운
편이었다.

네이선의 친척형뻘인 모제스 몬테피오레는 그 긴 인생 대부분을
유대인 복지를 위해 봉사했다. 그의 경력은 영국사회가 유능한 사
람과 애국심있는 이들에게 비교적 열려 있음을 보여준다. 그는
1837년에 런던시장으로 선출되어 기사칭호를 받고, 46년에는 준남
작이 되었다.

또 하나 주목할 변화는 영국유대가 유대세계 전체의 지도적 지위
에 있었던 일이다. 영국유대의 성공은 민족과 종교를 잃지 않고도
현실적으로 동화가 가능하며, 그리스도교로 전향하지 않고도 이웃
의 경멸과 미움을 받지 않고 번영할 수 있다는 훌륭한 증거였다.

유력한 집안인 몬테피오레·로스차일드·코엔·샐러먼스는 공동체
안에서 문화생활과 교육촉진을 위한 교류만으로 만족하지 않았다.
바다 너머로 시야를 넓혀 그들보다 불행한 유대인들을 도왔다. 예
를 들면 모제스 몬테피오레는 러시아의 가혹한 반유대적 법률을 철
폐하도록 설득하기 위해 니콜라이황제를 만나러 혼자 상트페테르부
르크까지 갔다.

유럽 각 도시에 살며 사업을 운영하는 로스차일드는 유대인 문제
가 당연히 국경과 국적을 초월하는 문제임을 뚜렷이 자각하고 있었
다. 그들은 또한 자신들이 그 지렛대가 되어 영향을 미칠 수 있는
존재임을 알고 있었다.

유대교도들이 반동적 지배 아래 고통받고 있는 도시는 로마였다.

바티칸은 카를로부터 두 번 돈을 빌리고, 게토 주민을 다루는 문제에 관해 두 번 양보하여 계약의 균형을 이루었다.

1847년, 잘로몬은 빈을 떠나 직접 교섭에 나섰다. 그는 교황에게 사순절 시기에 유대인에게 부과되는 세금을 폐지하도록 요구했다.

5년 뒤, 파리에서 제임스가 행한 일은 좀더 주목할 만한 가치가 있으며, 후세에까지 알려졌다. 사회생활에서 그는 유대교도에 대해 신중한 태도를 취했으며, 유대지도자로서의 역할을 스스로 맡았다.

그는 파리의 노동자계급지역인 픽퓌스거리에 유대인을 위한 병원 겸 숙박소를 건설했다. 이 시설을 개관할 때 유대교 교리에 따라 3시간 동안 의식이 행해졌다. 그것은 유대교가 지금까지 행해온 축하의식 가운데 가장 성대한 것 가운데 하나였다.

제임스가 세운 이 시설은 오늘날에도 남아 있으며, 이미 유대인에 한정하지 않고 수많은 환자와 노인을 보살피고 있다.

그것은 단순히 가치 있는 자선사업만은 아니었다. 로스차일드제국을 실현시키기 위한 토대가 되는 일이었다. 뒷세대는 요양소와 엄청난 수의 고아원, 병원, 연구소 공영단지를 세웠다. 모두 로스차일드기금으로 알려진 관리기관의 원조 아래 만들어진 것이다.

바다 건너 영국에서는 해너가 유대자선사업을 크게 벌이고 있었다. 그녀는 특히 교육방면에 열심이었다.

네이선은 자유학교건설을 원조했는데, 그것은 런던과 지방에 그 뒤 수많이 건립된, 그러한 종류의 학교들 가운데 선구였다. 그의 미망인 해너는 이 학교에 늘 관심을 기울이며 지원을 계속했다.

공동체도 전체적으로는 교육에 중점을 두고 있었다. 젊은이들이 영국에서 기회를 얻으려면 정신적 소양을 길러두는 게 꼭 필요했다. 영국의 학교들은 본디 모두 교회에 속해 있었으므로 유대인은 자신의 자금으로 되도록 많은 교육장소를 마련하는 수밖에 없었다. 해너는 그것을 위해 끊임없이 넉넉하게 기부했다.

그녀는 기부하는 것만으로 만족하지 않았다. 기금을 모으는 일에도 적극적으로 참여했다. 이를테면 자선콘서트며 리사이틀을 끈기 있게 기획하고, 많은 유명한 예술가들에게 연주해 줄 것을 부탁했다.

그 가운데 1847년에 허 머제스티극장에서 멋진 데뷔를 장식한 소프라노가수 제니 린드가 있고, 다음해에는 영국을 잠시 방문한 쇼팽이 연주했다.

연주가에게 주는 금액에 늘 마음을 쓰던 그녀는 쇼팽에게 물었다.

"얼마에 연주해 주시겠어요?"

대작곡가는 대답한다.

"25파운드……"

로스차일드남작부인의 표정이 흐려진다.

"그러지요, 멋진 연주를 들려주셔야 해요."

정중하게 말하면서 그녀는 덧붙인다.

"하지만 금액쪽은 덮어두시기를 부탁드리고 싶어요."

이렇게 그녀는 이러한 문제를 모면하려고 하는 것이었다.

해너는 조금이라도 불행을 당한 사람에게 민감하게 반응하는 마음을 지니고 있었다. 만년의 남편처럼 아일랜드 상황에 마음 써서 감자기근이 들었던 1847년에 기부금을 모금하자 맨먼저 내놓았다.

모금기구는 라이어닐과 시티동료그룹이 발기인이 되어 만들어져 있었다. 정부의 늑장에 놀란 그들은 새해 첫날 로스차일드은행에서 회의를 열고 '아일랜드 및 스코틀랜드 변경지역의 극심한 재해를 위한 영국협회'를 설립한 것이다.

협회 초대회장은 토머스 베어링이었으나, 실제 운영은 로스차일드와 키네어드 및 몇십 명의 부자상인들이 맡아했다. 그들은 날마다 회의를 열며 열심히 활동했다.

위원회는 정보를 수집하고 기부금을 모았다. 런던에 전해지는 몸이 오싹할 만한 그곳 이야기는 과장된 게 아닐까 여겨질 정도였다.

그러나 아일랜드로 파견된 대표는 곧 그것이 결코 과장이 아님을 알게 되었다.

"참상을 눈앞에 보고 우리는 어떻게 표현해야 좋을지 몰랐습니다. 내가 실제로 이 눈으로 본 것은, 과거와 현재를 통하여 지금까지 읽어서 알고 있는 어떤 재난보다도 더 참혹했으니까요."

영국정부가 여전히 딴청부리는 동안 협회는 석달 만에 47만파운드(여왕 2000파운드, 로스차일드 1000파운드)를 모아 음식물·의복·연료 등 이미 16만파운드어치를 배급했다. 그것은 인도주의가 모든 종교의 벽을 넘어서는 일임을 나타내는 것이었다.

협회위원회는 퀘이커교도·복음파·유대교도를 비롯한 많은 자선가의 모임이었다. 그들은 모두 부자는 가난한 사람에 대해 자선할 의무를 신으로부터 부여받았다는 공통된 자각을 가지고 있었다. 게다가 어느 정부 대변인이 한 다음과 같은 말에 저항감을 느끼지 않을 수 없었다.

"……아일랜드인이 정부로부터 돈을 거저 얻으려 생각한다면, 세계에 보기드문 구걸제도가 탄생할 것이다……"

이 무렵 악의에 찬 풍자화가 나돌았다. 산더미처럼 쌓인 돈주머니 위에 앉은 로스차일드사람들. 주위에는 유럽의 왕과 귀족들이 무릎꿇고 있다. 누구에게 돈을 빌려줄까 신중히 생각하고 있는 로스차일드. 그러나 군중 바깥쪽에 있는 누추한 거지들을 그들은 완전히 무시하고 있다는 그림이었다. 로스차일드의 자선활동이 점점 커져가는 가운데, 그 그림은 참으로 공평치 못했다.

같은 해, 제임스와 동료들은 역시 흉년으로 고통받는 프랑스의 괴로움을 덜어주려 애쓰고 있었다. 그들은 외국에서 옥수수와 밀가루를 사들여 손해를 감수하고 폭등 전의 값으로 팔았다.

샤펠 생 드니에는 특별한 빵집을 만들어 가난한 사람들에게 빵을 배급했다. 생활이 곤궁한 사람들에게는 빵교환권을 발행했다.

이렇듯 자선활동을 해도 일반대중은 로스차일드에게 감사하는 마음이 없었다. 밀가루를 매점하여 사람들의 고통을 가중시킨다고 제임스는 좌익보도기관의 공격을 받았다.

사회의 가난한 사람들을 향한 로스차일드의 마음이 아무리 진심이라 해도, 그들의 주요활동은 역시 금융이었다. 1830년대와 40년대, 대남작의 지도 아래 그들은 상업방면으로 대규모 진출을 했다.

때는 소규모 공업가와 기업가의 시대였다. 공장·상점·서비스업이 무한정 늘어났다. 새로운 거리와 도시와 휴양지가 잇따라 생겨나 커져갔다. 인구도 계속 팽창했다.

두 세대 동안에 영국 같은 농업국이 도시형 국가로 변모해 버릴 정도였다. 그런 발전에는 대규모 재정운영이 따른다. 또한 거대한 도시기반도 필요해진다. 항구와 채굴장과 제조거점을 잇는 효율적인 수송시스템도 갖춰져야 한다.

로스차일드가 이 사업에 관여하지 않으면, 다른 회사가 하리라는 것을 제임스는 알고 있었다. 그는 숙고를 거듭했다.

평화가 계속되어 유럽 여러 나라는 전만큼 국채를 필요로 하지 않았다. 세금과 관세에서 얻어지는 세입만으로 정부의 경비가 충당되었다.

1832년부터 39년 사이 프랑스는 공채를 발행하지 않았다. 영국은 한 번 발행했을 뿐이다. 로스차일드은행이 계속 번영하려면 위험이 커지고 투자가 장기화된다 해도, 정부사업에서 개인사업으로 중점을 옮겨가야 하는 게 분명했다.

1830년 9월 어느날, 리버풀~맨체스터 철도회사의 기차를 타고 온 진지한 표정의 두 외국인 신사가 맨체스터에 내렸다. 그들은 부지런히 메모를 했다. 두 사람은 그것을 서로 대조해 보았다. 기관차와 노선을 점검했다. 운전수에게 이야기도 건네 보았다. 회사중역들과의 회의에 참석하고 그들은 긴 보고서를 작성했다.

그리고 한 사람은 파리로, 또 한 사람은 빈으로 돌아갔다. 그 보고서는 제임스와 잘로몬 드 로스차일드에게 주의깊게 읽혀졌다.

두 형제는 생각했다. 만일 보고서에 씌어진 게 사실이라면 이제부터의 수송기관은 철도다. 철도를 유럽대륙에 도입함에 있어 주도권을 쥐고 싶다고 그들은 생각했다.

그러나 증기엔진조차 드물던 시절 철도를 부설하는 데는 경제적·기술적 문제만 있는 게 아니었다. 정치적 장애도 넘어야 했다.

특히 보수적인 오스트리아에서는 기관차라는 새로운 문명을 두려워하고 있었다——인간의 몸은 시속 15마일 이상의 속도를 견디지 못하고, 터널 속에서 질식해 버리며, 생명도 재산도 균형을 잃은 기관차에 의해 위험에 빠질 것이라고.

과격한 정치운동으로 해마다 어려움을 겪는 유럽에서는 기묘하고도 불온한 냄새가 나는 의견마저 나오고 있었다. 연기를 뿜어내는 이런 괴물은 민중의 감정을 선동하여 제국 안에 고립되어 있는 반항분자들을 결속시키리라는 것이었다.

프랑스의 제임스는 지금까지 어려움이라고는 모르고 살아온 인물이었다. 그는 단순히 기업에 융자만 하지 말고, 스스로 공업가가 되기로 결심했다.

그는 파리의 유럽광장에서 생 제르맹까지 11마일의 노선을 부설하기 위한 회사를 설립했다. 당연히 기술적 지식을 가진 최고기업가에게 계획을 감독시킬 필요가 있었다.

제임스는 에밀 페레르를 채용했다. 에밀과 그의 아우 이작은 공업화와 사회진보에 의한 '신세대'를 열광적으로 지지하는 인물이었다. 그들은 제임스에게 꼭 필요한 인물이었고, 이 철도계획에 열의를 쏟았다.

그러나 페레르와 로스차일드 사이에는 중요한 차이점이 있었다. 첫째로 페레르집안은 세파르디계 출신으로, 아슈케나지계 로스차일드와 기본적 자세가 달랐다.

그들은 프랑스사회주의 창시자 가운데 한 사람인 생 시몽 백작 신봉자였다. 생 시몽류 사회주의는 특권을 없애고, 모든 생산수단——금융도 포함하여——은 공동이익을 위해 통제되어야 한다고 생각했다.

그러나 페레르는 철도에 관해 무엇이나 알고 있는 사나이다. 그리고 지금 중요한 건 그것뿐이다.

1837년 8월24일, 화려한 의식 속에 철도가 개통되었다. 이런 거창한 의식은 로스차일드만이 개최할 수 있다. 시속 10마일 이상으로 생 제르맹을 향해 돌진하는 무시무시한 철괴물을 보려고 군중이 모여들었다.

구경꾼 속에는 이 철도에 개인적 이해관계를 가진 이들도 있었다. 회사가 발행한 500프랑짜리 주식을 사들인 주주였다. 대사업주 주권의 일부를 개인 투자가가 얻을 수 있었던 예는 이것이 프랑스에서 처음이었다.

로스차일드가 이익을 움직이고 있는 한 그 돈이 안전치 못하다고 생각하는 사람은 없었다. 사람들은 대부분 금융계 최고유력자의 권위에 의지하여 반드시 큰 돈벌이가 되리라 믿고 있었다.

모험은 순조롭게 출발했다. 프랑스에 철도광이 넘쳐났다. 몇천명의 사람들이 이 철도회사에 투자하고 싶어했다. 새로운 수송기관에 투입된 자금은 수익률 높은 돈벌이가 확실해 보였다. 그것은 승객과 화물이 늘어남에 따라 해마다 증가해 갈 것이었다.

제임스와 페레르가 센강 오른쪽연안에 파리와 베르사유를 잇는 다음 노선을 계획했을 때, 왼쪽연안에 같은 노선을 만드는 회사와 경합이 붙었다.

경쟁상대 철도회사 사장은 아쉘 풀드——개종한 유대인으로, 수완좋은 금융가이며 하원의원이었다. 그는 로스차일드와 사이가 좋지 않았다. 풀드와 제임스남작의 경쟁관계는 악질적인 인신공격으로 전개되었다.

1836년부터 39년까지 센강을 사이에 둔 양쪽연안에서 노선을 완성시키기 위한 격전이 벌어졌다. 상대방의 신용을 떨어뜨리려 온갖 수단이 동원되었다. 무기는 정치적 영향력과 보도기관이었다. 양쪽 다 충분히 사용했고, 그 효과는 치명적이었다.

그 무렵 잘로몬도 오스트리아에서 개척자 역할을 맡고 있었다. 언제나와 마찬가지로 그는 아직 전통에 얽매인 귀족계급과, 로스차일드가 더 커지는 것을 바라지 않는 은행가들을 계산에 넣어야만 했다.

한편 근대화를 추진하는 열강에 오스트리아가 뒤져서는 안된다고 생각하는 메테르니히를 비롯한 정부관계자의 지지를 얻을 수 있었다.

그는 신중하게 일을 진행시켰다. 먼저 석탄과 철을 갈리치아에서 빈으로 나르는 화물노선의 허가를 얻었다.

그리고 금융가나 대신들과 여러 차례 회의를 거듭했다. 도움말을 해줄 전문가의 한 사람으로 에밀 페레르가 회의에 참석했다. 결국 국가철도의 전반적인 시스템에 대해 제국의 인가를 받았다.

잘로몬은 자본가연합을 결성했다. 그리고 북방노선 '노르트반' 건설허가를 신청하여 성공시켰다. 그 자본가들 가운데 게오르그 폰 지나남작이라는 은행가가 있었다. 그는 이때의 경험을 살려 경쟁그룹을 만들어서 아드리아해 연안지방까지 남방노선 부설허가를 얻었다.

두 그룹은 얼마 뒤 치열한 경쟁에 들어갔다. 서로 자기 시스템의 우위를 주장하며 남아 있는 노선의 계약을 맺으려 필사적이었다.

첫번째 재난은 잘로몬에게 닥쳤다. 그가 '페르디난드황제 노르트반'이라고 이름 붙인 노선의 허가를 얻은 때의 일이었다. 폰 지나의 반격은 악질적이지만 효과가 있었다. 폰 로스차일드남작이 제국의 존엄을 손상시키고 있다고 쓴 격문이 나타난 것이다.

그 천박한 글은 잘로몬의 기술자가 안전성을 무시하고 있다고 주장했다. 노르트반은 죽음의 노선이라고도 말했다. 대중은 이것을 그대로 믿고, 황제도 동요했다.

잘로몬은 이 사업을 오스트리아의 가장 획기적인 모험이라고 애기하며 반격을 시도했다.

폰 지나는 아직 노르트반의 책임자 가운데 한 사람이었다. 그는 주주총회 개최를 요구하여 잘로몬과 그의 지지자들을 사임시키려 했다. 그것이 치명적인 실패였다.

잘로몬은 참을성있게 침묵을 지키다가 입을 열었다. 그는 65년 동안 적대심과 학대 속에 살아온 자답게 침착한 태도로 비장의 카드를 내놓았다. 그는 위엄에 찬 조용한 목소리로 말했다.

"만일 불만 있는 주주가 있다면 내가 그 사람의 주를 모두 사겠소."

그것은 노르트반이 반드시 큰 부를 안겨주리라는 자신감의 표현이었다. 폰 지나는 결정적 패배를 맛보았다. 그와 그의 지지자들은 사임요구에 몰렸다.

1839년 7월7일, 오스트리아 노르트반 개통——그것은 대륙 최초의 대철도였다.

그러나 잘로몬의 야심은 거기에 머물지 않았다. 철도건설은 강철을 엄청나게 소비한다는 사실을 깨달은 것이다. 그는 비트코비츠(지금의 비코비체)제철소를 사들이려고 그에 대한 허가를 신청했다.

1842년 8월 허가가 내려졌다. 150만굴덴으로 공장은 인수되었다. 계속하여 슐레지엔에 광범위한 석탄과 철 채굴권을 신청했다. 이것도 1842년 2월12일에 황제의 허락을 받았다.

그때 황제로부터 큰 특권이 주어졌다. 잘로몬이 빈시민이 된 것이다. 그 5년 뒤에는 안셀름에게도 같은 권리가 주어졌다. 이로써 로스차일드는 유대인으로서는 처음으로 이 수도에 부동산을 소유할 권리를 얻었다.

잘로몬은 곧 20년 넘게 살아온, 역사가 오래된 로마황제호텔을 사들였다. 인접한 건물도 사들여 전면개수하여 사업에 어울리는 은행점포와 사무실로 꾸몄다.

오래된 호텔에 딸려 있던 또 하나의 특권은 그대로 남겨졌다. 본디 건물에 허가되어 있던 면허 덕분에 S.M. 로스차일드상회는 빈에서 유일하게 알코올 음료를 팔 수 있는 은행이 되었던 것이다.

잘로몬은 아직 만족하지 않았다. 1843년 11월 그는 다시 황제에게 신청했다.

메렌의 비트코비츠제철소 매입 때 폐하께서 제 청원을 들어주시어……폐하의 충실한 하인은 메렌의 사유부동산에 대한 인수 허가를 신청할 용기를 얻었습니다……(이 부탁이 이루어진다면) 이미 비트코비츠에 학교를 건설하고 교사에게 지불할 기금을 모집한 일로 알 수 있듯 가난한 사람들을 위한 학교와 주택을 원조하는 후원자로서 역할을 다하려 합니다.

다시 청원이 받아들여져, 잘로몬은 새로운 일을 시작했다. 그는 부동산과 두 개의 성을 사들였다. 그 가운데 하나가 슐레지엔에 있는 웅장한 실러스도르프성이다.

그는 이 성을 합스부르크집안이 이용하게 할 작정이었다. 그들은 기꺼이 사용했다. 그러는 동안 잘로몬은 제국에서 가장 큰 토지소유자의 한 사람이 되었다.

마침내 생애를 마감할 시기에 이르러 잘로몬의 빈궁정 접근작전도 종지부를 찍게 된다. 조심스럽게 메테르니히와의 우정을 키우고, 사람을 끄는 기업정신을 발휘하여 그는 유럽에서 가장 반동적인 국가에서 자신의 가치를 인정받았다.

그가 깨뜨린 벽의 갈라진 금을 통하여 곧 다른 유대인들이 그의 뒤를 이을 것이다. 그가 제국 안에 땅을 소유하려 결단한 일은 옳았음이 증명되었다. 그는 유대민족에 대한 평등한 대우를 소원했으며, 그것은 그의 행동을 가능하게 한 원동력이었다.

아무리 마음이 혼란해질 때에도 그는 아름다운 실러스도르프성이나 문화향기 그윽한 빈에 이끌리는 일이 없었다. 도나우강에 가까운 이 도시는 그의 류머티즘과 다른 병들에 좋지 않다고 그는 확신하고 있었다. 그는 되도록 파리로, 제임스와 사랑하는 딸 베티 가까이로 달아났다.

로스차일드사람들은 시 서쪽끝에 자리한 시렌성으로 그를 자주 방문했다. 젊은 영국로스차일드 한 명이 잘로몬대백부에게 기묘한 습관이 있는 것을 알아차렸다.

"……우리는 대백부님부부에게 독일어로 이야기했다——그는 우리가 침실로 들어갈 때 언제나 '잘자거라, 애들아'라고 독일어로 말하고, 그 이상 우리들과 지내려 하지 않았다. 그것은 그의 기묘한 습관 때문으로, 그는 밤 8시면 쉬고, 아침에는 여름은 5시, 겨울은 7시에 언제나 마차를 타고 나갔다."

1844년 9월 잘로몬은 70살에 이르렀다. 그의 업적을 기려 프랑크푸르트시에서 축사(祝辭)가 헌정되었다. 수많은 선물 가운데 그것은 한층 빛났다.

이 서류를 위해 만들어진 장정(裝幀)은 금장식의 걸작으로, 프랑크푸르트역사박물관에 소장되어 있다. 로스차일드 문장을 세부까지 정확하게 묘사하고, 상업·공업·철도사업에서의 활동을 나타내는 여러 가지 심벌이 그려져 있다.

그는 그것을 받을 자격이 있는 사람이었다. 언제나 화려한 형제들의 그늘에 있었지만, 어떤 의미에서 그의 업적은 더 주목할 만하다.

네이선과 제임스는 비교적 자유로운 나라의 수도에서 은행을 성립했다. 그에 비해 잘로몬의 성공은 유대인에 대한 태도가 고리타분하고 완고한 제국에서 법률과 관습과 편견에 오직 혼자 끈질기게 맞서서 얻은 것이었다.

런던의 로스차일드는 영국의 철도붐을 이용하지 못했다. 그래서 국경을 넘어 몇몇 외국의 철도개척에 나섰다. 그 하나인 벨기에시스템은 초기철도 가운데 가장 특기할 만한 최고의 것이었다.

벨기에에서는 정부가 모든 노선을 완벽하게 계획했다. 그러므로 영국이나 그밖의 나라에서와 같은 편파적인 사설노선이나 광기에 찬 상업경쟁을 피할 수 있었다.

자본은 1억5천만프랑의 국채로 충당되었다. 정부는 일찍이 N.M.로스차일드부자상회에 적극적으로 접근하여 사업 대부분을 이 은행에 맡겼다.

1850년까지 벨기에의 철도시스템은 영국과 마찬가지로 거의 완성되었다. 프랑스에서는 아직 계획단계에 있던 무렵이었다.

런던의 은행이 철도건설에 가담하고 있는 다른 한편에서는 제임스의 철도회사가 활약했다. 유럽을 뒤덮는 철도시스템이 차례로 싹을 피워가는 가운데, 로스차일드는 이러한 사업에 어떤 큰 틈새가 있다는 것을 깨달았다.

제임스와 라이어닐은 북프랑스와 벨기에에 인접한 상브르강과 뮈

즈강 골짜기의 풍부한 광산지역에 전부터 눈을 돌리고 있었다. 그 지역의 공업가능성에 투자한 몇몇 관련사업에 그들은 융자하고 있었던 것이다. 그 안에는 벨기에의 석탄을 파리로 공급하는 상브르~우아즈운하와 프랑스·벨기에 항해석탄회사 및 몇몇 탄광이 포함되어 있었다.

이러한 진출이 성공하기 위해선 누구나 철도의 필요성을 느낀다. 로스차일드는 전에 벨기에의 소시에테 제너럴사라는 유능한 개척상업은행으로부터 자본가연합을 결성하지 않겠느냐는 제의를 받았었다.

기득권을 가진 사람들의 반대와 1838년의 재정위기로 이 계획들은 미루어졌는데, 북부의 철도부설계획이 구체적으로 이루어지자 더 미룰 수 없게 되었다.

다른 금융가와 공업가들도 물론 흥미를 가졌지만, 규모가 엄청나고 투자자본금액이 불분명하다는 사실 앞에 움츠러들었다.

로스차일드도 정부의 참여와 보증이 없으면 손을 내밀 수 없었다. 여러 달 동안 제임스는 유력한 각료들을 만났다. 경쟁자들도 마찬가지였다.

프랑스철도를 국가에서 운영하느냐, 개인기업에 맡기느냐에 대해 대신들의 의견이 나뉘어졌다.

로스차일드사람들 사이에는 의견차이가 없었다. 개발을 위한 국채를 한 번이라도 발행한 적 있는 은행가라면 그 운영을 맡는 기업에 막대한 이윤이 영구적으로 약속된다는 것을 쉽게 이해할 것이다.

다양한 법령을 조금씩 정비하여, 마침내 파리에서 사방으로 뻗어나가는 주요노선의 완전한 시스템에 대한 계획이 세워졌다. 토지·부동산은 나중에 국가의 것이 되므로, 강제매수를 위한 첫비용을 모두 국가가 변통해야 했다.

시스템의 일부는 개인기업에 맡겨져 그 회사가 노선을 부설하고 차량을 공급하여 운영하게 되었다. 그러나 새로운 노선은 어디까지나 국가의 이익을 위해 개발되었다.

첫번째 철도는 파리~릴~발랑시엔선으로 릴에서 됭케르크 및 칼레해안지역까지 달리게 되었다. 그 입찰을 둘러싼 경쟁 또한 치열했다.

제임스는 여기에 온 힘을 기울였다. 그 때문에 사전교섭이니 뇌물이니 그밖의 온갖 수단을 다 쓴다는 비난을 받았다. 경쟁자들은 대부분 그의 금융위력에 굴복했다. 궁정에 영향력이 있는 한 그는 대항할 수 없는 무적의 상대임을 인정하고 그의 연합에 가담하게 되었다.

1845년 9월, 북부철도회사에 41년 동안 대여하는 조건으로 계약이 이루어졌다. 이 회사자본은 25퍼센트가 파리와 런던의 로스차일드사에 맡겨져, 제임스와 라이어닐과 너새니얼이 중역이 되었다.

북부철도회사는 여러 해 동안 로스차일드의 상업기반 속에서 가장 빛나는 보석이 되었다. 경영이 매우 잘 되어나가 막대한 이익을 가져다주는 사업이 된 것이다.

그러나 언제나 좋은 일만 있는 게 아니다. 철도는 한편 두통거리가 되기도 했다. 로스차일드사람들은 처음으로 거대한 공업에 관여한 것이다.

처음 몇 년은 앤서니가 거의 모든 일을 맡았다. 그것은 참으로 무거운 짐이었다. 그는 기술에 관한 훈련은 받지 못했다. 따라서 전문가에게 맡기는 수밖에 없었다.

그는 물론 최고의 사람——조지 스티븐슨을 포함하여——을 고용했지만, 그들에게도 실패는 있다. 때로 사고가 일어나고 사람이 죽기도 했다. 힘든 일이 늘 쌓여 있는데다 그런 사고가 일어나기까지 하면 앤서니는 주주와의 절충문제로 신경질적이 되었다.

그는 늘 수많은 인부를 고용하고, 솜씨좋은 기관사를 찾아야 했다. 토지를 사들이고, 그밖에도 전문적인 문제가 산더미 같이 쌓여 있어 이 영국인을 괴롭혔다.

이러한 현실적 문제만으로 충분치 못한 듯, 앤서니와 너새니얼은 대남작도 상대해야만 되었다. 제임스는 철도 일로 신경이 예민해져 있었다.

그는 북부철도에 사로잡혀 있었다. 이 일을 그의 대표적인 업적으로 여긴 것이다. 그러므로 조카들이 날마다 경영의 엄격한 현실에 맞서고 있는 동안 그는 그 진전을 끊임없이 지켜보며 정치·금융 분야에서 싸우고 있었다. 이러한 일들은 그의 마음이 여유를 느끼지 못하게 했다.

그러나 이런 철도에 대한 제임스의 걱정도 얼마 뒤 더욱 중대한 사건에 밀려나게 되었다. 철도붐과 그밖의 대규모 공업에 너무나 몰두하여, 또 루이 필립의 오를레앙왕정과 매우 친했기 때문에 그는 태풍이 가까이 다가올 때까지 전혀 문제를 깨닫지 못하고 있었다.

1848년, 30년 넘게 억압되어 온 자유주의자와 민족주의자들의 분노가 폭발했다. 그들에 의해 온 힘을 기울여 반동적 정부를 유지하려던 메테르니히 동맹체제가 무너진 것이다.

이 폭동의 해에 이어진 몇 년 동안 그 체제에 융자했던 회사는 뿌리째 흔들렸다. 그 회사들 선두에 파리·빈·프랑크푸르트·나폴리의 로스차일드은행이 있었다.

1848년 2월, 위기는 너무도 갑작스럽게 파리를 덮쳤다. 22일, 바리케이드가 거리에 세워졌다. 23일, 왕의 군대가 데모중인 군중에게 발포했다. 24일, 늙은 왕과 가족은 영국으로 달아났다.

1주일 안에 공화정이 선언되었다. 계속된 며칠 동안 도시는 극도의 혼란에 빠졌다. 몸의 안전, 재산의 안전을 위협받는 사람들——

로스차일드도 그 가운데에 있었다.

제임스는 베티, 샬럿, 그리고 3살된 막내아들 에드몽을 런던으로 보냈다. 그들은 앤서니와 루이저의 집에 머물게 되었다. 며칠 뒤 그 위의 형제들도 보내졌다.

그러나 제임스 자신은 너새니얼과 함께 폭풍에 맞서 싸울 각오였다. 좀더 정확히 말하면 폭풍 앞으로 달려나갔다. 1830년의 경우와 마찬가지로 제임스의 걱정은 단 하나, 사업을 지키는 것이었다.

그는 곧 새정부를 환영하는 태도를 취했다. 불안의 절정기에 일어난 이 사건에 대해 에르네스트 페도가 다음과 같이 쓰고 있다.

(혁명가들은) 튈르리 궁전으로 들어가 약탈한 뒤 왕녀들의 솔이며 외투를 두른 괴상한 모습으로 정원을 돌아다녔다. 그리고 온갖 방향으로 총을 쏘아대며 즐거워했다……총알은 허공을 가로질러 리볼리거리와 카스틸료네거리에 떨어지고, 뱅덤광장을 가로지르기도 했다……

……정오 무렵……나는 두 신사가 팔짱을 끼고 페(평화) 거리에 나타나 튈르리쪽으로 걸어오는 것을 보았다. 그 가운데 하나가 드 로스차일드남작인 것을 알고 나는 급히 달려갔다.

"남작님, 산책하시기에는 그리 좋지 않은 날입니다. 총알이 여기저기 날아다니고 있습니다. 이런 곳에 계시기보다는 댁으로 돌아가시는 게 좋을 겁니다."

그는 대답했다.

"젊은 친구, 충고 고맙네. 그런데 자네는 왜 여기 있나? 그것이 의무이기 때문이잖나. 나도 그렇다네. 드 로스차일드남작도 같은 이유로 온 것일세. 자네 의무는 선량한 시민을 지키는 것, 내 의무는 재무부로 가서 내 경험과 조언이 필요하지 않은지 살펴보는 걸세."

　그리고 그는 그곳을 떠났다.

　남작은 하루 빨리 평온이 회복되어 사업을 다시 할 수 있게 되기를 바랐다. 그의 단 하나의 바람은 공화국재정에서도 계속 주요한 역할을 맡는 것이었다.

　그 희망으로의 발판은 공화국정부의 신뢰였다. 그것이 없는 지금, 아무튼 공화국지도자들 속으로 들어가야 했다. 1830년 때와 마찬가지로 48년에도 그는 부상당한 영웅들을 위한 기금을 대대적으로 희사했다. 이번에는 1만5000프랑이 아닌 5만프랑을 냈다.

　새정부로서도 빨리 안정을 되찾고 싶은 것은 기업계와 다름없었다. 제임스는 얼마 뒤 각료들과 이야기를 나누게 되었다. 정부재정을 다시 돌아가게 하는 바퀴가 될 만큼 그는 지지를 얻어냈다.

　그러나 겉으로 보이는 침착 뒤에는 무서운 공포와 불안이 있었다. 파리로 돌아오고 싶다는 아내에게 3월4일의 편지 속에서 그는 대답하고 있다.

　사랑하는 아내에게

　2일에 쓴 편지를 받았소. 고맙소. 2, 3일 안으로 오고 싶다는 당신의 마음, 정말 기뻤소. 가슴이 두근거릴 정도였소. 기꺼이 찬성하오……

　공화국정부에 무엇을 기대할 수 있을지, 아무도 알 수 없소. 지금은 꽤 안정되었지만, 상황은 여전히 위험하오. 여기서 할 수 있는 일은 다만 의무를 다하는 것뿐이오.

　지금 새로운 일을 하려는 참이오.

　……당신에게 부탁하고 싶은 것은, 다른 이름으로 된 여권을 왕복으로 손에 넣어두라는 것이오. 알퐁스를 데려온다면, 그 아이에게도 여분의 여권을 준비해 주오. 당신이 런던으로 돌아갈

때 신문표제에 '드 로스차일드부인, 런던으로 돌아가다'라고 실리
는 게 싫으니까.

그런 일에는 터무니없는 소문이 무성하게 퍼지는 법이오. ……
베티, 어딘가에 작은 집을 빌려 둘이서 느긋하게 살고 싶소……
부디 당신 생각대로 하구료.

알퐁스를 데려오고 싶으면 그렇게 하오——그애를 정치에서
멀리 떼어놓고 싶지만. 그들이 알퐁스를 보면 국민군에 들어오라
고 권유할 거요. 얌전히 있겠다고 한다면 데려와도 괜찮소……

제임스도 은퇴를 생각하게 되었다. 세상은 성급하게 무엇이든 평
등해야 한다면서 여러가지 무모한 소문이 날뛰고 있었다. 은행과
철도가 국유화되고, 부동산은 공유하게 된다는 것이었다.

수도는 곧 평정을 되찾았지만, 불량배며 강도패거리가 지방 곳곳
에 날뛰었다. 로스차일드사람들은 이 폭력이 국경을 넘을 것 같은
예감으로 두려움에 떨며 정세를 지켜보았다.

그러나 그들이 모두 두려운 마음만으로 혼란을 지켜보고 있었던
건 아니다. 자유로운——그리고 비교적 안전한——영국에서는 앤
서니의 아내가 여유롭게 일기에 쓰고 있다.

호화롭기만 한 것은 아무 관심도 없다고 할까, 아니 오히려 싫
다. 만일 민주혁명이 성공하여 소박한 생활을 하게 된다면 나는
기쁠 것이다. 운명이 바뀌어도 나는 반드시 잘 해나갈 것 같은
기분이 든다——앤서니의 한탄을 생각하면 그 용기도 어디론가
날아가버리지만.

그 해가 지나고 새로운 폭동소식이 그녀의 귀에 들려왔다. 이번
에는 그녀도 절망의 합창을 함께 하게 되었다.

새로운 혁명가들의 거칠고 잔혹한 행동에는 소름이 끼친다. 문명——우리가 그토록 자랑스럽게 여기던 19세기 문명——은 표면상의 것으로, 하층민들의 불평에 찬 사나운 분노는 전혀 변한 게 없다는 생각이 든다.

남자들은 그러나 태연히 있을 수 없었다. 그 해의 남은 나날내내 회사에서 회사로 이동을 되풀이했다.

상담, 자금상환과 인도, 폭도들이 추대한 새정치가들과의 간담회 등 혼돈 속에서도 유지할 수 있는 것은 유지하며 좋은 날이 올 것을 염두에 두고 분투했다.

3월 중순에 혁명은 오스트리아와 독일로 번졌다. 13일, 메테르니히는 정부존속을 위한 희생양이 되었다. 그는 변장하고 빈에서 달아났다. 그는 가족과 영국으로 달아나는 데 필요한 자금을 잘로몬으로부터 빌렸다. 남작은 기꺼이 옛친구를 도왔다. 추방당한 총리에게 1000다카트쯤 융통해 주는 것은 문제도 아니었다.

그러나 빈 로스차일드의 재정은 혼란상태에 있었다. 대규모 금융위기에 빠져 메테르니히내각과 마찬가지로 느닷없이 완벽한 붕괴위험으로 내몰렸다. 잘로몬의 타고난 호인의 성품이 재난을 불러들인 것이리라. 다른 금융가들을 돕고 나자 자신의 손에는 아무것도 남지 않게 되었다.

문제해결을 위해 안셀름이 서둘러 빈으로 왔다. 끈질긴 노력을 거듭하고, 런던 로스차일드은행과 긴밀하게 연락을 주고받은 덕분에 어떻든 그 혼돈에서 빠져나와 질서를 되찾을 수 있었다.

하지만 이번에 닥쳐온 재정적·정치적 변혁은 이제야말로 모든 게 허사가 되는 게 아닐까 싶을 정도였다. 그들이 열심히 일해 쌓아올린 모든 것이 혁명의 늪 속으로 빠져드는 듯 보였다. 잘로몬은 매우 의기소침해졌다.

프랑크푸르트 로스차일드사는 금융적으로 그리 지독한 상황은 아니었으나 위기가 아니어도 발작을 일으키기 쉬운 암셸은 거의 광란 상태였다.

위기감이 퍼지자 유가증권이 폭락하여 사람들은 금을 구하기 위해 몰려들었다. 암셸은 그 일에 망연자실하여 다른 로스차일드회사가 자금을 원조해 주지 않는다며 그들을 비난했다.

그러나 그도 형제들도 그런 위기를 예전에도 여러 번 헤쳐나왔다. 암셸이 분명히 말했듯, 모두들 머리를 짜내면 이 위기도 극복할 수 있을 터였다.

그 속에서도 암셸은 분별없는 투기에 빠져있던 두 조카를 보살펴주는 일을 잊지 않았다.

조지와 앤서니 보름스는 스페인국제채라는 이름뿐인 채권을 500파운드나 사들였다. 결제일 전에 시장에서 값이 오르면 팔아서 그 차익을 얻으려 한 것이다.

그러나 시장에서 값이 폭락하여 그들은 그 지불조차 할 수 없게 되었다. 그들은 암셸백부에게 호소하기도 하고, 그의 집으로 찾아가 모든 것을 남김없이 털어놓았다.

그들의 고민을 듣고 암셸은 웃으며 말했다.

"필요한 액수를 너희들 아버지 구좌에서 꺼내거라. 거기에 드는 비용은 내가 주겠다. 스페인공채에 대한 지불을 하고 증서는 서류봉투에 담아 아버지께 보내거라."

그들은 그 말대로 하여 모든 게 해결되었다.

그러나 미쳐날뛰는 폭도들에게는 그도 어찌할 바를 몰랐다. 혼란으로 지새운 3월, 그리고 5월에 다시 찾아온 지독한 폭동.

늙은 암셸은 혁명세력 앞에 회사도 쓰러질 게 틀림없다고 공포에 떨었다. 영국에서 찾아온 조카 조지가 그 무렵의 상황을 집으로 보낸 편지 속에 선명하게 그리고 있다.

일요일, 시민대표단이 2만여 명의 서명이 든 탄원서를 들고 의사당에 소집된 시의회로 갔습니다.

탄원서에는 여덟 조항의 '요구'——그들은 만일 이 요구가 받아들여지지 않으면 자신들의 권리를 강제로 되찾겠다고 했는데——가 씌어져 있었습니다. 보도의 자유, 정치범 석방, 배심제에 의한 재판, 독일의회와 시민과 신앙의 자유, 법정 공개, 그리고 무기 휴대허가.

7000에서 8000쯤 되는 군중이 자신들의 요구를 큰소리로 외치며 행진했습니다. 그들은 오후 4시에 재판소 광장 앞에 모여들었습니다. 무시무시한 소동이었습니다.

5시, 평의회는 처음의 두 요구를 받아들였습니다. 나머지는 연방 여러 나라에 상의할 때까지 받아들일 수 없다고 거부했습니다.

군중은 모든 요구사항이 받아들여질 때까지 시의회를 끝낼 수 없다고 했습니다. 6시쯤, 군중들이 건물 안으로 난입해 회의실로 들어갔지만, 국방군에게 밀려 도로 나왔습니다.

그때 경보가 울리며 병사들이 출동했습니다. 400명쯤 되는 국방군이 광장 앞으로 진군하고, 500명이 한 줄로 늘어서 자리잡고 100명의 기마병이 그 뒤에 둘러서는 전투태세가 이루어졌습니다.

군중은 전진하여 빨강·검정·금색의 공화국 깃발을 건물 앞에 세웠지만, 그 대열은 곧 무너져버렸습니다. 폭도들은 오전 1시까지 그곳에 있었습니다.

오전 1시에 격돌이 시작되었습니다. 두세 사람이 부상당하고 40명이 투옥되었습니다.

어제 오전 6시, 프랑크푸르트시민 '모두'가 무기를 들고, 1만

5000에서 1만6000의 무장대를 결성했습니다. 국방군은 의사당 안에 틀어박혀 야포 5대를 설치해 의사당을 점거한 상황입니다. 1000명이 넘는 사람이 하루 종일 그곳에 있었습니다.

군중은 총과 칼을 들고 거리를 행진했습니다. 모든 문이 폐쇄되고 (시민 말고는) 아무도 검열 없이 안에 들어가지 못했습니다. 무기를 휴대하고 있으면 모두 구류되었습니다.

거리 모퉁이마다 총을 멘 보초가 둘씩 세워졌습니다. 시의회는 모든 시민과 시 밖에서 온 사람들에게 평화유지를 희망한다면 그 의사표시로 왼팔에 홍백 띠를 두르라는 지시를 전달했습니다. 나와 앤서니는 물론 그렇게 했습니다.

밤에는 거리 곳곳을 군대가 지켜, 그 띠를 두른 사람 말고는 아무도 나다닐 수 없습니다. 소리치거나 울부짖으면 곧 체포되고, 반항하면 그 자리에서 사살됩니다. 지금까지 꼭 한 사람이 살해되었습니다.

밤이 되면 지금까지 본 적 없을 만큼 아름다운 광경이 나타납니다. 곳곳에 횃불이 넘실대고, 이리저리 왔다갔다 하는 보병과 기병 말고는 모든 것이 고즈넉한 세계.

시의회는 오스트리아군 5000명을 끌어들이려 했지만, 시민은 자신들 손으로 도시를 지키겠다고 하여 이를 멋지게 성취했습니다. 정말입니다. 지금은 모든 게 본디의 조용함으로 돌아갔습니다.

어떻게 그런 일이 가능했다고 생각하십니까. 자유를 얻으면 무엇을 원하느냐고 누군가가 묻자 폭도들이 돈과 피라고 대답했기 때문입니다.

그런 어리석은 생각이 통한다면 여기는 파리보다 지독한 상황이 되어 모든 집이 약탈당하고 불태워졌겠지요. 신에게 감사합니다. 지금은 모든 게 염려없으니까요……

그 안심도, 그러나 아직 시기상조였다. 반역자들은 독일의 중심에서 계속 날뛰고 있었던 것이다.

베를린이 첫희생물이 되었다. 프로이센의 프리드리히 빌헬름 4세는 자유헌법을 인정하고, 자신이 통일된 독일의 우두머리가 될 것을 약속했다.

여기저기서 폭동이 일어나고 프랑크푸르트도 예외가 아니었다. 그 속에서 암셸은 집 유리창이 깨어질 때마다 지독한 모욕감을 느꼈다. 이 도시가 불안정해질 때에는 '드 로스차일드의 집' 창문을 두드려 깨뜨리는 일이 일종의 의식처럼 이루어졌던 것이다.

연방의회가 새로운 독일을 편성하기 위해 6월18일에 의회를 열기로 했다. 암셸은 제임스처럼 새로운 지배자와의 접촉을 서둘렀다.

실리적인 로스차일드는 감정과 행동을 분리시킬 수 있었다. 개인적으로는 사상이 세련되지 못한 평등주의자에게 경멸 이외의 아무것도 느끼지 않았다.

손도끼 같은 조잡한 무기를 든 폭도들이 파리에 있는 잘로몬의 성에 들이닥쳐, 가구를 부수고 옛거장들의 작품을 내동댕이치고 불질렀을 때 이 경멸은 더욱 강해졌다. 그들은 시대의 영웅인 체하는 선동적이고 무례한 지도자들에게 격분했다.

그러나 제임스의 장남 알퐁스처럼 비꼬인 체념으로 사태를 바라보는 이도 있었다.

"노동자는 우리의 주인이다. 우리가 그 일에 익숙해지면 된다."

겉으로는 냉정해 보여도 대남작은 가족들 일이 매우 마음에 걸렸다. 알퐁스는 태연하게 국민군에 들어가 있고, 19살된 구스타브도 프랑스로 돌아오면 곧 군대에 들어가게 되어 있었다.

그들의 아버지는 걱정으로 잠을 이루지 못했다. 결국 그는 실력행사에 나섰다.

　국민군이 움직여 알퐁스가 다른 젊은이들과 싸우지 않을 수 없게 되기까지 나는 팔짱만 끼고 있었던 건 아니다. 아버지로서 아들이 이런 일에 말려드는 것을 피하고 싶었다. 무엇보다도 나는 공화주의자들과는 다르니까.

　나는 그를 미국에 보내기로 결정했다. 우리 사업에도 유익할 거라고 너새니얼이 말하여 나는 기꺼이 그렇게 하려고 한다. 단한 가지 문제는 알퐁스가 아직 너무 어리다는 것이다. 메이어(네이선의 막내아들) 같은 확고하고 유능한 사람이 함께 가면 좋을 텐데…… 알퐁스를 한시바삐 파리에서 내보내야 한다. 그리하여 진지하게 한 사람 몫의 일을 해내게 하고 싶다.

　다섯 달 뒤 알퐁스는 미국으로 가는 배에 올랐다. 그때까지 그와 아우는 위험을 피하여 프랑크푸르트로 보내져 있던 상황이었다.

　사업에서는 후퇴를 계속했다. 철도 국유화계획이 구체화되기 시작하자 제임스는 단호하게 반대하기로 은행동료들과 약속을 굳혔다.

　그러나 프랑스에서는 이것이 그들의 재산에 대한 마지막 위협이었다. 모두들 과격론자를 탐탁지 않게 여겨 그 짧은 권력행사는 끝을 향해가고 있었다.

　6월, 군대와 국민군이 시민을 향하여 출동했다. 결과는 피의 바다. 역사에 남을 '6월 사건'이었다.

　하층계급사람들과 사회주의지도자들은 다시 제자리로 돌아갔다. 국유화와 부의 재분배는 어둠 속으로 사라지고, 제임스의 낙천주의가 되돌아왔다.

　질서가 회복되면 신뢰도 되살아난다. 위원회도 정부도 권력은 강제력이 있어야 비로소 행사될 수 있음을 깨달았을 것이다. 이번 일은 어느 정부에나 좋은 약이 되었을 거라고 생각한다.

이제는 철도를 빼앗기는 일도 없으리라……온 세계가 여기에서 일어난 일로 은혜를 입은 셈이다. 모든 게 잘 되어갈 것이다……

자유주의자·초기 공산주의자·민족주의자는 서로 상대방의 동의를 얻지 못한 채 좌절했다.

프랑크푸르트에서는 경쟁적인 당파들이 쓸데없는 입씨름을 벌여 애써 잡은 주도권을 놓쳐버렸다. 이탈리아의 몇몇 도시에서 일어난 봉기도 실패로 끝났다.

오스트리아는 본디 정치적 문제가 많았음에도 불구하고 위기상황에서 군주제정부가 단호한 태도를 취해 사태를 수습할 수 있었다.

그러나 위기가 지나갈 때까지 제국중심부에 몇 가지 심각한 사태가 일어났다. 가을에 빈에서 마지막 폭동이 일어난 것이다. 지금까지 볼 수 없었던 극악한 상황에 내몰려, 마침내 잘로몬도 성공의 무대에서 쫓겨났다.

군대의 반란분자는 10월6일 육군대신 라투르백작이 피난해 있는 육군본부를 공격했다. 불행한 사나이는 끌려나와 살해되었다. 궁정과 정부는 어딘가로 달아나고, 반역자들은 도시를 제멋대로 휘젓고 다녔다. 제국군대가 다시 통제를 회복하기까지 25일 동안의 지배였다.

그동안 폭도는 흉칙한 행동을 되풀이해 건물을 점령하고 약탈을 일삼았다. 렌거리에 있는 잘로몬의 사무소도 그 대상에 포함되었다. 남작부자는 숨어 지내다 그곳으로부터 달아나기 위해 프랑크푸르트행 마차에 올랐다.

4주일 뒤 질서가 회복되자 안셀름은 혼자 빈으로 돌아갔다. 결국 잘로몬은 파리로 가서 남은 여생을 보내게 되었다.

이 모든 소동의 소용돌이 속에서 로스차일드는 살아남았다.

어느 영국인의 보고이다.

　파리에서는 모두들 몰락했다. 은행가는 잇따라 파산했다. 로스
차일드만이 고통 속에서도 똑바로 다시 일어섰다.
　그들이 이번의 대위기에서도 살아남은 이유는 두 가지였다. 하나
는 언제나 그들의 지위를 버티게 해준 막대한 금융재원·단결력·유
연성의 조화이다. 런던·파리·나폴리·프랑크푸르트·빈의 돈과 두뇌
가 어려움에 처한 은행에 필요한 원조를 늘 보증하고 있는 것이다.
　또 하나는 새로운 정부로서도 로스차일드를 파산시킬 까닭은 없
다는 것이다. 이런 큰 은행이 도산하면 정부재정이 대혼란에 빠지
기 때문이다. 이를테면 위기가 최고조에 이르렀을 때에도 파리의
공화주의각료들은 그 당시의 공채 일로 제임스와 재교섭을 하고 있
었다.
　혁명의 파도도 쓰러뜨리지 못한 로스차일드의 부와 권력을 생각
할 때 사람들은 외경심을 느낀다. 1848년의 동란 속에서 대남작—
—제임스 드 로스차일드만큼 동요없이 단호한 태도를 관철한 병사
는 없었다. 그가 시대의 경이로움으로 여겨지는 것도 이상한 일이
아니다.
　그를 늘 우러러온 사람들은 존경의 마음을 새로이했다. 그를 미
워한 사람들은 앞으로 더한층 미워하리라. 사람들은 다만 더욱 놀
라운 눈으로 그를 바라보았다.
　《노동자의 경종(警鐘)》이라는 잡지의 과격한 편집장마저도 그를
비꼬는 가운데 존경의 마음이 우러나오는 것을 어쩔 수 없었다.

　당신(제임스)은 기적이다. 루이 필립은 실각했다. 기조도 사라
졌다. 입헌군주도 의회정치도 실패로 끝났다. 그러나 당신은 요
지부동이다!

……아라고와 라마르틴은 어디로 가버렸는가? 그들의 세상은 끝나버렸다. 그러나 당신은 살아남았다.

은행주들은 청산절차에 쫓기고 사무소는 폐쇄되었다. 산업계와 철도회사주인들도 비틀거린다. 주주·상인·제조업자·은행가도 모두 송두리째 파산했다. 크든 작든 타격을 입었다. 이들 파산자 가운데에서 당신 한 사람만이 아무렇지도 않은 듯 시치미뗀 얼굴이다.

당신 회사가 파리에서 최초로 폭력을 당했어도, 혁명세력이 나폴리에서 빈으로 베를린으로 당신을 뒤쫓아도, 온 유럽에 영향을 미쳐온 그 모습 그대로 당신은 여전히 움직이지 않는다.

그러나 사태를 좀더 깊이 들여다보면 중대한 변화가 일어나고 있는 게 보일 것이다. 그리고 대남작도 그 변화에는 대처할 방법이 없었다.

정치도 또 하나의 사업

상류사회와 정치에 적극 참여하라
그것이 사업성공의 비결이다

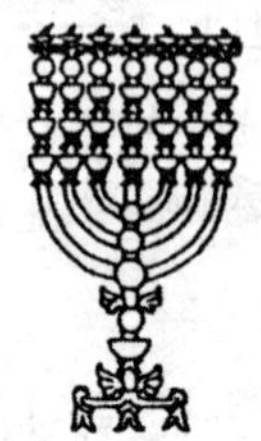

1830년대와 40년대 영국에서의 생활은 대륙에 비하면 평온했다. 뉴코트에서 일하는 네이선의 후계자들도 그러했다.

라이어닐 등 형제들은 아버지가 지녔던, 사업에 대한 천부적 재능과 헌신성이 결여되어 있었다. 라이어닐, 앤서니, 그리고 너새니얼은 네이선이 사망하자 갑자기 사업에 내던져진 형편이었다. 게다가 파리로 자주 불려가 뉴코트의 경영이 원활하지 못했다.

그러나 몇 해 지나자, 세 형제와 '머피'라 불리는 막내 메이어의 영국내 영향력이 네이선을 능가하게 되었다.

그것은 다른 종류의 영향력이었다. 엄청난 재력과 강한 개성에 의한 게 아니고, 영국신사로서의 정치적·사회적 지위에 바탕을 둔 것이었다. 그 지위는 최고의 것을 지향하는 어머니가 가문의 목표로서 그들에게 제시해준 것이기도 했다.

유대인이면서 영국인인 네이선의 아이들에게, 그녀는 영국인으로서의 자각과 긍지를 분명하게 심어주었다. 그녀는 또한 그들의 출세를 강하게 원했다.

상류사회에 섞여들어가 아버지가 멀리했던 '남작' 칭호를 사용하도록 장려했다. 메이어를 케임브리지대학에 보내고, 교외에 부동산을 사들이라고 아들들에게 조언했다. 정치에도 적극적으로 참여하여 엘리트 영국인으로서 그들이 '지니고 태어난 권리'를 최대한 살리도록 설득했다.

아이들을 영국사회에 동화시키려는 그녀의 노력은 큰 성공을 거두었다. 딸 해너 메이어는 친척들 사이에 물의를 빚으며 이교도인 귀족과 결혼했다. 너새니얼, 그리고 샬럿과 루이즈는 외국생활로 마음이 안정되지 않았다. 샬럿은 자신의 아이들에게마저 모국에의 그리움을 느끼게 해주었을 정도였다. 그 아이들 가운데 둘(퍼디넌드와 앨리스)은 성장한 뒤 어머니 나라로 옮겨가 영주했다.

영국을 평화와 관용의 나라로 생각한 것은 그들만이 아니었다. 대륙에서는 소수파가 음모와 폭력시위로 결집하거나 끊임없이 혁명을 일으켜 생존을 위한 권리를 요구했다. 많은 사람들은 영국에 선망의 눈길을 보내며 영국을 자유주의의 고향으로 여겼다. 정치적으로 자유로운 사회로 완만한 이행을 하려 할 때 영국을 모범으로 생각했기 때문이다.

그러나 물론 그 대부분은 환상에 지나지 않았다. 영국도 이상향이 아니다. 사회적·종교적 차별이 국민을 갈라놓았고, 유대인을 포함한 소수파는 평등한 권리를 얻기 위해 많은 투쟁을 해야 했다. 이를테면 직업을 가지려 할 때, 고등교육을 받으려 할 때, 정치생활을 하고 싶어할 때는 교회의 통제를 받아야 하는 불평등이 있었다.

영국은 약 170년 동안 영국국교회원이 아닌 자, 39개조 신조(영국국교의 기본적 신조)에 동의하지 않는 자, 자신의 양심에 따라 '국교의 법에 버금가는 형식'으로 그리스도교 신앙 맹세를 할 수 없는 자에 대해 권력과 영향력에의 문이 거의 닫혀 있었다.

결국 이러한 배제에 저항하는 자유주의운동이 일어나, 선거법 개정에 대한 논의가 진행되었다. 개정을 거부하면 아일랜드에 반란이 일어날 것을 겁낸 정부가 어쩔 수 없이 이를 인정했다. 1828년 비국교도는 그들의 권리를 획득하게 되어 다음해 로마가톨릭이 국교 다음자리를 차지했다.

이런 상황에서 유대인이 그 같은 권리를 얻고자 할 때 완고한 반동세력을 상대로 얼마나 오래 투쟁해야 될지 아무도 예상할 수 없었다. 그래도 처음에는 모든 게 순조로워 보였다.

1830년 봄, 온 나라 안의 유대공동체가 손잡고 조직을 만들어 유대인특별법안 지지를 호소했다. 그들은 이교도 친구와 이웃의 꽤 많은 지지를 얻었다. 런던에서는 청원서에 1만4000명, 리버풀에서는 2만명의 서명을 얻었다.

영국에 사는 유대인은 3만5000명. 그들은 그 나름의 존경을 받고 있었다. 개중에는 새로 세워진 유대학교에서 공부하고, 그 힘으로 중류계급에 들어간 이도 있었다. 그런 책임있는 시민이라면 그리스도교도인 이웃과 같은 권리가 주어지는 게 많은 영국인들에게도 자명한 이치로 보였다.

그러나 일단 이 호소가 웨스트민스터에 들어가자 그것은 그리 간단하지 않았다. 이 요구를 개인적 청원으로 의회에 처음 제출한 사람은 휘그당 소속 국회의원 로버트 그랜트였다.

총리대신 웰링턴은 정부 입장에서 지지를 거부했다. 제2독회(讀會)에서도 거절되었다.

그랜트는 물러서지 않고 1843년 그레이경이 이끄는 휘그당 내각 때 다시 국회에 의안을 제출했다. 하원은 대다수로 통과시켰지만, 토리당이 우세한 상원에서는 거부되고 말았다.

1835년 및 36년에도 법안이 제출되었지만, 같은 운명을 거쳤다. 1835년에 그랜트가 봄베이총독에 임명되고, 40년에 노련한 휘그당 당원 홀랜드남작이 세상을 떠나 유대인은 불운하게도 의회의 주요한 전사(戰士)를 잃었다.

그러나 유대인도 정치에 자유로이 참여할 수 있다는 생각을 가진 것은 휘그당과 과격론자만이 아니었다. 또 성직자와 반동귀족만이 그에 반대하는 의견을 가진 것도 아니었다.

제출된 법안을 거부한 사람 중에는 위대한 개혁가 샤프츠버리경 같은 진보주의 지도자와, 과격론자인 럭비학교교장 토머스 아널드도 있었다. 아널드는 1836년 친구에게 보내는 편지 속에서 다음과 같이 쓰고 있다.

　나는 내 신조에 따라 행동한다. 그 신조란 이러하다. 세계는 그리스도교도와 비그리스도교도로 이루어지며, 앞의 경우는 모두 한편이고 뒤의 경우는 한편이 아니다.

　그리스도교도와 비그리스도교도의 구별은 뚜렷이 지켜져야 한다. 따라서 유대교도는 정치적 권리든 무엇이든 요구하면 안된다. ……유대인은 영국에서 이방인이며, 그들이 영국에 대하여 법률 개정을 요구하는 것은 하숙인이 집주인에게 그집 관리를 공동으로 하자고 말하는 것과 같다.

이러한 국수주의자에 비해 유대인에 대한 생각이 비교적 진보적인 부서도 있었다. 그 하나가 런던시 당국이었다. 이곳 수뇌들은 평소 광범위한 사업공동체에서 얻은 자유로운 사고방식을 가진 사람들이며, 뛰어난 능력과 신망을 지닌 유대인과 원만한 협력관계에 있었다.

유대인의 권리획득에 있어 맨먼저 부닥친 관문은 런던시장 취임에서였다. 1835년 런던 웨스트민스터은행 창시자 데이빗 샐러먼스가 시장에 선출되었다. 이 일로 사람들은 유대인의 정치적 자격문제를 정면으로 따지게 되었다. 왜냐하면 이 직책에 취임할 때 그리스도교 선서를 해야 했기 때문이다.

이 어리석은 문제를 해결하기 위해 의회는 시장의 선서에 관한 법률을 서둘러 통과시켰다. 샐러먼스는 영국유대인으로서 첫번째로 정치적 직책에 취임한 것이다. 제1라운드는 개혁파의 승리였다.

제2라운드는 보수파가 이겼다. 올드게이트의 참사회원(參事會員)에 선출되었을 때 전통적으로 내려오는 선서를 하지 않고 취임하고 싶다는 샐러먼스의 요구가 거부된 것이다.

이어서 여러 해 동안 몇몇 지방자치단체에서 유대인이 선출되고, 많은 경우 유대인은 정부관리로 취임할 수 없다는 법률이 무시되었다.

1841년 유대인 단체는 정부 직책의 취임선서 수정법안을 제출했다. 이것이 부결되어 유대인은 지방 및 도시의 행정중앙부서 직책에 앉을 수 없게 되었다. 런던기업계 사이에 긴장감이 높아졌다.

같은 해 선거에서는 로스차일드집안 연장자와 친구들이 휘그당을 지지하는 운동을 전개했다.

그러나 결국 로버트 필경이 이끄는 보수당이 승리했다. 그럼에도 불구하고, 최근 선거에서 패배하여 40년의 정치생활에서 물러나 있던 헤러스가 새 재무대신에게 경고했듯, 이제 보수당은 유력한 그룹과 사이가 벌어져 있었다.

그 사람들이 지난번처럼 당신에게 호의를 보이지는 않으리라 염려됩니다. 존스, 로이드, 샘 거니, 그리고 로스차일드 같은 사람들이 선거문제로 보수당에 그리 좋은 감정을 갖고 있지 않습니다.

그 말대로였다. 드디어 상황이 반전되어 1845년 입법 때 새로운 법안이 제출되었다. 이것은 정부의 지지로 통과되고, 유대인이 채용되기 시작했다. 유대인들은 곧바로 시의 행정중앙부서로 진출했다. 샐러먼스는 1847년에 참사회원이 되고, 55년에는 시장이 되었다.

1847년 8월, 또 총선거가 있었다. 유대인 지도자들은 다른 행정부서에 대해 사용한 것과 같은 전술을 국회에도 쓰기로 했다. 그 전술이 매우 효과적이었음을 알았던 것이다. 그들은 저명한 유대인의 출마를 적극 장려했다.

데이빗 샐러먼스가 그리니치에서 자유당으로 입후보했다. 그가 선거에 나온 것은 이번이 세번째였다. 쇼럼(1837년)과 메이드스턴(41년)에서도 나선 적이 있었지만, 이때는 의석을 가지는 게 불가능한 입후보자에게 투표해야 소용없다고 유권자들은 생각했을 것이다.

요크셔의 비벌리에서는 유대인 해방에 오랫동안 힘써온 노금융가 아이작 골드스미드경이 자유당 연단에 섰다.

로스차일드집안에서는 두 사람이 도전했다. 메이어가 하이드 폭스턴의 켄트구 의석에 입후보하고, 런던시에서는 라이어닐 드 로스차일드가 자유당 후보의 한 사람이 되었다.

라이어닐형제는 여러 해 동안 정치적 해방을 위해 활동해 왔다. 지금까지 겉으로 나서지는 않았지만, 의회에 입후보하려는 생각은 그들 집안에서 그리 새삼스러운 것도 아니었다.

1814년에 안셀름이 빈에서 보낸 편지는 영국정치에서 로스차일드의 위치를 화제삼고 있다.

1, 2년 안에 자네들 가운데 의회의자를 차지하는 이가 나와 축하할 날이 오기를 기대하네.

'의회의자'——그것을 지금 라이어닐과 메이어가 손에 넣으려 하는 것이다. '의회의자'는 부유한 영국신사로 태어난 자의 특권이다. 이제 부유한 유대인도 그 특권을 공유하려고 결의한 셈이다. 잘로몬이 최근 토지소유권리를 획득했듯 영국의 친척들은 영국유대인의 정치적 권리를 소유하려는 것이다.

라이어널도 메이어도 열성당원은 아니었다. 정열적으로 정치이념을 추진하기 위한 장소를 필요로 하는 것도 아니었다. 사회적 책임으로 말하면 토지소유자로, 고용주로, 후원자로, 적극적인 자선활동가로 이미 할 일을 다하고 있었다. 그들에게 자신의 견해를 발표할 공적인 장소는 필요없다. 사실 라이어널은 되도록 그런 일을 피하고 있었다.

물론 그들에게 정치적 견해가 없다는 건 아니다. 지도적 입장의 유대인이 모두 그렇듯 그들도 자유당원이었다. 자유당은 근본적인 개혁과 소수파의 권리획득을 지향하는 당이다.

정열적 기질을 지닌 메이어는 라이어널보다 더 열심이었다. 그의 정치이념은 아마도 케임브리지시절에 형성된 듯했다. 그는 집안사람들에게 '과격분자'로 여겨지고 있었다.

파리에서 폭동에 맞닥뜨리기 훨씬 전인 1841년에 너새니얼이 23살의 아우에 대해 재미있는 말을 하고 있다.

"머피 같은 기력이 내게는 없어. 런던에 있을 때보다 지금은 오히려 보수적이지. 평등이라든가 파괴주의적인 것은 아무래도 내 마음에 안 들어."

1847년에 메이어는 29살이었다. 그는 땅딸막하고 쾌활한 성격이었다. 실제로 그는 전형적인 영국인 존 불을 그릴 때 그 모델이 되어도 좋을 듯한 사나이였다.

이 말은 실로 그에게 잘 어울렸다. 그는 집안에서 가장 영국인다운 사람이었다. 농업을 중요한 취미로 삼는 신사로서 우수한 혈통의 소를 기르고 사냥과 경마를 하며 지냈다.

그는 타고난 외교가였다. 다른 사람이 어떻게 느끼는지를 곧 깨닫고 그에 따라 대응하는 재능을 갖추었다. 대남작 제임스는 그를 매우 좋아하여 알퐁스를 미국으로 보낼 때 딸려보내고 싶은, 신념이 확고하고 유능한 사람으로 표현했던 적도 있다.

아버지 네이선이 컬린집안을 비롯한 켄트연안 사람들과의 사이에 쌓아둔 유대는 메이어에 의해 계승되었다. 1847년 도버항구 개량공사 차금(借金)문제에서 그는 그 교섭을 도왔다. 하이드 폭스턴 유권자들은 자신들을 위해 그에게 의석을 주고 싶어했다. 비록 그가 승리했을 때 의회의자에 앉는 일이 불가능하다 할지라도.

메이어는 패배했다. 라이어닐은 일이 잘 풀려, 영국유대인의 희망이 이제 오로지 그에게 집중되었다. 데이빗 샐러먼스와 아이작 골드스미드도 패했던 것이다.

자유당 당수 존 러셀경은 라이어닐의 목적이 무엇인지 알고 있었다. 그는 1848년에 총리가 되자 곧 이 은행가를 준남작으로 추천했다. 그의 용기를 북돋아주기 위해서였다.

라이어닐은 이 명예를 사양하여 친구들과 집안사람들을 실망시켰다. 어머니는 낙담했다.

"최고신분에 계신 분이 특별히 주시는 선물이야. 존중해야지. 거기에는 다른 이점도 따를 게다. 그것을 거부하면 그분이 화내실 테지."

만일 라이어닐이 유대인의 권리개선을 원하고 있다면, 그렇게 할 수 없을 거라는 비난이 쏟아졌다. 그러나 그는 자존심강하고 고집스러운 사나이였다. 비난이 거세질수록 그는 마음을 굳혔다.

칭호를 사양한 데는 두 가지 이유가 있었다. 하나는, 그는 이미 오스트리아의 남작이므로 준남작 지위를 받아들일 까닭이 없다고 느낀 것이다. 영국의 작위가 엄청난 것이라 해도 그렇다.

만일 정부가 유대인을 귀족(준남작은 귀족에 들지 않음)으로 삼는 전례없는 일을 하려 했다 해도 그는 사양했을 것이다. 왜냐하면 서작식(敍爵式)에서 그리스도교 선서를 해야 하며, 그것은 라이어닐로서는 분명 할 수 없는 일이었다. 그리고 만일 라이어닐이 남작보다 낮은 명예를 받아들인다면, 그것은 유대인 차별개선에 바람직하지 않다고 여겨졌다.

두 번째 이유는 얼마 전 몇몇 유대인에게 준남작 지위가 주어져, 라이어닐은 그 일로 자신이 비하된 듯 느낀 것이다.

그는 집안사람들의 의견을 들어 보았다. 어머니는 충고했다.

"이미 다른 두 사람에게 주어진 것은 너와 상관없는 일이다. 그 때문에 명예가 깎이는 일은 결코 없어. 이것이 내 솔직한 의견이란다."

사촌 안셀름은 분명하게 잘라말했다.

"다른 사람 일은 전혀 관계없어. 다른 사람은 그럴 만한 자격이 없는데도 다만 너보다 먼저 선발되었을 뿐이야."

그렇다면 그 사람들은 누구인가? 라이어닐이 그들과 자신을 결부시켜 자신의 명예를 염려할 만한 그 사람들은?

사실 그들은 영국 유대인 가운데 가장 저명한 '노정치가'이며, 오랜 세월 유대공동체를 위해 봉사해온 사람들이었다.

아이작 골드스미드경, 69살. 런던의 유니버시티 칼리지(1871년까지 유대인이 학위를 받은 유일한 기관) 창립자로, 최초의 유대특별법안 기안자였다.

자선활동을 적극적으로 원조하고, 엘리자베스 프라이, 로버트 오웬과 사귀는 개혁가이기도 했다. 그는 포르투갈정부의 재정처리에까지 손대어, 그 일로 최근에도 드 팔메이러 남작 칭호를 받았다.

또 한 사람은 모제스 몬테피오레경, 63살. 라이어닐의 숙부뻘 되는 사람이다. 그는 네이선 로스차일드의 사업동료로, 수많은 사업을 함께 해왔다. 특히 얼라이언스 보험회사는 두드러진 활약을 하는 사업체이다.

모제스경은 유대인의 처우개선을 위해 러시아와 동지중해연안 여러 나라를 널리 돌아다녔다. 또한 영국유대의 이익을 대표하는 중앙기관인 유대대표위원회에서 라이어닐과 함께 일하고 있었다.

38살의 라이어닐은 이들 두 존경할 만한 지도자의 어디가 마음에 들지 않았던 것일까?

영국유대를 분류해 보지 않으면 그 대답은 나오지 않는다. 사실 영국에 동화한다는 것은, 그 과정에서 유대사회의 긴장을 고조시키는 일이다. 어떤 이는 환영하고, 또 어떤 이는 두려워한다. 로스차일드사람들도 저마다 다른 태도를 보였다.

즉 다양한 정치적 논쟁이 영국유대를 분열하게 만들어, 각 그룹이 반목하거나 어려움을 겪기도 한다. 영국유대에는 크게 과격파, 온건파, 그리고 반동파의 세 그룹이 있었다.

과격파는 같은 인간으로서 철저하게 동화해야 한다는 입장이다. 그리고 완전한 평등에 조금이라도 모자람이 있으면 그것을 민족에 대한 모욕으로 여겼다.

그들은 종교와 문화적 장애를 반계몽적인 것으로 생각하고, 유대의 독특한 점을 대체로 경시하는 경향이 있었다. 좀더 극단적인 과격론자는 목적 달성을 위해 여러 가지 전술을 사용했다——집회, 데모, 정치단체 결성, 필요하면 위법행위까지도 했다.

반동파는 이교도사회와의 사이에 늘 하나의 선을 긋고, 신앙과 전통을 순수하게 지키기를 희망했다. 유대교도와 그리스도교도는 서로 다른 존재이며, 이미 정해진 일에 쓸데없는 참견을 하는 것은 섭리에 어긋나는 일이라고.

이것은 토머스 아널드의 주장이기도 했다. 동화란 타협에 지나지 않으며, 따라서 그것은 옳지 못한 일이다. 안식일에 공식행사에 참석해야 하고, 율법에서 금하는 식사도 해야 하는 공적 기관의 일을 경건한 유대인이 어떻게 받아들일 수 있단 말인가?

이들 두 극단적인 사상의 중간에 있는 것이 다수파인 온건파였다. 다수파가 대개 그렇듯, 그들 역시 이상가라기보다 현실적인 사람들이었다.

이들은 신앙의 기본 교의와 전통을 결코 거부하지 않으면서, 유대인 운동의 정당성에 대해 보수세력을 설득하여, 서서히 승리를 얻어가야 한다고 믿고 있었다. 또한 대중의 반발을 불러일으킬 극단적인 전술이나 배타주의 역시 대중과의 불화를 초래한다고 여겨 거부했다.

영국로스차일드는 물론 이 마지막 그룹에 속했다. 골드스미드와 몬테피오레는 달랐다. 골드스미드경은 로버트 오웬 등 극단적인 사회주의자와 교우관계를 가진 과격파였다. 모제스경은 전통적인 신앙과 관습에 관한 한 어떠한 애매함이나 타협도 강하게 거부했다. 엄격한 세파르디의 한 사람으로, 종교상 토론 끝에 친형제와도 사이가 벌어진 인물이었다.

라이어닐은 아마 이렇게 느꼈으리라. 두 사람의 주장은 저마다 다르지만, 영국유대의 바람직하지 못한 면을 대표하고 있다고. 그에게는 그들이 왕의 표창을 받을 만한 가치가 있다고 여겨지지 않았던 것이다.

준남작신분을 받아들이면 사람들이 골드스미드나 몬테피오레와 자신을 결부시키게 된다. 유대지도자로서 그들과 함께 이른바 3인 집정(執政) 같은 형태를 이루게 된다. 이런 상황에 그는 강한 반감을 느꼈다. 그러므로 집안사람들이 아무리 설득해도 그는 움직이지 않았다.

그러나 그는 마침내 앤서니의 타협안에 자신의 뜻을 꺾었다. 집안의 가장이 그 명예를 받아들이지 않겠다면 다른 형제가 받으면 될 것 아닌가? 결국 라이어닐의 자손에게 그 칭호를 계승하기로 하고, 네이선의 차남 앤서니 드 로스차일드가 준남작이 되었다.

라이어닐의 머릿속은 얼마 뒤에 있을 의회선거로 가득 차 있었다. 그는 대중 앞에서 연설하는 것을 즐기는 편은 아니었으나 진지한 자세로 선거운동에 임했다. 유대시민으로서의 권리뿐 아니라 모든 소수파에 대한 공정한 정책을 청중에게 호소했다.

연설회에서는 심술궂은 질문이나 비난도 있었다. 어느 날 라이어닐은 군중에게 자신은 사람들의 자유로운 의지에 호소하기 위해 여기 서 있다고 자랑스레 말했다.

어딘가에서 거친 야유가 날아왔다.

"바라바(예수 대신 풀려난 도적)도 그랬어!"

런던시 의석수는 넷이었다. 라이어닐이 활동한 자유당은 러셀경이 이끌고 있었는데, 개표 결과 러셀파가 우세해 라이어닐 드 로스차일드는 6792표를 얻어 3위였다. 영국의 유대인이 처음으로 하원의원에 선출된 것이다. 친척들과 국내외 유대공동체 지도자들이 모두 축하해 주었다. 베티숙모는 너무 흥분한 나머지 과장되게 비유를 섞은 축하말을 보내왔다.

"온 유럽에 희망의 등불이 켜지고, 새로운 시대의 씨앗이 먼 지평선으로 날아가 어느 길모퉁이에서 그 싹을 틔우려 하는구나."

잘로몬은 메테르니히'아저씨'를 비롯한 많은 친구들의 축하말을 빈에서 보내왔다. 그는 국회가 라이어닐의 당선 인준을 머뭇거리는 일은 없을 거라는 메테르니히의 말을 전해왔다.

많은 영국인이 메테르니히와 같은 낙관적인 예상을 하고 있었다. 유대인이긴 하지만 수도의 선량한 시민에 의해 합법적으로 선출되고 총리의 지지를 받는 사람이므로 의회의자에 앉는 일이 방해받을 리 없다고 생각했다.

그러나 영국 권력의 움직임에 민감한 사람들은 알고 있었다. 반유대주의단체가 매우 강력해져, 유대인에 대한 증오와 편견을 확산시키고 있다는 사실을.

《펀치》잡지는 로스차일드남작이 의회에 받아들여진다면 곧바로 독일의 햄 수입을 금지하고, 돼지시장을 제한하며, 개인기업을 한정하는 법안을 제출할 거라는 소문이 웨스트민스터에 퍼졌다면서 유대인의원 반대자들을 풍자했다.

이러한 비웃음 말고도 라이어닐에게는 중요한 장애가 있었다. 하원에 들어가는 수속 중 그리스도교 선서가 있는 것이다.

이것을 피하기 위해 12월에 총리는 새로운 특별법안을 제안했다. 유대인은 선서형식을 바꾸어도 좋다는 것이었다. 하원에서 이에 대한 토의가 진행되는 가운데 글래드스턴, 디즈레일리, 필은 이 제안에 찬성의 뜻을 나타냈다.

유대대표위원회 소위원회는 뉴코트의 라이어닐 사무소에 모여 찬성데모를 했다. 또한 전국적인 논의를 통해 25만명의 서명을 모은 청원서가 정부에 제출되었다. 2월에 법안은 하원의 제2독회를 통과했다.

그러나 진짜 적은 상원에 있었다. 라이어닐과 그의 지지자는 상원의 토의결과를 알고 절망했다.

몇 주일 동안 라이어닐은 다른 일은 아무것도 생각할 수 없었다. 그가 싸워 얻으려 했던 건 매우 가치 있는 것이며, 그는 그것을 위해 어떤 수단이라도——비록 뇌물일지라도——쓸 작정이었다.

그는 편지로 파리에 도움을 청했다. 그곳 친척들이 찬성하고 재정원조를 해주기 기대했던 것이다.

너새니얼과 제임스는 이 일에 대해 신중하게 토의를 되풀이했다. 프랑스의 정치부패에 어이없어하고 있던 아우 너새니얼은 웨스트민스터가 그들과는 다르기를 바랐다. 그러면서도 그는 이런 편지를 보냈다.

　이번 경우는 숙부님도 저도 너무 지나치게 생각지 않는 편이 좋다는 의견입니다. 법안의 성공을 확실히 하기 위해 필요하다면 희생을 해야겠지요.

　'액수'에 대해서는 말하지 않겠습니다. 얼마나 필요할지 형님께서 우리보다 잘 아실 테니까요. 형님이 좋다고 여기신다면, 회사의 배당을 내리는 일에 대해 친척들을 납득시키는 일은 숙부님께서 책임지시겠다고 하셨습니다.

　나는……형님이 어째서 친구들의 기부를 원하는지 도무지 모르겠습니다. 뭐라고 핑계를 대겠습니까? 그리고 그들이 얼마나 주리라고 생각하십니까?

　만일 미미한 도움으로 그치게 된다면 굳이 애쓸 필요가 없지요. 그렇지 않고 그들이 현금을 내주며 쓸데없는 말을 하지 않는다면 물론 받아도 좋겠지만……

　만일 로스차일드사람들이 정말로 현금과 신조를 '희생'하고 있었다면, 그것은 완전히 헛된 일이 되었다. 주교와 토리당 동맹군은 교회와 국가의 기존관계를 '비국교도'와 '로마가톨릭교도'가 분열시키게 될 상황에 직면하여, 의회가 열리자 주저없이 이교도에 대하여 뚜렷이 선을 그었다.

런던의 주교는 말했다.

"몇몇 야심가를 잠시 기쁘게 해주기 위해 입법부가 세운 그리스도교 토대를 무너뜨린다면, 그리스도교 나라 영국을 파괴하는 일이 될 것이다."

상원은 163대 25로 법안을 기각했다.

해방운동가들은 넋을 잃었다. 《유대신문》은 월버포스주교를 스페인의 종교재판관에 비유하고, 그의 말은 참된 신앙이기보다 미신과 박해에 가깝다고 주장했다. 시의 유권자들은 로스차일드를 편들어,

정의를 위해서라면 선거권을 포기하는 일도 서슴지 않을 태세였다.

다음해 여름, 어떤 보궐선거의 연설회에서 토리당 후보는 고함과 야유를 받았다. 한편 라이어닐이 자유당 후보를 위해 연단에 서자 열광적인 갈채가 쏟아졌다.

이 지지에 남작은 자신을 얻었다. 그는 끝까지 싸우기로 결심했다. 그 끝이라는 게 10년 뒤의 일이 되리라는 것은 예상하지 못했지만.

1849년, 러셀은 다른 형태로 의회에서 선서법안을 통과시키려 시도했다. 라이어닐 드 로스차일드부인 루이저는 그 토론을 방청했다.

존경은 매우 알기 쉽게 열심히 연설했고, 글래드스턴씨는 우리를 위해 멋진 웅변을 토했다. 반대파 일곱 명이 반론했지만 대단할 건 없었다. 디지(디즈레일리)는 잠자코 있었다. 우호관계가 변하고 있다고 디지부인이 말했는데, 그대로였다. 지난해 그는 우리가 가장 의지할 수 있는 투사였다. 그런데 지금은!

이 법안도 지난번과 마찬가지로 쓰라린 패배를 당했다.

이 패배로 라이어닐은 의석을 내놓고, 곧 보궐선거에서 다시 겨뤘다. 시티의 유권자들은 드디어 문제의 핵심에 직면한 셈이다. 그들은 6017대 2814로 다시 라이어닐을 선출하여, 당당하게 상원에 도전했다. 자유롭게 태어난 영국인이 별다른 까닭없이 그 특권을 스스로 포기해야 하는 일은 일찍이 없었기 때문이다.

약자를 동정하는 국민성의 표현이기는 하지만, 이 자유당 후보에게 이렇듯 공감하는 데에는 다른 중대한 이유가 있었다. 시티유권자에게 있어 라이어닐 드 로스차일드는 영국사회의 바람직한 측면을 상징하고 있었기 때문이다.

성실하고 믿을 만한 사업가로서의 그의 평판은 말할 나위도 없다. 재능이 풍부했지만 외로운 늑대였던 아버지 뒤를 이어 그는 N. M. 로스차일드부자상회를 튼튼하고 확실한 금융회사로 만들었다.

게다가 그는 국가적인 인물이다. 아일랜드 구제기금을 발족한 일이 아직 사람들 기억에 새롭다. 최근에는 대박람회 운영을 지원하고 있다.

이 기획은 앨버트공의 적극적인 지원 아래 대영제국의 기술적 업적을 세계에 자랑하려는 것으로, 18만파운드의 보증이 필요했다. 로스차일드는 망설임없이 5만파운드를 보증했다. 이 유대집안은 이제 국가사업에 직접 관여하는 단체가 되었다. 이 집안의 가장을 의회가 배척하는 것은 온당치 못하다.

1850년 7월, 라이어닐은 자신이 실제로 의석에 앉으려 하면 어떻게 될지 시도해보았다. 그는 정해진 규범대로 하원의 직장(職杖)을 들고 의장 테이블로 다가갔다. 서기가 선서를 집행하기 위해 일어섰다. 양당 의원들이 마른침을 삼키며 지켜보았다. 방청석에 가득 찬 사람들이 몸을 앞으로 내밀었다.

라이어닐의 침착한 목소리가 또박또박 울렸다.

"구약성서로 선서하고 싶습니다."

사람들의 웅성거림. 라이어닐은 내려가라는 의장의 말을 듣고 잠자코 그대로 했다. 한동안 라이어닐의 희망대로 선서를 시킬지 어쩔지에 대한 열띤 토론이 벌어졌다. 그리고 마침내, 그것을 인정하였다.

천천히 신중하게 라이어닐은 서기의 말을 되풀이했다. 그리고 드디어 마음에 걸리는 부분에 이르렀다.

"그리스도교도의 참된 신앙에 있어……"

라이어닐의원은 말했다.

"이 말은 건너뛰겠습니다, 내 양심에 거리낌이 없도록."

의장은 다시 드 로스차일드씨에게 내려가라고 했다. 그는 그렇게 하는 수밖에 없었다. 이번에는 하원도 규칙의 수정을 인정할 수 없었다.

다음해는 특례법안이 상원에서 다시 부결되고, 하원에서는 유대인이 처음으로 연설을 행한 특별한 해였다.

데이빗 샐러먼스는 그리니치 보궐선거에서 승리하여 의회로 향했다. 그는 선서에서 지난번 라이어닐과 같은 행동을 하여 연단에서 내려가라는 말을 들었다.

이때 어느 의원이 일어나 만일 샐러먼스가 자신의 의자에 앉는다면 정부는 그를 고소할 것인지 어떤지 물었다. 이 질문은 각료들을 동요하게 했다.

사흘 뒤 심의재개 때 답변이 이루어졌다. 러셀은 조용히 대답했다.

"그런 일은 일어나지 않겠지만, 일어난다 해도 정부로서는 법에 호소할 생각이 없습니다."

그러자 하원으로는 보기 드물게 흥분된 분위기에서 샐러먼스가 야당의 평의원석으로 가서 앉았다. 혼란 속에 열띤 토의가 되풀이되고, 그는 마침내 의장으로부터 의원직 사임을 권유받았다.

샐러먼스는 그 말에 따랐다. 그는 이 행동으로 500파운드의 벌금을 부과받고, 다음 선거에서 의석을 잃었다. 그러나 1857년에 다시 당선되어 73년에 사망할 때까지 그리니치의 대표가 되었다. 이 소동은 유대해방운동의 꽤 효과적인 선전이 되었다.

1852년 총선거에서 라이어닐은 5년 동안 앉을 뻔했던 일밖에 없는 하원의석을 지키기 위해 연설회장에 섰다.

선거운동은 막바지에 이르러 있었다. 세상이 토리당에 등돌리는 경향도 있었고, 더욱이 시티유권자들은 자신들의 대표가 사실상 의회에서 부재인 데 대하여 더 참을 수 없었다. 라이어닐은 결과에 그리 신경 쓰지 않았지만, 개표 결과 득표수가 크게 줄기는 했어도 다시 당선되었다.

1853년부터 56년까지 의회에서 법률제정 시도가 네 번 있었다. 상원은 계속 거부했다. 희망이 전혀 없어 보였다.

그러나 라이어닐은 여전히 완강했다. 1857년 총선거에서 그는 다시 유권자 앞에 모습을 나타냈다. 또 당선.

몇 달 뒤 상원이 다시 법안을 거부했을 때, 라이어닐은 선수를 쳐서 두 번째 사의를 표하고 재선거를 신청했다. 보수당은 이 싸움에 싫증났는지 후보를 내지 않았다. 로스차일드는 경쟁후보없이 당선되었다.

'유대문제'는 이제 상원을 웃음거리로 만들었다. 넬슨백작(저 유명한 제독의 자손)이 1851년에 법안반대의견을 말했을 때, 《펀치》는 그를 재미있게 기사화했다.

우리의 고향, 우리의 제단을 위해 싸우는 '넬슨'은 여전히 건재하다. 트라팔가에서 귀족에 서품된 용감하고 존경할 만한 이 백작집안사람이, 지금 국회 입구에서 우레소리를 울리는 유대군대를 상대로 선두에 서서 싸우고 있다……

'넬슨'은 늠름하고 아름다운 3층갑판함선의 '고물에 불을 질렀었다.' 유대교회당으로 진격하여 우리를 지키려는 '넬슨'도 그에 못지 않게 용감하다!……흰옷을 몸에 두른 처녀들이 그를 찬양하며 노래 부르는 것은 언제일까? 기쁨에 찬 노인들이 그를 찬미하는 것은 또 언제일까?

이 야유성 기사를 쓴 사람에 의하면, 국회가 무서운 운명에 뛰어들려 한다는 경고를 한 공적으로 백작은 찬양받을 만하다고 했다. 백작은 이렇게 말한 것이다.

"유대인을 제멋대로 날뛰게 하면 끝이 없다."

라이어닐과 지지자는 상원에서 무슨 일이 일어나든 자신들이 대중의 마음을 꽉 잡고 있음을 알았다. 양식있는 영국인들이 자신들 편인 것을 생각하면 매우 만족스러웠다.

신경질적이 된 국회의원들은 무언가 체면이 설 타협안을 진지하게 찾았다. 발라크발라 전투에서 경여단(輕旅團)을 잃었던 루컨경은 정치싸움에서 주목할 만한 전과를 거두었다. 그는 '새의원이 하는 선서의 말을 선택할 권리를 각 원에 맡기자'는 간단한 법안을 제출한 것이다. 상원과 하원 모두 가슴을 쓸어내리며 받아들였다.

1858년 7월26일, 라이어닐 드 로스차일드는 이미 한 번 했던 선서를 행하기 위해 하원에 등장했다. 이제 단순한 형식 뿐인 의식을 끝내고, 그는 무려 11년 전에 선출되었던 자유당 의석에 앉았다.

이 최종적인 승리의 소식은 다른 로스차일드은행에 전보로 전해졌다. 축하 답전이 쏟아졌다. 이것이 해방운동에서 로스차일드가 거둔 가장 중대한 공헌임을 라이어닐의 친척들은 모두 확신했다.

싸워서 승리하는 것——라이어닐에게는 그것이 전부였다. 그는 거의 한평생 계속 선거구의 주민을 대표했지만, 의회에서는 한마디도 발언하지 않았다.

라이어닐에게는 의회에 많은 친구가 있었다. 그러나 그는 당원으로서가 아닌 개인으로서 친구를 선택했다. 그는 하원에서 마음내키는 대로 행동했다. 중대한 투표에 반드시 참가했다든가, 자신이 관련된 토의에 열심히 참가했다든가 하는 흔적이 없다. 그는 단순히 사업활동 틈틈이 의원으로서의 의무를 다했을 따름이었다.

그보다 열광적인 아우 메이어는 이제 자신에게도 의회의 문이 당당히 열렸으므로 잠시도 머뭇거리지 않았다. 다음해 2월이 되자 1847년 선거에서 패배한 하이드 폭스턴 보궐선거에 출마했다.

이때 입후보자 대열에 빈 자리가 생겨나게 된 상황은 어쩐지 조작적인 느낌까지 든다. 건재하던 자유당의 램스든경이 요크셔 선거구에 입후보하게 되어 사임한 것이다. 메이어는 상대후보가 없는 상태에서 당선되었다. 새로 도입한 선서를 거쳐 그는 유대인으로서 두 번째로 의석에 앉았다.

그러나 몇 주일 뒤 총선거가 실시되어 그는 얻은 지 얼마 안되는 의석을 지키기 위해 다시 출마해야 했다. 대리인 토머스 컬린——그의 아버지는 네이선을 위해 바다 건너로 금을 날랐었다——에게 보낸 편지에, 그가 의원으로서 진지하게 의무를 다하기 시작한 모습이 엿보인다.

……선거구를 방문할 필요가 있다는 의견에 찬성합니다. 수요일에 일찍 가려고 합니다. 그날 집회의 준비를 부탁드립니다. 그날 안으로 돌아올 수 있도록 오후 일찍 하는 게 좋겠지요.

하지만 다음날에는 하이드에서도, 샌드게이트에서도 절대 집회를 계획하지 마십시오. 의회에 중요한 의제가 있어 꼭 출석해야 하기 때문입니다.

수요일은 하루종일 머물면서 오전 동안 여러 위원회에 나가볼까 합니다. 그럼, 수요일의 폭스턴 집회를 잘 부탁드립니다……

메이어는 시민권 확대문제에 형보다 훨씬 열심이었다. 1860년대에 러셀과 디즈레일리는 의회개정법안을 축구경기처럼 이리저리 차던지며 밀고당겼다. 메이어는 중요한 토의에 반드시 참석하여 자유당이 도시의 프롤레타리아 계급에 선거권을 주고 노동자의 당이 되어주기를 바랐다.

그는 지방선거구 출신이므로, 이러한 행동은 정치생명에 위협이 되었다. 개정법안은 도시와 지방 사이에 정치권력을 이동시켜 조정하려는 것이었기 때문이다. 1865년의 선거운동 때 메이어는 자신의 정책변화에 의심을 품는 농민들에게 애써 상황을 설명하며 돌아다녀야 했다.

그는 본디 인기가 있었으므로 탈없이 끝났다. 개인적으로 호감을 받기도 했지만, 동시에 그에게는 로스차일드라는 장점이 있었다. 안팎으로 상업을 통한 유대를 가져 그는 켄트 연안의 어부나 상인 공동체에 많은 기여를 했던 것이다. 더욱이 부끄러움없이 표가 매수되던 그즈음(무기명투표제는 1884년부터 도입) 로스차일드의 기니금화는 그가 선거에서 계속 성공을 거두는 데 큰 도움이 되었다.

그러나 그는 단순히 집안의 명성과 부에만 의존했던 게 아니었다. 형과 반대로 그는 연설회의 왁자지껄한 소요가 좋았다. 이 상냥하고 쾌활한 젊은이는 웅변에 뛰어났다.

자유당이 압도적 승리를 거둔 1868년의 연설에 대해 지방신문이 보도하고 있다.

로스차일드남작은 열광적인 환영을 받았다. 군중은 일제히 일어서 모자를 벗어 휘두르며 환성을 질렀다.

"며칠 동안 여러분 앞에서 연설하지 못한 일을 부디 용서해 주십시오. 그러나 볼일이 길어져 나로서는 어쩔 수 없었습니다(옳소, 옳소).

그 볼일이란 다름아닌 영국총리 디즈레일리와의 용무로, 우리 영국인이 진심으로 열광적 지지를 보내는 뉴마켓의 경마에 그와 함께(큰 갈채) 참여했던 것입니다. (갈채) 경마와 조정경기에 우리는 열렬한 성원을 보냈습니다. 그러니 여러분께서는 저를 용서해 주시리라 믿습니다(큰 갈채)……"

메이어는 글래드스턴파의 신조인 '평화·절약·개혁'을 내걸고 활기차게 연설을 계속했다. 그러나 민중을 향하여 호언장담하는 것만이 그의 유일한 정치술은 아니었다. 형과 마찬가지로 그도 오랜 의원생활 동안 의회에서는 연설하는 일 없이 지냈다.

영국에서는 물론 연설회와 국회에서의 토론만으로 정치활동이 한정되어 있는 게 아니다. 보다 중요한 일이 웨스트민스터의 집무실과, 신사들이 드나드는 클럽, 각료와 의원의 타운하우스에서 일어나는 일도 있었다. 이러한 장소들은 로스차일드의 중대한 영향력 아래 있었으며, 그 영향력은 차츰 더 커져 갔다.

라이어닐은 여러 의원들 앞에서는 일부러 이야기하려고 하지 않았다. 다른 방식쪽이 더 쉽고 일이 잘 되어갔기 때문이었다.

그는 주요한 정치가들과 신중하게 교의를 돈독히 했다. 국회에 드나드는 일을 인정받자 곧 피커딜리 147번지를 사들여, 이웃한 웰링턴공작의 업슬리 하우스에 맞서 웅장한 타운하우스를 만들기 위한 개축공사에 들어갔다.

공사가 진행되는 동안 나이츠브리지의 킹스턴 하우스를 빌렸다. 거기에서 샬럿은 만찬회 등 사교적 모임을 열었다. 그것은 언제나 사람들 인상에 깊이 남았다.

1859년에 휘그당의 베테랑의원 토머스 배빙턴 매컬리는 샬럿의 명예로운 첫번째 손님 가운데 하나가 되었다. 저명한 정치가이며 역사가인 그는 몇 달 뒤 갑작스레 세상을 떠났지만, 1830년의 처녀연설 이래 유대 해방운동을 지원한 열성적인 사회정의파 전사였다.

로스차일드와 개인적으로 친하지는 않았지만——그와 친한 교우관계에 있었던 이는 거의 없었다——로스차일드가 고마움을 느낄 만한 인물이며, 자신들에 대한 강한 인상을 남긴 한 사람이었다. 매컬리의 편지에 의하면 그들은 그런 일에 성공한 것 같다.

어제 로스차일드남작과 함께 식사했네. 그는 낙원에 살고 있는 것 같았지. 그림이나 정원에 대해서는 나로서 잘 알 수 없었지만 ……음식은 정말 맛있었다네. 돼지고기는 어떤 형태로든 전혀 들어 있지 않았지.

동봉한 식단표로 알 수 있듯 참으로 훌륭했다네. 트리빌리언경 부인도 식단표를 보고 싶다고 했으니 나중에 돌려주기 바라네.

그곳은 참으로 풍요한 토지일세. 온갖 영화를 누린 솔로몬도 '탈레랑을 배 속에 채워넣은 멧새' 같은 요리는 먹어보지 못했을 게 틀림없네. 덧붙여 말하면, 그 작은 새요리에는 조하니스베르크 화이트와인이 곁들여져 절묘하게 어울렸다네.

교제하고, 정보를 입수하고, 재정을 원조하고, 압력을 가하는 일 등이 로스차일드가 주로 하는 정치활동이었다. 그들의 활동은 만찬 식탁에서뿐 아니라 자유당지도자들이 종종 모이는 개혁클럽 브룩의 모임장소에서도 이루어졌다.

준남작이 된 앤서니경은 의회에 나가지는 않았지만, 이러한 모임에 곧잘 얼굴을 내밀어 정치적 음모의 세계를 즐겼다. 그것은 그녀의 아내로서는 알 수 없는 매력이었다.

1858년 앤서니는 오스트리아영사 일을 맡아 라이어닐의 짐을 덜어주었다. 이 직책은 라이어닐이 아버지로부터 어쩔 수 없이 물려받은 것으로, 그는 언제나 이 일을 싫어했다.

앤서니는 명성과 돈으로 자유당의 활동을 지원했다. 그러나 그가 당을 위해 가장 많이 봉사한 장소는 버킹엄셔에 있는 그의 저택 애스턴 클린턴이었다.

그는 파티를 좋아했다. 딸의 말을 빌면 '명랑하고 쾌활한 성격을 타고 났으며, 무슨 일에나 온 힘을 기울이고, 만족스럽게 나날의 일을 하며, 사교생활을 사랑하고, 전원생활을 진심으로 즐기는 사람'이었다.

그는 그즈음 모든 정치지도자들을 기꺼이 초대하여 허물없이 접대했다. 그들이 웨스트민스터의 압력에 마음쓰지 않고 나라일을 토론하도록 분위기를 만들어주려 노력했다.

자주 방문한 손님 가운데 자유당 소속이 아닌 사람도 있었다. 그의 생애 몇 년은 로스차일드와 밀접하게 관련되어 있다. 로스차일드집안은 그와 기묘한 관계를 맺게 된다.

그의 이름은 벤저민 디즈레일리였다.

권력과 금력의 왈츠
국가사회주의는 개인기업에 도전하고
이상주의는 현실주의와 대결해왔다

로스차일드집안과 디즈레일리부부의 교우는 1840년대에 시작되었다. 그 무렵 이미 이 색다른 젊은 멋쟁이 정치가는 토리당에서 두드러진 존재였다.

그들 사이의 유대를 설명하려면, 그들이 공통된 문화적 원형을 갖고 있었음을 언급할 필요가 있다.

그들은 많은 점에서 의견이 달랐다. '디지'는 친구에게 변함없는 깊은 애정을 품고 있다고 고백했지만, 로스차일드는 그에 대하여 자주 강하게 비판했다. 라이어닐은 그가 민족과 종교에 철학적 이론을 갖다대는 것을 좋아하지 않았고, 노골적으로 그 의도를 의심했다.

유대가 정치적 평등을 위해 싸우는 동안, 세례받은 그리스도교도 디즈레일리는 그리스도교도와 결혼하여 유대인 신분을 필사적으로 감추고 시시각각 태도를 바꾸어, 때로는 유대인을 지원하고 경우에 따라선 적대하며 대체로 침묵을 지키고 있었다.

로스차일드는 빈틈없고 무책임한 이 영국 정치가가 유대인 해방 논쟁을 그 자신의 목적을 위해 이용하고 있는 게 아닐까 의심하면서 그러한 냉소주의를 경멸했다.

앤서니의 아내 루이저는 어느 만찬회에서, 이 정치가가 의회에서 패배한 뒤 의기소침해 있는 것을 보았다.

디즈레일리가 어떤 위대한 신조를 실행하고 싶어했거나, 또는 무언가 정말 쓸모 있는 법안을 제시하려 했다면 그렇듯 낙담하는 일은 없을 것이다. 어떤 지위에 있든 자신이 숭고한 의무를 지니고 있다는 것, 자신의 재능을 어떻게 유익하게 사용할 것인지를 마음에 새기고 있으면 되니까.

그러나 승리만이 유일한 목적이라면, 실패의 고배를 달게 드는 이는 아무도 없다.

그의 부인은 그를 매우 사랑하고 있다. 그의 어디가 그렇듯 매력적인 것일까?

그럼에도 불구하고 디즈레일리는 정기적으로 로스차일드의 접대를 받았다. 그 접대는 호화롭고 풍요로웠다. 디즈레일리는 로스차일드를 친구로 여겼다. 빅토리아여왕시대의 국회를 대표하는 두 거물 가운데 한 사람으로부터 '친구'라고 불린다 해도, 그런 사람에 대한 접대는 '아첨'으로 보이기 쉽다. 그런 관계는, 적어도 초기 무렵에는 겉으로 따뜻해 보일지라도 한 걸음 거리를 두게 마련이다.

그러나 라이어닐의 자식 세대는 그들과 완전히 친해졌다. 디즈레일리부부는 아이들을 무척 좋아했다. 자식이 없는 그들은 로스차일드의 아이들을 어릴 적부터 귀여워했다. 그 관계는 이 정치가의 만년까지 지속되었다. 쓸쓸한 홀아비가 된 뒤에는 라이어닐의 아이들에게 매우 의지했다.

로스차일드쪽은 디즈레일리와 얼마쯤 서먹함이 있었지만, 그의 아내와는 허물없이 지냈다. 앤서니의 한 딸은 애정을 담아 그녀를 추억한다.

아, 사랑스러운 부인! 우리와 참으로 재미있게 놀아주던 멋진 부인이었다. 그녀의 행동에는 누구나 미소를 머금고 만다. 그렇기 때문에 그녀를 사랑하지 않을 수 없다.

1845년 9월10일에 라이어닐의 아내 샬럿이 앤서니 로스차일드경 부인에게 보낸 편지에, 디즈레일리부인에 대한 묘사와 로스차일드 아이들에 대한 애정을 잘 보여주는 이야기가 씌어져 있다.

……비밀을 알려드리겠어요. 분명 놀랄걸요. 우리들의 저 멋지고 좀 색다른 친구 디즈레일리부인의 일이에요.

해너 메이어가 위험에서 벗어났다고 들은 때로부터 일주일이나 지난 무렵 시계가 6시를 알리자 벨이 울리고 방문자가 안으로 달려들어왔지요. 나는 당황했어요.

"아, 숨차. 있는 힘을 다해 달려왔어요. 말도 없고, 마차도, 하인도 없어요. 우리, 외국으로 가요. 교정 보는 일이 바빠서요. 출판업자가 성가시게 하거든요. 정말은 한 달 전에 갔어야 했지요.

좀더 전에 찾아오려고 생각했었는데, 너무 초조하고 흥분되고 혼란에 빠져 있었어요. 나는 가엾게도 밤새워 글을 썼어요. 꼭 할 이야기가 있어요. 아이들을 방에서 내보내주세요."

루이저, 나는 겁이 나서 아무 말도 못했어요. 그녀가 그렇듯 흥분하는 것을 지금까지 본 적 없으므로 나는 가까스로 말했지요.

"무슨 일이세요?"

디즈레일리부인은 깊은 한숨을 내쉬고 말했어요.

"이제 이별이에요. 다시 만나지 못해요. 인생이란 알 수 없어
요. 피츠로이부인의 상태가 매우 나빠져 디지와 나는 철도로,
저 증기기관에 실려가는 거예요. 이 세상에 나를 사랑해 주는
사람은 아무도 없어요. 물론 내가 이 세상에서 단 한 사람 존
경하는 남편 말고는요.

　하지만 나는 빛나는 당신들의 민족을 사랑해요. 나는 부자이
고 성공했어요. 진지한 마음으로 한 사람을 지그시 지켜보는
일도 좋다고 생각하지만요."

디즈레일리부인은 늘 생각이 두서없고 말도 정확하지 않았지
만, 나는 그럭저럭 이해하여 대답하곤 했었지요. 하지만 그 기념
할 만한 금요일에는 그녀의 말을 전혀 알아들을 수 없었어요. 그
녀를 안정시키려 했지만, 그녀는 점점 뭐가 뭔지 알 수 없는 말
을 늘어놓은 다음 주머니에서 종이를 꺼냈어요.

"이것은 내 유서예요. 이것을 읽고 '라이어닐'남작에게도 보여
줘요. 부탁해요."

나는 대답했지요.

"제 기분도 생각해 주셔야지요. 그렇듯 믿어주시니 고맙긴 하
지만, 저는 그런 큰 책임은 도저히 질 수 없어요."

그녀는 고집스럽게 말을 이었어요.

"하지만 들어주셔야 해요!"

그리고 그 큰 종이를 펼치고 읽기 시작했지요.

'만일 사랑하는 남편이 나보다 일찍 저 세상으로 가게 되는 경
우, 나의 모든 유산을 에벌리너(라이어닐남작부인의 딸, 6살)
에게 준다.'

내가 얼마나 놀라고 난처했는지 상상에 맡기겠어요. 디즈레일
리부인은 아무 말도 들으려 하지 않았어요.

"나는 유대인이 좋아요. 당신 아이들을 사랑해요. 그애는 내

마음에 들어요. 그 아이가 저 다이아몬드 나비를 몸에 다는 거
예요. 그렇게 해야 해요.”
　부인은 갑자기 내 손에 그 유서를 남겨두고 가버렸어요.
　다음날 아침, 나는 서둘러 아침식사를 하고 천재 정치가와 그
아내가 사는 곳으로 갔어요. 그리고 그 유서를 되돌려주었지요.
좀 어색한 분위기이긴 했지만, 이로써 그 사건은 끝났답니다……

　1840년대와 50년대 영국로스차일드집안에 꼭 필요하고도 즐거웠
던 오락과 사회활동은 대부분 새로운 환경으로 활동장소를 옮긴다.
라이어닐형제는 전부터 버킹엄셔에 친숙했고, 에일즈버리골짜기가
마음에 들었다.
　이곳이 그들을 끌어당긴 데에는 몇 가지 이유가 있었다. 전원풍
경이 멋지고 아름다우며, 도시에서 쉽게 갈 수 있고, 사냥터에서
스포츠도 즐길 수 있었기 때문이다.
　그들은 1939년에 이곳을 거점으로 전용사냥터를 가지게 되었다.
사냥개는 트링 파크에 맡겼다.
　그러나 상류사회 관습에 따르려면, 자꾸만 좀더 높은 수준의 무
엇이 요구되었다. 로스차일드만한 위치의 사람이면 ‘전원의 대저택’
을 가져야 한다. 그즈음 그들은 상류사회 관습에 하나씩 따르게 되
었으므로, 에일즈버리 근교에 토지와 집을 사들였다.
　메이어가 맨먼저 이사했다. 그는 다른 형제들보다 집을 옮기기
쉬운 입장에 있었다. 정치적 책임상 그는 은행경영에 거의 손대지
않았던 것이다.
　그는 전원생활을 사랑하여 하원에 있을 때 말고는 시간과 정력과
돈을 토지와 농장과 목축에 사용했다. 1842년에 그는 멘트모어와
윙의 중심에 있는 토지를 사들였다. 이웃한 토지도 차례로 사들여,
마침내 5000에이커의 대지주가 되었다.

너새니얼은 놀림과 부러움을 섞어 '멘트모어의 대지주'라고 그를 불렀다. 그는 그 역할에 너무 일찍 안주하여 1847년에 버킹엄셔지사에 임명되었을 정도였다.

1850년 32살 때 메이어는 19살의 사촌누이 줄리애너 코엔과 결혼했다.

그 해에 로스차일드집안의 첫번째 대저택 공사가 착공되었다. 설계는 조지프 팩스턴. 데번셔공작이 거느린 건축가 겸 조원가(造園家)였다. 대박람회장을 뒤덮었던 유리궁전은 그의 참신한 설계 가운데 하나였다.

팩스턴은 제임스왕조 양식의 아름다운 저택을 설계했다. 메이어는 그곳에서 영국전원신사로서 사냥과 경주말과 순수한 혈통의 저지종 소와 함께 만년의 24년을 보냈다.

앤서니와 루이저도 메이어 흉내를 냈다. 그러나 런던과 파리의 일을 즐기는 그들은 1853년 이후에야 여름 몇 달 동안만 버킹엄셔에서 지낼 수 있게 되었다.

애스턴 클린턴 가까이에 그들은 18세기 양식의 집을 사들였다. '좁고 그리 쾌적하지 않다'는 이유로 루이저는 그 집을 마음내키는 대로 넓혀나갔다. 집은 사방팔방으로 울퉁불퉁 넓혀졌다. 제대로 된 설계에 바탕해 지어진 균형있는 멘트모어의 저택과는 참으로 대조적이었으나, 앤서니와 루이저와 두 딸에게는 아주 마음에 드는 시골집이었다.

라이어닐은 동생들처럼 서두르지 않았다. 핼턴 근처에 농장과 집을 사들였지만 사실 투자가 목적이었다. 전원생활은 거너즈버리 파크로 충분했다.

그는 시티와 웨스트민스터 일에 시간을 많이 빼앗겼다. 1850년에 어머니가 세상을 떠나고부터는 액턴의 집이 그와 샬럿 소유가 되어 도시에서 멀리 떠날 이유가 없었다.

1872년, 뜻밖에 트링 파크가 팔리게 되었다. 라이어닐도 버킹엄셔에 튼튼해 보이는 집을 샀다. 7년 전 에일즈버리의 자유당의원이 된 장남 너새니얼 메이어를 위해서였다.

다음 세대에는 로스차일드사람들이 이곳으로 많이 옮겨와 살았다. 그들의 토지와 집은 크게 넓혀지고 사회적 지위도 높아져, 1870년에 에일즈버리골짜기는 이미 '로스차일드서'로 알려질 정도였다.

토지·저택·사냥개와 말들을 소유한 라이어닐형제는 당당한 지주가 되었다. 영국에서 토지라는 영원한 사회적 재산을 얻은 그들의 지위는 이제 편안했다.

라이어닐의 딸 레오노라(로리)가 알아차렸듯, 바다 건너의 생활은 또 달랐다. 그녀는 1857년 제임스와 베티의 장남 알퐁스와 결혼했다.

결혼식은 물론 성대했다. 디즈레일리 집안, 존 러셀경, 웰링턴공작을 비롯하여 상류사회의 외교·사업·정치관계자들이 모두 모였다.

그보다 더 볼만했던 것은 결혼축하선물 전시였다. 기사에 의하면 그것은 '인도의 부'에 버금갔다. 대남작이 선물한 보석류만도 3만파운드나 되었다.

향연——식도락가에게는 잊을 수 없는 게 되었으리라——은 거너즈버리 파크의 식당에 특별히 만들어진 장소에서 이루어졌다. 장식 달린 큰 촛대와 거울에 반사된 불빛이 흰색과 장미빛으로 번쩍이며 비쳐, '동양적 분위기로 꾸며진 꽃과 향기와 어우러져서 이국정서를 자아냈다.'

음악은 제1경호병 악단이 담당했다. 어둠이 다가와 저택 안팎의 불이 켜지고, 손님들은 새벽 2시까지 무도회를 즐겼다.

혼수와 가구는 '매우 우아하고 멋졌으며 그 양이 엄청났다'. 모두

‘황실어용 드레스 메이커인 파리의 마담 로제가 그 기술과 품위를 다하여 준비한 것이었다’.

이 휘황찬란한 기사를 쓸 기회를 얻은 기자는 더욱 감탄하며 덧붙이고 있다.

그날 주인부부는 가난한 친구들을 위한 접대도 잊지 않았다. 너그럽게도 이웃사람들에게 맛있는 음식을 대접했다. 사람들이 어떻게 느끼는지는 길가의 집들에 수많은 깃발이 펄럭이는 것으로 알 수 있었다. 그 부근 일대가 온통 축제분위기였다.

짧은 신혼여행 뒤 두 사람은 파리로 돌아갔다. 레오노라는 아저씨집을 여러 번 방문했었지만, 그곳에서 살기 위해 바다를 건넌 것은 처음이었다.

프랑스의 분위기는 질서가 잡히고 안정된 고향과 무척 달랐다. 정국은 위험한 상태에 있었다. 1848년의 공화정이 짧은 수명을 다하고, 루이 나폴레옹이 정권을 쥐었다. 그러나 제2제정의 광채는 겉모습뿐, 배후에선 힘을 지닌 군부가 날뛰고 있었다. 군부의 목적은 현존 사회질서의 변혁이었다.

유럽대륙의 다른 곳에서도 다양한 불평불만에 의한 소요가 계속 일어나고 있었다. 그것은 나폴리의 은행문을 닫게 하고, 파리와 빈의 로스차일드마저 무너뜨렸다.

레오노라의 결혼에는 또 다른 의미의 긴장이 뒤따랐다. 겉보기에 그녀의 결혼상대는 젊은 여자라면 누구나, 로스차일드여자들이라도 충분히 좋아할 만한 남자였다.

알퐁스는 재능있는 젊은이였다. 파리에 있는 은행의 지도자로서 그에게는 사업재능이 있었고, 맡겨진 라피트거리의 일에도 곧 익숙해졌다. 뛰어난 아마추어 예술가로 교양과 열의를 갖춘 유럽 굴지의 예술후원자였다. 젊은 시절에는 스포츠에도 열중했다. 사냥터에서의 사고가 그에게서 스포츠의 즐거움을 앗아가버렸지만.

페리에르에서 일어난 그 사고는 알퐁스의 성격을 뚜렷이 이야기해 준다. 함께 사냥하던 사람들 중 경험없는 사람이 그의 바로 가까이에서 사냥총을 발사했다. 알퐁스는 여러 발의 산탄을 얼굴에 맞았다.

결국 그는 한쪽 눈의 시력을 잃었다. 그는 자신에게 누가 이런 상처를 입혔는지 알고 있었다. 그러나 그 사람의 이름을 결코 밝히지 않았다. 그 사람을 나무라지도, 우정을 끝내지도 않았다.

알퐁스는 지체 높은 귀족답게 자신의 운명을 의연히 받아들였다. 강한 의무감으로 행동하고, 사회적으로 약한 자에게 마음을 써주었다. 그들에 대하여 책임을 다해야 한다는 의식이 그에게 자연스럽게 나타난 것이다.

그가 중요한 사업일로 외국에 나가 있을 때, 과격파가 라피트거리로 폭탄소포를 보냈다. 그것을 개봉한 사람은 중상을 입었다. 전보로 소식을 듣고 알퐁스는 서둘러 파리로 돌아왔다. 그는 불운한 그 부하의 병상을 여러 번 찾아갔고, 가능한 모든 치료를 받게 해주었다.

그런 반면 알퐁스는 절친한 사람에 대한 애정표현이 서툴렀다. 레오노라에게 구혼할 때 미래의 시어머니 베티는 그를 이렇게 표현했다.

"아마도 세월이 10년, 15년 흘러 완전히 지치고 쓸쓸해져도 누군가를 숭배하거나 사랑하는 일은 잘 못할 사람이야."

동료들에 의하면, 그는 자신의 의견을 강하게, 때로는 비꼬는 투로 강요하는 경향이 있었다. 나이들면서 화도 잘 내게 되었다. 어떤 사람은 알퐁스와 아우 구스타브를 비교하여 아우쪽이 알퐁스보다 '신앙심 깊고 시원한 성격'이라고 말했다.

알퐁스는 또한 배타적 애국주의자 같은 데가 있었다. 아버지와 달리 그는 프랑스시민이었다. 그 국민적 긍지에서 이따금 외국에 관해 경멸의 감정을 표현했고, 특히 영국을 깎아내렸다.

그의 아내는 영국에 대한 그의 태도를 누그러뜨리려고 노력하지 않았다. 레오노라는 재치있는 여자로 스포츠를 좋아했으며 아름다웠다. 결혼 전해인 1856년에 궁중으로 인사하러 갔을 때 빅토리아 여왕이 이 젊은 유대의 딸을 가리켜 '매우 아름답다'고 일기에 적었을 정도였다.

그녀는 또한 죽을 때까지 오로지 영국인으로 살았다. 해마다 두세 번 고향으로 돌아가, 버킹엄셔에서 몇 주일 동안 사냥을 즐겼다. 그녀처럼 영국에서 외국으로 나간 숙부 너새니얼은 승마사고로 다리를 절었지만 같은 취미를 끈으로 둘은 고향에 대한 애정을 서로 나누어 가졌다.

그녀는 페리에르에서 사냥개 담당자의 지휘 아래 자신만의 사냥개 무리를 구성했다. 담당자는 물론 영국인이었다.

프랑스인을 대하는 레오노라의 태도는, 때로 화나는 일도 있긴 했지만 얼마쯤 여유를 가지고 재미있게 관조하는 정도였다. 파리사교계의 거드름부리는 분위기를 그녀는 경멸했다.

그녀는 프랑스인이 명성이라는 것에 몰두하는 모습이 이해하기 힘들었다. 그러므로 지금 살고 있는 나라가 반세기에 걸쳐 혼란 속에 놓이고, 자신이 그 속에 살면서도 그 나라 사람들에게 동정을 느낄 수 없었다. 레오노라는 태어난 나라에 묻어달라는 말을 유언장에 남겼다. 그녀가 1911년에 긴 생애를 마쳤을 때 이 유언은 지켜졌다.

레오노라가 너새니얼숙부와 의기투합한 것은 자연스러운 일이었다. 그녀가 결혼했을 때 그는 이미 인생 전성기의 20년을 파리에서 살고 있었다. 너새니얼 또한 알퐁스의 신경을 건드리는 존재였음에 틀림없다.

알퐁스의 사촌형제 너새니얼은 아버지의 오른팔이며, 늘 영국을 칭찬했다. 그가 레오노라와 얼굴을 맞대고 런던의 가족이며 친구들의 최근 이야기를 나누는 모습이 알퐁스는 마음에 들지 않았다.

1853년, 프랑스의 친척들을 더욱 초조하게 하려는 듯 너새니얼은 뜻밖의 일을 했다. 그 일로 앞날에 그들은 큰 경쟁관계에 놓이게 되었다.

그가 프랑스상업 가운데 가장 중요한, 보르도의 유명한 포도원을 사들인 것이다. 그것은 제임스가 사려다 실패한 샤토 라피트 다음으로 좋은 포도원이었다. 사실 그 포도원들은 바로 이웃해 있었다.

너새니얼이 인수해서 오늘날 무통 로스차일드로 이름을 바꾼 샤토 블랑 무통은 해마다 최고급 레드와인을 생산하기 위한 토양·기후·배수의 절묘한 조화를 이루어냈고 라피트와 고급 포도주의 명성을 공유하게 되었다.

사실 포도주 생산을 위한 두 시설은 몇십 년 동안 격렬하게 경쟁했다. 1855년, 그 사이가 꽤 악화되었다. 그 해에 파리박람회가 있어 그 지역 와인품평회가 열렸다. 자랑스러운 일등생산지 타이틀을 두고 네 포도원이 겨루었는데, 라피트가 첫번째로 선발되었다.

그 다음의 비교대조표에 맨 첫머리로 오른 것은 너새니얼로, 그는 무통이 단순히 '2등생산지'로 표기되는 데 몹시 화가 났다.

무통에 대한 너새니얼의 긍지는 대단했다. 그는 와인의 생산과 판매에 정성을 기울였다.

해마다 와인가격을 결정하는 시기가 오면 라피트와 무통은 상대보다 높은 가격을 얻으려고 경쟁했다. 그 경쟁은 돈벌이보다 명성을 위한 것으로 둘 다 필사적이었다.

라피트의 지배인 에밀 구달은 주인에게 자신있게 말했다.

"맡겨주십시오. 우리가 이겨보이겠습니다."

1857년, 그는 너새니얼남작을 속여 무통 와인을 무리하게 먼저 시장에 내놓게 했다. 자신들은 나중에 등장하여, 그 가격보다 비싸게 팔았다.

레 카뤼어드로 알려진 땅의 일부를 소유자가 팔려고 생각했을 때, 구달은 그것이 로스차일드 손에 들어갈 게 염려되어 잠도 이루지 못할 정도였다.

카뤼어드를 로스차일드씨에게 파는 것은 옳지 못합니다. 어쩔 수 없는 비참한 상황에 몰리지 않는 한 현 상태를 유지해야 합니다. 이것은 심각한 문제입니다.

만일 로스차일드씨가 카뤼어드를 사게 되면, 자타가 공인하는 최고의 포도원이 됩니다.

그렇게 되면 어떤 일이 일어날지 아십니까? 그것은 라피트의 가치를 떨어뜨릴 뿐입니다. ……5만프랑으로 누군가 다른 사람에게 카뤼어드를 파는 편이 좋을 겁니다. 비록 로스차일드씨가 5만 이상 내겠다고 하더라도 말입니다.

너새니얼은 포도재배에 완전히 열중하여, 이 경쟁에 달려들었다. 그는 또한 '단순한 영국인'인 자신의 이름이 붙은 최고와인으로 손님을 접대하게 된 사실에 도취했다.

더욱이 포도원 매입을 좋은 투자로 생각하고 있었다. 이러한 생각을 하는 사람이 그 한 사람뿐만은 아니었다.

1850년대 초기에는 작황이 좋지 않았다. 그 결과 메독의 많은 지주가 토지를 값싸게 내놓았다. 파리가 본거지인 몇 사람의 금융가가 좋은 농장을 손에 넣게 되었다.

그 가운데 샤토 팔메르라는 포도원이 있었다. 이것을 사들인 사람은 에밀 페레르라는, 라피트거리에서 많은 사람들에게 돈을 벌게 해준 사나이로, 지금은 아쉴 폴드와 손잡고 있었다. 폴드는 프랑스 로스차일드의 숙적으로, 대남작을 프랑스금융계 왕좌에서 끌어내리려 계획하고 있었다.

페레르의 대두는 제임스가 최고의 지위에서 전락하는 속도에 뒤지지 않을 만큼 빨랐다. 그는 새로운 유형의 사람, 이상과 재능과 열의와 가슴두근거리는 기획력을 가진 사나이였다. 프랑스의 새로운 지배자는 사회와 경제를 광범위하게 개혁해 나감에 있어 그를 선택한 것이다.

루이 나폴레옹은 큰 재능은 없었지만, 위대한 그 이름에 부끄럽지 않게 살려고 했다. 1848년에 공화국 대통령으로 선출된 그는 3년 뒤 공화정을 폐지했다. 처음에는 대통령공이라고 선언했으나, 이윽고 국민투표 뒤 자신을 황제로 칭했다.

그는 노동자계급에 직접 호소하여 진보와 물질적 번영과 공정한 사회의 새로운 시대를 사람들에게 약속했다. 그것은 가난도 착취도 없고, 확장되는 경제혜택을 모든 사람이 누릴 수 있는 사회였다.

생 시몽파와 나폴레옹이 열심히 지지한 자유무역 원칙은 재정과 산업방면에 대한 직접적 도전으로 받아들여졌다. 정부는 금, 조언, 사업기회가 얻어지면 어떤 식으로든 태도를 바꾸었다. 특히 생산수단 소유권을 확대하고, 일반시민도 주식을 살 수 있게 할 것을 공약했다.

약속한 개혁을 수행하고 공공토목사업을 적극적으로 추진하기 위해 나폴레옹은 전문가와 정치가와 생 시몽파 최고위직 사제로 이루어진 과격파 집단에게 눈을 돌렸다.

그들은 기술적 능력과 복음의 열의를 인도주의적 가르침으로 연결시키려는 입장을 취한 사람들이었다. 그 전형이 에밀 페레르의 아우 이작으로, 그는 젊을 때 다음과 같이 썼다.

우리는 사람들과의 담화에 중점을 둔다. 특히 빈민계급에 최대의 희망을 두어 그들과의 공감에 우위를 둔다. 우리는 수많은 가난한 사람들의 생활을 향상시키기 위해 때로 부자들을 이용해 왔다……

그 노력이 그대들에게 우리 대열에 계속 참여할 마음을 갖게 하기를 기대한다. 우리는 기다리고 있다.

에밀과 이작형제는 정부가 추진하는 공공토목사업의 대규모 계획 가운데 몇 가지에 관여하려고 열심이었다. 그 공사는 파리중심지의 재건설, 새로운 철도부설, 미개발지 개간, 1855년의 파리대박람회 운영 등이었다. 특히 그들이 책임을 진 것은 이러한 대사업, 특히 정부가 장려하고 있는 산업확대에 필요한 자금을 마련하는 일이었다.

새로운 사업의 주요담당자, 당시 나폴레옹의 경제상담역이 바로 대남작의 숙적, 개종한 유대인 아쉴 풀드였다. 그는 1848년에 재무대신이 된 뒤 20년 동안 내각에서 나온 일이 없었다.

그는 주인인 황제에게 충고했다.

"로스차일드의 비호에서 벗어나야 합니다."

18년 동안 절대적인 정치적 영향력을 가졌던 대남작은 제국의 측근상담역에서 제외되자 충격이 적지 않았다. 더욱이 프랑스 공업확대의 길을 개척해온 그들이 이제 진보의 적으로 여겨지는 게 견딜 수 없었다.

제임스는 미묘하게 파리사교계를 좌우하는 궁정행사에 초대받지 못하는 사소한 소외에도 자신의 지위변화를 느꼈다. 그는 그 마음을 겉으로 드러내지는 않았다. 그는 새정부에 무관심한 척했다. 흡사 이렇게 말하듯.

"공화정이 오면 황제는 사라질 수도 있다. 그러나 로스차일드는 영원불멸이다.”

베티남작부인은 새정부에 경멸을 나타냈다. 여성 특유의 집요함으로 오를레앙파 친구를 버리는 일도, 존경하지 않는 루이 나폴레옹에게 경의를 나타내는 시늉을 하는 것도 그녀는 거부했다. 대통령을 만나는 것도, 국가행사에 참가하는 것도 사양했다. 남편도 그녀에게 그 일을 강요하지 않았다.

외제니 드 몬티호라는 22살의 스페인 미녀가 국가원수 루이 나폴레옹의 마음을 사로잡고 있었다. 측근들은 그녀가 황비에 어울리지 않는다고 여겼다. 그녀 자신은 정부가 될 생각 따윈 전혀 없었다. 괴로운 입장이었다.

제임스는 그녀를 지지했다. 그를 보기좋게 궁중에서 쫓아내고 기뻐하는 경쟁자에 맞서는 기분도 얼마쯤 있었다.

외제니는 주요한 각료와 사교계 여주인들에게 냉대받기 시작했다. 그러나 로스차일드집안은 달랐다. 베티는 라피트거리의 살롱으로 그녀를 초대하고, 몇몇 친구도 불렀다.

1853년, 튈르리의 무도회에서 이들의 대립은 절정에 이르렀다. 여러 차례 춤추고 피로를 느낀 외제니는 쉬고 싶었다. 제임스가 비어 있는 소파로 데려가자 곧 거만한 부인이 다가왔다.

“여기는 대신부인들을 위한 자리예요.”

그러나 그것도 잠시, 사태는 역전되었다.

루이 나폴레옹이 외제니 곁으로 걸어온 것이다. 11일 뒤 두 사람의 약혼이 발표되었다.

그러나 그런 하찮은 경합은 흥미는 불러일으킬지라도, 다른 곳에서 시작되어 심각함을 더해간 진짜전쟁에 비하면 별일 아니었다.

전투대원들이 행진하며 호위하는 장소, 그곳은 경제확대를 꾀하는 정부재정계획 장소였다. 필요한 자금을 제공하는 것은 대개 큰 개인은행이다. 로스차일드와 그 동료들은 자본가연합을 결성해 풍부한 경험을 제공하고, 필요하면 '오트 방크(거대은행)' 역할도 했다.

그러나 이것은 생 시몽파의 목적에 맞지 않는다. 프랑스는 '거대은행'이 시키는 대로 하는 입장에서 벗어나야 한다는 게 그들의 주장이었다. 그럼, 정부는 야심적인 계획에 소요되는 자금을 어떻게 구할 것인가?

풀드와 페레르는 이에 대해 자신있게 대답했다. 지금 있는 금융기관을 이용하지 않고, 새로 만드는 것이다. 그들은 어떤 형식으로 이 새기관을 만들지도 이미 생각해 두었다.

그것은 공공일반의 저축으로 조달하여 국가가 움직이는 인민신용은행이었다.

나폴레옹의 각료들은 그 계획을 곧 실행에 옮겼다. 1852년 11월 15일 제국은 동산(動産)신용은행 크레디 모빌리에의 창설을 공표했다.

사장은 페레르형제, 자본금은 6천만프랑. 500프랑 단위로 일반사람들도 주식을 가질 수 있었다. 소액예금자에게 크레디 모빌리에는 확실히 좋은 축재 기회를 제공해 주는 듯이 보였다.

정부와, 정부의 지지를 받는 자본가연합에도 빌려준다. 아마 실패는 없을 것이다. 온나라 국민들이 이 새은행에 돈을 넣으려고 밀려들었다. 이 일은 마치 금융전쟁의 선전포고와도 같았다.

국가사회주의가 개인기업에 도전한 것이다. 이상주의가 현실주의와 맞섰다. 새돈이 옛돈에 도전했다. 이리하여 그 유명한 '뤼트 뱅케르(은행투쟁)'가 시작되었다.

싸움은 처음부터 치열해서 쌍방 모두 자신들이 가진 모든 무기를 동원하여 어느 한쪽이 쓰러질 때까지 이어질 듯했다. 왜냐하면 로스차일드를 쓰러뜨려 재정권력에서 내쫓고, 외환과 은행과 주요산업 전부를 그 손아귀에 쥐려는 게 페레르의 목적이었으니까.

　견고한 성채를 지키려는 로스차일드를 내쫓기 위해, 페레르는 제국과 막대한 민중의 지원을 이용했다. 몇몇 전선에서 총력투구의 맹공격을 시작했다.

　증권거래소에서, 공업회사 회의실에서, 유럽 각지의 궁정과 관청에서, 로스차일드체제의 기능을 누구보다도 잘 아는 페레르는 온 대륙의 로스차일드에 대해 다양한 사업과 수수료 인하 등으로 도전해 왔다.

　게다가 그 첫무렵에는 그들에게 거의 무한한 재원이 있었다. 크레디 모빌리에는 성공적으로 운영되어 돈이 넘칠 지경이었다. 주식시세도 안정되어 상승했다.

　그 결과 역설적으로 생 시몽파가 예전의 개인은행을 비판하는 근거가 되었던 환투기가 그들에 의해 촉진되었다. 그리하여 제창자가 예상했던 것보다 많은 자금이 크레디 모빌리에로 모여들었다.

　얼마 뒤 페레르는 철도재정에 손댔다. 이것이 로스차일드와의 주요싸움터가 되었다. 그리고 그는 서쪽은 스페인, 동쪽은 터키, 남쪽은 이탈리아, 북은 독일에까지 대륙규모의 다른 공업에도 손을 내밀었다.

　이 금융열병환자는 다른 나라에도 신용은행이라는 형태를 장려하고 원조했다. 각 나라 정부는 주요공업력에서 다른 나라에 뒤지지 않으려고 수송기관과 공장건설을 위해 그 재정 아이디어를 환영했다.

　이 공격에 대한 제임스남작의 방패는 강력한 협조자들과 집안의 막대한 재원이었다. 그는 자신의 둘레에 바리케이드를 세우고, 견고한 황금요새 뒤에서 정기적으로 나라 안팎에서 벌어지는 크레디 모빌리에와의 싸움에 맞섰다.

　제임스는 처음부터 지구전을 벌일 계획이었다. 한 번의 결정적인 전투로 적을 이길 수 없음을 인정하고, 페레르가 싸움에 열중하도록 만들었던 것이다. 손을 너무 크게 벌리면 그들은 일반의 신용을 잃고 지지자들이 등돌리게 되리라는 것을 그는 알고 있었다.

그 동안에도 조그만 충돌은 여러 번 있었다. 그때마다 제임스는 기세좋게 소동의 한복판으로 뛰어들었다. 페레르에 맞서 그가 가장 움직이기 쉬운 장소, 그것은 증권거래소였다.

크레디 모빌리에주식은 아주 튼튼하여 그 토대를 무너뜨릴 수는 없지만, 차선책이 있었다. 어느 날 대남작이 사무원 에르네스트 페도에게 크레디 모빌리에주식을 1000주 사도록 명령했다. 그는 놀랐지만, 주인의 지시를 의심하지 않았다.

그런데 제임스가 닷새 동안 날마다 그 명령을 되풀이했으므로 페도는 더 이상 참을 수 없게 되었다. 그는 머뭇거리며 물어보았다.

"남작님은 어째서 쓸데없는 위험을 무릅쓰시는 겁니까?"

그러자 제임스는 화를 내며 나무라는 목소리로 말했다.

"젊은이, 무슨 말인가? 내가 쓸데없는 짓을 하다니, 농담 말게. 나는 페레르의 재능을 더할 나위 없이 확신하고 있다네. 그들은 세계최대 금융가일세.

나는 한 집안의 가장으로서 그들 사업에 투자하여 앞날에 대비한 저축을 하려는 걸세. 다만 하나 유감스럽게 여기는 것은, 가지고 있는 금 모두를 이 매우 뛰어난 사나이들에게 맡기지 못하는 거라네."

그러나 며칠 뒤 제임스는 사들인 크레디 모빌리에주식을 모조리 팔아치웠다. 이 작전은 전쟁에서의 작은 책략이었던 것이다.

로스차일드가 사들이자 시세는 급등했다. 페도의 말에 의하면, 시세가 살 때의 열 배 내지 스무 배쯤 된 시점에서 팔아치웠다. 그의 친구들은 거래소에서 페레르의 손실을 웃음거리로 삼았다.

표면상 무관심한 척하는 게 대남작의 전술 가운데 하나였다. 대화 중에도 그는 크레디 모빌리에를 하찮은 벼락부자쯤으로 여기고,

라피트거리의 앞길을 가로막을 자는 아무도 없다고 생각하는 인상을 주었다. 이 굽힐 줄 모르는 강인함이야말로 제임스 자신이 보더라도 야심적이고 값비싼 프로젝트로 그를 몰아간 것이리라.

1852년 어느 날, 그는 멘트모어에 세워진 메이어의 새저택 설계도를 보고 있었다. 비록 마음에 드는 조카일지라도 자신보다 앞서가는 건 참을 수 없었던 모양이다. 그는 건축가 조지프 팩스턴을 파리로 불러 딱 한마디로 지시했다.

"멘트모어보다 큰 저택을."

얼마 뒤 수백 명의 노동자와, 돌과 건축자재를 실은 수천 대의 짐마차가 페리에르에 새로운 성을 짓기 위해 모여들었다. 그것은 19세기 가정건축물로는 프랑스에서 가장 훌륭한 것이 된다.

팩스턴이 설계에 들어가 1859년부터 지어진 집은 사각형이었다. 메이어의 집과 같은 빅토리아·제임스왕조양식 저택이었으나 규모가 더 거대했다. 수십 명의 손님과 수백 명의 하인을 위한 방이 있고, 80마리의 말을 수용하는 마구간도 있었다.

내부장식은 화가 외젠 라미의 지휘로 이루어졌다. 양식과 취미는 온갖 게 어우러져 혼란스러운 느낌이었다. 어느 방에는 태피스트리가 가득하고, 다른 방에는 그림이 그려진 가죽제품만 늘어뜨렸으며, 또 다른 방은 널빤지투성이인 식이었다. 천정화, 대리석 흉상, 루이 16세 시대 가구, 청동제품, 도자기와 책과 그림이 빽빽하게 들어찬 장식선반——욕심장이 부자가 자신의 왕조를 세상사람들에게 인식시키기 위해 모아들인 모든 게 여기에 있었다.

페리에르에는 근대적인 편리한 설비도 갖춰졌다. 별채의 부엌에서 만든 음식을 식당으로 나르는 지하철로도 있었던 것이다.

기 드 로스차일드남작의 어린시절 회상에 의하면 그곳은 따뜻하고 쾌적한 집이었다고 한다.

메인홀은 참으로 신기한 곳이었다. 터무니없이 크고, 유리지붕에서 흘러드는 부드러운 빛이 대성당의 본당을 연상시켰다.

천장이 높으므로, 장식이 두 종류로 되어 있었다. 윗부분에는 에메랄드 그린 벨벳을 붙이고 태피스트리들을 나란히 걸었다. ……아래쪽은 눈높이에 엄청난 수의 그림이 걸려 있었다. 그 가운데 앵그르가 그린 베티증조모님의 유명한 초상화도 있었다. 반 다이크의 '도리아후작부인'은 뒷날 루브르에 기증되었다. 그 밖에 게인즈버러의 귀여운 여인상, 프란츠 할스의 '장미를 든 여인' 등등.

큰 대리석난로 위에는 가슴을 드러낸 여성을 로마황제 흉상들이 지켜보고 있었다. 앞현관으로 나가는 두 개의 큰 문 옆에는 몇 미터나 되는 키의 두 흑인상이 세워져 그 어깨로 천장 전체를 떠받치고 있는 듯 보였다.

한 구석에 당구대, 다른 구석에는 피아노. 섬세하게 조각한 이탈리아 르네상스 장식선반에는 흑단과 상아, 대리석, 줄마노며 귀한 돌들이 놓여 있었다. 여러 모양의 소파, 팔걸이의자, 벤치, 사이드보드, 테이블 위에 늘어놓인 값진 물건들.

모든 것이 구획마다 전혀 다른 분위기를 빚어내었다. 어떤 곳에서는 혼자 책을 읽고, 또 어떤 곳에서는 여럿이 모여 대화하고 게임을 즐겼다.

그러나 처음무렵에 이 팩스턴의 작품을 방문한 사람들이 모두 좋은 인상을 받은 것은 아니었다. 제임스는 자랑스럽게 자신의 궁전과 늘어가는 보물수집품을 구경시켰지만, 손님들의 반응은 다양했다.

"좋은 취미의 매우 훌륭한 저택입니다."

"단지 부를 과시하기 위해 모든 양식을 한데 모아놓았군. 기념삼아 온갖 것을 한 군데 모아둔 어리석은 야심의 극치야.”

분개하면서 페리에르를 떠나가는 사람도 있었다.

라이어닐의 딸인 에벌리너는 25살 때 제임스의 궁전을 처음 방문하면서 받은 느낌을 다음과 같이 쓰고 있다.

……그 수많은 보석과 장대함에 대해서는 엄마가 이미 당신에게 전해 주었겠지요. 그러니 나는 애써 그 개정판(改訂版)을 보내 당신을 번거롭게 할 생각은 없어요.

하지만 나도 눈이 핑핑 돌 만큼 놀란 것은 인정합니다. 이런 곳은 지금까지 본 적 없거든요. 대남작은 늘 어디선가 보물을 날라옵니다……우리는 온 건물 안과 정원까지 샅샅이 안내받았습니다.

돌아올 때 나는 말했어요.

“꼭 한 가지 나쁜 점이 있어요. 너무 커서 보초를 세워야 하겠는걸요.”

이 말에 제임스할아버지는 무척 기뻐했답니다.

에벌리너는 다만 예의를 알므로 이렇게 말하지 않았을 따름이다――페리에르는 너무 지나치다고. 그리고 그것이 다른 많은 방문객들의 공통된 의견이었다.

내부장식이 화려했던 19세기 중엽 수준에서 보아도, 그가 새로운 성에 모아들인 아름답고 당당하며 진기한 물품은 정도를 넘어서 있었다.

지금 이 저택은 비어 있다. 가구와 그림과 태피스트리와 조각 등 예전주인의 부를 과시하던 것들은 모두 거두어지고, 다만 껍질만 남은 건축물이 되어 기념물로 남겨져 있다.

페리에르라는 존재 그 자체의 주된 역할은 로스차일드의 권력과 풍요함을 선전하는 것이었다. 그러나 이 측면에서도 남작은 적에게 당했다.

페레르가 이 페리에르에 이웃한 아르망빌리에숲을 사들여, 그곳으로 영토를 확장하려던 제임스의 기세를 꺾은 것이다. 그러나 이것은 다음의 대공격을 감추기 위한 양동작전에 지나지 않았다.

1855년 1월1일, 크레디 모빌리에는 오스트리아 국가철도를 사들였다. 오스트리아정부는 몇 년 동안에 재정이 곤궁해져, 1854년에는 모든 철도노선을 시장에 내놓는 수밖에 해결책이 없을 만큼 위기에 빠져 있었던 것이다. 로스차일드가 그것을 만드는 데 큰 힘을 발휘했었으므로, 그 일은 경제적 가치와 동시에 상징적 의미를 지녔다.

페레르의 입찰성공은 은행일과 마찬가지로 로스차일드의 사기를 꺾었다. 그러나 시작이 너무도 나빴던 그 해는 뤼트 뱅케르의 전환점이 되어 극적인 승리로 끝나는 해가 되었다.

그러나 승리의 기운이 제임스쪽으로 가기 전에 그는 강한 펀치를 잇따라 맞았다. 그것은 페레르 탓만은 아니었다. 두세 달 동안에 남은 형 셋이 잇따라 세상을 떠났던 것이다.

잘로몬은 이미 사업에서 물러나 1848년부터 파리에 살고 있었다. 그의 죽음은 제임스와 베티에게 이중의 고통이 되었다. 제임스에게는 형의 죽음, 베티에게는 아버지의 죽음이 되었으니까.

암셀과 카를은 잘로몬과 달리 마지막 순간까지 회사경영에 참여했다——젊은 사람들에게 길을 양보하는 편이 나았을지도 모르지만.

암셀이 이끄는 프랑크푸르트회사는 연방의 여러 주와 대공들에게 광범위하게 대출하여, 독일을 위한 은행이라는 입장을 계속 유지해 왔다. 파리·런던·빈의 각 회사가 공업과 외국의 사업에 진출하는 동안, 암셀은 오로지 자신이 아는 사업만 고집해 왔다.

신앙에서처럼 그는 금융과 정치에서도 신의 뜻에 어긋나는 진보적 사고방식에 반대했다. 그는 보수적인 프랑크푸르트유대의 지도자였다. 랍비 히르슈를 굳건하게 지지하여 1852년에는 히르슈 신도 교회당에 꽤 많은 기부를 했다.

이 랍비는 정교(政敎)분리주의 신봉자였다. 그는 신도들에게 이교도와 불필요하게 섞여들어 그들 자신이 더럽혀지는 일이 없도록 열심히 권했다. 진보적인 유대인들과도 거리를 두도록 설득했다.

그런 인물을 따르는 것이 암셸 고유의 성격이었다. 그의 마음은 결코 게토를 떠나지 않았다. 자신을 위해 사들인 정원 딸린 멋진 집에서는 편안하게 지낼 수 없었다.

비스마르크는 그를 가리켜 말했다.

"……가엾은 사나이다……자식도 없이 홀아비로 하인들에게 기만당하고, 프랑스인·영국인이 된 조카들은 그를 기피한다. 그들은 애정도 감사의 마음도 없이 그의 유산을 물려받을 것이다……"

그것은 냉혹하지만 진실이었다. 암셸과 '진보적인' 친척들 사이에서만 틈이 벌어지는 게 아니었다. 파리·런던·빈의 로스차일드와 프랑크푸르트로스차일드 사이의 균열도 커져만 갔다.

프랑크푸르트는 차츰 프로이센 지배 아래 놓여 1866년에는 마침내 '자유도시'의 지위를 잃었다. 그리고 비스마르크가 이 세기 끝무렵 통일국가의 강한 지도자로서 세상을 크게 바꿀 때까지 북독일 대부분이 공업적으로 침체해 있었다.

그 무렵에는 금융활동의 중심이 베를린으로 옮겨져 있었다. 암셸이 죽은 뒤 그를 계승한 마이어 카를이 새로운 수도 베를린에 지사를 두려고 했으나 실현하지 못했다.

빌헬름과 마이어 카를 두 형제는 프로이센정부의 비위를 맞출 수도 있었지만, 그 나라에 영구적인 거점을 건설하려는 진지한 마음이 없었다. 아마도 그들은 반유대사상이 휘몰아치는 베를린에 영주하는 게 싫었던 것이리라.

그리고 그들에게는 아들이 없었으므로, 장래의 일에 큰 무게를 두지 않았는지도 모른다. 공교롭게도 그들에게는 두 집 합하여 딸만 열 명 있었다. 이유야 어떻든 로스차일드의 독일사업은 프랑크푸르트은행에만 머물며 서서히 그 중요성을 잃어갔다.

나폴리에서도 상황은 좋지 않았다. 나폴리은행 창시자 카를 폰 로스차일드가 67살에 죽었을 때, 그 은행은 아직 완전히 분리독립한 회사가 되어 있지 못했다. 그는 프랑크푸르트와 나폴리를 오가며 지냈고, 중요한 정책결정은 거의 형제들 의견에 따랐다. 형제들과 달리 카를은 독립된 지위를 만들지 못했다. 네이선과 제임스와 잘로몬은 조금씩 차이는 있어도 금융에 재능이 있었다. 카를에게는 그게 없었던 것이다.

독일처럼 이탈리아는 불안정한 작은 나라들이 모여 있었다. 그 나라들은 각 정부의 방위나 근대적인 공업화에 늘 돈이 필요했다. 공업화를 통해 각 정부는 부를 얻고, 정치변환을 추구하는 소리를 잠재우려는 의도를 갖고 있었다.

이러한 상황 속에서도 카를은 여전히 우위에 서지 못했다. 이탈리아에서 가장 진보적인 나라 피에몬테는 돈이 필요하면 파리의 로스차일드사와 교섭했다. 어느 정부가 다가오면 카를은 움츠러들었다.

교황이 1832년과 49년에 두 차례 그에게 대출을 신청했다. 진지하게 교섭이 진행되었다. 그리고 두 번 다 나폴리 로스차일드는 손을 떼고 제임스남작에게 일이 맡겨졌다.

1853년에 사랑하는 아내 아델하이드가 세상 떠나 홀아비가 된 카를은 사업에 대한 그나마의 정열마저 잃어버렸다.

공정하게 말해 카를은 정부라는 안정된 상대가 있고, 대규모 상

업투자가들과 날마다 연락할 수 있는 유리한 장소에 살고 있는 장
점을 살려내지 못했다. 두 시칠리아 왕국의 공식금융가였던 그는
반동군주를 지지했다. 그 왕국은 오스트리아로부터 외교·군사적 지
원을 받아 유지되고 있었다.

세월이 흐름에 따라 민족적·자유주의적 여론이 성장하여 때로 카
밀로 카부르같이 로스차일드를 능가하는 인물이 나타났다. 그는
1852년에 피에몬테총리가 된 인물이었다. 그는 제임스와 크레디 모
빌리에의 경쟁관계를 교묘하게 다루며 대남작에게 말했다.

"만일 우리나라 일이 탐난다면, 내가 이야기해 줄 테니 잘해보시
오."

나폴리 로스차일드의 책임자는 다른 형제들이 큰 도전을 거듭하
여 번영해 나갈 수 있게 한 결단력과 직감이 없었다. 이러한 약점
을 안은 C.M. 로스차일드 부자상회는 드디어 종말을 맞았다.

1855년에 여러가지 고통을 겪고 있던 제임스에게 걱정이 하나 더
생겼다.

10월에 런던주재 프랑스대사가 최근 제임스·라이어닐·앤서니의
방문을 받았다고 황제에게 보고하고 있다. 그들은 크레디 모빌리에
의 활동과 그 힘이 점점 커지는 데 대해 진정하러 갔던 것이다.

"드 로스차일드씨가 가장 강력하게 크레디 모빌리에에 반대하는
의견을 이야기했습니다. 그 회사는 머지않아 공공의 부를 위험에
빠뜨리고, 엄청난 부를 지녀 정부마저 지배하여 독재자가 될 거
라고."

제임스에게는 걱정되는 것이 또 있었다. 페레르가 빈에 자매은행
을 만들 계획을 갖고 있었던 것이다. 만일 그것이 성공하면 그들은
오스트리아 수도를 로스차일드로부터 빼앗게 된다. 마치 프랑스 수
도를 이미 자신의 것으로 했듯이.

오스트리아 재무대신 폰 브뤼크남작은 제국의 재정을 바로세우고

개인산업을 재건하려면 신용은행설립밖에 길이 없다고 판단하고 있었다. 8월, 그는 이 생각에 대한 정부의 승인을 얻었다. 이제 적당한 금융그룹에 그 허가를 주면 된다.

페레르는 경험도 있고, 이미 이 나라에서 기반을 다졌으므로 지명받는 데 자신있었다. 게다가 그들은 역시 로스차일드의 숙적인 폰 지나와도 연대하고 있다. 그러나 그들은 현재의 로스차일드——안셀름에 대해 잊고 있었다.

빈의 로스차일드은행장은 경쟁자가 합스부르크제국 안에 자리잡는 것을 잠자코 두고 볼 생각이 없었다. 그러나 이 나라의 문제에 대해서는 진작부터 훨씬 심각하게 생각하여, 개인은행제도만으로는 필요한 투자에 대응할 수 없다는 결론에 이르렀다.

국가신용은행이 유일한 답이라는 점에서 그는 브뤼크의 의견과 일치하고 있었다. 그래서 그는 제임스와 의논하여 페레르를 오스트리아에서 내쫓는 유일한 방법은 그들 흉내를 내어 로스차일드신용은행을 만드는 거라고 생각했다.

안셀름과 귀족동료들이 오스트리아 상공업 크레디트안쉬탈트라는 이름의 기관설립안을 내놓았다. 안셀름은 브뤼크와 친한 사이였으므로, 정부가 이것을 받아들여줄 것을 전혀 의심치 않았다.

크레디트안쉬탈트는 매우 조심스럽게 구성되었다. 크레디 모빌리에와 달리 합스부르크제국 범위 안으로 투자가 한정되고, 자본도 훨씬 많았다.

새로운 은행은 1855년 10월31일에 인가받아, 12월12일에 1천5백만굴덴의 주식이 일반에 매각되었다.

11일 밤에 S.M. 로스차일드부자상회가 있는 렌거리 보도에 긴 행렬이 늘어섰다. 갑자기 눈이 내리기 시작했는데도 개점시세로 주식을 사려고 수많은 사람들이 모여든 것이다.

안셀름은 은행사람들을 시켜 밤새도록 서 있는 그들에게 따뜻한 스프를 대접했다. 이 사람들의 인내심은 크게 보답받았다. 새로운 주식신청이 밀려들어 시세가 며칠 만에 세 배로 뛰어오른 것이다.

크레디트안쉬탈트 중역들의 첫회의는 안셀름을 부회장으로 하여 1855년 12월30일에 열렸다. 실로 격동의 한 해가 저물어가고 있었다.

그러나 뤼트 뱅케르 가운데 가장 시일이 오래 걸리고 또한 결정적 효과를 가져온 것은 철도 분야에서의 전투였다.

페레르는 1853년에 르 그랑 상트랄이라는 자본가연합을 결성하여 처음으로 철도붐을 탔다. 그는 론골짜기에서 리무제고원까지 중앙 프랑스의 넓은 범위에 걸친 지역개발허가를 얻으려 했다.

이것은 라 메디테라네라는 다른 철도회사가 이미 들어와 있는 지역에 발을 내딛는 일이었다. 르 그랑 상트랄의 목적은 오로지 힘으로 경쟁자들을 쫓아내고 수도 남부의 철도망 전체를 지배하는 것이었다.

1855년 끝무렵 제임스남작은 위협받고 있는 이 세 회사 중역들을 자신의 자본가연합인 '금융자본가연합'에 끌어들였다. 대규모 공업신용은행을 개인적으로 만들어 이들 회사가 크레디 모빌리에에 대항할 수 있도록 자금을 미리 준비해 대비하려는 계획이었다.

페레르는 깜짝 놀라, 정부의 친구에게 호소했다. '금융자본가연합'의 은행설립신청은 기각되었다.

제임스는 분노했다. 황제가 뒤에서 방패가 되어주는 한 어떤 방법을 써도 프랑스에서 페레르의 활약을 저지할 수는 없는 듯 여겨졌다.

그런데 그 일이 가능해졌다. 그것은 대남작의 뛰어난 솜씨 때문이 아니라, 그의 끈질긴 저항이 경제상황변화와 미묘하게 어우러져 그렇게 된 것이었다.

1856년은 불황 속에 밝았다. 주식시세는 떨어졌다. 정부의 재정

요구는 늘어났다. 크레디 모빌리에는 제임스가 줄곧 그렇게 되리라 믿고 또 희망해온 대로 지나치게 확장되어 있음을 깨달았다.

1857년에 르 그랑 상트랄은 해산되었다. 그 주식과 권리는 경쟁 회사들에게 마구 먹혔다. 투자가들은 크레디 모빌리에주식을 팔기 시작했다.

다음해 페레르는 더 이상의 쇠퇴를 막기 위해 자본에서 배당금을 지불했다. 그것이 종말의 시작이었다. 국가가 통제하는 신용이라는 생 시몽파의 꿈은 '거대은행'이 재정을 쥐는 차가운 현실 앞에 부서졌다.

크레디 모빌리에는 그뒤 9년 동안 살아남았지만, 위대한 개인금융가의 자리를 빼앗는 데 실패했다. 페레르의 도전은 헛되이 막을 내린 것이다. 로스차일드와 그들을 의미하는 모든 게 무적임이 증명되었다.

로스차일드에게 영향받지 않는
그리스도교 심장부도 정부도 없다
이제 그 거대한 권력은 무소불위이다

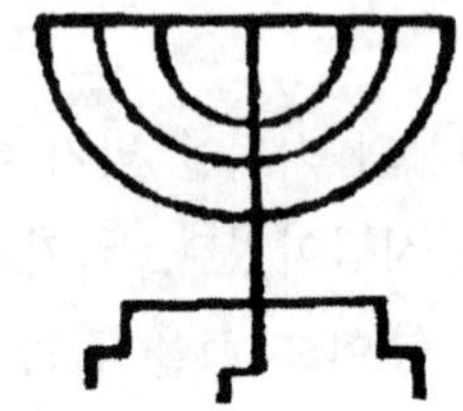

로스차일드는 유럽에 큰 바람을 일으켰다. 남은 19세기 동안, 또 19세기가 지나서도 그것은 계속되었다.

유럽은 세계상업의 중심이 되었다. 아메리카와 식민지에서 농작물과 풍부한 광물자원이 유럽으로 들어왔다. 유럽에서는 직물, 공업제품, 철도기관차, 전문기술이 흘러나갔다.

은행업·보험업 등 국제통상을 원활히 하는 기관은 런던과 파리 등 구세계 수도에 있었다. 로스차일드는 광범위하게 확대되어가는 활동망을 각 수도에 자리한 사무소에서 조정할 수 있었다.

세상은 계속 변화했다. 몇십 년 지나자 유럽의 우위가 차츰 위협받게 되었다. 처음에는 조금씩, 지금까지 미개발국이었던 나라들이 상업경쟁 속으로 뛰어들었다.

넓은 북아메리카 대륙은 남부에서 면, 캘리포니아에서 금, 프레리에서 밀을 생산하여 풍요롭고 강력해졌다. 오스트레일리아와 남아프리카는 금과 다이아몬드 발견으로 들끓었다. 이 세기 끝무렵 일본까지 공업국으로 일어섰다.

로스차일드는 지금까지 줄곧 유연성과 탄력성을 잘 유지해 왔다.

서로 도우며 변화에 순응해 나폴레옹을 무찌르고 페레르를 쓰러뜨렸다.

그러나 로스차일드는 본질적으로 유럽인이었다. 이제 로스차일드는, 지금까지 맞서온 어떤 상대보다도 이 새로운 상대와 오랜 세월 싸우게 된다. 그 상대는 매우 강력했다. 그 도전에 맞서 그들이 유연하게 잘 대응해 나갈 수 있을 것인가.

이 세기 중엽까지 로스차일드는 먼 지역 사업은 대리인에게 맡기고 있었다. 현지 금융가와 상인을 채용하거나, 뉴코트나 라피트거리에서 일을 습득시킨 믿을 만한 고용인을 외국으로 보냈다. 그 지위는 개인적으로도 상당한 이익을 얻을 수 있으므로 누구든 책임감과 신망이 있는 사람이어야 했다.

로스차일드는 일찍이 해외진출에 나섰다. 아프리카에 새 식민지가 열리고, 남아메리카에 새로 건설된 나라가 경제발전을 희망하고 있었으므로, 파리와 런던의 회사대리인을 그곳으로 보내 광산채굴권을 사들이고, 철도건설 재정상담을 하고, 공채발행을 담당했다.

로스차일드는 중앙아메리카의 제철소와 북아메리카의 운하건설회사 등 다양한 기업을 소유하거나, 대주주가 되었다. 또 새로 발견된 금광에서 금괴를 가장 많이 수입하는 최대업자가 되었다.

1855년 런던의 로스차일드은행은 전용 금정련소를 타워힐에 건설했다. 왕립조폐국이 최근까지 있었던 장소였다. 그해 드 로스차일드형제상회는 심각한 화폐위기에 빠진 프랑스은행으로 다량의 금을 보내 도와주었다.

'로스차일드'라는 이름은 이제 선진적인 도시 런던과 파리를 멀리 떠난 곳에서도 들리게 되었다. 그러나 때로는 이 위대한 은행가와 직접 관계 없는 경우도 있었다.

1841년 모리스 보름스는 실론으로 가서 로스차일드커피회사를 설립했다. 이에 대해 그의 조카가 쓰고 있다.

로스차일드가 이 회사에 관여해 그 이름이 붙여진 거라고 줄곧 생각되어 왔지만, 전혀 다르다. 회사는 모리스 보름스와, 1842년에 합류한 아우 가브리엘의 것이다.

'로스차일드' 이름은 그들의 아저씨인 프랑크푸르트의 안셀름 폰 로스차일드남작과, 파리의 제임스 드 로스차일드남작의 요구로 붙여졌다.

이런 기묘한 요구를 한 이유는 아마도 국제적 상사로서 로스차일드의 이름을 드높이려는 데 있었으리라. 수많은 개발도상지에서 그 이름은 세계에 손꼽히는 개인은행과 연관되어 있다는 것을 나타냈다.

대리인을 지명할 때에는 늘 신용문제가 따른다. 뉴욕·멕시코시티·아바나·케이프타운·멜버른·싱가포르 등 먼 도시의 로스차일드 대리인은 만 단위, 때로 백만 단위에 이르는 거액거래를 자유로이 맡아해야 했다.

지시와 보고가 바다건너 오가는 데 몇 주일씩 걸리므로, 현지사람들에게 필연적으로 행동의 자유가 허용되었다. 로스차일드의 방법은 믿을 만한 사람을 지명하고, 그 뒤는 되어가는 형편에 따라 확실하게 처리해 나가는 것이다.

해외도시 가운데 뉴욕이 가장 중요했다. 뉴욕의 로스차일드 대리인은 특별한 인물이었다. 로스차일드가 어떤 명령을 내리든 도무지 상관하지 않았다.

15살 난 유대소년 아우구스트 쉰베르크는 1829년 프랑크푸르트로 와서 암셀의 은행에서 일하게 되었다. 그는 유쾌하게 이야기를 잘했다.

그는 자신이 바라는 것을 똑똑히 알고 있었다. 한마디로 '돈'이었다. 불우한 어린시절을 보낸 그는 돈을 벌기 위해 집을 나왔다. 로스차일드의 엄청난 부와 성공에 자신도 얼마쯤 끼어들려고 마음먹은 것이다.

이 억척스럽고 적극적인 젊은이는 네이선과 제임스 같은 성품을 지녔다. 잘난 척하고 화를 잘 내며, 오로지 일직선으로 인생을 상승시켜 나가는 데 탐욕스러웠다. 그리고 그 탐욕을 실현시킬 수 있는 금융재능도 있었다.

암셸과 카를은 곧바로 그 재능을 인정하여, 젊은 아우구스트는 빠르게 출세했다. 경험을 쌓기 위해 그는 1832년에 나폴리로 파견되었다. 23살이 된 1837년에는 복잡한 국제금융구조에도 정통하게 되었다. 영어·프랑스어·이탈리아어도 능숙했다. 그때부터 그의 행운이 활짝 꽃피기 시작했다.

로스차일드는 쿠바로 갈 사람이 필요했다. 스페인 지배에 대한 반란이 확대되어 심각한 영향을 받고 있었던 것이다. 그들은 이 수완 좋은 젊은 부하를 파견했다. 몇 달 뒤 그들은 어떤 보고를 받고 충격을 받게 된다.

아우구스트 쉰베르크는 카리브해를 향해 출발했다. 그러나 그는 오귀스트 벨몬트라는 이름으로 뉴욕에 닿았다. 고용주의 주의부족이었다. 그는 이 기회에 금융가로 독립할 작정이었던 것이다.

미국은 그의 희망이 이루어질 나라였다. 쿠바 따윈 비교도 안된다. 마침내 그는 합중국의 상업도시로 들어갔다. 그 도시에는 독일계 유대인이 득실거렸다. 그는 프랑스식이름에 종교도 바꾸었다.

도착시기는 좋지 않았다. 미국은 금융상으로도 정치적으로도 사상최대의 위기에 있었다. 연방정부의 재정과 경제안정을 위해 만들어진 합중국은행은 각 주의 지도자와 야심찬 사업가들에게 인기가 없었다.

주지도자들은 이 은행을 중앙권력의 무기로 여겼다. 사업가들은 상업개발에 은행이 가하는 제한을 언짢아했다. 나라는 시끌벅적 소란했다. 성급한 농부와 철도건설업자와 공업관계자는 자본을 얻기 위해 다른 길을 찾아나섰다.

유럽과 미국의 투기자들은 무리라고 생각될 정도로 많이 투자했다. 각 주의 은행들은 활력있는 사업을 전개했다. 로스차일드를 비롯한 유럽 금융가들은 대규모 계획을 지원했다. 작은 은행이 온 미국 안을 마구 뛰어돌아다니는 형국이었다.

특히 급진파 앤드루 잭슨대통령이 1836년에 중앙은행이 특권을 갖지 못하도록 한 뒤로 그 양상은 한층 두드러졌다. 그해 마지막까지 남았던 규제가 풀렸다. 자본가들은 재빠르게 돈벌이를 찾아 일제히 시장으로 몰려들었다. 대소동이 일어났다.

몇 달 뒤 당연한 결말이 찾아왔다. 과열된 경제가 드디어 폭발한 것이다. 투자가들은 주식을 현금으로 바꾸려 필사적이었다. 몇백만 달러에 이르는 로스차일드의 투자도 이 혼란의 한복판에서 길을 잃었다.

로스차일드대리인 J.L.&S.I. 조지프사는 벨몬트가 도착하기 7주일 전에 도산했다. 벨몬트는 사실상 그 대리 역할을 하게 되었다. 사무소를 빌리고, 상사에게 사후승인을 구했다. 대답이 오기도 전에, 그는 고용주의 이름을 사용해 침체된 시장에서 그들의 돈으로 주식을 사들이기 시작했다.

그 방약무인한 행동에 남작형제가 만일 화를 낸다면, 이렇게 생각하면 된다. 한 시대 전 네이선이 선제후 빌헬름백작의 돈을 사용해 한 일을 이번에는 벨몬트가 했을 뿐이라고.

그들은 벨몬트를 불러들이지 못했다. 새로운 대리인을 지명해 파견하려면 몇 달 걸린다. 그런데 금융위기에는 빠른 대책이 필요하고, 그밖에도 다른 일들이 산더미처럼 쌓여 있다.

맨체스터에서 직물을 다룬 네이선이 남부의 면을 사들여온 이래, 로스차일드는 미국과 중요한 관계를 맺어왔다. 네이선은 중서부의 토지와 농업·공업발달에 큰 관심을 가지고, 아메리카 대륙에 확고한 기반을 쌓고 싶어했었다.

로스차일드는 연방의 여러 주에 돈을 빌려주고 있었다. 한때 합중국정부가 공인한 유럽의 은행가였으며, 합중국은행의 보증인이기도 했다. 런던의 로스차일드사는 벨몬트가 한 일이 마음에 들지 않았지만 기정사실화된 그의 신청을 받아들일 수밖에 없었다.

벨몬트는 난파선 인양작업에 들어갔다. 오귀스트 벨몬트사는 모든 고객에게 편지를 보내, 계산서를 확인하도록 요청했다. 빚은 회수하고, 갚아야 할 돈은 지불했다. 매우 어려운 시기에 그는 참으로 능률적으로 일을 처리해 나갔다.

그러나 이 대리인을 믿어도 되는지, 고용주의 마음속에는 여전히 의심이 남았다. 라이어닐은 경험풍부한 은행사람을 보내 벨몬트가 하는 일을 감시하게 했다.

꽤 호의적인 보고가 보내져왔다. 그러나 뉴코트도 라피트거리도 그 대리인이 하는 사업에 계속 신경질적인 반응을 보였다.

벨몬트는 신용을 얻지 못하는 게 안타까웠다. 대서양을 사이에 두고 입씨름이 오가며 세월이 흘렀다. 로스차일드가 제멋대로인 대리인에게 불평하는 동안, 벨몬트는 금융가로 기반을 다졌다. 나아가 뉴욕사교계와 정계에서도 주요한 지위를 차지하는 인물이 되었다.

벨몬트가 이 도시에 태풍을 몰고 온 방식은, 제임스남작의 수법에서 적지 않은 영향을 받았다. 뉴욕은 떠들썩한 가운데 차츰 성장하는 '새로운' 도시였다. 이미 공동체가 확립된 보스턴이나 찰스턴과 달리, 뉴욕에는 오래전부터 살아온 사람들의 완고한 영향력이 없었다.

따라서 개성과 돈으로 누구나 이름 날릴 수 있었다. 벨몬트는 잘생기지는 못했지만, 강렬하게 사람을 끄는 데가 있었다. 그는 과거에 대해 신중하게 입을 다물었다. 스캔들을 좋아하는 사람들이 그가 로스차일드의 사생아라는 엉뚱한 소문을 퍼뜨렸을 때도 그것을 막으려 하지 않았다.

그는 델모니코에서 성대한 만찬회를 열었다. 최고급 프랑스제 와인을 대접하고, 유럽풍에 대한 이런저런 이야기를 하며 고상한 취미를 가진 척 행동했다. 여자들은 그에게 매력을 느꼈다. 남자들은 이 세계최대 개인은행 대리인에게 경의를 나타냈다.

그는 맨해튼섬에 호화로운 집을 사들였다. 화려한 파티와 오락모임을 열어, 얼마 뒤 사교계 사람들은 그의 초대를 받으려 애쓰게 되었다. 진지한 만찬회도 열어 유명인사와 뉴욕을 방문중인 저명한 사람들이 모였다.

벨몬트는 대중에게 자신을 과시하는 일의 중요성을 잘 알고 있었다. 부를 드러내 보이면 신뢰도 생겨난다. 그는 뉴욕에서 가장 고급스러운 마차를 타고 다녔고 경주마들을 소유했다. 제롬 파크 경마장 창설에도 가담했다. 눈길 끄는 일은 무엇이든지 했다.

어느 여성과 친해진 벨몬트는 그것을 질투한 경쟁자로부터 중상모략을 받았다. 그 여성의 명예를 손상시켰다며 그는 상대에게 결투를 신청했다. 그리고 그 일을 사람들에게 널리 알렸다.

그것은 무모한 행위였다. 벨몬트는 총을 다룰 줄 몰랐기 때문이다. 그 결과 대부분의 다른 경우와 마찬가지로 결투는 흐지부지 끝났다. 쌍방의 피스톨이 발사되었지만, 아무도 맞지 않았다. 그러나 명예는 지켜지고, 벨몬트의 명성은 높아갔다.

그가 여는 파티는 점점 화려해졌다. 그는 호화로운 무도회를 좋아했다. 언제나 초대손님들보다 화려한 의상을 차려입었다. 어느 때는 1만달러짜리 갑옷을 입었다는 이야기도 있다.

이 건방진 벼락부자를 불쾌하게 여겨 뉴욕사교계에는 그를 피하는 사람도 있었다. 그러나 이들을 다루는 방법을 그는 알고 있었다. 일류무도회에 초대받지 못하면 그 책임자를 찾아가, 자신의 이름을 손님명부에 올려놓지 않으면 다음날 아침 경제적으로 어떤 일을 당할지 아느냐고 넌지시 겁을 주었다.

위대한 네이선 로스차일드처럼 벨몬트는 전설적 인물이 되어갔다.

8년 뒤 벨몬트는 꽤 많은 개인재산을 축적했다. 그즈음 멕시코와 전쟁하고 있던 합중국정부의 국채에도 상당부분 관여하게 되었다. 그는 주인을 위해 이 국채와 다른 주의 국채도 사들였다.

로스차일드사람들은 합중국의 이 대리인과 자주 의견충돌을 일으켰다. 그가 자신들 돈으로 큰돈벌이를 하고 있다는 의심도 머리에서 떠나지 않았다. 그러나 그가 매우 잘 해나가고 있다는 사실은 인정했다.

벨몬트는 성장하는 이 자극적인 땅에서 많은 일거리를 찾아내 런던과 파리에 가져다주었다. 그리고 대서양 건너편의 꽤 상세한 정보도 제공했다.

뉴욕사무소는 거의 날마다 유럽으로 통신을 보냈다. 덕분에 모회사는 금괴와 면, 담배, 연방주 공채, 철도, 주(州)은행 및 공업회사 등 다방면에 걸쳐 그들이 행하는 투자에 관한 최신정보를 얻을 수 있었다.

벨몬트는 워싱턴정부에도 크게 기여했다. 충분한 현금공급이 늘 두통거리였던 시기에 정부는 줄곧 로스차일드의 공채 투자로 도움을 받은 것이다.

그의 활동은 1844년에 새로운 국면을 맞았다. 이해 그는 오스트리아영사를 대신한 교섭을 훌륭하게 해내, 민주당에 들어가 눈에 띄는 지위로 급속히 올라갔다.

유럽에서는 예전에 로스차일드의 뛰어난 전달기관이 그들의 정치력 증강에 큰 역할을 했다. 그들이 여러 공(公)과 대신들의 신용을 얻어 정치상담역 지위에 오른 것도, 확실한 정보를 누구보다 빨리 제공했기 때문이었다.

역사는 되풀이되고 있었다. 웨스트민스터와 엘리제궁의 정치가들은 미국에 관한 정보를 탐냈고, 로스차일드는 그 제공자가 되었다. 대서양 양쪽 정부는 이 은행가를 비공식적 통신수단으로 아무 거리낌없이 사용했다.

로스차일드쪽에서는 벨몬트를 감시할 사람을 정기적으로 파견하려고 계획했다. 1840년에 너새니얼이 미국으로 가겠다고 신청했지만, 실현되지 못했다.

1848년 봄, 제임스는 알퐁스를 혁명의 소용돌이 속에서 떼어놓기 위해 미국에 보낼 결심을 했다. 이 계획은 곧바로 실현되지 못하고 알퐁스는 그해 끝무렵에야 출발했다.

이미 뉴욕을 통해야 하는 사업이 매우 늘어나 있었다. 그는 분명한 지령을 받았다. 로스차일드가 벨몬트와 손잡고 계속 일할 것인지, 아니면 그들 자신의 은행을 설립할 것인지를 판단해야 한다고.

유럽에서는 오귀스트 벨몬트와 관계를 끊어야 한다고 모두들 생각했으므로, 알퐁스는 따뜻한 환대를 받게 되리라 기대하지 않았다. 분명 환대는 받지 못했다. 뉴욕 대리인의 태도는 거만하고 야비했다.

알퐁스는 보고했다.

"내가 미국땅을 밟는 그날, 벨몬트는 자신의 시대가 끝났다는 것을 깨달았다."

벨몬트는 알퐁스를 보자 곧 불평을 늘어놓기 시작했다. 로스차일드는 자신을 대리인이기보다는 통신원으로 다루고, 신뢰하지 않으며, 가까스로 얻어낸 미국의 일도 마음에 들어하지 않고 차던진다고.

냉대받으면서도 알퐁스는 벨몬트의 입장을 진지하게 이해하려고 노력했다. 12년 동안이나 실질적으로 독립된 입장에 있던 사람이 이제 와서 단호한 명령에 따르는 것은 어려운 일이었다. 아마도 잘못은 양쪽 모두에게 있을 거라고 알퐁스는 생각했다.

두 사람 사이의 심리적 간격은 대서양만큼이나 넓었다. 알퐁스는 미국에서 여섯 달 동안 지냈다. 그동안 내내 그는 벨몬트와 서로 경계했다.

이 젊은 프랑스인에게는 다른 볼일도 있었다. 그는 여기저기 여행하며, 미국에서의 로스차일드 사업현황을 제대로 파악하고, 이 대륙에서의 장래성을 살펴보아야 했다. 그의 판단에는 앞날이 매우 밝았다.

이곳은 새로운 문명발상지입니다……캘리포니아 개척은 미국의 거대한 가능성에 관여하는 일입니다. 엄청난 금광맥이 땅속 깊이 잠들어 있고, 그 지리적 위치도 좋습니다.

2, 3년 지나면 미국은 중국과 인도와 대규모 통상에 나서 두 대양에 군림할 겁니다……이 나라에는 번영의 요소가 너무 많아 눈이 핑핑 돌 지경입니다.

사람들의 지성과 활력을 잘 지켜보아야 합니다. 어떻게 하면 그것이 생겨나는지 그들은 알고 있습니다. 유럽에는 미국에 대한 편견이 많지만, 사실을 직시하면 그런 건 곧 사라져버리겠지요.

그는 로스차일드가 미국 사업에 직접 관여할 것인지에 대해서도 망설임없이 대답했다.

대리인회사가 아닌 로스차일드회사를 미국에 설립해야 한다고 단언합니다……지금이 좋은 기회입니다.

앞으로 여러 면에서 경쟁이 심해지면 필연적으로 어려움도 커지겠지요. 미국에서의 사업은 또다른 기회라고 생각합니다.

병적인 배타주의자 알퐁스가 보는 한 벨몬트를 계속 신용하는 일은 당치도 않았다. 벨몬트는 완전한 '미국인'이 되어 있었다. 그는 성급하고 의심많으며 잘 흥분하고 독립심이 강했다.

'가족이나 친구들과 멀리 떨어져 있는 일은 괴롭겠지만' 자신이 그 새로운 로스차일드사무소의 책임자가 되고 싶다고 알퐁스는 말했다.

로스차일드 역사상 가장 중요한 발전이면서 서양경제사상 큰 의의를 지닐 사건에 대한 준비는 모든 게 잘 되어가는 듯 보였다.

그때 갑자기 모든 계획이 무너졌다. 알퐁스는 고향으로 돌아가게 되었다. 그리고 벨몬트는 그 지위를 한층 굳혔다.

이것은 로스차일드가 놓친 가장 큰 기회였다. 미국이 성장 도상에 있던 초기에 뉴욕에 은행을 설립했다면, 거기에서 얻어지는 부는 유럽에서 쌓은 모든 게 하찮아 보일 만큼 엄청났을 것이다.

제임스와 라이어닐이 왜 알퐁스의 주장을 무시했는지 이해하기 어렵다. 가족의 유대가 강하므로 대남작은 장남을 파리로부터 떼어놓는 게 싫었는지도 모른다. 아니면 강한 편견이 있어 아직 떠들썩하고 어수선한 신생국가에 간여하는 일을 피하려 했는지도 모른다.

늘그막에 제임스는 깨달았다.

'미국은 어떤 계산도 할 필요가 없는 나라였다.'

확실한 것은 벨몬트가 자리에서 쫓겨나지 않으려 온 힘을 다 기울였다는 것이다. 그는 뉴욕에서 사회적 지위를 견고히 하기 위해 열심히 일했다.

알퐁스가 떠난 몇 달 뒤 그는 최대의 성공을 거두었다. 미국해군 페리제독의 딸 캐럴라인 페리와 약혼한 것이다. 캐럴라인은 유명한 민주당의원 집안 출신이었다. 벨몬트가 정치적으로 성공하기에 매우 유리한 결혼상대였다.

미래의 장인은 이름난 장교였다. 뒷날 단 네 척의 배를 이끌고 일본으로 가서, 몇 세기에 걸친 쇄국을 끝내게 하고 미국과 외교관계를 열어 역사에 그 이름을 남긴 인물이다.

어딘지 쓸쓸해 보이는 매력을 지닌 아름다운 캐럴라인과 약혼한 벨몬트는 사교계에서도 빛나는 명예를 얻었다. 상류사회 연방클럽 회원으로 받아들여진 것이다.

두 사람은 결혼하여 차츰 화려해져 가는 5번 거리에 자리잡고 살았다. 뒷날 여기에 당당한 저택을 사들였다.

그 집은 이 거리의 사교적 중심지가 되었다. 그곳은 전용무도실이 딸린 최초의 개인저택이었다. 무도장은 그 시절의 가장 중요한 행사를 위해 1년에 하룻밤만 사용되었다.

그들이 베푸는 만찬회는 우아하고 고급스러웠다. 미식가들이 즐길 요리는 카렘에게 사사한 요리사가 준비하였다. 금접시에 담아 가발과 제복을 갖춰입은 수많은 하인들이 식탁으로 날랐다. 뉴욕의 살롱과 회계사무소에서 오가는 이야기에 의하면 오귀스트 벨몬트는 한 달에 와인값만 2000달러나 쓴다고 했다.

그 사나이의 지위는 이제 굳건한 반석에 올랐다.

제임스와 라이어닐은 발을 구르며 후회했으리라. 아직 소년티도 완전히 벗지 않은 젊은이를 자신들의 대리인으로 삼은 게 얼마나 어리석은 일이었는지를.

그뒤 10년 동안 벨몬트는 뉴욕에서 로스차일드의 이익을 올리기 위한 조작을 계속해 큰 성공을 거두었다.

남부와 북부가 남북전쟁으로 치닫는 위험한 상황에 빠졌다. 미국 상업은 다시 위기에 맞닥뜨렸다.

높아지는 긴장과 교역붕괴를 알리는 대리인의 편지가 유럽에 와

닿았다. 로스차일드는 허겁지겁 편지를 읽었다. 대립이 확실해지자 그들은 어느 쪽에 서야 하느냐는 문제에 직면했다.

상업상 결단은 실리적이어야 한다. 승리하는 쪽을 지원할 필요가 있다. 유럽처럼 미국에서도 이데올로기의 충돌은 로스차일드에게 도덕적 선택을 강요했다. 학대받는 소수파의 일원으로서 그들은 해방운동쪽에 공감을 나타냈다.

한편 노예를 소유하는 남부에 그들은 큰 이해관계를 갖고 있었다. 그리고 가족주의사회와 서로 더 많이 통하는 면도 있었다. 지금까지와 마찬가지로 사회질서를 어지럽힐 우려가 큰 '혁명적' 움직임을 그들은 경계했다.

벨몬트에게는 아무 망설임도 없었다. 그는 연방을 지원하는 북부 민주당원이었다. 그는 제임스와 라이어닐에게 그들의 영향력으로 유럽에서 북부지원정책을 취해주도록 편지로 설득했다.

너무도 중요한 문제였으므로 남작은 이 대리인의 의견에 간단히 따를 수 없었다. 그들은 다시 로스차일드사람을 미국에 보내려 했다.

제임스와 베티의 셋째아들 살로몽에게 그 임무가 맡겨졌다. 한 친척은 그를 가리켜 말한다.

"재능이 풍부하지만 다른 형제들만큼 열심히 일하지 않는 사람이었지요."

샤토 라피트에서 찍은, 유쾌해 보이는 모습의 사진을 보면 이 의견에 수긍하게 된다. 그의 '상승지향적 성향'을 나타내는 사진도 있고, 기운찬 장난꾸러기 같은 모습도 보인다.

분명 그는 활달하고 강한 성격의 소유자였다. 그로서는 아버지를 따라 의욕적으로 사업일을 하든가, 아버지에 반발하든가 둘 중 하나를 피할 수 없었다. 제임스가 아들의 직업을 선택할 때 은행 이외의 가능성은 전혀 고려하지 않으므로 어쩔 수 없는 일이었다.

살로몽은 은행일을 하고 싶어하지 않았다. 또 로스차일드사람으로서의 의무를 진지하게 다할 수도 없을 것 같았다. 이 일은 제임스를 화나게 했다.

만일 그가 자유로이 자신의 길을 갔다면 무언가 큰일을 이루었을지도 모른다. 그는 미묘한 사물을 날카롭게 꿰뚫어보고 상황판단에 냉정한 두뇌를 가진 젊은이였다.

제임스남작이 지배하는 사업세계 속에서 색다른 성향을 가진 그는, 가면을 쓰고 친척들 속에서 어릿광대 역할을 하는 수밖에 없었다. 그는 결국 로스차일드사람으로서는 용서받기 어려운 죄를 저질렀다. 무책임한 판단으로 증권거래소에서 크게 실패한 것이다.

이 일로 아버지와의 사이가 결정적으로 나빠져 그는 2년 동안 프랑크푸르트에 보내졌다. 살로몽이 저지른 일에 분노한 제임스는 회사에서 아들을 내쫓아 파리에 발도 들여놓지 못하게 했다.

그러므로 1859년 가을, 제임스가 살로몽의 미국행을 일석이조의 기회라고 생각한 것도 무리가 아니었다. 그는 이 24살 된 반역아를 미국으로 보내 거기서 중요한 정보를 모으게 하면 얼마쯤 어른스러워질 것이라고 기대했다.

살로몽은 미국의 상황에 단호한 견해를 가졌다. 남과 북을 두루 여행한 그는 북부 도시와 연방 정치활동가들에게 깊은 혐오감을 품었다.

뉴욕의 새러토가 스프링스에서 수영을 즐기면서 그는 보고했다.

……더글러스(스티븐 더글러스, 북부의 민주당 대통령 후보)를 지원하는 큰 집회가 열렸습니다. 그곳에서는 연설자들이 남부사람들을 오합지졸 배반자라고 불렀습니다.

좀더 열광적이 되자 '작은 거인' 지지자들은 통에 든 타르와 송진을 거리에 쏟아붓고 불을 붙였습니다. 반대정당 마부가 모는 승합마차가 가까이 다가왔을 때 불길은 격렬하게 타올랐습니다…
…

　마차는 통쪽으로 똑바로 달려가 그것을 뒤집어 박살냈습니다.
순식간에 집회에 모인 사람들은 대소동을 일으켰습니다. 이 무슨
터무니없는 일일까요! ……

벨몬트는 민주당 전국위원회 의장으로, 더글러스를 강력하게 지
지했다. 그러므로 살로몽은 귀족적 섬세함에 상처입으면서도 그러
한 집회에 출석할 필요를 느꼈다.

　그 집회의 연회에는 제대로 된 식사는 없고 싸구려 먹을것이
산더미처럼 쌓여 있을 뿐이었습니다. 거기에 굶주린 사람들이 야
수처럼 덤벼들었습니다.
　그 소동이 끝나면 그들은 연단 주위로 모여듭니다. 아버지에게
정치이야기는 좋지 않으니, 이것만 말해 두지요. 더글러스의 친
구이며 집회 주체자인 벨몬트는 군중을 향하여 즉흥적이지만 꽤
좋은 연설을 했습니다.

살로몽은 공화당의 연설도 들었다. 그는 더 실망했다.

　다음날인 목요일, 이번에는 공화당 차례입니다. 아침 8시부터
대규모 데모가 있어 교통이 차단되었습니다. 도시 곳곳에서 머리
를 동여맨 사람들이 집회가 이루어지는 쿠퍼회관쪽으로 갔습니
다.
　연설이 끝나자 청중은 여러 분대로 나뉘어지고, 각 분대는 횃
불을 하나씩 치켜들었습니다. 거의 모두 빨간 옷을 입고 있었습
니다.

그들은 도시의 인구밀집지역으로 질서정연하게 행진해 갔습니다. 하지만 그 외침은 지옥에서 들리는 소리와도 같았지요. 단테의 글을 연상시키는 그 광경으로부터 받은 인상을 뭐라고 표현해야 좋을지 모르겠습니다.

그것은 48년의 저 비극적인 날을 떠올리게 했습니다. 우리들 머리 위에 늘 위험이 소용돌이치고 있습니다. 이 나라가 혁명과 내란의 시대로 끌려들고 있는 게 눈에 보입니다.

1860년 11월, 에이브러햄 링컨의 선출도 살로몽에게는 단순히 지옥으로 향하는 첫걸음으로 보였다.

공화당원들마저 그를 후보로 지명한 일을 후회하고 있습니다. 그는 모든 타협을 거부하고 오직 무력에 호소할 뿐입니다. 그 시골뜨기 사나이는 술 안주거리밖에 되지 않습니다.

그와 현정세를 의논하기 위해 스프링필드까지 만나러 갔던 한 지지자를 어제 만났습니다. 그가 방문했을 때 링컨은 윗옷도 입지 않은 채 모자를 쓰고, 난로선반에 다리를 얹고 앉아 담배를 질겅질겅 씹다가 뱉어내고는 그를 반겼다고 합니다.

그와 이야기해 보았지만 링컨의 견해에 특별한 것은 없어, 공화당 지도자 가운데 한 사람인 그 방문자는 미래 대통령에게 실망하고 돌아왔다 합니다.

이 나라 사람들은 하잘것없는 사람에게는 분개하지 않으므로, 대중의 마음에 들려면 무명으로 있는 게 좋습니다.

살로몽에게 남부의 활동단체는 대조적으로 모든 게 잘 정돈되어 있는 듯 보였다. 정치지도자들은 예의바르고 교양있으며 지적이었다.

미국을 떠나기 얼마 전인 1861년 4월28일의 긴 편지에서 그는 마지막 결론을 내렸다. 유럽은 남부동맹을 한시바삐 인정하여 남북전쟁을 멈추게 해야 한다고.

사업에 대한 살로몽의 조언은 애매했다. 그는 형 알퐁스가 미국경제의 가능성에 대하여 내린 평가에 반대했다. 그의 의견에 따르면 미국은 지금 혼란기여서 안전하게 투자할 나라로 여겨지지 않으며, 로스차일드가 미국진출을 전보다 더 늘리는 것은 현명하지 못하다는 것이었다.

살로몽이 내린 그 판단에 벨몬트는 몹시 놀랐다. 그것은 완전히 잘못된 견해였다. 그가 보기에 모든 것은 연방의 유지에 달려 있었다. 로스차일드는 '보다 많이' 투자해야 한다.

만일 로스차일드가 북부에 재정원조를 하지 않으면 경쟁자들이 그렇게 하리라는 것을 벨몬트는 알고 있었다. 전쟁이 끝나면 정부는 누가 참된 친구였는지 똑똑히 기억할 것이다.

1861년에 그는 유럽으로 가서 로스차일드에게 필사적으로 자신의 생각을 설명했다. 미국의 내전에 대한 구세계 즉 유럽의 태도가 저마다 다른 것을 그는 깨달았다. 프랑스는 남부에 다가섰다. 영국은 둘로 나뉘었다——이 상태를 《펀치》잡지는 다음과 같이 읊고 있다.

북부의 주장이 옳지만
잊을 수 없는 일이 있다
우리는 남부에 의리가 있다
면화에 뒤얽힌 의리가 있다.

내란과 교역붕괴가 빨리 끝나기를 누구나 바라고 있었다. 유럽의 권력이 그 사이를 조정하면 평화가 오리라는 의견이 런던에서도 생겨났다.

벨몬트는 맹렬하게 반대했다. 그런 간섭을 그들은 쓸데없는 일로 여긴다고 주장했다. 벨몬트는 매우 괴로운 입장에 놓였다. 실제로 그는 사업에서도 정치에서도 위기에 몰려 있었다.

로스차일드는 반역분자들과 재정적으로 관련되는 데 조심스러웠다. 하지만 빠른 평화회복과, 노예문제에 관해 남부의 플랜테이션 소유자를 무력하게 만들지 않는 타협안을 희망했다. 그들은 워싱턴 정부에 대한 자금제공에 매우 신중을 기하고 있었다.

그 결과 벨몬트의 영향력이 줄어들었다. 북부에서 그를 적대하던 사람들은 재빨리 공격에 나섰다. 그들의 눈에 매우 탐욕스러워 보이는 그의 태도를 비난하기 시작한 것이다.

《시카고 트리뷴》신문은 제기했다.

우리는 벨몬트와 로스차일드를 비롯한 유대민족을 살찌우기 위해 불명예스러운 평화를 받아들일 것인가?……

아니면 대포로 그랜트와 셔먼을 날려버리고 명예로운 승리를 얻을 것인가?

반대정당은 결집하여 가두 연설에서 열변을 토했다.

로스차일드대리인이 민주당 간사라니! ……그리스도교 세계의 심장부에 로스차일드의 발, 이, 손톱자국을 갖지 않은 사람이나 정부는 없는 셈이다……그들은 여기에서도 똑같이 하려 하고 있다……

우리 미국인은 로스차일드에게 빚진 게 없다. 그 유대인들은 미쳐 있다. 지금까지도 내내 미쳐 있었다. 하지만 그들이 제프 데이비스든, 악마든 우리를 정복할 수는 없을 것이다.

결과는 물론 벨몬트의 말대로였다. 평화는 북부의 승리와 연방회복으로만 얻어지는 것이었다.

로스차일드은행은 결국 벨몬트의 주장도 살로몽의 말도 지지하지 않았다. 그들은 타협했다.

아마도 살로몽에게는 로스차일드의 정책에 적극적으로 영향을 줄 기회가 한 번도 없었으리라. 그를 대서양 너머로 보낸 제임스의 생각은, 젊은이의 반항심을 버리고 어른이 될 시간을 갖게 하는 것이었다.

실험은 실패했다. 그의 성격이 달라지기는커녕 멀리 떨어진 곳에서 로스차일드의 명예를 더럽혔을 뿐이었다. 살로몽의 낭비벽과 도락은 뉴올리언스에서 화제가 되었다. 그는 음탕한 농담을 내뱉고 누드사진을 돌려 점잖은 뉴욕의 클럽에서 쫓겨났다.

돌아와서도 그는 집안의 골칫거리였다. 집안에서는 1862년에 그를, 마이어 카를의 딸로서 성실한 성품을 가진 아델과 결혼시켰다. 결혼하여 그가 점잖아지기를 기대했다면 그 또한 실패였다.

베니스에서 신혼여행 중인 두 사람을 만나본 한 친척은 살로몽에 대해 말했다.

"무턱대고 함부로 날뛰는 듯한 걷잡을 수 없는 느낌이 들었지요."

1년 뒤 그는 아버지가 되었다. 딸의 이름을 엘렌이라고 지었다. 얼마쯤 나이 먹고 책임있는 입장이 되면 사람은 절도있는 태도를 지니게 된다.

살로몽도 비로소 그의 진지한 면을 나타내게 되었다. 그는 유대 자선협회의 회원이 되어 적극적으로 가난한 사람들을 도왔다. 그는 유대민족의 불행을 매우 마음 아파했다.

23살 때 살로몽은 탄지르의 유대난민을 개인적으로 방문했다. 그들은 스페인과 모로코전쟁에서 집을 잃은 사람들이었다. 그는 의료

서비스의 필요성을 느껴 그 준비를 해주었다.

안타깝게도 그에게는 자신의 참된 가치를 발휘할 시간이 없었다. 1864년 5월10일, 29살로 이 세상을 떠났기 때문이다. 그의 갑작스러운 죽음은 증권거래소의 도박에 지나치게 열중했기 때문이라는 소문이 나돌았다.

그러나 그를 죽음에 이르게 한 것은 이 색다른 쐐기를 인습적인 로스차일드 구멍에 억지로 박아넣으려 했기 때문이라는 말이 진실에 더 가까울지도 모른다. 로스차일드사람들에게 주어지는 압박은 참기 어려울 만큼 무거워 때로 이렇게 불행을 낳기도 했다.

해녀 메이어는 일찍이 그것을 깨달았다. 살로몽 또한 마찬가지였다. 그리고 앞으로 몇십 년 동안 집안의 기대에 칭칭 얽매여 꼼짝 못하거나 극단적인 사치에 빠져드는 사람이 계속 나타나게 된다.

살로몽은 젊은 친척들과 대개 사이좋게 지냈지만, 그 중에서도 젊은 아내 아델은 살로몽에게 진실로 최선을 다했다.

그녀는 21살에 미망인이 되어, 남편에 대한 추억을 가슴에 담고 남은 긴 인생을 혼자 지냈다.

베리에거리의 집을 살로몽이 죽은 뒤에도 그대로 보전하고, 그 벽에 둘러싸여 한평생 은둔자처럼 살았다. 그녀는 아름답고 우아하게 많은 친구들을 접대했으나, 친구들을 방문하는 일은 싫어했다.

예술가와 작가를 후원했지만, 화랑이나 아틀리에로 가서 그들의 작품을 보는 일은 없었다. 뛰어난 화가나 시인이나 조각가 이야기를 들으면 사두사륜마차를 준비시켰다. 마차는 그 사람의 주소로 보내져 그 인물과 작품 몇 가지를 싣고 베리에거리로 돌아왔다.

살로몽남작부인은 전원주택으로 갈 때 말고는 48년 동안 그렇게 살았다. 그러나 그녀의 비극은 아직 끝나지 않았다. 딸 엘렌이 24살 때 그리스도교도와 결혼한 것이다.

경건한 유대교도인 아델은 딸을 내쫓고 인연을 끊었다. 1922년에 세상을 떠났을 때 그녀의 부동산은 대부분 파리시에 기증되었다. 그 속에는 베리에거리의 집도 포함되어 있었다.

한편 뉴욕에서는 로스차일드대리인이 수세에 몰리고 있었다. 로스차일드의 권력과 영향력이 연방에서 내리막길을 향하고 있었던 것이다.

벨몬트가 두려워한대로 남북전쟁 위기 뒤 로스차일드=벨몬트 지배에 도전하는 은행가들이 대두했다. 특히 J&W 셀리그먼사의 영향력이 컸다.

그들은 전쟁중 링컨행정부의 재정을 돕고, 그 보답을 받았다. 그들은 정부공채발행을 맡아 1870년대 중엽에는 정기적으로 로스차일드, 모건 및 그밖의 대금융회사와 자본가연합을 결성했다.

셀리그먼은 거기에 머물지 않았다. 프랑크푸르트의 다섯 형제처럼 미합중국 주요도시 외에 런던과 파리와 프랑크푸르트에 지사를 만들었다. 그들은 이윽고 '미국의 로스차일드'로 불리게 되었다.

1874년 아이작 셀리그먼은 라이어닐남작과 주식거래 이야기를 하고 싶다고 요청했다. 토요일 아침, 라이어닐의 타운하우스에서 몇 분 동안 이야기를 나누기로 약속이 이루어졌다.

아이작이 머뭇거리며 들어서자 주인은 빈정거리는 냉소로 그를 맞아들였다.

"내가 당신보다 나은 유대인이구료. 나는 안식일(유대교 안식일은 토요일)에는 일하지 않소."

라이어닐의 서재 테이블 위에 흩어져 있는 서류를 보면서 아이작은 대답했다.

"남작님은 내가 사무소에서 일주일 동안 하는 것보다 더 많은 일을 여기서 토요일에 해치우시는 듯하군요."

라이어닐의 표정이 누그러졌고, 두 사람은 친구가 되었다.

아이작의 형제 헨리는 프랑크푸르트에서 다른 웅대를 받았다. 큰 응접실에서 그는 다른 방에 있는 빌헬름 카를을 보고 소개시켜줄 것을 요청했다.

로스차일드남작은 그에 응했으나 두 사람은 만나지는 않았다. 둘 다 애써 방을 가로질러 가는 수고를 하지 않았던 것이다.

'로스차일드처럼 교만하고 재산을 뽐내는 사람과 거래하는 것은 어려운 일이다'라고 헨리는 편지에 쓰고 있는데, 무리도 아니다.

그러나 라이어닐도 빌헬름 카를도 계산을 잘못하고 있었다. 남북전쟁이 끝난 뒤 한 세기 동안 로스차일드는 미국시장으로 들어가기 위해 필사적으로 싸워야만 했다. 그리고 그것은 이미 쉬운 일이 아니었다.

인생승부는 돈, 돈, 돈

온갖 수단방법, 탁월한 금융력,
30년 넘게 로스차일드를 지배한
그의 삶도 이제 저물려하고 있다.

유럽의 세력균형은 주요나라들의 합의에 따라 유지되어 왔다.
1860년대에 이 상황은 말기적 양상을 띠었다. 평화란 오랜 세월의
환상에 지나지 않았다. 러시아·영국·프랑스가 크림전쟁(1853~56
년)에 휘말리자 평화는 순식간에 사라졌다.

대륙의 정치가들은 파리에 모여 회의를 열었다. 싸움은 끝나고,
다른 국제문제가 거론되기도 했으나, 그 무렵 권력자들은 반동적
연대나 유럽의 평화라는 큰 목표에 관심이 없었다. 오직 자기 나라
의 이익만 추구했다.

독일의 대두, 이탈리아 통일운동, 오스만제국 붕괴, 인도로 가는
지름길 확보 등 잠재적인 대립이 점점 커져갔다. 나폴레옹 3세와
오토 폰 비스마르크의 개인적 야심에 의해 그것은 뚜렷이 윤곽을
드러냈다.

나이든 로스차일드사람들은 국가의식이 이윽고, 돌의 형태마저
바꿔버리는 물의 흐름처럼 그들의 단결을 무너뜨리지 않을까 하는
불안에 사로잡혔다.

지금까지 그들은 참으로 교묘하게 동화해 왔다. 프랑크푸르트 다

섯 형제가 저마다 자리잡은 나라에서 정치가와 실업가들의 신뢰를 얻은 것도 그 덕분이었다.

그러나 충실한 영국인·프랑스인·독일인·오스트리아인이 된 지금도 여전히 이 국제적 집안의 이익을 먼저 생각하는 일이 가능할 것인가?

안셀름은 로스차일드 중에서 가장 정치에 무관심했다. 빈의 회사에서 그는 파리의 제임스 같은 위치에 있었다. 무엇이든 그 자신의 처리방식으로 일한 것이다. 1860년대에 들어설 무렵에는 그도 아들 나타니엘과 잘로몬 알베르트——친척들에게 잘베르트라고 불린 그가 뒷날 혼자서 경영에 나서게 된다——에게 일일이 참견하는 일을 그만두었다.

잘로몬이 그 지위를 향상시켰다 해도 오스트리아 수도의 엄격한 계급사회 속에서 안셀름 일가는 아직 이류에 속했다. 전제군주 프란츠 요제프 궁정의 인정을 정식으로 받지 못했고, 귀족계급에 많은 적이 있었던 것이다.

안셀름은 제국정치에 관여하지 않는 편이 현명하다고 생각했다. 중앙정부는 능력보다 가문에 의해 선발된 옛 명문집안 사람들이 독점하고 있었다.

그들의 주된 관심사는 은밀하게 머리드는 과격주의와 착실하게 세력을 뻗어오는 프로이센을 제압하고, 지금의 질서를 유지하는 것이었다. 궁정정치는 당파싸움과 격렬한 경쟁의식만이 두드러져 부정이 난무했다.

그런 상황에서 안셀름은 정치에 관여하는 일은 큰 위험만 따를 뿐 아무 이득도 없다고 여겼다. 그는 금융업에 전념했다. 그러나 때로는 줄타기 같은 곡예도 해야 했다.

특히 크레디트안쉬탈트 일에 있어서 그러했다. 이 은행 위원회는 귀족파와 금융파의 두 당파로 나뉘어져 있었다. 안셀름의 동료들은 대규모 개인기업, 특히 중공업에 더 큰 투자를 해야 한다고 생각했다. 그들은 정부지원에 좀더 자금을 돌려야 한다는 보수파와 늘 대립했다.

1859년 오스트리아는 나폴레옹 3세가 지지하는 피에몬테와 전쟁을 치렀다. 정부는 재정이 바닥나자 크레디트안쉬탈트에 군대를 위한 식량보급자금을 요청했다. 이 일로 위원회는 옥신각신했다.

안셀름은 결원이 생긴 자리의 인사문제로 타협이 이루어지지 않는 일을 표면상 이유로해서 사직했다. 그것은 현명한 판단이었다. 머지않아 이 은행 중역들이 군대장교들에게 뇌물을 주었다는 소문이 퍼졌다.

크레디트안쉬탈트의 발기인 폰 브뤼크남작은 재무대신 자리에서 쫓겨나 그뒤 곧 자살했다. 은행중역은 투옥되었으나 재판 결과 결백이 증명되었다.

이 소동으로 크레디트안쉬탈트 안의 귀족파 세력이 크게 약해졌다. 소동이 가라앉자 1861년에 나타니엘 폰 로스차일드가 위원회에서 예전의 아버지 자리를 이어받았다.

그는 전에 안셀름이 계획했던 일을 실행에 옮겼다. 크레디트안쉬탈트가 크레디 모빌리에처럼 국가의 행정기관보다 산업 쪽에 많이 융자한 것은 결국 로스차일드신조의 승리였다.

프랑크푸르트 정세에는 안셀름도 당혹스러워하고 있었다. 그곳에서는 마이어 카를, 빌헬름 카를 형제가 당당히 프로이센 정부를 지원했다.

프로이센은 비스마르크의 지도 아래 북부독일을 다스리려 하고 있었다. 마이어 카를은 1863년에 비스마르크에게 편지를 보냈다.

아시다시피 저는 오래전부터 각하께 끝없는 헌신을 바치고 있습니다. 또한 프로이센의 이해관계에 늘 많은 관심을 기울이고 있습니다.

마이어 카를은 쾌활하고 외향적인 성격이었다. 그는 일곱 딸들과 허물없이 노래부르고 재미있는 이야기를 하며 가족과 화목하게 지냈다.

1867년 그는 북부독일 연방의원에 선출되었다——그리고 71년의 통일 뒤에는 국회의원으로 선출되었다. 이 일로 비스마르크 군국지배와의 관련이 커져갔다.

프로이센은 확고하게 침략정책을 추진했다. '평화는 사업이 번영하는 가장 좋은 토양이다'라는 격언을 계속 지켜온 다른 로스차일드은행 책임자들에게 이것은 위협이 되었다.

베를린의 은행가 게르촌 폰 블라이히뢰더가 1862년에 제임스남작에게 공채발행을 도와달라고 요청했다. 그 돈이 프로이센의 군비증강에 사용될 것을 아는 제임스는 단호하게 거절했다.

"전쟁을 위해서는 단 한푼도 낼 수 없습니다. 그것이 우리 회사 신조입니다. 전쟁을 막을 힘은 없지만, 적어도 가담하지 않으면 마음의 평온은 얻을 수 있습니다."

신앙에 관한 태도 또한 프랑크푸르트사람들을 친척들로부터 고립시켰다. 그들은 암셸이 자금을 지원하는, 초보수파 랍비 히르슈의 계율이 엄격한 유대교회당에 속해 있었다.

히르슈 신봉자는 자유주의적이고 '타협적'인 유대인과 관계 맺지 않는 엄격한 관행을 지켰다. 히르슈는 신도들을 자신의 뜻대로 움직였다. 프랑크푸르트의 로스차일드도 예외가 아니었다.

그들은 관습을 엄격하게 지키고, 도덕적 공정함을 강하게 과시했으며, 사회적 책임을 가슴 깊이 새기고 있었다. 이 일은 자주 그들의 사교적인 열망과 충돌을 일으켰다.

한 예로 빌헬름 카를의 아내는 왕실의 비호를 매우 중요하게 여기면서도, 왕이 주최하는 향연에 참석해서는 아무것도 먹지 않았다. 유대율법에 맞는 음식은 하나도 나오지 않았기 때문이다.

집안의 결속을 다지기 위한 결혼도, 언제나 기대한 만큼의 결과를 가져오지는 못했다. 라이어널의 아내 샬럿은 결혼 첫무렵에 자신의 운명을 한탄하게 되었다. 레오노라와 알퐁스는 서로의 차이점 때문에 불행했다. 레오노라의 숙부 너새니얼도 사랑스럽고 재능 풍부한 프랑스인 샬럿과 부부간의 애정을 키워가지 못했다.

프랑크푸르트의 많은 딸들 가운데 네 명이 집안결혼을 했는데, 그녀들이 지닌 문화와 종교가 때로 긴장의 원인이 되었다. 아델은 가엾게도 하나뿐인 딸마저 멀어진 채 파리에서 혼자 쓸쓸히 살았다. 그녀의 두 자매 에머와 테레즈도 순탄하지 못한 결혼생활을 했다.

만일 의회제도가 유럽 여러 나라 사이의 대항의식을 억제하는 데 성공했다면, 로스차일드집안의 조화가 이처럼 어렵지는 않았을 것이다.

그러나 현실은 그렇지 못했다. 1859년 프랑스가 이탈리아 통일에 관여하여 오스트리아와 전투가 시작되었다. 이 일은 크림전쟁이 무너뜨리기 시작한 유럽질서를 완전히 파괴해버렸다.

이탈리아를 자유국가로 만들려는 움직임은 로스차일드의 나폴리 회사를 멸망으로 이끌었다.

1860년 가리발디가 이끌고 카부르가 재정원조하는 반란군은 맨먼저 시칠리아를 정복하고, 이어서 나폴리로 들어갔다. 프란체스코 2세는 가에타성채로 달아났다. 그는 거기에서 다섯 달 동안 숨어 지냈다.

저항을 위한 자금이 필요해져 그는 아돌프 폰 로스차일드에게 부탁했다. 아돌프는 1855년에 아버지가 세상을 떠난 뒤 은행장으로 일하고 있었다. 프란체스코는 현금을 손에 넣을 수 있다면 왕실재보를 모두 내주겠다고 말했다.

아돌프는 그 가치를 알고 그렇게 했다. 단 그리스도교에 관련된 물건은 거부했다. 의상·보석·금·크리스탈·법랑제품들——그중에는 르네상스시대 것도 있었다. 그 물건들을 모두 값싸게 손에 넣은 것이다.

아돌프는 예술품을 열심히 수집했고, 왕실이 이 가치있는 물건들을 도로 사들이는 일이 끝내 없었으므로, 그 멋진 물건들은 모두 그의 선반 속으로 들어갔다.

다음해 2월, 왕은 굴복하고 영원히 추방되었다.

아돌프는 사업에 거의 흥미가 없었다. 제임스남작처럼 적당한 때 승리자쪽에 다가가는 기술이 그에게는 없었다. 그는 왕의 뒤를 따르듯 나폴리를 떠났다. 나폴리회사는 이로써 문을 닫게 되었다.

그는 다른 로스차일드은행에서 일하는 것도 거부했다. 자신의 주식을 현금으로 바꾸어달라고 주장했다. 로스차일드의 역사상 자본이 줄어든 것은 이번이 처음이었다. 교섭은 오래 계속되었다. 옥신각신하며 격렬한 논쟁이 벌어졌다. 그러나 마침내 만족할 만한 합의에 이르렀다.

아돌프는 지루한 금융업에서 벗어나 자신에게 어울리는 생활을 즐기게 되었다. 사촌들처럼 그도 조지프 팩스턴에게 맡겨 호화로운 집을 지었다. 이 건축가는 아돌프와 그의 아내 줄리(안셀름의 딸)를 위해 아름다운 건물을 설계했다.

그들은 제네바 가까운 언덕 중턱을 골랐다. 부드러운 고대 프랑스풍 프레니성의 오만한 모습은 지금도 볼 수 있다. 잔디밭은 느릿한 비탈길을 이루며 제네바호수까지 이어진다.

아이가 없는 그들 부부는 여기에서 사업과 정치의 번잡함에서 벗어나 수집에 열중하며, 그들이 자랑하는 정원을 느긋하게 즐기며 살았다.

스위스 국경 맞은편 유럽의 권력자들은 시합 전 상대를 비웃는 헤비급 복서와도 같았다.

백부의 그림자에서 잠시도 벗어나지 못한 나폴레옹 3세는 국제무대에서 이름을 얻기 위해 열심이었다. 그러나 결국 야심은 같지만 능력이 앞서는 경쟁상대 비스마르크를 유리하게 하는 결과만 낳고 말았다.

'철혈(鐵血)재상'으로 알려진 이 인물은 프로이센이 주도권을 쥔 새롭고 강력한 독일을 만들기로 결심하고 오로지 그 일에 전념했다. 현실주의적 정책과 그의 무자비한 신념이 그 투쟁의 바탕이 되었다.

1866년 여름, 그는 오스트리아와 전쟁을 시작했다. 4년 뒤 그의 먹이가 된 것은 프랑스였다.

이러한 비상시기에 로스차일드는 가정의 비극에 넋을 잃고 있었다. 그것은 어느 집안이나 때때로 경험하는 슬픈 일이지만, 친지나 친척들에게는 가슴 저린 체험이었다..

라이어닐의 딸 에벌리너——'에비'라는 애칭으로 불렸다.——는 영리하고 활발한 여자아이였다. 어릴 때부터 몹시 장난꾸러기여서 온갖 개구쟁이짓을 다하며 자랐다.

에벌리너가 15살 때 한 짓궂은 장난을 사촌자매 콘스턴스(앤서니의 딸)가 뒷날 회상하고 있다.

라이어닐의 아내 샬럿은 이 딸과 조카에게 헤머스미스의 수도원을 견학시키려 마음먹었다. 소녀들에게는 아무 재미없는 일이었다. 에벌리너는 모험을 좀 해보리라고 생각했다. 마차에 타려고 모였을 때의 일을 콘스턴스는 회상하고 있다.

시간에 맞추어 모두 나타났지. 어머니와 우리들 외에 사촌자매 에비와 프로빈이라는 그녀의 친구가 있었는데, 전에 한 번도 본 적이 없는 여자애였어. 그녀는 눈이 검고 컸으며, 스커트를 무릎 언저리에서 꼭 잡고 뭔가 어색하고 부끄러운 듯 걸어가는 거야.

대체 누구인지 궁금해하고 있는데, 프로빈이 쿡쿡 소리죽여 자꾸 웃었지. 에비도 자구 웃고……뭔가 이상하다 했는데, 알고보니 그 '여자아이'는 여자옷을 입은 에벌리너의 남동생 레오였던 거야.

놀랍게도 '그녀'는 마차에 올라탔고 우리는 수도원으로 출발했지. 도착하여 마차에서 내리자 수도원장님이 마중나왔어.

원장님은 우리 가운데 여자 아닌 사람이 있는 줄 모르고 신성한 성당 안으로 안내했어. 레오의 스커트가 난간에 걸려 친절한 수녀님이 몸을 구부려 그것을 바로잡아주었을 때 우리는 몸이 오그라드는 것 같았지.

그런 다음 그 수도원 사제 헤니에지씨가 우리들에게 담화실로 오라고 권했을 때 더욱 거북한 일이 일어났어. ……그는 우리들을 차례로 바라보면서 백모님에게 말했어.

"그럼, 이 조카님과 이 조카님이 앤서니경 따님이군요?"

그리고 레오를 가리키며 말을 이었어.

"이쪽도 조카따님이신가요?"

아! 마차로 돌아왔을 때 얼마나 가슴을 쓸어내렸는지. 그일로 백모님은 화내며 우셨어! 레오가 우리들 뒤를 따라 수도원 안으로 들어오다니 생각지도 못할 일이라면서……하지만 그는 겨우 9살이었으니, 뭐, 별일도 아니지.

에벌리너는 아직 어릴 때, 같은 해 태어난 빈의 사촌 퍼디넌드 (퍼디)와 이미 결혼하기로 정해져 있었다. 집안사람들의 계획이었지만, 둘 사이에 사랑이 싹텄다. 특히 퍼디넌드쪽에서 깊은 애정을 품었다.

로스차일드 집안결혼 중에는 처음부터 행복과 거리가 먼 경우도 있었지만, 잘되어나간 이들의 결혼이 슬픈 결말을 맞은 것은 참으로 안타까운 일이었다. 다른 자매들과 달리 이 두 사람은 이국땅에서 살아야 하는 근심도 없었다.

퍼디넌드는 줄곧 영국에 애착을 품었다. 그것은 영국인 어머니로부터 물려받은 것이었다. 그는 어머니를 매우 사랑했다. 게다가 그는 금융일보다 예술에 흥미를 나타냈다.

안셀름남작은 네모난 못을 동그란 구멍에 박아넣는 일을 하지 않았다. 퍼디넌드 말고도 아들이 둘 더 있었으므로, 빈의 회사는 그들에게 맡기면 된다고 생각했다.

1859년에 어머니가 죽자 퍼디넌드는 런던으로 가서 영국시민권을 얻었다. 6년 뒤 디즈레일리를 비롯한 저명인사들이 참석한 가운데 그는 에벌리너와 결혼했다.

그들은 곧 여행을 떠났다. 신혼여행이기도 하고, 집안사람들의 집을 순례하는 일이기도 했다. 그리고 마침내 안셀름남작의 실러스도르프성에서 느긋하게 지냈다.

그해 끝무렵 그들은 영국으로 돌아와 피커딜리에 자리잡기 위한 준비에 들어갔다. 봄에 에벌리너는 임신했다.

8월에 그들은 스카브러에서 휴가를 보냈다. 그곳에서 '우리 로열 패밀리'라고 퍼디넌드가 자랑스레 부르는 사람들과 함께 여러 가지 일을 하며 즐겁게 지냈다.

로스차일드부인들은 이제 기쁜 소식을 애타게 기다렸다. 이 휴가 동안 아내가 기분이 좋지 않다고 말한 게 걱정되어, 퍼디넌드는 9월에 오스트리아로 갈 때 그녀를 거너즈버리에 남겨두고 갔다.

11월, 에벌리너는 출산하기 위해 친정으로 돌아갔다. 예정일은

그달 중순이었다. 출산이 늦어졌다. 남자아이가 태어난 게 12월4
일, 그런데 사산(死産)이었다. 에벌리너도 살지 못했다.

뜻밖의 소식에 로스차일드사람들은 모두 심한 충격을 받았다. 망
연자실한 친척과 친구들이 보내온 위로편지가 온 유럽에서 와닿았
다. 콘스턴스는 일기에 쓰고 있다.

1866년 12월4일. 에비가 죽었다. 아, 이 얼마나 허망하고 슬픈
날인가! 어떻게 써야 할지 모르겠다. 하지만 실제로 일어난 일
이다. 우리는 사이좋게 지내며 장난도 무척 많이 했었는데, 이런
비통한 일이 일어나다니 아무 생각도 할 수 없다. 지금도 도저히
믿어지지 않는다.

12월5일. 슬픔이 어제보다 더 커졌다. 런던으로 가서 신문에
난 그 무서운 기사를 읽었다. 도착했을 때 두려움과 괴로움으로
몸이 떨렸다. 온 집안이 어둡게 닫혀 있는 것을 보고 우리에게
닥친 무서운 불행을 새삼 실감했다.

그리고 많은 조문객——아, 가슴이 에이는 것 같다. 침실, 그
화려하고 밝았던 침실, 지금은 에비가 꼼짝도 하지 않는 모습으
로 침대에 누워 있고, 소파에는 조그만 불쌍한 아기가 있지 않은
가. 아, 이 무슨 광경인가!

퍼디넌드는 이 세상에서 가장 소중한 두 사람을 잃었다. 슬픔을
이기려고 그는 에벌리너가 귀여워한 동생 레오폴드와 함께 대륙으
로 긴 여행을 떠났다. 그러나 상트페테르부르크의 수많은 재보에도
위로받을 수 없었다.

세월이 상처를 조금은 낫게 해주었다. 게다가 전념해야 될 일도
많이 있었다. 그는 우울하고 까다로운 남자가 되었다. 두 번 다시

결혼하지 않았다.

그는 그 슬픔을 유익한 방향으로 전환시켰다. 비좁은 과밀상태의 서덕지구에 에벌리너소아병원을 세워 오랫동안 원조를 계속했다. 이 병원은 침대가 100여 개 되며, 그즈음의 영국에서는 최신설비를 갖추었다. 그는 또 브롬프턴거리의 결핵병원과 하이드 파크 모퉁이에 있는 성 조지병원 같은 다른 병원에도 적극적으로 기부했다.

퍼디넌드는 막내누이 앨리스에게도 많은 위로를 받았다. 그녀는 런던으로 와서 피커딜리의 이웃에 살며 두 집 사이에 특별히 드나들 수 있는 문을 만들었다. 21살 때 그녀는 동경하던 영국으로 갈 좋은 구실을 얻은 것이다.

그 전 여러 해 동안 그녀는 행복하지 못했다. 사춘기를 지내면서 그녀는 사람들과 잘 어울리지 못하는 내성적인 성격이 되어 있었다.

사랑하던 어머니가 세상을 떠났을 때 그녀는 12살이었다. 그 뒤로 언니 마틸드가 보살펴주었다. 마틸드는 프랑크푸르트에 사는 빌헬름 카를의 아내가 되었다. 마음 따뜻하고 재능 풍부한 마틸드는 이 외톨이 여동생을 상냥하게 돌봐주었다.

그러나 앨리스는 빈의 자유롭고 편안한 환경에서 살아왔기 때문에 언니의 엄격하고 신앙심 깊은 분위기에 적응할 수 없어 정신적 충격을 받게 되었다. 그녀는 조카들보다 나이가 많고, 지적 재능도 부여받았지만 활발한 사교성이 부족했다. 더욱이 이 내성적인 소녀는 겉모습에 전혀 돋보이는 데가 없었다. 그녀가 가족 테두리에서 벗어나 혼자 놀기를 즐긴 것도 무리가 아니었다.

그녀는 답답한 프랑크푸르트를 벗어나, 자신처럼 혼자가 된 오빠의 시중을 들기 위해 런던으로 갈 수 있게 된 걸 기뻐했다. 퍼디넌드와 마찬가지로 그녀도 어머니의 고국에 살게 된 것이 좋았다.

마침내 앨리스의 청춘에 햇볕이 들기 시작했다. 그녀는 애니, 콘스턴스와 함께 승마를 하며 즐겁게 지냈다.

퍼디넌드의 슬픔에 동정을 금치 못하던 로스차일드사람들은 다시 더 중요한 일에 마음을 빼앗기게 되었다. 지난해 여름, 오스트리아와 프로이센이 긴박한 정세에 놓였다가 마침내 전쟁에 들어갔던 것이다. 7주일 뒤 오스트리아는 사도바전투에서 패배했다.

로스차일드는 자신의 영향력으로 무력충돌만은 멈추게 하려 했지만, 프로이센의 단호한 결의와 오스트리아의 긍지 앞에선 무력했다. 제임스남작은 화가 나서 오스트리아대사 앞으로 발행한 5000프랑 수표를 부도냈다. 대사는 알퐁스가 주최하는 무도회를 무시하는 행위로 앙갚음했기 때문이다.

빈의 정치와 재정은 심각한 상황에 빠졌다. 로스차일드은행은 점점 어깨가 무거워졌다. 그 때문에 1866년 9월에 퍼디넌드는 태어난 나라로 불려갔다. 전쟁으로 말미암은 여러 가지 지불이며 공채교섭을 해야 했다.

오스트리아국채가 하락하여 복구가 매우 어려웠다. 지나치게 폭락하여 파리 증권거래소에서는 한때 거래를 중단시키려는 움직임마저 있었을 정도였다.

그때 오스트리아정부의 요청으로 시장에 개입하여 위기를 구한 것이 제임스남작이었다. 시장을 진정시키고 오스트리아재정이 안정을 되찾도록 로스차일드가 애쓴 것이다.

로스차일드의 경쟁자에게는 그 회복이 너무 늦었다. 크레디 모빌리에는 오스트리아국채에 깊이 개입하고 있었다. 7주일의 전쟁 이후 1년 남짓한 동안, 그들의 주식은 800프랑에서 140프랑으로 떨어졌다.

아쉴 풀드는 재무대신을 사임하고 아홉 달 뒤 죽었다. 페레르형제는 사업을 그만두고 금융업에서 완전히 물러났다. '은행싸움'은 대단원의 막을 내렸다.

　로스차일드사람들도 유유자적 웃고 있을 수만은 없었다. 크레디 모빌리에가 도산한 원인은 졸속경영과 낙관적 전망에 있었다. 유럽의 긴장이 고조되는 가운데 시장이 얼마나 쉽게 붕괴되는지, 또 그런 위험이 얼마나 큰지 그들은 느낄 수 있었다.

　비스마르크의 야망은 독일을 통일해 근대국가를 형성하고 강력한 나라로 만드는 것이었다. 그는 각 나라 사이의 경쟁의식을 교묘하게 이용해 최강의 근대적인 군대를 갖추려고 했다.

　이에 얽힌 불안과 의혹의 소용돌이 속에서, 유럽의 각 정부는 믿을 만한 최신정보의 제공자를 필요로 했다. 이에 로스차일드가 나섰다. 그들은 광범위하고 복잡하게 뒤얽힌 정보망을 가지고 있었다. 대륙의 모든 주요도시마다 사업·사교·정치적인 목적의 연락원을 두었다.

　로스차일드의 급사는 우선적으로 간선철도를 이용했다. 이 가공할 개인정보망의 기능이 어느 정도였는지 밝히는 일은 지금으로선 불가능하다.

　그러나 라이어널의 두 에이전트에 대해 좀 살펴보면 그 특이한 로스차일드체제의 광범위함과 정밀성을 어느 정도 이해할 수 있다. 그들은 1867년부터 71년까지의 어려운 시기에 매우 중요한 역할을 한 사람들이었다.

　먼저 'C. 드 B.'라는 필명을 사용한 프랑스정치 정보제공자의 이야기이다. 본명은 알렉산드르 기야르 드 생-셰롱. 정통왕조파(부르봉왕가를 프랑스 왕위계승자로 옹호하는 사람들로, 지지자들이 앙리 5세라고 부르는 드 샹보르백작이 그 대표자) 인물이었다.

　드 생-셰롱은 많은 궁정인·정치가들과 친했다. 개인적인 고객과 권력동향에 관한 나날의 속보를 제공하며 30여년 동안 활동했다.

그는 또 왕조옹호파의 첩보원노릇도 했다. 그 목적은 제국정부에 숨어들거나 방해공작을 하는 것이었다. 저널리스트와 스파이의 중간역할도 했다——아마도 그의 정보는 로스차일드에게만 흘러드는 게 아니었으리라.

그가 보내는 정보는 참으로 가치 있었다. 사소해 보이는 사건을 이야기하면서 나폴레옹 3세와 그 측근이 어떻게 생활하는지를 생생하게 알려주었다.

사실 'C. 드 B.'의 보고는 반정부적이었다. 편견이 있는 듯한 그 정보는 프랑스정부 안에 널리 퍼진 공포와 운명론까지도 라이어닐의 손에 잡힐 듯 보여주었다.

프로이센은 침공을 생각한다기보다, 전쟁에 돌입하기로 결정한 듯합니다.

나폴레옹은 개인적으로나 대외정치적으로나 매우 어려운 국면에 맞닥뜨려 있습니다. 또 그 늪에서 빠져나오는 방법을 아직 찾아내지 못했다고 친한 친구에게 말하고 있습니다……

빌랑쿠르의 농업전시회에서 프로이센의 의도가 그대로 드러나는 사건이 일어났습니다.

짐끄는 말 국제 토너먼트에서 프로이센대표는 어느 나라 말이 우수한지 물었습니다. 프랑스대표가 프랑스말의 장점을 주장하자 그는 기분 상한 듯 말했습니다.

"당신이 독일말의 가치를 인정하든 않든 아무래도 좋소. 우리는 두세 달 안으로 이 말들에게 센강의 물을 먹일 테니까!"

라이어닐에게는 독일 안의 또다른 비밀정보원 게르촌 폰 블라이히뢰더 베를린금융회사 사장이 있었다. 국제금융가인 그는 유럽과 동방에 자신의 상업적·정치적 정보망을 가지고 있었다.

베를린의 중요성이 차츰 커지자, 로스차일드는 베를린에 친구를 만들어야겠다고 생각했고 그래서 그와 가까워지게 되었다. 블라이히뢰더가 국채관련 일을 맡아보는 비스마르크의 재정가가 되자 그 관계는 더한층 긴밀해졌다. 라이어닐은 뛰어난 능력이 있으면서 비스마르크와도 친한 이 사나이를, 프랑크푸르트의 사촌형제들보다 더 의지했다.

마이어 카를과 빌헬름 카를은 프로이센의 확장주의에 맹목적으로 따랐다. 런던·파리·빈에서 보면 프랑크푸르트형제들은 이제 프로이센 편이었다. 그들은 이미 정확한 정보를 통해 공정한 상황판단을 할 줄 모르고, 다른 로스차일드사로부터 신뢰도 받지 못했다.

런던과 베를린 사이의 비공식 외교루트는 정치가들에게도 종종 쓸모가 있었다. 정보제공에 그치지 않고 주요한 교섭을 순조롭게 하기도 했다.

1867년 더비경과 디즈레일리가 이끄는 영국정부는 비스마르크와 나폴레옹 3세 사이의 불화를 해소하려고 애쓰고 있었다.

형식적인 토론에서 영국의 교섭담당자는, 영토조정과 보증문제에 관하여 단호한 태도로 일관했다. 그로 말미암아 프로이센사람들을 멀리 밀어부친 일에 대해 체면을 유지하며 후퇴하는 방법을 생각해 내야 했다.

대답은 로스차일드-블라이히뢰더의 '핫라인'. 외무대신 스탠리경의 지시를 받아 라이어닐은 이 베를린 친구에게 전보를 치고, 뒤이어 편지도 보냈다.

우리 정부는 다음 조건 아래에서 협의를 받아들일 용의가 있습니다. 당신 친구는 그것을 마음에 들어할 테지만, 부디 우리 이름은 숨겨주십시오. 그리고 우리가 당신에게 정치정보를 흘리고 있는 사실도 말하지 말아주십시오.

성가신 문제는 해결되었다. 그러나 프랑스와 비스마르크가 지배하는 북독일연방 사이에 금방이라도 일어날 듯한 충돌을 피할 방법은 전혀 없었다.

그것은 제임스가 개인적으로 오래전부터 예언했던 일이었다.

대남작은 이제 70대였다. 이따금 몸의 통증을 호소하며, 자신이 살아서 보지 못할 장래에 대해 불안을 품기 시작했다.

파리정부에 대한 그의 의견은 단호했다. 그는 나폴레옹 3세의 관념적인 자유주의에 찬성하지 않았다. 의구심도 가졌다. 프랑스가 혁명의 불꽃으로 혼란에 빠지는 것을 그는 세 번이나 자신의 눈으로 본 것이다. 그는 네 번째 혼란을 걱정했다.

보도기관은 아무 거짓 없는 진실한 기사를 발표할 권리를 가지고, 사람은 누구에 대해서든 솔직하게 의견을 말할 수 있는 자유가 있다. 이것이 확립되어야 한다고 나는 믿는다. 그러나 황제가 생각하는 자유란 그것과 거리가 멀다.

분명히 말하지만, 우리는 매우 심각하고 위험한 상황에 있다. 좋든싫든 우리는 전쟁을 향해 나아가고 있다. 외부의 위협 때문이 아니다. 너무도 빨리, 싱겁게 주어진 자유 때문이다.

제임스는 이제 그런 단도직입적인 의견도 거리낌없이 입에 올리게 되었다. 사실 그는 정치에서도 사업에서도 적을 모두 이겨왔다.

1862년 2월17일에 황제가 페리에르를 공식 방문한 것은 그 승리를 상징하는 사건이었다. 제임스는 그 명예를 스스로 원한 적이 없었다. 나폴레옹 자신이 생각해낸 일이었다.

나폴레옹은 프랑스에서 가장 유명한 이 근대건축을 보고 싶었던 것일까. 그러나 자신의 위엄에 관하여 자의식이 강한 황제가 예전의 정적을 방문한 것은, 단순한 호기심 이상의 어떤 목적이 있었다. 그는 이 위대한 금융가의 도움이 필요했던 것이다.

아쉴 풀드와 페레르형제가 꾀한 금융혁명이 요란하게 무너진 상황에선, 얼마 전 있은 풀드의 재무대신 복귀에도 불구하고 정부로서는 이 '거대은행'에 올리브가지(화해의 표시)를 내미는 수밖에 도리가 없었다.

대부분의 로스차일드사람들은 이 광경을 구경하려고 성으로 모여들었다. 네 개의 탑에는 로스차일드깃발과 나란히 제국깃발이 나부꼈다.

제임스는 녹색 바탕에 금으로 꿀벌을 수놓은 벨벳을 간 무도장에서 당당하게 황제를 맞았다. 그리고 큰 홀에서 호화로운 오찬이 있었다. 음악은 로시니가 맡았다.

성 주인이 사냥터로 안내하기 전에 나폴레옹 3세는 방문기념나무를 심었다. 제임스는 황제가 충분한 포획물을 사냥하도록 독일에서 온갖 종류의 동물을 들여와 풀어두었다.

해질녘에 사냥꾼들은 성으로 돌아왔다. 휘황찬란하게 불이 켜진 성에서 로시니의 지휘 아래 파리 오페라합창단의 테너·바리톤·베이스가 준비한 노래는 '알레그로 브릴리언트'——이 날을 위해 로시니가 작곡한 곡이었다. 그것은 꽤 우의적(寓意的)인 노래로, 곡이름은 '민주적 사냥꾼의 합창'이었다. 마지막 부분은 힘찬 포르티시모로 올라가 '친구여, 수사슴을 뒤쫓으리!'라는 구절로 끝났다.

제임스는 작별연설을 했다. 로스차일드사람들은 이 멋진 날의 일을 언제까지나 마음에 담아두리라 생각했다. 그리고 황제는 떠나갔다.

그때부터 로스차일드는 예전의 영향력을 얼마쯤 되찾았다. 그러나 전성기 때만큼은 못되었다.

알퐁스와 레오노라는 처음으로 황제의 궁정에 초대받았다. 베티는 참석을 거부했고, 제임스도 갈 생각이 없었다. 그것은 불필요한 일이었다.

게다가 그는 건강이 좋지 않았다. 오랜세월 유럽의 온천들을 순례해왔지만, 통풍은 완전히 치유되지 않았다. 시력도 빠르게 나빠지고, 담석 통증마저 겹쳐 그는 기력을 완전히 잃고 있었다.

그는 가트쉬타인·카를스바트·니스 같은 보양지에서 많은 시간을 보냈다. 그러나 웅장한 페리에르에 있을 때조차도 대남작은 꽤 애처로워 보이기까지 했다.

에벌리너는 말했다.

"제임스아저씨와 만난 일은 그리 없었어요. 아저씨는 통증이 심해 한 시간 정도 정원을 거닌 뒤 침대에 들어가거나, 조그만 바퀴의자에 앉아 계셨지요. 베티아주머니도 마찬가지였어요. 두 분은 시중드는 사람을 세 사람씩 거느리고, 사슴과 물고기와 새들에게 줄 빵을 나르는 사람이 따로 둘 딸려 있었어요."

30년 넘게 로스차일드를 지배한 대남작, 수많은 강력한 경쟁자를 온갖 수단과 방법을 써서 싸워 이겨온 '악당'. 늘 탁월한 금융력을 유지하여, 시대가 군주제든 공화제든 황제정부로 바뀌든, 언제나 끝까지 살아남은 사나이. 그도 이제 인생의 종말에 가까워졌다.

죽기 전에 제임스는 로스차일드의 역사에 또 한 장(章)을 덧붙였다. 인생의 마지막 몇 달 동안, 그는 최후의 거대한 물건을 사들였다. 그가 반생에 걸쳐 그토록 간절하게 소망했던, 샤토 라피트의 포도원을 사들임으로써 단 하나 남았던 야심을 채운 것이다.

1866년 소유주 에메-외젠 반렐베르게씨가 사망하자, 그 2년 뒤인 1868년 7월20일 보르도에서 런던의 그의 은행이 라피트 포도원을 경매에 부쳤다.

그 지역 상인들은 포도원이 다시 파리 금융가 손에 떨어지는 것을 막으려고 기업연합을 결성했다. 그러나 이유는 분명치 않지만 그들은 기회를 잃었다. 라피트는 지정된 475만프랑에 이르지 못해 유찰되고 말았다.

8월8일, 경매인은 이번에는 파리에서 전보다 낮은 지정가격으로 팔려고 했다. 경매에 온 보르도사람들은 상대방에 제임스 드 로스차일드의 대리인이 있는 것을 곧 알아차렸다.

경매는 위세좋게 시작되었다. 325만프랑이라는 새로운 값을 순식간에 넘었다. 상인들은 계속 맞섰지만 가격이 444만 프랑에 이르렀을 때 한계를 느꼈다. 그 가격으로 대남작은 자랑스럽게, 앞으로 샤토 라피트 로스차일드라고 알려지게 될 포도원의 주인이 되었다.

이 마지막 승리는 제임스에게 영국인 대 프랑스인이라는 경쟁의식 이상의 의미가 있었다. 또다시 그는 런던 조카들보다 뛰어나다는 것을 증명해 보인 것이다. 그는 메이어보다 큰 저택을 지었다. 그리고 너새니얼의 것보다 훌륭한 포도원의 주인이 되었다. 소유주가 되자마자 그는 곧 보르도의 쫓고쫓기는 가격게임의 맛을 기억해 냈다.

조카 너새니얼은 10월 중순에 유감스럽다는 듯 보고하고 있다.

"어제 무통에서 내 와인을 한 통에 5000이라는 꽤 비싼값으로 팔았다. 올해는 품질이 매우 좋아서 상인이 모두 사들였을 정도였다. 우리의 훌륭하신 숙부님은 라피트 와인을 아직 팔지 않았다. 더 비싼값을 기대하고 계신 것이다."

그러나 라피트 매입이 대남작의 마지막 사업이 되고 말았다. 10월 끝무렵 그는 누워서 지냈다. 황달증세가 사라지지 않아 그 완강한 의지력을 좀먹었다. 1868년 11월15일, 그는 돌아올 수 없는 길을 떠났다.

유럽 증권거래소에 그의 사업에 대한 혜안을 칭송하는 이야기가 빠르게 나돌았다. 그가 총재이며 대주주로 있던 롬바르회사 주식이 자신의 죽음으로 떨어질 것을 미리 예견한 이 뛰어난 금융가는, 인생의 마지막 며칠 동안에 그에 대비한 투기를 행하여, 상속인에게 막대한 이익을 안겨주었다는 이야기였다.

알퐁스형제는 은행, 페리에르와 그밖의 몇몇 저택, 그리고 라피트를 상속받았다.

1870년에 너새니얼이 죽자 그의 아들들이 샤토 무통의 소유자가 되었다. 그 뒤로 프랑스에는 로스차일드가 둘 있는 듯 여겨지게 되었다. 두 집안은 별개의 존재로서 격렬한 경쟁을 벌였다. 때로는 우호적이고 때로는 대립적이었다.

제임스남작의 죽음은 로스차일드역사의 한 분기점이 되었다. 그는 '프랑크푸르트 다섯 형제'의 마지막 사람이며, 이 집안에서 우두머리로 인식된 마지막 로스차일드였기 때문이다.

이때부터 로스차일드는 더 광범위하게 퍼져갔다. 분산경향은 막을 수 없게 되었다.

새로운 세대는 더욱 확실한 독일인·오스트리아인·프랑스인·영국인이 되어갔다. 많은 사람이 신앙에서 벗어난 결혼을 했다. 대부분 친척 아닌 사람과 결혼했다. 1868년 이래 집안결혼을 한 로스차일드는 겨우 세 사람이었다.

네이선, 암셸, 제임스, 그리고 마이어 암셸마저도 항변하기 어려울 만큼 맹렬하게 일로 그들을 몰아갔던 힘도, 이제 지난 일이 되었다.

그러나 제임스는 충분히 자신의 일을 해냈다. 집안도 사업도 이제 뿔뿔이 흩어지는 일은 없을 것이다. 앞으로 더욱 분산되고 다양하게 될지라도 붕괴하지 않을 것이다. 그들은 이제 어떤 일에도 꿈쩍하지 않을 만큼 단단하게 기반이 다져진 것이다.

비스마르크를 공격하라
굴욕적인 전쟁배상금 50억프랑
로스차일드 이름으로 2년 안에 갚아 버리자
비스마르크는 군대를 철수해야만 했다

제임스가 죽은 지 몇 달 뒤, 아들들은 아버지가 두려워한 위기에 직면했다. 라인강을 사이에 두고 프랑스와 독일 사이의 대립이 고조되어 언제든 전투에 들어갈 태세였던 것이다.

1870년 여름, 유럽 정세가 긴박해졌다. 어디서 전투가 시작될지만 기다리는 상태였다.

결국 스페인정부가 불씨를 당겼다. 비어 있던 왕좌에 프로이센왕가의 레오폴드공을 은밀하게 불러들인 것이다. 비스마르크의 재촉을 받은 레오폴드는 6월19일에 이를 받아들였다.

7월3일에 이 소식이 밖으로 새나가자 프랑스는 격노했다. 황제도 인민도 한덩어리가 되어 이 비밀거래에 항의했다. 그러나 정치가들이 흥분하여 어떤 주장을 하든, 프로이센의 계략에 말려들 뿐이었다.

나폴레옹은 곧 베를린은 물론 온 유럽의 도시에 곧 항의문을 보냈다. 런던으로 보내는 성명에는 로스차일드가 개입했다. 7월5일, 황제는 알퐁스를 생 클루로 불러 그의 사촌을 통하여 글래드스턴 총리에게 이를 전달하도록 의뢰했다.

알퐁스로부터 전보를 받고 이것을 해독한 사람은 라이어닐의 아들 너새니얼 메이어였다. 그는 아버지에게 알렸고, 아버지는 급히 그를 총리에게로 보냈다.

그 소식은 글래드스턴에게 충격적이었다. 실로 허를 찔린 것이다. 그랜빌경이 외무대신 자리에 앉은 지 얼마 되지 않은 상태였다. 그는 현재의 평화에 아무 문제 없다고 말하고 있었던 것이다.

글래드스턴은 곧 반응을 나타내 보였다——이 사태를 경계해야 한다는 것이었다. 하지만 그는 호엔촐레른(프로이센왕가)의 즉위를 결코 바라지 않음에도 불구하고 영국은 외국의 내정에 간섭할 수 없다는 태도를 보였다.

위험을 못본 척하는 그의 태도에 라이어닐은 화가 났다. 알퐁스는 전쟁을 생각하기만 해도 몸이 오싹해졌다. 그는 위기를 피하기 위해 온 힘을 다 기울이도록 장인(라이어닐은 알퐁스의 아내 레오노라의 아버지)을 설득했다.

며칠 뒤 영국로스차일드는 야당당수 디즈레일리와 밀담을 나누었다. 급박한 상황을 설명하고, 정부의 무간섭정책을 비판하도록 당부했다. 이 일은 후에 라이어닐(그리고 나중에는 그의 아들)과 자유당 지도부가 서로 다른 길을 걷게 하는 계기가 되었다.

1868년 첫무렵 글래드스턴과 디즈레일리가 저마다의 당을 이끌고 있었다. 그뒤 13년 동안 영국정치는 그들의 적개심에 의해 좌우되었다. 의회 안팎에서 사람들은 그들 중 누군가를 편들어야 했다.

라이어닐에 대한 기록은 남아 있지 않지만, 너새니얼 메이어는 글래드스턴에게 격렬한 증오를 품었고, 특히 그 외교정책에 일일이 반대했다.

총리쪽에서는 로스차일드에 아무 적의도 없었다. 취임 몇달 뒤인 1869년 8월에 그는 제1회 남작추천일람을 여왕에게 제출했다. 그가 추천한 인물 가운데 라이어닐도 있었다.

빅토리아여왕은 글래드스턴이 천거한 인물에서 라이어닐만 빼고 모두 승낙했다. 두 달 동안 총리는 여왕과 이야기를 나누었다. 상업부문에서 로스차일드 말고 이 명예를 받기에 충분한 자는 없다고 그는 강조했다.

여왕은 완강했다. 유대인에게 귀족칭호를 내리고 싶지 않다고 했다. 아마도 20년 전 라이어닐이 준남작 지위를 사퇴한 일이 마음에 걸렸으리라.

글래드스턴은 그랜빌경에게 불만을 털어놓았다.

"폐하의 논법은 이치에 닿지 않소. 유대인 해방에 동의한 것이 잘못이었다고 말씀하시는 게 되오."

결국 그는 양보할 수밖에 없었다. 그 뒤에도 그는 두 번 더 라이어닐을 추천했다. 1873년의 그 두 번째 때, 그는 총리인 자신의 입장이 왕실의 완고함과 로스차일드의 경멸 사이에 끼어 있음을 넌지시 비추었다.

"로스차일드는 내가 아는 한 가장 훌륭한 인물 가운데 한 사람입니다. 그의 아버지가 전쟁 중 재정면에서 공헌한 일만으로도 모든 어려움을 무릅쓰고 이 일을 성사시켜야 한다고 생각합니다. 그러나 내가 간원하여 왕실이 그 일을 약속한 지 4년이 지나도록 아직 실현되지 못하고 있습니다."

호엔촐레른의 왕위 입후보는 모든 사람의 신경을 거슬리게 했다. 프랑스정부는 야단스러운 반응을 나타냈다.

로스차일드도 마찬가지였다. 글래드스턴과 그랜빌경이 시간을 두고 조심스럽게 상황을 살피고 있을 때, 로스차일드는 마드리드와 베를린에 항의했다. 베를린에서는 일이 되어가는 형편에 당혹한 프로이센왕이 생각을 바꾸려 하고 있었다.

7월12일 외무대신은 가슴을 쓸어내리며 총리에게 보고했다.

"로스차일드가 전보를 받았습니다. 레오폴드경은 즉위를 단념하고, 프랑스정부도 납득했습니다."

그러나 기뻐하기는 일렀다. 비스마르크는 순순히 물러설 상대가 아니었다. 싸울 이유가 사라져 버렸는데도 불구하고, 그는 프랑스를 교묘하게 조정하여 19일에 선전포고하게 만들었다. 성능 좋은 철도 덕분에 이때 이미 몇십만 군대가 전선 양쪽에 집결해 있었다.

파리로스차일드는 동료시민들과 마찬가지로 전쟁에 대해 매우 걱정했지만, 정보량에서는 누구보다도 뛰어났다. 프로이센에 저항해봐야 아무 쓸모없음을 그들은 알고 있었다.

애국적 프랑스인인 알퐁스는 그가 그토록 반대해온 전쟁에 돌입한 정부에 분개하여, 그 방패막이가 되는 일을 포기했다. 그는 부상자를 돌보기 위한 위원회 설립에 자금을 내놓았을 뿐이었다.

1848년의 아버지처럼 그는 위기 속에서 암울한 나날을 지냈다. 레오노라와 아이들은 영국으로 피난 보냈다. 레오노라는 피커딜리의 부모집에서 제2제정의 붕괴소식을 들었다.

9월1일, 나폴레옹 3세의 군대는 굴욕적인 패배를 했다. 프랑스의 운명 따윈 아무래도 좋다는 태도였던 레오노라조차도 이 뜻밖의 극적이며 돌이킬 수 없는 패배소식에 충격을 받았다.

그녀와 자주 만나던 사촌자매 콘스턴스는 그 일을 일기에 생생하게 기록하고 있다.

아침식사하러 들어가자 라이어닐아저씨부부와 로리 세 사람은 놀라움 속에 얼마쯤 당황한 표정으로 있었다. 또 한 사람, 바우어씨가 전보를 손에 든 채 어둡고 우울한 얼굴로 식탁 옆에 서 있었다. 급사가 가져온 소식은 이러했다.

'황제는 왕으로 강등, 4만 군대 항복.'

 가엾게도 로리는 프랑스여자처럼 상심하고 있었다. 더욱이 혁명의 공포. 그녀는 흥분으로 얼굴이 발개지고 목소리가 떨려 제대로 말도 하지 못했다.
 싸우거나 다투는 게 오늘날의 풍조가 되어 있다…… 그것은 무섭고 끔찍하고 기분 나쁘다. 어쩔 수 없는 일일까? 언제 이런 일이 끝날까?

 파리에서는 공화정이 선언되었다. 새 정부는 전쟁을 계속하기로 결정했다.
 9월 중순, 프로이센은 프랑스 수도를 포위하고 맹공격과 군량운반차단으로 프랑스를 항복시키려 했다. 혁명가들은 온건파 공화주의자들을 물리치고 정부를 마음대로 움직이려 했다. 그리고 그들과 별도로 침략자들과 화해하려고 했다.
 한편 프로이센왕 빌헬름은 페리에르에 도착해 그곳을 본부로 삼기로 했다. 처음 성을 보고 왕은 외쳤다.
 "왕에게는 너무 훌륭한 곳이구나. 로스차일드에게나 어울려."
 73살의 그는 호전적인 전제군주였지만, 예의범절에 까다로웠다. 그는 건물을 파손하거나 약탈하는 일이 없도록 엄하게 명령했다. 그는 레오노라의 방에 자리잡았지만, 잘 정돈된 침실 침대에서는 잠자지 않았다. 대신 전시용 침대를 썼다. 그밖의 면에서도 왕은 매우 예의바르게 행동했다고, 로스차일드의 집사 베르그망씨는 전하고 있다.

 ……그에게는 전속 시종과 부엌이 정해져서, 거기에서 모든 필요한 것——육류·과일·꽃 등을 준비하게 했습니다.

그들은 규모가 매우 커서 병사 3000명과 말 1200마리가 있었습니다. 그는 우리에게 2000프랑을 주며 우리와 그 지역농민들이 분담하여 그들을 돌보게 했지요. 나는 장교 넷과 병사 여섯 명의 시중을 들었는데, 그들 역시 매우 예절바른 사람들이었습니다……

그러나 빌헬름의 부하 모두가 절제있게 행동한 것은 아니었다. 왕보다 이틀 전에 도착한 고든장군은 식사에 불만을 느껴 로스차일드의 늙은 집사에게 분통을 터뜨렸다.

……그는 샤를씨에게 명하여 15명분 식사를 준비시켰습니다. 그런데 32명이 식탁으로 왔으니 음식이 많이 모자랐지요. 장군은 생탕지씨를 불러 말했습니다.
"이래선 안돼. 드 로스차일드부인 집에서는 누구나 이 성의 명성과 격식에 어울리는 대우를 받아야 해."
그들은 와인을 65병이나 마셔대고, 그 가운데 32병은 샴페인이었는데, 그래도 아직 부족한 듯했습니다.
장군은 생탕지씨에게 병사 넷을 붙여 그를 초소로 데려가게 했습니다. 그는 거기에서 하룻밤 짚침대에 누워 자야 했지요. 75살 노인이 그 꼴을 당하는 걸 보고 마음 아팠습니다.
다음날 아침, 장군은 그를 함께 데려가려고 했습니다. 생탕지부인이 장군을 만나러 가서 간절한 애원을 거듭하여 가까스로 풀려났지요. 나는 이 슬픈 일이 일어나는 동안 내내 생탕지부부와 함께 있었습니다……

베르그망 자신도 프로이센의 악한들에게 봉변을 당했다.

……라 타파레트에 머물던 병사들은 연못에서 낚시를 했습니

다. 그들은 다음날 아침에 더 많은 고기를 낚으려고 수문을 열어
두었습니다.

이 소식을 들은 나는 몇몇 하인과 열쇠기술자를 데리고 수문을
닫으러 갔습니다. 바로 그 순간 기병이 말에게 물을 먹이러 왔습
니다. 그런데 연못에 물이 없지 않겠습니까?

낙담한 병사들은 물을 마르게 한 게 나라고 여겨, 장군 앞으로
끌고 갔습니다. 나는 자초지종을 설명했지만 믿지 않고 보초를
불러 나를 체포했습니다. 그리고 연못을 본디대로 해놓으라고 나
에게 명령했습니다.

그들의 말은 정말 억지였고, 내가 잘못한 것도 아니므로, 결국
몇 시간 뒤 나는 풀려났습니다……

10월5일에 왕이 베르사유궁으로 출발한 뒤, 베르그망은 프로이센
장교들의 행동도 그 위신이 땅에 떨어졌다고 보고하고 있다.

……6일과 7일, 페리에르의 몇 군데에서 약탈이 있었습니다.
와인저장고가 텅 비고, 지역의 야전병원용으로 담요와 매트리스
가 징발된 것입니다. 왕은 출발하기 전에 여기서 아무것도 내가
지 못하도록 명문화하고 75명의 부하를 남겨두었지만, 장교들은
야전병원용 징발은 그에 해당하지 않는다고 주장했습니다.

이 근처를 지나는 장교는 모두 이곳에 묵습니다. 나는 독일어
를 아는 하인을 두 사람 샤를씨에게 붙여 그들이 저택을 돌아다
니면 따라다니도록 했습니다. 그런데도 몇 가지 물건이 없어졌습
니다……

이 가까이에는 야전병원이 몇 군데 있고, 2000명의 병자가 있
습니다. 농장에는 이미 가축도 땔감도 없지만, 아직 숲이 있습니
다.

　침입자 프로이센군은 숲의 동물들을 죽이고, 자기네 것인 듯 활개치고 다녔습니다. 사령관은 밤마다 숲을 순찰하게 했습니다. 꿩과 꽃까지도 그들 것이 되었습니다.
　사냥터 관리인은 프로이센군이 온 날 무기를 빼앗겼습니다. ……금고는 이미 텅 비어 빵교환권으로 지불하고 있는 형편입니다. 병사들 거처로 농장을 내주었지만, 그래도 집집마다 많은 병사들을 묵게 해야 했습니다……

비스마르크는 프로이센왕이 지닌 도덕심과 감수성을 갖지 못했다. 그가 마음만 먹으면 온갖 모욕이 프랑스인에게 주어졌으리라. 상대가 로스차일드라 해도 상관하지 않았다.
　평화로운 시절 한때, 그는 페리에르의 손님으로서 사냥터에서 사냥을 즐긴 일이 있었다. 군주가 사냥을 금지했는데도 그는 이것을 무시한 채 대담하게 총을 들고 페리에르의 보호구역으로 들어갔다.
　이 불법침입 소식이 파리의 알퐁스 귀에 들어갔을 때 그는 친구에게 농담을 던졌다. 이 친구는 친지에게 보낸 편지에 그 이야기를 썼다.

　파리의 이웃 프로이센인들은 꿩을 좋아하나 봅니다. 로스차일드가 어제 내게 이야기하기를, 그들은 페리에르의 꿩이 마음에 들지 않는지 페리에르를 날아다니는 꿩이 트러플(고급요리에 쓰이는 송이버섯)로 가득 채워져 있지 않다고 집사를 나무랐답니다.

이 편지는 우연히 적의 손에 들어가 비스마르크가 보게 되었다. 그는 자신에 대한 이 농담에 몹시 기분 상했다.
　빌헬름왕이 페리에르에 머무는 동안 외무대신 쥘 파브르가 그곳에 며칠 묵으며 파리 인도에 응하지 않는 독일인들을 상대로 평화 타개책을 찾으려 시도했다. 비스마르크는 전혀 동의하지 않고 포위를 계속했다.

런던·프랑크푸르트·빈의 로스차일드는 언제나 그렇듯 파리 정세에 관한 상세한 정보를 갖고 있었다. 은행에는 독자적인 전서구(傳書鳩)시스템이 있었다. 새들이 더 많은 정보를 나르도록 사진촬영이 쓰였다. 최초의 마이크로필름이였다.

또 드 생-셰롱의 속보도 기구에 실려 파리를 떠났다. 가스로 한껏 팽창된 기구가 날마다 독일국경을 넘어 우편과 사람을 태워보내는 시스템은 정부도 공인하고 있었다. 하지만 통신시스템치고는 믿을 수 없는 방법이었다. 기구가 바람에 실려 적의 총탄이 닿는 곳으로 가버리는 일도 드물지 않았다.

그런데도 놀랄 만큼 많은 편지가 때맞춰 도착했다. 라이어닐이 C. 드 B. 로부터 받은 몇 백통의 보고로, 불안에 떠는 파리사람들 모습을 거의 완벽하게 재구성할 수 있을 정도였다.

처음에 가장 참을 수 없었던 것은 무차별 공격이었습니다. 결국 죄없는 일반시민, 노인과 여자, 어린이들을 죽였을 뿐입니다. 건물과 집을 무너뜨리고, 파리사람들의 복수심을 선동했을 뿐이지요.

어젯밤에는 10시부터 새벽 4시까지 주민들이 벌벌 떨며 잠자리에 들지 못했습니다. 공격받은 집에서는 여자가 아이들을 끌어안고 뛰쳐나왔습니다. 그것은 끔찍한 일이었으며, 특히 여자들에게는 울분이 터질 만한 광경이었겠지요.

그 바로 뒤 과격파가 몇 군데 근거지를 만들었다.

1789년처럼 혁명단이 파리코뮌의 이름 아래 이미 통치권을 요구했고, 그 이름을 명시한 붉은 포스터가 오늘 아침 거리에 붙었습니다. 국민군에게 파리 자치제의원 선출을 호소한 것입니다. 이 선거가 실시되면 코뮌을 형성하는 군대의 행진이 있겠지요.

11월 첫무렵 식량이 바닥나기 시작했다. 배급제가 실시되었지만 효율적이지 못하여 매점과 암거래가 횡행했다. 그달 중순에 C. 드 B. 는 다음과 같은 계산을 하고 있다.

두 달치 식량은 충분합니다. 가족수보다 훨씬 많은 카드가 발행되어 일어난 초기의 혼란을 수습하려고 새로운 배급표가 만들어졌습니다.

불행하게도 사망자수가 포위 첫무렵의 두 배로 늘어났습니다. 식량소비량은 같은 비율로 낮아지는 셈입니다.

정부가 말을 징발하여 2월25일까지 필요한 고기는 확보된 상태입니다. 파리 마차회사에는 6000마리, 승합마차회사에는 6700마리의 말이 아직 남아 있습니다.

굶주림과 물가고, 집을 잃은 상실감, 가족과의 사별, 지도부에 대한 환멸, 커져가는 좌절감은 사회적 차별을 더욱 심하게 만들어 상황은 혁명가들의 뜻대로 되어갔다.

우리의 우수한 기마연대가 식량공급을 위해 말을 죽이는 일도 서슴지 않는데 여전히 말을 소유한 사치스러운 사람들이 있다고 《데바(논쟁)》신문은 비난을 퍼붓고 있습니다. 유감스럽게도 이것은 사실입니다.

나는 재무부의 부자관리가 말을 여덟 마리나 갖고 있다는 것

과, 파리의 상류부인은 모두 자신의 말을 갖고 있는 것을 알고
있습니다. 매력적인 어느 창부는 7000프랑이나 하는 암말을 갖고
있지요. 대중의 비난이 강해지면 이는 결국 강제징발될 것입니
다.

고급마차를 계속 타는 상류부인 가운데 베티남작부인도 있었다.
위기가 최고조에 이른 어느 날 그녀는 집으로 돌아오던 도중 볼로
뉴숲에서 분노에 찬 폭도들에게 에워싸였다.
 몇 사람이 마차에 말을 맨 마구를 끄르기 시작했다. 그동안 다른
사람들은 욕지거리를 퍼부었다.
 "시민들이 굶주리고 있는데, 돈 많다고 거들먹거리는 놈들은 죄
   다 쓸어버려야 해!"
 그러나 정치가를 쏘아보고 황제마저 경멸해온 이 당당한 남작부
인은, 비참하게 굶주리는 파리사람들 따윈 무더기로 덤벼도 당해낼
수 있었다.
 그녀는 말했다.
 "좋아요, 내 말이 탐난다면 가져요. 하지만 나도 당신들 못지않
은 애국심을 갖고 있어요. 우리집은 수용소로 바뀌었고, 내가 사
랑하는 세 아들은 지금 모두 무기를 들고 나라를 위해 싸우고 있
죠. 당신들은 그걸 아나요?"
 노부인의 기세에 압도되어 폭도들은 조용해졌다. 그뿐 아니라 집
앞까지 그녀를 경호해 주기까지 했다.
 알퐁스가 그렇듯 오래 군대에 봉사하고 있었는지는 의심스럽다.
그는 구호물자수배며 지도자들의 재정상 조언에 정력을 쏟고 있었
기 때문이다. 구스타브와 에드몽은 국민군에 들어가 활동했으나 그
것은 특별한 일이 못되었다.
 한편, 트로시장군이 지휘하는 프랑스군은 지방의 원조를 고대하

고 있었지만, 구원부대는 좀처럼 오지 않았다. 그는 상황판단을 잘 못하여 독일군 진지로 무모한 공격을 감행하다가 자멸했다.

지난번 편지로 알려드린 공격은 르 부르제의 두번째 전투로 발전했습니다. 그것은 첫번째와 마찬가지로 흐지부지 끝났습니다. 이 실패로 아프리카육군 역전의 용사 블레이즈장군을 잃었을 뿐 아니라 2만여 명의 사상자를 냈습니다. 프로이센군의 탄환보다 갑자기 영하로 뚝 떨어진 날씨 탓이 큽니다.

그 일로 지도부에 대한 파리사람들의 신뢰가 흔들리고, 또 자신들과 전쟁의 장래에 대한 믿음마저도 동요되고 있습니다.

그 얼마 뒤 독일의 어느 외교관에게 이야기한 구스타브의 견해에 의하면, 지도부가 좀더 단호하고 대담했더라면 군사력으로 포위를 끝낼 수 있었을 거라고 했다. 아마도 많은 파리시민의 불만을 대변한 것이리라.

그는 말했다.

"분쟁의 징후가 보일 때마다 트로시장군은 겁을 먹고 적과의 대결에 엉거주춤해졌다."

마지막으로 프랑스는 회의석상에서 평화를 구해야 했다. 1871년 2월21일 파브르와, 얼마 뒤 제3공화정 초대대통령이 된 노련한 정치가 티에르는 베르사유로 가서, 비스마르크가 그들에게 부과하기로 결정한 조건을 들었다.

독일의 요구는 매우 가혹했다. 알자스-로렌의 경계지역 양도와 60억프랑의 배상금. 그것을 지불할 때까지 독일군은 프랑스에서 완전히 철수하지 않는다는 것이었다.

비스마르크는 으스대며, 싫으면 그만두라는 듯한 태도를 취했다. 프랑스 대표들은 재정전문가 알퐁스 드 로스차일드를 부를 필요가 있다고 응답했다.

3월25일, 전혀 다른 형태로 팽팽한 권력을 쥐고 있는 정치가와 금융가는 얼굴을 마주했다. 비스마르크는 강한 어조의 독일어로 계속 말했다. 알퐁스는 조금도 동요하지 않고 프랑스어로 조용히 응대했다.

비스마르크는 빠른 합의를 주장했다. 알퐁스는 먼저 블라이히뢰더와 함께 상세하게 조사할 필요가 있다고 대답했다. 프로이센도 그것을 인정했다. 로스차일드가 가까스로 프랑스의 위엄을 회복시킨 것이다.

그들은 계속 활약했다. 배상금은 결국 50억프랑으로 합의되었지만, 그것을 준비하는 게 큰일이었다. 이 재정상의 무거운 짐은, 프랑스에게 완전한 굴욕을 맛보게 하고 독일군이 적지에 되도록 오래 머물러 있으려고 생각해낸 것이었다.

그러나 비스마르크의 계산은 빗나갔다. 그는 로스차일드의 힘을 과소평가한 마지막 정치가가 되었다.

알퐁스는 아주 재빠르게 효과적으로 채권을 모집했다. 그 솜씨에는 경쟁은행가들도 혀를 내두를 정도였다. 그들은 다음과 같은 평가를 받기도 했다.

'온유럽과 중요한 관계를 가진 로스차일드가 그 경제력으로 달리
 예를 찾아볼 수 없는 역할을 다했다.'

라이어닐은 먼저 자신의 영향력으로 외환시장에서의 프랑스 통화 안정을 꾀했다. 그리고 알퐁스와 함께 유럽의 금융가들을 모아 연합을 결성했다.

이 '거대은행'의 역할은 국채를 준비하는 것과, 국채가 팔리지 않을 경우 프랑스정부에 대하여 총액을 보증하는 것 두 가지였다. 그 뒷경우가 초래될 위험은 없었다. 로스차일드 이름이 마력을 발휘해, 대중들이 너도나도 손에 넣으려 했기 때문이다.

50억프랑은 두 번의 국채발행으로 모두 모아졌다. 1871년 3월에 20억프랑의 국채계획이 진행되고, 1년 뒤 30억프랑이 준비되었다. 수요가 너무 많아 첫번째 발행만으로 1871년 6월까지 48억9700만 프랑이 되었다. 두 번째에는 놀랍게도 438억프랑에 이르렀다.

이 엄청난 재정상의 성공은 극적인 결과를 낳았다. 이에 관여한 은행은 막대한 이익을 얻었던 것이다. 은행은 자신의 돈은 전혀 위험에 빠뜨리지 않은 채 단기간에 거액의 자금을 움직일 수 있게 되었다.

정치적·외교적으로 그것은 비스마르크에게 일격을 가하는 것이었다. 배상금을 2년 만에 모두 갚아 그는 군대를 철수시켜야 했다. 무엇보다도 그를 걱정하게 만든 것은 프랑스가 패배에서 순식간에 일어서 새로운 연대를 강화시킨 일이었다. 대중이 국채에 응한 일이 그 한 예였다.

비스마르크는 프랑스의 힘을 약화시키고 굴욕감을 맛보게 하여 분열시키려 했었다. 그러나 현실은 그렇지 못했다. 패배는 프랑스의 긍지를 높여주고, 단결을 강화했으며, 복수의 맹세를 가슴 깊이 새기게 했다. 1871년에 뿌린 씨앗은 1914년에 강력한 힘으로 꽃피게 된다.

승리는 파리로스차일드가 1848년 이래 누리지 못한 프랑스에서의 명성을 회복시켜 주었다. 그들은 제3공화정을 구축한 자들의 동료로서 그 정치적 영향력이 입증되었다. 그 영향력은 무대 뒤에서 변함없이 계속 발휘되었다.

알퐁스는 파리와 센 마른선거구에서 국민의회에 나가도록 권유받았다. 그러나 그는 정치적인 직책은 사업에 방해된다며 사양했다. 그의 생각은 드 로스차일드형제상회 사장으로서 프랑스에 공헌하고 싶다는 것이었다.

은행가들이 프랑스의 경제재건을 도모하는 동안, 1870년부터 71

년에 걸친 사건 중 피비린내 나는 마지막 사건이 일어나려 하고 있
었다.

2월 선거결과 의회에서는 왕당파가 우세해졌다. 의회는 일시적으
로 베르사유에서 열렸다. 이것을 계기로 오래 억압되어 온 급진적
공화주의자들의 분노가 파리에서 폭발한 것이다.

C. 드 B. 는 파리코뮌의 시작을 보고하고 있다.

1871년 3월18일. 비극의 밤이 지나자 무서운 하루가 닥쳐왔습
니다. 파리는 혁명의 공포 한복판에 있습니다.

분쟁은 몽마르트르에서 시작되었습니다.

국민군 사람들이 거리와 광장에서 임무수행중인 정규군대를 상
대로 농담을 시작한 것입니다.

"너희들이 가진 총은 우리들 것이기도 해! 우린 모두 함께 싸
워온 사이가 아닌가? 이리 와서 한잔 어떤가?"

잠시 뒤 정규군과 공화군이 국민군과 한데 어울려 웃고 떠들어
대기 시작했습니다. 그런 상황에서 부하에게 명령내리던 어느 대
장이 총에 맞아 죽었습니다. 총은 몽마르트르언덕에 버려진 채였
습니다.

몇몇 국민군대대가 파리 중심에서 몽마르트르로 가던 도중 맞
은편에서 내려오던 동료들을 만났습니다. 그들은 소리쳤습니다.

"비느와(파리의 지휘관)를 해치워라!"

"팔라딘(베르사유의 지휘관)을 해치워라!"

"공화국 만세!"

"가리발디 만세!"

파리에는 이미 정부가 없습니다. 국민군이 이 수도의 주인입니
다. 아마도 국민의회를 베르사유에서 개최한 것은 옳았겠지요.
그렇지 않았다면 그 엄숙한 의회는 틀림없이 국민군의 공격을 받

았을 테니까요.

공화군 장군 한 사람, 지휘관 몇 사람이 몽마르트르에 갇혀 있습니다.

국민군대대는 생 조르주광장의 티에르씨 집 앞을 지나며 외쳤습니다.

"죽어라, 티에르!"

그 붉은 깃발이 바스티유광장에 다시 내걸린 것은 이미 덧붙일 필요도 없겠지요.

두 달 넘게 혁명가들은 잔혹한 폭동을 되풀이했다. 성급하게 처형이 이루어지고, 약탈이 횡행했다. 약탈은 때로 민중의 이름으로 정당화되었다. 튈르리와 시청사 등 몇몇 중요한 건물이 불탔다.

파리는 다시 방위태세에 들어갔다. 이번에는 상대가 자기 나라 군대였다. 프로이센에게 큰 굴욕감을 맛보았던 수많은 민중들은 처음에 반란을 지지했다. 그러나 곧 수도에서 달아나 피난하는 이들이 잇따랐다.

알퐁스는 베르사유로 주거를 옮겼다. 정부공채준비를 위해 그는 일했다. 가족도 함께 옮겼다.

코뮌은 5월28일에 끝났다. 티에르의 엄격한 보복은 새로운 공화국에서 혁명의 얼룩을 철저하게 지워버리려는 그의 의지를 잘 나타냈다.

1870년부터 71년의 위기 때 마지막으로 웃음 지은 것은 공화정부였다. 보나파르트파와 왕당파의 야심은 끝내 무너졌다.

로스차일드는 그것을 피할 수 없는 일로 받아들였다. 나폴레옹시대가 끝난 지금, 그들은 온건한 티에르정부를 환영했다. 아마도 그들은 대남작이 늘그막에 남긴 말을 떠올린 것이리라.

"우리들 한편에는 자유주의 정치가, 다른 한편에는 금융가가 있다. 유감스럽게도 금융가는 자유없이 존재할 수 없다. 그러나 자유가 너무 지나쳐도 역시 존재할 수 없다."

파리의 회사는 40여년 동안 계속된 긴장과 태풍 속을 빠져나와 이제 프랑스금융계의 확고부동한 자리를 차지했다. 아우 구스타브와 함께 은행을 경영하는 알퐁스의 성공은 대남작에게 뒤지지 않았지만, 그는 아버지가 맛본 것보다 더 평화로운 시대를 진심으로 바랐다.

그는 반대세력을 자극하거나 적의를 불러일으키는 거창한 사업에는 나설 생각이 없었다. 그는 동료에게 말했다.

"이제 돈을 더 벌 필요는 없다. 다만 지금 있는 것을 잘 지켜나가려는 생각뿐이다."

이것은 제임스에 대한 찬사이며, 동시에 새로운 방식의 표현이었다.

어느 역사가는 말한다.

'프랑스 대 독일의 싸움으로 예의범절에 따른 전쟁은 과거의 것이 되고, 20세기의 전쟁형태가 생겨났다.'

1870년부터 71년의 진동으로 새로운 종류의 애국정신이 탄생했다. 그것은 거의 반세기에 걸쳐 자의식 강한 유럽의 모든 나라, 모든 시민의 감정에 스며들었다.

전쟁이 집안의 갈등을 불러일으킬 수 있으므로 로스차일드는 세심하게 주의를 기울여왔다. 그러나 이 큰 전쟁으로 말미암아 그들 사이에 처음으로 감정적 분열이 생겼다.

프랑크푸르트와 파리의 로스차일드가 반목하게 되었던 것이다. 그것만으로도 사태는 충분히 심각한데, 영국과 프랑스 사이에도 긴장이 생겨났다.

알퐁스는 노골적으로 영국을 싫어했다. 영국로스차일드 역시 편견이 없지 않았다. 기남작 말에 의하면 로베르가 런던을 방문했을 때 너새니얼 메이어는 '활기없는' 프랑스친척을 경멸하여 '노란 장갑을 낀 놈'이라고 말했다고 한다.

알퐁스에게 있어 조국이 독일의 침략을 받을 때 영국이 도움의 손길을 내밀지 않은 건 아르비용(그레이트 브리튼의 옛이름)의 배반을 증명하는 일이었다.

런던에서 재빠른 외교정책이 나왔다면 프로이센군의 진군을 멈추게 해, 파리를 포위의 공포에서 구할 수 있었다고 그는 믿었던 것이다.

라이어닐과 너새니얼 메이어로서는 일이 그리 간단치 않았다. 멀리 내다보는 그들 입장에서 보면 알퐁스는 근본적으로 잘못되어 있었다.

나폴레옹 3세의 '과대망상'은 비스마르크의 '현실정책'과 마찬가지로 전쟁에 책임이 있었다. 대립하는 두 정부를 웨스트민스터가 저지하는 것은 불가능했다.

그들은 친척의 곤경에 동요했고, 글래드스턴정부가 확실한 태도를 보이지 않는 데 불안을 느끼기도 했다. 라이어닐과 너새니얼 메이어가 자신들의 당수로부터 멀어진 원인은 근본적 입장의 차이였다. 그것은 철학의 차이라고도 할 수 있었다.

그들은 실리주의자였다. 글래드스턴은 이상주의자였다. 그들은 현실에 바탕한 확고한 정책쪽을 믿는다. 글래드스턴은 도덕적으로 공정한 입장에 서서 모든 문제의 선악을 신중히 검토한다.

그들은 모든 외교정책이 영국의 이익, 가능하면 국제무역의 이익을 지키는 입장에서 이루어져야 한다고 생각한다. 글래드스턴은 모든 문제를 도의적 잣대로 잰다.

이렇게 서로 다른 견해는 1870년부터 71년의 위기 때 매우 뚜렷하게 나타났다. 9월에 글래드스턴은 자신에게 들어온 보고가 로스

차일드의 외교루트를 거치는 동안 왜곡되었다며 화낸 일이 두 번이
나 있었다. 이 시점부터 로스차일드는 자신들이 정부와 멀어져가는
것을 느꼈다.

1871년 첫무렵 글래드스턴과 그랜빌은 현상황을 토의하기 위해
국제회의를 주최했다. 라이어닐과 너새니얼 메이어는 그 심의과정
을 보고받을 작정이었다. 아니, 그것을 기대하고 있었지만 결국 그
들은 낙담하게 되었다.

다우닝거리 10번지에 문의했을 때 그랜빌에게 들으라는 답변을
받았다. 재무대신은 3월5일, 글래드스턴에게 다음과 같이 보고하고
있다.

G(그랜빌)경은 B(남작) R(로스차일드)에게 회의 첫날밤 의회
에서 말한 그대로 전했습니다——회의는 그 개최기간이 끝날 때
까지 굳게 비밀을 지키게 되어 있고, 다음 회의는 월요일에 있으
며, 그 이상의 일은 가르쳐줄 수 없다고 말입니다.

새로운 정치 현실에 직면한 것은 프랑스로스차일드만이 아니었
다.

브람스를 좋아하세요

그들은 오락을 즐기고 춤을 좋아하며
음악을 사랑하고 예술에 심취했다

1870년부터 71년에 걸친 많은 사건들 뒤 영국전함 갤러티어호가
극동방문을 마치고 포츠머스로 돌아온 일은, 빅토리아여왕의 차남
에든버러공 앨프릿이 함장임에도 불구하고 거의 사람들 흥미를 불
러일으키지 못했다.

그러나 이 사건은 로스차일드에게 꽤 큰 의미를 지니게 되었다.
이때 상륙한 사람 가운데 최근 고용한 중국인 하인을 거느린 엘리
엇 요크가 있었기 때문이다. 그는 에든버러공을 모시고 있었다.

금발에 푸른 눈을 한 위세 좋은 이 28살 젊은이는 하드윅 백작의
셋째아들이었다. 그는 케임브리지에 가까운 윔폴 홀의 저택에서
1871년 여름을 지내게 되었다. 그곳에는 앤서니 드 로스차일드경
부부와 딸들도 머물고 있었다.

하드윅집안은 요 몇 해 동안 앤서니와 친하게 지냈다. 1867년 백
작의 차남 빅터가 애스턴 클린턴 방문 중 쓰러져 세상 떠난 슬픔을
서로 위로하며 극복하고부터, 그 유대가 더욱 강해졌다. 두 집안은
사냥, 뱃놀이, 음악, 아마추어 연극에도 흥미를 가졌다.

요크집안은 전원생활에 몰두하여, 다른 상류계급 사람들과 달리

사교철이 되어도 거의 런던으로 가지 않았다. 그들은 왕실과 친하게 교제하는 사람들로 궁정의 직책을 가진 사람도 몇 있었는데, 엘리엇은 그 가운데 하나였다.

엘리엇은 직무상 4년 동안 줄곧 해외에 나가 있었다. 그래서 앤서니경 딸들에게는 낯선 존재였다. 그녀들은 이 새로운 인물에게 곧 열중했다.

잊을 수 없는 첫방문 때 우리 젊은 사람들은 공원에서 도시락을 펴놓고 피크닉을 즐겼다. 진지한 성품의 중국인이 시중을 들었다.

엘리엇은 매우 장난스럽고 농담을 잘하여 우리들을 웃게 했다. 특히 그가 모시는 주인에 대한 이야기를 많이 들려주었는데, 그 이야기는 이상하면서도 흥미진진했다.

이 글을 쓴 사람은 콘스턴스지만, 이 유쾌한 젊은이와 사랑에 빠진 것은 여동생 애니였다. 이 일로 그녀는 이제까지 이 땅에서 가장 편안하고 사이좋게 살아온 집에, 긴장과 불안을 가져온다.

애스턴 클린턴은 로스차일드집안 가운데 가장 행복한 가정이었다. 앤서니경은 딸들에게 '누구보다도 인자하고 마음 넓은 인물'이었다. 그는 오락을 즐기고, 춤을 좋아했으며, 음악을 사랑하고, 예술에도 많은 취미를 가졌다.

아내 루이저는 쾌활한 성격에 이야기를 잘했다. 그녀는 젊은 사람들과 사이좋게 지내, 조카들은 그녀를 방문하는 일을 큰 즐거움으로 여겼다.

드 로스차일드부인은 또한 광범위하게 독서하여 지식도 풍부했다. 특히 종교에 관해 흥미를 가지고 많은 친구들을 사귀었다. 그녀의 이런 관심은 결코 어느 종파에 한정되지 않았다. 친구 중에는 퀘이커교도도 있고, 국교 성직자도 있었다. 그녀는 그들과 정신적 고락을 나누고, 함께 자선활동을 했다.

루이저와 앤서니도 전원을 사랑했다. 결혼 뒤 13년만에 가까스로 파리와 런던에서 벗어나 인적드문 애스턴 클린턴으로 오게 되어 그들의 마음은 한층 평온해졌다.

이들과 그 딸들이 즐기고 있던 이러한 생활은, 가혹한 국제금융 세계에 휘말려 있는 친척들과 뚜렷한 대조를 이루었다.

로스차일드여성은 다른 여성들보다 훨씬 많은 여러 가지 기회를 부여받았다는 점에서 특권자였다. 무언가 하고 싶을 때 그녀들을 가로막는 것은 없었다. 그녀들은 이 자유로운 특권을 활용했다.

그녀들은 대부분 헤브라이어와 함께 유럽의 주요언어를 공부했다. 종교와 철학과 정치에 관하여 토론하도록 장려되었다. 일류스승에게 음악을 배우고, 예술과 공예 걸작품들에 둘러싸여 자랐다. 그리고 그즈음 가장 현명하고 재치있는 사람들을 만나 이야기 나눌 기회도 주어졌다.

애니와 콘스턴스는 처녀시절 여행과 관광에 열중했다. 열차와 마차와 요트로 온유럽을 여행하고, 그 경험을 그녀들은 흥분 속에 기록했다. 1869년에 어머니와 애니와 함께 대륙으로의 긴 여행에 나섰던 때의 일을 콘스턴스는 이렇게 쓰고 있다.

밤기차를 타고 남쪽으로 출발——'남쪽!' 아, 이 얼마나 매력적인 말인가, 그것만으로도 이미 나그네는 황홀하여 춤추게 된다.

여행은 그녀들에게 많은 흥분을 안겨주었다. 로마에서는 교황이 행차한다는 말이 갑자기 귀에 들렸다. 그녀들은 마차를 멈추고 뛰어내려 교황에게 절을 하며 배웅했다.

애니는 친구에게 보낸 편지에 조금 무례한 어조로 교황성하가 '친절하고 사람좋아 보이는 노인이었다'고 쓰고 있다.

코니와 나는 그 의상에 무척 실망했어. 훨씬 화려할 거라고 기대했었거든. 빨간모자와 빨간덧신을 빼면 그것은 애스턴 클린턴에서 침대에 들어가기 전 층계를 올라갈 때 입는 가운과 똑같았어.

그들은 로마에서 부활절을 지냈다. 종교가 다르므로 교황 메시지를 들으러 성베드로광장에 가지는 못했다. 그녀들은 이곳의 경험에 완전히 압도되었다. 너무 감동하여 그뒤 계속된 모든 것에 흥미를 잃고 따분해 할 정도였다.

며칠 뒤 콘스턴스는 일기에 불만을 털어놓았다.

아, 우리는 지금 피사에 있다, 로마가 아닌. 사탑은, 뭐라고 말할까? 기분나쁜 물체다! 내 다리를 오그라들게 하고 현기증을 일으킬 뿐인 피사는 지긋지긋해. 로마가 그립다. 실망의 나날에 미칠 것 같아!!

그녀는 오스트리아로 가서 위대한 바이올리니스트이며 지휘자겸 작곡가인 요제프 요아힘을 방문했다. 그것이 이 여행의 하일라이트였다. 그녀들은 이미 이 거장과 안면이 있었다. 런던의 그녀들 집에서 열린 음악회에 그가 몇 번 참석했기 때문이었다.

루이저는 그 일을 일기에 쓰고 있다.

그와 부인의 방은 넓고 예스러웠으며, 의자보다 창이 더 많았다. 그 창으로 아름다운 초원이 바라보였다. 강이 구불거리며 흐르고, 산들이 잇닿은 풍경이 펼쳐져 있었다.

요아힘은 멋진 사람이다. 커피라도 내오듯 아무렇지도 않게 음악을 들려주어, 이윽고 즐겁고 작은 콘서트가 되었다. 요아힘은 멋들어지게 연주하고 부인은 훌륭하게 노래를 불렀다.

피아니스트 한 명과 화가 한 명, 그리고 요아힘의 네 아이들이 함께 자리했다. 잠시 떠들어댄 뒤 우리는 물러나왔다. 하지만 1시간 뒤 잘츠부르크고원의 푸르른 골짜기 세인트 야콥마을에서 만나기로 되어 있었다……해가 이미 저물어서 바위표면에서 빛이 사라져버렸다. 그러나 그 풍경은 아름다웠다.

프랑스 친척들은 로시니·하이네·빅토르 위고·쇼팽·조르주 상드·오노레 드 발자크 등 파리 문학과 음악의 거장들을 많이 사귀고 있었다.

그 가운데에는 디킨즈·매슈 아널드·요아힘·샤를 알레(피아니스트 겸 작곡가)·아서 설리번경, 그리고 윌리엄 메이크피스 새커리가 있었다.

새커리는 1848년 라인강 증기선에서 이따금 루이저와 만난 뒤 로스차일드집안에 드나들게 되었다. 이 큰 키의 소설가는 그때, 어머니와 함께 여행하던 5살 난 콘스턴스를 어깨에 태우고 옛날이야기를 들려주어, 콘스턴스는 그를 몹시 따랐다.

새커리는 아내가 정신병원에 격리된 뒤부터 두 딸을 혼자 기르고 있었다. 앤과 해리엇 새커리는 로스차일드여자아이들과 한평생 친구가 되었고, 그들의 아버지는 샬럿과 루이저를 자주 방문했다.

두 집안이 얼마나 친밀했는지를 나타내는 즐거운 이야기를 샬럿이 어느 편지에 쓰고 있다. 17살 난 에벌리너가 이 소설가의 딸들을 만나러 그의 집을 방문했을 때의 일이다.

어느 맑게 갠 날 아침, 그녀는 위대한 작가의 서재에 들어가서
……언뜻 잠들었다가 꿈을 꾼 듯한 아버지를 (딸들이) 놀려대고
있는 모습에 맞닥뜨렸다. 그는 황홀한 꿈을 꾸고 있었음에 틀림
없다. 왜냐하면 비너스며 큐피드라는 말을 중얼거리고 있었으니
까……

루이저는 특히 그를 좋아하여 이 친구를 곧잘 심오한 대화 속으
로 끌어들였다.

어제……오후, 새커리가 찾아왔다. 그는 언제나 솔직하므로 기
분이 좋다. 기묘하게도 그는 내가 오전내내 생각하고 있던 것과
같은 말을 내게 했다.
사랑은 짧다. 이렇다할 이유도 없이 우리에게 뜨거운 감정을
느끼게 하고 곁에 있기만 해도 가슴두근거리며 볼을 창백하게 만
드는 상대는, 그러나 우리에 대해 전혀 마음쓰지 않는다──그
는 이렇게 말했다.
나에게는 지금까지 그러한 경험이 없었지만, 그런 일이 있을
것 같은 기분이 들고, 새커리와는 확실히 그런 느낌도 있다……

그러나 이들의 관계는 서로 농담을 주고받는 편안한 관계일 뿐이
었다. 새커리가 여자아이들에게 보낸 편지를 보아도 그것은 분명했
다.

봉봉과자가 든, 지금까지 본 적이 없을 만큼 예쁜 바구니 두
개가 우리 집에 도착했구나. 이런 멋진 선물을 보내고도 너희들
은 아직 고맙다는 인사도 듣지 못했지? 아직 너무 늦지 않았으
면 좋겠구나.

선물이 도착했을 때, 너희들이 우리 아이들 일을 이렇듯 생각해 주는가 싶어, 나는 정말 기뻤다. 그애들이 즐거워하는 모습을 보았다면 너희들도 틀림없이 무척 기뻤을 테지.

이 선물을 받고 더 기뻤던 것은, 아이들이 이 두 개의 바구니를 지금까지 손에 넣은 물건 중 가장 아름답고 멋진 보물로 여기면서도, 그 가운데 하나를 어린 친구들에게 주려고 마음먹은 일이었단다. 자신의 욕망을 억제한 이 행위는, 아버지인 내 마음을 기쁘게 해주었지.

너희들 어린 숙녀님들에게 나는 자신있게 말한다. 너희들은 많은 아이들과 한 중년아저씨를 행복하게 해주었어. 한낱 봉봉과자가 이렇게 큰 역할을 하리라고 생각이나 했을까.

그녀들 세계의 중심은 애스턴 클린턴이었다. 그곳에서는 쉴새없이 파티가 열렸다. 앤서니가 좋아하는 댄스파티며 사냥파티, 가장무도회, 만찬회 등이었다. 그리고 그들이 가장 좋아하는 샤레이드 놀이와 저녁음악회도 열렸다. 거너즈버리에서 샬럿이 여는 파티나 파리에서 베티가 개최하는 무도회보다, 훨씬 편안하고 즐거웠다. 저명한 손님들도 애스턴 클린턴에서는 허물없이 즐겼다.

음악에서 트리오를 구성하는 것이 기획의 중심이었다. 모두들 사이좋게 지내며 기꺼이 함께 연주했기 때문이다. 알레는 무엇이든 사람들이 원하는 대로 연주했으며, 조금도 당황하지 않았다.

식사하기 전에 알레와 요아힘이 장려한 슈베르트 환상곡을 연주했다. 그들은 그것을 두 번이나 되풀이 연주했다.

예술가도 여느 사람들도 모두 함께 화기애애하여 참으로 즐거웠다. 네설로데백작(러시아 외무대신의 아들)은 요아힘에게 완전히 반했다. 무리도 아니다.

식사 뒤 음악이 다시 시작되었다. 알레가 잇따라 눈이 핑핑 돌
만큼 활기있게 쇼팽을 연주하여, 콘서트의 시작을 장식했다. 우
리는 그를 새삼 다시 보았다. 기쁘고 흥분한 우리 청중들은 그를
자꾸만 부추겨 더 연주하게 했고, 그 결과는 너무도 멋진 것이었
다.

그 뒤는 헝가리 무곡. 좀 야성적이고 마력적인 신비로운 느낌
의 곡으로, 악마가 날뛰는 듯한 인상을 주는 부분에서는 바이얼
린 자체가 춤추는 듯 보였다.

요아힘은 무언가에 사로잡힌 듯 연주하며, 그가 사랑하는 브람
스를 진심으로 즐겼다. 그의 말에 의하면 이 무곡은 그리 자주
연주되진 않지만, 그가 들은 것 가운데 가장 뛰어난 곡 중 하나
라고 했다. 그리고 브람스는 가장 위대한 작곡가의 한 사람인데,
그에 어울리는 충분한 평가를 받고 있지 못하다고도 말했다……

……네루더부인(유명한 바이올리니스트)이 내 화장실에서 잠
들어, 옷을 갈아입는 동안 떠들지 못했다.

이즈음 애니와 콘스턴스는 모든 모임에 참석했다. 1869년 가을,
그녀들은 아버지를 따라 레스터백작의 팔라디오양식 저택을 방문했
다. 그곳의 접대는 훌륭했으며, 황태자 부처와 그 아이들도 있었
다.

로스차일드는 몇 해 전부터 왕실과 친하게 지내는 작은 모임에
참석하고 있었다. 여왕일가와 우호관계가 맺어진 것은, 에드워드황
태자가 케임브리지에서 라이어닐의 아들 너새니얼 메이어, 앨프릿
과 함께 공부하면서부터였다.

그들에게는 공통된 취미가 있었다. 경마·사냥·카드 그리고 여성.
그들은 자주 함께 경마장과 런던의 클럽에 갔다. 황태자는 버킹엄
셔의 로스차일드사냥터에 초대되고, 그들은 그 답례로 샌드링엄에

초대받았다.

앤서니는 전하의 재정상담역이었으므로 홀컴에 초대된 손님 가운데 그가 있는 것도 이상한 일이 아니었다. 그의 딸들은 이런 모임 때 조금도 움츠러들지 않았다.

그날 밤 우리는 매우 즐겁게 지냈다. 멋진 긴 회랑에서 춤을 추었다. 교장선생님이라는 매우 점잖은 느낌의 신사가 우리와 함께 춤추었다, 매우 능숙하게.

우리는 로리가 본다면 기뻐했을 방식으로, 예의 따윈 조금도 마음쓰지 않고 춤추었다. 그녀는 멘트모어에서 그 일로 불평하곤 했었다.

왕자들은 개구쟁이소년 같은 느낌으로, 좀더 충심 어린 말을 사용한다면 '매우 기운차' 보였다. 아빠는 명랑하고 춤을 잘추어 황태자비가 랜서스(춤곡의 하나)를 함께 추자고 권했을 정도였다.

왕실교습은 아주 잘 되어갔다.

왈츠는 꼭 한 번 연주되었다. 우리들 말고는 왈츠를 추는 여성이 없어 황태자와 내가 함께 추었다. 그동안 나는 애스턴 클린턴의 집이 조그맣다는 이야기를 했다.

그리고 마지막은 글자 그대로 '태풍'(베토벤의 피아노 소나타 '템페스트')으로 끝났다.

애니는 특히 왕실을 둘러싼 사람들과 춤추거나 나들이하는 것을 좋아했다. 아이들을 좋아하는 콘스턴스는 왕자들과 놀이를 즐겼다.

나는 왕자들과 왁자지껄 떠들어대며 놀았다. 까막잡기놀이를 가르쳐주고 함께 뛰어돌아다녔다. 큰왕자(뒷날의 조지 5세)는 예쁜 아이로 황태자비를 많이 닮았다. 둘째왕자는 귀엽고 조그만 얼굴이 매우 영리해 보였다.

황태자비는 말했다.

"이 아이들은 손댈 수 없는 개구쟁이로, 나처럼 예의범절이 엉망이에요."

1871년에 엘리엇 요크에게 강렬한 인상을 준 애스턴 클린턴은 친밀하고 행복하며 자유로운 세계였다. 그로부터 몇 달 동안 애니와 그의 사랑은 깊어갔다.

그러는 동안에 앤서니경 부부도 차츰 불안에 시달리게 되었다——30년 전 해너 메이어가 반항적 결혼을 했을 때의 그 고통스러운 일이 다시 일어나는 게 아닐까 하고.

젊은 두 사람도 그 일이 마음에 걸렸지만, 이윽고 결혼을 결심했다. 1872년 가을에 두 사람의 마음은 정식선언을 더 미룰 수 없을 만큼 깊어졌다.

연인들과 두 집안은 태풍을 부르는 검은 구름이 몰려오는 것을 지켜보는 수병(水兵)처럼 어떻게 행동해야 좋을지 모르는 채, 또 유리세공품 같은 두 사람의 사랑에 태풍이 어떤 영향을 미칠지 모르는 채, 다만 조용히 기다리고 있었다.

콘스턴스의 일기에 그 상황이 잘 그려져 있다.

엄마가 매우 비참한 상태였으므로, 나는 엘리엇에게 수요일까지 찾아오지 말라고 말해야 했다.

애니는 여전히 핼쑥한 얼굴로 슬픈 듯 떨고 있다. 잠을 거의 자지 못하고, 아침부터 밤까지 줄곧 마체스(부모가 인정한 다른 구혼자)의 일만 생각하고 있다. 애니는 마체스가 아니라 엘리엇을 죽도록 사랑하는 것이다.

가엾은 엘리엇! 때는 점점 다가오고 있다. 우리는 모두 잠자지도 먹지도 못하며, 다만 안타까워 할 뿐이다.

엘리엇이 결혼을 신청했다. 이 날의 그 불안과 고통은 결코 잊지 못할 것이다. 아침부터 밤까지 거의 미칠 듯했다. 남자들은 사냥을 나갔다. 우리는 그들과 만나고, 애니와 엘리엇은 걸어서 집으로 돌아갔다. 저녁식사 뒤, 그가 아빠에게 이야기했다. 나는 결코 잊지 못한다.

아빠는 나와 조지프 외숙부를 불러 잠시 이야기한 뒤 곧 나가셨다. 뉴코트와 싸워야 하는 것이다. 저녁 때 아빠는 지쳐서 돌아왔다. 엘리엇은 돌아가고, 애니는 애처로울 만큼 낙담했다.

그러나 일이 30년 전과 똑같지는 않았다. 두 사람의 종교 문제는 그즈음 새로이 나온 방식으로 해결할 수 있었다. 저마다 지금까지대로 신앙을 지켜나가는 방법이었다.
해너 메이어와 달리 애니는 연인과 가족 가운데 어느 한쪽을 버려야 하는 입장에 놓이지는 않았다. 사람들의 생각이 유연해져 그런 결혼을 반대하는 이들이 있는 한편, 너그럽게 생각하는 사람들도 있었다.

우리는 심한 흥분상태 속에 살고 있다. 우리는 모두 행복한 결말을 기대하고 있다. 애니는 두려움에서 벗어나 희망에 부풀었다. 나에게는 태풍이 휘몰아쳐온다는 생각이 무겁게 짓눌러온다.
엘리엇에게 13일에 초대한다는 편지를 썼다. 그가 온다면 좋겠는데……그는 오겠다는 답장을 보내고, 엄마에게 이야기해 달라고 나에게 부탁했다.

아빠에게 이야기하여 승낙을 얻으라고 애니에게 충고했다. 그녀는 용기를 내어 아빠에게 가서 마침내 그 일을 해치웠다. 아빠는 승낙했다. 애니는 엘리엇에게 편지를 쓰도록 허락받았다. 해냈다!

일이 확실하게 결정되자, 앤서니경은 딸과 마찬가지로 안도했다. 그는 이 결혼에 반대하는 태도를 보인 적이 한번도 없었다. 그의 머리 속은 집안사람들 일로 가득했다. 라이어닐은 이미 이 결혼에 반대의 뜻을 나타냈다. 다른 사람들은 어떨까?

그달 끝무렵 약혼이 발표되었다. 2, 3일 동안 애스턴 클린턴에서는 모두들 불안과 긴장 속에 지냈다. 이윽고 축하의 말들이 쏟아져 들어왔다.

사촌 앨프릿은 '거너즈버리의 모든 사람들'이 응원하고 있다고 루이저에게 써보냈다. 샬럿도 파리에서 축하말을 전해왔다.

몇 달 뒤 빈의 안셀름도 앤서니에게 두 사람이 행복하기를 바란다는 마음을 나타냈다.

"그들이 여기에 온다면 두 팔 벌려 환영하겠네."

11월9일, 밸모럴에 있는 빅토리아여왕이 사람을 보내 축하말을 전했다. 토리당 상원의원이며 요크집안 친척인 스탠리 오브 올덜리 남작은 이런 축하편지를 보냈다.

……나는 예전에 앤서니경이 딸의 결혼문제에 관하여 이야기하는 것을 들은 적 있소. 그때 나는 놀랐었소. 당신들 민족, 그리고 예로부터의 문화를 변함없이 계속 지켜오는 태도, 또 아이들의 뛰어난 재능에 대하여 나는 매우 감명받았었지요. 그 가운데 하나가 우리 친척이 되어 새로 가정을 이룬다는 소식을 듣고, 정말 기쁘게 생각하오.

안셀름의 친구 조지 새뮤얼은 앤서니경이 자신의 생각을 관철한 일에 대해 칭찬했다.

"당신은 시대에 뒤떨어진 장벽을 멋지게 깨뜨렸습니다."

그러나 이 혼담에 반대한 사람은 라이어닐만이 아니었다. 메이어 암셸과 줄리애너 부부도 차가운 반응을 보였다. 멘트모어에서는 몇 달 동안 아무 환영의 말도 없었다. 앤서니경이 런던에서 우연히 이 아우를 만났을 때, 그는 함께 마차에 타는 것을 거부했다.

인정많고 유쾌한 인물로 알려진 사람으로부터 이러한 대접을 받는 것은 큰 고통이었다. 그것은 베티남작부인으로부터 와닿은, 예상했던 반응보다도 훨씬 가슴에 남았다. 그녀는 루이저에게 이렇게 써보냈다.

어떻게 표현해야 좋을지 모를 만큼 나는 지금 슬픔에 잠겨 있단다. 하지만 당신의 고뇌와, 나의 사랑하는 조카 앤서니경의 고뇌에는 무한한 동정을 금할 수 없구나……

완고하게 신앙을 지키는 사람들 생각을 바꾸는 데 그렇게 오랜 시간이 걸리지는 않았다. 한 가지만 빼고는 모든 점에서 실로 바람직한 혼담이었기 때문이다.

엘리엇을 만나본 사람들은 모두 그를 좋아했다. 두 사람은 잘 어울렸다. 더욱이 그들이 결혼하면 로스차일드와 왕실의 유대가 더욱 깊어지게 된다. 이미 1873년 1월, 결혼식 몇 주일 전에 황태자가 신부에게 개인적으로 선물을 주고 싶다며 애스턴 클린턴을 방문하기도 했다.

결혼식은 2월에 있었다. 혼인등록을 마친 며칠 뒤 윔폴의 요크집 안 예배당에서 결혼식이 올려졌다.

신혼여행이 끝나자 두 사람은 앤서니경이 선물한 커존거리의 집과 햄프셔바닷가의 네틀리 포트를 오가며 살았다. 바닷가 집의 매력은 자신들의 요트 갤런드호를 타고 바다로 나가는 즐거움을 만끽할 수 있다는 점이었다.

증기요트는 상류계급이 최근에 열중하게 된 취미로, 로스차일드 사람들도 몇 척 가지고 있었다. 1870년 알퐁스가 파리 포위라는 재난을 만났을 때 레오노라는 그해 여름 며칠을 카우즈에서 지냈다. 거기서 요트를 타며 프랑스에서의 사건을 잊을 수 있었다. 영국로스차일드에게는 요트친구가 많았다. 그 가운데에는 1876년부터 77년에 걸쳐 유람요트를 타고 처음으로 세계일주를 한 브래시경부처도 있었다.

엘리엇과 애니는 얼마동안 할 일 없이 느긋하게 지냈다. 1874년에 엘리엇은 케임브리지서의 의원이 되었다. 이 의석은 얼마 전 그의 형이 아버지를 계승해 백작이 되면서 공석이 된 것이었다.

그것은 신분상 의무 이외의 아무것도 아니었다. 그는 정치에 거의 관심 없고, 연설을 싫어했다. 몸도 그리 건강하지 못했다. 1878년 끝무렵 그는 집회에서 감기에 걸렸다. 그것이 폐렴을 일으켜 12월에 세상을 떠났다.

아들을 하나 더 잃은 불행으로 요크집안의 불행이 끝난 것은 아니었다. 새백작 찰스 필립 요크는 본디 '샴페인 찰리'라 불리며, 돈 씀씀이가 헤프고 노는 것을 즐기는 바람둥이였다. 아버지로부터 상속한 그 많은 재산을 그는 순식간에 날려버렸다.

몇 년 뒤 콘스턴스는 다음과 같이 그를 회상하고 있다.

지금도 눈에 선하다. 정성스럽게 맨 검은 비단넥타이에, 빈틈없는 의상을 몸에 두르고, 정성껏 빗질한 머리에 절묘한 각도로 광택나는 모자를 얹고, 윗옷소매에는 커프스가 아주 조금 드러나 보였다. 그는 자신에게도, 세계에도 희열을 느끼는 듯 보였다.

윔폴의 멋진 저택은 남의 손에 넘어갔다. 성급한 노백작이 '전투준비! 전투준비!'라고 외치며 가족과 손님들을 몰아세워, 샤레이드 놀이며 다른 오락으로 이끌던 행복한 나날은 이제 추억 속으로 사라졌다.

1874년, 빈의 안셀름이 죽었다. 그 결과 불행한 홀아비 퍼디넌드 남작이 꽤 많은 재산을 상속했다. 그는 늘어만 가는 그림과 공예 등 미술품 컬렉션을 진열할 건물을 마침내 지을 수 있게 되었다.
그는 프랑스 르네상스양식을 선택했다. 장소는 로스차일드저택에서 멀지 않은 버킹엄셔 언덕 위였다. 그 야심과 대담함은 친척들을 놀라게 했는데, 그 땅을 사들인 얼마 뒤 그곳을 처음 방문했던 때의 일을 콘스턴스는 선명하게 묘사하고 있다.

1874년, 춥고 어두컴컴한 12월 어느 날, 사촌 퍼디넌드와 앨리스가 마차를 타고 로지 힐까지 가자고 했다. 그곳은 에일즈버리에서 6마일 떨어져 있는데 해발 600피트의 위험한 고지대로 그즈음은 완전한 야생상태 그대로였다. 농가와 초라한 오두막이 몇 채 있고, 나무가 몇 그루 산울타리를 이루고 있었다.
겨울의 잿빛하늘 아래 그곳은 전혀 아름답지 않았다. 길도 농가의 짐마차 말고는 다닐 수 없었다. 언덕을 조금 올라가자 우리가 탄 말은 할일을 다한 듯, 현명하게도 속도를 늦추어 더 이상 앞으로 나아가려 하지 않았다.
우리는 마차에서 내려 젊음을 무기로 잠시 분발했지만, 결국 정상까지 오르지 못하고 거기에서 바라다보일 경치를 상상하기로 했다. 지치고 낙담하여 우리는 가까스로 소리쳤다.
"그러니까 여기군요, 퍼디, 당신이 궁전을 세우려는 장소는. 여기가 당신 미래의 낙원이군요?"

퍼디넌드가 고용한 건축사, 프랑스인 가브리엘-이폴릿 데스타유르. 그는 16, 7세기의 성을 복원하는 특별한 기술을 갖고 있었다. 정원은 일류조원가 레네가 맡았다.

그들은 와디스던저택의 건축을 10년이라는 놀라운 속도로 완성했다. 그런데도 퍼디넌드는 초조해하며 매우 더디게 여겼다. 한 단계가 끝날 때까지 너무 오래 걸리는 데 낙담한 그는, 4년 동안 그곳을 찾아가지 않은 적도 있었다.

기계화된 시대라 해도 여러 가지 큰 문제가 있었다. 엄청난 양의 흙을 날라야만 했다. 수많은 인부와 노르망디에서 특별히 데려온 페르세롱말들을 사용했다. 뒷날 퍼디넌드는 지반 침식이 빈번하게 일어났다고 그때 일을 떠올렸다.

언덕에 갈라진 틈이 생겨 천연배수기능이 손상되어, 정성껏 주의를 기울여도 나쁜 날씨가 계속되면, 이따금 예상치 않은 곳에서 물이 넘쳐나와 대량의 토사를 흘려보냈다. 그리스신화의 시지프스처럼 우리는 같은 일을 몇 번이고 되풀이했다. 하지만 다행히도 단단하게 다져진 지반을 만들 수 있었다.

퍼디넌드는 가까운 철도역에서 돌과 벽돌을 날라오는 운반차를 사용하기 위해 궤도를 설치했다. 언덕기슭에서 짐차에 실린 건축자재는 그 궤도를 따라 비탈길로 끌어올려졌다.

또한 그는 7마일 떨어진 칠턴 힐에서 물을 끌어와 자신의 집은 물론 마을에도 공급했다. 와디스던은 영국에서 최초로 자가수도설비가 도입된 마을로 꼽히게 되었다.

공사가 진척되어 저택의 골격이 완성되자, 이번에는 내장(內裝)을 생각해야 했다. 퍼디넌드는 파리의 지방을 돌아다니며 팔려고 내놓았거나, 허물어지거나 고쳐 지으려는 옛집들에서 널빤지나 거울·문·맨틀피스 등을 사모았다.

그것들을 와디스던에 부착하고, 이번에는 거기에 맞추어 천장모양을 결정한 다음 페인트칠을 했다. 적당한 물건을 찾아내지 못한 경우에는 인테리어가 일관되도록 비슷하게 새로 만들었다.

그의 수집품을 진열하기 위한 몇 개의 방은 특별히 설계되었다. 이를테면 동쪽 회랑은 과르디가 베네치아의 바다를 그린 큰 풍경화 두 점을 장식하기 위해 만들어졌다. 퍼디넌드가 1877년에 사들인 그림이었다.

그가 지금 그의 저택에 채우려는 작품들이 모두 최고품인 것은 말할 나위도 없었다. 18세기의 일류가구직인이 만든 프랑스 가구, 순금에 법랑세공을 한 코담뱃갑, 게인즈버러와 부셰, 레이널즈와 롬니가 그린 초상화, 세브르 도자기, 사보네리 융단과 태피스트리, 훌륭하게 제본한 희귀본 도서.

다행스럽게도 와디스던저택은 그 장려한 모습을 오늘날에도 그대로 보존하고 있다. 제임스 드 로스차일드의 유언에 의해 저택과 그 호화로운 소장품은 1957년 내셔널 트러스트에 기증되었다.

모든 게 정비되자 그 웅장한 겉모습과 눈부신 내부에 방문객들은 놀라서 숨도 쉬지 못할 정도였다. 그즈음 신문은 다음과 같은 찬사를 싣고 있다.

아낌없는 경비와 완벽한 취미가 합쳐지면 어떤 일이 가능한지를, 이토록 뚜렷하게 증명해 보인 전원저택은 영국에 달리 없다.

그러나 옥스포드를 막 졸업한 젊은 귀족 데이빗 린제이는 와디스던과 그곳의 분위기를 이보다는 예리하게 묘사하고 있다. 그는 그 집이 '놀라운 창조, 실로 창조 그 자체'라고 하였으나, 그 압도적인 소장품에 대해서는 조심스레 입을 다물었다. 그리고 그 창조자에 대해서는 이렇게 언급한다.

퍼디넌드남작은 언제나 신경질적으로 손을 꼼지락거리고, 서둘러 완벽하게 손님시중을 들며 자주 불안한 듯 돌아다녔다.

나에게는 이 엄청나게 값비싼 그림이 그를 진심으로 기쁘게 해준다고는 생각되지 않았다. 2만5000파운드 하는 시계, 3만파운드짜리 책상, 조각상, 도기, 아름다운 보석과 법랑수집품 등등.

'값싼 물건'이라고 그는 말하는데, 이들 모든 물건은 그에게 특별한 만족은 주고 있지 못하다. 그가 그것들로부터 얻는 즐거움은 다만 친구들에게 보여줄 때 느끼는 만족감에 지나지 않는다는 기분이 들었다.

그가 진정으로 행복감을 느낄 때는 정원과 산울타리 부근에서이다. 그는 화단 디자인도 손수 하고, 배색이며 나무이식 등도 그의 지시 아래 이루어졌다.

나는 그가 피력하는 지식에 놀랐다. 퍼디넌드남작의 신경질적인 손의 움직임이 멈추는 것은, 떨기나무와 난초들에 둘러싸여 있을 때뿐이다.

오늘날 남아 있는 퍼디넌드의 사진을 보면 린제이의 묘사가 정확한 것 같다. 사진 속의 그는 여윈 몸에 얼굴 가득 수염을 기르고, 뭔가 불안한 느낌의 눈을 한 우울해 보이는 사나이다. 그 까다로운 성격은 개인적 불행을 짊어진 오랜 독신생활 때문이리라.

그러나 또 하나의 다른 원인이 있었다. 그는 늘 자신이 중요한 역할을 하고 있다는 자의식을 가지고, 최선을 다하여 그것을 해내려 마음먹고 있었다.

그는 영국에 살게 된 오스트리아태생 유대인이었다. 그는 그 역할을 세심하게 연구하여, 많은 이주민들과 마찬가지로 '영국인보다 더 영국인답게' 되었던 것이다.

영국인 외교관 헨리 폰슨비는 그 점을 잘 지적한 이야기를 신랄하게 전해준다. 그가 퍼디넌드와 함께 글래드스턴이 주최하는 만찬에 참석했던 때의 일이었다.

신사의 서재에는 어느 정도의 책이 있어야 할까 하는 이야기가 나왔다. 2만 권 정도가 이상적이라고 의견이 모아졌다. 폰슨비는 이때 '퍼디넌드 로스차일드가 재빨리 메모한' 것을 재미있어했다.

와디스던에는 또 중요한 손님을 접대하기 위한 특별한 설계도 되어 있었다. 빅토리아여왕시대의 유명인으로, 퍼디넌드남작의 집에 와서 그 웅장함을 구경하지 않고, 그 근대적 설비의 쾌적함을 맛보지 않은 사람은 거의 없었다.

여왕과 왕실사람들도 한두 번은 찾아왔으며, 외국왕실에서도 마찬가지였다. 한 번은 페르시아국왕이 와서 집주인을 난처하게 만든 일이 있었다. 그는 손님들 중에 에드워드황태자가 있으리라 기대하고 있었다.

그런데 사정이 있어 못오게 되었다는 말을 듣고 방에 들어박혀, 저녁식사 때에도 내려오지 않았다.

그즈음 주요한 정치가들로는 글래드스턴, 디즈레일리, 랜돌프 처칠 등이 와디스던에 묵었다. 문학·예술분야 손님들 중에는 모파상, 헨리 제임스, 밀레이스 등이 있었다.

퍼디넌드는 손님들을 완벽하게 접대하려고 애썼다. 그 때문에 많은 우스개이야기가 사교계사람들 입에 오르내리게 되었다. 그곳에 머물게 된 손님을 하인이 깨우러 들어와 말한다.

"홍차, 커피, 뜨거운 초콜릿, 코코아 가운데 어느 것을 드시겠습니까?"

"홍차를 부탁합니다."

"알겠습니다. 아삼, 수종, 실론 가운데 어느 것으로 하시겠습니까?”

“수종을 부탁합니다.”

“알겠습니다. 우유, 크림, 레몬 가운데 어떤 것을 곁들일까요?”

“우유를 넣어 주세요.”

“알겠습니다. 저지종(種), 헤레포드종, 쇼트혼종 우유 가운데 어느 것으로 할까요?”

과장된 이야기인지도 모르지만, 주인으로서 그는 이렇듯 세심하게 마음 써서 손님을 접대했던 것이다.

가족 가운데 와디스던에 맨마지막으로 살았던 제임스 드 로스차일드부인은 그의 어린시절 모습을 이렇게 떠올렸다. 피크닉 갈 때 망아지가 끄는 가벼운 마차가 흔들거리며 초원을 가로지르면, 케익의 모양이 일그러지지 않도록 바구니를 주의깊게 지키는 일은 그의 몫이었던 것이다.

와디스던주인은 자신의 접대방식이나 저택의 사치스러움에 대해 이런저런 말을 듣는 데 매우 민감했다. 재치있는 이야기꾼인 자유당의원 리처드 홀든은 이곳을 자주 방문했다. 그가 에일즈버리의원으로 선출되었을 때, 퍼디넌드의 돈씀씀이에 대해 이런 농담을 했다.

“이 마을 사람들이 기뻐하는 모습을 보면, 143명을 넘는 그의 정원사들이 서로 포용하며 축하를 나누고……65명을 웃도는 다른 정원사들은 그 소동에 가담하지 않았다고 합니다.”

애처롭게도 당혹한 퍼디넌드는 홀든이 그 신랄한 우스개이야기를 하는 동안 신경질적으로 검은 구레나룻을 비틀고 있었다.

남작은 또한 유력한 영국시민으로서의 의무도 진지하게 다했다. 그는 사용인과 영지내 사람들을 다정하게 대했다. 와디스던저택은 이 지역 생활에 일대 변혁을 가져왔다. 거칠고 외부사람들에게 적개심을 나타내어 ‘블랙 와디스던‘이라고 불리던 그 근처 마을이, 새로운 지주에 의해 새롭게 변모한 것이다.

퍼디넌드는 영지 안의 일이나, 방이 220개나 되는 저택 일에 마을사람들의 90퍼센트를 고용했다. 그는 작은 집들을 대부분 고쳐주었다. 마을에 회관을 짓고, 지역오케스트라와 극단의 후원자가 되어 회관 사용을 장려했다.

지금도 이곳 노인들은 기억하고 있다. 남작이 음악에 소질 있는 아이들에게 악기를 주고, 길버트 설리번 오페레타 상연에 최고의 의상을 빌려다 주었으며, 시골연극을 구경시키려고 '런던에서 애호가 친구들'을 불러왔던 일을.

와디스던 크로켓팀에는 프로코치를 고용했다. 한 해의 정점은 7월 첫목요일에 여는 '남작의 위안회'였다. 아이들은 운동경기에 나가 멋진 상품을 받았다. 바자회가 열리고, 값비싼 차가 나왔다. 퍼디넌드남작은 인기있는 지주였다.

퍼디넌드의 누이 앨리스는 그 생활을 얼마쯤 함께 맛보았다. 그들의 관계는 좀 색달랐다. 그들은 고독한 동지였지만, 함께 사는 친구는 못 되었다.

런던에서 그의 옆집에 살던 앨리스는, 이번에는 와디스던에서 4마일쯤 떨어진 곳에 자신의 집을 지었다. 그곳은 에이스롭의 템스 강변으로, 그녀는 대부분의 시간을 그곳에서 지냈다.

해질녘에 앨리스는 마차를 타고 와디스던으로 돌아와 저녁식사를 하고 잠자리에 들었다. 에이스롭의 습기찬 강변 공기는 건강에 좋지 않다고 의사가 말했던 것이다.

언니 마틸드의 손에 자란 내성적이고 고독한 소녀 앨리스는 사람을 즐겁게 하는 화술을 익히지 못했다. 그대신 창조적인 표현수단을 지녔다.

그녀는 정원사가 되었다. 다만 취미로 정원을 가꾼 게 아니다—

─로스차일드사람은 단순히 취미수준에서 어떤 일에 몰두하지 않는
다. 그녀는 거의 집념을 가지고 정원과 온실에 최고로 아름다운 꽃
을 피웠다.

  와디스던과 에이스롭의 그녀 집을 방문한 사람은, 그녀가 바깥을
걸어다닐 때 언제나 삽모양의 도구를 손에 들고 있는 것을 알아차
렸다. 그녀는 그것으로 화단과 오솔길에 끈질기게 뿌리내리는 잡초
를 뽑아냈다.

  안셀름은 프랑크푸르트교외의 그뤼네부르크저택을 앨리스에게 남
겼다. 그곳에는 빌헬름 카를과 마틸드가 살고 있었다. 앨리스는 독
일에 살 마음이 없었으므로 그것을 언니 부부에게 팔았다.

  몇해 뒤 영국에서 겨울을 지내지 않는 게 좋다는 의사의 말에 그
녀는 남프랑스 그라스에 집을 샀다. 거기에서도 물론 정원을 만들
었다.

  원예에 까다로운 그녀에 의해, 모든 게 군대식으로 정확하게 정
돈되었다. 그녀는 배색은 물론 주위 풍경과의 조화까지 고려했다.
거기에서 문제되는 점은, 사람이 그곳에 용해될 여지가 없다는 것
이었다.

  앨리스의 걸작을 찬미하려고 찾아오는 사람들은 얼마쯤 괴로움을
강요당한다. 콘스턴스는 그녀와 함께 정원을 거닐다가 한순간의 부
주의로 잔디밭에 발을 들여놓는 죄를 저지르고 말았다. 이 일로 앨
리스는 '굉장히 분노했다'.

  앨리스의 독설을 맛본 것은 여자친척들만이 아니었다. 빅토리아
여왕이 그곳을 좋아하여 자주 찾아왔다. 그녀는 그 이름 높은 정원
에서 장미향기를 맡으려고 아무 생각없이 화단에 발을 딛었다.

  그때 여주인이 큰소리로 외쳤다.

  "그 발을 당장 치워요!"

  여왕은 깜짝 놀라 발을 물렸다. 그 뒤로 앨리스 드 로스차일드는

'전능한 사람'이라고 불렀다. 로스차일드남자들만이 정부와 왕실사
람들을 따르게 한 것은 아니었다.

정치정세를 장악하는 방법
디즈레일리는 그 독특한 매력으로
쓸모있는 사람은 모두 한편으로 끌어들였다.

로스차일드사람들은 권력자나 부호들과의 사교에만 여가시간을 쓴 게 아니다. 가난한 사람들에 대한 책임을, 그들은 가슴 깊이 인식하고 있었다.

이 성실한 인도주의는 그들의 신앙에서 나왔으며, 또한 유대인들, 특히 로스차일드집안이 가난한 사람들에게 냉담하다는 비판에 대한 자연스런 반응이기도 했다.

자선사업하는 일을 과시하거나, 생활양식을 얼마쯤 바꾸어 부를 정당화하는 일을 그들은 결코 하지 않았다. 사람들 눈이 띄지 않는 곳에서, 여러 방법으로 자선에 관심을 나타내고 경제원조를 했다.

안셀름은 오스트리아와 독일 영지에서 모범적인 영주였다. 그는 실러스도르프 가까운 마을에 어린이학교를 20개 이상 세웠다. 그곳 교회도 열 군데 넘게 원조했다. 그의 아들 나타니엘, 퍼디넌드, 잘로몬 알베르트(잘버트)는 어머니를 기념하여 고아원을 설립했다.

안셀름은 또한 민간과 국가의 연금제도가 도입되기 훨씬 전에, 로스차일드에서 20년 넘게 일한 사람은 퇴직한 뒤 급료의 101퍼센트를 받는 제도를 만들었다. 이것은 뒷날 오스트리아의 법률이 되었다.

알퐁스는 세상을 떠날 때, 그의 광범위한 자선활동을 나타내는 유언을 남겼다.

25만프랑 픽퓌스거리 로스차일드기금으로.
10만프랑 북부철도직원 딸들의 결혼지참금으로 적립.
20만프랑 유대자선위원회에.
6만프랑 페리에르·퐁카레·라니의 빈민을 위해.
1000프랑 해마다 페리에르·퐁카레·라니의 공공사업에.

앤서니는 스피탤필드의 유대자유학교를 돕고 몇 해 동안 그 학교 교장을 지냈다. 영국 및 외국의 수많은 자선협회도 지원했다.

루이저도 남편 못지않게 활동했다. 그녀는 좀더 신중했다. 주제넘은 '너그러운 부인'이 되는 일은 절대로 사양했다. '게으르게 주고 향락만 추구하는 일이 없도록 하자'고 일기에 쓰고 있다. 그보다 오히려 '우리들의 조그만 애스턴 클린턴에서 진정 좋은 일을 하도록 힘쓰자……'고 마음먹고 있었다.

루이저는 딸들도 그렇게 교육시켰다. 그녀들은 겨우 10살 남짓 되었을 때부터 책을 들고 마을아이들을 가르쳤다. 이 교육활동에 대해 콘스턴스는 쓰고 있다.

우리가 가르치는 데 흥미를 나타내자, 어머니는 곧 그 일을 도와주려고 생각하셨다. 인정많은 아버지가 어머니 부탁을 받아들여 애스턴 클린턴마을에 멋진 여학교를 세워주셨다……

개교에 즈음하여 우리는 학생들을 찾아나섰다. 딸들에게 제대로 된 교육을 받게 하고 싶어하는 부모가 15명이나 있었다. 여자아이들 교육은 일요학교만으로 충분하다고 생각하는 교구목사에게 우리가 승리한 셈이다.

우리는 그 작은 학교를 진심으로 사랑했다. 그곳에서 지낸 시간은 우리 생애에서 가장 행복한 시절이었다.

몇년 뒤 학생들이 늘어나 그곳이 좁아지자, 아버지는 선뜻 그곳을 넓혀주셨다. 그러나 학교에 다닐 나이에 이른 소년·소녀들이 점점 많아져, 그들을 다 받아들일 수 없는 곤경에 처했다.

그즈음 아버지가 생일선물로 무엇을 원하느냐고 나에게 물으셨다. 나는 곧바로 '어린이학교'라고 대답했다. 이 희망이 받아들여져 나는 새로운 건물의 초석을 놓는 명예를 누렸다.

19세기에 로스차일드가 한 다양한 활동을 자선·정치활동·금융사업으로 분류하는 것은 흔히 빠지기 쉬운 함정이다. 그러나 그들은 자신들의 행위를 결코 그렇게 여기지 않았다.

그들은 유럽의 '지배계급'이 지닌 책임감을 마음에 새기고 있었다. 마찬가지로 '대중에 대한 의무'라는 의식이 그들을 움직여 마을에 학교를 열고, 외국대사에게 여흥을 베풀고, 정부에 영향력을 행사하고, 식민지 철도에 자금을 원조한 것이다.

1875년에 라이어닐 드 로스차일드를 움직인 정신도 바로 그것이었다. 그는 로스차일드 역사상 가장 유명한 정치적 대성공을 거두었다——수에즈운하를 사들인 것이다.

이집트는 그즈음 오스만투르크의 일부로, 지난 몇해 동안 재정곤란을 겪고 있었다. 1863년 권력의 자리에 오른 이집트 총독 이스마일의 야심 때문이었다.

이스마일은 국가의 근대화와 자신의 명성을 위해 원대한 건축계획을 세웠다. 그 가장 야심적인 사업이 수에즈운하 건설이었다.

이 제안을 한 것은 프랑스 기술자 페르디낭 드 레셉스. 운하가 완성되면 유럽에서 극동까지 항해시간이 반으로 줄어든다. 인도에 진출하고, 오스트레일리아와 뉴질랜드로 식민지를 넓히려는 영국은 특별히 이 계획에 흥미를 보일 거라고 그는 생각했다.

하지만 영국은 이 사업에 협력하기를 거부했다. 지중해와 홍해를 잇는 운하건설은 기술적으로 불가능하다고 영국정부는 믿었다.

그러나 그들이 실제로 두려워한 것은 지중해와 에게해 동쪽연안 레반트지방의 미묘한 힘의 균형이 무너지는 것이었다. 프랑스·러시아와 함께 영국도 오스만투르크의 쇠약을 흥미깊게 지켜보고 있었다. 비스마르크가 '유럽의 병자'로 경멸한 나라가 되도록 오래 살아남기를 영국은 바랐다.

비록 오스만트르크의 멸망이 현실이 되더라도, 그 유물을 둘러싸고 하찮은 싸움이 일어나지 않기를 희망했다. 운하를 지배하는 나라는 강대한 경제력을 쥐게 될 터이므로, 운하는 여러 나라의 대항의식에 기름을 붓는 일이 될 것이다.

영국의 외교적 압력이 여러 해 동안 공사의 진전을 방해했다. 그러나 드 레셉스의 수에즈운하회사는 프랑스와 이집트 총독의 재정원조로 공사를 진행하여, 1869년에 개통식을 가졌다. 성대한 축하의식엔 프랑스황비 외제니가 특별손님으로 참석했다.

이스마일은 이 운하와 다른 사업을 위해 막대한 빚을 얻었다. 유럽의 몇 은행이 높은 금리로 대출해 주었다. 로스차일드는 참여하지 않았다. 이집트총독에게 대출하는 일은 매우 위험하다고 그들은 여겼다. 그것은 옳았음이 이윽고 증명되었다.

영국정부가 이 계획에 반대한 것도 잘못된 일이었음이 곧 밝혀졌다. 운하가 개통되자 드 레셉스는 선박통과요금을 계속 올렸다. 영국은 사실상 손해배상금을 치르는 셈이었다.

이 상황 속에 1874년 총선거가 치러졌다. 자유당은 정권에서 물러났다. 그런데 로스차일드의 정치영향력으로 극적인 결말로 향했다.

너새니얼 메이어는 1865년 이래 에일즈버리의원직을 갖고 있었
다. 아버지 라이어닐은 시티에서 패배하여 하원의원을 사임했다.
의회에서 물러나게 된 것을 그는 유감스럽게 여겼다.

라이어닐은 건강도 좋지 않았다. 류머티즘성 통풍으로 걸음걸이
마저 부자유스러워졌다. 또 자유당 지도부와의 의견차이도 매우 컸
다. 그는 정부의 여러 정책, 적어도 세제법안에 반대했다.

선거 뒤 자유당은 혼란에 빠졌다. 글래드스턴은 당수직에서 물러
났다. 그리고 이번에는 반대정당의 대변인 입장으로 하원에서 계속
활약했다. 사람들은 글래드스턴 지지파와 그 반대파로 나뉘었다.

새총리 디즈레일리는 재빨리 이것을 이용했다. 그는 그 독특한
매력으로 그에게 쓸모있는 사람은 정파를 가리지 않고 모두 한편으
로 끌어들였다.

그 가운데 로스차일드도 포함되어 있었다. 그의 경우는 총리로서
인심을 교묘하게 조종하려는 냉담한 목적에서가 아니었다. 사랑하
는 아내가 1872년에 죽은 뒤, 그는 친구에게 많이 의지하고 있었
다.

그는 그즈음 거너즈버리와 피커딜리 147번지의 저녁식사에 종종
모습을 나타냈다. 라이어닐은 언제나 그를 따뜻하게 맞았다. 그에
대한 감정이 어떻든, 금융가로서 정부와 다시 유대를 갖게 된 일을
순수하게 기뻐했다.

편안한 저녁식탁에서 라이어닐과 총리는 이집트의 정세에 대해
곧잘 토론했다. 불리한 형편에 놓인 모국을 구하려고 디즈레일리는
필사적이었다. 그의 계획은 국제위원회를 만들어 운하를 경영해,
배의 국적에 따른 차별을 없애려는 것이었다. 그리고 재정면에서
운하회사의 주주가 되고 싶었다.

그 사업의 가능성을 생각할 때, 라이어닐의 도움이 필요했다. 너
새니얼 메이어가 정부의 대리로, 이 회사주식을 매입하기 위해 파

리로 파견되었다.

예전에 영국에 거절당했던 드 레셉스는 그를 거들떠보지도 않았다. 1875년 여름에 다시 접근을 시도했지만, 역시 실패로 돌아갔다.

그러나 시간이 지남에 따라 정세가 위태로워졌다. 이집트 총독정부는 이미 살아남을 희망이 없었다. 국제적인 조정이 필요했다. 이를 적절한 시기라고 생각한 영국은 교섭에 나서려 했다.

그뒤 11월 첫무렵, 현금이 바닥나 자포자기가 된 이스마일은, 자신의 남은 재산으로 자금을 구하려 했다——수에즈운하회사의 주식 44퍼센트——그는 이것을 담보로 프랑스 은행가에게 대출을 신청했다.

이 소식이 N.M. 로스차일드부자상회에 들어갔고, 다른 소식통으로 영국정부에도 알려졌다. 외무대신 더비경이 자세한 정보를 얻기 위해 카이로에 전보를 보냈다.

이집트총독은 프랑스와 거래하지 않고 곧바로 영국에 팔고 싶어했다. 11월17일 각의에서 이 문제가 논의되었다.

다음날 디즈레일리는 대담하게 선수를 쳤다.

여왕폐하께, 충실한 신하 디즈레일리가 보고 드립니다.

이집트총독은 파산에 직면하여 수에즈운하회사 주식을 팔려고 합니다…… 적어도 400만파운드는 될 것입니다. 그 주식을 손에 넣으면 거액의 이익이 약속되고, 운하경영에 큰 영향력을 가지게 됩니다.

현재의 위기상황에서 운하를 영국소유로 삼는 것은, 폐하의 권위와 위엄에 꼭 필요하다고 생각합니다. 저는 이 일에 관해 더비경에게 단호한 견해를 표명했습니다. 그는 마침내 제 의견에 찬성했고, 가능하면 이집트총독의 의사를 받아들이자고 각의에서

만장일치하여, 전보를 보내 문의하게 되었습니다.

이집트총독은 이달 30일까지 300만에서 400만파운드의 액수가 필요하다고 전해 왔습니다!

시간이 없습니다! 꼭 해야만 합니다……

이 일을 성공시키려면 신속함과 기밀엄수가 꼭 필요했다. 늦어지면 프랑스정부의 보복이 있을 것이다.

돈을 마련하는 방법은 하나밖에 없었다. 디즈레일리는 옛친구 로스차일드에게 400만파운드를 개인적으로 대출해 달라고 부탁했다.

라이어닐은 24시간 생각할 여유를 달라고 말했다. 공교롭게도 그 제의의 수락여부를 생각할 수 있었던 것은, 라이어닐이 하원에서 물러나 있었기 때문이었다. 특권법에 따라 국회의원은, 개인적 이익과 관련하여 정부와 계약을 맺을 수 없었던 것이다.

그는 5퍼센트의 이자에 2.5퍼센트의 수수료로 대출해 주겠다고 제안했다. 11월24일 각의는 이 조건을 승인했다. 디즈레일리는 기뻐하며 여왕에게 보고했다.

결정되었습니다. 폐하의 것입니다. 프랑스정부는 패배했습니다. 그들은 지나쳤습니다. 높은 이자로 대출하려 했고, 실질적으로 이집트정부를 자기네 것으로 만들려는 조건을 내세운 것입니다.

절망감과 혐오감에 빠진 이집트총독은 폐하께서 주식을 사주시도록 신청해 왔습니다. 전에는 그런 제의에 귀도 기울이지 않던 사나이가.

400만파운드! 더욱이 현금입니다. 그것을 마련할 수 있는 회사는 오직 하나, 로스차일드입니다. 참으로 대단한 친구입니다. 낮은 금리로 대출해 주므로, 이집트총독이 얻고 있던 이익은 송두리째 폐하의 것이 되었습니다.

　이 거래는 곧바로 실행되었다. 프랑스의 은행과 정부각료들은 파리와 카이로 사이에서 바쁘게 전보를 주고받는 중이었다. 드 레셉스는 회사를 대표하여 이집트총독의 주식을 살 작정이었던 것이다.
　이 일의 성사로 디즈레일리는 염원하던 국제적 권한을 손에 넣었다. 모든 나라가 정치적 방해를 받지 않고 운하를 통행할 수 있음을 보증했다. 다음 세기의 국제무역발전, 특히 영국의 아프리카·아시아 진출이라는 점에서 그 중요성이 매우 컸다.
　모든 게 라이어닐 드 로스차일드의 재빠른 일처리와 신뢰 덕분에 가능한 일이었다. 총리의 요구에 응한 것이긴 했지만, 쉬운 일은 아니었다. 파리로스차일드사가 부담을 나누어 갖도록 하지 않았으면 성사시킬 수 없는 일이었던 것이다.
　황태자에게 보낸 편지에서, '알퐁스는 프랑스인이므로 이 계획이 금방 폭로될 수도 있다'고 말했듯 디즈레일리는 날카롭게 사태를 꿰뚫어보고 있었다. 나중에 이 소식이 공표된 뒤에야 그는 알퐁스에게 협정을 맺자고 했다.
　프랑스로스차일드은행장은 사건이 일어난 뒤에야 통지받은 데 대해 자존심이 상했지만 그런 감정을 억누르고 있었다.

　정중하신 편지, 고맙게 받았습니다. 영국정부와 협정을 맺자는 이야기를 기꺼이 받아들이겠습니다. 돈은 필요하실 때 언제든 준비하지요.
　영국이 수에즈운하주식 일부를 손에 넣는다는 소식은, 이곳에서도 큰 반향을 불러일으키고 있습니다……

　그것은 조심스러운 표현이었다. 프랑스국민은 디즈레일리에게 분노하고 있었다. 대규모 식민정책의 전조가 아닐까 의심했던 것이다.

그뒤 4반세기 동안 두 나라는 아프리카와 아시아땅에서 충돌을 거듭했다. 그때마다 그 불안이 사람들 마음을 건드리며 깊이 스며들었다. 뉴코트와 라피트거리의 관계도 자연히 복잡해져갔다.

수에즈운하주식 매입은 여왕을 기쁘게 했고, 국민들도 이 일을 축하했다. 영국이 이 일로 비스마르크에 뒤지지 않을 만큼 자신이 교활하고 만만찮은 상대임을 세계에 알렸다. 그것은 애국자들을 기쁘게 했다.

그러나 유럽의 경계를 넘은 먼 지역까지 커다란 경쟁의식이 퍼져가는 것을 유감으로 생각하는 사람들도 있었다. 맨먼저 비판적 입장에 선 사람은 글래드스턴과 그의 지지자들이었다.

그들은 그런 조치가 의회를 거치지 않고 진행된 것은 잘못이라고 지적했다. 앞으로 정치적 혼란을 초래할 것이라고도 예언했다. 일종의 책략이 아니었느냐고 넌지시 꼬집기도 했다.

그랜빌은 말했다.

"그런 일은 있을 수 없다. 레셉스와 로스차일드가 정부를 속이고, 프랑스자본가가 매입한다고 위협해 수에즈운하주식 매입에 압력을 가했다는 것은 터무니없는 소리다."

디즈레일리는 책임을 느끼고 친구를 지키려 했다.

"로스차일드는 정부입장을 고려했으며, 개인적 이익을 얻기 위해 한 일이 아니다. 물론 그들이 적어도 25만파운드의 이익을 얻었다는 것은 세상이 다 아는 그대로다."

하지만 사람들은 로스차일드가 이 거래로 더 큰 돈을 벌었다고 보았다. 다음해 2월 국회에서 이 문제가 논의되었다. 로스차일드는 아무 위험 없는 대출금에 높은 금리를 붙였으며, 의원특권을 남용했다는 공격을 받았다.

답변에 나선 너새니얼 메이어는, 특권남용에 대해서는 그 대상이 아님을 분명하게 주장했다. 아버지 라이어닐은 이미 하원의원이 아니며, 그 자신은 N.M. 로스차일드부자상회의 공동경영자가 아닌 것이다.

이자문제는, 확실히 금리가 낮지는 않았다——디즈레일리는 여왕에게 낮다고 보고했지만. N.M. 로스차일드부자상회는 그 거래로 약 10만파운드를 벌어들였다. 그러나 매입 당시 22.5파운드였던 수에즈운하주식은 의회에서 논의가 계속되는 동안 35파운드까지 올랐다. 따라서 영국의 납세자는 이 거래로 손해를 본 것은 아니었다.

라이어닐이 토리당 내각을 원조하고 선동한 사실 때문에 로스차일드와 글래드스턴파의 관계는 한층 악화되었다. 1875년 너새니얼 메이어는 이미 당지도부를 지지하는 어떤 움직임도 하지 않게 되었다.

다음해에는 그것이 더욱 뚜렷해졌다. 디즈레일리가 비컨즈필드백작이 되어 상원으로 올라가, 그가 비운 버킹엄셔의석을 두고 보궐선거가 있었다.

자유당 본부는 에일즈버리의원 너새니얼 메이어가 그곳에서의 영향력을 이용해, 선거운동에 친척들과 로스차일드 영내 주민을 결집해 주기를 기대했다.

당을 적극적으로 돕느냐, 친구를 소극적으로 원조하느냐는 문제에 맞닥뜨려, 너새니얼 메이어는 뒤의 경우를 선택했다.

분노한 그랜빌은 글래드스턴에게 보고했다.

"로스차일드의 행동은 불쾌합니다."

디즈레일리가 권력의 자리에 있는 한 라이어닐과 너새니얼 메이어는 그 의견을 무시하기로 했다. 그들은 그 뒤의 몇년 동안 정부와 긴밀한 관계를 가지고, 외교정책에 관한 상담 요청을 자주 받았다. '동방문제'가 유럽 평화에 가장 두려운 요인이 될 가능성이 많았고, 그 화약에 다시 불이 붙으려 하고 있었다.

각 나라 사이의 대항의식과 국수주의자들의 야심은 문제가 아니었다. 이에 대해선 다음 이야기로 충분할 것이다.

1877년 4월, 러시아는 보스포루스해협으로부터 도나우강까지 영역을 확보하고 있던 유럽투르크를 침공했다. 러시아가 노린 것은 쇠퇴하는 오스만투르크를 빠른 시일 안에 제압해 영토를 확장하고, 지중해로 자유롭게 드나들 권리를 확보하는 일이었다. 그것은 다른 열강들도 마찬가지로 기대하던 바였다.

러시아가 플레브나에서 넉 달 동안 머뭇거리다가 가까스로 콘스탄티노플성문에 다다랐을 때는, 이미 더 이상 정복에 대한 의욕을 잃은 상태였다. 1878년 3월, 승리자 러시아는 투르크에 굴욕적인 산스테파노조약을 강요했다. 그러나 이것을 실행시킬 기회는 끝내 찾아오지 않았다.

이 전쟁 동안 정치가들은 힘의 균형이 무너지는 것을 막으려 했다. 유럽은 외교교섭으로 떠들썩했다. 1878년 6월 러시아는 베를린회의에서 자신의 야심을 거둘 수밖에 없었다.

그 정상회담에서 디즈레일리는 외무대신 솔즈베리경의 도움을 받아 멋진 외교솜씨를 발휘했다. 제대로 된 카드 한 장 갖지 못했지만, 늙고 교활한 이 정치가는 게임을 지배하여, 거의 자신의 뜻대로 다른 나라들의 승인을 받아냈다.

역사가 A.J.P. 테일러는 말했다.

대영제국은 무혈승리를 얻었다. 뮤직홀의 노래를 부르면서 시대에 뒤떨어진 군함으로……육군은 전혀 동원하지 않고……믿을 만한 대륙과의 동맹관계도 없이……

싸우고 싶지 않다

그러나 맹세하건대

싸워야 한다면
우리에게는 배가 있다
군인이 있다
돈도 있다
러시아의 곰 같은 놈들과는 전에도 싸웠지만
영국은 끄덕없다네
러시아 힘으로는 콘스탄티노플을 빼앗지 못하리

이러한 위기 때 로스차일드의 역할은 매우 중요하고도 모호했다. 이 금융·외교가 집안의 행동은 여전히 비밀에 싸여 있고, 1세기 뒤인 지금도 완전히 알 수가 없다.

분명히 말할 수 있는 것은, 영국이 마지막으로 성공을 거둔 것은 무엇보다도 라이어닐 드 로스차일드의 뛰어난 정보망 덕택이었다는 사실이다. 그들은 여전히 공동통신사, 비공식 외교통이라는 예로부터의 역할을 다하고 있었다.

블라이히뢰더는 거의 날마다, 상트페테르부르크며 콘스탄티노플을 비롯한 여러 도시로부터 그 자신과 비스마르크에게 보내오는 속보를 수집해 라이어닐에게 제공했다.

블라이히뢰더의 속달편은 베를린에서 다른 정보원을 얻어 더욱 보완되었다. 그 정보원은 유능한 정치가 루트비히 밤베르거였다.

C. 드 B.가 보낸 정보에는 오스만투르크 대신 미드하트 파샤의 속마음이 담긴 보고도 들어 있었다. 알퐁스는 자신의 외국 정보원에게서 얻은 정보와 프랑스정계의 반응을 알려왔고, 라이어닐은 그 답례로 영국정부통으로부터 정보를 수집해 보냈다.

이러한 정보 속에는 매우 중요한 것도 있었다. 라이어닐은 러시아가 전쟁 개시를 1877년 4월로 정했다는 소문을 1월 초에 듣고 있었다——외무대신이 그 정보를 입수하기 6주일 전 일이었다.

2월에는 러시아가 표면상 오스만투르크와의 분쟁을 평화롭게 해결하기 위한 교섭에 들어갔으면서도, 무기제조회사에 은밀히 대량의 대포를 주문한 사실을 알아냈다.

또한 비스마르크와 프로이센의 상트페테르부르크 주재대사 사이에 오간 편지로, 비스마르크가 겉으로는 이 분쟁에 반대하지만 실제로는 러시아가 오스만투르크를 점령하기 바라는 것을 알아냈다. 그러면 러시아가 유럽의 잠재적 반프로이센 세력에서 제외되기 때문이었다.

이유는 조금씩 다르지만, 은행가들도 정치가와 마찬가지로 전쟁을 피하고 싶어했다. 무엇보다도 런던로스차일드는 오스만투르크 국채에 550만파운드를 투자하고 있었다.

전쟁을 막는 데 실패한 디즈레일리는 영국의 이익에 손해되지 않도록 평화회복에 있는 힘을 다했다. 그러나 그는 과연 영향력을 미칠 만한 입장에 있었던 것일까?

이즈음 라이어닐은, 당시 가장 영향력있던 인물 밤베르거가 보낸 정보를 디즈레일리에게 건네주어 그를 안심시켰다. 이 정보는 영국 정부에 큰 힘이 되었다.

1878년 4월, 런던은 동방문제에서 외교의 중심이 되어 있었다. 비스마르크가 암흑에서 빠져나올 수 없다고 불평하는 동안, 디즈레일리와 솔즈베리는 모든 관계자들이 저마다 무엇을 원하며, 어떻게 처리되면 받아들일지에 대한 충분한 정보를 얻고 있었다. 이들 정보는 뉴코트를 거쳐온 것이었다.

마침내 영국의 두 정치가 디즈레일리와 솔즈베리는 1878년 7월 베를린에서, 외교사상 최대 성공으로 꼽히는 일을 성사시켰다. 이것은 영국의 명성을 높이고, 유럽의 평화를 36년 동안 유지시켰다.

여행 도중 그들은 문득 로스차일드의 권력과 영향력의 크기를 생각했을지도 모른다. 라이어닐이 제공한 중요정보가 가득 든 정보상자 때문만이 아니었다. 그들이 칼레에서 탄 호화스러운 기차도 알퐁스가 특별히 마련해준 것이었다.

동방문제해결은 라이어닐 드 로스차일드가 마지막으로 공헌한 큰 국제문제였다. 1879년 6월 첫무렵 그는 사망했다. 죽음은 갑자기 찾아왔다. 그의 말 베비경이 더비에서 우승한 것을 기뻐하던 중이었다.

너새니얼 메이어부부는 6월1일에 프랑스로 건너갔다. 그들은 무사히 파리에 도착하였는데, 3일에 런던로스차일드사 사장이 심장발작으로 갑자기 숨졌다는 짧은 전보를 받고 넋을 잃었다.

다음날 〈타임스〉 신문은 이 위대한 은행가에게, 단순한 사망기사가 아닌 사설을 바쳤다.

모든 대규모 재정거래에는 정치적인 면이 깊이 개입되어 있다. 이런 일을 제대로 파악하려면 온세계 정치 정세에 정통하고, 정치가의 성격까지도 잘 알아야 한다.

라이어닐 드 로스차일드남작은 이러한 소양이 뛰어났다. 그는 위대한 회사를 성공적으로 이끌었고, 그 자신은 사교계와 정치계의 큰 인물이 되었다……

프로가 승부한다

그는 재정은 물론 정치를 조종할 줄 알았다
고도의 사교술을 발휘해 위대한 회사를 성공적으로 이끌었다

《그래픽》잡지는 메이어남작에 대해 '정치가이기보다 예술후원자며 경마관계자로 잘 알려져 있다'고 쓰고 있다. 메이어는 열광적인 자유주의자였지만, 하원에서 웅변을 한 일이 없으므로 그런 말을 들어도 어쩔 수 없을지 모른다.

이 멘트모어의 대지주는 로스차일드의 특성을 놀랄 만큼 잘 드러내고 있다. 로스차일드 가운데 국내 및 국제적 사건에서 뛰어난 역할을 한 사람은 몇 명뿐이다. 그 몇몇 예외를 제외하고는 모든 사람이 동물, 야외스포츠, 그리고 수집에 흥미를 나타내보였다.

로스차일드는 모두——저 엄숙한 프랑크푸르트집안까지도——훌륭한 예술품이나 공예품 수집에 관심이 많았다. 이들은 동물을 키워 품평회나 경마대회에 내놓는 것을 큰 즐거움으로 여겼고, 이같은 관심사는 다음 세대로 계속 이어졌다.

도심을 떠나 실러스도르프며 페리에르며 트링의 대저택에 가는 일만큼 빈·파리·런던의 대은행가들에게 즐거운 일은 없었다. 그곳에서 그들은 사냥의 재미에 푹 빠졌다.

대남작은 특별히 자신에 대한 강한 인상을 주고 싶은 정치가나 은행가, 외국의 왕족들을 자신의 집으로 불러 주말을 스포츠로 함께 보내곤 했다.

비스마르크도 제임스의 접대를 받은 사람 중 하나였다. 그는 페리에르를 멸시하여, 이 저택을 '거꾸로 된 옷장'이라고 불렀다. 그러나 사냥감이 풍부한 사냥터를 부러워했으며, 프랑스·프로이센전쟁 중인 1871년에는 이곳을 약탈해 갔다.

사냥이란 결국 야생동물 살육에 지나지 않는다. 그것을 마치 어떤 의식처럼 만들어 본질을 덮어둘 뿐이다. 어쨌든 너새니얼과 알퐁스는 사냥의 재미에 빠졌다가 둘 다 부자유스러운 몸이 되었다. 레오노라는 프랑스에서 사냥개를 한 무리 기르고 있었지만, 그것이 그녀가 언제든 '진짜' 사냥이 가능한 나라 영국으로 해협을 건너오는 것을 막을 이유는 되지 못했다.

메이어는 손님접대며 손님을 위한 스포츠 준비에 유별나게 몰두했다. 19세기 중엽부터 끝무렵까지, 그는 자신의 집에 묵는 모든 신사와 숙녀에게 제공할 수 있는 말을 큰 마굿간에 준비해두고 있었다.

승마의 명수인 육군대신 조녀선 필은 이렇게 말한 적이 있다.

"로스차일드 저택에 있는 큰 마구간의 열두 마리 사냥말은 16스톤(약 100kg)의 짐을 지고 세상의 어떤 사냥터도 뛰어다닐 수 있다."

버킹엄셔 사냥개경기든 지역사냥개경기든 멘트모어에서 열리는 경기는 모두 사교계의 대이벤트였다.

활동적인 콘스턴스와 애니도 이런 기회를 매우 좋아했다. 그러나 그녀들 아버지는 그렇지 않았다.

앤서니는 말등에 올라타면 그리 기분 좋지 않았다. '빌리'로 불린 뚱뚱한 앤서니가 매우 점잖은 얼룩말에 올라탄 재미있는 사진이 남아 있는데, 아무리 보아도 우스꽝스럽다. 앤서니경이 함께 경기에 가겠다고 하면 딸들은 싫어했다. 그 딸 중의 하나가 쓴 글이 남아 있다.

아빠는 화내지 않겠다고 약속했고, 어떻든 그 약속을 지켰다고 생각한다. 우리는 마부를 뒤로 하고 이 '어린 도령'을 시빌에 태워 출발했다. 나는 망아지들을 좀 뛰게 해주고 싶었지만, 아빠가 이따금 무섭다고 소리질러 말들은 길들여지지 않은 듯 느릿느릿 걸었다.

멘트모어에 닿기까지 1시간이나 걸렸다. 언덕을 오르자 화려한 광경이 눈에 들어왔다. 늘씬하고 건강한 말에 올라탄 붉은 군복의 영국군이 100명 넘게 있었다……

아빠는 재빨리 물러나왔다. 우리는 말을 타고 싶었지만, 아무리 부탁해도 엄마가 허락해 주지 않았다. 엄마를 화나게 하면서까지 타고 싶지는 않으니, 수요일까지 말타기는 생각하면 안 된다. 그 즐거움마저 아빠의 신경질로 줄어들지 않을까 걱정된다.

메이어는 또한 가축을 과학적으로 기르는 일에 흥미를 가졌다. 품평회에서도 몇 번 좋은 성과를 거두었다. 멘트모어라는 이름의 저지종 수소는 지금도 유명하다.

메이어남작이 가장 사랑한 것은 경마였다. 그는 대학시절 뉴마켓에 자주 모습을 드러냈다. 거기에 아버지의 저택이 있어, 그는 케임브리지에서 책에 파묻혀 있기보다 그곳에서 지내는 일이 더 많았다.

1840년대에는 뉴마켓에서 말 개량에 여러 해 동안 열중했다. 킹톰이라는 이름의 거의 완벽한 종마가 탄생했을 때, 그는 모든 수고를 보상받았다고 생각했다. 그 명예를 남기기 위해 말과 같은 크기의 청동상을 만들어 멘트모어공원에 세웠다.

다른 로스차일드들이 금융업에 기울이는 열정을 그는 이러한 일에 소비했다. 그는 인내심을 가지고 우승마를 길렀다. 최고 축산가로부터 말을 구입하고, 최고 조련사를 고용했으며, 그 자신도 말을 식별하는 눈을 지니기 위해 노력했다. 메이어의 사육장에서는 몇 년 동안 계속 우승마가 나왔다. 코리선드·레스티튜선·히피어 등의 이름은 지금도 경마계의 전설이 되어 있다.

이것은 그의 인기를 높여주고, 집안의 다른 사람들 인기에도 영향을 미쳤다.

말타기 좋아하는 남자라면 누구나 생각했을 것이다——'로스차일드와 한 조가 되면 언제든 이길 수 있다'——이것은 얼마쯤 맞는 말이다. 몇백만의 가난한 사람들은 경마에서 청색과 황색 옷을 입은 로스차일드의 기수에게 돈을 걸었다.

메이어 자신의 명성은 로스차일드의 인기를 만들어내는 데 한몫했다. 사람들은 유명인사를 좋아한다. 오늘날의 영화스타 같은, 귀족의 화려하고 사치스러운 생활을 대중은 동경과 부러움으로 바라보았다.

사람들이 로스차일드를 좋아한 이유는 이러한 동경에 의한 것이 전부는 아니었다. 그들은 좋은 지주이고, 관대한 고용주이며, 자선사업에 많은 기부를 했다. 하지만 그들이 더욱 인심을 얻은 것은, 그들 가운데 꽤 열광적인 성격의 소유자가 있었고, 그 활약이 크게 알려졌기 때문이다.

떡 벌어진 몸집에 붙임성있는 얼굴로 실크햇을 멋지게 쓴 메이어의 모습은, 엡섬·애스컷·뉴마켓 경마장에 잘 어울렸다. 그는 대개 황태자나 로즈버리경 등 유명인사들과 함께 있었다.

경마장에서 그의 인기가 최고에 이른 것은 1871년으로, 이 시기

는 '남작의 해'로 역사에 전해진다. 그의 수말 파보니우스가 더비에
서 우승하고, 당당한 암말 해너——딸이름을 붙였다——가 전통있
는 세인트 레저·오크스·원 사우전 기니의 세 레이스를 질주했다.

메이어만 경마에 열중한 것은 아니었다. 영국해협 너머에서도 종
마 사육과 경주에 열을 올렸다.

프랑스에서 제임스는 페리에르에 사육장을 만들어, 티보라는 전
문 감독 아래 사육과 조련을 했다. 너새니얼도 자신의 말을 가지고
영국과 프랑스 양쪽의 경주에 정기적으로 참가했다.

너새니얼은 프랑스 기수클럽에 선발된 최초의 유대인이었다. 이
것은 상당한 업적이었다. 그는 창설멤버였지만, 스포츠 운영보다
명성을 중요시한 이 클럽은 반유대적 경향이 강했기 때문이다.

알퐁스는 세번째 도전에서 겨우 선출되었다. 다음 세대에서도 몇
명의 로스차일드는 이 귀족적이고 배타적인 모임으로부터 충분한
표를 얻지 못했다.

빈에서는 안셀름의 아들 나타니엘이 경주에 열중했다. 그도 자신
의 사육장을 가지고 있었는데 더비에서 우승한 세 마리를 포함해
훌륭한 말을 몇 필 키웠다.

이들은 모두 순수하게 경주를 즐긴다고 생각했지만, 경마의 사교
적 측면이 더 크게 작용한 것도 사실이다. 철마다 열리는 주요경마
에 유럽의 영향력있는 사람들이 많이 모여 서로의 교류에 도움이
되었다. 경마장은 사업과 즐거움, 때로 정치도 함께 하는 장소였
다.

정치적 성격이 전혀 없는 로스차일드의 활동도 하나 있었다. 그
것은 가장 주목할 만한 활동으로, 수집이었다. 로스차일드가 모은
미술품과 골동품을 소개하려면 몇 권의 책을 써야 할 정도이다.

그즈음 그들의 눈을 비켜간 물건은 거의 없었다. 그림·조각·책·
원고·해골·동물박제·레이스·갑옷·결혼반지·담배통·법랑·보석·육필

(肉筆)사인 등 이루 헤아릴 수 없다.

그들은 수집한 물건을 때로 다른 사람들에게 보여주기도 했다. 광범위한 로스차일드의 수집품을 고맙게——때로는 성가스러워했을지도 모르지만——받아들인 박물관과 미술관들이 온유럽에 퍼져 있었다.

아름답고 오래된 물건을 구하는 그들의 성향은, 진기한 옛화폐와 골동품을 수집해 팔아 그들 재산의 바탕을 이룩한 마이어 암셀로부터 비롯된 것이리라. 다음 세대는 그 수집품으로 채울 거대한 저택과 최고 예술품을 사들일 돈을 가지게 되었다.

나폴레옹전쟁, 1830년과 48년의 혁명으로 왕실과 귀족 가문이 붕괴되어, 수많은 귀중품이 사방으로 흩어졌다. 그 시대에 살았던 그들은 그 상황을 한껏 활용했다.

예술적 '디아스포라'와 최초의 미국 백만장자 수집가의 출현 사이에 낀 19세기는 유럽애호가의 황금시대였다. 제임스, 라이어닐, 너새니얼을 비롯한 로스차일드사람들은 그 기회를 최대한 이용했다.

그들은 온 유럽대륙을 여행하며 유물 발굴에 눈을 빛냈다. 대리인을 고용하여, 주인이 팔 듯한 숨겨진 골동품도 열심히 찾아냈다.

이들 초기 수집가, 특히 제임스는 무절제할 만큼 무엇이나 모아들였다. 멈출 줄 모르는 정열로 그림·가구·공예품을 마구 사들였다. 몇 채의 집이 보물로 넘쳐나도 만족하지 않았다. 제임스는 부에 대해 강한 집착을 가진 동시에 이를 과시하고 싶어, 아름다운 물건이면 무조건 구입했다.

안셀름도 마찬가지였다. 하지만 예술에 대한 그들의 지식은 매우 한정된 것이었다.

다른 전문지식인에게 의지해야 하는 열렬한 대부호수집가 주위에는 당연히 많은 매매인들이 모여든다.

그 가운데 오펜하임교수라는 사람이 있었다. 그는 옛귀족집안을 돌아다니며 잊혀진 소품——뉘른베르크나 아우구스부르크의 르네상스시대에 만들어진 은제품을 수집하고 있었다. 그는 이들 진기한 물건을 안셀름에게 가져와 마음에 드는 것을 골라 사게 했다——그램당 일정한 가격을 매겨 팔았는데, 엄청나게 비쌌다!

그의 아들 퍼디넌드도 타고난 골동품 애호가였다. 뒷날 그는 아버지가 놓친 기회들을 유감스러워 했다.

아버지는 좋은 물건들을 값싸게 수집할 수 있었다. 시골에 살았으며, 그곳에서는 골동품이 별 가치없이 여겨지고 있었으니까. 아버지는 작은 물건만 소중히 하는 좁은 범위에 취미가 한정되고, 또 사업에 많은 시간을 빼앗겼다.

1860년에 내가 빈을 떠나 런던으로 간 뒤 자주 미술품을 보여드렸으나, 아버지는 그 기회를 잘 이용하지 못하셨다. 나의 작은 집에는 놓아둘 자리가 없고 그때는 돈도 없어서, 상인들이 가져온 멋진 물건을 여러 차례에 걸쳐 아버지에게 보여드렸지만——좀처럼 관심을 나타내지 않았던 것이다.

퍼디넌드는 다음 세대의 전형적인 수집가였다. 부모들보다 감식안이 있어 세계적으로 우수한 개인컬렉션을 이룩했다. 그들의 세련된 감각은 물론 자라난 환경에서 싹튼 것이다. 그들은 진짜 보물을 가까이 두고 그 아름다움과 가치를 감상했으며, 부모들이 훌륭한 작품을 예술적 가치보다 값으로 이해하는 사실에 마음 아파했다.

퍼디넌드세대는 단지 지성과 부만 이어받은 게 아니었다. 그들은 이 둘을 적극적으로 이용할 책임감을 느끼고 있었다. 이것이 로스차일드수집의 동기로 잠재해 있었다. 그들은 과거에서 현재에 이르기까지 최고작품을 보유하려 했다. 갖고 싶은 작품에 대해 많은 시간을 들여 열심히 연구했다.

그들 중에는 학계에서 인정하는 책이나 논문을 쓴 사람도 몇 있었다. 막대한 부의 끝없는 유혹에도 불구하고, 이른바 '방탕한 난봉꾼'이나 '머리가 텅빈 호사가'가 된 로스차일드는 거의 없다. 그러한 경솔함을 피하라고 배워왔던 것이다.

엘리남작은 단 한마디로 그것을 표현한다.

"우리는 모두 전문가입니다."

너새니얼의 아들 아서, 손자 앙리, 라이어널의 아들 앨프릿, 그리고 오스트리아의 나타니엘 같은 플레이보이들조차도 수집한 모자를 써볼 때는 매우 진지했다.

아서가 우표에 관한 책을 쓰고, 아돌프가 이탈리아 르네상스의 훌륭한 공예품을 프레니에서 여러 점 수집한 것도, 역시 이 정신의 표현이었다. 아돌프의 아우 빌헬름 카를이 모은 중세 은세공품은 개인이 소장한 최고수공예품이다.

로스차일드수집가는 대부분 최고전문가의 조언을 받았지만, 그들 자신도 독자적인 취미와 감식안을 지니고 있었다. 그러나 때로는 위작에 속기도 했다. 빌헬름 카를의 수집품 중에는 유명한 위조작가 라인홀트 바스터스의 물건이 포함되어 있음을 오늘날 알 수 있다.

바스터스는 19세기 끝무렵 아헨대성당에서 보수일을 하고 있었다. 그는 지식과 은세공기술로 수많은 고딕양식작품을 만들어냈다.

빌헬름 카를 로스차일드남작은 정성스럽게 은으로 상감세공한 돌로 된 상자 안에 담긴, 그리핀(머리와 날개는 독수리이고 몸은 사자인 괴물)과 나선과 그물무늬가 정교하게 들어간 은받침달린 뿔모양 컵을 손에 넣었을 때, 너무나 기뻐 몸을 떨었다.

이 '15세기 걸작'은 뒷날 바스터스의 작품으로 드러났다. 빌헬름 카를의 명예를 위해 말해두지만, 이 독일 위조자는 1970년에 와서야 겨우 미술전문가들이 가짜로 밝혀냈을 정도의 실력자였다.

그들의 무의식 속에는 '감정가'로 인정받고 싶은 바람이 있었다. 이것이 로스차일드를 수집광이 되게 한 동기의 하나였다. 그 소원이 언제나 이루어진 것은 아니지만.

귀족이나 학자들 중에는 그들의 수집품에 관심을 보이지 않는 사람도 있었다. 다른 사람들이 놀라며 감탄해도 그들은 귀족다운 무관심을 가장했다. 그들은 로스차일드의 탐욕을 재미있어하고, 때론 그들의 품위없음에 화를 내기도 했다.

세기가 바뀔 무렵, 젊은 감정가인 데이빗 린제이(뒷날의 크로퍼드백작)는 트링 파크를 방문하고, 그 현란한 천박함에 거부반응을 보였다.

"나는 아내에게 말했소. 너무 충격받아 이제 두 번 다시 유대인 집에는 묵지 않겠다고."

퍼디넌드의 와디스던저택도 린제이를 완전히 만족시키지는 못했다.

"……과시욕구는 트링에 못지 않지만, 독신남자가 만들어 터무니 없거나 지나치다는 느낌은 덜하다."

가장 위대한 로스차일드수집가는 알퐁스남작이다. 그는 그 시대의 어떠한 감정가보다도 섬세한 감각을 가진 훌륭한 미술애호가였다.

금융업이 그의 사명이라면, 예술은 그의 정열이었다. 드 로스차일드형제상회가 그의 아내라면 예술가와의 우호관계는 그의 연인이었다.

알퐁스는 진정한 예술후원자였다. 고상한 취미와 폭넓은 지식과 깊은 이해를 지녔으며, 식견있는 눈에 띄는 물건은 무엇이든 사들일 수 있는 부를 지닌, 몇 안되는 운좋은 사람이었다.

1905년, 그가 죽은 뒤 《라르(예술)》잡지는 그에 대한 온갖 찬사

속에 이렇게 쓰고 있다.

남작에게는 두 가족이 있었다. 자신의 가족과 예술이다. 만약 그가 첫번째에서 완전한 만족을 찾지 못했다면, 두 번째에서 위안을 찾았을 것이다. 운명의 여신은 그에게 늘 친절했다——그는 둘 모두를 깊이 사랑했다.

알퐁스의 수집품을 그 양과 질적인 면에서 정확히 고찰하기는 어렵다. 아마도 불가능하리라. 어느 익명 작가가 파리 생 플로랑탕거리 저택의 물건들에 대해 충실하게 묘사하고 있다.

다섯 개의 방으로 이루어진 스위트룸에 오래된 대리석상, 18세기 청동상, 르네상스양식 법랑이 빛나는 장식선반, 마욜리카 도자기, 토기, 작은 금입상, 장식시계, 18세기 거장 클로디용의 꽃병, 아스카니오(벤베누토 첼리니의 제자) 작품인 상감세공이 된 은접시, 플로렌스 메디치집안 예배당에 있던 금과 법랑으로 된 성체현시대(顯示臺) 세트, 옛거장들의 스케치와 수채화, 당당한 루이 15세풍 책상이 있었다.

서재에는 진귀한 책과 시계와 수정장식품이 놓여 있다. 이 작은 장소에 가득 걸린 그림은 한눈에 둘러볼 수 있는 유럽 미술사다. 반 다이크·잔 스텐·필리피노 리피·아드리엔 반 오스타데·마부세·지크문트 홀바인(한스 홀바인의 아우)의 귀중한 작품들이 있었다.

알퐁스가 특히 숭배한 17세기 네덜란드 거장들로는 호베마·웨이난츠·우베르만·반 데 벨데·얀 반 데르 하이든, 그리고 렘브란트 등이 있었다. 그가 모국으로 돌려보내기 위해 영국에서 겨우 얻은 와토의 작품과 데캉·게인즈버러·부셰·리처드 파크스 보닝턴 등 최근 화가들의 작품도 있었다.

이 작가는 대담하게 글을 끝맺고 있다.

이 걸작들에 둘러싸였을 때, 남작은 인생의 번민을 잊었다.
즉, 현실문제에 대한 답을 찾느라 늘 압박받는 정신을 가다듬을
수 있었던 것이다. 그러한 분위기 속에서 갖는 초연함이야말로
예술가들이 현실적인 문제를 극복하는 방법이었다.

이 목록은 알퐁스가 상속받거나 사들인 수집품의 일부에 지나지
않는다. 그 중에는 유럽에서 입수하기 어려운 걸작——호헤르트 플
링크(렘브란트의 제자)가 가죽 화판에 그린 이야기풍 연작도 있었
다. 이것은 페리에르의 벽을 장식했다.
그밖에 렘브란트가 그린 아내의 초상, 당시에는 거의 평가받지
못했던 초기 판화들, 레이놀즈가 그린 유명한 헤어의 초상, 또한
18세기 프랑스 거장 와토·부세·프라고나르의 작품 등 그의 수집품
은 그 예를 찾아볼 수 없을 정도로 광범위했다.
예술가들은 그에게 경의를 보내고, 출처가 불분명한 작품에 대해
자주 그의 의견을 구했다.
알퐁스는 48명의 프랑스아카데미회원 가운데 하나로 선출되었다.
1904년에는 창조적 예술에 대한 공헌에 보답하는 뜻으로, 프랑스의
주요예술가 163명이 청동상에 서명하여 그에게 바쳤다.
그의 활동은 과거 거장들의 작품을 사들이는 데 그치지 않았다.
같은 시대 예술가들의 든든한 후원자로서, 유망한 화가나 조각가의
작품을 사들여 라피트거리와 페리에르를 장식하고, 지방의 화랑과
박물관에도 전시했다.
프랑스 안의 200여개 문화시설이 알퐁스 드 로스차일드남작의 도

움을 받았다. 이 배려는 누구에게나 도움이 되었다. 화랑에는 필요한 현금이 지불되었다. 자금조달에 허덕이는 박물관장들도 구원받았다. 전도유망한 예술가에게는 자신의 많은 작품이 전시되어 보여지는 중요한 의미가 있었다.

알퐁스는 감정 표현을 좋아하지 않는, 좀 차가운 느낌의 남자였다. 감사의 말을 싫어하고, 앤서니의 아내 루이저와 마찬가지로 자신이 후원자라는 이미지로 비치는 데 혐오감을 품었다. 자신은 다만 그림을 사들였다가 적절한 시기에 조용히 내놓는 사람일 뿐이라고 했다.

그는 죽은 뒤에도 자신과 관련있는 자선에 이름이 나오지 않도록 했다. 그리고 미술아카데미에 20만프랑을 기증하여 격년으로 상을 주도록 관리자측에 모든 것을 맡겼다.

알퐁스뿐 아니라 친척들 대부분, 특히 라이어닐과 너새니얼 메이어도 대중의 눈을 피했다. 세계지도자들과 친밀한 관계에 있던 로스차일드는 신용을 유지하기 위해서도 신중하게 처신해야 했다.

유럽에서 정치의 계급 양극화가 진행되면서, 그들은 표면에 나서지 않을 수 없게 되었다. 1871년까지 성인남자의 선거권이 프랑스·독일에서만 확립되었고, 다른 나라(영국을 포함)에서는 아직 진행 중이었다. 노동자계급의 의견이 새롭게 정치적 중요성을 갖게 되었으며, 새로운 정당도 나타나 자신들 문제를 주장하기 시작했다.

1880년대로 접어들자 유럽에는 다양한 사회주의 정당이 생겼다. 단순한 무정부주의 정당도 있고, 구조적 변혁을 꾀하는 정당도 있었다. 그러나 자본주의에 대항하는 점에서는 일치했다. 지금까지 자유주의 중도노선을 취해 온 로스차일드는 이러한 세력 앞에 차츰 보수성향으로 굳어갔다.

1868년 친척 해리 보름스가 토리당 후보로 샌드위치선거구에서

출마하자, 영국로스차일드는 격분했다. 자유당 기관지는 '유대인이
보수파가 될 수 있을까'라는 제목으로 사설을 실었다. 그러나 라이
어닐과 메이어의 후계자로 의회에 나온 사람은 다른 입장을 취했
다.

프랑스사촌들은 당연히 좀더 극단적인 견해를 갖게 되었다. 알퐁
스의 정치적 견해는 1848년과 70년에 일어난 민중폭동의 영향을
받았다. 1879년 신문 인터뷰에서 그는 자신의 견해를 뚜렷이 밝혔
다.

나는 이 노동자계급의 운동을 믿지 않습니다. 노동자들은 대체
로 자신의 숙명에 만족하고, 어떤 불만도 갖지 않으며, 또한 '사
회주의'라는 것에 전혀 흥미가 없다고 나는 확신합니다.

다만 장난삼아 소란을 피워 눈길을 끌려는 무리가 있는 것 같
지만, 그들은 성실하게 열심히 일하는 노동자의 마음을 붙잡지
도, 영향을 줄 수도 없습니다.

우리는 좋은 노동자와 악질 노동자를 잘 구별할 필요가 있습니
다. 예를 들어 하루 8시간 노동을 요구하는 사람을 어떻게 훌륭
한 노동자라고 할 수 있습니까. 그런 말을 요란하게 떠들어대는
건 게으르고 무능한 사람들입니다……

오트방크(거대은행)란 무엇입니까? 나는 잘 모릅니다……세상
에는 부자도, 가난한 사람도 있습니다. 다만 그뿐입니다! 오늘
의 부자가 내일 가난해질 수도 있습니다……누구나 불확실한 존
재입니다——누구나 모두. 예외는 없습니다. 자신만은 그렇지
않다고 아무도 말할 수 없습니다.

자본을 중심으로 돌아가는 사회에서는 돈이야말로 세상을 움직
이고 사람들이 일하게 함으로써 값진 열매를 맺게 하는 것입니다
……위협하면 돈은 사라져버립니다. 동시에 우리는 모든 것을 잃

게 됩니다.

사람은 저마다 그 지성과 능력에 어울리는 만큼 자본을 가질 수 있는 존재입니다.

자유방임 자본주의를 이보다 더 솔직하게 표현한 의견은 없다. 알퐁스에게 있어 경제란 불변의 법칙에 지배되고 있는 세계이다. 이 법칙을 무시하는 정치이상주의자들은 오도된, 어리석은 자들이었다.

영국의 친척들도 같은 태도였다. 그들은 글래드스턴파의 자유주의로부터 멀어져갔다.

알퐁스에게 부와 명성을 가져다준 그 법칙도, 적어도 한 번은 불리하게 작용한 적이 있었다.

남작은 브뤼셀에서 열리는 리셉션에 참석하게 되었다. 그는 오후 특급열차시간에 맞추려고 서둘러 생 플로랑탕거리의 집을 나섰다.

고용인이 뒤늦게 주인의 예복이 든 가방을 발견했다. 그는 파리 북부역으로 급히 갔으나, 기차는 이미 떠난 뒤였다. 그러나 방법은 있었다. 주인은 이 철도회사 회장인 것이다. 회장의 권위에 맞게 특별열차가 배정되어 단지 한 사람의 승객과 가방을 싣고 북쪽으로 달렸다.

한편 알퐁스 드 로스차일드남작을 위해 선로를 개방한다는 전보가 모든 노선에 보내졌다. 충실한 사원들은 특별열차 통과에 방해되는 차량을 다른 선로로 대피시켰다. 그 차량 중에는 파리~브뤼셀 특급열차도 포함되어 있었다. 대피선로에서 알퐁스와 승객들은 시계를 보면서 초조하게 기다렸다. 결국 예복은 행사에 늦지 않게 도착했으나 남작은 늦고 말았다.

사회주의에 대항하는 남작의 무기는, 로스차일드가 영향력을 처음으로 획득한 이래 변함없이 사용해 온 것이었다. 확실히 그는 의원선거에 출마하지도, 당지방위원회를 조직하지도 않았다. 정치적 계획에는 전혀 관여하지 않았다.

그러나 그는 의회에 나오는 주요구성원을 모두 잘 알았다. 그들과 현정세를 의논하고, 유동적인 국채를 좌지우지했으며, 대규모 기업은 모두 그의 은행이 채권을 인수해 주지 않으면 성공할 수 없도록 만들었다. 알퐁스 드 로스차일드는 이 나라의 실세였던 것이다.

그는 안정된 지위의 소수 엘리트 가운데 한 사람이었다. 사실 당시는 극도의 혼란 속에 국민의회는 제3공화정 처음 20년 동안 내각이 30번이나 바뀌는 상황이었다.

알퐁스는 산업부문 사업을 활성화시킬 재정상의 목표를 세우고, 난폭한 움직임을 봉쇄할 목적으로 배후활동을 했다. 즉 국가지배를 확대하려는 좌파활동에 대항하는 시도였다.

여기에 협력자로 활약한 인물이 레옹 세이였다. 오랜 사업 동료로 북부철도와 로스차일드사 이사인 세이는 1860년대 첫무렵 정계에 들어갔다. 재정전문가로, 또 황제의 마지막 몇년 동안 정부경제정책에 단독으로 반대하는 논객으로서 순식간에 평판을 얻었다.

세이는 대규모 경제계획을 강도 높게 비판했다. 국가문제를 다루는 데 있어, 부르주아이념으로 행하는 정책을 옹호했다. 그는 이 방침을 제3공화정 첫무렵의 혼란스러운 몇해 동안 계속 유지했다. 민영기업을 편든 것이다.

줄 뒤포르 내각 때 세이는 재무장관이 되어 그 신조를 실행에 옮겼다. 당연히 로스차일드의 부하라는 비난을 받았다. 그런 비난을 하는 사람들은 로스차일드 정치영향력의 미묘한 메커니즘을 알지 못했다.

알퐁스와 레옹 세이는 자주 만나 당면한 경제문제를 토의했고, 그 해결책에 의견이 일치했다. 그러나 미묘하게 균형을 이루는 프랑스정계에서 어느 한 쪽에 쏠릴 만큼 알퐁스는 아둔하지 않았다. 그는 다양한 의견을 가진 사람들과 만나 사귀는 자신의 입장을 즐겼다.

좌익정책이 싫다고 해서 사회주의지도자들까지 피할 필요는 없었다. 1881년 5월 레옹 강베타가 실력자로 떠오르자, 파리의 로스차일드사 사장은 신속하게 그와 접촉했다. 그리고 로스차일드의 정치적 역할은 매우 한정되어 있다고 말하여 그를 안심시켰다.

두 사람이 참석한 만찬회 모습을 어떤 사람이 쓰고 있다.

……두 '왕'——프랑스의 실질적인 주인 강베타와 로스차일드는 창가에서 다정하게 이야기 나누었다……

강베타는 튀니지에 대하여 해군력으로 무력시위를 하고 싶다고 생각하고 있었다(그리하여 그 군사계획에 대하여 설명했다)……

알퐁스 드 로스차일드는 이탈리아와 영국의 주요대신들에 관해 자세히 이야기하기 시작했다. 강베타는 존경과 경탄이 섞인 표정으로 귀기울였다. 그는 알퐁스가 그토록 교양 있고 총명한 사람인 줄 몰랐던 것이다.

두 사람의 대화에 오른 인물은 데프레티스·카이롤리·셀라·디즈레일리·글래드스턴·크리스피·하팅턴·그랜빌 등……흥미롭게 듣는 강베타에게 알퐁스는 1871년에 그가 관계한 대규모 재정조작에 관해 들려주었다.

그는 또 티에르를 칭찬했다. 자신을 적이라고 부르며 부당한 비난을 퍼부어, 두 사람은 거의 일년 동안 말도 주고받지 않았었는데.

강베타가 말했다.

"1873년 봄 대통령직에서 물러날 때, 티에르는 자신을 쓰러뜨린 사람은 로스차일드였다고 말했습니다."

알퐁스는 날카롭게 되받았다.

"틀린 말이오! 의원들에 대한 내 영향력 때문에 티에르는 6개월이나 더 대통령직에 있었던 겁니다. 나는 의회친구들에게 말했지요. '티에르를 물러나게 해선 안 되네. 그러면 국민이 비참하게 될 걸세…… 적어도 공채에 관한 중요한 교섭은 그에게 맡겨야 하네. 프랑스의 신용과 운명은 거기에 달렸어'라고. 다른 말은 한마디도 하지 않았습니다."

로스차일드와 강베타는 티에르에 관하여 확실하게 의견이 일치되었다.

그러나 정치적 대립을 넘어 반대진영과의 협력을 주장하면서도, 알퐁스는 성급하게 행동하지 않았다.

식사 마지막의 건배 때 이야기가 다음과 같이 계속된다.

강베타가 말했다.

"프랑스의 부활을 위하여!"

알퐁스 드 로스차일드도 말했다.

"프랑스를 부활시킬 사람을 위하여!"

이 말은 강베타를 향한 것인지, 그즈음 튀니지에 주둔해 있던 가스통 갈리페장군을 향한 것인지 애매했다……

강베타는 자신에게 한 말로 받아들였다. 그는 그 말에 잘 응답하려는 듯 잠시 생각하더니 대답했다.

"아, 정말 그렇게 되고 싶군요."

금융계에서 로스차일드의 적은 주로 강력한 '오트방크' 연합을 좋지 않게 생각하는 경쟁자들이었다. 그들은 나름대로 사업에서 이기기 위한 자신들의 연합을 결성했다.

이들 기업의 중심이 된 사람은 크레디 리요네로, 그는 '오트방크'를 민간은행가들의 국제적 음모라고 여겼다. 그리고 새로운 형태의 프랑스 상업은행과 예금은행을 그들이 시장에서 배제하려 한다고 주장했다.

……지금 프랑스기업들은 그들이 자리잡을 곳으로부터 위협받아 쫓겨나는 상황에 놓여 있다. 기업들은 단결된 행동으로 정부에 영향력을 발휘하여, 더 큰 압력을 가해야 한다……

운동은 현재 진행중이다…… 이 연합의 목표는 다른 그룹으로부터 일을 빼앗으려는 게 아니라 공존하려는 것이다. 우리가 권리를 가진 우리의 자본·고객·경쟁에서 그에 어울리는 자격을 얻으려는 것이다.

이러한 경쟁의식은 건전하다. 악질적인 것은 외젠 봉투가 주도하여 전개한 적대행위였다. 로스차일드사에서 오래 일해온 그는 오스트리아 철도회사이사가 되었다.

재능있는 기술자이며 야심만만한 혁신적 사고방식을 지닌 봉투는, 철도개량을 위해 대담한 기술을 도입한 사업가였다. 한 번은 대규모 투기에 나선 적이 있었다. 로스차일드사와 크레디 리요네가 도산한 빈은행협회주식을 파는 데 협력하도록 제안한 것이다.

그러나 그는 본디 기회주의자였다. 프랑스은행이 로스차일드와의 협력을 거부하자 그는 그들에게, 경쟁의식을 버리고 헝가리국채 계약이 성사되도록 도모하자고 제안했다.

1878년 봉투와 로스차일드는 절교했다. 이 의기왕성한 기술자는 새로운 금융컨소시엄 유니언 제너럴을 결성했다.

동업자들에게 자금을 출자하도록 하고, 일반저축을 높이기 위해 봉투는 교묘한 방법을 생각해냈다. 그는 유니언 제너럴을 가톨릭은

행이라고 표현했다. 유대인과 프로테스탄트로부터 금융시장지배권
을 빼앗으려는 시도였다.

그들의 내용설명서엔 교황의 지지를 나타내는 메시지가 실렸다.
로마가톨릭 최고위의 지지뿐 아니라, 군주나 귀족 등 보수적 사람
들의 지지도 얻었다.

사제들은 중세에 그들 조상이 이교도 정벌을 위해 십자군을 편성
했듯, 이 새로운 회사를 신도들에게 열성스럽게 추천했다.

그 결과 저축이 엄청나게 늘었다. 참된 신앙에 이익마저 보태진
다고 하여, 프랑스국민은 너나할 것 없이 유니언 제너럴에 저축했
다. 최초 발행액 4백만프랑은 금방 넘어서게 되었다.

새로운 회사는 순조롭게 출발했다. 오스트리아에서의 커넥션과
로스차일드사에서 얻은 지식을 이용해 봉투는 빈 정부에도 사업을
권유했다.

1880년 그는 오스트리아 토지은행설립에 참여했다. 다음해 두 회
사는 합병되었다. 오스트리아~헝가리철도를 터키 국경까지 연장하
려는 장대한 계획이 세워졌다.

그것은 봉투가 온유럽에 펼친, 대담하고 수많은 프로젝트의 하나
에 지나지 않았다. 1882년 첫무렵, 500프랑으로 발행된 유니언 제
너럴주식은 2500프랑이 되었다.

그리고 파멸이 찾아왔다. 유니언 제너럴의 갑작스러운 붕괴에는
세 가지 요인이 있었다.

전부터 있던 은행연합이 당연히 보복에 나서 재정압력을 가했다.
빈에서는 로스차일드은행장 잘로몬 알베르트가 몇달에 걸쳐 유니언
제너럴주식을 사들여 한꺼번에 싼값에 팔아치웠다. 그 결과 유니언
제너럴 주식은 단 두 달 동안에 2090프랑에서 950프랑으로 떨어졌
다.

여기에 세계적인 경기침체가 뒤따랐다. 1870년대의 반짝경기가

후퇴하기 시작한 것이다. 1882년 1월 심각한 침체 조짐이 나타나 파리증권거래소가 며칠 동안 폐쇄되었다.

그러나 유니언 제너럴이 곤경에 빠진 가장 큰 이유는 봉투의 지나친 투기 때문이었다. 손쉽게 이익을 얻기 위해 임시변통으로 예비자금을 투기에 유용했다. 그 일은 다가오는 참사에 박차를 가했다.

유니언 제너럴은 파산하고 봉투는 체포되었다. 오랜 재판 끝에 위법적인 자금조작에 대해 5년형이 선고되었다. 그는 1883년부터 88년까지 스페인으로 도피해 감옥행을 벗어났다.

심문과 망명기간 내내 그는 비난의 화살을 자신이 아닌 다른 데로 돌리기 위해 모든 노력을 기울였다. 이번 붕괴로 많은 것을 잃은 수천 명의 정직한 프랑스인, 교회지도자들, 반동세력, 그리고 얄궂게도 몇몇 사회주의자들이 그와 합세했다. 경제위기는 좌익의 총아 강베타를 실각시켰다.

억누를 수 없는 노여움이 하나의 표적에 집중되었다. 이 사건이 유대인, 특히 로스차일드의 음모라는 것이었다. '봉투사건'은 반유대운동의 도화선이 되었다. 그것은 프랑스를 덮치고, 이윽고 제1차 세계대전으로 치달았다.

돈의 노예가 되지 말라
아, 소름끼치는 요란스러움 부의 사치
역겹기 이를 데 없다 어떤 펜도 이 무섭기까지 한
조잡함을 묘사할 수 없을 것이다

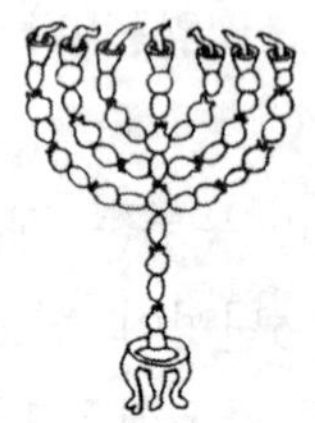

1881년에서 82년 이후, 19세기를 마무리하는 시기는 전에 없던 호경기와 자신감에 넘쳤다. 자유방임 자본주의가 그 절정기에 이르렀던 것이다.

세금은 낮고, 좋은 기회는 얼마든지 있었다. 부자들은 손쉬운 방법으로 더 큰 부자가 되었다. 뮤직홀과 길버트 설리번의 오페레타 시대, 증기요트의 시대였다.

자동차가 만들어지고, 휴일은 리비에라에서 즐겼으며, 전원 별장 파티가 유행했다. 당당하게 다시 일어선 빈에는 두 군주——프란츠 요제프황제와 '왈츠의 왕' 요한 슈트라우스가 군림했다.

이 무렵은 엘리트시대이기도 했다. 오스카 와일드가 암시했듯 사교계에 속한다는 건 '지루하지만, 밖으로 나가면 비극이 있을 뿐'이었다.

로스차일드는 그 한복판에 있었다. 그들은 부와 지위가 주는 즐거움을 열심히 추구했다. 로스차일드남자들 중 금융업에 적극적으로 관여하는 사람들 수가 처음으로 줄기 시작했다.

　파리에서는 알퐁스와 구스타브가 여전히 라피트거리의 무거운 짐을 짊어지고 있었다. 프랑크푸르트에서는 마이어 카를과 빌헬름 카를이 아버지로부터 물려받은 회사를 운영했다.

　빈에서는 잘로몬 알베르트가 렌거리의 경영을 혼자 담당했다. 런던에서는 라이어닐의 세 아들이 날마다 뉴코트에 나갔으나, 금융업에 전념한 사람은 너새니얼 메이어 한 사람뿐이었다.

　지금까지 양립해 왔던 즐거움의 추구와 가문에 대한 책임감이 뚜렷이 나뉘어지기 시작했다. 주위에 아랑곳없이 쾌락에 빠지고 복잡한 사생활에서 벗어나지 못하는 로스차일드도 있었다. 이와 반대로 시대의 경박함과 단정치 못한 생활에 단호하게 대항하듯 열심히 일에만 몰두하는 사람도 있었다.

　라이어닐의 재산과 의무를 상속한 런던의 형제들은 성격이 매우 달랐다. 맏이인 너새니얼 메이어는 네이선이나 제임스와 마찬가지로 특출한 존재였다.

　정치와 경제문제에 머리회전이 빠르고 결단력이 있으며 사물을 올바르게 파악했다. 그는 뉴코트와 웨스트민스터, 그리고 '권력회랑'의 아버지가 있던 장소에 어렵지 않게 들어섰다.

영국에 사는 로스차일드 1870~1900

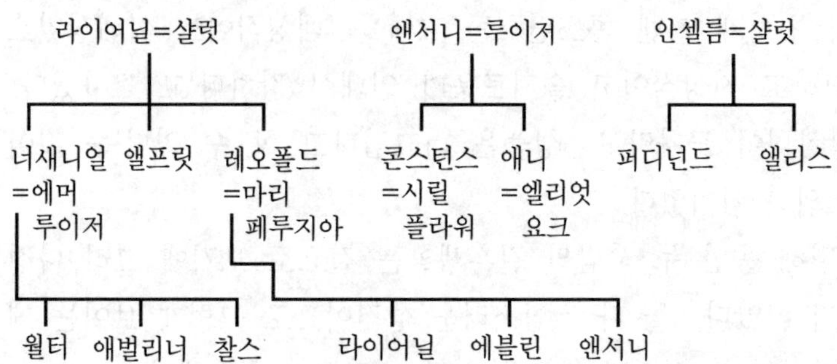

성품도 아버지를 많이 닮았다. 조심성있고 말수가 적으며, 좀처럼 감정을 드러내지 않았다. 또한 인정많고 친절했지만, 매우 겸손하여 그가 자선을 얼마나 베풀었는지 그가 죽은 뒤에야 알 수 있었다.

특히 책임을 느낄 만한 이유가 있는 사람들에게 그는 강한 의무감을 가졌다——고용자, 영지사람들, 영국유대인, 박해받는 외국유대인, 날마다 그에게 도움을 청해 오는 가난하고 불행한 사람들.

너새니얼 메이어의 오랜 친구 밸푸어는 그에 대해 다음과 같이 말한다.

"자제심 강하고 잘 기뻐하지 않는 성격이었다. 공적인 의무에 대한 높은 이상을 지녀, 속세의 화려함과 허영에는 관심없었다. 그리고 매우 인정 많았다."

너새니얼 메이어의 아내 에머 루이저는, 마이어 카를의 재치넘치는 딸 가운데 하나였다. 그녀는 능숙한 피아니스트였지만, 남편 일을 돕는 데 전념했다. 자기희생은 그녀 성격의 특징이었다.

프랑크푸르트집안사람답게 그녀는 엄격한 종교관과 도덕의식을 지녔다. 그녀의 태도는 때로 빅토리아여왕시대 사람들보다도 정숙했으나, 다른 이들이 뭐라든 그녀는 마음쓰지 않았다. 그녀는 인생에서 불행한 일을 겪어도 확고한 의견과 굳건한 의지로 흔들리지 않고 남편을 도왔다.

에머와 친하게 지낸 콘스턴스는 그녀를 '내성적이고 이해심있으며, 친절하고 지성적이고 슬기로우며 인내심 강하다'고 묘사했다. 또한 '상상력이 모자라고, 성품은 너그럽다고 할 수 없다'는 것이 콘스턴스의 느낌이었다.

처음 몇해 동안 두 사람의 결혼생활은 겉으로 보기에 그리 다정해 보이지 않았다. 둘 다 조심스러운 성격이므로 그렇게 보이는 게 무리도 아니었다. 하지만 그들은 서로 존경하고 칭찬했다.

에머는 완벽주의자였다. 주부로서, 자선가로서, 큰 저택 안주인으로서의 역할을 세심한 주의를 기울여 훌륭하게 해냈다. 그녀는 또 수많은 자선활동을 지원하고 있었다.

한 손녀는 그녀를 이렇게 추억했다.

"높은 이상을 지닌 여성으로, 영지사람들과 고용인에게 윗사람으로 군림하지 않고 순수한 배려를 베풀었지요."

트링 영지에서 일하는 농부와 노동자들은 자신들을 그 주변에서 가장 복받은 주민이라고 생각했다. 너새니얼 메이어와 에머는 근대적인 주택을 400채 넘게 지었다. 그곳에는 위생적인 하수도와 상수도 시설이 갖춰져 있었다.

그들은 농장과 농가와 교회를 자주 수리했다. 마을회관, 클럽, 학교 등의 설비도 정비했다. 큰 파티를 열 때마다 몰려드는 고용인들을 위해 '트링의 로즈와 크라운'이라는 선술집까지 만들었다.

그들은 영지에 사는 동안 정기적으로 돌아보며 모든 게 잘되어가는지 살피고, 주민들과 스스럼없이 지냈다. 의료와 연금 등 사회보장제도도 정비했다. 그들은 분명, 가장 계몽적인 영국 영주였다.

1870년대와 80년대 농업불황기에 너새니얼 메이어와 에머가 농부들에게 베푼 배려는 특별하게 평가될 만하다. 그 시기에 에일즈버리골짜기의 지방경제를 지탱해준 것은 로스차일드의 돈이었다——다른 고장에서는 농장이 버려지고, 노동자들은 내동댕이쳐져 있었다.

손녀 미리엄은 어느 날 저녁식탁에서 주고받은 이야기를 뚜렷이 기억한다. 한 이웃이 지독한 악당이라는 이야기에 모두들 맞장구치고 있었다.

아마도 그 남자가 은행강도 같은 나쁜짓을 한 게 틀림없다고 생각한 손녀는 겁먹은 듯 그 사람이 무슨 일을 했느냐고 물어보았다.

할머니는 대답했다.

"주민들 집손질을 제대로 해주지 않았단다."

차남 앨프릿은 좀 수수께끼 같은 인물이었다. 그는 너새니얼 메이어와 정반대 성격이었다. 줄곧 독신으로 지냈고, 자칭 예술애호가였다. 화려하고 색다르며 태도가 불손하고, 때로 무책임하기까지 했다. 너무 거리낌없이 행동해 어릿광대로 여겨지기도 했다. 사람들은 그를 '호인이지만 인색하고 속좁다'고 평했다.

그는 은행과 공적인 일을 자신에게 주어진 의무로 처리했다. 그러나 근본적으로 전통에 반항하는 로스차일드의 한 사람이었다. 프랑스의 살로몽처럼 자신이 놓인 입장의 부조리를 너무 일찍 깨달았다.

그는 많은 친구들의 사랑을 받았지만, 성실한 친척들을 초조하게 만들었다. 에머는 앨프릿의 생활태도에 불만이었다. 그래서 그녀는 그와 친하게 지내는 마리 움월을 자기 집에서 접대하길 거절하기도 했다.

또한 너새니얼 메이어의 아들인 조카 찰스는 '앨프릿을 제외시키기 위해서는 돈이 얼마든지 들어도 좋다'고까지 말했다. 그런 견해를 가진 사람은 찰스만이 아니었다.

너새니얼 메이어의 동생을 이런 사람으로 만든 것은 무엇인가? 그의 풍채는 보기좋다고 할 수 없었다. 몸은 수척하고, 말쑥한 옷차림에 두드러져 보이는 턱수염을 가졌으며, 자주 허무한 미소를 떠올렸다.

그러나 이런 점들이 그가 어리석다는 증거는 되지 않는다. 그는 재기발랄했다. 유럽의 여러 언어를 자유롭게 말하고, 다른 문화에도 순수한 흥미를 가졌다. 또한 옛거장들 작품의 애호가로, 특히

18세기 영국화가 작품수집으로는 사촌형 알퐁스에 비길 만했다.

그는 내셔널 갤러리와 월리스 컬렉션 임원으로서 그 전문 지식을 살리고 있었다.

반 다이크가 그린, 당당하게 말탄 모습의 찰스 1세 초상화를 정부에서 사야 한다고 강력하게 주장한 것도 그였다. 이 그림은 오늘날 내셔널 갤러리가 가장 자랑하는 소장품의 하나이다.

그는 오페라·연극·음악에 열중했으며, 그 의미와 가치를 잘 이해했다. 한때 유명한 게이어티극장 주인이기도 했다. 또한 유럽정치에도 관심을 가졌다.

로스차일드집안의 접대의무도 앨프릿은 열심히 해냈다. 《배니티 페어》 잡지는 로스차일드로서의 그의 '공적'인 역할에 대해 이렇게 쓰고 있다.

사교계에서 위대한 가문을 대표하는 게 그의 소임이며, 그는 그것을 완벽하게 해냈다. 고관·귀족들을 영접하고, 대사들과 면회하며, 런던의 상류 엘리트들이 모이는 자리에 오락을 준비하는 일도 모두 그가 맡았다.

이런 때 그는 손님들의 노예나 심부름꾼이 되어, 예산이 허용하는 한 인심 좋게 돈을 썼고, 상대방에게 언제나 감사의 마음을 갖게 했다. 때로는 그것이 선망의 대상이 되기도 했다. 그는 런던의 모든 사람을 알고 있었고, 모든 사람들에게 알려져 있었다……

앨프릿은 남에게 보이기 위해 호화로운 전원저택을 지었다. 그의 컬렉션 중 특별히 좋은 것들을 전시하기 위해서이기도 했다.

아버지 라이어닐은 웬도버에 가까운 홀턴의 땅을 그에게 남겨주었다. 1881년에 인부들은 그곳에 놀라운 건물을 짓기 시작했다.

아마도 거의 완성된 퍼디넌드의 와디스던에 대항하기 위해서였거나, 아니면 그것을 모방한 것이리라. 사촌형처럼 앨프릿도 프랑스의 성 같은 건물을 지었다.

그러나 이 두 건물은 비교가 되지 않았다. 퍼디넌드는 프랑스 건축가를 고용해 철저한 계획 아래 시간을 들여 건설했다. 앨프릿은 그만큼 인내심이 강하지 못했다. 그는 영국의 큰 건축회사를 선택했다. 경비에 제한을 두지 않겠다는 조건으로 2년 만에 완성할 것을 주문했다.

그 결과 크고 화려한 건물이 완성됐다──그것은 모든 사람의 취미에 맞는 것은 아니었다. 그곳을 방문한 어느 귀족은 비명을 질렀다.

아, 그 소름끼치는 요란스러움! 부의 사치, 그 과시만 눈에 띄고, 역겹기 이를 데 없다……어떤 사람도 이런 걸 본 적 없고, 어떤 펜도 이 무섭도록 조잡한 광경을 묘사할 수 없을 것이다.

홀턴저택은 겉보기로는 와디스던에 비교가 안됐지만, 안은 앨프릿의 훌륭한 예술수집품으로 채워졌다.

1883년 홀턴저택의 완성으로 4반세기에 이르는 로스차일드의 건축열풍이 최고조에 이른다. 그들이 착수한 대규모 건축계획은 8건이나 되었다.

멘트모어를 비롯한 페리에르와 프레니와 와디스던의 전원저택, 피커딜리거리 147~8에 자리한 라이어닐의 런던저택, 그리고 빈의 두 저택이었다. 주택의 증축과 개축은 수없이 많았다. 번영과 확장주의시대였지만, 다른 어떤 집안도 이 점에 관해서는 로스차일드를 따라오지 못했다.

이것은 가장 뚜렷한 로스차일드식 부의 표현방법이었다. 황제며

왕이며 옛귀족들에 견줄 만했다. 그들의 궁전은 자기 과시와 인심 좋은 접대를 위한 것이며 동시에 영원한 권력과 지위를 나타내기 위한 것이기도 했다.

앨프릿의 사치스러운 건축물에 대해 이견을 말하거나 그의 초대를 거절할 사람은 거의 없었다. 그는 주말에 홀턴을 방문하는 손님들의 즐겁고 다채로운 경험을 위해 어떤 노고도 아끼지 않았다.

최신 설비를 자랑하는 그 집은 편리하고 쾌적했다. 최초로 전기 조명설비를 갖추고, 옥내 수영장도 있었다. 준비된 오락의 가짓수도 방대하고 독특했다.

앨프릿은 동물들을 사육해 야외 서커스 광장에서 손님들에게 재주를 보여주었다. 쇼 마지막에는 주인 자신이 실크햇에 청색 프록코트를 입고 자주색 장갑을 낀 모습으로 채찍을 손에 들고 화려하게 등장했다.

앨프릿의 지시에 하인들은 무조건 따라야 했다. 새 견습생이 들어오면 정원사는 충고했다.

"앨프릿 나리께 '안됩니다'라고 결코 말하지 말게. 만일 달에 사다리를 놓으라고 하면, 재빨리 사다리를 가지러 뛰어가야 한다네."

홀턴저택 주인의 명령은 그처럼 터무니없는 것일 때가 종종있었다.

어느 날 주인은 넝쿨장미를 온실로 옮겨 기둥전체를 감아오르게 하라고 시킨 적이 있었다. 꽃이 한창 필 무렵으로, 정원사는 1주일 안으로 이 기적을 완수해야만 했다.

주말에 손님들이 방문했을 때 온실에는 꽃이 만발해 있었다. 손님들은 눈치채지 못했지만, 기둥 위쪽 꽃들은 철사줄과 종이로 만든 것이었다.

어느 몹시 추운 겨울날, 그보다 더 엄한 명령이 내려졌다——'스케이트를 탈 호수를 만들 것'. 기적 같은 이야기이지만, 그 다음 주말의 방문객들은 모두 얼음 위로 나설 수 있었다.

동화 같은 주말을 보내고 떠날 때 앨프릿의 손님들은, 자신들의 마차에서 난초꽃, 엽궐련, 케이크와 초콜릿과 과일이 가득 든 바구니를 볼 수 있었다.

인심좋은 접대는 대부분의 로스차일드가 책임감을 가지고 직접 진지하게 실행했으며, 지금도 여전히 그렇다. 그러나 앨프릿의 사치스러움과 연극적 행위에는 좀 지나친 점이 있어, 자신을 비웃고 있었던 듯한 느낌마저 든다.

너새니얼 메이어와 퍼디넌드와 알퐁스 그리고 잘로몬 알베르트의 사치스러운 접대에는 어떤 목적이 있었다. 그러나 앨프릿은 시모 플레이스나 홀턴에서 여는 파티를 특정한 목적으로 정당화할 필요성을 느끼지 못했다.

그래서 국가원수와 실업가뿐 아니라 여성들과 평판좋지 않은 사람들까지 그는 습관처럼 초대했다. 유명한 여배우를 찬양하는 만찬회도 곧잘 열었는데, 주빈 말고는 참석자 모두 남자들뿐이었다. 그들은 앨프릿의 눈이 높은 데 경의를 나타내기 위해 참석했다. 주인은 호화로운 요리를 내놓고 '건강'을 위해 조심스레 먹고 마셨다.

만찬에서는 때로 앨프릿의 개인 오케스트라가 세레나데를 연주하기도 했다. 오케스트라 구성원은 음악실력뿐 아니라 키도 모두 비슷한 사람들로 선발하였다.

그가 좋아하는 오락의 하나로 지휘가 있었다. 그는 곧잘 식사 뒤의 콘서트에서 지휘봉을 잡았다.

친구 가운데 누군가 병이 나면 앨프릿은 온갖 배려를 해주었다. 시모 플레이스의 주방에서 수프나 그밖의 영양분 있는 음식물이 든 큰 바구니가 병자 앞으로 보내졌다. 과시적인 인심이 얼마쯤 통속적일지도 모르지만, 선의에서 하는 일이 해로울 건 없었다. 따라서 앨프릿이 친척들에게 인기없는 이유는 다른 데서 찾지 않으면 안 된다.

하나는 금융업에 그가 열의를 보이지 않은 것을 들 수 있다. 그는 언제나 뉴코트에 늦게 나가고 일찍 돌아왔으며, 점심식사 뒤에는 낮잠자는 게 습관이었다.

이 N.M. 로스차일드부자상회 공동경영자는 한 주에 사흘만 일하면 자기 책임을 충분히 다한 것으로 생각했다. 그는 금요일에는 결코 일하지 않고, 주말을 위해 은행에서 새 지폐 1000파운드를 가져오게 했다. N.M. 로스차일드사업의 무거운 짐을 짊어진 사람들은, 친구니 오락이니 외국여행이니 자선이니 하며 제 기분대로 사는 그의 불성실한 태도를 당연히 불쾌하게 여겼다.

친척 중 누군가가 비난한다면, 별난 놀이를 좋아하는 그는 틀림없이 그에게 보복했을 것이다. 그가 말많은 친척들을 싫어하는 감정은 농담이나 익살이 되고 때로는 비정한 거절이 되어 나타났다.

에머 루이저는 특히 그 표적이 되었다. 엄격한 성격의 형수에 대해 그는 비꼬듯 말한 적이 있다.

"그녀의 아이들은 매일 안 된다는 말만 들으며 자랐을 게 틀림없어."

또 어떤 때는 만찬회에서 이상한 농담을 한 다음 불쑥 말했다.

"이건 에머가 한 말입니다."

그런 행동만이라면 문제가 되지 않을 수도 있었다. 그러나 로스차일드의 기본규칙을 파괴했을 때에는 그냥 보아넘길 수 없었다. 그의 충동적이고 경솔한 행동 탓으로 일어난 사건에 뉴코트가 크게 흔들린 일이 있었다.

그는 1868년에 잉글랜드은행이사로 지명되었다. 최초의 유대인 이사로, 21년 동안 그런대로 책임을 다했다.

1889년 그와 거래한 유명한 런던의 미술상이, 터무니없는 이익을 얻었다는 소문이 사람들 화제에 올랐다. 런던은행에 계좌를 갖고 있는 그 미술상에 대해 조사하고 싶다는 강한 유혹이 사건의 발단이 되었다. 그는 이 손님의 명세서를 '훔쳐본' 것이다. 공교롭게도 이 충격적인 뉴스가 외부로 새나가 대소동이 일어 앨프릿은 사임해야 했다.

그러나 이것으로 끝난 게 아니었다. 그의 책임감 결여, 금융업에 대해 지녀야 할 진지함을 거부한 태도가 친척들을 자극했다. 그가 공공연히 색다른 행동을 하는 게 곤혹스러웠고, 그것은 해를 거듭할수록 한층 심해졌다.

런던사람들은 앨프릿이 언제 외국에 있는지 알게 되었다. 그의 마차 뒤에는 언제나 두 대의 마차가 따라다녔기 때문이다. 이 속좁고 신경질적인 사나이는 마차가 고장나 걷게 되거나 대중교통을 이용해야 될 때를 늘 염려하고 있었다.

그러나 이 특징만으로는 '진짜' 앨프릿 드 로스차일드로 통하는 오솔길이, 로스차일드가 즐기는 연막으로 덮여진 까닭을 설명하기에 충분하지 않다.

홀턴의 방문객 명부는 왜 열람을 금지할까? 그것을 보면 그의 친한 친구들에 관해 더 많이 알 수 있을텐데. 그리고 숨겨놓은 딸이 있다는 소문은 사실인가 아닌가? 앨프릿의 성생활에는 뭔가 충격적인 요소가 있는 모양인지, 그의 친척은 물론 자유스러운 사고방식을 갖고 있는 자손들조차 입을 굳게 다물고 있다.

이 비밀에 부분적이나마 접근하려면 1868년 6월12일의 일부터 주목해야 한다. 그날은 아름다운 프랑스여성 마리 브와예와 헨리 움월 준남작의 23살난 동생 프레더릭 찰스 움월의 결혼식날이었다.

1년도 지나기 전에 이 신혼부부에게는 아들 프레더릭 어덜퍼스가 태어났다. 그리고 딸이 태어난 것은 그 8년 뒤. 사람들은 앨미너라는 이 여자아이의 아버지가 앨프릿 드 로스차일드라고 믿고 있었다. 그는 그 소문을 구태여 부인하려 하지 않았다.

그는 몇해 동안 공공연히 마리와 돌아다녔고, 그 딸이 아름답고 사치스러운 여성으로 성장하자 아낌없이 돈을 주었다. 앨미너의 아들이 뒷날 기록한 바에 의하면, 마리에게 홀딱 빠진 앨프릿은 아무 것도 거절하지 못했고, 그녀는 그 점을 한껏 이용했다고 한다.

프레더릭 움월은 왜 아내를 도둑 맞고도 가만히 있었을까? 그는 1899년 죽을 때까지 브루튼거리의 집에서 살았다. 1895년에는 앨미너의 결혼식을 치렀다.

겉보기에 이혼을 짐작케 하는 태도는 전혀 없었다. 그는 그 굴욕에 대해 앨프릿의 금고에서 상당한 보상을 받고 있었는지도 모른다. 그러나 이처럼 괴로움이 동반되는 인내가 돈만으로 설명될까?

아니면 이혼사유가 전혀 없는 상황으로, 즉 앨미너는 그 출생증명서에 씌어진 대로 프레더릭 움월부부의 딸인 것일까? 오늘날의 로스차일드 중에는 앨미너 사생아설을 단연코 받아들이지 않는 이도 있다.

이 이야기에서 다음으로 중요한 것은 그녀의 결혼식이다. 젊은 커나번백작 조지 허버트는 빚쟁이들의 독촉에서 벗어나기 위해, 그리고 화려한 생활을 유지하기 위해 부유한 신부감을 찾고 있었다.

그의 눈은 18살의 앨미너에게 머물렀고, 그는 이 사업추진을 위해 그녀의 '아버지'를 방문했다. 앨프릿은 눈이 휘둥그래질 정도의 지참금 50만파운드와 함께 커나번의 미지불 차용금 15만파운드까지 청산해 주었다.

앨미너와 허버트는 정식으로 결혼했다. 그들은 계속 앨프릿의 도움을 받으며 외국여행을 떠나거나 사교생활에 열중하고, 경마용 말을 사육했으며 큰 저택을 둘이나 소유했다.

앨프릿은 로스차일드의 돈을 욕심 많은 젊은 여자와 그 남편에게 쏟아부었다. 그 관대한 마음에 응답하는 그들의 방법이란, 더 많은 돈을 요구하는 일이었다. 이것은 앨프릿과 친척들을 괴롭혔을 게 틀림없다.

앨프릿은 왜 그랬을까? 왜 그렇듯 앨미너의 응석을 받아준 것일까?

아마도 자식에게 너그러운 아버지, 리어왕의 비극처럼 '어리석고 마음 후한 노인'이 되어……제 정신을 잃어버렸는지도 모른다. 앨미너가 그의 딸이 맞다면 이 설명은 통하는 셈이다.

만일 그렇지 않다면, 다른 곳에서 해답을 찾아야 한다. 우정일까?

앨프릿은 움월집안과의 관계를 위해 몇백만파운드의 돈을 쓰고, 뒷날 재산 대부분을 앨미너에게 유산으로 남겼다. 앨프릿은 마리집안에서 그 자신의 친척에게서는 느끼지 못한 따뜻함과, 자신을 받아들여주는 분위기를 발견했는지도 모른다.

그러나 그 설명은 충분치 못하다. 1899년 이후 앨프릿과 마리는 남편과 아내로서, 또는 종교적으로 문제있다면 그냥 영원한 반려자로서 함께 지낼 수 있었는데도 그렇게 하지 않았다.

마리의 손자는 그녀가 브루튼거리에서 늘그막에 혼자 외롭게 살았다고 말한다. 의혹의 안개는 걷히지 않는다. 이 안개를 말끔히 사라지게 할 수는 없는 것일까?

어떤 소문에 의하면, 앨프릿은 앨미너의 아버지가 아니며, 그의 이름이 그 흔한 여배우 관련 추문 명단에도 나오지 않는 까닭은, 그가 동성애자였기 때문이라는 것이다. 홀턴에서의 파티에 관련된 전설을 보면 분명 그럴지도 모른다. 그러나 그것은 모두 억측이다. 증거도 없다.

그러나 만일 앨프릿의 '수치스러운' 성적 경향을 전제로 한다면 모든 게 부합된다. 그의 품행, 탐미주의, 사치에 대한 지나친 열의, 여자다움, 우울증, 친구들에 대한 강한 애착——이것들은 모두 동성애경향이 있는 남자들에게 공통으로 나타나는 특징이다. 그가 친척들에게 왜 그렇듯 곤혹스러운 대상이었는지를 설명하는 데에도 충분하다.

1895년 봄, 커나번집안 결혼식에 대한 가십기사가 한창 신문 지면을 덮을 때, 신문 머릿기사는 오스카 와일드의 동성애행위에 관한 재판사건이었다. 빅토리아여왕시대 사회는 '도착(倒錯)'이라고 불리는 것에 관대하지 않았다. 동성에 매력을 느끼는 자신을 깨달은 사람은 누구나, 그 욕망과 그 욕망을 만족시킨 일을 비밀로 덮어두어야 했다.

자신의 그런 성향과 행동을 교묘히 감추기 위해 친구와 움월집안을 끌어들인 일은, 멋진 착상인 동시에 그의 연극적인 취향을 부추겨주었으리라. 만일 마리와 프레더릭과 앨미너가 속아주어야 하는 그들의 역할에 대해 충분한 보수를 얻는다면, 이 조치는 두루 만족할 만한 것이다.

앨프릿은 애정에 의해, 또는 침묵의 대가로 돈을 주었는지도 모르고, 어쩌면 양쪽 다였을 수도 있다. 그의 동기가 무엇이든, 결과는 앨미너에게 비참했다.

그녀는 욕심 많고 씀씀이가 헤프며, 품행 나쁘고 절조없는 여자로 자랐다. 그녀의 아들은 10살 때 왕실의 가든파티에서 불행히도 실수를 저지른 일을 기억한다.

그의 기억에 의하면, 앨미너는 미친 듯 화내며 소년을 마차에 밀어넣고, 집에 도착할 때까지 줄곧 심한 말을 퍼부으며 정강이를 발로 찼다. 그리고 그를 다락방에 가두고 이틀 동안 빵과 물 말고는 아무것도 주지 않았다. 왕이 가엾은 소년을 위해 장난감을 몇 개 보내주자, 그것을 아동병원으로 보내버렸다.

라이어닐의 막내아들 레오폴드에 대해서는 복잡하다거나 이상한 일이라곤 없다. 그는 다정하고 사랑스러웠다. 그는 전원에서 살며 특히 말에 정열을 쏟았다.

대학을 졸업하자 거너즈버리에 있는 아버지의 말사육장 관리를 인계받아, 그것을 버킹엄서의 애스컷에 있는 자기 집으로 옮겼다. 거기서 그는 훌륭한 말들을 많이 키웠다. 특히 1904년 더비에 세인트 애먼트를 내보내 우승하기도 했다.

메이어가 죽은 뒤에는 디어하운드를 물려받아 애스컷으로 옮기고 신종을 도입해 사냥개 개량을 시작했다.

레오폴드는 형제들 중 가장 인기 있었다. 어린시절 에벌리너와 함께 장난치며 자란 그는, 누이의 죽음을 마음 아파하는 매형 퍼디넌드와 친하게 지내며 그를 격려해 주고, 진심으로 동정하는 일을 잊지 않았다.

이러한 인정있는 성품과 스포츠를 사랑하는 마음이 어우러져 그는 매우 호감가는 인물이 되었다. 그가 늦게까지 결혼하지 않은 건 좀 놀라운 일이었는데, 36살 때 자기 나이의 반쯤밖에 되지 않는 젊고 아름다운 여자와 결혼했다. 그녀가 애스컷의 사냥에 참가했을 때 이 두 사람이 서로 사랑하는 것을 친척들이 알게 되었다. 그때 일을 한 친척은 이렇게 전한다.

……품위있고 섬세한 느낌의 여자로, 수줍고 얌전했다. 짙은 녹색 드레스를 차려입은 모습이 매우 잘 어울렸다.

그녀는 레오의 훌륭한 사냥말을 타고 언니를 만나러 갔다. 일종의 '스포츠 맞선'으로, 그 일은 잘되어나갔다. 며칠 뒤 우리는 마리 페루지아가 레오폴드의 약혼자가 되었음을 알았다.

마리는 오스트리아태생이었다. 최근에 영국으로 이주했는데, 그녀는 새로운 나라가 마음에 들었다.

이 결혼은 사교계에서 명예롭고 확고한 지위를 그녀에게 주었다. 그녀는 황태자와 총리대신, 귀족, 정치가, 외국고관 등을 상대로 여주인역을 하게 되었다. 그녀는 그 역할을 매우 좋아했다.

메이어가 1874년에 죽고 나서 3년 뒤, 미망인 줄리애너는 지중해의 요트 위에서 숨을 거두었다. 26살난 딸 해너는 멘트모어의 집, 피커딜리 107번지, 뉴마켓의 집과 몇천 에이커에 이르는 영지를 상속받았다.

다음해 1월, 사교계는 그녀와 5대 로즈버리백작 아치볼드 프림로즈의 약혼소식을 듣고 아연실색했다. 30살인 이 귀족은 여러해 동안 로스차일드집안의 친구로 지내왔다. 메이어의 경마친구였고, 특히 퍼디넌드와 우정이 깊었다.

두 사람은 자주 만났지만, 다른 가문과의 결혼에 대한 해너 부모의 태도 때문에 속마음을 숨겨야만 했다. 메이어와 줄리애너를 설득하는 일은 불가능했다. 애니가 1873년에 엘리엇 요크와 결혼했을 때의 냉담한 반응을 보면 알 수 있었다. 두 사람의 결혼 공표는 줄리애너의 장례가 끝난 뒤 적당한 시기까지 기다려야 했다.

이 소식에 반대의견은 없었다. 로스차일드도 시대에 따라 변했으며, 로즈버리는 꽤 좋은 결혼상대였기 때문이다. 그는 세습칭호와 상당한 영지, 경주마, 사교계의 훌륭한 지위를 가지고 있었다. 자유주의적이고 활달한 웅변가였으며 장래가 촉망되는 젊은이였다.

1878년 3월에 올려진 결혼식은 사교계의 화제가 되었다. 하객명단에 황태자를 비롯한 저명인사가 수두룩했고, 총리 비컨즈필드경이 신부를 데리고 들어갔다.

두 사람의 결혼생활은 꿈같은 분위기에서 시작되었다. 결혼기간은 짧았지만, 행복으로 충만했다. 로즈버리는 헌신적인 아내의 내조와 격려를 받으며 출세의 길을 달렸다.

그보다 두세 달 먼저 앤서니의 딸 콘스턴스가 그리스도교도와 결혼했다. 앤서니가 죽은 1876년 이전에 콘스턴스는 이미 레오폴드의 케임브리지시절 친구 시릴 플라워와 친밀한 사이가 되어 있었다.

플라워는 패기는 없지만 다감하고 인기있는 젊은이였다. 그는 아버지로부터 런던교외 배터지 언저리의 큰 저택을 상속받았다.

그들의 결혼은 오래전부터 계획되어 왔지만, 마지막 몇달 동안 고통을 견디고 있는 콘스턴스의 아버지 마음을, 약혼발표로 어지럽히지 말자고 두 사람은 다짐하고 있었다. 또한 그가 죽은 뒤 바로 결혼할 수도 없다고 생각했다. 따라서 1877년 11월까지 결혼식이 미루어졌다.

콘스턴스와 결혼하자 플라워는 완전히 로스차일드세력권으로 들어갔다. 미망인이 된 어머니와 콘스턴스가 떨어져 지내지 않도록 부부는 거의 애스턴 클린턴에서 살았다. 플라워가 마블 아치에 사 놓은 집에서는 겨울 몇 달만 지낼 뿐이었다.

플라워는 문학·예술분야 인사들을 곧잘 초대했다. 손님 가운데 번 존스·밀레이스·티소·휘슬러·테니슨·헨리 제임스·앨프릿 길버트 등이 있었다.

플라워와 그의 아내는 글래드스턴파를 지지했다. 결혼하고나서 얼마 뒤 플라워는 토리당의 아성인 브레컨에서 자유당 후보로 입후보하라는 요청을 받았다. 콘스턴스는 선거구의 기반을 다지기 위해 남편과 여러 차례 웨일즈로 갔다.

1880년 선거 때 그녀는 옆에서 그의 활동을 도왔다. 마침 그 당시는 글래드스턴의 유명한 미들로디언운동의 해로, 그의 당은 대승리를 거두었다. 시릴 플라워는 자유당의 상승조류를 타고 당당히 의석을 획득했다.

결과가 발표되는 그 흥분의 도가니 속에서 콘스턴스는 완전히 그 분위기에 빠져들어, 그녀 자신도 정치가가 되는 게 아닐까 생각될 정도였다. 그녀는 후에 다음과 같이 회고했다.

시릴은 외치듯 짧게 연설하고 돌아와, 쏟아지는 축하인사와 악수공세를 받았다. 그리고 나는 창가의 연단으로 안내되었다. 한 대신이 사람들을 조용히 하게 했다.

나는 힘껏 큰소리로 외쳤다.

"오늘 여러분이 이루어주신 크나큰 일에 저는 진심으로 감사드립니다. 단 한마디만 하겠습니다. 웨일즈어로——부디골리에스(승리)!"

그 말을 듣고 군중은 환호했다.

콘스턴스는 국회의원의 아내 자리를 즐겼다. 런던에서 정치가들을 접대하고, 연설회에 참석하고, 선거구를 돌며 공적인 행사를 빛내는 일을 모두 잘 해냈다.

시릴 플라워는 1880년대의 어려운 시기에도 계속 글래드스턴을 강력하게 지지해, 1892년에 드디어 귀족이 되었다. 콘스턴스는 배터지경 부인이라는 새로운 칭호에 매우 만족했지만, 자신의 역할이 바뀐 데에는 낙담했다. 상원은 하원 같은 흥분이 별로 없고, '보통사람들'과 가까이 접할 기회도 없어 그녀는 이것을 유감으로 생각했다.

이 무렵 그들의 결혼생활에 그늘이 드리워졌다. 근본적 문제는 콘스턴스가 남편보다 어머니와 여동생에게 더 애정을 쏟는다는 데 있었다. 또 시릴 플라워는 동성애 기질이 짙어, 아내가 싫어할 친구들을 애스턴 클린턴으로 데려오곤 했다.

1893년에 드디어 변화가 생겼다. 2월1일, 콘스턴스는 일기에 쓰고 있다.

……시릴이 6시 반에 돌아와 의자에 털썩 주저앉으며 말했다.

"좋은 소식이 있소, 코니. 뉴사우스웨일즈지사직을 제의받았소."

그 말을 듣고 나는 비수에 찔린 듯한 느낌이었다.

시릴 플라워에게는 이것이 출세를 향한 커다란 한걸음이었다. 하지만 콘스턴스에게는 어머니와 여동생과 헤어진다는 것을 의미할 뿐이었다. 친족으로부터 떨어져 그토록 먼 곳에서 살아야 한다는 것은 그녀에게 견딜 수 없는 일이었다.

플라워는 아내뿐 아니라 루이저와 애니의 반대에도 부딪쳐 손을 들 수밖에 없었다. 그는 지사직을 사퇴하고, 그에 따라 고위직에 오를 야심마저 꺾였다. 그는 매우 화를 냈다. 그와 콘스턴스의 관계는 이제 돌이킬 수 없게 되었다.

그녀의 일기에는 그 몇주일 동안의 그녀 생각이 선명하게 적혀 있다.

2월20일

아일랜드로 출발. 우리 일행은 각하와 두 여동생, 그리고 시누이와 그레이엄양이었다. 우리는 매우 예의바르게 각하를 대했다.

뉴사우스웨일즈에 관한 일이 내 머리에서 떠나지 않았다. 시릴이 여러 가지 일을 억지로 '즐겁게' 하고 있음을 나는 안다.

저녁식사 뒤 각하가 내 옆에 와서 앉았다. 나는 현기증이 나는 것처럼 기분이 좋지 않았다.

2월21일

내 결정을 어쩌면 나는 깊이 후회하고 있는지 모른다. 하지만 그렇게 하지 않으면 어머니는 돌아가실지도 모른다. 아, 이 무슨 일이란 말인가!

콘스턴스가 그곳으로 떠나기 싫어했던 또 하나의 이유는, 그녀의 생활 대부분을 차지하는 사회활동을 버리기 아쉬웠기 때문이었다. 그녀는 어머니 도움으로 어릴 때부터 이 일에 힘을 쏟아왔던 것이다.

……동생 애니와 나는 좋은 목적을 가지고 남을 위해 일하는 것을 특권처럼 생각했다. 힘들거나 어떤 가치 있는 일을 한다는 생각은 없었다.

그녀들은 화이트채펄, 베스널 그린, 마일 엔드 같은 가난한 유대인 거주지역을 방문하곤 했다──그곳 생활은 그녀들의 조부가 살았던 게토와 비슷했다.

그들은 삯바느질과 구두직공일을 하며 살았다. 이디시어밖에 할 줄 모르는 사람들도 있었다. 이웃사람이 친절하게 통역해 주지 않으면 대화도 나눌 수 없었다.

그들은 전통적 유대교 신앙을 가졌으며, 집집마다 문기둥에 '메주자(유대인이 건물 입구에 달아 놓는 부적)'가 붙어 있었다.

관례에 따라 기혼여성은 머리를 가리고 있었다. 동방여인들처럼 베일로 가리는 게 아니라, '셰텔'이라는 가발을 덮어쓰는 것이다.

그들은 유월절에 쓸 특별한 요리도구를 갖고 있으며, 그때가 되면 먼지를 털고 닦는 등 정성스레 손질한다. 그 무렵에 그들을 찾아가면 즐겁다.

어느 금요일 저녁, 헤브라이어 기도서를 읽고 있던 할머니가 나에게 말했다. 안식일에는 다른 말로 씌어진 책은 거들떠보지도 않는다고. 그것이 지금 우리가 살고 있는 이 시대에도 전혀 드문 일이 아닌 것이다.

우리가 좀 지치고 힘들어 보였던 모양이다. 부인들이 동정어린 목소리로 말했다.

"아이, 가엾어라! 피곤하군요?"

때로 커피를 끓여주기도 했다. 이 여인들은 우리를 친절하게 대하며 상냥하고 다정했다. 예의바르지 못하고 신분 차이도 모르는 사람들이지만, 순수한 친절과 같은 민족이라는 끈끈한 마음으로 방문자를 맞아준 것이다.

이 방문을 계기로 창부(娼婦)에 대한 사명감이 생겨, 그녀들은 유대부인예방구제회(뒤에 유대부녀자보호협회로 개명)를 만들었다. 이것은 몇년 뒤 미혼모를 위한 숙박시설과 일하는 여성을 위한 간이기숙사, 소년원과 고아원으로 확대되었다.

1880년대에 애니와 콘스턴스 두 자매는 새로운 일을 찾아냈다.

1884년에 맹세한 뒤로 나 자신이 결정한 일을 후회하거나 약속을 어긴 적이 한 번도 없다. 나는 버킹엄셔주와 베드퍼드셔주 등 여러 자치단체회장이 되었다. 또 런던과 영국 여기저기에서 많은 활동을 하며, 그 덕분에 수많은 저명인사들과 개인적으로 잘 알게 되었다.

'악마의 음료' 알코올에 반대하는 운동은 특히 활기를 띠어, 종교계는 물론 종교와 관계없는 곳에서도 참가자들이 열성적으로 모여들었다. 로스차일드여성들은 뜻을 같이하는 성직자와 양당 정치가, 외국의 지지자들과 함께 일했다.

해를 더할수록 두 자매는 자선과 개선사업에 많은 시간을 바쳤다. 그것은 마침내 전문적인 사업이 되어갔다. 콘스턴스는 특히 교육과 감옥 방문에 종사하였고, 1901년에 부인들의 사회적 자선을 모든 면에서 조정하는 단체인 국제부인노동자조합 회장이 되었다.

사회적 책임을 완수하든가 아니면 환락으로 지새든가 하는 두 극단적인 현상은 도버해협 건너 로스차일드들에게도 뚜렷하게 나타났다.

너새니얼이 죽은 것은 1870년으로, 다소곳한 그의 아내 샬럿은 그보다 30년 가까이 더 살았다. 그녀는 아들 셋과 딸 하나를 두었는데, 두 아들 제임스 에드와르와 아르튀르만 살아남아 어른으로 자라주었다.

이윽고 제임스 에드와르는 마이어 카를의 딸 에머 루이저와 혼담이 오갔으나, 에머가 라이어닐의 아들 너새니얼 메이어와 사랑에 빠져 혼담이 취소되었다. 제임스 에드와르는 에머의 여동생 로러 테레즈와 1871년에 결혼했다.

제임스 에드와르와 아르튀르는 두 세대에 걸친 로스차일드 근친결혼의 희생자로 보인다. 조카 앙리의 말에 의하면, 아르튀르는 '수줍음을 잘 타며 색다른 사람──아니, 더 정확히 말하면 기묘한 인물'이었다고 한다.

아르튀르는 자신에게 주어진 로스차일드로서의 책임을 거의 무시하고 살았다. 그는 생토노레거리의 자기 방에서 독신으로 지내며 몹시 게으른 생활을 했다. 은행일은 하찮은 일조차도 하는 둥 마는 둥 했다.

그가 사는 보람은 수집에 있었다. 이 가문의 특성도 그에게서는 망상 같은 양상을 띤다. 그는 색다른 물건들만 모았다. 우표를 모으고, 우표학술서를 저술한 것은 이상할 것이 없지만 엽궐련수집은 어떤가? 또 넥타이는?

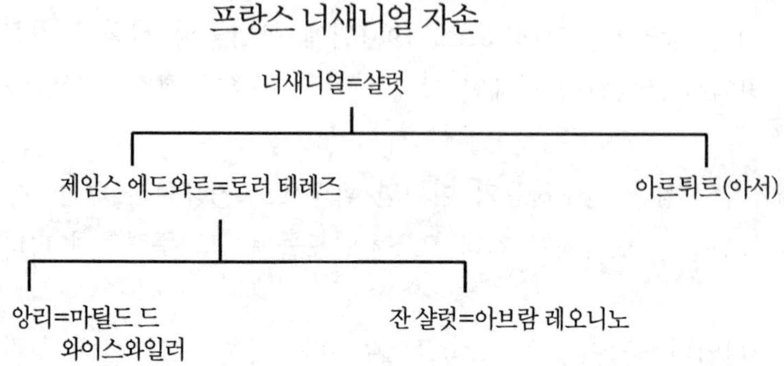

조카 앙리가 쓴 다음 글을 읽으면, 수집광인 숙부의 모습을 엿볼
수 있다.

　대단한 골초였던 아르튀르숙부는 1년에 두세 번씩 그룬바움·모
리스·헤세 등 유명한 수입업자로부터 엽궐련을 사들이기 위해 런
던과 함부르크로 갔다. 이 담배전문가는 정성스럽게 고른 코로
나·후프먼스·헨리 클레이스 등을 잔뜩 사가지고 왔다.
　여러 색깔의 담배상자를 그는 세심한 주의를 기울여 특별실에
늘어놓았다. 거기에는 앞면이 유리로 된 캐비닛이 두 개 있었다.
책장과 비슷했으나, 내부가 납으로 되어 습기와 온도 변화에 견
딜 수 있도록 만들어졌다.
　숙부는 각 상자에서 담배를 한 개비씩 꺼내 피우는 기묘한 습
관이 있었다. 오른쪽 캐비닛에서 예닐곱 상자 골라, 저마다 한
개비씩 꺼낸다. 그리고 다시 조심스럽게 뚜껑을 덮어 왼쪽 캐비
닛에 집어넣는다.
　크리스마스와 신년 때면 친구들과 신세진 사람에게 선물하는
데, 한 사람에게 대여섯 상자씩 그가 피워본 것 중에서 골라 보

내는 것이었다. 그는 1년에 8000에서 1만개비의 엽궐련을 선물했
다.

어느 날 이 선물을 받은 한 사람이 아르튀르남작에게 고맙다며
인사를 왔다. 그리고 이상하게도 상자마다 한 개비씩 없다면서,
자신의 추측을 이야기했다.

"분명 하인들 짓일 걸세. 알려주는 게 내 의무일 것 같네."

숙부는 대답했다.

"아닐세, 내가 빼낸 거라네. 먼저 피워보고 나서 괜찮은 걸 선
물로 보내야 되지 않겠나."

넥타이에 대해서도 마찬가지였다. 아르튀르는 넥타이를 다스
단위로 샀다. 온갖 색조의 넥타이를 갖추어 특별히 만든 장에 늘
어놓았다.

그때그때 기분과 날씨에 맞추어 그는 곧바로 바꾸어 매었다.
기분이 바뀌거나 구름이 사라진다든가 하면, 남작은 하루에도 몇
번씩 넥타이를 바꾸었다. 한 번 매고 난 넥타이는 다른 곳에 두
었다가 잘 포장하여 친구에게 선물로 보냈다.

아르튀르는 별난 플레이보이였으나 죄는 짓지 않았다. 그러나
형 제임스 에드와르는 불행하게도 병든 사나이였다. 신경질환과
우울증으로 괴로움을 겪었던 것이다. 아내의 노력으로도 병세는
호전되지 않았다.

로러 테레즈 드 로스차일드는 '엄격한 명령을 받은 신의 딸' 같
은 여성이었다. 독일어 말투를 끝내 버리지 못했듯, 최후의 날까
지 랍비 히르슈에게서 배운 신성하고 순수한 가르침을 굳게 지켰
다.

이 나라에서 가장 훌륭한 포도밭 소유자의 아내인데도, 집에서
와인 마시는 것을 결코 허락하지 않았다. 그녀는 랍비나 그리스

도교 성직자들과의 사귐을 즐기고, 많은 시간을 자선사업에 바쳤
다.

그녀는 또 자주 사람들에게 화젯거리를 제공하기도 했다. 어느
날 집에서 기도회를 열려고 하는데, 기도서가 모자랐다. 그녀는
고용인 방에 다음과 같은 말을 전했다.

"셋 리브르 프리에르(일곱 권의 기도서)를 사오너라."

하녀가 '셋 리브르 드 그뤼예르(그뤼예르 치즈 7파운드)'를 안고
나타났을 때 로러 테레즈는 매우 화를 냈다. 프랑스인, 특히 파리
사람들의 경박함을 그녀는 매우 불쾌하게 여겼다.

병든 남편 제임스 에드와르에게 그녀는 거북한 존재였다. 그는
차츰 책의 세계로 도피했다. 로스차일드의 수집광 체질이 그에게는
열렬한 도서수집으로 나타났다. 어려서부터 책을 좋아하여 몇십만
권이나 수집했다. 그의 아들이 뒷날 국립도서관에 기증할 때, 목록
만 책장 하나 가득찼다.

그러나 책으로도 충분한 위로가 될 수 없는 상황이 제임스 에드
와르에게 계속되었다. 그는 로스차일드사람이라는 사실 때문에 극
도로 긴장하며 살았다. 많은 사람들 눈에 늘 띄고, 임무를 다하여
집안의 기대에 부응해야 한다는 긴장이 그의 병세를 악화시켰다.

따스하고 상냥한 아내의 격려와 이해가 있었다면, 제임스 에드와
르도 어떻게든 잘해나갈 수 있었을지 모른다. 그러나 현실은 그렇
지 못했고 그는 살아갈 목적을 잃었다. 죽음. 37살의 젊은 나이였
지만, 견디기 힘든 삶에서 해방되는 유일한 길이었다.

제임스 에드와르가 죽은 뒤 미망인은 부동산을 유지하는 데 온힘
을 기울였다. 고용인들의 대우를 개선하고, 도덕성 회복과 의식개
혁에 힘썼다.

그녀가 아들 앙리와 딸 잔을 데리고 처음으로 무통포도원을 방문
했을 때 일을 손자 필립이 상세하게 설명하고 있다.

……그곳을 둘러본 할머니는 적잖은 충격을 받았다. 그래서 타락한 여자들을 위한 집을 서둘러 짓게 했다.

지방에는 결혼이라는 관습이 퍼져 있지 않은 것을 아무도 그녀에게 이야기해 주지 않았다. 실제로 시골에는 결혼하는 사람들이 그리 많지 않았다.

사람들의 가난한 모습은 할머니를 당혹스럽게 했다. 맨발의 어린이들, 앙상하게 야윈 여자들…… 할머니는 온 동네를 돌아다니며 선물을 나눠주고 도움이 될 만한 말도 들려주었다.

아버지는 두 번 다시 그곳을 찾지 않았지만, 할머니는 정기적으로 찾아갔다. 그리고 소박한 잔고모도 언제나 따라다녔다……

굳건한 도덕의식을 지닌 로러 테레즈는 앙리와 잔에게 여자가정교사를 두고 그 감독 아래 엄격히 키웠다. 가정교사들은 세상의 유혹으로부터 아이들을 잘 보호하도록 지시받았다.

특히 앙리는 여자들만 사는 수녀원에서 어린시절을 보냈다. 이 생활은 서슬퍼런 어머니뿐 아니라, 할머니와 그 무서웠던 증조할머니 베티가 1886년에 죽을 때까지 이어졌다.

또래 친구가 없던 앙리는 혼자만의 세계에서 외롭게 살았다. 자연히 수집쪽으로 흥미가 기울어, 동물과 조류박제를 웬만한 작은 박물관만큼 모아들였다.

앙리는 그것을 자랑으로 여겼다. 이 활동은 어머니도 인정했으나, 가정교사가 박제에 사용하는 화학약품이 앙리에게 해롭다고 지적하여, 표본들은 곧 그 지역의 학교로 보내졌다. 가엾은 소년은 무언가 다른 것을 모아보도록 권유받았다.

앙리는 편지에 눈을 돌렸다. 그야말로 로스차일드다운 방식으로 그는 50여년 동안 15세기에서 19세기에 이르는 왕과 여왕, 정치가·시인·극작가·철학자들이 직접 쓰고 서명한 서한을 5000통 이상 모았다.

앙리가 청년기에 들어서자 어린시절보다 더 많은 제한이 그를 기다렸다. 로러 테레즈는 앙리를 성적인 모험과 방탕한 생활에 빠지지 않게 하기 위해 용돈을 거의 주지 않았으며, 오직 건전하고 유익한 일만 하며 시간을 보내게 했다.

그녀는 아들 앙리를 의사로 만들어 봉사활동을 시키려 마음먹고 어린이 결핵요양소로 데려갔다. 어머니에게 압도되어 앙리는 반항할 수도 없었다.

그러나 친척 가운데 그의 편이 되어준 사람이 있었다. 그가 안나라는 여자와 친해져 그녀를 파리에 살게 하기 위해 돈이 필요했을 때, 아르튀르숙부와 또 한 사람의 다른 친척이 돈을 빌려주었다.

그즈음 '방탕'이 심했던 파리의 매력에, 앙리는 저항할 수 없었다. 친척의 애인이 정기적으로 여는 파티의 모습을 그는 묘사하고 있다.

……잊지 못할 그날 저녁, 기분좋은 이집 여주인 주느비에브의 손님은 좋은 집안의 젊은 독신자들, 아내와 멀어진 남편들, 여배우, 요염한 창부들이었다.

여주인의 따뜻한 환대로 우리는 최고급 요리와 와인, 아바나에서 직접 들여온 엽궐련을 즐겼다.

저녁식사 뒤 포커판이 벌어졌다. 열성적인 부자들이 게임에 빠져들었으며, 판돈 액수가 엄청났다. 그것이 새벽 2~3시까지 이어졌다.

그녀 집에 모여드는 남자들은 경험을 쌓고 싶어하는 '남자아이'와, 금지된 유흥을 탐닉하려는 이들이었다. 여자들 또한 자연스럽게 '사랑의 유희와 기회'에 뛰어들었다.

그런 상류사회 악의 소굴로 외아들을 뛰어들게 한 것은 어머니 로러 테레즈의 잘못 때문이었다. 그녀가 앙리에게 베푼 교육은 장차 프랑스에서 가장 부유하고 영향력 강한 인물이 될 젊은이에게는 매우 부적절한 것이었던 셈이다.

그러나 그녀는 의지를 굽히지 않았다. 여자친구들과 당장 관계를 끊게 하고, 앙리를 미국으로 여행 보내 안나에 대한 사랑을 말끔히 잊도록 했다.

같은 또래 친구나 마음맞는 사람들로부터 떨어져 앙리는 내향적이 되어갔다. 그는 차츰 생각과 느낌과 관찰한 일을 글로 표현하게 되었고, 결국에는 좋든싫든 작가로 변신하게 되었다. 그가 쓴 것은 매우 방대하고 폭넓다. 소설과 희곡(필명은 앙드레 파스칼)을 비롯하여 의학 논문·여행기·수집에 관한 책과 회고록까지 다양하게 출판했다.

로러 테레즈의 소유욕과 지배욕은 결국 허망한 끝을 보게 되었다. 앙리는 23살 때 가족과 아무 상의 없이 갑자기 결혼했다. 상대는 보잘것없는 젊은 유대인여자로, 어머니에 대한 반항의 표시였다.

이 소식을 알리던 순간의 일을 앙리는 만족스럽게 적고 있다.

7시쯤 옷차림을 갖추고 어머니방으로 들어갔다. 중요한 편지를 쓰고 있던 어머니는 의자에 앉아 잠시 기다리라고 손짓했다.

나는 의자에 앉아서 꼼짝도 하지 않고 기다렸다. 지루하고 피곤했다.

이윽고 어머니가 눈을 들었다.

"무슨 일이니? 나쁜 일이 아니었으면 좋겠구나."

"좋은 소식을 가지고 왔어요. 저 약혼했습니다."

"약혼이라고!"

어머니는 용수철같이 벌떡 일어섰다.

"누구냐!"

"누이 친구입니다. 밀레 마틸드 드 와이스와일러 양……"

어머니는 당황하는 것 같았다. 자신의 귀를 의심하는 모습이었다.

"농담이지? 엄마는 놀림당하는 게 질색인 걸 너도 잘 알잖니?"

"사실입니다."

나는 대답하고, 고민에 빠진 어머니에게 24시간 안으로 결혼을 결정해야 한다고 설명했다.

어머니로서의 위신에 큰 타격을 입은 네이선 제임스남작부인은 그 감정을 감출 수 없었다. 새파랗게 질려 몸을 떨면서 자신을 엄습한 감정을 말로 표현하지도 못했다.

뜻밖의 소식에 어머니는 넋을 잃었던 것이다. 그리고 알리지도 않고 내가 약혼한 데 분노했다. 의논도 하지 않고, 내 이름을 줄 여자집안에 관해 조사할 여유도 주지 않고 결정해버린 사실에 무척이나 자존심상해했다.

나의 갑작스러운 결심을 믿기 어려워, 가엾게도 어머니는 어쩔 줄 몰랐다. 찬성해야 될지 반대해야 될지도 알지 못했다……

동의하기 전에 여자집안에 대해 자세히 알아야겠다고 어머니는 말했다. 두세 사람에게 물어보고, 편지 써 보내야 될 사람도 있다고……

나는 어머니를 만류하며 말했다.

"어머니의 조사결과 같은 건 상관없습니다. 그녀를 사랑하고 결혼하는 것은 저입니다."

나는 저녁식사 때까지 어머니 서재에 있었다. 내 결혼계획, 그리고 어머니와의 의논을 통해 내가 나타낸 성장한 아들로서의 권위는, 이 훌륭한 부인을 완벽하게 압도했다. 나는 기쁨에 넘쳤다. 드디어 나의 자유를 알리는 순간이 닥쳐온 것이다.

결국 로러 테레즈는 아들 앙리의 뜻에 따랐다.

잔에게 가해지는 숨막힐 듯한 압박의 영향도 똑같이 불행했고, 예상할 수 있는 일이었다. 그 결과는 세월이 흐른 뒤 아주 우연한 기회에 밝혀졌다.

영국로스차일드의 한 후손이 전쟁중 켄트지방으로 차를 몰고 가다가 어느 대중음식점에 들렀다. 벽 여기저기에 사진이 걸려 있었는데, 몇몇 19세기 조상들의 모습이 그녀의 눈에 띄었다.

사진의 내력을 묻자 식당주인은 그녀를 방으로 데리고 가더니 사진과 유리필름원판 그리고 커다란 환등기를 보여주었다. 그것은 제임스 에드와르 드 로스차일드남작이 주인의 삼촌에게 준 선물이었다.

그 선물은 문제의 삼촌이 로러 테레즈를 위해 일하다가 한 식구처럼 소중한 존재가 되었다는 사실을 밝혀주었다. 얼마나 신뢰를 받았느냐 하면, 사춘기였던 잔을 하루 몇 시간씩 돌보도록 맡겼을 정도였다.

잔이 매일 승마를 나갈 때마다 그가 따라갔는데, 다른 시중드는 사람 없이 사실상 그 혼자만 가게 되었다. 하지만 결국 그는 남자 하인이었다.

그러나 하인이든 아니든 잔은 그의 팔에 안겨 세상남자들의 육체와 마음이 어떠한지를 알게 되었다.

그들의 관계가 명백하게 드러나자 굴욕감에 젖은 로러 테레즈는 그 하인을 해고하여 고향으로 돌려보냈다. 그에게 식당 하나를 살 수 있을 만큼 (그 식당은 나중에 조카에게 상속되었다) 돈을 주고,

그 대가로 입을 봉하도록 약속받았다.

잔은 아무도 모르게 그 하인의 딸을 낳아, 곧바로 양부모에게 입적하였다. 그리고 로러 테레즈는 서둘러 잔에게 걸맞는 남편감을 얻기 위해 열심히 주위에 낚시줄을 드리웠다.

빈에서는 잘로몬 알베르트와 형 나타니엘 사이에 대조적인 상황이 벌어지고 있었다. 잘로몬 알베르트는 나타니엘보다 8살 아래이고, 지금 영국시민이 된 퍼디넌드보다 5살 아래인데도 30살 때부터 아버지 사업을 이어받아 옛로마황제 호텔의 넓은 사무실을 운영하고 있었다.

'일하는 잘로몬 알베르트 폰 로스차일드'라는 제목의 그림을 그의 손녀가 가지고 있다. 넓고 쾌적하며 잘 정돈된 방 안에서 팔걸이 의자에 깊숙이 앉아 있는 뒷모습이다.

이 그림은 정력적인 잘로몬 알베르트에 대해 잘못 전해주고있다. 그는 오스트리아-헝가리제국의 재정적 기반이던 회사의 복잡한 업무를 혼자 처리해 왔다. 그리하여 성공의 절정에 오를 수 있었다.

S.M. 로스차일드부자상회는 빈의 최대민간은행이었다. 크레디트안슈탈트는 최대 산업투자은행이었다. 프란츠 요제프황제의 개인재산으로 경영되는 보덴크레디트안슈탈트 역시 중요한 은행으로 국채를 취급했으며, 고객은 거의 귀족과 대지주였다.

잘로몬 알베르트는 크레디트안슈탈트와 보덴크레디트안슈탈트의 경영에 직접 참여하지 않았으나, 실제로 두 은행에 강한 영향력을 행사하고 있었다.

로스차일드와의 관계는 매우 중요하므로, 1883년 크레디트안슈탈트위원회에서 위원을 교체할 때, 그가 가장 많은 표를 얻고도 사임한 일은 충분히 위협적인 효과가 있었다. 사실 그 위원회에서는 잘로몬 알베르트 폰 로스차일드 남작의 동의가 없으면 아무것도 결제할 수 없었다.

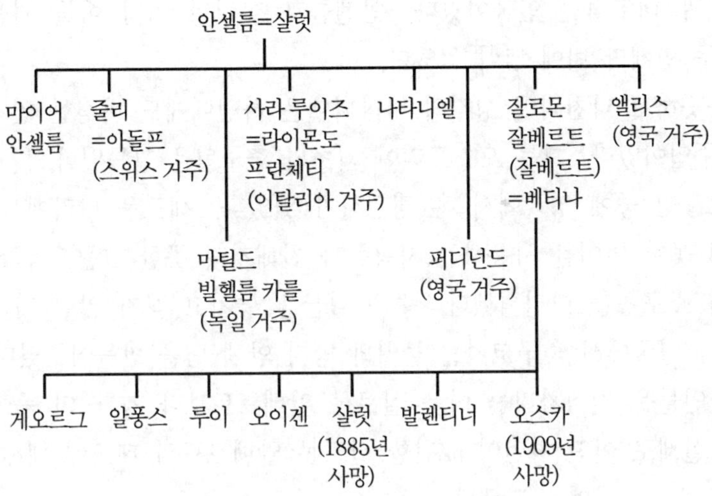

잘로몬 알베르트는 냉철한 두뇌와 폭넓은 시야를 가진 타고난 사업가였다. 오스트리아—헝가리제국 어느 쪽에도 없어선 안될 존재였다.

19세기 끝무렵엔 강력한 신용은행의 수가 계속 늘어나, 민간은행가가 살아남을 유일한 방법은 대규모 사업을 감당할 연합을 결성하는 일이었다. 이런 교섭 때는 잘로몬 알베르트가 늘 주역을 맡았다.

1880년, 그의 지도 아래 있던 기업연합이 헝가리정부의 공채를 대체시키는 중요한 사업에 착수했다. 2년 뒤, 그것이 빈 증권거래소에서 붕괴위기에 직면했을 때, 그는 공채를 사들여 장차 몰아닥칠 엄청난 파동을 막아냈다.

그뒤 합스부르크 영내에서 국가재정은 물론 중공업·철도개발·상업 등 어느 분야에서도 잘로몬 알베르트 폰 로스차일드의 참여없이 아무 일도 이루어지지 못했다. 그는 오스트리아에서 가장 중요한 재계 인사였다.

엄격하고 냉담한 성격을 가진 잘로몬 알베르트는 독신인 형 나타니엘과 대조적인 인물이었다. 안셀름과 샬럿의 여덟 아들 가운데 이 두 형제만 빈에 남아 있었다.

따뜻하고 낙천적인 성격의 나타니엘은 하인에게도 다정한 인기있는 주인이었다. 그는 오스트리아 최초의 축구팀을 만들었다.

고용인 중에 영국에서 온 정원사가 있었다. 새로운 나라에서 익숙지 못한 언어를 사용하는 사람들과 친해지지 못한 그는, 특히 고향의 스포츠를 그리워했다. 좋은 일꾼을 놓치고 싶지 않던 나타니엘은, 영국에서 축구코치를 불러와 영지 안에 팀을 만들어주었다.

하인들은 격식차리는 아우 잘로몬 알베르트보다 그를 더 좋아했다. 실제로 어떤 하인이 교만한 잘로몬 알베르트의 태도에 대해 불평하자 나타니엘은 말했다.

"아, 마음쓰지 말게. 그의 일은 아무래도 좋잖나."

나타니엘은 사업에 관심없었다. 그보다 생물이든 무생물이든 아름다운 것에 정열을 바쳤다. 그는 경주마를 성공적으로 잘 길렀다. 테레지아눔거리에 훌륭한 건물을 세워 귀하고 아름다운 보물로 가득 채웠다. 취미를 즐기면서 불우한 세상사람들도 잊지 않기 위해 전세계 식물들로 가득찬 호헤 바르테 식물원을 만들어 빈에 기증했다.

그는 의료방면에도 자선의 눈을 돌렸다. 친척 가운데 관련된 자가 있었기 때문이었다. 맹인·농아를 위한 종합병원 외에 고아원과 신경외과까지 설립했다.

그는 자신의 건강에 일종의 강박관념을 가지고 몸을 소중히 했으며, 늘 의사를 곁에 두었다. 실제로 몸이 약했는지, 신경성이었는지는 알 수 없지만.

잘로몬 알베르트도 자신의 집을 지었다. 집착하는 성격은 아니었지만, 그의 생활에도 사업과는 다른 부분이 있었다. 그는 오이겐거리에 집을 지었다. 훌륭한 저택으로 예술적 면에서 결코 형에게 뒤지지 않았다.

또 열성적인 아마추어 천문학자였던 잘로몬 알베르트는 개인관측소를 가지고 있었다. 엽궐련을 즐겨피워 렌거리의 금고실에는 산더미 같은 금괴와 함께 타우젠굴렌크라우트 등 애연가가 좋아하는 명품 담배상자가 쌓여 있었다. 그는 담배를 아바나에서 직접 들여와 연대순·품질순으로 관리했다.

잘로몬 알베르트는 시골을 좋아했으며, 자연보호라는 말이 유행하기 전부터 이미 자연보호자였다. 랑가우에서의 그의 활동을 보면 잘 알 수 있다.

19세기 중엽 빈이 급속하게 성장하면서 많은 산림이 파괴되었다. 재목의 수요급증에 따른 현상으로, 자본가들이 귀족으로부터 토지를 사들여 무분별하게 개발했기 때문이었다. 이러한 무질서한 개발로 1880년대에는 자본가들도 토지가격폭락의 파국을 맞았다.

빈 서쪽 400마일 되는 곳에 자리한 랑가우에 잘로몬 알베르트가 소유한 영지도 그런 토지의 하나였다. 그는 나무를 심기 시작했다.

그 일에는 노동력과 숙박시설이 필요했다. 랑가우에 반듯하게 설계된 집들이 세워졌다. 우체국과 가게와 그밖의 시설이 갖추어진 랑가우 마이어호헨이라는 새로운 마을이 건설되었다.

그는 본디 있던 풍경을 부활하여 자연의 동식물을 되살리려 했다. 냇물은 좀더 아름다워 보이도록 흐름을 바꾸기도 했다. 세월이 갈수록 랑가우가 점점 마음에 들어 잘로몬 알베르트는 마을 한가운데 지은 별장에 자주 머물렀다.

잘로몬 알베르트는 가족과의 생활도 소중히 여겼다. 그와 베티나(알퐁스의 딸)는 일곱 자식을 두었다. 그 가운데 하나는 어릴 때

숨지고, 또 막내딸 발렌티너는 태어나면서부터 귀가 들리지 않았다. 이런 경우 흔히 그렇듯 아이가 2살이 되어서야 그 사실을 알게 되었다. 부모와 유모는 이 아이가 모든 면에서 좀 더딘 줄로만 알았던 것이다.

그 일 말고는, 아무 걱정이나 불편 없는 행복한 생활이었다. 아버지 안셀름에게 주어지지 않았던 제국의 승인이라는 마지막 봉인은 아직도 내려지지 않았다. 제국궁정은 편협한 관습으로 굳게 닫혀 있었다——특히 유대인은 깰 수 없는 관습이었다.

그러나 1887년 잘로몬 알베르트와 아내 베티나는 황제에게 '받아들여진' 사람들의 일원으로서 정식인정을 받았다. 이것은 잘로몬, 안셀름, 잘로몬 알베르트가 3대에 걸쳐 성취한 모든 것을 장식해주는 것이었다.

그뒤의 일은 운명의 장난인지, 잘로몬 알베르트와 프란츠 요제프 황제의 인생은 이상할 만큼 유사한 공통점이 많았다. 두 사람 다 아내와 자식을 비극적 상황에서 잃고, 자신의 왕조가 약해져가는 일을 겪게 되었다. 합스부르크집안과 로스차일드집안이 오스트리아에서 완전히 힘을 잃는 것을 직접 지켜보는 고뇌는 면했지만.

잘로몬 알베르트의 형 나타니엘은 늘 황제의 아들과 함께 사교계에 드나들었다. 젊고 매력적인 마리 베트세라 남작부인이 1888년 황제의 외아들 루돌프 황태자의 애인이 되었다. 그 일로 황태자는 전제군주인 아버지와 사이가 멀어져 심한 절망감에 빠졌다.

1889년 1월, 이 연인들의 시체가 마이어링크에 있는 황태자의 사냥터 별장에서 발견되었다. 이 소식은 철도 전보로 빈에 전해졌다. 중대한 소식이므로 전보는 북부철도사장 잘로몬 알베르트 폰 로스차일드에게 직접 건네졌다. 그는 왕위계승자가 총으로 자살했다는 무서운 소식을 궁정에 전하는 역할을 맡게 된 것이다.

2년 뒤 은행가 집안에도 비극이 찾아들었다. 잘로몬 알베르트의 사랑하는 아내 베티나가 33살의 젊은 나이에 암이라는 진단을 받은 것이다. 그녀는 몇달 동안 병과 싸우다가 이듬해 3월 세상을 떠났다.

잘로몬 알베르트의 인생 톱니바퀴가 삐걱거리며 뒤엉키게 되었다. 아내를 회상시키는 모든 게 견딜 수 없었다. 아이들을 보면 더욱 그러했다.

그는 아이들과 거리를 두고 전보다 더 사업에 몰두했다. 아이들은 가정교사들에게 맡겨버렸다. 어쩌다 아이들 방에 들어가도 이름이 생각나지 않을 정도였다.

1898년, 프란츠 요제프황제 역시 로스차일드와 같은 비극을 겪고 홀아비가 되었다.

그해 가을 잘로몬 알베르트의 누이 캐롤린 줄리(아돌프의 아내)는 프레니에 있는 그녀 성에서 한 손님을 맞았다. 오랜 친구인 엘리자베트 황후였다.

61살의 황후는 활동적인 여인으로 자주 여행하며 지냈다. 그녀는 외아들이 사망한 충격에서 아직 벗어나지 못하고 있었다. 접대하기 쉬운 손님은 아니었지만, 프레니의 조용한 분위기 속에서 오케스트라가 장막 뒤에 모습을 감추고 부드럽게 연주하는 음악을 들으며, 훌륭한 저녁식사를 즐기는 편안한 시간이었다.

식사 뒤 황후는 캐롤린 줄리의 자랑거리이며 기쁨인 온실을 방문했다. 그곳에는 이국적인 꽃이 만발하고 향기가 그윽했다. 느긋하고 즐거운 방문이었다——떠나는 손님에게 남작부인이 방명록에 서명을 부탁할 때까지는.

황후는 서명했다. 그리고 무심히 앞장을 펼치다가 한 이름을 보고 얼굴빛이 달라졌다——그것은 루돌프황태자의 서명이었다.

엘리자베트황후는 그날 밤 제네바에서 묵고, 다음날 아침 코로 향하는 기선을 타려고 호숫가로 갔다. 그때 갑자기 이탈리아인 무정부주의자 뤼지 루체니가 다가와 그녀 가슴에 단도를 찔렀다. 몇 시간 뒤 그녀는 숨을 거두었다.

잘로몬 알베르트의 뒤를 이을 게오르그에게 비참한 사건이 일어난 것도 이 무렵이었다. 이 청년은 오스트리아를 떠나 케임브리지로 유학갔다. 대학에서 공부한 다른 친척들과 마찬가지로, 그도 말 타고 사냥하는 것을 대학생활에서 중요한 부분으로 여겼다.

어느 날 말에서 떨어져 머리를 심하게 다친 그는 치료를 위해 집으로 돌아와야 했다. 상처가 너무 심했던 것일까. 아니면 유전적으로 문제가 있었던 것일까. 전문가의 의술로도 그는 치유되지 못했다. 그는 정신분열증으로 남은 인생을 갇혀 사는 몸이 되고 말았다.

슬픔은 다시 찾아왔다. 막내아들 오스카는 어머니가 죽었을 때 겨우 3살이었다. 어머니의 사랑을 모르고, 또 잘로몬 알베르트가 멀리한 탓으로 아버지의 따뜻한 사랑도 받지 못하고 자랐다.

19살 때 아버지는 급속히 발전하는 미국에서 사업을 배우도록 그를 떠나보냈다. 온갖 속박으로부터 갑작스럽게 해방된 그는 시카고의 하숙집 딸과 열렬한 사랑에 빠졌다. 집으로 돌아와 아버지에게 결혼을 허락해 달라고 졸랐다.

잘로몬 알베르트의 눈에는 그 여자아이가 모든 면에서 마음에 안 들었다. 이교도인데다 외국인이고, 교육도 교양도 없는 흔해빠진 여자——로스차일드집안을 제대로 꾸려갈 여성으로는 도저히 생각되지 않았다.

설득이 시작되었지만, 늙은 아버지는 완고했다. 오스카를 조금이라도 이해하려 애썼다면, 몹시 좌절하고 낙담한 아들의 말과 태도에서 뭔가 심상치 않았음을 느꼈을 것이다.

그러나 잘로몬 알베르트는 깨닫지 못했다. 젊은이는 처음으로 자신을 깊이 사랑해준 사람을 잃는다는 사실을 받아들일 수 없었다. 오스카는 자신에게 총부리를 겨누었다.

프란츠 요제프황제가 1916년에 세상을 떠나기 전, 조카이자 후계자인 프란츠 페르디난트가 사라예보에서 암살되어 제국은 전쟁에 돌입했다. 이 전쟁으로 마침내 제국이 무너지게 된다. 노황제는 자기 집안이 저주받고 있는 게 아닐까 생각했을지도 모른다.

마찬가지로 잘로몬 알베르트는 1911년에 죽기 전에, 예전에 다산(多産)이었던 오스트리아로스차일드가 죽음이나 이주에 의해, 또는 자식을 낳지 못해 사라져가는 것을 보게 된다. 그에게는 손자도, 로스차일드이름을 가진 조카도 없었다. 다음 세대에서 가장 가까운 남자친척은 베티나의 조카인 프랑스의 기 로스차일드였다.

오스트리아회사 장래의 유일한 희망은 아직 결혼하지 않은 잘로몬 알베르트의 아이들이었다. 상황은 그리 나쁘지 않았다.

건강하고 총명한, 남은 세 아이가 사업을 이어받아 잘 유지해 나갈 것이다……

그러나 두 세대 안에 로스차일드남자의 혈통이 완전히 끊어지리라고, 그때 누가 예상이나 했겠는가.

너희 형제가 어려울 때는
나는 돈장사꾼, 비생산적 기생충을
유대인이라는 경멸스러운 이름으로 부른다

　유대인으로 유럽에서 산다는 것은 언제나 무척 힘든 일이었다. 19세기 끝무렵이 되자 상황은 더욱 어렵고 혼란스러워졌다.

　반유대주의가 노골적이었고 심각한 악의마저 띠었다. 국제유대사회에서는 서로 대립하는 세력이 저마다의 운동을 격렬하게 펼쳐나갔다. 물질적·정신적으로 광기에 휩싸인 변화의 시기였다.

　러시아와 발칸반도 여러 나라의 박해를 피해 서방으로 향하는 유대난민이 엄청나게 늘었다. 유대사상가와 선동가는 새 시대의 유대민족을 위한 자신의 역할을 필사적으로 모색하고, 그것을 실행에 옮기려 몸부림치고 있었다.

　로스차일드는 세계유대인의 지도적 존재였지만, 무심한 일반인들 눈에는 유대인의 고난을 외면하는 것처럼 보였다. 그들은 그 막대한 부로 이교도사회에 완전히 용해된 듯 보였다.

　그러나 그것은 진실이 아니다. 로스차일드도 유대민족의 고난을 보고 행동을 모색하고 있었다. 빈민과 집없는 사람들을 위한 구호조직에 자금을 제공하고, 정치적 영향력을 발휘하여 반유대세력과 싸웠다.

  사회주의자나 초기 시오니스트, 동화주의자, 분리주의자들과도 깊은 논의를 주고받았다. 상업·정치·사회문제에 총괄적으로 관여하는 것은 바로 유대인이라는 그들의 입장을 분명히 나타내기 위한 것이었다.

  유대민족이 일치단결하는 계기가 된 최초의 국제적 대사건은 훨씬 전에 일어났다. 그때 대표자로 나선 사람은 제임스대남작이었다.

  1840년, 유명한 다마스쿠스사건 때 일이다. 토머스라는 이름의 로마가톨릭 신부가 행방불명되었다. 그 고장 유대인이 범죄자라는 사실에 대중들은 떠들썩해졌다. 몇 사람이 체포되어 고문받고, 의식(儀式)을 위한 살인임을 자백했다.

  이것은 온유럽에 퍼져 잠복해 있던 반유대주의 숨결을 소생시키는 사건이 되었다. 그리스도교도의 피를 의식에 사용한다는 유대에 관한 전설이 되살아나 대중들은 항의행동을 개시했다. 정부도 이 문제에 진지하게 대처했다.

  그즈음 사람들 사이에는 이런 농담이 유행했다.

  "유대인에게 저녁초대를 받으면 가지 않는 게 좋다──'토머스 신부 커틀릿'을 먹게 될지도 모르니까."

  유럽의 유대지도자들은 시리아의 동포를 지키기 위해 이런 중상에 대응해야 한다고 생각했다. 대남작은 프랑크푸르트와 빈의 형들에게 행동을 일으키도록 촉구했다. 《데바》신문에 기사를 쓰고, 티에르총리와 루이 필립왕에게 직접 호소하며 유대지도자로서의 소임을 다했다.

  그러나 총리로부터는 아무 지원도 받지 못했는데, 얼마 뒤 있은 총리의 해임을 이 일과 결부시키는 평론가도 있었다.

  해가 거듭될수록 로스차일드는 국내외 유대문제에 더욱 깊은 관심을 나타내게 되었다. 라이어닐과 블라이히뢰더는 베를린회의

(1878년)에서 주목할 만한 성과를 얻었다. 그들은 영토문제나 국제
항공문제 등 주요문제와 나란히 유대인의 권리문제를 의제로 올리
는 데 성공했다.

최종합의에서 비준된 내용 중에 루마니아·불가리아·세르비아·몬
테네그로에서 소수민족 유대인에게 완전한 시민권을 준다는 조항이
담겨 있었다.

영국에서는 공식적인 정치적 지위에 있는 로스차일드에게 영국유
대인 대변자 역할을 기대했다. 라이어닐, 그 다음에는 너새니얼 메
이어가 유대인대표위원 자리에 올랐다.

너새니얼 메이어는 1878년 외국연합위원회 구성원도 되었다. 이
것은 해외 유대공동체운동을 조정할 목적으로 만들어졌다.

프랑스로스차일드도 마찬가지로 유대관련기관 구성원이었다. 알
퐁스는 중앙장로회의(프랑스대표위원회)의장, 구스타브는 파리장로
회의의장이었다. 빅투아르거리에 새로운 유대교회당을 건립할 때
그들은 큰 돈을 기부했다. 이 건물은 1875년에 개관하여 파리에 사
는 유대인명사들의 신앙의 중심지가 되었다.

공동체에 대한 자선사업도 계속했다. 프랑스로스차일드의 활동중
심은 픽퓌스거리의 유대병원이었다. 그리고 국내외에 자금을 원조
하는 자선위원회에 협력하고, 유대학교와 고아원과 사회복지사업에
도 공헌했다.

런던에서는 지금도 여전히 로스차일드가 유대자유학교의 주된 후
원자다. 이 시설에 특별히 열성적으로 봉사한 사람은 라이어닐의
아내 샬럿이었다. 학교일은 다른 자선사업처럼 후원금을 내는 정도
로 끝나지 않는다.

콘스턴스는 회상하고 있다.

아직 공부를 하고 있을 즈음 우리는 유대자유학교에 가게 되었

다. 아버지가 명예교장을 맡고, 어머니는 위원회회원이어서 늘 방문하는 곳이었다. 거기서 우리는 학교의 주요한 분들에게 소개되었다……

　우리는 학급을 맡아 어린이들에게 읽기를 시키고, 읽은 내용에 대해 질문했다. 그뒤 자주 찾아가다가, 마침내 정기적으로 다니게 되었다……

콘스턴스자매는 20살이 좀 넘었을 때 《이스라엘의 역사와 문화》라는 책을 썼다. 어린 학생들이 유대교전(敎典)을 배울 때 안내서가 되도록 쓴 것이다.

그녀들은 공장과 상점에서 일하는 여성들에게 야간종교교육을 시키기 위해 친척여성들과 함께 '여자학급'을 만들어 운영했다.

로스차일드는 민중들을 배려하는 마음을 지녔다. 급진파와 사회평등파는 인정하려 하지 않았지만, 많은 노동자계급 사람들은 로스차일드의 부가 공공을 위해 존재한다고 믿었다. 그들은 로스차일드를 질투하지 않았다.

다른 부자들에 비해 로스차일드는 자신의 돈을 책임있게 사용했다. 종교의 영향 때문이리라. 그들의 젊은 정신을 형성한 토라와 탈무드는, 여호와가 말하는 세다카(정의)에 대해 참으로 명쾌하다.

'너희 형제가 힘들어하며 도움 청하면 도와주어라.'

그 믿음을 행동으로 옮길 때 로스차일드는 확고했다. '지배하는 자의 권리, 지배받는 자의 의무'라는 계급사회구조를 지지하는 입장에서, 시민권 확대와 사회적 불공정 제거라는 온건한 개혁으로 나아갔다.

그들은 '가진 자'가 '못가진 자'를 도와주는 의무를 어디까지나 강하게 무간섭주의원칙으로 주장한다. 자선은 개인적 일이며 양식의 문제이지, 국가에 의해 좌우될 성질의 것이 아니라는 것이다.

하지만 당시에는 자유주의와 사회주의가 확대되고, 노동자계급 참정권과 노동조합주의가 대두되고 있었다. 그리고 무정부주의자와 허무주의자에 의한 테러리즘마저 횡행하는 것이 현실임을, 여러 귀족 및 부르주아 친구들과 마찬가지로 그들도 느끼고 있었다.

퍼디넌드는 1884년에 자유당 급진파지도자 찰스 딜크에게 자신의 정치적 신념에 대한 글을 써보냈다. 자신의 친척들을 변호한 글로 생각된다.

……만일 나 자신을 급진파라고 부를 수 없다면, 그것은 사람들을 너그럽게 대하고 더 큰 문제에 맞닥뜨리게 하는 대신, 사냥법 폐지 등 얄팍한 잔꾀로 대중의 비위를 맞추거나 위대한 지도자 체임벌린과 당신처럼 사회적·금전적 평등이라는 불건전한 소망을 자극하는 일을 가치있는 일로 생각하지 않기 때문입니다……

그러나 퍼디넌드남작 같은 부유한 유대인은 사회혁명가능성에 냉정할 수는 있어도, 국제유대인사회에서 나타나는 소동의 조짐까지 무시할 수는 없었다.

19세기 끝무렵 20년 동안, 동화를 지지하는 그들은 여러 방면으로부터 새삼스레 공격을 받았다. 보수세력과 사회주의자는 끊임없이 공격을 되풀이했다.

'예로부터의 유대인'가족은 오랜 동안 그것을 참아왔다. 동쪽에서 국경을 넘어오는 가난한 이민자들에 의해 유대인 수가 급격히 늘고 있었다. 1878년 베를린에서 결정된 공약도 러시아나 발칸 여러 나라에서의 박해를 막을 수 없었다.

로스차일드와 그 친구들은 이제까지 전례가 없었던 일을 요구받았다. 특권을 누리는 상류계층에서 내려와 형제들에게 도움의 손을 뻗고, 신앙에 '충실'하여 부를 나누고, 유럽 전체의 민주화를 장려하는 일이었다.

유럽 밖에서는 새로운 신조의 개척자——시오니즘을 지원하도록 요청받아 왔다. 그리고 아직도 충분하지 않은 듯, 반유대주의가 한층 기세를 부리고 있었다.

1880년, 세계에는 유대인이 500만명 있었다. 그중 서유럽에 사는 사람은 겨우 15%였다. 대다수 유대인이 러시아, 폴란드, 발칸 여러 나라에서 빈곤 속에 학대받는 생활을 하고 있었다.

몇세기에 걸쳐 그들은 게토나 외진 고장의 유대인 격리지구로 쫓겨가 매우 잔학한 반유대주의 공격, 때로는 학살을 동반하는 공격도 받으며 살아왔다. 그것은 이 세상에 편견과 냉담함이 당당히 통하고 있다는 증거였다.

그 상황은 비교적 선구적인 알렉산드르 2세 황제시대(1855~81년)에 좀 개선되었다. 그러나 그것도 잠시, 1881년 3월 황제는 상트페테르부르크의 길모퉁이에서 암살되었다. 공교롭게도 암살자의 한 사람이 유대인이었다.

알렉산드르의 후계자는 모든 불평분자를 근절시키려고 반동 공포정치를 전개했다. 유대인에 대한 적의가 되살아나고, 새로운 학살과 반유대폭동이 일어났다.

마침내 1882년 악명 높은 5월법이 공포되었다. 유대인 거주지역과 상업활동은 부당한 제한을 강요당했다. 몇십만 유대인 가족이 이미 과밀상태인 게토에 갇혔다.

러시아의 지배가 미치지 않는 지역에서도 상황은 그리 좋지 않았다. 발칸 여러 나라는 베를린조약을 무시했다. 이들 나라의 유대인은 방화와 약탈로 늘 고통당했다. 그러나 당국에서는 그 괴로움에 신경쓰지 않았다.

러시아는 반유대주의를 국가정책으로 삼았다. 유대인사회를 목졸

라 죽이려는 것이 러시아지배자들의 확고한 목표였다. 유대인 가운
데 3분의 1을 죽음으로 몰아넣고, 3분의 1을 동화시키며, 3분의 1
을 이주시키려는 가혹한 정책이었다.

세번째 목표는 확실하게 달성되었다. 많은 유대인 남녀노소가 독
일·오스트리아·프랑스·영국 그리고 미국으로 떠났다. 그들은 빈손
으로 쫓겨났다.

너새니얼 메이어는 이 문제를 여론화했다. 유대인박해 사실과 통
계를 수집하고, 난민을 만나 그들의 이야기를 들었으며, 1월에는
《타임스》에 기사를 발표했다.

폭로된 사실에 독자들은 충격을 받았다. 항의의 소리, 도움의 손
길이 쇄도했고, 맨션 하우스 집회에서 10만파운드가 모금되었다.
파리와 뉴욕에서도 마찬가지 활동이 벌어져 좋은 반응을 얻었다.

알퐁스와 너새니얼 메이어 같은 지원자들이 다음에 착수한 일은
구원활동 조정이었다. 단순히 돈만 들여 무계획적으로 원조하는 것
은 의미없다고 생각했다.

이민을 받아들이고, 그들이 정착하는 데 필요한 도움을 주기 위
해 위원회가 설립되었다. 파리위원회의장은 빅토르 위고였다.

많은 유대인이 사회유연성이 높은 미국으로 가도록 장려되었다.
그러나 런던의 이스트 엔드나 파리 빈민가에 상당수 유대인이 정착
하는 것도 피할 수 없었다.

로스차일드는 새로운 문제를 안게 되었다. 그들은 언제나 같은
종교를 가진 유대인의 정착을 도울 용의가 있었다. 다만 새로운 게
토가 생기는 것은 참을 수 없었다.

유대인이 영국이나 프랑스에 살고 싶으면 그 사회에 융화되어야
한다. 특히 도시빈민가에 '분리지구'를 구성하는 것은 적대감을 불
러일으키며 인종차별주의 적들이 바라는 함정에 빠지는 일이다. 그
것은 유대이민자들에게 나쁠 뿐 아니라 유대공동체 전체를 위해서

도 좋지 않았다.

로스차일드가 두려워한 일은 실제로 얼마 뒤 일어나게 되었다. 1884년 런던 동쪽 유대인거주구 화이트채펄 당국은, 이 지역이 '주거환경과 수세식 변소가 불결한 상태'이며 '외국으로부터 막대한 수의 유대인이 들어와 더욱 나빠졌다'고 말했다.

샬럿 드 로스차일드는 5년 동안의 미망인 생활을 보내고 1884년에 죽었다. 그녀는 라이어닐의 죽음을 끝내 받아들일 수 없었다.

그들의 관계는 결혼 처음 몇 해 동안 그녀에게 시련을 주었다. 그러나 그녀는 마음을 굳게 먹고 주부로서, 아내로서, 어머니로서 의무를 다했다. 그녀는 특히 딸들을 위해 헌신했으나 딸들은 죽거나 외국으로 출가해 그녀곁을 떠났다.

남편의 죽음은 디즈레일리집안사람들 같은 친한 친구도 그녀에게서 앗아갔다. 라이어닐이 없어지자, 만찬이며 파티준비를 하던 바쁜 나날이 갑자기 끝나버렸다.

아들들은 가끔 찾아오고, 멀리 있을 때는 편지를 보내왔다. 그러나 그녀 주위의 상황변화가 너무 심하여 도저히 적응할 수 없었다. 그녀는 만년을 거너즈버리에서 혼자 지냈다.

정신이 올바른 때와 막연히 모든 것을 잊은 듯한 때가 교대로 일어나, 그녀의 마음을 불편하게 했다. 그러나 상태가 좋을 때에는 런던의 가난한 유대인을 진지하게 보살폈다. 너새니얼 메이어가 그들에 관해 무언가 행동해야 한다는 것이 그녀의 생각이었다.

샬럿이 죽고 며칠 뒤, 너새니얼 메이어는 관심있는 사람들을 모아 산업주거회사를 설립했다. 그 목적은 '편리하고 깨끗한 산업노동자계급 숙박시설을 만들어, 최소한의 집세로 최대한의 주거편의를 제공하는 일'이었다.

이 회사는 자선기관이 아니었다. 자유방임 자본주의 전통에 따라, 4퍼센트의 이익을 보증함으로써 자본가를 끌어들여 만들어졌다.

이듬해 일찍 공사가 시작되어, 1887년 4월 샬럿 드 로스차일드주택이 완공되었다. 1892년에는 너새니얼 메이어주택이 지어졌다. 최소의 비용으로 설계와 시공이 이루어졌다.

주택은 깨끗하고 기본적인 일상생활을 할 수 있도록 지어졌다. 그러나 즐거움은 배제되고 절약만 강조되었다. 빅토리아여왕시대 후기 노동자계급주택의 전형적 예라고 그 빈약함을 변명하는 것은 타당하지 못하다.

런던의 이 주택들이 건설되고 몇해 뒤, 프랑스친척들도 파리의 빈민들을 위한 아파트를 지었다. 런던과 달리 알퐁스형제는 입주자의 건강과 복지에 세심한 주의를 기울였다.

빅토리아여왕시대 이후에 활동한 한 사회문제평론가는 너새니얼 메이어의 '보기 흉한 키다리건물'을 엄격하게 비판했다.

현대의 어느 건축가는 말했다.

"이것은 '집'이 아니다, 이것들은 '집'이라는 아름다운 말에서 그 멋진 매력을 빼앗아갔다."

둘, 셋 또는 네 개의 방으로 이루어진 아파트인 이스트 엔드의 상자 같은 건물은 너새니얼 메이어와 그의 친구들도 스스로 인정했듯 사회공학의 한 예였다.

현대의 어느 작가는 설명한다.

"그것들은 유대학교와 교회당에서의 수업과 마찬가지로, 낡은 이미지를 씻고 새로운 영국유대사회를 만들기 위해 이민자들을 단순히 영국사회가 아닌 영국중류사회에 융화시킬 목적으로 설계되어 있었다."

유대인만 살도록 한정하지 않았지만, 주민은 실제로 대부분 유대교 신자였다. 일종의 게토가 된 셈이었다. 갇혔다는 의미가 아닌 내향적 사회라는 뜻에서의 게토였다.

사실 주거환경은 '게토'라는 말에서 연상되는 것보다는 좋았다. 많은 주민들이 이들 조그만 방과 작은 뜰에서 생겨나는 따뜻하고 친밀한 생활에 애착을 갖게 되었다.

그러나 런던의 이 건물은 '마지못한 온정주의의 보기 흉한 소산'이라고 불렸다. 큰 문제에 쫓기며 빨리 대처해야 할 사정이 있었다 해도 이 일에 대한 변명은 되지 못했다.

그러나 너새니얼 메이어와 그의 친구들은 이 건물을 마지못해 세운 게 아니었다. 저명한 유대인과 영국사회의 주요인물들처럼 그들은 이를 의무로 여기고 스스로 나서서 했던 것이다.

그들의 견해는 분명 폭넓지 못했지만, 자신의 생각에 따라 정직하게 일했다. 싸구려청부업에 의한 건물, 당시의 금전만능주의의 산물 같은 비위생적인 주택을 지었다고 해서 그들을 나무랄 수만은 없다.

너새니얼 메이어는 편협한 인종차별에 희생된 사람들에게 살 집을 제공하는 것만으로 만족하지 않았다. 더 나아가 그는 그러한 박해를 중지시키려 노력했다. 러시아정부에 압력을 가할 방법이 다행히 로스차일드에게는 있었다.

상트페테르부르크와의 상거래를 모두 중지시키면 되는 것이다. 그것은 빠르고 뚜렷한 효과를 나타냈다. 로스차일드의 전략과 국제여론의 반대에 부딪쳐 러시아정부는 반유대주의 법률 시행을 완화했다.

그러나 로스차일드의 이러한 조치도 잠시였다. 결국 뉴코트도 라피트거리도 상트페테르부르크와 상거래를 다시 시작했다. 그러나 러시아황제정부가 옛정책으로 되돌아갈 때마다 로스차일드는 재정원조를 중지했다.

러시아와의 관계에서 로스차일드는, 동족인 유대인들이 받는 모

욕에 분노하여 인도적 입장으로 행동했다. 그러나 그들의 머릿속에
여러 정책에 얽힌 현실주의도 전혀 없는 것은 아니었다. 그들은 혁
명적 동란이 일어날 것을 두려워했다.

너새니얼 메이어의 아들 월터는 1890년 블라이히뢰더에게 편지를
썼다. 상트페테르부르크에 영향력을 행사해 주도록 부탁한 것이다.
특히 러시아법률이 너무 가혹하고 포악하여, 많은 유대인이 허무주
의자가 되지 않을까 걱정이라고 썼다.

로스차일드는 러시아상황을 계속 주시했다. 러시아제정정부를 더
유화적인 정책으로 이끌기 위한 수단으로 자금을 대거나 중단하기
를 계속했다.

이러한 정치적 조작은, 로스차일드가 그런 활동에 많은 힘을 쏟
고 있으며 그들이 자신들 편리에 맞추어 왕과 대신을 조정하는 마
키아벨리적 인형조율사임을 확신하는 적들에게 좋은 공격근거가 되
었다.

어느 영국사회주의자는 1891년에 쓴 글에서, 로스차일드는 언제
나 전쟁을 일으키려 하는 '흡혈단'이라고 헐뜯었다.

유럽에서 문제가 생기는 곳, 전쟁소문이 나는 곳, 이변이나 재
해로 인심이 흉흉한 곳이면 어디든지, 갈고리코 로스차일드가 게
임을 즐기고 있는 모습을 볼 수 있다.

사실 그들이 역사의 흐름에 영향을 미치려 할 때는, 언제나 변화
를 저지하는 관점에서 일이 시행되었다. 그들의 관심은 늘 평화와
안정, 곧 불필요한 분쟁을 피하는 데 있었다.

유대인 이주문제확대에 직면한 로스차일드는 순수하게 온정주의
입장에서 자금을 쓰고 영향력을 행사하면서도, 감정적으로는 그들
의 고립적인 입장을 유지하기 바랐다. 한편, 유럽유대문제는 재정

원조만으로 충분치 못하다는 것을 그들은 곧 깨달았다.

그것은 서유럽으로 이주해 이미 그곳에 정착한 사람들이 새로 온 유대인들과 너무도 다른 데서 생기는 문제였다. 종교·사상면에서는 공통되지만, 그 둘의 생활태도는 뚜렷이 다른 경험에 의해 다른 형태로 형성되어 있었다.

이미 정착한 유대인들은 이민족 이웃들과 거의 다름없는 생활을 하면서 번영하고 있었다. 한편 새로 온 유대인들(1881년부터 1901년 사이 450만 인구의 런던에 15만명, 160만 인구의 빈에 7만3600명이 정착했다) 중에는 신앙을 엄격히 지키고 이디시어밖에 모르는 사람들도 있었다.

그들은 당연히 유대공동체 속에서 보수적 일파가 되었다. 그중에는 너무 가혹한 박해를 받으며 살아와, 극단적 정치사상을 지니게 된 사람들도 있었다. 그들 시오니스트들은 유대인 주권국가를 만들고 유대인 통치자를 세우려 했다. '내년에는 예루살렘에서'라는 인사말에서 볼 수 있듯, 옛꿈을 실현시키려는 사람들이었다.

난민활동가들은 대부분 로스차일드를 적대시했다. 뉴코트와 라피트거리로 분노의 편지를 보내고, 흥분된 말로 연설하고, 신문에 '무사태평한' 유대인이라고 공격했다. 그들의 격앙된 목소리는 사회주의자, 혁명가, 반유대주의와 불공평한 세상을 변혁하려는 사람들과 함께 불평불만의 바벨탑이 되었다.

로스차일드는 열심히 사회개선에 힘썼지만, 사회의 큰 변화를 바라는 것은 아니었다. 너무 여러 곳에서 비판의 소리가 쏟아져 로스차일드의 반응은 더욱 보수적이 될 수밖에 없었다.

이민공동체의 제한주의는 때로 예언적 열의로, 로스차일드나 다른 성공한 집안사람들이 신앙면에서 '타협'해 쌓아올린 지위에 도전해 왔다.

그들은 자꾸만 늘어나는 난민들을 위한 보다 특수한 시설, 학교와 병원 등을 계속 요구했다. 또한 유대인 국회의원은 이미 그들 공동체 대표자가 아니며, 다른 문제에 관심을 돌려 명성만 얻으려 한다고 불평했다.

세기가 바뀔 무렵, 영국의 랍비양성 유대대학 교육과정에 관하여 불꽃튀는 논의가 이루어졌다. 후원자들 가운데는 학생들이 현대의 사회와 정치상황을 배우려는 경향을 우려하여, 순수한 헤브라이어와 유대교 연구만 하던 옛날의 체제로 돌아가자고 요구하는 이도 있었다.

로스차일드는 이런 배타주의적 태도의 위험성을 걱정했다. 국가가 이민집단의 생각을 국가정책에 반영하기란 어려운 일이다. 만일 그 집단이 문화·종교·민족적 차이를 계속 거론하며 그에 대한 관심을 끊임없이 요구한다면, 그러한 어려움이 자꾸만 커진다는 것을 그들은 알고 있었다.

영국총리 아서 밸푸어는 1904년에 이를 넌지시 지적했다.

아무리 능력있고 근면하며 국가에 헌신적이어도, 다른 나라 사람들처럼 행동하고, 같은 나라 안 대다수 사람들과 신앙을 달리하며, 결혼도 자기들끼리만 하는 일은, 분명 국가에 아무 도움도 되지 않는다.

친족 사이의 결혼은 동화주의자들의 토론에서 로스차일드를 궁지에 빠뜨렸다. 로스차일드여성들은 차츰 저명한 이교도와 결혼하게 되었다. 이러한 결혼에 그들은 난색을 표하면서도 최종적으로는 늘 허락했다.

그러나 남자들이 종교를 초월해 결혼하는 데에는 분명하게 선을 그었다. 그런 결혼문제가 실제로 일어났을 때, 잘로몬 알베르트와 오스카 사이에 심한 다툼이 일어났고, 오스카는 끝내 비극적인 자살을 했다.

이러한 금기가 갈등을 일으키는 것은 피할 수 없었다. 나타니엘과 앨프릿처럼 남자들이 독신을 선택한 것은, 유대인 신부와의 '바람직한' 결혼으로 내몰리는 것을 피하기 위해서였는지도 모른다.

로스차일드사람들은 이 점에서 미풍양속과 개인적 행동의 자유가 서로 어긋나, 해결 불가능한 딜레마에 빠졌다. 확고한 태도를 취하면 배타주의라는 비난을 받고, 기준을 완화하면 보수적인 사람들의 미움을 사서 유대인 내부에서의 입장이 위태로워졌다.

결국 그들은 혼인관계의 제한을 받아들이는 한편, 어느 파에도 속하지 않는 자선사업——병원·연구소·노동자주택·고아원 및 그밖의 여러 가치 있는 시설의 설립에 정열을 쏟는 방법을 택했던 셈이다. 이리하여 자신들이 좋은 유대인이며, 또한 좋은 프랑스인·영국인·오스트리아인임을 세상에 알리려 한 것이다.

집요한 반유대주의운동은 이러한 그들의 의도를 어려운 일로 만들었다. 프랑스에서는 특히 악질적이었다. 그러한 운동을 대표하는 선동자 에드와르 드뤼몽은 한때 크레디 모빌리에에서 일했던 인물이었다.

그는 이 은행의 파산을 유대금융가의 '음모'로 생각했다. 그래서 몇 년에 걸쳐 그 일을 파헤치는 책 《프랑스의 유대인(1886년 발행)》을 썼다.

그는 이런 음모는 국가의 재산을 탕진하며, 유대인은 동화라는 이름 아래 모든 개인적·공적인 기구를 좀먹는다고 주장했다. 드뤼몽의 이 이론은 열광적으로 널리 읽혀졌다.

배후의 유대인이 더욱 위험하다……특히 위험한 동물이며, 동시에 포획할 수 없다……지구가 일찍이 만들어낸 것 가운데 가장 강력한 문젯거리이다.

다양한 방법으로 그리스도교도에게 해를 끼쳐왔다는 의식은 유대인에게 기쁨을 주고, 그들은 그 기쁨 속에 인생을 살아간다.

1889년에 드뤼몽은 반유대동맹을 설립했다. 그리고 《라 리브르 파롤(자유의 소리)》 신문에 정기적으로 글을 실었다.

프랑스에서는 한 세기 넘게 여러 형태의 정부가 시행착오를 되풀이하고 있었다. 어느 정부도 좋은 결과를 낳지 못하고 정세는 매우 복잡하기만 했다. 그 속에서 유대인은 모든 과격론자들로부터 공격받았다.

사회주의 운동가들은 그들을 사회특권자와 엘리트의 일원이라며 비난했다.

나는 돈장사 하는 사람, 비생산적인 기생충——즉 다른 사람의 재산과 일을 상대로 교묘하게 자신의 재산을 불리며 살아가는 모든 사람을, 유대인이라는 경멸스러운 이름으로 부른다.

유대인이란 또한 신교도를 뜻한다. 영국인이든 독일인이든 칼뱅파든, 신의 뜻을 유대인과 같은 사고방식으로 생각하도록 배운 사람은, 일하는 자의 평등과 권리의 법에 비추어 유대인과 마찬가지로 모욕행위를 했음을 고백해야만 한다.

이것은 사회주의자 투스넬의 비난이었다. 그 독설과, 때로 터무니없는 공격의 대상이 된 것은 유대인뿐만은 아니었지만. 그는 많은 좌익프랑스인이 그러했듯 반유대주의자라기보다 반종교주의자였다.

가톨릭교회에 속한 봉투와 드뤼몽은 국가의 중요한 지위, 특히 군부에서 유대인을 배제하려고 필사적이었다.

1849년, 그들은 최고의 공적을 이룩했다——알프레드 드레퓌스대위의 처벌이었다. 드레퓌스는 유대인 군인으로, 군의 서류를 팔아넘긴 죄로 비밀법정에서 반역죄로 몰렸다. 그는 악마섬에서의 평생금고형을 선고받았다.

4년 뒤 활발한 보도운동으로 이 사건이 날조된 공작이라는 사실이 드러나 재판이 다시 열리게 되었다. 그러나 군법회의는 또다시 드레퓌스를 유죄로 판결했다.

그러나 심리과정에서 군부 핵심인물들의 신용이 땅에 떨어졌다. 추잡한 수법을 숨기려던 의도가 밝혀지면서, 드레퓌스는 특별사면으로 석방되었다.

불운한 군인이 명예를 완전히 되찾는 데는 그뒤에도 7년이나 걸렸다. 장기간에 걸친 드레퓌스사건은 반유대주의가 프랑스 일부에서 얼마나 뿌리 깊은지, 그 어떤 논문이나 연설보다 확실하게 보여주었다.

이러한 일들은 프랑스유대인들에게 강한 영향을 미쳤다. 대남작의 손자는 너무나 화가 난 나머지, 고향을 떠나 영국으로 이주했을 정도였다. 파리에 사는 오스트리아인 저널리스트이며, 근대 시오니즘 창시자인 테오도어 헤르츨도 상심하여 고향으로 돌아가 주장했다.

"자유·평등·박애의 나라에서 유대인이 평등한 시민으로 살 수 없다면, 유대인은 어디에서도 받아들여지지 못할 것이다. 해결법은 하나, 유대인의 고국을 건설하는 것이다."

독일과 오스트리아에서는 반유대주의가 한층 두드러졌다. 리하르트 바그너가 1881년, 친구이며 후원자인 바이에른의 루트비히 2세에게 보낸 편지에 나타난 의식은, 많은 사람들에게 공통된 것이었다.

유대민족은 순수한 인류, 또한 고귀한 모든 것에 대해 태어나면서부터 적이라고 생각합니다. 우리 독일인은 그들 앞에 굴복하게 되겠지요.

나는 아마도, 이미 모든 것을 그 지배 아래 두고 있는 유대교에 대항하여, 예술을 사랑하는 사람으로서 어디에 서야 할지를 아는 마지막 독일인이 될 겁니다……

마이어 카를은 신앙을 굳게 지키면서도, 반유대운동에 대한 전면적인 책임을 프로이센정부와 이교도주민에게 묻지 않았다. 정부를 따른 그의 처세 덕분에, 그는 얼마나 높은 지위까지 오를 수 있었던가.

그는 블라이히뢰더에게 다음과 같이 쓰고 있다.

반유대감정에 관해서는 유대인 자신에게도 책임이 있다. 현재 일어나고 있는 운동은, 유대인의 거만하고 교만하며 무례한 태도나 행동에도 원인이 있음에 틀림없다.

자유로운 영국 상류엘리트 사이에도 암묵적으로 반유대주의가 계속되고 있었다. 때로 노골적인 적의를 드러냈지만, 대개 야유나 냉담한 태도로 나타났다.

사회적으로 성공했지만 로스차일드는, 이교도들의 모임 가운데 자신들이 결코 환영받지 못하는 모임도 있다는 것을 늘 뼈저리게 느꼈다.

데이빗 린제이는 전형적인 영국귀족이었다. 그는 1890년 6월22일의 일기에 이렇게 털어놓고 있다.

오후에 콘스턴스와 나는 허트퍼드하우스에 갔다. 앨프릿 로스차일드와 로즈버리가 파티를 열었는데, 황태자도 온다고 했다.

그 안에는 믿기 어려울 정도로 유대인이 많다.

나는 비열한 움직임을 저지하기 위하여 반유대문제에 특히 주의를 기울여왔다. 그러나 수많은 유대인을 눈앞에 보자 그들에 대한 내 반감도 정당화되는 듯한 기분이 들었다.

존 번즈는 늘 말했다——유대인은 문명의 기생충이라고.

더 이해할 수 없는 일은 '유대인의 반유대주의'라는 기묘한 현상이었다. 1880년부터 95년까지 새롭게 일기 시작한 좌익 정치가들의 활발한 활동은, 많은 유대인 이상주의자와 지식인을 폭력적인 움직임으로 이끌어갔다.

1890년 친구 앞으로 보낸 편지에서 프리드리히 엥겔스는 이렇게 지적하고 있다.

마르크스는 순수한 유대인이다. 라살도 유대인이다. 우리들 중 뛰어난 사람들 대부분이 유대인이다.

프롤레타리아운동을 적극적으로 하다가 지금 감옥에 있는 친구 빅터 아들러, 런던 잡지 《사회민주주의》의 편집자 에두아르트 베른슈타인, 독일제국의 가장 뛰어난 인물 중 한 사람인 파울 징어——내가 자랑스레 여기는 친구는 모두 유대인이다.

이 정치활동가들은 계급투쟁을 촉진하여 자본주의 파괴에 몸바치는 사회주의자 정당과 혁명적 그룹에 속한다. 그러나 노동자계급의 국제적 연대가 충실해지면, 이 과격한 유대인들은 위험해진다. 그들이 무너뜨리려는 체제의 대표자는, 그들 자신과 종교를 동일시하기 때문이다.

외부영향을 받기 쉬운 유대인 사회주의자는 자신의 민족으로부터 멀어질 뿐 아니라, 프랑스 이론가 피에르 프루동 같은 지도적 사회주의 사상가들의 당당한 차별주의에 적극적으로 이끌린다.

프루동은 유대인을 혹평하여 '남을 속이는 기생충', '조작, 사기, 빈틈없는 행동――그들의 철학은 비즈니스다'라고 말했다. 또한 '그 경제적 수법은 늘 음습하다. 유대인은 셈족의 화신, 사탄과 아리만(조로아스터교 악마의 정령) 같은 악마적 인간이다'라고 분노를 터뜨렸다.

자신의 타고난 바탕과 정치적 신조의 기로에서, 대부분의 사회주의자 유대인은 깨끗이 민족을 버리고 독일사회주의자 페르디난트 라살 같은 인물의 지도에 따랐다.

나는 유대인을 좋아하지 않는다. 대체로 싫어한다. 위대하지만 퇴화하여 사라져버린 과거의 자손일 따름이다.

몇 세기 동안 노예로 살아온 그들은 비굴한 성격이 몸에 배어 있다. 나는 그들이 마음에 들지 않는다. 나는 그들과 접촉하지 않는다. 내 친구와 나를 둘러싼 사회에는 유대인이 하나도 없다.

이것이 로스차일드의 또 하나의 세계, 그들이 유럽의 엘리트에 속하는 것과 마찬가지로 속해 있는 무시무시한 유럽사회였다.

그들의 재정력과 호화로운 생활모습만 묘사하고, 유대인과 관련된 매우 어려운 문제를 극복하려한 그들의 헌신을 무시한다면, 로스차일드연대기는 완전하다고 할 수 없다. 그리고 그러한 헌신은 시오니스트와의 관계를 통해서 더욱 뚜렷하게 부각되는 것이다.

로스차일드도 세계의 다른 부유한 유대인과 마찬가지로, 유대인은 그들의 역사적인 도시 예루살렘에서 살아야 한다고 주장하는 보수적인 동포에 대한 지원을, 신중히 생각하고 있었다. 제임스와 베티는 1850년대에 예루살렘의 가난한 유대인을 위한 병원을 설립했다. 몇년 뒤에는 라이어닐과 샬럿이 에벌리너를 기념하여 그곳의 여자학교에 기부했다.

그러므로 1880년대에 동유럽 난민집단이 프랑스로 와서, 이스라엘민족 선조의 땅으로 가서 살도록 도와달라고 했을 때, 그들은 이미 팔레스타인 정세에 대한 상세한 지식을 갖고 있었다.

팔레스타인은 그즈음 오스만투르크황제의 느슨한 지배 아래 3개의 관할구로 나뉘어져 있었다. 예루살렘은 그 가운데 하나였다.

그곳에서는 소규모 아랍인 농가들이 과수원과 목축으로 생계를 유지하고 있었다. 몇백 년 동안 순례자와 고고학자 말고는 아무도 중요하게 생각하지 않은 땅이었다——나폴레옹이 지배했던 짧은 시기를 제외하고는.

그러나 투르크의 권위가 쇠퇴하자 갑자기 이 지역에 관심이 쏠려, 19세기 끝무렵 권력자 대부분이 이곳에 영사대리를 두고 있었다. 그들의 임무에는 사회·행정면에서의 개혁도 포함되어 있었다.

일찍이 잊혀졌던 땅에 관심을 갖게 되자 이주자가 증가하기 시작했다. 1840년에 6000명 정도였던 유대인 인구가, 80년에는 2만명이 넘었다. 여러 자선단체는 박해와 타락을 피해온 유대인들이 표면적으로는 더 나은 생활을 할 수 있는 거주지를 만들어 주었다.

그러나 거주지 안에서 독립된 생활력을 확립한 곳은 거의 없었다. 몇년 동안 자본과 노동력을 쏟아넣은 끝에, 겨우 약간의 수확물이 얻어지는 척박한 땅이었다.

이주자는 대부분 농업지식이 없었다. 그리고 말라리아로 많은 사람이 죽어갔다. 원주민은 새로운 이주자들의 무지를 악용하여 메마른 땅과 질나쁜 물건을 비싸게 팔았다. 이슬람지도자와 싸움이 일어나는 경우도 있었다.

이주자들은 자신과 종교가 같은 사람들도 언제나 협력적이지만은 않다는 사실을 알게 되었다. 예루살렘의 보수적 랍비는 새로운 사고방식의 외국인이 들어오는 것을 두려워하여, 율법에 완전히 복종할 것을 강요했다.

그들은 7년에 한 번씩 땅에 아무것도 심지 말라는, 레위기의 명령을 엄수하도록 강요했다. 살아갈 양식을 겨우 얻고 있는 가난한 농민으로서는 도저히 따를 수 없는 규정이었다. 이런 어려움으로 팔레스타인유대인은 서유럽 부르주아유대인의 지원을 받지 않고서는 살아갈 수 없었다.

예루살렘에서 일어나는 이 모든 일을 로스차일드는 알고 있었다. 1881년 이래 골드러시처럼 성지로 이주하는 새로운 물결이 일어 그 재정원조를 요구받았을 때, 그들은 신중하게 이를 생각했다. 박해받는 동포를 열심히 돕고 싶었지만, 상업적으로 실패하거나 정치적 혼란을 초래하는 모험에 로스차일드이름을 빌려주는 것은 마음내키지 않았던 것이다.

또한 팔레스타인이 유대인이 살아갈 가장 좋은 땅이라고 생각하지도 않았다. 젖과 꿀이 흐르지 않는 땅에서 당연히 번영하리라 믿는 어수룩한 사람들을 상대하는 일을 로스차일드는 참을 수 없었다.

유대국가라는 개념도 그들의 머릿속에는 생겨나지 않았다. 1890년대에 시오니즘이 그 첫소리를 냈을 때, 로스차일드는 가엾게도 살아날 수 없는 추악한 불구의 어린아이라며 받아들이길 거부했다.

제임스대남작의 막내아들 에드몽의 업적은 그런 배경 속에서 눈길을 끈다. 독립국가 이스라엘 초대총리 다비드 벤 구리온은 새국가건설의 아버지 역할을 한 이 인물을 다음과 같이 이야기하고 있다.

유대인이 유랑민으로 지낸 약 2000년 세월 동안 에드몽 드 로스차일드에 버금가는, 또는 그와 비교할 만한 인물을 발견하는 일은 도저히 불가능하다.

에드몽은 아버지가 죽었을 때 23살이었다. 형들은 이미 라피트거리의 공동경영자였다. 그도 은행에서 그 나름의 지위를 얻었지만, 재정면에서 그의 능력을 발휘할 분야는 없었다. 중요한 결단은 모두 알퐁스와 구스타브가 내렸다.

에드몽은 금융업이 자신의 길이 아니라는 것을 알았다. 그도 다른 몇몇 친척들처럼 플레이보이가 되거나 취향이 독특한 사람이 되어 돈쓰는 취미에 몰두할 수도 있었다.

그 역시 수집가였다. 특히 옛거장들의 데생과 조각에 열중해 몇천 점의 작품을 모았다. 그것들은 오늘날 모두 루브르 미술관에 소장되어 있다. 그림에 뛰어난 감식안을 지닌 그는 알퐁스에 뒤지지 않는 수집품을 소장했다.

하지만 이러한 일로는 그의 모든 정력이 소모되지 않았다. 로스차일드의 진취적인 정신은 공허함을 싫어했다. 흡사 자연계가 진공을 채우려는 것과도 같았다. 에드몽은 흥미롭고 효과적이며 생산적인 일로 자신의 시간을 채울 필요가 있었다.

그는 고고학과 과학을 공부했다. 여러 지역을 두루 여행하고, 요트도 즐겼다. 걷는 것을 좋아하여 체르마트 체류중 마터호른에 오르기도 했다.

그가 오르기 몇해 전인 1865년의 첫등정 이래 자주 정복된 곳이었지만, 이미 네 명이 목숨을 잃은 산이었다. 경험 풍부한 등산가도 아니면서 이러한 위험에 도전하는 게, 에드몽의 특징이었다.

그는 무슨 일이든 로스차일드사람다운 특성으로 해냈다. 그러나 30대가 되어서도 여전히 막대한 재산을 투자할 일을 찾지 못하고 있었다.

1877년, 그는 프랑크푸르트 빌헬름 카를의 누이의 딸 아델하이드와 결혼했다. 그때부터 그의 인생은 새로운 국면을 맞았다.

에드몽은 자애로운 어머니 밑에서 성실한 신앙생활을 하며 자랐
다. 그러나 부담없는 파리의 신앙과 프랑크푸르트의 그것은 질적으
로 큰 차이가 있었다. 프랑크푸르트에서는 69살 된 랍비 히르슈의
정열과 활력이 조금도 쇠퇴하지 않았다.

아델하이드는 파리사람들의 경박한 생활을 전혀 받아들일 수 없
었다. 그녀는 로스차일드의 안주인 역할을 충실히 했지만, 그것은
의무감에서였다. 그녀는 신앙의식을 확실히 지키는 일과 자선을 베
푸는 일에 정열을 쏟았다.

그 일이 에드몽에게도 영향을 미쳤다. 그는 눈에 띄게 성실해졌
다. 독신 입장에서 남편과 아버지노릇을 해야 하는 생활로 바뀌었
기 때문만은 아니었다. 결혼 뒤 5년 동안 그들 사이에 세 아이가
태어났다.

에드몽은 1882년 초가을, 두 사람으로부터 팔레스타인계획 지원
요청을 받았다.

요제프 파인베르크는 시온의 최초개척지인 리숀 레치온의 대사였
다. 그곳은 자파에 가까운 거주지로 붕괴직전이었다. 이주해온 사
람들은 우물을 파기 위한 돈을 구하고 있었다. 그 지역 금융가의
도움을 받지 않으려면 부동자금이 필요했다.

슈무엘 모일레베르는 훨씬 넓고 확고한 시야의 소유자였다. 이
러시아인 랍비는 러시아황제 지배 아래에서 유대인이 얼마나 고통
을 겪고 있는지에 대해 보고서를 작성했고, 살아갈 터전을 잃고 유
럽을 떠도는 22만5000여 난민 가족의 고통스러운 이야기를 전했다.

그는 집없는 사람들에게 자선을 베풀고, 미국에 가도록 도와주는
일만으로는 충분치 않다고 주장했다. 그들이 팔레스타인에 정착하
도록 해주어야 하며, 그러기 위해 재정과 외교 양면으로 원조가 필
요하다고 역설했다.

파인베르크와 모일레베르는 저마다 유력한 후원자를 찾았지만 좀

처럼 나타나지 않았다. 그러던 중 프랑스로스차일드의 에드몽남작 집에 와서, 비로소 동정심을 가지고 그들의 말에 귀기울여주는 사람을 만났다.

에드몽은 적극적인 태도를 보였다. 방문자의 웅변에 그는 마음 깊이 동요되었다. 그는 동포의 불행에 관심을 가졌다. 옛고향땅에서 새출발하기 위해 열심히 활동하는 사람들에게 경의를 표했다.

그러나 그는 유대교인인 동시에 한 사람의 로스차일드이다. 금융에 관해서는 그도 신중했다. 그는 파인베르크에게 리숀 레치온에 필요한 실제적인 지원을 하겠다고 말했다. 모일레베르쪽에는 팔레스타인으로의 대규모 이주에 재정지원을 할 수 없다고 전했다.

과격한 성격의 랍비에게는 보이지 않는 점들이 이 위대한 은행가 후예에게는 보인 것이다. 만일 몇천 몇만의 러시아농민이 팔레스타인으로 이주하면, 과밀한 인구 때문에 토지를 제대로 이용할 수 없는 결과가 초래될 것이다. 그로 말미암은 대규모 기아가 발생할지도 모른다. 재정적으로 아무리 지원한다 해도 소용없는 일이 되고만다. 더구나 러시아에서는 유대인이 토지를 갖지 못하므로 농장경영에 대한 지식이 없을 것이다.

그렇다고 이주에 반대하는 것은 아니었다. 오히려 찬성이었다. 실제로 에드몽은 로스차일드 중에서 오직 한 사람, 팔레스타인에 유대인이 정착하는 것은 바람직하며 가능한 일이라고 생각하는 몽상가였다. 그리고 그는 그 생각을 빈틈없이 실현시키려 했다.

러시아황제의 포학에 반대하여 다른 로스차일드들은 그 부와 영향력으로 이주민이 서구에 정착하도록 도왔다. 다만 에드몽만이 팔레스타인에 실제적인 지원을 했다. 이주자들의 유입을 조절하고 이주지에서의 규율을 엄격히 지킨다면, 목적을 순조롭게 달성할 수 있다고 그는 믿었다.

에드몽은 모일레베르에게 그가 보내는 대리인의 감시에 충실히 따르는 조건이라면, 폴란드유대인의 실험적 이주에 재정원조를 하겠다고 전했다. 한편 팔레스타인에 농업전문가를 파견해 그 지역에서 농업육성이 가능한지 알아보았다.

이주자에 대한 그의 지원은 익명으로 행해져야 하며, 만일 그가 선택한 조언자의 지시에 주민이 따르지 않을 때는 지원에서 손떼겠다는 것을 그는 계약조건으로 내세웠다.

계획책임자가 남작의 조건을 받아들여 이주가 본격화되었다. 그들은 에드몽이 계약을 확고하게 그대로 실행할 작정임을 알게 되었다. 대리인들은 매우 엄격하게 상황을 점검하며 일해나갔다.

이주자들은 상업과 수공업은 할 수 없으며, 땅에서 하는 일만 하도록 허용되었다. 소작지를 대여하거나 노동력을 고용하는 것도 안되었다. 자신의 아이들에게 임금을 지불하는 일조차 허용되지 않았다.

이주자들은 이러한 압력을 불만스러워했다——그들은 성스러운 열의로 모든 것을 희생하고 이 불모지에 왔는데, 엄격하기 그지없는 로스차일드의 온정주의에 지배될 뿐이라고.

이에 대해 에드몽은 단호한 태도를 보였다. 아무 불평하지 말고 그에게 복종하든지, 아니면 한푼도 받지 않든지 선택하라는 것이었다.

때로 부정이 일어나는 것도 피할 수 없었다. 감독관 가운데 압제자처럼 그 작은 권력을 휘두르는 이도 있었다. 이주자들로서는 난생처음 경험하는 상황이었다. 그들에게는 참고할 청사진도 없었다. 힘든 개척생활을 견디지 못하고 낙오하는 사람도 있었다.

그러나 에드몽의 단호한 태도가 옳았음은 의심할 여지가 없었다. 그것은 새로운 거주지에 견고한 혼을 심어놓았다. 현실로부터의 도피나 비현실적인 이상주의를, 확실하고 실제적인 생활로 바꾼 것이다.

에드몽 드 로스차일드는 땅에 두 다리를 확고하게 딛고 선 이상주의자였다. 팔레스타인에서의 생활현실과, 더 넓은 세계로 퍼져가려는 팔레스타인 이주에 대한 잠재적인 반감을 그는 알아차리고 있었다.

그는 리숀 레치온 창시자 가운데 한 사람에게 말했다.

"나는 박애주의자가 아닙니다. 팔레스타인땅에 유대인이 정착할 수 있는지 없는지 확인하기 위해, 이 사업에 손댄 것입니다."

로스차일드사람들은 성공이란——금융이든 외교든 예술품 수집이든 불모지 개척이든, 인내와 신념과 고집과 순수하게 열심히 일하는 것만으로 얻어진다는 걸 누구보다도 잘 알고 있었다.

이주자들은 강한 의지를 갖지 않으면 살아남을 수 없다. 여호와처럼 산 뒤에서 모습을 보이지 않고 그들에 대한 배려를 행하면, 노력분투하는 농민과 그 후계자를 위한 좋은 일이 된다고 그는 생각했다. 거기에는 이 땅에서 처음으로 일하는 사람들의 쾌적함이나 수확물보다 훨씬 깊은 의미가 있었다.

에드몽은 대규모 이주에 대해 모일레베르와 같은 견해를 갖고 있었다. 그 일은 유대인문제 해결에 크게 공헌할 것이며, 또한 유대민족은 투스넬이나 그 제자들이 주장하듯, 단순한 '기생적 중개자'가 아니라 기본적인 생활에서도 성공한다는 사실을 보여줄 수 있기 때문이었다.

그는 자신의 판단이 허용하는 안에서 모든 것을 이주자들에게 투자했다. 열렬한 민족주의자들은 남작의 일처리가 너무 더디다고 말했다.

에드몽은 팔레스타인 이주가 투르크와 다른 관계집단의 반대에 곧 직면하게 될 것을 알고 있었다. 때문에 개척자가 확실한 기반을 만들고, 신중하게 계획을 실행해 나갈 필요가 있었다. 마치 그의 아버지가 보나파르트나 페레르에 대처했듯이.

……새로운 개척지를 만드는 일은……현재 살고 있는 사람들에게 중점을 두고 행해져야 한다. 특히 토지를 사들일 때는 모두가 결속하는 일이 중요하다. 만일 저마다 다르게 행동하면 토지가격이 크게 오를 것이다. 그러므로 공표하지 않는 일이 중요하다. 조용히 주의깊게 일을 진행해 나가야, 비로소 영예가 얻어진다……

개인이 실질적으로 관리하는 개척지를 만드는 데 있어 또 하나의 이점은, 실험이 가능하다는 것이었다. 농민들은 올리브, 무화과, 아몬드, 감귤류 같은 특산물뿐 아니라 포도와 여러 종류의 보리, 향수 추출을 위한 꽃, 누에를 위한 뽕나무 재배에도 도전했다.

여행할 때 그는 언제나 팔레스타인땅에 알맞은 식물을 찾아보았다. 그리고 이 방법으로 발견된 그레이프프루츠가 재배되었다. 남작의 개척지가 성공하자, 이미 정착해 살고 있던 다른 사람들도 그의 비호와 지도 아래 모여들었다.

개척지가 차츰 커지자 그는 주택, 학교, 회당, 무료진료소 등 주민에게 필요한 것을 계속 세워나갔다. 예루살렘의 유대교 신앙중심인 '통곡의 벽'까지도 사들일 기세였다.

1887년 여행중의 일이었다. 그가 개척지를 원조하고 있다는 말이 이미 공공연하게 나돌던 때였다. 그러나 그는 자신의 활동이 드러나지 않게 조용히 여행다녔다.

에드몽과 아내 아델하이드는 자신들이 오는 것을 보려는 사람들을 피하기 위해, 요트를 타고 포트 사이드까지 가서 다시 자파로 향했다.

예루살렘으로 가는 50마일의 먼지투성이길을 그들은 차양을 내린 숨막히는 마차 속에서 흔들리며 갔다. 하인들은 좀 떨어져 뒤따랐다.

성지에 도착하자 전통적 유적지를 순례하며 유대지도자들과 이야기를 나눴다. 공동체를 위하여 '통곡의 벽'을 사들이면 어떨까 제안한 것은, 그들 중 한 사람이었다. 소유자인 아랍인과 교섭하여 70만프랑에 합의가 이루어졌다.

마지막 단계에서 세파르디의 영향력있는 랍비가 끼어들었다. 그에게 신의 경고가 있었는데, 이것을 사들이면 이슬람에 의한 무서운 대살육이 일어난다고 했다. 아마 이 지도자는 예루살렘이 정치적·종교적으로 미묘한 상황에 있는 것을 생각하여, 이웃 이슬람사람들을 자극하는 행위를 말리고 싶었을 것이다.

그러나 남작의 또 다른 장대한 계획에는 아무 장애도 일어나지 않았다. 빈곤과 병에 시달리는 사람들을 보고 그는 매우 마음아팠다. 곧 병원을 세워 말라리아·황열병·트라코마 등 그 지방 특유의 병에 대해 무료진료하도록 했다.

어느 이주지를 찾아간 남작은 성공과 좌절, 절망과 만족이 뒤범벅된 광경을 목격했다. 어느 개척지에서는 사람들이 감독관에게 반항하여 그를 내쫓아버려서, 에드몽과 쫓겨난 대리인은 밤에 살그머니 그곳으로 들어갔다.

날이 밝자 남작은 공동체사람들을 소집하여 말했다.

"나는 이스라엘자손들이 선량한 개척자가 되어 토지를 경작할 수 있다는 것을 증명해 보이고 싶었습니다. 그러나 그 대신 당신들은 반란의 가능성과 분쟁의 씨앗을 뿌릴 수 있다는 것을 증명해 주었습니다."

그러나 에드몽은 의기소침하여 좌절할 사나이가 아니었다. 그는 여행하면서 기운을 돋우는 많은 것들을 발견했다. 그 뒤 10여년 동안 그는 오로지 이 일에 몰두했다——개척지의 번영, 새로운 토지매입, 관개설비 확립, 많은 보고서 검토와 조사의뢰, 가능성 연구

등의 일에.

원시적이던 개척지는 문화도시로 발전했다. 예전에 불타버린 불모지에 오렌지 과수원과 포도원이 펼쳐졌다. 생산물을 수확하고 가공할 시기가 되면 일터는 활기로 넘쳤다. 새로운 세대의 건강한 아이들이 자라나 이 개척자들의 유산을 물려받게 되었다.

팔레스타인에 대한 에드몽의 행동은 로스차일드사람들의 반응에 좌우되는 부분도 있었다. 프랑크푸르트의 친척들, 특히 장인 빌헬름 카를은 대규모 이주를 지원해 주었다.

파리와 런던로스차일드의 태도는 신중했으며, 경우에 따라서는 적대시했다. 실패할지 모르는 모험에 로스차일드이름이 결부되는 것을 걱정해서만은 아니었다. 그들을 불안하게 만든 것은, 팔레스타인개척이 유럽유대인에게 미치는 영향이었다. 독일·프랑스·이탈리아를 떠나 성지로 가려는 사람들이 자꾸 늘어났고, 그것은 동화정신을 뒤흔들었다.

반유대주의자는 말했다.

"봐, 우리가 옳았지. 유대인은 본디 분리주의자야. 그들이 우리와 하나가 된다는 건 도저히 있을 수 없는 일이야."

특히 독일의 순수차별주의자들은 재빨리 결론내렸다.

"팔레스타인이든 어디든 그들의 이주를 장려하는 게 좋아. 더이상 유럽을 더럽히지 않기 위해서도 유대인은 자기네 땅으로 가야해!"

이러한 생각이 널리 퍼져 있으므로 친척들은 이주계획을 지원하는 에드몽을 염려했고, 그가 열성적인 유대민족주의자 테오도어 헤르츨과 만난 것을 알고는 깜짝 놀랐다.

헤르츨은 극단적 견해를 지닌 빈의 저널리스트였다. 1896년에 그는 《유대국가》라는 소책자를 발행했다. 이것은 근대 시오니즘의 기

원이 되었다. 헤르츨은 단순하고 자극적인 문장으로, 로스차일드와
유럽유대인이 의지하는 모든 것에 도전했다.

　유대인문제는 사회문제도 종교문제도 아니다. 가끔 이러한 문
제로 다루어지지만, 그것은 민족문제이다……
　우리는 어디에서나 우리가 사는 국가공동체에 동화하려고 진지
하게 노력했다. 그것은 오로지 조상대대로 내려오는 신앙을 지키
기 위해서였다. 그러나 그것도 우리에게 허용되지 않았다.
　충실한 애국자가 되려 했지만 소용없는 일이었다. 다른 시민들
과 마찬가지로 생명과 재산을 희생했지만 그것도 소용없었다. 예
술과 과학으로 조국의 명성을 높이려 열심히 힘쓰고, 장사로 부
를 얻어도 역시 소용없었다.
　여러 세기 동안 살아온 조국에서 우리는 늘 이방인으로 비난받
아왔다. 유대인보다 훨씬 역사가 짧은 사람들로부터 천대받았다.
누가 '이방인'인지는 다수파에 의해 결정된다. 인간관계는 무엇보
다도 힘이 지배한다……
　지금도 그렇고, 그리고 앞으로도 영원히 권력이 정의보다 앞설
것이다. 그러므로 우리가 충실한 애국자가 되어도, 이주를 강요
당한 위그노처럼, 결국 헛일이 될 것이다. 만일 우리가 평화롭게
살 수 있다면……그러나 우리는 평화롭게 살 수 있을 리 없다.

헤르츨은 팔레스타인을 유대인에게 넘기도록 오스만투르크황제를
설득해야 한다고 믿었다. 그리고 그 목적달성에 초점을 맞춰 운동
을 전개했다. 그는 유럽정치가와 유대인 유력자를 만나러 다녔다.
　그는 당연히 에드몽남작을 찾아왔다. 에드몽은 만나기를 거부했
지만, 이 저널리스트는 물러서지 않았다. 회견은 이루어졌지만 성
공적이라고 할 수는 없었다.

헤르츨은 두 시간쯤 열변을 토했다. 그는 에드몽이야말로 그 계획의 초석이 되어야 한다고 말했다. 만약 에드몽이 그 명예를 거부한다면, 개인적 설득이라는 예리한 칼 대신 민중의 반항이라는 곤봉에 호소하겠다고 했다.

그러나 결국 설득에 실패하고 화가 나서 돌아갔다. 그 기분을 그는 일기와 편지에 썼다. 랍비 우두머리 차독 칸에게 보낸 편지에서 그는 로스차일드를 '유대민족의 불행'이라고 비난했다. 일기에는 에드몽남작에 대한 경멸을 늘어놓았다.

에드몽은 말쑥하고 사람 좋아 보이는 마음 약한 남자로, 이 일을 전혀 이해하지 못했다. 겁쟁이가 꼭 필요한 수술을 거부하듯 나를 말리려 했다. 그는 지금 팔레스타인에 코를 처박은 자신에게 넋을 잃고 있는 게 분명하다. 그리고 알퐁스에게 달려가 말할 것이다.

"형님들 말이 맞아. 유대인 이주에 관계하느니 경마를 즐기는 게 나았어."

몇백만 명의 운명이 이런 사나이에게 달려 있다니!

헤르츨은 유럽의 유대인을 분열시켰다. 그는 주간잡지 《세계》로 국제시오니스트운동을 제기했다.

1897년 그는 바젤에서 제1회 시오니스트회의를 소집했다. 해가 거듭될수록 지지자가 늘었다. 그 견해는 몇몇 유력정치가의 동의도 얻었다.

그러나 헤르츨의 영향력이 커질수록 그에 맞서는 반대세력도 강해졌다. 많은 유대인들은 자신이 종교공동체에 속해 있다고 생각했다. 로스차일드도 같은 입장이었다. 그런 그들은 에드몽이 시오니즘을 공공연히 공격해 주기를 바랐다.

에드몽은 그렇게 하지 않았다. 그러나 헤르츨의 입장에 반대하는 그의 생각은, 모일레베르의 계획을 거부할 때와 마찬가지로 단호했다. 이유 또한 같았다.

너무 많이 너무 빠르게 하는 일은, 모든 것을 무너뜨린다. 유대인, 특히 공격적인 민족주의를 내세우는 유대인으로 가득한 팔레스타인은 투르크의 적개심을 불러일으킬 뿐이다.

에드몽은 적어도 1890년대에는 시오니스트가 아니었고 거기에는 그 나름의 실제적인 이유가 있었다.

그러나 팔레스타인 안에서 서서히 유대인의 입지를 강화해 나가는 그의 지원방법이, 중동의 여러 정치세력에 아무 영향도 끼치지 않는다고 생각할 정도로 그는 순진하진 않았다. 그의 일과 헤르츨의 일은 한 곳에 모이는 두 개의 강임을 그는 확신하고 있었던 것이다.

늘그막에 그는 회고했다.

"나 없이 시오니즘은 성공하지 못했을 것이고, 시오니즘이 없었다면 나 또한 아무것도 이루지 못했을 것이다."

이제 이 지역의 정치균형이 바뀌지 않는 한, 더 이상의 일은 할 수 없다고 그는 생각했다.

새로운 세기가 되어 20년이 지나는 동안, 그 균형이 바뀐다——갑작스럽게, 영구적으로.

수에즈운하 장악
젊은이들이여, 조국을 다시 왕중왕 자리로
왕홀을 든 섬으로, 온 세계 빛의 근원으로 만들자

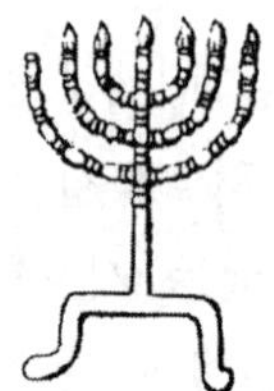

19세기 끝무렵, 로스차일드가 대대적으로 추진해온 공업발전과 해외진출은, 정치·경제경쟁을 격화시켰다. 유럽의 긴장이 다른 대륙으로까지 확대되어갔다.

이집트의 수에즈운하 관리에 관한 국제적 권한 확립——로스차일드의 자금융통으로 영국이 그 특권을 가지게 됨으로써 그 지역 마찰이 해소된 것은 결코 아니었다.

이집트정부의 재정 형편은 너무도 혼란스러워, 1876년에 총독의 채권자들이 그에게 압력을 가하여 국제위원회에 재정관리를 맡겼을 정도였다.

이것은 실질적으로 직접 관련 있는 두 나라, 영국과 프랑스의 전문가에 의한 운하 관리를 뜻했다. '삼각관계'가 잘 되어나간 예는 없다. 끊임없이 분쟁을 일으킬 따름이다.

정치와 경제는 분리될 수 없어, 해협을 사이에 둔 두 로스차일드도 이집트 문제에 깊이 휘말렸다. 두 은행은 850만파운드의 이집트 국채를 준비했다. 재정관리감독을 담당할 두 고관이 저마다 그 후견인이 되었다.

영국인 찰스 리버스 윌슨과 프랑스인 외젠 드 블뤼니예르였다. 리버스 윌슨은 복잡미묘하게 얽힌 일들을 잘 처리하기 위해 로스차일드와 긴밀한 관계를 가졌다.

프랑스와 영국정부는 서로 상대방을 믿지 않아, 양국의 현장대표자는 자주 말다툼을 벌였다. 이집트총독은 자신의 목적을 위해 이것을 이용하려 했다.

로스차일드사람들은 때로 지독한 의혹에 휘말렸다. 민족주의자들의 격렬한 움직임은 사태를 더욱 악화시켰다.

범이슬람교주의 정치운동가가 모든 외국인의 추방을 요구해 지지를 얻었다. 특히 군대가 이를 크게 지지했다. 1879년 총독 이스마일은 이 민족주의를 이용하여, 자신의 야심을 향한 도박을 시도했다. 감독관을 해임하고 재정관리권을 자기 손안에 넣은 것이다.

리버스 윌슨은 이 상황을 너새니얼 메이어에게 곧 알렸다. 로스차일드가 국채를 회수한다고 위협하여, 총독에게 압력을 가해야 한다고 그는 말했다. 너새니얼 메이어와 알퐁스는 총독에 대해 재정상 권리를 직접 행사할 생각은 없었으나, 리버스 윌슨의 의견에 동조했다.

프랑스와 영국 두 정부가 이스마일의 주인인 투르크의 술탄에게 압력을 가할 것을 제안했다. 이것은 실행에 옮겨져 곧 효과가 나타났다. 이스마일이 사직하고 27살 된 아들 테우피크에게 그의 자리를 물려준 것이다.

영국과 프랑스의 지배가 부활하고, 얼마 동안 모든 게 원만하게 돌아가는 듯 보였다. 그러나 곧 해묵은 분쟁의 불씨가 되살아났다.

카이로에 블뤼니예르를 감독관으로 둔 프랑스는, 완전한 지배권을 얻으려 애썼다. 경쟁의식이 다시 불붙었다. 정치정세가 불안해지고, 따라서 금융시장도 불안정해졌다.

테우피크총독 취임은 문제를 더 악화시켰다. 외국인의 간섭에 항거하는 민족주의세력의 분노를 격화시켜, 이집트는 무정부상태에 빠져들었다. 1881년에 아라비 파샤가 반란을 일으켜, 외국인의 생명과 운하의 안전이 위기에 빠졌다.

한편 영국에서는 너새니얼 메이어가 원하지 않는 정권교체가 있었다. 1880년 총선거에서 디즈레일리와 토리당은 자유당에 패했다. 글래드스턴이 권좌에 되돌아온 것은 곧 로스차일드세력의 쇠퇴를 의미했다.

너새니얼 메이어는 블라이히뢰더에게 분명하게 알렸다.

"우리는 이번 내각과 친밀한 관계에 있지 못합니다."

그는 곧 악화되어가는 이집트정세에 대한 정부의 반응을 비난하기에 이른다. 너새니얼 메이어가 생각하기에 정부의 정책은 우유부단하고 지리멸렬했다.

글래드스턴과 그랜빌은 확실히 이집트에 대한 간섭을 주저하고 있었다. 비용이 드는 군사원정을 하고 싶지 않았고, 일방적으로 대륙의 역학관계를 깨뜨리기도 싫었다.

결국 질서회복을 위한 원정에 프랑스도 영국이 참가하기를 요청하기에 이르렀다.

이 제안은 거절당했다. 그러는 동안 이집트는 확고한 키잡이도 없이 로스차일드의 막대한 투자물을 싣고 암초를 향해 표류하고 있었다.

너새니얼 메이어는 이처럼 우물쭈물하는 태도에 견딜 수 없었다. 그는 영국이 반역자를 처단하고, 이집트운하 지배권을 얻어 유지해나가야 한다고 믿었다.

알퐁스도 행동에 나서는 데 찬성이었다. 물론 군사행동에서는 프랑스정부도 함께 주도권을 장악해야 한다는 생각이었다.

영국은 마침내 9월에 행동을 개시했다. 가닛 울즐리경이 지휘하는 군대는 프랑스의 원군 없이 민족주의자들을 텔 엘 케비르에서 격퇴했다.

이때부터 영국에 대한 프랑스의 굴욕감과 원한이 쌓이기 시작했다. 프랑스가 이 군사행동에 참가할 기회를 스스로 거부한 것은 사실이지만, 그들은 영국군 주둔에 반대하고 그 의도에 강한 의혹을 품었다──비스마르크가 그 권력으로 한 모든 일이 의혹의 씨앗이 되었듯.

이 일은 프랑스로스차일드를 곤란한 처지에 몰아넣었다. 영국이 점거한 것은 환영할 일이었다. 울즐리는 질서를 회복시켰다. 그 일은 사업상 도움이 되었다. 하지만 주위사람들과 마찬가지로 알퐁스 형제의 영국에 대한 혐오감은 더해갔다.

이런 일들이 런던과 파리의 관계에 어떤 영향을 주든, 현실 재정 문제에 관한 한 그들의 결합은 견고했다. 1885년, 두 회사는 서로 도와 이집트를 안정시키기 위한 942만4000파운드의 공채를 준비했다.

같은해 너새니얼 메이어는 영국귀족이 되었다. 1869년부터 73년까지 라이어닐을 위해 힘썼으나 뜻을 이루지 못했던 글래드스턴은, 아직도 그의 아들 이름을 여왕에게 언제든 추천할 용의를 갖고 있었다.

세월이 흘러 상황은 크게 변해 있었다. 라이어닐을 추천할 때는 그에 대한 순수한 마음에서였지만, 너새니얼 메이어에 대한 글래드스턴의 지지는 정치적 계산이라는 색채를 띠었다.

총리 측근 중에는 너새니얼 메이어 로스차일드경이 자유당에 냉담한 것을 걱정하는 이들도 있었다. 그러나 글래드스턴 지지파와 반대파 사이에 커다란 균열이 생기기 시작하자, 그들도 이만한 영향력을 가진 사나이를 포섭하는 편이 좋겠다고 생각하게 되었다.

당의 어느 활동가가 당간부에게 말했다.

"그는 확고한 자유당 지지자는 아닙니다. 하지만 그를 내버려두는 건 아깝고, 토리당으로 기울게 하는 건 더욱 애석한 일입니다.”

열성적인 당활동가 가운데에는 너새니얼 메이어를 에일즈버리의 석에서 내쫓고, 대신 퍼디넌드를 앉히는 게 어떠냐고 말하는 이도 있었다. 그들은 퍼디쪽이 ‘믿을 만하다’고 생각했던 것이다. 하지만 그 계획은 어리석은 시도로 역효과를 가져올 뿐이라는 의견이 지배적이었다.

로스차일드끼리 서로 수치스러운 일을 당하게 되었다고 생각해 보자. 퍼디넌드쪽이 인기있고 또 다루기 쉽다고 하여, 너새니얼 메이어를 희생시키고 그를 내세웠다고 가정해 보자. 그런 상황은 생각만 해보아도 큰 잘못을 저지르는 게 된다는 걸 알 수 있다.

로스차일드는 여러 세대에 걸쳐 서로 도와왔으며, 그들의 신조는 러셀집안의 신조와 다르다. 만일 자유당이 너새니얼 메이어와 결렬되면, 그것은 로스차일드 전체와의 결렬이 된다. 그런 행위로 얻어질 건 아무것도 없다.

지금이야말로 너새니얼 메이어를 달랠 시기였다. 로스차일드가 영국귀족이 되고, 상원의석에 앉는 최초의 유대인이 되는 것은 이제 당연한 일이었다.

디즈레일리가 친구에게 이 작위를 아직 주지 않았던 것이 이상할 정도였다. 이제, 단기간에 정치적 우위에 올라선 글래드스턴의 측근들도 그럴 마음을 갖게 되었다.

‘로스차일드 오브 트링 남작’이라는 칭호의 수여는 근본적으로 국가를 위해 헌신한 인물에게 주는 것으로, 그 가문을 정식으로 인정하는 것이었다.

너새니얼 메이어는 이 명예를 개인적 승리로 생각했을 뿐 아니라 유대의 승리로 여겼다. 그는 '유대교 신자가 처음으로 귀족계급에 들어가게 된' 일에 대해 글래드스턴에게 감사의 말을 했다. 그것은 '이로써 작위의 가치가 크게 오를 것'이라는 암시이기도 했다.

이 점을 강조하기 위해 영국귀족 관습으로는 서명할 때 '트링'이라고 써야 했지만, 그는 이 관행을 영구히 거부했다. 다만 '로스차일드'라는 이름으로 서명한 것이다. 그것은 그가 유대핏줄에 긍지를 지녔으며, 완벽한 동화의 길에 들어섰음을 입증하는 것이었다.

알퐁스는 따뜻한 축하편지를 보냈다. 파리의 모든 유대인 이름으로 축하하며, 반유대주의자를 분개토록 한 일이 참으로 기분 좋다고 씌어 있었다.

너새니얼 메이어가 상원으로 간 뒤 퍼디넌드가 하원의석에 앉은 것은 당연한 순서였다. 퍼디넌드에게는 너새니얼 메이어처럼 글래드스턴에 대한 개인적 적의는 없었지만, 역시 당의 우파로서의 자신의 입장을 굳게 지켰다. 사실 그는 '숨겨진 토리'가 아닌가 하는 의심을 자주 받았으며, 그때마다 몸조심해야 했다.

나는 보수파가 아닙니다. 보수주의는 이제까지 여러 나라를 멸망시켰으며, 자유주의정책이야말로 영국의 번영을 이룩해 왔습니다. 당신들도 우리도, 자유주의에서 모든 것을 얻고 있습니다. 내가 어떤 형태로든 토리당에 기울어진다는 건 말도 안되는 이야기입니다.

한편……이익까지 희생하지는 않는다 해도, 영국의 국기와 명예를 희생으로 의회개혁이라는 답답한 문제에 사로잡혀 있는 현 정부의 편파적 정책을, 내가 정착해 살며 진심으로 사랑하는 이 나라를 위해 유감으로 생각합니다.

나는 아마 '교황보다 더 가톨릭적'일지도 모르지만 폴리네시아의 모든 섬들, 히말라야의 모든 벼랑, 동방의 모든 탑 위에──

이것은 비유이지만——유니언 잭이 휘날리기를 희망합니다.

물론 여기에서는 다음 사실을 고려해야 한다. 퍼디넌드는 '보수주의'라는 말이 영국의 정치상황에서 쓰이는 것보다 훨씬 극단적 뉘앙스를 가지는 나라에서 온 인물이다. '이것은 비유이지만'이라는 말이 무엇을 의미하든, 퍼디넌드의 감정이 제국주의의 해악에 물들어 있었던 것은 분명하다.

제국주의는 이제 온유럽으로 퍼졌으며, 거의 전염병 같은 양상을 보였다. 국가간 경쟁의식은 '원주민의 문명화'라는 허울 아래 단지 그 싸움터를 먼 땅으로 옮긴 것에 지나지 않았다.

1869년부터 79년까지 옥스퍼드대학 미술교수를 지낸 존 러스킨은 학생들에게 말했다.

······영국의 젊은이여, 조국을 다시 왕중왕(王中王) 자리로, 왕홀(王笏)을 든 섬으로, 온세계 빛의 근원으로, 평화의 중심으로 만들자······이것은 영국이 이루어야 할 일이며, 그렇지 못하면 헛되이 죽을 따름이다.

영국은 되도록 멀리, 되도록 빠르게 식민지를 넓혀나가야 한다 ······무르익은 채 버려진 땅은 비집고 들어갈 수 있는 한 남김없이 소유하고, 그곳 주민에게 그들의 종주국에 충성을 다하는 일이 최고의 덕이라고 가르치자.

이 민족적 정열을 그즈음 몇백만 명의 영국인이 공유하고 있었다.

그러나 글래드스턴은 달랐다. 그는 모든 정치적 힘을 기울여 확장주의 압력에 저항하고, 경쟁의식이 격렬해지는 것을 막으려 했다.

이것이 너새니얼 메이어가 그를 싫어하는 이유의 하나였다. 퍼디
넌드 역시 정부의 유약한 외교정책 때문에 영국이 손실을 본다고
생각했다.

너새니얼 메이어 드 로스차일드경은 무모한 확장주의자는 아니었
다. 무모한 확장주의자였던 세실 로즈와 그의 관계를 보면 이 사실
이 분명해진다.

1867년 남아프리카의 오렌지강과 발강 두 강기슭에서 다이아몬드
가 발견되었다. 채굴회사가 몇 개 설립되었다.

로스차일드도 당연히 이 지역 재정면의 지도적 지위에 서게 되었
다. 현지대리인들은 정기적으로 그곳 상황을 보고해 왔다——그곳
상황은 사업적으로 만족스러운 게 못 되었다.

킴벌리의 다이아몬드 열기는 19세기에 미국과 오스트레일리아 신
흥도시에서 이미 보았던 것과 같았다. 소규모 업자들이 불하받을
땅을 찾아 잇따라 밀려들었다. 그들은 대부분 채굴에 필요한 자금
도, 전문지식도 없었다.

더욱이 국가간 경쟁의식이 혼란을 부추겼다. 케이프, 트란스발
보어에서 영국정부는 사상대립과 영토분쟁에 얽혀 꼼짝 못하게 되
었다. 이 모든 문제가 뉴코트에도 세차게 덮쳐왔다.

상업적 성공은 몇몇 작은 회사의 합병으로만 가능하다는 대리인
A. 갠슬의 의견에, 너새니얼 메이어형제는 찬성이었다. 그들은 앵
글로 아프리칸 다이아몬드 채굴주식회사의 대주주가 되어, 소규모
로 불하받은 소유자들로부터 채굴권을 사들이는 데 가담해, 1882년
무렵부터 세력을 늘려갔다.

다른 업자들도 물론 같은 생각이었다. 마지막으로 '연합세력싸움'
은 바르나토 다이아몬드 채굴회사와 드 비어스사의 패권다툼으로
발전했다. 더 확실하게 말하면, 뛰어난 두 기업가 바니 바르나토와

세실 로즈의 싸움이 된 것이다.

두 사람 다 젊은 시절 영국에서 아프리카로 건너왔다. 둘 다 겨우 20대에 억만장자가 되었다. 그러나 유사점은 그것뿐이었다.

세실 로즈는 옥스퍼드에서 공부한, 광신적일 만큼 열렬한 제국주의자였다. 학생시절 러스킨교수의 웅변에 영향받아 사명감마저 지녔다. 그의 목표는 아프리카를 '케이프로부터 카이로까지 영국영토로 만든다'는 것이었다.

그는 그 일을 위해 상당한 재산을 투자했다. 사업가로서, 그리고 1890년부터는 케이프 식민지총리로서. 1887년까지 그의 드 비어스 채굴회사는 킴벌리지역의 많은 경쟁자——앵글로 아프리칸도 포함하여——를 하나씩 점령해갔다.

바니 바르나토는 거의 교육 받지 못한 유대인이었다. 그는 프로권투와 경마를 좋아했다. 본명은 바닛 아이작스로, 올드게이트거리 상인의 아들로 태어나, 유대자유학교에서 2, 3년 공부한 뒤 50파운드를 가지고 아프리카로 건너갔다.

선견지명과 사업재능을 지닌 그는 단기간에 큰 재산을 모았다. 바르나토는 순수한 사업가로, 로즈의 제국주의적 꿈에 강한 의문을 품고 있었다.

다이아몬드평원의 영주가 되려는 이 두 사람은, 치열한 경쟁을 되풀이했다. 1887년까지 한 경쟁상대회사를 제외하고는 모두 바르나토와 드 비어스 두 기업에 흡수되었다.

그 예외는 프렌치 다이아몬드사라는 대기업으로, 그 회사 광산에서 때마침 풍부한 산출량이 나오기 시작했다. 로즈도 바르나토도 그들의 동료들도, 이 회사주식을 되도록 많이 사려고 열심이었다. 자연히 주식시세가 급등했다.

로스차일드가 볼 때, 이 모든 활동이 시장을 짧은 기간 동안 너무 과열시키는 것 같았다. 1887년 7월에 로즈가 귀국하여 너새니얼 메이어에게 개인적 재정지원을 요청하자, 그는 이를 그가 바라던 상업적 안정회복의 기회로 보았다.

그는 드 비어스사의 생산 및 이익과 거래능력 개선에 100만 파운드를 보증했다──그 가운데 4분의 3이 실제로 차용되었다. 또한 프렌치사 사장을 설득하여 매우 호의적인 협정을 맺게 하여 광산에서 손떼게 했다.

드 비어스와 로스차일드가 손잡자, 바르나토는 힘이 벅찬 것을 느꼈다. 그가 경쟁상대의 우위에 서려고 아무리 높은 액수를 제시해도, 로즈는 그보다 더 높은 액수를 내놓을 의지를 표명했다.

그 유대인은 이 상황을 도저히 감당할 수 없음을 알았다. 드 비어스는 의기양양한 승리자가 되었다. 얼마 뒤 두 회사는 합병했다.

사실 바르나토가 그렇듯 오래 저항한 이유 중 하나는, 영토확장주의에 대한 반감 때문이었다.

세실 로즈는, 드 비어스 합동채굴회사의 돈은 제국주의가 북쪽으로 진군해 가기 위해 써야 한다는 생각을 가지고 있었다. 그는 돈벌이와 새로 정복한 영토에 영국깃발을 꽂는 일을 동일시했다. 로스차일드경도 자신의 단순한 이상에 공감하는 사람으로 여겼다.

그러나 사실은 그렇지 않았다. 로스차일드는 제국주의자가 아니었다. 세실 로즈는 차츰 그것을 알게 되었다.

1888년, 그는 유언장을 만들었다. 그 속에서 그는 자신의 재산 대부분을 영국의 권력확장을 돕기 위한 사악한 비밀결사재정에 쓰도록 하고, 너새니얼 메이어를 그 관리자로 추천했다──이 기금은 뒷날 옥스퍼드 장학금관리기관으로 발전했으며, 너새니얼 메이어는 이 일에 관여하지 않았다.

그뒤 여러 해 동안 세실 로즈는 남아프리카에서의 영국정책에 관하여 뉴코트로 끊임없이 편지를 써보냈다. 이윽고 그는 그 편지를 받는 상대가 두뇌명석하고 단호하며, 은행가와 정치가의 역할을 결코 혼동하지 않는 인물이라는 것을 깨달았다.

회사자금을 영토확장에 쓰려는 로즈에게 로스차일드는 충고했다.

"만일……귀하가 그 목적에 돈을 쓰려면, 드 비어스사가 아닌 다른 곳에서 얻어내야 합니다. 드 비어스사는 순수한 다이아몬드채굴회사임을 명심하십시오."

1892년에 로스차일드가 트란스발의 보어정부공채를 시장에 내놓은 것을 알게 된 로즈는 못마땅해했다. 로스차일드은행은 남아프리카의 광산과 철도와 다른 일반적인 개발에 상당한 투자를 하고 있었다.

그러므로 로스차일드는 평화와 안정 편이었다고 말할 수 있다. 실제로 그는 그 10년 뒤 영국인과 보어인 사이에 전쟁이 벌어지려는 것을 막으려 애쓰기도 했다.

세실 로즈는 대조적으로 불온한 움직임을 보였다. 요하네스버그 정부에 끈질기게 대항하고, 1895년에는 그것을 쓰러뜨리기 위한 반란을 일으켰는데, 곧 친구 제임슨을 통해 트란스발을 습격했던 것이다. 결국 실패로 끝나, 그는 영국정부로부터 비난받고 식민지 총리자리에서도 쫓겨났다.

그와 너새니얼 메이어의 친밀한 관계는 그때 이미 끝난 지 오래였다. 로스차일드는 글래드스턴의 식민지 축소정책을 싫어했지만, 방만한 제국주의를 지지한 것도 아니었다. 그 사실을 로즈는 도무지 이해하지 못하는 것 같았다.

너새니얼 메이어와 퍼디넌드는 자유당 우파사람들이 지닌 견해, 즉 조국에서는 사회개혁이 충분히 잘되었지만 외국땅에서는 영국이 너무 지나치다는 데 동의했다.

영국로스차일드는 건전한 상업상 이유에서, 영국제국이 다른 나라와 관계를 유지하는 데 관심을 가졌다. 교역에 최대한의 자유를 보장하고, 유럽의 정치정세 안정을 위해 독일과 우호관계를 가지며, 국내사회의 조화를 위협하는 과격한 요구에 저항해야 한다는 것이었다.

그들은 이집트에서 군대를 철수하려는 총리의 의견에 반대했다. 다른 외교정책에서도 '유약'한 태도에 모두 반대했다.

글래드스턴이 아일랜드에 자치권을 주겠다고 발표했을 때, 그들은 깜짝 놀랐다. 너새니얼 메이어가 정당정치에서 차츰 활발한 역할을 하게 된 것은, 그에게는 자살행위로밖에 여겨지지 않는 방향으로 정부가 나아갔기 때문이었다.

19세기 끝무렵 자유당이 파멸에 직면했을 때, 로스차일드경은 두드러진 역할을 했다. 언뜻 보기에는 그 행동이 토리당을 치켜세운 게 될지도 모른다. 그러나 보수당 역시 자유당과 마찬가지로 혼란의 소용돌이 속에 있었다.

랜돌프 처칠경(윈스턴 처칠의 아버지)이 1880년대 정치계에 갑자기 떠올랐다. 그의 웅변과 인기는 디즈레일리의 재림이 아닌가 여겨질 정도였다. 그는 폭넓은 보수주의를 만들어보려는 뜻을 가졌지만, 자유당 안에 적이 많았다.

소용돌이치는 당지방위원회, 파벌, 결탁과 음모에 휩싸인 혼란한 정치상황에서 너새니얼 메이어는 이제 비로소 뜻을 펼칠 자리에 섰다. 그는 꽤 많은 자금을 신중하게 정부에 투자하고, 정부의 운명을 좌우할 수 있는 입장에 서게 된 것이었다. 그 영향력은 어떤 역사책에서도 다 설명될 수 없을 정도였다.

그는 형제들과 사촌 퍼디넌드의 도움을 받으며 상임위원회에 참여했다. 처칠, 로즈버리경, 체임벌린 등 그와 견해를 같이하는 사람이면, 정당을 가리지 않고 개인적으로 의견을 주고받았다.

'컨트리하우스(시골에 있는 대지주의 저택) 정치'는 로스차일드가 완성시킨 정치형태였다. 또 영국의 이 첫 유대인남작만큼 이 기술에 완벽하게 숙달된 이도 달리 없었다. 19세기 끝무렵의 20여년 동안 트링 파크의 평온함 속에서 그는, 세실 로즈의 다이아몬드제국 확장으로부터 런던대학 재건에 이르기까지 광범위한 협상을 해냈다.

구식자유주의의 파괴를 지휘한 것이 이 '흑막'의 업적이었다. 로스차일드위원회를 구성한 옛당원들에 의해 이제 '자유통일주의자'라는 말이 탄생했다. 새 그룹의 가장 뚜렷한 특징은 아일랜드자치를 반대하고, 그 생각을 의회에서 다수파로 만들려는 것이었다.

승리는 1886년 여름에 찾아왔다. 총선거가 이루어졌다. 아일랜드 문제는 가장 중요한 이슈가 되었다. 랜돌프 처칠에게 보낸 편지에서 로스차일드경은, 연설집회에서 그 문제를 확실하게 제기하라고 강력히 주장했다.

우리 대장인 그랜드 올드맨(글래드스턴)을 공격해 보시는 게 어떨까요.

투표결과는 너새니얼 메이어가 기대한 대로였다. 보수당과 자유통일주의 지지자가 압도적 다수파가 된 것이다. 솔즈베리 경이 총리가 되고, 랜돌프 처칠은 재무대신이 되어 내각을 이끌게 되었다.

로스차일드에게는 디즈레일리정부의 번영시대가 다시 찾아온 것 같았다. 그와 처칠은 '체임벌린과 의논하며 대규모 제국사업을 수행하는 듯' 보였다.

그러나 이 상태는 얼마 가지 않았다. 여섯 달 뒤 수완 좋은 처칠도 내각에서 사퇴했다. 그는 그뒤 2, 3년 동안에 정신과 육체가 급격히 쇠약해져 1895년에 45살로 사망했다.

랜돌프 처칠과 매우 가깝게 접촉했으면서도 너새니얼 메이어와 그 사이에 따뜻한 우정 따윈 없었다. 만일 있었다면 너새니얼 메이어가 귀중한 조언을 했을지도 모른다. 그러나 그러한 관계를 가지는 일이 그에게는 쉽지 않았다.

랜돌프 처칠이 죽은 뒤 너새니얼 메이어는, 예전 친구에 관해 명예스럽지 못한 이야기도 태연히 꺼냈다. 처칠이 연애편지를 빌미로 황태자에게 접근하여 그 영향력으로 형제인 블랜드포드경에 대한 이혼소송을 제지시키려 했던 일을, 은행가 동료에게 털어놓은 것이다.

비밀주의에 대한 너새니얼 메이어의 신조는 남의 비밀을 지켜주는 데까지는 미치지 않았던 모양이다. 그러나 그 신조는 분명 그의 정치활동을 안개 속에 감추어 놓았고, 앞으로도 그 안개는 걷히지 않을 듯하다.

빅토리아시대 후기 정치를 배우는 학생들은 푸념한다.

"어떤 문제든 파고들면 반드시 로스차일드경과 부딪친다. 그리고 거기에서 멈출 수 밖에 없다."

미리엄 로스차일드박사가 쓴 백부의 전기에서 그녀는 한 장(章) 전부를 라이어닐, 너새니얼 메이어, 월터와 그 동생 찰스 및 다른 로스차일드사람들이 시킨 개인적 기록파괴에 할애하고 있다.

그녀는 누구든 그녀의 조상에 관한 사실을 캐내려 조사를 진행하다 보면, '돌처럼 단단한 길을 가다가, 몸서리칠 만큼 큰 횃불(편지나 서류를 태우는 불을 뜻함)을 만나게 될 뿐'인 운명이 된다고 경고하고 있다.

비밀주의에 대한 로스차일드의 신조는 19세기 끝무렵에 이미 가문의 특성이 되었다. 몇몇 로스차일드사람들에게는 비밀주의가 일종의 강박관념이 되어 있었던 사실도 부정할 수 없다.

특히 너새니얼 메이어만큼 비밀주의를 철저히 지킨 사람도 드물 것이다. 그가 죽은 뒤 유언에 따라 트렁크 몇 개 분량의 편지와 서류가 처분되었다. 따라서 영국정치 형성기에 그가 미친 영향력에 관한 자료는 아주 조금밖에 없다.

글래드스턴에 대하여, 특히 아일랜드문제에 관해 그는 철저하게 반대했던 것 같다. 그는 여기저기에서 열심히 소문을 모아 들어 랜돌프 처칠경에게 전해주었다.

1886년 1월, 너새니얼 메이어는 콘스턴스의 남편 시릴 플라워로부터 뜻밖의 중요한 정보를 얻었다. 시릴은 글래드스턴의 전원저택인 하워든성을 방문하고 막 돌아온 참이었다. 이 정보는 곧 다른 정보와 함께 처칠에게 보내졌고, 처칠은 토리당 당수 솔즈베리경에게 보고했다.

"글래드스턴은 아일랜드문제에 골몰해 있소……그는 아서 밸푸어가 성가스럽다고 시릴 플라워에게 털어놓았지요……로스차일드는 오늘 아침 브렛을 만났는데, 그는 하코트와 딜크가 어제 글래드스턴은 아일랜드자치법을 단념할 거라고 이야기했다고 합니다."

랜돌프 처칠이 정치적으로 실패한 뒤, 너새니얼 메이어는 글래드스턴파 젊은 사람들 가운데 가장 두드러진 로즈버리경에게 상당한 기대를 걸었다.

로즈버리(아치볼드 프림로즈)는 그의 사촌누이 해너(메이어의 외동딸)와 결혼한 사나이였다. 그는 사상가로, 전통적 자유주의를 국가확장 의도를 숨긴 형태의 제국주의에 순응시키려 열심이었다.

유감스럽게도 로즈버리의 공적 업무는 처칠과 마찬가지로 분쟁과 비극으로 채색되어 있다. 그는 글래드스턴에게 충실하려 했지만, 두 사람은 외교정책에서 근본적으로 의견이 달랐다. 로즈버리는 성격적으로 외교수완이 뛰어나지 못했고, 정치토론에도 중압감을 느꼈다.

1890년 로즈버리가 공적인 생활을 모두 포기하려고 마음 먹은 사건이 일어났다. 사랑하는 아내 해너가 장티푸스로 숨진 것이다.

해너는 남편의 스코틀랜드영지 덜메니에서 병으로 쓰러졌다. 로즈버리는 그녀의 마지막 날에 대해 이렇게 쓰고 있다.

그녀는 1주일 내내 정신착란 상태였지만, 내가 방으로 들어가면 눈을 뜨고 환하게 웃어보였다. 그리고 응석받이 어린아이같이 말하곤 했다.
"아치, 이것 봐요, 멋지지요?"
밤 10시 무렵, 그녀는 말했다.
"아치, 아치, 난 집으로 돌아가겠어요."
지난 주, 그녀는 자신이 파리에 있는 줄 착각했었는데, 아직도 거기 있는 듯 여기는 모양이었다. 이것이 내가 들은 그녀의 마지막 말이었다.

해너는 그 다음날 아침 6시에 숨을 거두었다. 그녀는 월스든 유대묘지의 아버지 곁에 매장되었다. 장례는 너새니얼 메이어가 맡아 치렀다.

글래드스턴과 몇몇 각료 및 저명인사와 여왕대리인 헨리 폰슨비 경이 참석한 가운데, 장례식은 침통한 분위기에서 거행되었다. 폰슨비는 기록하고 있다.

로즈버리경은 입을 꼭 다문 채, 관이 무덤 속으로 내려질 때까지 그 옆에 붙어 있었다. 로스차일드경이 그에게 예배당으로 돌아가자고 했지만, 그는 한참동안 말없이 내려다보고만 있었다.

어휘 선택에 천부적 재능이 있던 윈스턴 처칠은, 로즈버리는 아내의 죽음으로 '불구가 되었다'라고 표현했다. 자신을 위해 야심을 가지고 힘껏 격려해 주던 해너를 잃은 그는 정치생활을 완전히 포기하고, 죽은 아내와 관련있는 것으로부터 멀어지려 했다.

로즈버리를 싫어한 데이빗 린제이는, 그가 유대인에 대한 자선기부를 서둘러 중단했다고 적고 있다.

로스차일드는 로즈버리와 계속 친밀하게 지냈으며, 정치에서 손떼려는 그의 생각을 단념시키려 했다.

1892년 글래드스턴이 정권을 되찾았을 때, 로즈버리는 외무대신을 맡도록 권유받았다. 너새니얼 메이어가 황태자를 설득해 조언하게 하여, 마침내 로즈버리도 그들의 소망에 따랐다. 로스차일드와 그 친구들이 바라는 것은 총리에게 용감히 맞서는 인간이며, 보다 엄격한 외교자세를 취하는 사람이었다.

로즈버리로서는 가슴 아픈 일이었지만, 책략은 성공했다. 그가 글래드스턴에게 이의를 제기함으로써, 그는 여왕에게 인정받는 독립된 정치가의 지위를 획득했다. 1893년 그는 반란을 지휘했고, 글래드스턴은 사직 압력에 내몰렸다. 빅토리아여왕은 이 외무대신을 불러 내각을 조직하도록 지시했다.

16개월에 걸친 로즈버리의 총리재임은 비참했다. 상원에서 토리당의 적대행위에 부딪치고, 내각을 단속할 능력도 없었다.

그는 결코 함께 일하기 쉬운 사람이 아니었다. 또 아직 아내를 잃은 슬픔에 잠겨 있어, 인간관계에 잘 대처하지 못했다. 1895년 6월, 그는 하원에서 다수의석을 차지하지 못한 패배의 책임을 지고 사임했다. 만일 그의 아내가 살아 있었다면 그 자신에게도, 당에도, 조국에도 모든 일이 달리 되어나갔을 것이리라.

로스차일드사람들 모두 글래드스턴에 대해, 너새니얼 메이어와 같은 감정을 품고 있었던 것은 아니었다. 애니와 콘스턴스는 계속 그를 지지했다.

1893년 애니는 83살 된 총리의 손님으로 하워든에 머물 때, 콘스

턴스에게 편지를 써보냈다. 늘그막에 접어든 격정적인 정치가와 그
아내의, 결코 사그라들지 않을 듯한 생생하고도 매력적인 모습이
떠오르는 글이다.

G.O.M.(그랜드 올드맨의 약자. 글래드스턴의 별명)과 W. 몰리
(자유당 의원으로 아일랜드 자치를 강하게 지지한 J. 몰리의 착오
인 듯하다. 그는 1903년에 글래드스턴의 전기 3권을 출판했다)가
주고받는 문학론에 귀기울이며, 나는 맛있게 저녁식사를 했어.

G.O.M.은 아주 건강해. 얼굴은 좀 늙었다는 느낌을 주지만,
생기가 넘치고 귀가 좀 안 들리는 것 말고는 거의 젊은이나 다름
없어. 불쾌한 터키인에 대해 말할 때면 불타는 정열로 나이든 얼
굴이 빛나기도 했지. 때로 가벼운 농담을 하면서 입을 오무리고
사람 좋은 웃음을 떠올리곤 해.

주류판매 면허법안에 대해서는 그리 열심인 것 같지 않아. 정
부의 법안이 아닌 개인적인 것으로 두려는 생각일지도 몰라——
이건 우리끼리만의 이야기야, 코니……

W.G.(글래드스턴부인)는 놀라운 분이야. 바자를 열기 위해 체
스터까지 지붕없는 마차를 타고 달리고, 시공회당에서 열리는 절
약운동집회에 참석하고, 우리들과의 저녁식사자리에 함께 했으니
……

그녀는 참 좋은 분이고 친절하고 사려도 깊으서……그들 부부,
그리고 집안 여러분께서 안부 전해달라고 하셨어.

글래드스턴의 자유주의에 대해 태도가 분열된 것은 로스차일드만
이 아니었다. 영국의 유대인 전체를 보아도 정치적 단결은 이미 과
거 이야기였다.

1880년 총선거에서 10명 중 3명의 유대인 유권자가 토리당을 지

지했다. 1900년에는 22명의 유대인이 선거연설회에 나섰는데, 그중 10명은 보수당이었다.

1880년에 눈부시게 활동한 토리당 후보 가운데 로스차일드의 친척 헨리 드 보름스가 있었다. 그는 식민지 차관으로, 최초의 유대인 추밀고문관 자리에 오른 색다른 정치경력의 소유자였다. 1895년에 그는 퍼브라이트남작으로 상원에 들어갔다.

로스차일드의 정치활동이 당의 책략에 속박받는 일은 결코 없었다. 에일즈버리의원 퍼디넌드는 전임자보다 활동적이었다. 특히 사회개혁법안에 흥미를 보였다. 우체국 전보담당직원 처우개선문제에 대해 그는 5년이나 투쟁했다.

너새니얼 메이어는 1889년의 항만파업해결에 한몫했다. 조합은 6펜스의 임금인상을 요구했다. 하지만 고용주들은 한 치의 양보도 없었다. 로스차일드경의 손녀가 전하는 바에 따르면, 그가 중재인으로 나서 이 논쟁을 해결했다고 한다.

이것은 그의 가장 자랑스러운 업적이 되었다. 하지만 공교롭게도 뒷받침될 만한 증거가 남아 있지 않다. 매닝추기경이 해결에 기여한 이야기 외에 너새니얼 메이어의 공헌에 대한 공적인 기록은 없다. 비밀을 좋아하던 그의 습성이 그에게 늘 유리하게 작용한 것만은 아니었다.

사실이야 어떻든 로스차일드경은 노동자들이 직장으로 복귀하고 파업이 정부개입 없이 해결된 것을 기뻐했다. 그는 국가가 큰 통제력을 갖는 경향에 단호하게 저항했다. 국가의 상업부문 통제에 특히 반대했다. 산업 불안의 파도가 밀려오는 가운데 그를 특히 고뇌하게 한 것은, 바로 정부의 간섭이었다.

정계에서는 로스차일드경이 상상력은 부족해도 단호한 견해를 가진 사람으로 통했다. 그 시대 많은 사람들과 달리 그는 사회적 공정성에 예민했다. 그러나 공평함은 국가 감시 아래에서가 아니라,

사람들의 선한 의지에 의해 이루어진다고 확신했다. 그는 저마다 제자리에서 맡은 의무를 다하면, 지금의 질서를 바꿀 필요가 전혀 없다고 생각했다.

만일 모든 사람들이 너새니얼 메이어처럼 강한 책임감을 갖고 있었다면, 영원히 계속될 듯 보이던 빅토리아여왕시대의 사회적 진리가 도전받는 일은 없었을 것이다.

그러나 영지 안 사람들을 돌보지 않는 영주는 확실히 존재했다. 의지할 사람도 없고, 생활이 곤란한 사람도 존재했다. 착취하는 사람도 있었다.

바야흐로 사회밑바닥에서 들려오던 신음소리가 이제 절규가 되어, 현재의 정부체제와 불공평은 끊을 수 없는 관계라는 주장이 나오기 시작했다. 하지만 마침내 그러한 목소리가 널리 퍼지리라고는, 너새니얼 메이어는 꿈에도 생각지 못했다.

인간 로스차일드
가난과 불행과 불공평에 진심으로
고뇌하고 그런 현실에 가슴아파했다.

마이어 카를은 1886년에 사망했다. 그뒤 아우 빌헬름 카를이 프랑크푸르트회사의 경영을 맡았다.

빌헬름의 작은형 아돌프는 1900년에 죽었지만, 그 훨씬 전부터 은행업에서 손을 뗀 상태였다. 그리고 1901년 2월, 빌헬름마저 세상을 떠났다.

모회사라고 할 만한 프랑크푸르트와 다른 회사 사이에는 지난 몇 년 동안 사업상 친밀한 관계가 없었다. 로스차일드남자들 가운데 조상이 살았던 도시에 정착하려는 사람은 이제 아무도 없었다. 프랑크푸르트의 사업은 모두의 합의 아래 문을 닫게 되었다.

사위에게 경영을 맡기자는 말은 여전히 입에 올릴 수 없는 금기였다. 빌헬름 카를의 막내딸 미나 카롤리너와 결혼한 막시밀리안 골트슈미트는 자수성가한 은행가로 장인의 사업을 이어받고 싶었을지도 모른다. 만일 그랬다면, 그건 부질없는 희망이었다. 사업에 있어 로스차일드는 단호하게 국외자를 배척하는 방침을 고수했기 때문이다.

그러나 골트슈미트의 은행계승은 막아도, 그가 로스차일드 이름을 사용하는 것까지 말릴 수는 없었다. 그는 이 생각을 곧 실행에 옮겨, 그뒤 그의 금융회사는 골트슈미트－로스차일드라는 이름으로 운영되었다.

프랑크푸르트 로스차일드의 최후

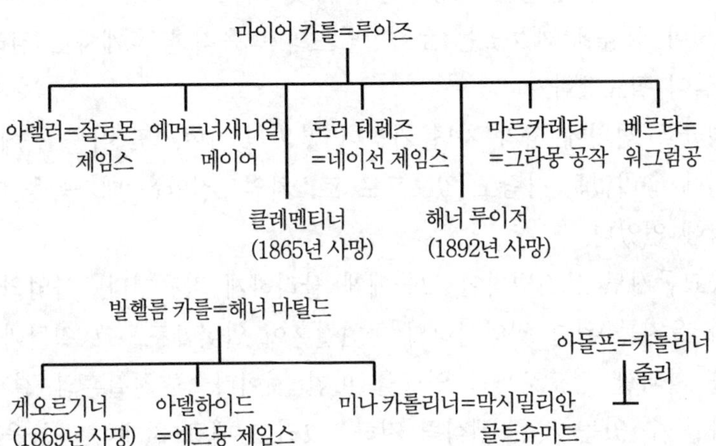

그는 처갓집의 명성과 사업에서 얻을 수 있는 것은 무엇이든 얻으려 마음먹었다. 이해할 수 없는 일도 아니다——집안에서 로스차일드 아닌 사람으로는 골트슈미트가 가장 재산가인데도 사업계승 희망이 깨진 것이다.

1세기 넘게 존속했던 M.A. 로스차일드부자상회는 마침내 그 문을 닫았다. 로스차일드의 관습에 따라 모든 고용인이 많은 연금을 받았다. 계속 일하고 싶은 사람은 디스콘트 공동은행으로 자리를 옮겼다.

가구와 서류가 가득 든 금고를 산더미처럼 실은 화물차 여러 대가 버크하이머거리의 은행점포를 떠났다. 로스차일드의 역사뿐 아니라, 유럽의 상업사에서도 한 시대가 이렇게 막을 내렸다.

로스차일드금융업은 급속히 변화했다. 1904년부터 18년 사이에 남아 있던 세 금융회사의 주요구성원이 모두 사망한 것이다. 1905년에 알퐁스, 11년에 구스타브와 잘로몬, 15년에 너새니얼 메이어, 17년에 레오폴드, 그리고 18년에 앨프릿이 사망했다.

후계자문제는 로스차일드에게 늘 붙어다니는 골칫거리였다. 외부 인사나 인척과 딸들은 공동경영자가 못 되므로, 어느 세대든 아들을 낳아 금융에 재능있는 로스차일드의 믿음직한 후계자로 길러내는 일이 필요했다.

평균율 법칙에 따라 자녀 가운데 몇은 딸이며, 또 아들 중에 금융업에 흥미없는 사람도 있으므로 로스차일드집안은 대가족을 이룰 수밖에 없었다.

공교롭게도 유전법칙이 그들에게 불리하게 작용했다. 사업의 결속과 유지를 위한 집안끼리의 근친결혼이 얄궂게도, 그 결탁과 계승을 파괴할 정도로까지 영향을 미친 것이다. 근친결혼의 결과로 생각할 수 있는 것은 생식력 저하, 그리고 때로 천재적 재능을 타고나거나 극단적인 기인(奇人)이 태어난다는 것이었다.

로스차일드에게 지금까지는 행운이 따랐다. 네 가족의 모든 세대에서 사업을 계속할 수 있었고, 대개의 경우 그것을 확대시킬 능력을 지닌 아들을 적어도 하나는 길러냈다. 다만 마이어 카를과 빌헬름 카를에게 잇달아 딸만 태어난 것은 예외였지만.

그밖의 형제들이 색다른 짓을 하든 박애적인 일을 하든 아무래도 좋았다. 로스차일드이름을 손상시키지 않는 한, 그들은 무엇에든 탐닉할 수 있었고, 또 장려되었다.

그 행운도 이제 끝나가고 있었다. 19세기 끝무렵의 확장주의시대에 로스차일드제국을 지배하면서 연륜을 쌓아왔던 사나이들은, 바야흐로 그 왕관을 그들보다 재능이 부족한 후계자들에게 넘겨주어야 했다.

더욱이 이들 후계자들이 꾸려나가야 하는 세계는 터무니없이 변모하여, 너새니얼 메이어와 알퐁스가 가장 나빴던 상황에서조차 상상도 할 수 없었던 세계였다.

너새니얼 메이어와 독일 태생의 아내 사이에는 세 자녀가 태어났다. 첫아이는 월터로, 아주 귀엽게 자라났다. 1879년에 레오폴트가 트링의 형 너새니얼 메이어를 방문했을 때, 어린 월터가 그에게 새와 나비를 보여준 일이 있다.

너새니얼 메이어의 장남 월터는 그때 11살이었는데, 적어도 6년이라는 대단한 수집 경력을 지니고 있었다. 그들 집안의 특질이 월터의 경우 동물에 대한 애착으로 나타났다.

새·나비·나방·알 등——그는 온갖 종류의 표본을 모았다. 그것들을 박제로 만들고, 상세한 점까지 세밀히 조사하여 목록을 만들었다. 여러 분야의 전문가에게 열심히 편지도 썼다.

런던의 자연사박물관을 문턱이 닳도록 찾아가, 그 조숙한 지식으로 관장을 자주 감탄하게 만들었다. 13살 무렵 월터의 개인박물관은 규모가 매우 방대하여, 관리를 위해 조수를 한 사람 고용해야 할 정도였다.

너새니얼 메이어는 월터가 열정적으로 마음을 쏟는 이 취미를, 여러 해 동안 전혀 이해하지 못했다. 그는 생각했다. 그리고 희망했다——그 박물관은 은행업과 결부됨으로써 비로소 칭찬받을 가치있는 취미가 될 것이라고. 마치 다른 로스차일드사람들이 그림과 원고수집과 말사육을 '금융과 마찬가지로 훌륭하게' 해낸 것처럼.

이윽고 월터는 교육받기 위해 본으로, 그리고 케임브리지로 보내졌다. 알맞은 시기가 되자 월터는 은행에 들어갔다. 1899년에는 퍼디넌드의 뒤를 이어 에일즈버리의원이 되었다.

초대 로스차일드경 너새니얼 메이어는 자신의 후계자인 아들을 집안의 책임과 의무라는 네모난 구멍으로 밀어넣기 위해 할 수 있는 일은 무엇이든지 다했다. 그의 아들은 네모난 구멍에 맞지 않는 둥근 머리를 가졌는데도.

월터에게는 또 다른 몇 가지 특성이 있었다. 이 점에는 아버지도 언제까지나 눈감고 있을 수 없었다. 가장 두드러진 것은 심한 언어장애에 시달린 일이었다. 그는 자신의 생각을 곧바로 말로 표현하지 못했다.

그 때문에 대화가 느려지고 당혹스런 순간이 잇따랐다. 월터가 적당한 표현을 생각하며 절망적인 시선으로 허공을 쳐다보는 동안, 대화가 중단되고 지루한 침묵이 이어졌다.

아버지의 꾸지람과 자신의 열등감이 그를 무겁게 짓눌러 인간관계를 어렵게 했다. 사실 그는 가끔 괴짜처럼 행동했는데, 그것은 남을 놀라게 하고 싶어서가 아니라, 사람들이 원하는 태도를 제대로 파악하지 못했기 때문이었다.

그는 의회에 흰 실크햇을 쓰고 나타나 하원 선배의원들에게 모욕을 느끼게 한 일도 있었다. 본에서의 생활은 하숙집 딸과의 정사가 있은 얼마 뒤 끝나버리고 말았다. 케임브리지에서도 역시 갑자기 떠났지만, 그 이유는 알려지지 않았다.

학생시절 어머니에게 써보낸 편지에서 그의 심상치 않은 정신상태를 엿볼 수 있다.

금요일에 이곳으로 돌아와, 이제까지 가본 적 없는 큰 만찬에 참석했습니다. 손님이 55명이나 되었지요. 이것이 마지막이 되기를 바랍니다. 아무것도 먹지 않고 건배하기 전에 빠져나오려고 죽을 뻔했으니까요.

모자와 코트를 벗은 채 야회복만 입고 거리를 마구 달려 가까스로 집에 돌아왔습니다. 휴 스미스씨가 아들들을 방문하기 위해 지금 여기에 와 있습니다. 그밖에 이렇다할 뉴스는 없습니다.

충실한 아들 월터로부터

1894년 월터는 트링으로 얼룩말을 몇 마리 가져왔다. 그는 얼룩말들을 아버지의 공작과 꿩, 자신의 타조와 큰 거북과 함께 공원에 풀어놓는 대신 마구간에 들여놓았다.

얼룩말을 수레 끄는 말로 훈련시키는 일이 그에게는 매우 자연스럽게 생각되었다. 몇 달 동안 인내력과 뛰어난 재주로 고집스럽기 그지없는 이 동물을 길들이는 데 성공했다——그 아닌 다른 사람은 전혀 따르지 않았지만.

산책로에 세 마리의 얼룩말과 한 마리의 얼룩망아지가 끄는 마차가 나타나 길가는 사람들을 어리둥절하게 했다. 그는 곧장 버킹엄 궁전 앞뜰로 마차를 몰고 갔다. 이 놀라운 광경을 본 앨릭잰드러왕녀가 동물을 손으로 어루만져주고 싶다고 말했다. 이때만은 그토록 엉뚱한 월터도 깜짝 놀랐다.

월터는 점점 색다른 사람이 되어갔다. 위대한 은행가이며 귀족집안 상속자로는 전혀 어울리지 않는 인물이 되었던 것이다. 설상가상으로 더 나쁜 일이 기다리고 있었다. 내성적인 겁쟁이 월터가 여성과의 방탕에는 아무 장애가 없었던 것이다.

그는 여배우나 사교계 스타들과 수많은 정사를 즐겼다. 만일 그가 죄의식을 느끼지 않고 그런 생활을 담담하게 즐겼다면, 아마 큰 문제는 되지 않았으리라.

그러나 그의 그런 성격은, 연인의 한 사람인 젊고 무절제한 귀족 여성에게 무서운 일을 저지를 기회를 주었다. 이 무서운 여성은 월터의 타고난 성격적 결함을 꿰뚫어보고 그를 공갈하기로 마음먹었다. 그녀는 40년 넘게 끊임없이 그를 괴롭혔다.

월터가 어째서 집요하게 되풀이되는 그녀의 공갈을 공개하여 해결하지 않고, 참고 들어주기만 했을까? 더구나 그 정사는 불륜이라고 할 정도로 지나친 것도 아니었는데 말이다.

월터는 다름 아닌, 집안의 전통에 겁먹고 있었던 것이다. 이것은 어느 로스차일드건 세대를 막론하고 자주 그들의 생활을 지배해온 보이지 않는 사슬이었다. 부모에게 자신의 불명예스러운 행동이 폭로되는 것은 생각만 해도 견딜 수 없었다. 그럴 바에는 아무리 괴로워도 참고 견디는 편이 나았다. 그래서 그는 비밀에 붙이기로 결정했다.

너새니얼 메이어의 아들로서는 당연한 일이었다. 그가 어떤 여성에게 협박받은 일은 아무도 알면 안된다. 그는 자신의 죄를 숨기는 데 거의 성공했다.

그러나 그가 죽은 뒤 누이와 조카딸이, 로스차일드의 전통인 소각처분을 우연히 면한 편지 몇 통을 발견하여, 이 어처구니없는 여자의 공갈행각은 상세히 폭로되었다.

월터의 재정은 절망적 상황에 놓였다. 자신의 박물관에 그는 거액을 썼다(1889년에 그는 1.5에이커 넓이의 박물관을 일반에게 공개했다).

신종표본을 구하려 세계각지로 수집가를 파견하고 수집품을 사들이느라 경비는 눈덩이처럼 불어났다. 곤충컬렉션 하나에 1만5000파운드나 지불하려다 아버지에게 들켜 큰 소동이 일어나기도 했다.

채권자나 서로 적의를 불태우는 연인들이 너무 성가셔서, 자신에게 오는 편지를 열어보기도 싫은 나날이었다. 트링으로 오는 편지는 그대로 벽장 속에 처박혔다.

뉴코트에서는 자신의 역할을 제대로 해내지 못했다. 그는 대부분의 시간을 과학자나, 진기한 표본과 변종동물을 제공하려 몰려드는 애호가들에게 편지를 쓰며 지냈다.

어느 날 은행에 도착한 너새니얼 메이어는 '월터씨를 위하여' 갈색 곰 두 마리를 끌고 온 사나이가 길을 막는 것을 보고 씁쓸해했다. 로스차일드경은 장남 때문에 골치를 앓았다. 다른 형제들 일이라면 참을 수도 있지만, 월터가 자신의 뒤를 이을 후계자인 것을 생각하면 견딜 수 없었다.

이 비범한 사나이의 전기를 쓴 저자는 다음과 같이 지적하고 있다.

월터는 그를 초조하게 만들었다. 어느 때였는지 정확히 알 수 없지만, 너새니얼 메이어는 절망하고 포기하여 이 아들을 무시하기로 마음먹었다.

월터를 사랑하고 돌보며 돕는 어머니와 남동생, 누이, 박물관장, 연인들, 조카와 하인 같은 이들은 그를 애정표현은 서툴지만 인간미있는 사람이라고 여겼다.

변덕스러운 천재인지, 무리를 떠난 코끼리인지, 조숙한 학생인지, 세계적으로 유명해질 동물학자인지, 걸어다니는 백과사전인지, 지혜가 모자란 기인(奇人)인지, 낭만적인 연인인지, 단순한 괴짜인지 알 수 없는 월터를 그들은 이해하려 애쓰지 않고 자기들 머릿속에서 생각하는 범주에 적당히 집어넣으려 했다.

아무도 월터 같은 인물을 일찍이 본 적 없었다. 모두 당혹할 수밖에 없었다……실제로 월터는 아무도 믿지 않고, 현실의 사람에게는 친밀감을 느끼지 못했다. 그는 자신의 주위에 누구의 접근도 막아버리는 신경질적이고 까다로운 침묵의 방어벽을 세웠다. 그것은 아무도 무너뜨릴 수 없었다.

그런 삶과도 결별할 때가 찾아왔다. 자신의 재정상태를 만회해 보려다가 자포자기가 된 월터는, 증권거래에 함부로 손을 댔다. 부모가 죽었을 때 예상되는 유산상속을 담보로 차용교섭을 했다는 소문까지 나돌았다.

마침내 너새니얼 메이어의 귀에까지 그 소문이 들어갔다. 월터는 공공연하게 명예를 더럽힌 자가 되었다. 세상의 입방아 찧기 좋아하는 사람들은 너새니얼 메이어가 겪는 곤혹을 보고 즐겼다.

월터 로스차일드가 파산의 벼랑에 섰다. 그의 아버지는 이미 한두번 그의 빚을 갚아주었다. 지금 그는 투기를 하고 있으며, 멸종한 조류에 관한 신통찮은 책에 거액의 돈을 소비하고 있다. 그리고 어떤 여자친구가 돈을 축낸다는 소문도 있다.

가엾은 뚱보 월터는 아버지와 어머니의 '사후(死後)지불계약증서'를 차용담보로 돈을 빌려썼다. 아버지는 노발대발하고 있다. 로스차일드 최초의 추태이니까.

그것은 로스차일드의 평판에 큰 타격을 입혔다. 은행의 본거지가 있는 프랑크푸르트나 빈에서 회의를 소집할 거라는 소문이었다. 월터는 앞으로 꼼짝할 수 없게 될 것이다.

회의는 소집되지 않았다. 다만 이 이단자의 아버지가 단호한 행동을 취했다. 너새니얼 메이어는 차남 찰스에게 월터의 일을 뒤처리하게 했다. 채권자들은 모두 지불받았고, 젊은 여성들도 돈을 넉넉히 받고 떠났다.

월터는 뉴코트의 일을 그만두고, 자신의 박물관에서 좋아하는 일을 하도록 허락받았다. 그러나 귀족 여성에게 협박당하고 있다는 문제는 여전히 남았다. 어느 정도 마음을 터놓게 된 동생 찰스에게조차 이 창피한 사건만은 고백하기 쑥스러웠던 것이다.

트링으로 추방된 월터는 이제 세계 최고의 자연사 표본 컬렉션을 만드는 일에, 그리고 뛰어난 동물학자가 되기 위한 연구를 계속하는 데 온힘을 기울였다.

찰스에게도 형처럼 자연사에 대한 정열과 지식욕이 있었다. 그가 학생일 때 《해로의 인시류(鱗翅類)》를 출판했고, 26살 전에 두 번이나 세계일주여행을 했으며, 나비채집과 사진촬영을 위해 사람발길이 닿지 않은 곳에도 다녀왔다.

그 무렵 찰스는 이미 자신의 자연보호지를 소유하고 있었다. 1890년대 케임브리지시절, 그는 늘 자전거를 타고 가까운 애슈턴으로 가서 야생꽃과 곤충과 귀한 나비가 얼마든지 있는 원시림지대를 돌아다녔다.

개발로부터 그런 것들을 보호하기 위해 찰스는 그 땅을 사기로 마음먹었다. 그러나 별난 귀족인 땅주인은 절대로 팔려 하지 않을 것이라는 이야기를 듣게 되었다.

"그 사람 이름이 뭐지요?"

"로스차일드경."

그 땅은 너새니얼 메이어가 빌려준 돈 대신 받은 것이었다.

"그 땅을 저에게 주십시오."

찰스가 부탁하자 아버지는 기꺼이 응낙했다.

찰스가 장기간 외국여행을 떠난 뒤 너새니얼 메이어는 그곳에 엘리자베스양식의 조촐한 별장을 지었다. 찰스는 귀국하자 곧 애슈턴월드로 이사했다.

<h3 style="text-align:center">영국 로스차일드 1880~1914</h3>

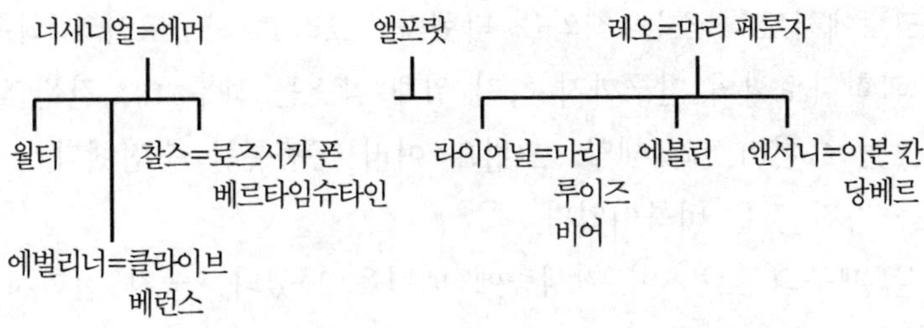

박물학자로서 조용한 생활을 꿈꾸던 찰스는 애슈턴에 정착하고

싶었지만, 뜻대로 되지 않았다. 월터가 벗어던진 무거운 짐을 누군가 져야 했다.

형 월터 말고는 그가 영국로스차일드 가운데 가장 나이가 많았다. 찰스는 월터가 갖지 못한, 집안구성원으로서 지녀야 될 의무감이 강했다.

책임감은 찰스의 가장 두드러진 특징이었다. 그의 딸 미리엄은 말한다.

"내가 아는 한 아버지는 공공관념이 매우 강한 분이셨다."

그는 자주 다른 사람들의 표본감정과 평가를 요청받았다. 그의 연구실 책상에는 '남의 것부터 먼저'라는 글이 씌어져 있었다.

그는 감수성이 예민한 사람이었다. 가난과 불행과 불공평에 진심으로 고뇌하고, 그가 가진 고매한 이상에 따라 남들이 행동하지 않는 현실에 가슴 아파했다. 에드워드 몬터규가 나비 컬렉션을 둘러싸고 대영박물관과 열띤 경쟁을 벌일 때 그는 매우 안타까워했다.

찰스는 아버지를 본받아 모범적인 지주가 되었다. 새로운 영지를 상속받은 그는 애슈턴의 집들이 대부분 낡은 것을 깨달았다. 오두막을 모두 수리하고, 그 땅에서 나는 돌과 갈대를 사용하여 고쳐짓기도 했다. 물레방아간에 전동펌프를 두고 집집마다 수도관을 설치했다. 물은 부엌뿐 아니라 욕실에도 공급되었다. 1900년대에 이런 기술을 도입한 것은 굉장한 일이었다.

뉴코트에서도 찰스는 책임을 다했다. 그리고 지주로서의 의무는 물론 과학자로서의 연구까지 하기 위해 찰스는 하루 18시간씩 일했다. 그는 아이리스와 새알, 그밖의 여러 곤충류를 수집했다. 가장 흥미를 가진 것은 벼룩이었다.

12살 때부터 그는 이 기생충에 매력을 느꼈다. 죽기 전까지 약 500가지의 벼룩 종류 및 새로운 아종에 대해 기술했으며, 관련논문도 150편이나 된다.

부유하고 신분 높은 로스차일드사람이 그런 하찮고 혐오스러운 해충에 시간과 돈을 쓰는 일은 자주 사람들 사이에 화제가 되었다. 어느 신문 칼럼니스트는 로스차일드씨가 신종벼룩 한 마리를 자신의 수집품에 포함시키기 위해 1만파운드를 썼다고 보도했지만, 그것은 사실이 아니었다.

전문 곤충학자만이 그 분야에서 찰스가 해낸 개척적인 업적을 제대로 평가했다. 그 가운데 가치있는 연구 하나는 쥐에 기생하며 병원균을 매개하는 벼룩을 발견한 것이었다.

찰스는 또 다른 분야에서도 개척자였다. 그는 아마도 '몽상가'라는 말이 맞을지도 모른다. 그는 근대자연보호운동의 실질적인 발안자였다. 1912년, 그는 자연보호조성협회를 결성했다. 목적은 자연서식지를 보호하는 일이었다.

협회에서 맨처음 한 일은 중요한 자연보호구 후보지를 영국 구석구석까지 조사하여 책자로 편집하는 일이었다. 284개나 되는 지역을 그는 모두 직접 고르고 실제로 가서 조사했다. 이것은 40년 뒤 자연보호위원회가 실행한 모든 조사의 기초가 되었다.

정치에서도 그는 개척자라고 할 수 있었다. 그 점에서 아버지는 물론 다른 집안사람들과도 달랐다──레오폴드의 아들 라이어닐 네이선은 보수당 후보로 국회에 입후보했던 것이다. 투표는 하지 않았지만, 찰스는 자신을 '개인주의적 사회주의자'로 인정하고 있었다.

그 태도는 부모로부터 이어받은 섬세한 사회적 양식의 자연스러운 연장이었다. 아버지 너새니얼 메이어는 이론적으로 자유방임 자본주의자였지만, 현실적으로는 만년까지 사회의 공정성을 진심으로 바란, 정깊고 남 돌보기 좋아하는 사람이었다.

하지만 찰스는 새로운 은행계획제안에는 동의를 얻지 못했다. 일본여행에서 돌아왔을 때, 그는 일본의 상업적 중요성을 확신하고 있었다. 일본은 한 세대 남짓 만에 봉건사회에서 근대공업경제사회로 변모했다. 그러나 도쿄〔東京〕에 로스차일드지사를 설립하자는 그의 주장에 아무도 귀기울이지 않았다.

너새니얼 메이어와 앨프릿과 레오폴드에게 구리의 중요성을 믿게 하는 일도 실패했다. 축음기라 불리는 새로운 발명품이 장래성 있다는 그의 설명도, 이상한 생각이라며 거부당했다.

사업에 있어 런던로스차일드가 신중한 태도를 취한 것은 사실이었다. 그들이 관여하는 일에 '투기'라고 할 만한 것은 거의 없었다. 남아프리카에 이미 거액의 출자를 했고, 트란스발철도개발도 원조했다. 브라질과는 전통적으로 연관되어 있어 수송기관이나 공업발전에 상당 부분 관여했다. 이들 사업은 거의 위험성이 없었다.

1892년, 너새니얼 메이어는 최초의 국내전화서비스를 지원했다. 그에 대한 논의가 시작된 지 13년이나 지나서 겨우 실행된 일로, 그동안 몇 개의 개척적인 기업이 기초조사를 철저히 한 뒤 마지막으로 그들과 합동해 사업을 운영하기로 결정된 것이다.

물론 결과에 따라 때로는 소심함이 정당화되는 경우도 있었다. 1911년, 타이타닉호 해상보험인수에 참가할 기회가 있었지만, 너새니얼 메이어는 거절했다. 이 배가 침몰한 뒤 그는 참사를 예감했느냐는 질문을 받았다. 이 나이든 귀족은 그다운 짧막한 조크로 받아넘겼다.

"아니오. 나는 다만 그 배가 물 위에 뜨기에는 너무 크지 않을까 생각했소."

에드워드시대는 따뜻한 봄날씨 같았다고 흔히 말한다. 낡은 말일지 모르지만, 전통에 따르며 자신감에 충만한 뉴코트의 규칙적인 일상생활에 관해 말한다면 알맞은 표현이다.

오래된 고용인들은 지금도 기억하고 있다. 경관이 그들에게 정중한 태도를 보이며 교통정리하는 시티거리를 지나 공동경영자들이 자동차를 타고 도착한다. 그러면 문앞에 부하직원들이 한 줄로 죽 늘어서 경례하며 그들을 맞아들인다.

뉴코트는 시간이 멈춘 하나의 소우주였다. 계급제도가 확립되고, 그 속에서 저마다 자신의 소임과 역할을 분별하고 있었다. 마호가니가구도, 놋쇠와 가죽장식물도 창세기부터 그곳에 자리한 듯 놓여 있었다.

장식과 배치를 근대화하려는 생각은, 마치 이단적 진화론처럼 취급되었다. 전화나 타자기 같은 최신발명품은 이 건물 구석 몇 군데에 겨우 자리잡고 있었다. 그나마 관용의 차원에서 두고 있는 데 지나지 않았다. 은행을 20세기에 적응시키려 한 찰스가 종종 절망감에 빠진 것도 무리가 아니었다.

물론 이곳에서 로스차일드의 온정주의는 무엇보다도 큰 위치를 차지하고 있었다. 1년에 한 번씩 붙임성 좋은 레오폴드가 단추구멍에 치자꽃을 꽂고, 조끼 앞에 앞치마 대신 손수건을 펼친 모습으로 빳빳한 새 지폐더미를 풀어 보너스를 나눠주었다. 그리고 특별한 온정이 필요할 때도 기분좋게 베풀었다.

"레오폴드는 폐결핵을 앓는 한 남자직원의 건강회복을 위해 스위스로 보내고, 그뒤 다시 6개월 동안 오스트레일리아에 보냈지요. 또 아내의 죽음으로 마음의 상처를 입은 다른 남자직원은 세계일주여행을 보내주었답니다."

종업원에게는 해마다 보너스를 지급하는 것은 물론 전원에게 연금을 마련해 주었고, 크리스마스나 왕실의 경사 등 특별한 때면 임금을 올려주었다. 너새니얼 메이어가 죽었을 때, 뉴코트의 모든 사람에게 1년치 봉급이 유언으로 증여되었다.

로스차일드가 베푼 전형적인 선심의 예로, 그때그때 임시로 주어지는 선물이 있었다. 그것에 대해 어느 종업원이 회상하고 있다.

　1914년 이전의 번영시대에는 해마다 주는 보너스에 더하여 ‘감동의 선물’이라고 불리는 것이 크리스마스와 여름휴가 때 주어졌습니다.

　생일 또는 기념일에는 자주 팁이 건네졌습니다. 누군가가 오늘이 은혼식이라고 말하면 그에게 1파운드 금화 25개가 주어졌고, 또 누가 오늘로 이 회사에 근무한 지 30년 되었다고 말하면, 전쟁 전의 가치있는 파운드를 역시 그 숫자만큼 받고 기분좋게 ‘저방’에서 나왔답니다.

　개중에는 이런 식으로 기본급료의 곱절이나 받으려 꾀하는 사람도 있었지요. 그때 기준으로 급료도 결코 적은 액수가 아니었는데 말입니다. 종업원의 수입에 부과되는 소득세도 회사에서 지불해 준 것을 생각하면, 70년 전 우리 선배들은 무척 많은 혜택을 받았습니다.

이런 회상에는 향수가 어리기 마련이다. ‘좋았던 옛시절’은 우리가 선택한 기억 속에만 존재한다.

레오폴드는 3형제 가운데 가장 인기 있고 사랑받았지만 존경받는 인물은 못 되었다. 1912년 3월 어느 날, 그가 자동차를 타고 뉴코트를 출발할 때 자칭 암살자 윌리엄 테빗이 총을 들고 걸어나왔다.

경호원이 재빨리 그에게 달려들었다. 한 발의 총소리가 울렸다. 경호원은 목에 부상을 입었다. 그러나 목숨은 건졌고 범인은 체포되었다. 레오폴드는 위기에서 벗어날 수 있었다.

그렇지만 로스차일드사람들은 대체로 인기있었다. 그것은 그들의 관대한 자선행위 때문이었다. 그것이 사람들 마음에 새겨지고 로스차일드를 빛내주었다.

유대자유학교가 수정궁으로 소풍갈 때, 너새니얼 메이어가 모든 비용을 지불하는 것을 사람들은 알고 있었다. 피커딜리에 시가행렬

이 있으면, 교통경관들이 147~8번지에 나타나 세 코스 디너를 즐
겼다.

　버킹엄서 의용단 제10대대가 보어전쟁에서 돌아왔을 때 너새니얼
메이어는 장교와 병사들에게 점심을 제공했다. 그들이 여태껏 본
적도 없는 요리였다.

　〈메뉴〉
　찬 연어, 타르타르 소스
　서리 치킨과 혀고기
　젤리를 곁들인 요크햄
　비둘기고기파이
　설로인 비프(소 허리 윗부분 고기)
　송아지고기와 햄파이
　민트소스를 곁들인 새끼양 다리고기
　샐러드
　프루츠 타트
　샴페인 젤리
　샬럿 루스
　치즈 곁들인 크래커
　크림 곁들인 딸기
　화이트·레드 와인, 맥주
　탄산수

　식사 뒤 너새니얼 메이어는 그들에게 은시계를 증정했다. 다른
사람들과 따뜻한 인간관계를 가질 수 없었던 엄격한 표정의 잿빛유
령 같은 사나이가, 그렇듯 아낌없이 사람들을 대접한 것은 의외이
면서 거의 감동적이었다.

은행종업원들, 영지사람들, 그리고 몇천 명의 이스트 엔드 주민들은 누구나 로스차일드경의 건축계획, 자선사업, 개인적 자선행위에 대해 알고 있었다. '로스차일드'라는 이름에 마음속으로부터 따뜻함을 느꼈다.

레든홀(런던육류시장)의 어느 늙은 상인은 너새니얼 메이어를 그리움 속에 회상하고 있다.

서민적인 데가 있는 분이었지요……우리는 그분을 우리 편으로 여겼답니다. 모두들 그분에 대해 잘 알고 있었어요. 왕으로부터 샌드위치맨에 이르기까지 그분에게 신뢰를 품었습니다.

너새니얼 메이어 로스차일드경은 정치가들과 차츰 견해차이가 나는 것을 느꼈다. 통일당은 1895년에 노령연금 도입을 공약으로 내걸어, 당원이 늘고 세력을 되찾았다.

이 제도를 논의하기 위해 로스차일드경을 의장으로 하는 위원회가 설립되었다. 그들은 국민연금이 현실적이지 못하다는 의견을 제출했다. 이것이 다수 의원들의 격렬한 반발을 불러일으켰다. 그 중에서도 로이드 조지는 유명했다.

1906년부터 11년까지 진보적인 캠벨 배너먼 및 애스퀴스 내각이 제출한 대부분의 법안에 너새니얼 메이어는 비판적이었다. 사회복지를 위한 돈을 조성하려는 목적으로 세금을 늘이는 것에 그는 근본적으로 반대했다. 그런 일을 하면 자본가는 자기 돈을 투자할 생각이 없어지고, 가난한 노동자들은 노동에 종사할 생각이 없어진다고 생각했다.

그에게는 애스퀴스와 재무대신 로이드 조지가 온갖 어리석은 짓을 하며 죄를 저지르는 것처럼 보였다. 그들은 여성에게까지 투표권을 주자고 말했다! 정부는 무작정 돌진했으며, 너새니얼 메이어는 더욱 공공연히 반대파로 돌아섰다.

1909년, 그는 어느 시티회의에 참석했다. 로이드 조지는 그 유명한 예산안, 즉 국민연금기구를 위한 증세와 독일의 대대적인 재군비 위협에 대항하기 위한 해군군비증액 내용이 담긴 예산안을 그해에 제출했다. 회의는 그에 저항하기 위해 소집되었다.

로이드 조지는 예산안보다도 더 유명한 웅변으로 이에 응수했다.

로스차일드경 때문에 견딜 수가 없는 지경입니다. 이 나라에서 개혁따윈 하지 않습니다. 왜일까요? 로스차일드경이 귀족들에게 그렇게 말하도록 회람을 돌렸기 때문입니다.

좀더 사나이다운 사람들이 필요하다, 어째서인가? 로스차일드경이 시티회의에서 그렇게 말했기 때문입니다. 고용인에게 지불하지 말라, 왜? 로스차일드경이 다른 회의에서 그렇게 말했기 때문입니다.

부동산세와 소득세와 특별부가세도 부과해선 안된다, 왜? 로스차일드경이 그것은 참을 수 없다고 은행장을 대표해 반대뜻을 나타냈기 때문입니다. 상속세도 부과해선 안된다, 왜? 로스차일드경이 어떤 보험회사 사장으로서 그래선 안된다고 말했기 때문입니다.

미개발 토지에 세금을 부과해선 안된다, 왜? 로스차일드경이 어느 산업주택회사 사장이기 때문입니다. 노령연금을 마련해선 안된다, 왜? 로스차일드경이 그것에 반대하는 위원회 구성원이기 때문입니다.

그러면 지금이야말로 알고 싶습니다. 로스차일드경이 이 나라의 독재자입니까? '출입금지. 너새니얼 메이어 로스차일드의 명령에 의함.' 이런 푯말을 세워놓고, 대체 우리는 진정한 개혁·재정·사회의 모든 길을 막아버려도 좋다는 말입니까?

프랑스의 로스차일드은행도 영국처럼 보수적이었다. 언제나 마지 못해 하는 은행업무에서 에드몽은 형들 및 에드와르와 로베르 등 새로운 세대의 교량역할을 하고 있었다.

제1차세계대전이 일어나기 전의 시기에 그들이 강한 지도력을 발 휘하고 있다고 말하기는 어려웠다. 빈의 《노이에 프라이에 프레세》 신문에 이런 기사가 실렸다.

오랜세월 국제금융업을 해온 파리의 로스차일드는 지쳐버렸다. 이미 축적한 몇억프랑으로 충분하다. 그들은 다만 평온하게 지내 고 싶을 뿐이다.

신문기자 특유의 과장된 표현은 있지만, 아마도 사실과 그리 큰 차이는 없을 것이다. 그러나 겉보기에 활동하지 않는 듯 보일 때 도, 로스차일드의 주머니 속으로 성공이 굴러들어오는 일이 있었 다. 로열 더치 셸의 경우가 그러했다.

1910년, 로열 더치 석유회사의 헨리 디터딩과 셸 수송무역회사의 마커스 새뮤얼은 카프카스유전 확보에 뛰어들어 12년에 마침내 크 게 성공했다.

그들은 활동이 침체된 두 석유회사의 소유주 드 로스차일드 형제 회사에 접근했다.

그 석유회사는 요 2년 동안 이익배당을 발표하지 않았고, 최근 러시아에서 일어난 대학살에 분노하고 있었다. 로스차일드가 바 라는 것은 오로지 황제의 지배를 끝내는 일이었다.

헨리 디터딩과 마커스 새뮤얼은 그 소유권을 획득했다. 두 사 람은 카프카스지방에 있는 로스차일드의 큰 회사 2개, 즉 바니토 사와 마주트사를 터무니없는 거래로 손에 넣었다. 로스차일드는 그 대가로 로열 더치 주식 400만 굴덴, 셸 주식 24만파운드를 인수한 것이다……

팔레스타인개척에 열중하고 있던 에드몽은 은행에서 러시아의 먼지를 털어내길 바랐다. 하지만 순수한 상업적 견지에서, 그 시기에 석유산업에서 손떼는 것은 아무래도 시기상조로 보였다. 사실 그 장사는 매우 잘되어갔기 때문이다.

로열 더치 셸은 세계에서 두 번째로 큰 석유회사가 되었다. 혁명 뒤의 어려운 러시아 상황에서도 그 지위를 계속 유지했다.

드 로스차일드형제회사는 그 유전에 대해 '보잘것없는' 셸 주식을 받았으나, 몇년 뒤 막대한 값어치로 불어났다. 적절한 시기에 팔아치워, 1917년 러시아혁명 뒤 공산당에 의한 재산 몰수도 모면했다.

프랑스로스차일드는 영국의 친척보다 자선과 사회개혁에 더 열심이었다. 20세기 첫무렵 혁신적 자선사업을 위한 어마어마한 계획에 나섰다.

그들은 여러 가지 자선, 특히 의료방면에 관심을 갖고 있었다. 1874년 이후 파리의 각 구(區)는 어려운 사람들에게 의료혜택을 베풀고, 그 목적으로 설립된 로스차일드기금에서 1년에 10만 프랑을 받았다.

1905년에는 눈병 치료를 위한 외래환자용 의료센터와 침대 62개를 갖춘 병원이 파리 19구에 문을 열었다. 그 창립 이야기에서 로스차일드가 자신과 보통사람들 사이의 틈을 어떻게 메우려 노력했는지 엿볼 수 있다.

그 몇해 전, 아돌프의 눈에 먼지가 들어가 염증을 일으킨 일이 있었다. 그는 유명한 전문의에게 진찰받았다. 의사는 신경질적으로 말했다.

"대부분의 사람들은 이보다 더 나쁜 증상으로 괴로워도 전문의의 진찰을 받을 수가 없습니다.”

이 일을 계기로 아돌프는 그의 유언장에 ‘아돌프 드 로스차일드 눈병의료기금’을 만들어 파리시민이 무료진료와 치료 혜택을 받게 했다.

프랑스로스차일드가 실시한 가장 눈부신 혁신은 공공주택개발이었다. 알퐁스, 구스타브, 에드몽은 1904년 파리의 노동자계급이 사는 지구에 주택(아비타시옹 아 봉 마르셰—HBM) 건설을 위한 로스차일드기금을 만들었다——제임스가 시작한 여러 가지 사회·의료사업을 산하에 거느린 로스차일드기금과는 다른 것이었다.

이 일은 프랑스 사회발전 역사에 매우 중요한 위치를 차지하는 사건이었다. 그 건축계획은 엄청난 자본이 드는 일이었다. 당시의 유명 건축가가 설계하고, 유럽과 미국의 노동자계급 주택을 모두 조사한 뒤 건축에 착수했다.

아파트 건물은 순수하게 기능만 추구해 설계되지 않았다. 정원과 뒤뜰이 특색있고, 내부의 공유부분도 벽화며 색타일로 장식되었다. 위생면에서도 최신설비가 갖춰졌다.

이 로스차일드아파트는 가스·전기설비가 갖추어진 최초의 아파트 중 하나였다. 세탁실이 있고, 쓰레기수거가 이루어졌으며, 붙박이장과 수도시설도 있었다.

설계자는 아파트에 살게 될 공동체가 필요로 하는 모든 것을 도입했다. 약국, 유아원, 맞벌이부부를 위한 탁아소, 식료품점. 스스로 건강관리를 할 수 있는 체온계 따위를 빌려주는 시스템도 있었다. 예방 의료기구도 갖추었다.

각 가정의 탄생·죽음·결혼 및 병과 증세에 관한 사실이 기록보관되었다. 그 목적은 통계를 집계하여 주거환경개선에 쓸모있게 사용하려는 것이었다.

어느 작가가 말했듯, 이 새로운 아파트는 ‘노동자계급 주택의 루브르'라고 불릴 만했다.

　그곳은 실제로 서민주택분야의 모든 이론과 기술을 구사한 '박물관'이었으며, 또한 인생의 모든 국면을 끌어모은 '마을'이었다. 노동자들이 헛간에서 빠져나와 되도록 좋은 조건에서 사는 방법을 배우는 '학교'이기도 했다.

　그것은 사회사업이었다. 온정주의였다. 국가가 제공할 수 없다고 믿는 바를 개인기업이 제공해 보려고 하는 시도였다. 그것은 사고방식과 실행력에서, 그들이 사는 장대한 금빛 궁전, 그들이 원조해 만들어내는 정부 정책처럼 분명 로스차일드 영향력의 정점을 보여주는 것이었다.

　하지만 현실적으로 그들의 사회사업과 정치적 영향력은 그 부와 분리해 생각할 수 없다. 20세기로 바뀔 무렵까지도 그들의 부, 사회사업, 정치적 영향력, 이 세 가지는 모두 당연히 얕볼 수 없는 것이었다.

　그러나 시대는 변하고 있었다.

약속된 땅으로의 길
그에게는 유대교의 광신적 민족주의자와 마찬가지로
이스라엘 건국의 거대한 꿈이 숨어 있었다.

　제1차세계대전이 사람들 마음에 미친 영향은, 뒷세대가 생각하는 것보다 훨씬 컸다.

　그것은 모든 사람들의 생활을 뒤흔들어 놓았고, 국가의 신뢰를 위태롭게 했으며, 대륙의 청년기를 좀먹은 참혹한 학살행위였다. 또한 오랜 역사를 가진 유럽이 플랑드르의 진흙탕 속에서 피흘리며 죽어가고 있음을 절실히 깨닫게 한 전쟁이었다.

　이 전쟁은 로스차일드에게도 큰 정신적 충격을 주었다.

　나이든 로스차일드사람들은 온힘을 다 기울여 최후의 대결만은 막으려 했다. 그들은 대부분 그 결과를 살아서 볼 수 없었지만, 마음속으로 이 전쟁이 아들과 손자들에게 무엇을 남길지 잘 알았다. 그들은 나라와 집안사람들 중 하나를 선택해야 하는 입장에 서서, 처음으로 서로 적대하여 싸웠던 것이다.

　전쟁은 생명과 재산을 위험에 노출시켰고, 전쟁이 끝나자 모든 나라가 기력을 잃어 상업은 황폐해졌다. 여러 세기 이어져온 왕조는 붕괴되거나 정치적 힘을 잃었다. 로스차일드집안을 형성했고 또 로스차일드집안이 그 형성에 도움을 준 옛유럽은 이제 없어졌다.

궁정이나 비밀결사가 유럽대륙정세를 결정하지 못하고, 부유한 개인금융업자가 거액을 빌려주거나 적당한 인물에게 귀띔해 중요한 일에 영향을 미칠 수도 없게 되었다.

노인들은 아마 자신들이 키워온 유럽이 없어질 때까지 살고 싶지 않았으리라. 그들의 시골영지가 군대훈련장으로 짓밟히고, 늘 반대했던 무거운 세금을 물게 된 처지를 생각하면, 피할 수 없는 어떤 필연적 운명이 느껴지게 된다. 이런 일은 애국심을 나타내는 행위로 생각되었지만, 당사자에게는 마음을 무겁게 짓누르는 불길한 징조였다.

1914년 8월13일 전쟁이 시작되기 9일 전, 로이드 조지는 자신의 형제인 윌리엄 앞으로 편지를 썼다.

로스차일드의 서명이 든 편지를 방금 받았습니다. 우리나라 재정이 여태껏 없던 어려움에 놓여, 내가 큰 곤경에 빠진 것을 축복해 주었답니다.

위기를 맞은 시기에 너새니얼 메이어는 개인적 감정에 연연하여 정부지원을 소홀히 하는 일은 하지 않았다. 그것은 그들 집안의 전통이었다. 애스퀴스총리와 그 내각을 위해, 그 자신과 은행이 할 수 있는 일을 언제나 할 용의가 있었다.

너새니얼 메이어는 재무대신 로이드 조지가 소집한 저명한 경제학자·재정가·공업가들의 회의에 출석했다. 시티의 혼란을 피하는 방법, 확고한 토대 위에서 싸우는 방법에 대해 이야기를 나누었다.

토의가 끝난 뒤 웨일즈인 로이드 조지는 말했다.

"그 유대노인만이 내용있는 이야기를 했습니다."

여러 가지 견해가 엇갈렸지만 두 사람은 서로 존경했다. 몇해 뒤 이상적인 내각을 만든다면 어떻게 조직하겠느냐는 질문을 받고 로이드 조지는 망설임없이 대답했다.

"재무대신은 로스차일드경이오."

너새니얼 메이어는 이론가가 아닌 실리주의자였다. 정부가 행정적으로 간섭하고, 세입에서 이리저리 변통하는 사회개혁에 그는 비판적이었다. 그러나 소득세를 대폭 늘려 군사비용 염출을 해야 한다는 정책에 최초로 지지를 표명한 사람이기도 했다.

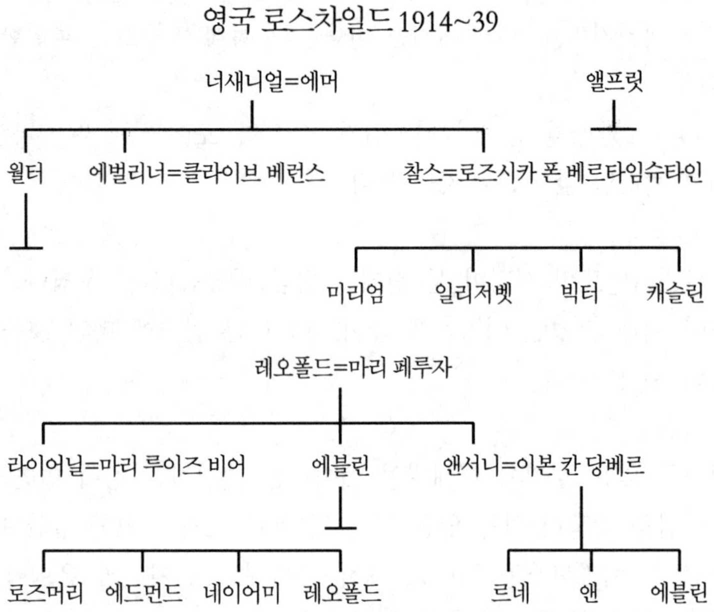

그는 이미 75살이었다. 그뒤 겨우 몇달밖에 살지 못했지만, 남은 인생의 최후까지, 건강을 해치면서도 그는 할 수 있는 모든 일을 했다. 육군에 훈련용 무기가 부족한 것을 알고, 자신의 돈으로 미국에서 장총을 대량 수송해 오기도 했다.

너새니얼 메이어의 친한 친구 홀든경은 1915년 첫무렵, 피커딜리의 로스차일드저택을 방문하여 도움을 청했다. 외무대신 홀든경은 남아프리카에서 오는 배가 중립을 위반하고 독일에 물자를 보급하는 문제에 부딪쳐 있었다.

너새니얼 메이어는 몸이 불편하여 누워 있었다. 상태가 매우 나빠 보였지만 밝은 얼굴로 손님을 맞았다.

"홀든, 내 얼굴을 보러 찾아온 목적외에 무슨 볼일이 있는지 모르지만, 지금 혼잣말을 하던 참이라네. 만일 자네가 찾아와 아무 설명 없이 2만5000파운드 수표를 끊어달라고 하면 곧바로 그렇게 해주리라고."

외무대신은 문제가 되고 있는 상황을 설명했다. 로스차일드경으로부터 곧 전언이 내려져, 그 배는 항해가 정지되었다.

며칠 뒤 그는 사망했다. 추도의 말이 산더미처럼 쇄도하고, 신문마다 그의 사망기사가 실렸다. 생전에 그의 인격이 어떠했는지는 1915년 4월 아침에 거행된 조촐한 장례식에 몰려든 군중들이 입증해 주었다.

로이드 조지는 말했다.

"가난하고 불행한 동포의 일을 결코 잊은 적 없었던 이 이스라엘의 위대한 인물에게 경의를 표하는 가난한 유대인들이, 무덤으로 향하는 길에 무리지어 있었습니다."

너새니얼 메이어에게 마지막 경의를 보낸 사람들은 같은 민족뿐만이 아니었다. 수많은 사람들이 초대 로스차일드경에게 감사할 만한 이유를 나름대로 갖고 있었다.

그의 둘째아들 찰스에게 전쟁은 더욱 비참하고 치명적인 경험이 되었다. 그는 본디 건강하지 못했다. 정서가 불안정하여 행복과 우울 사이를 늘 오갔다. 형 월터와 나눠 할 수 없는 은행일과 로스차일드라는 무거운 짐이 큰 부담감으로 그를 괴롭혔다.

그 무렵인 1906년, 그는 로즈시카를 만났다. 세상이 갑자기 밝아진 듯 여겨졌다. 로즈시카 폰 베르타임슈타인은 헝가리의 유서 깊은 유대명문이나 재산은 그리 없는 집안 출신이었다.

　찰스는 카르파티아 산맥에서 휴일을 즐기고 있을 때 그녀를 만나 사랑에 빠졌다. 그녀는 아름답고 운동을 좋아했다. 그녀는 위로부터의 서브를 처음으로 완성시킨 헝가리의 테니스챔피언이었다. 그녀는 멋지고 총명하여, 만나는 사람 누구에게나 깊은 인상을 주었다. 그리고 모든 면에서 매우 유능했다.

　그녀는 찰스보다 7살 많고 의지가 강하여, 걱정거리와 허약한 몸 때문에 우울해지기 쉬운 찰스를 잘 보살펴주었다. 찰스는 무의식중에 자신이 맛보지 못한 어머니의 애정을 그녀에게서 발견한 것이리라. 그는 어머니가 월터에게만 줄곧 애정을 쏟고 있다고 느꼈으며, 확실히 그런 점도 있었다.

　두 사람은 이듬해 결혼했다. 전쟁이 시작되기 전까지 네 아이가 태어났다. 1914년 여름, 두 딸을 데리고 그들은 헝가리에 사는 외삼촌 내외를 만나러 떠났다.

　찰스는 군사상황을 주의 깊게 살피지 못해, 국제정세에 낙관적이었다. 곧 돌아오지 않으면 위험하다고 경고하는 전보가 아버지로부터 왔을 때, 그는 오라디아 근방 숲에서 나비를 뒤쫓고 있었던 것이다.

　찰스와 로즈시카는 서둘러 서쪽으로 길을 떠났다. 기차를 타기도 하고, 걷기도 했다. 지친 아이들을 데리고 1주일 걸려 도버해협에 닿았다. 다행히도 전쟁이 일어나기 몇 시간 전에 도착할 수 있었다.

　그뒤 이어진 4년 동안은, 견딜 수 없을 만큼 무거운 짐이 찰스의 어깨에 얹혀 있는 어려운 시기였다. 그는 자신이 국제주의자이며 평화론자라고 확신하고 있었으나, 지금 온유럽이 전쟁에 휩쓸려 그의 친척과 아내의 친척이 적이 되어 서로 싸웠다.

　찰스는 집안 문제도 안고 있었다. 아버지가 죽은 뒤 숙부들과의 다툼 끝에 그는 공동경영자 중 최고지위에 취임했다. 사촌형 라이어닐 네이선이 그를 돕기 위해 남고, 다른 사촌들은 싸움터로 떠났다.

찰스가 뉴코트에서 짊어질 짐은 너무도 엄청난 부담이었다. 숙부 레오폴드와 앨프릿이 전쟁중에 죽은 뒤, 그 짐은 더욱 무거워졌다.

찰스는 아버지가 남긴 재산 정리도 해야 했다. 그 중에는 처음으로 부과되는 무거운 상속세가 포함되어 있었다. 게다가 그의 아내 로즈시카는, 오스트리아와 관련있는 사람에게 무조건 거칠게 대하는 영국인들의 까닭없는 증오를 참고 견뎌야 했다.

1916년이 저물어갈 무렵, 건강이 매우 나빠져 찰스는 스위스로 요양하러 갔다. 영국을 떠난다고 해서 잡다한 여러 가지 일에서 해방되는 건 아니었다. 그러나 다행스럽게도 그의 딸이 지적하듯이, 집에 남은 로즈시카가 남편 대리로 모든 일을 처리할 충분한 능력을 갖고 있었다.

……스위스에서 편지로, 그는 그녀에게 많은 일을 부탁했다. 나비그림을 백 개 그리기로 한 프로혹에 관한 일, 홀든경에게 보일 신탁증서 문제, 자연보호협회 명의로 구입할 웨섹스의 토지 문제, 딸이 열 명 있어 일이 필요한 샤프라는 사람에 대한 일, 뉴코트의 연금 문제, 전쟁 뒤 인도에서 사용할 10온스짜리 작은 금괴 제작, 수은판매 변경 문제, 앨프릿숙부의 사망세 지불, 제련소의 '쇠부스러기' 용해, 뉴코트에서의 금괴부문 분리, 애슈턴 초원의 다이앤서스(꽃나무의 한 종류) 절화(切花)에 관한 일, 리오 틴토 주식매각, 저수지의 사냥권 매입 등……처리해야 할 문제가 몇백 건이나 되었다.

1918년, 영국에 인플루엔자가 크게 유행할 때 찰스는 돌아왔다. 이 무서운 전염병은 흑사병 못지않은 위력을 발휘해 전세계에서

2000만 명의 목숨을 빼앗고, 그 50배나 되는 사람들을 고생시켰다.

찰스에게는 그것이 졸음과 우울에 사로잡히는 뇌의 병인 '기면성(嗜眠性)뇌염'으로 나타났다. 다른 뇌염과 마찬가지로 불치병이었으나 죽음에까지 이르는 건 아니었다.

찰스는 날마다 발작과 여러 가지 증상으로 괴로워했다. 가족도 마찬가지였다. 아내와 아이들은 종종 그를 잠에서 깨워두기 위해, 쉴새없이 이야기를 계속하고 피아노를 때려부수듯 연주해야 되었다.

제1차세계대전에 직접 휘말려든 로스차일드도 있었다. 찰스의 사촌형제 라이어닐 네이션, 에블린 아칠, 앤서니 구스타브는 모두 버킹엄서 의용단 장교였다. 전쟁이 시작되자 그들은 지원입대했다. 그 무렵에는 이 전쟁이 곧 승리로 끝나리라 믿고 있었다.

가장 나이 많은 라이어닐 네이션은 전선으로 무척 가고 싶었지만, 그러지 못했다. 로스차일드의 친구 조지 5세가 젊은 로스차일드 한 사람은 은행에 남아 있어야 한다고 특별히 배려한 것이다.

1914년, 라이어닐 네이션의 아버지 레오폴드와 백부들은 모두 노인이었고, 찰스는 병약했다. 때문에 그것은 현명한 결단이었지만, 라이어닐 네이션의 입장에서는 몹시 섭섭한 일이었다.

나라 전체가 맹목적인 애국주의의 광기로 들끓었다. 징병관리들이 도시와 마을을 순회하며, 남자들에게 사나이다움을 보여주라고 선동했다. 용감한 청년들은 악대가 연주하는 가운데, 아내와 연인들의 슬픔과 자긍심 섞인 눈물의 전송을 받으며, 국왕폐하와 조국을 위해 의무를 다하려고 전선으로 향했다.

그 이유가 무엇이든 전쟁에 나가지 않은 사람들은 죄의식과 수치심을 느꼈다. 하얀 깃털(비겁자의 표시)을 익명으로 우송받는 사람도 있었다. 특히 사랑하는 사람을 잃은 이들의 얼굴에서는 비난의 빛마저 읽혀졌다.

동생과 친구들과 은행종업원들이 조국을 위해 피흘리며 싸우는 때에 혼자 집에 머물게 된 라이어닐 네이선은, 이 명령을 몹시 원망스럽게 생각했다. 그는 징병 업무에 많은 시간을 바쳤지만, 이 낙담은 평생 지울 수 없는 상처로 남았다. 세상에 버림받은 듯 자신의 껍질 속에 틀어박혀, 그는 고독을 즐기게 되었다.

라이어닐 네이선의 형제들은 군대에서 큰 공을 세웠다. 에블린 아칠은 서부전선에서 1915년 11월 부상을 입고 돌아왔다. 몇달 뒤 복귀해 1916년 3월 찰스 먼로의 수훈보고서에 이름이 올랐다.

앤서니 구스타브는 불행한 운명을 맞게 될 갈리폴리전투의 소용돌이 속에 있었다. 연합군은 다르다넬스해협을 제압하려 했으나, 해변에서 투르크요새와 포대의 포격에 붙들려 여덟 달 동안 지옥의 나날을 보냈다.

영국의 유일한 성공은 1916년 1월의 군대철수뿐이었다. 이때 이미 앤서니 구스타브는 가까스로 난바다의 병원선으로 옮겨진 몇천 명의 부상병 가운데 끼여 있었다.

갈리폴리전투에서 패하면 투르크의 중동 진출이 가능해져, 수에즈운하와 영국의 석유관련 권익이 위협받게 된다. 그 기세를 꺾으려고 에블린 아칠이 소속된 증원부대가 시나이반도와 팔레스타인으로 보내졌다.

지금 두 사람의 로스차일드가 가는 곳은, 이 전투의 최전방이었다. 그 전투에서는 척박한 황야와 잡목림 사이를 끝없이 나아가야 하고, 요새에서 잇따라 나타나는 적들을 물리치면서 북쪽으로 진군해야 했다.

이 교전 속에서 에블린 아칠은 전사했다. 그의 나이 30살, 아직 결혼도 하지 않았다. 그의 옆에 쓰러진 전우는 친척인 로즈버리경의 큰아들 닐 프림로즈였다.

희생된 사람은 젊은 로스차일드만이 아니었다. 너새니얼 메이어와 앨프릿은 전쟁기간중 버킹엄서 사냥터의 상당부분을 군대에 제공했다. 애스턴 클린턴은 사단 본거지가 되었다. 로스차일드와 손님들이 꿩사냥하던 땅에서 갓 징병된 병사들이 훈련받았다. 가로수와 넓은 들과 숲, 정원사들이 정성껏 가꾼 풍경은 즐비하게 들어선 천막과 임시막사·참호·연병장·사격장·가시철망들로 뒤덮였다.

앨프릿에게는 전쟁이 특별히 슬프게 느껴졌다. 그는 한평생 심한 신경쇠약상태로 지냈다. 날마다 의사를 불러 점검받을 만큼 건강이 좋지 않았다.

이제 신경질적이고 왜소한 노인이 된 그는, 전쟁에 몹시 겁먹었다. 공습에 모든 것이 산산히 날아가버릴까봐 끊임없이 두려워했고, 집둘레에 큰 가시철망을 둘러쳐 독일의 폭격을 피할 수 있다고 믿었다.

물리적 공포보다 더 무서운 것은 꿈이 깨어지는 일이었다. 영국과 독일의 친밀한 관계는 비록 형식적 연대일지라도, 평화유지의 가장 근본이라고 앨프릿은 줄곧 믿고 있었다.

두 나라가 여러 식민지에서 충돌한 19세기 끝무렵, 그는 적대하는 두 나라의 무장해제를 개인적으로 주선했다. 정부 각료와 독일 대사의 비공식 회담장소를 홀턴과 시모 플레이스에 마련한 적도 있었다.

1892년에는 독일 재무대신 폰 뷔로에게 베를린이 긴장완화대책을 전혀 취하지 않는 데 대한 항의편지를 보냈다.

……요 몇해 동안 독일 보도기관은 줄곧 영국에 반대하는 내용의 기사를 쓰고 있습니다. 독일에는 분명 보도의 자유가 있습니다——영국도 마찬가지지요.

보도를 규제할 수는 없습니다. 그러나 한 나라의 보도기관이 우호국 정부에 관한 잘못된 소문을 퍼뜨린다면, 정부는 그 잘못된 내용에 유감을 표명해야 합니다.

남아프리카로 보낸 우리 원정군에 대한 견해도 그렇습니다. 그 억지트집은 영국 주재 독일인을 분개시켰고……이곳 사람들은 독일 길거리에서 팔리는 영국왕실 풍자화가 경찰에 몰수되었다는 말을 들으면 좋아할 겁니다. 한마디로 영국에 대한 독일 경찰의 요즘 방침은 '밉상스러운 바늘'과도 같습니다. 그 바늘이 큰 무기는 아닐지라도 자꾸 찌르면 상처가 생기는 법입니다.

그러나 정치가들 중에 앨프릿 드 로스차일드처럼 별난 인물에게 주의 기울이는 사람은 거의 없었다. 집안의 다른 인물과 달리 그에게는 지성과 도덕심이 결여되어 있었다.

꼭 한번, 1901년 1월부터 4월 사이에 그의 주장이 실현될 뻔한 경우가 있었다. 앨프릿은 외무대신 랜즈다운경과 자유통일당 지도자 체임벌린, 그리고 독일대표가 자연스럽게 만날 자리를 마련했다. 방위동맹을 맺으려는 의도에서였다. 하지만 회담은 결렬되고 말았다.

영국은 잠시 불간섭주의 외교정책을 취했다. 여론은 독일과 마찬가지로 적의에 가득차 있었다. 몇년 동안 두 나라는 계속 서로 다른 나라와 협정을 맺고, 결국 무력충돌을 피할 수 없게 되었다.

앨프릿의 만년은 슬프고 쓸쓸했다. 옛친구들은 거의 죽고 없었다. 마리 움월은 1913년에 죽었다. 그의 세계는 과거의 것이 되어 버렸다.

절망에 빠진 그는 그의 생활을 상징하던 것을 포기했다. 홀턴. 대담한 낭비와 때로 스캔들의 무대가 되었던 그곳을 그는 버린 것이다.

홀턴 저택은 군인 숙사가 되었다. 잔디밭에 드문드문 임시막사와 텐트가 세워지고, 무성한 너도밤나무숲은 참호용 기둥과 깔판을 만들기 위해 가차없이 벌목되었다.

친척과 친구들을 전쟁으로 잃은 것이 무엇보다도 견딜 수 없는 아픔이었다. 그 가운데 '좋았던 옛시절' 홀턴에 자주 놀러왔던 키치너경의 죽음은 특히 그에게 충격을 주었다. 사단을 20개에서 70개로 늘리는 징병운동을 주도한 육군대신이었던 그는 1916년 죽었다.

앨프릿은 그뒤 겨우 18개월 더 살았을 뿐이었다. 유언장에 그는 '고 키치너경을 기리는 기념사업을 위해' 2만5000파운드의 기금을 남겼다.

그곳에서 가까운 와디스던은 홀턴처럼 파괴되지는 않았다. 그러나 전쟁은 그곳에도 흔적을 남겼다. 잔디밭과 꽃과 나무를 잘 가꾸던 '전능한 사람' 앨리스는 오빠 퍼디넌드가 1898년에 죽은 뒤 그 영지를 상속받았다.

이 잔소리꾼은 와디스던을 까다롭게 운영해 나갔다. 그녀가 외출할 때는 반드시 제복입은 하인 6명이 현관 밖에 줄지어서서 그녀가 마차나 자동차에 오를 때까지 지켜보았다. 운전수 외에 다른 한 하인이 늘 함께 다니며 그녀를 위해 차문을 여닫아주었다. 행실이 나빠 임신한 하녀는 곧바로 해고되었다. 그래도 그녀는 비교적 너그럽고 공평한 고용주였으므로, 색다른 면은 있어도 용납할 수 없는 정도는 아니었다.

또한 그녀는 사격솜씨가 뛰어나 사격장에서 특별히 만든 의자에 앉아 날아가는 꿩을 잇따라 쏘아맞출 만큼 명사수였다. 또 새장에 앵무새를 길러 병사처럼 선서하도록 훈련시켰다는 이야기도 있다.

저택에는 퍼디넌드가 남긴 많은 장식물이 있었지만, 그녀는 더 많은 장식물들로 가득 채웠다. 그 중에서도 가장 가치 있는 수집품은 갑옷과 투구였다.

그녀는 정원에 많은 관심을 기울였다. 원예에 조예가 깊은 그녀는 딱딱한 느낌의 정원과 온실을 자기 방식대로 완전히 바꿔놓았다.

하지만 전쟁이 일어나자 그녀는 스스로 정원을 희생시켰다. 벨벳 같던 잔디밭에는 군마에게 줄 목초를, 장미를 뽑아낸 자리에는 감자를 심었다.

고국을 침략당한 프랑스로스차일드는 전쟁 동안 침묵을 지켰다. 무력충돌은 그들에게 새삼스러운 경험이 아니었다. 그들은 1830년과 48년, 70년의 위기를 잘 빠져나왔다. 어떤 일이 일어나도 한 곳에 눌러 있는 끈기가, 전통이 되었다.

적대의식이 표면화되었을 때 아이들만 영국의 친척에게로 보냈으나, 사태가 심각해지자 파리로 도로 데려갔다. 전쟁 끝무렵 독일군이 파리로부터 44마일 지점까지 압박하며 공습을 감행할 때도, 여자아이들만 보르도 가까이 있는 로스차일드영지로 피난시켰을 뿐이었다.

젊은이들은 전선에 나가 활약했다. 앙리의 장남 제임스 너새니얼은 최초의 항공병이 되었다. 전선에서 돌아와 '여자들의 사랑을 받으며' 다시 어디론가 날아가던 젊은 영웅이 몹시 부러웠다고, 그의 아우는 뒷날 회상했다.

에드몽의 두 아들도 군복을 입었다. 전쟁이 일어났을 때 36살이었던 제임스 아르망과 동생 모리스는, 한 가지만 빼고 모든 면에서 닮은 점이 없었다. 그 한 가지 공통점을 둘 다 로스차일드사람으로서 마땅히 지켜야 할 행동규범을 거부하는 반역아들이라는 것이었다.

모리스에게는 '집안의 검은 양'이라는 별명이 붙어 있었다. 6촌 줄리가 1907년에 자식없이 죽어, 프레니성을 비롯한 모든 재보와 거액의 자산을 상속받았을 때, 모리스의 나이는 겨우 26살이었다.

프랑스 로스차일드 1914~39

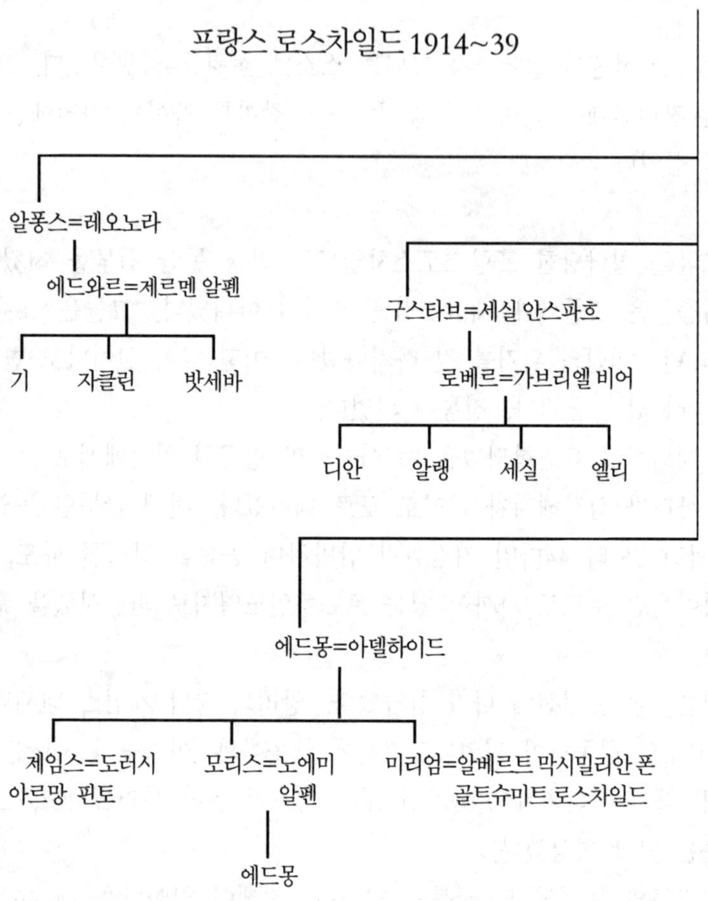

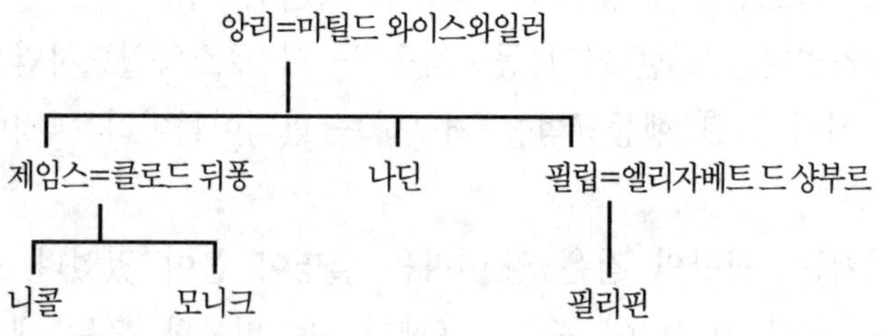

그는 오로지 그 부를 즐겼으며, 피카소·브라크·샤갈이 유명해지기 훨씬 전에 그 작품의 가치를 알아보는 등, 전형적인 로스차일드의 안목으로 뛰어난 현대회화 수집에 탐닉했다.

아버지는 그의 눈을 은행으로 돌리려 했지만, 그는 단호히 거부했다. 이런 '무책임'한 태도가 집안어른들에게 받아들여질 리 없었다.

그는 다른 방면에서도 자유분방하게 행동했다. 1909년에 결혼한 뒤로도 여자문제가 끊임없이 따라다녔다. 파리에서는 모리스남작에게 걸려들면 어떤 여자도 무사하지 못하다는 소문이 파다했다. 그는 15살 난 소녀를 쫓아다니기도 했는데, 그때 그의 나이 42살이었다.

게다가 그는 금융투기까지 하고 있었다. 증권거래소에서 도박을 했는데, 그것은 대개 실패로 끝났다.

그는 화려한 파티를 좋아했다. 사교계의 가십거리를 찾는 기자들에게 그는, 흥미로운 기사거리를 제공하는 자유분방한 부자도령이었다.

리비에라에서 휴일을 보내던 어느 날 일어난 일이 신문에 실렸다. 친구들과 함께 수영하고 있는데, 난처하게도 새로 사 입은 수영복이 줄어들기 시작했다. 화가 난 그는 수영복을 벗어 높이 쳐들어 휘두르면서, 그 엉터리수영복을 판 장사꾼 이름을 계속 소리쳐 부르며 당당하게 바닷가를 걸었다.

그러나 모리스는 단순한 플레이보이를 훨씬 넘어서는 사람이었다. 그는 뒷날, 로스차일드의 사회적 책임감을 가졌을 뿐 아니라 금융에도 상당한 재능을 지닌 인물임을 증명하게 된다. 1914년 전쟁이 시작되자 그는 주저없이 지원하여, 연락장교로 영국군에 배치되었다.

제임스 아르망은 모리스에 비하면 반항기가 짧았지만, 훨씬 뚜렷한 형태로 나타냈다. 그는 케임브리지대학 4년내내 학문보다 경마로 보낸 시간이 더 많았다. 라피트거리의 금융일은 그의 적성에 맞지 않았다. 그러나 그에게 금융재능이 없는 것은 아니었다. 그는 자신이 태어난 곳에 싫증내고 있을 뿐이었다.

1890년대 프랑스는 드레퓌스사건으로 들끓었다. 대다수 유대인 젊은이는 반유대주의가 사회상층부에 속속들이 침투해 있다는 사실에, 자신이 모욕당하는 것 같은 느낌이 들었다. 제임스 아르망은 그런 반동적 세계에서 살고 싶지 않았다.

그는 이름을 바꾸고 오스트레일리아로 이주했다. 부모가 애타게 그의 행방을 찾는 동안, 그곳에서 18개월 머물며 여러 가지 일을 하여 생활비를 벌었다. 벼룩시장 중개인 노릇을 하고 농장에서 막노동도 했다. 결국 그는 발견되어 드 로스차일드형제회사에 강제로 끌려왔다.

그러나 제임스 아르망은 마음을 잡지 못했다. 그 뒤에도 틈만 나면 자주 해협 건너로 여행하다가, 1913년에 영국처녀 도러시 핀토를 만나 결혼했다. 그는 팔레스타인 이주계획에서 에드몽의 오른팔이 되어, 이윽고 아버지 못지않게 정열을 불태우게 된다.

전쟁은 제임스 아르망이 은행일을 그만둘 수 있는 좋은 구실을 만들어주었다. 그도 영국군에 배속되었다. 군용트럭이 뒤집히는 사고가 나 병원에서 오랜 시간 보낸 뒤, 그의 싸움은 사실상 팔레스타인에서 완성되었다.

그 유명한 에드몽남작의 아들로서, 제임스 아르망은 중동의 영국 지휘관 앨런비장군에게 매우 가치 있는 존재였다. 그의 눈부신 활동 가운데 하나는 유대인 이주지에서 군대를 편성한 일이었다. 그 병사들 가운데 다비드 벤 구리온이라는 사나이가 있었다.

윗세대에서는 앙리부부가 가장 활발하게 전쟁에 참여했다. 앙리 남작도 여기에서 비로소 인생의 진정한 목적을 찾았다.

어머니 지배에서 벗어나는 게 주목적이었던 마틸드와의 결혼도, 몇해 지나 세 아이가 태어난 뒤 싫증나, 반쯤 별거상태에 들어가 있었다. 마틸드는 파리사교계의 우아한 생활을 즐겼다. 그녀의 일정표는 경마·수렵·무도회·만찬회·오페라 등으로 꽉 차 있었다.

앙리는 그런 경박한 짓에 열중하지 못하는 로스차일드의 특성——재능·근면·책임감을 이어받고 있었다. 그는 세상의 모순을 고민하며, 동시에 그것을 해결하려 애쓰는 사나이였다.

그의 취미는 다양했지만, 남보다 뛰어나려는 바람이 강하여 그의 활동을 제한했다. 쓸모있는 사람이 되어야겠다고 느꼈지만, 그가 받은 가정교육 때문에 인간관계가 원활하지 못했다. 피를 겁내는 외과의사이며, 어린이를 이해하지 못하는 소아과의사였다. 경제개념이 없는 발명가이기도 했다.

그는 처음에 글을 통해 대화하려고 했다. 그 폭넓은 작품들 중에 희곡도 있었다. 무대라는 공상세계에 앙리는 정열을 쏟았다. 그는 배우와 여배우와 흥행주들 속에서 친구를 찾았다.

그가 쓴 50편 정도의 희곡 가운데 몇 편은 상연되었다. 연극계에는 그의 재능과 함께 그의 돈이 필요했다. 후원자가 필요한 연극에 드 로스차일드남작은 기분 좋게 돈을 썼다.

1909년 5월18일, 그는 프랑스공연사에 하나의 역사를 만들어냈다. 그 몇달 전 러시아발레단을 파리로 초청하기 위한 준비가 한창이었다. 그러나 그뒤 러시아황제가 흥행주와 다투어 마지막 순간 지원의 손길을 거두어버렸다.

이 공연에는 뭔가 특별한 것이 있다는 소문이 상트페테르부르크에서 프랑스로 전해졌고, 공연을 취소하고 싶지 않은 샤틀레극장 지배인은 고심하게 되었다. 이때 앙리 드 로스차일드가 구원의 손길을 내밀고 등장했다. 두 친구와 함께 발레단 초청경비를 떠맡은 것이다.

그 개막은 유럽공연사상 하나의 전기를 이루었다. 그것은 러시아 디아길레프발레단이었다. 미하일 포킨의 안무, 바슬라프 니진스키와 안나 파블로바의 천재적인 무용에 관객들은 넋을 잃었다.

의료면에서 앙리는 자신의 일도 하며 다른 연구자들 원조도 했다. 보 드 세르네 수도원의 서재를 겸한 개인연구실에서 실험하고, 유아의 영양에 관한 논문을 127편 발표했다.

자신의 마르카데병원과 지속적으로 밀접한 관련을 맺고, 다른 시설 연구자들에게도 기부했다. 특히 퀴리부부의 방사능 연구에 매력을 느꼈다. 새로 발견된 원소의 성질을 연구하기 위한 라듐연구소가 설립되자 맨먼저 취화(臭化)라듐을 기부했고, 1919년에는 퀴리 기금 창시자의 한 사람이 되었다.

그러나 의학에도 극장에도 이 사나이는 정력과 재능을 다 소비하지 못했다. 그는 자동차에 정열을 쏟기 시작했다. 공장을 세우고 '유닉'이라는 브랜드로 밴과 택시를 생산했다.

앙리남작은 다른 생산회사도 설립하여 비누와 겨자를 만들었다. 이들 회사는 고급제품을 만들어냈으나, 경영에 흥미없던 앙리는 모두 실패하거나 경쟁상대에게 팔아넘겼다. 유닉의 경우 르노에 흡수되었다.

앙리는 중역회의에 결코 참석하지 않았고, 사업을 운영하는 중역들에게 자신의 대리로서 충분한 권위도 부여하지 않았다.

그가 세운 계획들은 모두 저마다 가치가 있었지만, 보편적 목적이 결여되어 있었다. 전쟁이 그 목적을 부여해 주었다.

앙리는 자신이 가진 것으로 고국을 위해 봉사했다. 공업가로서 그는 유닉 공장을 부상병 운반차 생산공장으로 바꾸고, 발명가로서 그는 그 운반차에 실어 싸움터로 보낼 화상치료기구를 고안했다. 또 병사들 식량인 고기 페이스트와 잼 등을 신선한 무균상태로 유지시킬 밀봉용기 고안에도 힘썼다. 어린이 영양 전문가로서 파리

전체에 살균우유를 무료로 보내는 조직도 만들었다.

오스트리아 로스차일드 1914~39

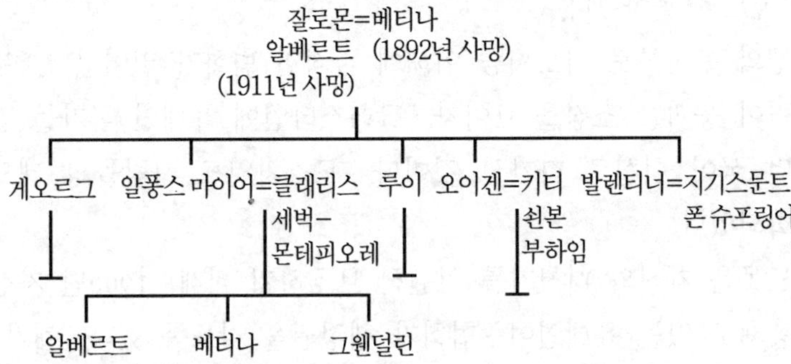

남편 못지않게 아내 마틸드도 전쟁 정신에 흠뻑 빠져, 비단옷과 모피를 벗어던지고 풀기 빳빳한 간호복으로 갈아입었다. 그녀는 상처 입은 사람들 속에 뛰어들어 열심히 일하여 공로훈장을 받았다.

오스트리아로스차일드 두 사람은 1914년 군에 입대했다. 입대 당시 잘로몬 알베르트의 다섯 아들 가운데 막내는 죽고 큰아들은 정신병원에 들어가 있었다. 셋째 루이는 은행일을 이어받아 결국 남은 사람은 알퐁스 마이어와 오이겐뿐이었다.

두 사람 모두 사업에는 관심없었다. 오이겐은 타고난 군인이었다. 20대 첫무렵 군대에 들어가 제6용기병단(龍騎兵團) 중위가 되었다. 알퐁스 마이어는 아름답고 재능있는 영국인 아내를 맞았고, 학문을 좋아했다. 법률학위를 받았으나 실제로 사용한 적은 없었다.

전쟁이 시작되자 알퐁스 마이어는 오이겐이 있는 제6용기병단 장교 예비군 육군 중령으로 이탈리아전선에 파견되었다. 아우도 그곳에서 복무하고 있었다. 솜강전투와 마찬가지로 이탈리아전선 역시 교착상태가 지속됐다.

전투기간 내내 양군은 북이탈리아의 이존초강을 사이에 두고 대치했다. 대규모 돌파작전에 나설 때마다 중상자만 늘어났다. 1918년 형제는 패배의 굴욕은 맛보았으나, 다행스럽게도 상처 하나 없이 고국으로 돌아왔다.

전쟁의 부산물로 시오니즘 이해에 극적인 변화가 일어났다. 투르크세력이 붕괴할 조짐을 보이자, 팔레스타인에 유대인 국가를 건설하려던 꿈이 현실로 다가선 것이다. 로스차일드 사람들의 태도도 양극화되었다.

에드몽은 자신의 개척지를 영원히 보호하기 위해, 1900년 자신이 종신총재로 있는 유대인이주협회가 행정권을 갖도록 했다. 해가 거듭될수록 시오니스트의 염원에 대한 그의 반응도 변화되어갔다.

본디 민족주의에 찬성하지 않았던 것은 건방진 신문기자 헤르츨이 마음에 들지 않고, 몇몇 이주자들의 행동에 골머리를 앓았기 때문이었다.

헤르츨은 로스차일드에게 실망했다고 떠들고 다녔다. 그는 로스차일드가 '역사적 사명'을 거부하고 있다고 생각했다.

이미 팔레스타인에 들어가 있는 개척자들은 늘 여러 갈래로 나뉘어 서로 싸우며, 에드몽이 낸 자금을 헛되이 사용하고 있었다.

에드몽은 개인적 욕구불만은 제쳐두고라도, 본질적으로 현실주의자였다. 오스만제국황제가 팔레스타인을 지배하는 한, 유대인이 그곳에 국가를 세운다는 것은 정치적으로 현실적으로 불가능하다고 생각했다.

하지만 사업가로서, 정치적 현실주의자로서 그의 마음속에는 독실한 신앙을 가진 유대교의 광신적 민족주의자와 마찬가지로, 이스라엘 국가건설의 거대한 꿈이 숨어 있었다.

1914년 투르크가 프랑스·영국과의 전쟁에 말려들자 정세가 바뀌었다. 꿈이 이루어질지도 모르는 상황이었다. 중동전쟁에서 영국의 승리를 의심하는 사람은 아무도 없었다. 그러면 영국은 투르크에 조건을 내세울 입장에 서게 되는 것이다.

만일 런던정부가 설득에 응하여 팔레스타인의 유대인을 보호하고 평화협상에서 유대인의 조국건설계획에 협력한다면, 그 조국은 법의 보장을 받을 수 있고 필요한 경우 군사력으로 지킬 수도 있게 된다.

유대교세계의 비성직자를 대표하는 지도자 너새니얼 메이어 로스차일드경도 그렇게 생각했다. 인생의 마지막 몇 달 동안에, 그는 단호한 동화주의자에서 시오니즘 찬성론자로 입장을 바꾸었다. 고통받는 유대인들을 계속 지원해온 그는, 앞으로 유대인의 입장이 좋아지기보다 나빠질 것을 누구보다도 잘 알고 있었다.

러시아와 동유럽 여기저기에서 끊임없이 박해가 계속되고, 팔레스타인 이주문제도 심각성을 더해갔다. 주요정치가들과 대화를 나누면서 그는 그들 중에는 중동에 강력한 유대인이 존재하는 것을 긍정적으로 생각하는 사람——특히 밸푸어와 로이드 조지——도 있다는 것을 발견했다.

최후의 몇달 동안 그는 새뮤얼이 각의를 위해 준비하는 토론서류에 관하여 깊이 생각했다. 각의에서 새뮤얼은 정부동료들에게 '세계 여러 곳에 흩어져 사는 유대인들이 모여 조국을 가질 수 있도록' 팔레스타인을 접수하게 하자고 역설하려는 것이었다.

이때는 아직 아무 결실도 거둔 게 없었지만, 영국이 제국의 역할을 담당하여 세계역사를 움직인다는 생각은 매력적이었다. 또한 중동에 우호적인 나라를 갖는 것은, 먼 미래를 내다볼 때 외교정책상 현실적으로 유리했다.

팔레스타인 군사행동에서 영국은 처음에 별성과가 없었다. 1917년에 정세가 급변하자, 그해 가을 앨런비장군은 대공격을 시작하여, 연말에 예루살렘으로 진격했다.

한편 전시내각은 연합군의 대의를 위한 외교상 대중(특히 4월에 참전한 미국 유대인)의 지지를 필요로 했다.

영국이 투르크 옛영토 배분의 중심적 역할을 하게 되자, 이제는 손 안에 든 카드를 쓰고 싶었다. 1917년에 각국의 유대인과 의논할 조건이 이미 갖춰져 있었다.

에드몽은 다음과 같이 설명했다.

이주지를 개척할 때 나는, 팔레스타인 운명이 위기에 처할 때가 올지도 모른다는 생각을 했었다. 그런 때 온세계가 그 땅에 있는 유대인의 처지를 고려해 주기 바랐다.

요 10년에서 15년 동안, 우리는 잘해왔다. 앞으로도 그럴 것이다. 현재의 위기는 우리의 활동이 한창일 때 닥쳐왔다. 사람은 사실을 있는 그대로 받아들여야 하며, 아마도 두번 다시 오지 않을 이 기회를 잘 이용해야 한다.

오늘날 근대 이스라엘건국의 아버지로 불리는 이 사나이는 교섭과정에 개인적으로는 가담하지 않았다. 몇해 동안 건강이 좋지 않았고, 자신을 정치적 인간이라고 생각하지도 않았다. 그는 큰아들 제임스 아르망을 대리인으로 삼았다.

제임스 아르망 드 로스차일드와 영국인 아내 도러시는 유대인 조국건설에 열중했다. 고결한 찰스 로스차일드와 로즈시카도 마찬가지였다.

그러나 중심이 되어 활동한 사람은 제임스 아르망이었다. 다만 군대일에 지장없는 범위에서였다. 사고에서 회복되는 동안 키가 훌쩍 크고 여원 젊은이——풍자만화가들의 좋은 소재가 되었다——는 영국에서 여러 이해 관계자들과 대부분의 시간을 보냈다.

그 주역은 바이츠만으로, 영국 시오니스트동맹 회장이었다. 우수한 화학연구자로, 폭약에 관한 그의 중요한 업적은 이미 로이드 조지를 통해 알려져 있었다.

로스차일드는 또한 영국 사교계며 정계 주요인물, 예를 들면 나중에 팔레스타인에서 죽은 닐 프림로즈와 그 누이 크루 부인 같은 사람의 지지를 얻었다.

이 중대한 국면에 즈음하여, 또 한 사람의 로스차일드가 활발한 시오니즘운동으로 각광받았다. 그는 놀랍게도 월터 로스차일드였다. 박제동물이 든 유리상자와 곤충이 담긴 서랍에 둘러싸여 있던 140kg의 거구가, 자신의 의무를 달성하기 위해 갑자기 모습을 드러낸 것이다.

그의 아버지는 유대민족 비성직자 가운데 최고지도자였다. 모든 일을 흑백논리로 뚜렷이 구분하는 월터는, 자신이 너새니얼 메이어의 귀족 칭호와 함께 이 책임도 확실하게 이어받았다고 믿었다.

아버지와 아우처럼 그도 확고한 시오니스트였지만, 지금까지는 국제정치에 거의 흥미를 보이지 않았다. 에일즈버리국회의원으로 자연보호지구며 선거구민의 관심사에 관련된 여러 토론회에 참석했지만, 12년 동안 의원으로서 특별히 마음 내킬 때 말고는 하원에 모습을 나타내지 않았다.

그런 그가 이제 민족지도자들과 함께 활발한 지원활동을 해야 한다는 것을, 지극히 당연한 일로 받아들였다. 활동내용은 외무대신 밸푸어와의 몇 차례 대담, 유대지도자며 이해관계자와의 사적·공적 회담, 외국 시오니스트 단체와의 연락, 회의 구성과 소집, 보도관계와 개인통신기관 안의 적지 않은 반시오니스트 유대인들에 대한 대책 마련 등이었다.

내각이 이 문제를 피하려 했을 때 밸푸어에게 그의 엄격하고 솔직한 긴급편지를 잇따라 보냈다.

친애하는 밸푸어씨

금요일에 잊은 일이 하나 있습니다. 이 일에 관하여 총리께서 주의를 기울이실 필요가 있다고 생각합니다. 요 몇주 동안 독일 신문은 많은 기사를 실어, '중앙권력'은 평화교섭에서 유대인의 팔레스타인 이주를, 독일의 보호 아래 해야 한다고 유도하고 있습니다. 영국 입장에서는 그런 움직임의 기선을 제압하는 게 중요하다고 생각합니다.

제가 제안한 대담을 약속대로 준비하신다면, 바이츠만 박사에게 알려주십시오. 저는 2, 3일 특별한 사업일로 집을 비우고 어머니도 출타하셔서 트링에는 아무도 없으니, 직접 저에게 전하기보다 그쪽이 빠릅니다.

이러한 활동의 귀착점이 그 유명한 밸푸어선언이 되었다.

친애하는 로스차일드경

정부를 대표하여 유대 시오니스트의 절망에 공감의 뜻을 나타내는, 아래와 같은 선언을 각의에 제출하여 승인받은 일을, 큰 기쁨 속에 알립니다.

'정부는 팔레스타인의 유대인 향토건설에 동의하며, 현재 팔레스타인에 사는 비유대인사회의 문화 및 종교에 피해를 주는 일이 없을 것과, 각국 유대인들의 권리 및 정치적 지위를 위태롭게 하지 않을 것을 뚜렷이 하는 가운데, 이 목적달성을 촉진하기 위해 최대한 노력할 것을 약속한다.'

이 성명을 당신이 시오니스트연맹에 알려주십시오.

1917년 11월 2일 외무성에서
아서 제임스 밸푸어 이것은 신중하게 이루어졌지만, 다소 애매한 선언이었다. 월터는 '향토'보다 '국가'가 낫다고 생각했으나, 세부적 언쟁보다 현실적으로 빠르고 확실하게 해두는 일이 먼저라고 여겼다. 그가 옳은지 어떤지는 지금까지 여러 차례 토의되어 왔고, 앞으로도 계속 토의될 것이었다.

아무튼 선언이 토론의 여지를 남긴 문서인 것은 의심할 여지가 없었다. 하지만 다른 나라와 국제연합이 그 원칙을 재가하면서 널리 알려진 이 도덕적 공약은, 때가 무르익자 유대국가 건설을 결정적인 일로 만들었다.

사태 진전은 영국의 시오니스트들에게 열광적으로 받아들여졌다. 런던집회에서는 청중들이 로열오페라하우스를 가득 메웠다. 다른 사람들과 함께 제임스 아르망 드 로스차일드도 앞으로의 도전에 관하여 청중에게 연설했다.

성숙한 민주주의를 대변하는 영국정부는 시오니스트의 계획을 재가했습니다. 유대민족의 목소리는 계획 아닌 행동이 되어, 현대의 마카베오일족은 가까운 장래에 유대언덕에서 계속 싸워나갈 것입니다.

유대인의 요구는 공정하며, 유대인이 전면적으로 시인하고 지지할 것을 서약한 아랍인과 아르메니아인의 요구의 토대가 되기도 합니다.

영국은 신생유대국가를 키워준 어머니입니다. 영국은 그 국가가 역경에 강하고 희망차며, 노력하여 어머니의 참다운 딸임을 나타내 보일 날을 고대하지 않겠습니까.

그 집회에서 예기치 못한 일이 있었다. 회의장이 혼란하여 수습하기 어려워졌다. 홀의 청중들이 힘찬 갈채를 보내며 한꺼번에 몰려든 것이다. 이 소동에 연설자들은 연설을 계속할 수 없었다.

의장 월터 로스차일드경은 질서를 되찾으려 그 거구를 일으켰다. 그리고 단상의 어떤 바리톤도 베이스도 상대되지 않을 크고 장중한 목소리로 소리쳤다.

"정숙!"

효과는 빠르고 완벽했다. 목적을 이룬 월터는 자리에 앉았다. 그 때 의자가 부서졌다. 거구의 월터는 바닥에 털썩 주저앉고 말았다. 분명 웃음이 터져나올 만한 희극적 광경이었다. 그러나 아무도 웃지 않았다. 그에겐 무언가 범하기 어려운 위엄이 있었던 것이다.

로스차일드 중에서 갑자기 정치색 짙은 시오니즘으로 지도력을 발휘하는 사람이 나오자, 집안사람들은 대부분 납득하지 못했고, 적의를 품는 사람도 있었다.

레오폴드는 강하게 반발했다. 그가 죽은 뒤 미망인 마리는 월터가 그들의 동화주의를 그리고 그의 아버지를 배반했다고 비난한 편지를 로즈시카에게 보냈다. 그녀는 모든 유대인은 불평하지 말고, 저마다 정해진 새로운 조국으로 가는 게 옳다는 극단적 견해를 갖고 있었다.

밸푸어선언 뒤 레오폴드의 아들 라이어닐 네이선은, 영국 유대동맹을 설립하고 스스로 회장이 되었다. 그 목적은 '우리가 태어난 조국, 또는 우리가 살고 일해온 나라——거기에 더하여 유대인에게 다른 또 하나의 국가를 받아들이도록 강요하는' 최근의 경향에 저항하는 것이었다.

그 정도는 아니지만, 다른 친척들은 대체로 불안감을 느꼈다. 정치적·국제적인 유대운동이 일어나면, 반유대주의를 자극할 뿐이기 때문이다. 반유대주의는 정세가 불안할수록 점점 크게 두드러진다.

히틀러의 《나의 투쟁》이 출간되기 전에도 사회이론가·정치선동가들은, 경제혼란의 책임이 유대인재정가들에게 있다고 비난했다. 로스차일드라는 가장 화려한 유대이름이 시오니즘과 결부되는 일에 신경이 날카로워지는 것도 당연했다.

로스차일드사람들을 갈라놓은 것은 이 일만이 아니었다. 앨프릿의 마지막 의사표시로서, 죽기 몇해 전에 작성한 유언장이 소동을 불러일으켰다.

1918년 1월 그가 죽었을 때 150만파운드라는 거액이 로스차일드 아닌 사람에게 남겨진 것이 밝혀졌다. 첫번째 상속자는 커나번 백작부부였다. 앨미너는 5만파운드, 남편은 2만5000파운드를 받았으며, 시모 플레이스의 집도 상속받았다. 두 자녀에게도 2만5000파운드씩 남겼다.

이 뜻밖의 행운은 고고학상 20세기 최대의 발견에 크게 공헌했다. 커나번경은 여러해 동안 이집트학, 특히 왕가의 계곡 발굴에 몰두하고 있었다. 이제 막대한 자금을 손에 쥔 그는 전쟁이 끝나자 아무 걱정 없이 정력적으로 발굴을 재개할 수 있었다.

1922년 그의 노력은 큰 성공으로 보답받았다. 동료 하워드 카터가 투탕카멘왕 무덤에서 장려한 보물을 발견한 것이다. 그러나 더 극적이었던 것은 다음해 전염병 모기에 물려 커나번경이 급사한 일이었다.

무책임한 보도기관들은 '파라오의 저주' 때문에 일어난 일이라고 기사화했으나 '로스차일드의 저주'라고 하는 것이 더 설득력 있었는지도 모른다. 로스차일드와 돈을 별개의 것으로 구분지어, 그들의 부를 태평하게 맛볼 수 있는 이는 거의 없다는 것을 역사가 증명하고 있다.

뜻밖의 유산으로 짧은 행복을 맛본 사람은 백작 혼자만이 아니었다. 앨미너는 곧 재혼했다. 그녀는 근위연대 중령 출신 이안 데니스톤과 사랑에 빠졌다. 그 또한 그녀처럼 놀고 즐기기를 좋아하여,

두 사람은 앨프릿의 유산을 흥청망청 써버렸다.

데니스톤에게는 병이 있었다. 앨미너는 유명한 전문의들을 찾아 다니는 데 많은 시간과 재산을 쏟아부었다. 그녀는 미친듯이 여기 저기 옮겨다니며, 남편의 건강을 회복시키는 데 알맞은 장소를 찾았다.

그러나 결실이 없었다. '호랑이' 데니스톤은 1938년에 죽었다. 앨미너는 그가 죽은 뒤 30년을 더 살았다.

그녀의 아들에 따르면, 그녀는 죽을 때까지 무절제한 사치를 계속했다고 한다. 돈과 관련된 일이라면 도덕 같은 것은 전혀 개의치 않았다. 그녀는 갚을 생각도 없이 돈을 빌려 아무 거리낌없이 물쓰듯 썼다. 그녀는 품위를 유지하기 위해 필사적으로 노력했다. 최신 유행을 따르고, 화려한 유희를 즐겼으며, 엄청난 팁을 마구 주었다.

한번은 아들이 그녀에게 빚을 정리하도록 7만파운드를 주었는데, 그녀는 그 돈으로 빚을 갚는 대신, 빚쟁이들을 안심시키려고 성대한 파티를 열었다.

그러나 이 가면극은 곧 끝장이 났다. 앨미너는 냉혹하게 조여오는 현실에 굴복할 수밖에 없었다. 한때 어마어마한 부동산을 주무르던 그녀였지만, 늘그막을 브리스톨의 뒷골목에서 보내야 했다.

이 슬픈 이야기는 로스차일드연대기를 쓰는 작가에게 한 가지 의문점을 던져준다. 과연 앨미너는 2대 로스차일드경의 돈을 갈취하여 호화롭게 살았던 것일까?

이 의문점은 빅토리아여왕 전성기로 되돌아가, 우리가 얼핏 지나쳤던 그 복잡한 관계의 중심인물이 가엾은 앨프릿이었다는 사실을 상기시켜 준다.

이 괴짜 독신남이 어떤 비밀을 가지고 있었든, 앨미너가 그 비밀 중의 하나였다는 건 쉽게 추측할 수 있다. 그녀는 몇십년 동안 앨프릿의 재산에 거리낌없이 손을 댔다.

그녀는 마찬가지로 마음 약한 그의 조카에게서 또 하나의 돈줄을 발견한 것일까? 우리는 월터에 대한 이 귀족부인의 갈취행각이 1931년에 절정에 이르렀다는 사실을 알고 있다. 이 사실은 앨미너가 죽어가는 남편을 위해 필사적으로 돈줄을 찾아다녔다는 점과 일치한다.

확실히 이 미망인 백작부인은 돈을 마음껏 긁어들이는 일이라면 수단방법을 가리지 않을 만큼 파렴치했다. 만일 그녀의 침묵을 돈으로 사는 일이 집안의 관심사라고 로스차일드경이 믿고 있었다면, 그녀가 시도때도 없이 로스차일드의 우물에 두레박을 드리우는 건 어렵지 않았을 것이다. 물론 이것은 모두 정황에 따른 가정이다.

미리엄은 이 수수께끼 여인의 정체에 대한 하나의 확고한 증거를 가지고 있으며, 그 귀족부인과 그녀의 남편이 월터의 돈으로도 해결할 수 없는 상당한 고통을 겪었기 때문에, 그걸 밝힐 필요는 없다고 믿고 있다.

단지 우리가 말할 수 있는 건 그 심판이 앨미너와 그녀의 '호랑이'에게 기분 나쁠 만큼 딱 들어맞는다는 것이다.

앨프릿은 홀턴 영지와 2만5000파운드를 조카 라이어닐 네이선에게, 역시 2만5000파운드를 그 아우 앤서니 구스타브에게 남겼다. 이들 말고는 집안사람 중에서 앨프릿의 재산을 상속받은 사람이 아무도 없다.

유언자는 친척들에게 그림과 도자기를 남겼고, 그들은 이것으로 만족해야 했다. 그 가운데에는 무덤에서 튀어나온 마지막 충격이라고 할 만한 유증도 있었다.

앨프릿은 형수 에머에게 그뢰즈의 그대에게 '보내는 키스'라는 그림을 남겼다. 옷도 제대로 입지 않은 매춘부가 사람들에게 키스를 보내고 있는 초상화였다. 앨프릿은 에머가 이 그림을 싫어할 것을 알고 있었다. 실제로 그녀는 질겁하여 며느리 로즈시카에게 줘버렸다.

라이어닐 네이션은 홀턴 영지를 곧 처분하기로 했다. 앨프릿에게는 자랑이며 기쁨이었지만, 그에게는 골칫거리였다. 애당초 그 집을 좋아하지 않았으며, 지금은 벌거숭이 들판에 초라하게 임시병사가 늘어선 보잘것없는 물건이 되어 있었다.

라이어닐 네이션이 이를 얼른 팔아치우고 싶어하는 성급함에 정부가 눈을 돌렸다. 정부로서는 감사의 마음도 없었다. 그곳을 빌리고 있는 군대는 계약기간이 지났는데도 아직 머물러 있어, 권리가 없는 곳에 들어가 있는 셈이었다.

전쟁은 끝나가고, 육군성은 딜레머에 빠졌다. 여섯 달 안으로 이 부동산을 본디 상태대로 복원해야 했으며, 그것은 엄청난 비용이 드는 작업이었다. 한편 옛영국 항공군단을 모체로 창설된 영국공군에 훈련센터가 필요했는데, 홀턴이 안성맞춤이었다.

그러나 영지를 매입하려면 많은 비용이 필요했다. ——엄청나게 많이 깎아주지 않는 한. 물론 깎을 수는 있었다. 살 사람에게 유리한 시장이었다. 전쟁 직후여서 부동산의 큰 수요가 없었다. 그리고 홀턴은 좋은 물건이 못 되었다.

두세 달 입씨름을 계속한 뒤 정부는 저택과 3000에이커의 땅, 홀턴마을, 농장, 가옥, 삼림을 11만2000파운드에 사들였다. 건물과 설비만 철거하면 더 이상 비용이 들지 않고, 다른 곳에 공군학교를 세우려면 돈이 더 들 것이다.

이 유리한 조건에도 만족하지 못한 새 영주가 맨처음 한 행동은 영지 안 땅의 임대료 인상이었다. 그러고도 관료들은 아직 로스차일드에 대해 손대는 것을 늦추지 않았다.

1919년에 기지(基地)를 위한 하수처리장용으로 쓸 토지를 찰스로부터 강제매입했다. 내각에까지 호소한 저항도 허사였다.

그 방식은 너새니얼 메이어 시절에는 상상도 할 수 없던 것이었다. 그 시대는 이미 옛일이었다. 로스차일드도 이제는 한낱 시민이며, 에일즈버리계곡에서도 마찬가지라고 정치가들은 강조하는 듯했다.

2, 3년이라는 세월 속에 로스차일드를 둘러싼 상황이 얼마나 변한 것일까. 왕·정치가·예술가·작가, 그리고 한 시대를 풍미한 미녀들이 왕실에서보다도 호화로운 대접을 받은, 웅장한 저택들.

저택들 중에는 이제 텅 비어 정적이 감돌거나, 실제적 목적으로 조잡하게 쓰이는 곳도 있었다. 애니와 콘스턴스는 1년중 몇주만 애스턴 클린턴에서 보낼 뿐이었다. 멘트모어는 오랜 동안 굳게 잠겨 있다.

앨리스가 혼자 와디스던에서 빛을 발하고 있었다. 트링 파크에는 월터와 그의 동물들, 그리고 늙은 어머니가 살고 있다.

죽은 사람들은 후계자에게 거액의 상속세를 남겼다. 앞으로 결혼할 가능성있는 사람은 단지 두 명의 로스차일드로, 옛전통을 되살릴 수 있는 사람은 그들뿐이었다. 그중 앤서니 구스타브만이 애스컷의 집에 남아 있다.

라이어닐 네이선은 홀턴을 판 돈으로 햄프셔에 집을 샀다. 그는 그곳을 떠나기 전에 굉장한 파티를 열었다. 새 주인이 홀턴으로 이사왔을 때는 방마다 빈 병으로 난장판이 되어 있었으며, 실내 풀장은 샴페인으로 가득했다.

무언가 상징적인 것을 느끼게 하는 광경이었다.

돈이냐 사상이냐

은행은 생겼다가 사라질 수도 있으나
로스차일드는 불멸이라고 사람들은 믿고 있었다.

　전쟁은 옛유럽의 사회·정치·경제질서를 산산조각냈다. 승리자 연합군은 그것을 본디대로 되돌려놓으려 했으나, 누구의 눈에나 불가능해 보였다.

　그곳에 선동가, 국제사업가, 노동조직지도자들이 끼어들었다. 주인과 하인, 고용자와 피고용자라는 주종의 명확한 구분은 이미 낡은 관례가 되었고, 평등주의와 사회혁명세력이 세상을 뒤흔들었다.

　영토를 둘러싼 국가간 경쟁의식도 공산주의자와 파시스트 이데올로기의 충돌로 엄청나게 복잡해졌다. 옛경제구조는 짓눌리고 유럽은 매우 불안정한 시대에 돌입했으며, 그 속에서 화폐와 주식시세가 걷잡을 수 없이 변동했다. 기업과 은행이 쓰러지고, 실업자는 늘어갔다. 인플레도 심해 정부는 계속 실각했다.

　로스차일드가 영향력을 행사할 수 있는 곳은 이미 아무 데도 없었다. 볼이 움푹 팬 재로(영국 북동부 항구도시) 주민들이 도전적 기치 아래 남쪽으로 행진할 때, 트링의 로스차일드경 부인은 점심식사를 거부하고 있었다. 그것은 개인적이고 감상적인 의사표시였으며, 동시에 조선소 동맹파업 해결에 최선을 다하고 있는 남편을 둔 부인의 힘없는 자기 표현이기도 했다.

총리와 공작들의 친한 친구이자 조언자인 로스차일드는 이제 존재하지 않았다. 새로운 유형의 정치가가 잇따라 진출했고, 그들은 유권자들에게 이전 정치가보다 더욱 많은 책임감을 가져 부유한 금융가와의 관계에 민감했다.

보다 복잡해진 국제적 상업세계에서 유럽의 민간은행은 일류건 아니건 그 역할을 바꾸거나 좁혀갔다. 미국과 일본이 강력한 경제의 중심지로 떠올랐다.

전후 산업부흥이나, 패전국에 강요된 배상금 지불, 또는 아직 생존력이 없는 신생국 안정 등을 위해 자금을 내놓는 일은, 이미 로스차일드나 베어링이 빚을 융통해 주는 것을 의미하는 게 아니었다. 국제연맹, 각국 정부, 중앙은행, 공동자본은행, 다국적기업 등이 그런 일에 참여하게 되었다.

로스차일드 세 회사는 20년대와 30년대의 세상변모에 잘 적응할 수 없었다. 시대의 톱니바퀴가 정상을 벗어났다고 변명하면서 퇴각할 수도 없었다. 오로지 현상에 안주하여 그것을 지켜나가는 데 골몰할 뿐이었다. 그러한 자기만족적인 경향, 전쟁 전의 안이한 보수주의가 10년이 지나는 동안 뿌리깊은 관습이 되어버렸다.

기는 1931년 22살의 나이에 드 로스차일드형제상회에 들어갔다. 그때 그는 자신의 눈에 비치는 현실에 놀라움을 금치 못했다.

……과거는 모든 사물, 모든 사람에게 스며들어 떨어지지 않는다. 직원들은 '그 이름'과 '그 책임'이 얼마나 위엄을 지니는지 뚜렷이 마음에 새기고 있다.

모든 순간, 모든 장소에서 전세기의 흔적과 마주친다. 그 중에는 이제 더이상 존재이유가 없는 것도 있다. 이 회사에는 누구나가 이야기하고 싶은 옛날이야기처럼, 지금도 생생히 눈앞에 떠오르는 역사가 있다……

　이러한 시대착오적인 조직이 여전히 그 자취를 남기고 있는 가운데, 전화가 근대적인 소리를 울렸다. 아버지는 외부 사람과 통화하기보다, 교환기를 통하여 은행 안 사람들과 연락을 주고받기 위해 사용하는 일이 많으므로, 그것은 장식적 역할밖에 하지 못했지만.

빈의 렌거리에 자리한 회사에서도 상황은 마찬가지였다. 1927년에 어느 신문은 보도했다.

　아무것도 바꿀 것 없다는 게, 이곳에서는 일종의 전통이 되어 있다. 그러므로 친근한 안마당 같은 쇼텐가르텐공원이 바라보이는, 은행장 루이 로스차일드남작 전용의 넓고 오래된 사무실에는, '좋았던 옛시절'의 향기가 지금도 감돌고 있다.

아무것도 바꾸지 않는 것이, 아마도 안전을 보장하는 듯한 기분이 들었을 것이다. 프랑크푸르트 다섯 형제 시절부터 이 벽에 둘러싸여 왕이나 국가, 대기업의 운명을 좌우하는 결정이 이루어져 왔던 것이다.

　'더 룸'——세 은행에서 모두 이 말을 사용했다——으로 알려진 그 좁고 긴 방에서 경영자들은 아버지와 할아버지가 써온 큰 마호가니 책상 앞에 앉아 있었다. 건물, 가구, 정해진 일과. 그 정확함이 경영자의 정확함이기도 했다.

　중년의 로스차일드 중에는 재능있는 지성인이 많았다. 그러나 그들 가운데 상상력과 창의력 넘치는 금융가는 한 사람도 없었다.

　드 로스차일드형제상회의 선임공동경영자인 에드와르남작은, 딸 밧세바——본디 벳사베였으나, 이스라엘에 정주할 때 헤브라이어에 해당하는 이름으로 바꿨다——의 묘사에 의하면 '금세기 최후의 신사, 고상하며 도의적인 사람'이었다.

그는 다만 은행을 경영하게 된 유복한 한 신사에 지나지 않았다. 새롭게 도전하는 기발한 책략도, 혁신적인 방침도 없었다. 아들 기의 표현대로 그는 옛유럽과 새유럽의 '두 사상 사이에 끼인' 남자였다. 라피트거리의 책상 앞에 앉아 있기보다, 경마를 구경하고 있을 때가 행복했다.

잘로몬 알베르트의 아들 루이도 마찬가지였다. 그는 폴로나 등산하기를 좋아했다. 영국의 라이어닐 네이선은 자신에 대해 '전문은 정원사, 취미는 은행업'이라고 말했다.

그의 아우 앤서니 구스타브는 케임브리지를 우수한 성적으로 졸업했으며, 도자기의 대가였다. 그는 되도록 전원생활을 즐기고 싶어했다. 사냥철이 되면 일주일에 이틀은 반드시 사냥하러 나갔다.

제임스 아르망, 모리스, 오이겐, 알퐁스 마이어, 월터 같은 사람들이 자신의 일에 등돌려 그 무거운 짐이 이들에게 지워졌으므로, 그들은 불운한 사람들이라고 해도 좋을지 모른다.

그 무렵 대규모 경제위기 해결에 로스차일드는 거의 공헌한 바가 없었다. 그러나 자신에게 직접 위기가 닥치면, 그들은 즉시 예전의 로스차일드 에너지를 결집해 행동으로 나설 수 있었고, 실제로 그렇게 했다.

구불구불 좁고 험한 길을 걷다 보면, 다음 모퉁이를 돌 때마다 큰길이 나오기를 희망한다. 1920년대 끝무렵 서구 은행가와 재정금융가들은 이런 생각으로 살았다.

주위의 모든 것이 경제쇠퇴징후를 보이고 있었다. 침체된 시장, 실업자 증가, 산업생산량 감소. 그러나 충실한 자유방임 자본주의자로서 그들은 어려움을 극복할 수 있다고 믿었다. 마지막으로는 정부개입과 국제협력이라는 방책을 취할 수 있지만, 세상은 아직 그 준비가 되어 있지 않았다.

오스트리아는 특히 심각한 상황이었다. 오스트리아─헝가리제국을 지배해온 강력한 합스부르크집안이 전쟁으로 1918년에 그 영토의 6분의 5를 빼앗기고, 황제는 추방당했다. 정치는 사회민주주의와 범독일주의라는 상반된 목표에 맡겨졌다.

많은 정치가와 경제인들은 집요하게 하나의 큰 환상에 매달리고 있었다. 그래서 놀랍게도 여러 주(州)가 형제같이 서로 연결되는 경제연방──저마다 자치권을 가지고 빈에 지도력과 재정적 지원을 바라는 그러한 연방이, 옛제국이 사라진 자리에 출현했다.

그러므로 오스트리아의 큰 은행들은 오스트리아─헝가리제국이 일찍이 산업기반을 조성하려던 시대에 적극적으로 돈을 빌려주었듯, 상황이 새롭게 변한 1918년 이후에도 계속 산업과 상업에 자금을 제공했다.

그러나 이 '새로운 경제질서'는 패전의 충격 속에서, 국가의 정체성과 목적을 찾으며 자신을 속이고 있던 사람들이 품은 환상에 지나지 않았다. 현실은 적의 꿈, 즉 독일과 손잡고 유럽의 중심에 자리잡는 새롭고 힘센 국가가 되는 것이라고, 오스트리아사람 중에서도 생각하는 이들이 늘고 있었다.

그들의 사상에는 두 가지 큰 결점이 있었다. 빈을 국제금융사회의 중심으로 만드는 것은 망상에 지나지 않고, 오스트리아은행이 돈을 쏟아붓고 있는 유럽의 작은 나라들은 잘해야 빈사지경이며, 최악의 경우 산산조각날 상태라는 것이다.

투자방법이 견실했다면 비참한 결과에 이르지는 않았을 것이다. 충분한 지원만 있으면 산업은 조금씩 부흥해, 일터와 국가의 번영을 가득 실은 기차를 끌고 와주리라 믿고, 은행은 기업에 무조건 장기대출을 해줬다.

그러나 돈을 빌려간 기업은 대부분 빚의 수렁에 깊이 빠져들 뿐
이었다. 은행에게는 그 출자금이 대부분 바다건너 외국은행에서 들
여온 것이었다. 외국은행은 그들만큼 낙관적이지 않으므로, 장기대
출을 해주지 않았다. 즉 전쟁 뒤 빈의 은행은 단기로 차입해 장기
로 대출하는 구제하기 어려운 지경에 빠져 있었다.

이것이 루이남작이 직면한 상황이었다.

형 알퐁스 마이어는 군대에서 돌아오자 완전히 태평스러운 신사
의 일상생활로 돌아갔다. 그는 우표수집과 고전연구에 몰두했다.
그의 가까이에는 늘 그리스어와 라틴어 책이 놓여 있었고, 가끔 학
자와 교수를 맞아들여 역사와 문학에 대해 의견을 나눴다고 그의
딸은 회상한다. 진기한 그의 우표수집품은 세계에 손꼽힐 만큼 훌
륭했다. 나중에 알게 된 일이지만, 그것이 그의 목숨을 구한 일도
있었다.

오이겐의 군인인생은 중도에서 갑자기 끝나버렸다. 패배한 '침략
국'으로서 오스트리아가 지불해야 하는 대가의 일부에, 군의 무장
해제가 있었던 것이다.

비전투원으로서 할일을 찾아야 했던 오이겐은, 로스차일드 최대
의 산업자산인 비트코비츠 콤비나트 경영에 참여하려 했지만, 그
일에 필요한 상업적 재능이 없었다.

결국 그는 예술을 애호하는 로스차일드기질을 이어받아, 그러한
일에 몰두하게 되었고 특히 티치아노 작품에 흥미를 갖게 되었다.
그는 이 위대한 베네치아의 거장에 관한 감동적인 논문을 썼다. 비
슷한 연구를 했던 다른 학자가 이미 출판하지 않았었다면, 책으로
만들어졌을 게 틀림없다.

1925년에 그는 결혼했다. 신부는 이혼한 경력이 있는 미국태생의
키티 쇤본 부하임. 아름답고 쾌활한 여성이었다. 결혼할 때 24살이
었는데, 어디를 가나 사람 눈길을 끌었다.

어느 때는 파리의 극장에 늦게 도착했는데, 관객들이 일제히 그녀쪽을 바라보았다. 무대에는 대희극배우 사차 기트리가 등장하여 연기가 절정에 이르러 있었다. 그는 곧 연기를 멈추고 말했다.

"아름다운 저 숙녀분이 자리잡고 앉으면 다시 계속하겠습니다."

그 찬사가 진심에서 우러나온 것인지 비꼰 말인지는 알 수 없지만.

오이겐은 파리에 영주하기로 했다. 그것은 집안과 주위사람들이 키티와의 결혼에 반대했기 때문이기도 했다.

이혼경력과 씀씀이가 헤픈 성격은 보수적인 빈사교계에 도저히 받아들여질 수 없는 것이었다. 오스트리아의 수도는 프란츠 요제프의 긴 통치 아래 실업과 빈곤이 심했는데, 경박한 그녀의 생활태도는 데모와 빵을 구하는 폭동의 도시에 어울리지 않았다.

동유럽과 중앙유럽에 대한 로스차일드의 사업확대 책임은, 잘생기고 매력적이며 운동을 좋아하는 독신 루이에게 맡겨졌다. 뛰어난 사업가는 못 되었으나, 남의 눈길을 끌 만한 사람이었다. 우아하고 냉정하고 침착하며, 자신에 넘쳤다.

그의 젊은시절, 사업상 뉴욕을 방문해 지하철을 탔을 때 일이었다. 열차가 터널 속에서 멈춰버려 차 안이 견딜 수 없을 만큼 더웠다. 그러나 이 결벽한 오스트리아인은 외투도 벗지 않았고, 불쾌한 모습도 드러내지 않았다.

루이는 늘 건강한 몸과 활발한 정신을 지니고 있었다. 등산·사격·사냥·폴로 등 모든 스포츠를 좋아했다. 승마 솜씨도 훌륭하여 스페인 승마학교의 훌륭한 리피차 종마를 정기적으로 훈련시키는 특권을 가진 몇 안 되는 사람 중 하나였다.

1937년 55살 때, 시내의 저택 2층 창문 밖으로 나가 곤경에 빠진 고양이 한 마리를 구해낸 일이 있었다. 어느 역사가는 그를 '차츰 덮쳐오는 나이에 대한 공포에 조금도 흔들림 없는 인물'이라고 평했다. 침착하고 자신감 있는 태도와 전통에 바탕한 명성이 루이의 독특한 분위기를 이루어, 그것이 그를 빈은행계의 비중있는 존재로 만들었다.

런던과 파리의 자매회사와 마찬가지로, 그가 이끄는 사업도 틀에 박힌 것이었다. 전쟁이 끝난 얼마 뒤 오스트리아의 은행은 신흥국 체코슬로바키아의 산업기반조성에 상당한 열성을 쏟았다. 이것은 그들이 솔선수범하여 행한 단 하나의 사업이었다.

1921년 7월, 루이는 이미 몇십 년 동안 아버지와 백부들이 거부해 온 일에 나섰다. 크레디트안슈탈트 회장직을 수락한 것이다.

전무이사 필립 곰페르츠는 은행을 대표하여 이 결단에 환영의 뜻을 나타냈다. 그것은 오스트리아 금융조직이 얼마나 약화되어 있는지를 보여주는 계기가 되었다.

로스차일드남작――그를 보면 그들 집안의 마법, 그들 왕조의 국제적 지위, 특히 뛰어난 명사로서의 영예를 생각하게 된다. 오스트리아가 처참하게 몰락해 갈 때, 우리가 외국사람들의 존경을 계속 얻은 것은 대은행의 확고한 지위 때문이었다. 이 선출을 받아들여준 것은 우리 은행에 대한 로스차일드남작의 애정확인이며, 동시에 애국자로서의 의무 수행이다.

로스차일드는 오스트리아를 이끄는 이 은행 내부에서 언제나 절대적인 영향력을 행사해 왔다. 위원회에서도 늘 대표자 입장에 있었다. 주식은 3분의 1을 소유했다.

1860년에 안셀름이 부회장을 사임한 이래 그들은 주도자 역할을 거부해 왔다. 공적 지위에 취임함으로써 제국재정의 일로 간섭받는 게 싫었기 때문이었다.

루이 또한 그것을 고집하고 싶었으나, 은행수뇌부와 정부 고위층

양쪽으로부터 상당한 압력을 받았다. 어떻게든 외국투자를 확보할 필요가 있어, 로스차일드라는 이름을 크레디트안슈탈트라는 고물마차에 붙이기로 한 것이다.

몇 년 동안은 마차가 그럭저럭 굴러갔다. 그러나 끝내 붕괴를 피할 수 없게 되었다.

참사의 첫조짐은 1929년에 드러났다. 월가에서 대폭락이 일어난 해이다. 국제금융시장이 전보다 과민해졌다. 주요은행들은 대부분 3개월 정도의 단기대출밖에 하지 않았다. 빈의 금융상황은 더욱 악화될 수밖에 없었다.

빈의 금융조직 중 보든크레디트안슈탈트는 특히 최악의 상태였다. 본디 토지은행이었던 이 은행은 도산 직전에 몰렸다. 1910년에 이 은행의 새로운 전무이사로 지크하르트가 지명되었을 때, 잘로몬 알베르트는 이것을 인가하지 말도록 황제를 설득했지만 헛일이었다. 그 지크하르트가 결국 은행을 파멸로 이끌고 만 것이다.

오스트리아재무대신 요한 쇼버는 루이를 찾았지만 그는 도시를 떠나고 없었다. 그때 루이는 깊은 숲속에서 사냥하고 있는 중이었다. 당황한 쇼버가 그의 소재를 파악하는 데 며칠이나 걸렸다.

쇼버는 이 골치아픈 은행을 매수하도록 크레디트안슈탈트에 거의 명령하듯 요구했다. 루이는 마지못해 동의했다. 다만 그것은 잘못된 결단이며, 언젠가 후회할 거라고 경고했다. 대규모 위기가 다가오는 것을 예측했지만, 남작은 이를 만류하지 않았던 셈이다.

사실 쇼버가 남작에게 알리기 전에 이 중요한 결정은 이미 내려져 있었다. 루이는 애국자답게 주위의 조언을 구하지 않고 정부의 결정을 지원하고 나섰다. 누구에게 책임이 있든 크레디트안슈탈트 역사를 연구한 메르츠교수의 말대로, 이것은 대실책이었다.

크레디트안슈탈트 경영자는 이것을 경고의 말로 알아차렸어야 했다. 보든크레디트안슈탈트의 붕괴라는 큰 짐을 인수하는 일을 거절하든지, 아니면 오스트리아정부에 대해 파멸의 길로 뛰어들지 말고 좀더 관대한 마음으로 대처하라고 했어야 했다. 이것이 크레디트안슈탈트가 정부와의 협상 테이블에서, 다가올 대재해를 막을 수 있는 마지막 기회였으니까.

그 기회는 놓쳤고, 그뒤 1년 반 동안 금융상황은 형편없이 나빠졌다. 1931년 3월8일, 크레디트안슈탈트 임원들은 이 은행부채가 자산을 초과해, 이미 사업을 계속할 수 없음을 정부에 알렸다. 남은 일은 대중에게 알려지기 전에 무슨 수를 써야만 한다는 것이었다.

이 은행의 도산은 있을 수 없는 일이었다. 크레디트안슈탈트의 수지규모는 거의 오스트리아 국가예산과 맞먹는 국내 최대기업이었다. 이것이 붕괴되면 곧 국가경제가 파탄된다. 5월9일과 10일의 주말내내 루이남작은 국가고위층과 밀실에서 구제책을 마련했다.

이때는 S.M. 로스차일드부자상회 역시 힘든 상황이었다. 철강 수요감소로 비트코비츠가 큰 타격을 입었고, 루이는 또 다른 골칫거리인 네덜란드의 암스텔은행을 개인적으로 원조하고 있었다. 이 은행은 다음해 도산해 버렸다.

남작은 자신의 자산에서 꽤 많은 액수를 사용할 작정을 하고, 집안사람들 도움도 청했다. 정부와 금융기관과 개인으로부터의 자금조달도 구제책에 포함되어 있었다. 그는 크레디트안슈탈트의 손실보전을 위해 1670만실링, 재정원조를 위해 3000만실링을 내놓기로 약속했다.

이것을 실행에 옮기기 위해 루이와 형제들은 주식과 소장품과 재산 등을 내놓아야 했다. 알퐁스 마이어의 딸 베티나는 이야기하고 있다.

어느 날 루이숙부가 방으로 들어왔을 때, 아버지는 목욕을 하고 있었다. 방문자는 우울한 목소리로 말했다.

"형님의 재산을 조금 팔기로 했습니다."

아버지는 침착하게 대답했다.

"그런가. 처음부터 나에게 말해 주었으면 좋았을걸."

루이는 혼자서 오스트리아집안의 부채 중 50퍼센트를 감당했다. 이를 위해 테레지아눔거리의 저택을 팔고 가까운 작은 집으로 이사했다.

태어나 처음으로 그는 자신의 자산을 낭비없이 최대한 절약하며 운용해 나가기 시작했다. 실러스도르프는 순전히 로스차일드사람들과 손님들이 즐기기 위한 곳으로 유지비가 몇백만이나 들었는데, 지금은 새 관리인에게 농장과 숲에서 이익을 내도록 명령한 상태였다.

로스차일드가 직면한 이 최악의 재정위기에서 가장 놀라운 일은, 루이와 그의 친척들이 보여준 태도이다. 재산을 내놓으면서 그들은 의연한 태도를 보였다. 로스차일드의 부와 결속, 그들이 자신의 이름을 얼마나 중요하게 여기는지 이처럼 잘 말해 주는 것은 없다.

파리와 런던의 회사는 빈의 회사와 전혀 별개의 것이었다. 제1차 세계대전이 일어나기 전에 그들은 이미 형식적 관계를 끊었다. 이윤을 공유할 사업도 끝난 상태였다. 그러나 지금 문제되는 것은 로스차일드라는 이름의 명예이다. 루이남작을 내버려둘 수 없었다.

표면상으로는 평온하고 무관심해 보였지만, 배후에서 맹렬한 활동이 벌어졌다. 결국 파리와 런던의 로스차일드가 자금을 제공하여 S.M. 로스차일드부자상회는 파산을 면했다.

차용금은 1939년까지 모두 갚았지만, 구원운동은 비싼 대가를 치렀다. 특히 런던회사의 비축분이 거의 고갈되었다. 프랑스쪽은 그보다 넉넉했으나, 비상사태를 맞아 모조리 내놓아야 했다. 네덜란드의 암스텔은행이 파산했을 때, 루이를 위해 배상하고 대출도 가능하게 한 것은, 이 프랑스 회사였다.

물론 이 위대한 은행가들이 어느 정도 심한 타격을 입었는지 세상은 모른다. 로스차일드가 거의 밑바닥에 발이 닿을 지경이라는 이야기 따윈 결코 세상에 퍼지면 안되는 것이다.

그렇게 되면 대중의 신용을 잃어 비참해진다. 은행은 생겼다가 사라질 수 있으나 로스차일드는 불멸이라고, 사람들은 믿고 있다. 만일 사실이 그렇지 않다는 것을 사람들이 알면, 전세계에 엄청난 충격이 일어날 것이다.

빈에서도 루이와 알퐁스 마이어는 아무 일 없는 듯 일을 계속하고 있었다. 크레디트안슈탈트 위기 때 9살이었던 베티나는, 그뒤 오랜 세월 그녀의 생활에도 영향을 주었을 집안의 경제상황에 대해, 거의 아무것도 기억하지 못한다. 그녀는 여전히 실러스도르프나 랑가우에서 멋진 휴일을 지냈다.

그녀의 부모는 '한때' 빈의 회사문을 닫았지만, 다음해 다시 열었다. 알퐁스 마이어는 랑가우의 관리인과 함께 영지의 생산력을 높일 방법을 의논하곤 했으나, 대화는 다음과 같이 끝나기 일쑤였다.

"하지만 그러면 사슴 기분이 상하겠지?"

"네, 아마 그럴 겁니다, 주인님."

"그럼, 그만두게."

미리엄 로스차일드박사의 기억에 따르면, 23살 때 알퐁스 마이어 부부와 1931년 5월, 그 운명의 주말을 함께 지냈는데, 그때 크레디트안슈탈트 이야기는 한마디도 화제에 오르지 않았다고 한다.

로스차일드가 크레디트안슈탈트의 위기를 대단치 않게 여겼다는 건 과장이겠지만, 그들은 확실히 외부세계에 그런 인상을 주려고 노력했다.

그러나 오스트리아경제의 길고도 험난한 부흥기에서 큰 역할을
한 것은 루이가 아닌 다른 로스차일드사람이었다. 부흥은 외국자본
의 지속적인 유입에 달려 있었다. 빈의 영국로스차일드대표 에릭
필립스경은 다음과 같이 표현했다.

"오스트리아정부는 '자세를 낮추어 외국과 제휴하도록 로스차일
드에게 간청했다'."

그 결과 크레디트안슈탈트의 대규모 채권자인 외국의 몇몇 은행
이 오스트리아 크레디트안슈탈트 국제위원회를 설립했다. 위원회의
장은 런던로스차일드사의 라이어닐 네이션 드 로스차일드였다. 다
시금 로스차일드가 재정에서 정치에 이르기까지 복잡한 국제교섭을
이끌게 된 것이다.

여러 당파의 서로 다른 이해관계 때문에 교섭은 쉽지 않았다. 미
국의 은행가는 돈을 빼내가려 했고, 오스트리아정부는 국가의 붕괴
를 막으려 필사적이었다.

교섭의 첫단계에서 그들은 이 은행을 인수하기로 했었다. 국제연
맹의 관심은 유럽의 안정에 있었다. 오스트리아는 국제연맹에 그들
의 재정정책을 변명해야 했다. 프랑스정부는 앞선 전쟁에서 침략국
이었던 나라 중 하나에 관대한 조치를 취하는 데 반대였다.

권모술수가 난무하는 가운데 4년 반 동안 교섭이 지루하게 이어
졌다. 모든 당사자가 만족할 만한 해결을 이끌어낸 것은, 라이어닐
네이선과 잉글랜드은행 로버트 킨더슬리경의 인내와 재능 덕분이었
다.

마침내 크레디트안슈탈트는 구제되었다. 규모를 꽤 줄이고, 많은
부문에서 정부관리를 받는 순수한 오스트리아 안의 은행으로 남았
다. 국제위원회는 오스트리아를 구하고, 유럽이 대공황으로부터 벗
어나는 데 일익을 담당했다.

가장 좋으면서 가장 나쁜 시대
재즈시대, 방종의 시대, 할리우드 꿈의 시대
그리고 '아저씨, 10센트 없어요?'

문호 찰스 디킨스가 1780년대를 가리켜 '가장 좋으면서도 가장 나쁜 시대'라고 한 표현은, 두 세계대전 사이의 시기에도 어울릴 것이다. 재즈시대, 방종, 할리우드 꿈의 시대, 그리고 "아저씨, 10센트 없어요?"의 시대였다.

돈과 시간이 넉넉한 사람들에게 유럽은 화려하고 자극적인 곳이었다. 로스차일드 역시 그랬다. 그들은 광범위하고 다양한 여러 가지 일에 열정적으로 몰두했다.

트링 파크에 틀어박힌 월터의 일과는 놀라울 정도였다. 날마다 14시간씩 자신의 박물관에서 방대한 수집품을 분류하고 정리하느라 무아지경에 빠져 있었다.

'일반공개용 종합수집품'
포유류 박제 2000점(크왜거 얼룩말 1개, 고릴라 13개, 유대류 228개, 가시두더지 24개 등), 사슴머리 200개, 뿔 300쌍, 조류 박제 2400점(극락조 62개, 벌새 520개, 화식조 62개 등)

파충류 680점(점큰거북 144개 등)
어류 914점
대표적 무척추동물 수집품

'학생용 수집품'
포유류 두개골 및 피부 1400점
조류가죽 30만장
조류알 20만개
건조시킨 파충류 300점
인시류 225만 점(형태는 몇천 종)
투구벌레 30만 개

월터와 박물관관리인들은 수집품을 깊이 연구했고, 그들의 대화는 항상 새로운 지식으로 가득했다. 그 지식은 책과 기사와 논문으로 발표되었다. 트링 박물관 정기간행지 《노비타테스 줄리지카에》는 45년 넘게 계속 발행되었으며, 분량도 40권에 이르렀다.

월터는 이 분류학 분야에서 가장 두드러진 과학적 공헌을 했다. 이 모든 표본수집이 단순한 로스차일드 집안의 수집열 과시단계를 넘어섰던 것이다. 아마추어 눈에는 비슷해 보이는 표본의 차이를 찾아내 구분짓는 일은, 방대한 수의 거미와 나비와 새를 모아 하나하나 정밀히 조사해야 가능하다.

동물학 분류에서의 개척적 업적으로 월터는 과학사에 이름을 남겼다. 식물·조류·어류·포유류·양서류·곤충·거미 등 그가 최초로 확인하여 정리한 250이상의 종과 아종(亞種)에 그의 공헌을 기념한 이름이 붙어 있다.

밧세바 드 로스차일드는 텔아비브에 살면서 무용단을 운영했다. 단원과 함께 케냐를 방문했을 때였다. 보도관계자들과의 리셉션에서 그곳 기자가 이름을 물었다.

"로스차일드."

그러자 검은 얼굴들이 웃음을 머금었다.

"아, 그래요? 이곳의 기린과 이름이 같군요."

1903년 월터는 4개 아닌 5개의 뿔을 가진 기린 아종을 발견했다. 그 기린은 그의 이름을 따서 '지라페 카멜로파르달리스 로스차일디'라고 명명되었다.

월터의 두뇌는 마치 동물학 컴퓨터처럼, 박물관 서고의 3만 권 서적을 찾지 않고도 세세한 점까지 곧바로 대답할 수 있었다.

월터에 관한 재미있는 이야기는 얼마든지 있다. 그의 조카딸이 쓴 전기에도 그 중 하나가 실려 있다.

월터가 66살 때 다임러를 타고 하이드파크를 달리던 중 일어난 일이다. 멈춰선 자동차 옆에 그 운전사가 무릎덮개를 팔에 걸쳐 들고 서 있는 모습이 그의 눈에 들어왔다.

그는 흥분하여 운전사에게 소리쳤다.

"세워! 크리스토퍼! 저 무릎덮개는 캥거루 모피야!"

그는 서둘러 자동차에서 내려 그 물건주인과 협상을 벌여 그것을 샀다.

월터는 트링 파크에서 함께 살던 어머니가 세상을 떠난 뒤, 그리 오래 살지 못했다. 에머는 1935년에 91살로 죽고, 월터는 그 31개월 뒤 무덤에 묻혔다. 에머와 월터의 모자관계는 아무 장애 없이, 그가 어린 소년이었을 때부터 본질적으로 거의 변함 없었다.

미리엄 로스차일드박사가 생생하게 묘사한 이야기 속에 그점이 잘 나타나 있다.

어느때 에머가——그때 80대였는데——문득 잠에서 깨어나니, 희미한 중국제 등불빛 속에 실크잠옷을 입은 월터가 침대 옆에 서 있었다.

월터는 몹시 동요된 목소리로 말했다.

"나, 아무래도 독을 먹은 것 같아, 엄마."

에머는 불을 켰다. 침대 속의 그녀는 언제나 여위고 가냘퍼 보였다——가발을 쓰지 않고, 진짜 같아 보이는 틀니도 하지 않았다. 잠옷을 입고 구식 플란넬 나이트가운을 걸친 모습이 무척 왜소해 보였다.

"그리 나빠 보이진 않는구나, 월터. 나쁜 꿈이라도 꾼 모양이지?"

월터는 작은 목소리로 말했다.

"그런 게 아니에요. 박물관용 꿩이 한 마리 없어졌는데, 왜 없어졌는지 갑자기 생각났어요. 어제 저녁식사 때 우리 꿩고기를 먹었지요, 엄마? 그 방부제는 독성이 아주 강해요. 왠지 아픈 것 같은 기분이 들어요. 나, 독을 먹은 게 틀림없어요."

에머는 조용히 말했다.

"그렇다면 우리는 둘 다 독을 먹은 셈이구나. 나도 그 새고기를 한 점 먹었으니까. 하지만 엄마는 괜찮은걸. 너도 아침에는 좋아질 거야."

한참 생각하더니, 그는 돌아서서 얌전히 자기 침대로 갔다.

1923년에 슬픈 일이 일어나, 미리엄과 그녀의 형제들이 트링 파크의 기묘한 세계로 들어와 살게 되었다.

아버지 찰스의 병세가 계속 악화되어, 결국 런던은행 대표자리에서 물러났던 것이다. 그에게는 집안의 가장노릇도 견디기 힘든 짐이 되었다. 어느 날 아침 그는 자신의 방에서 면도칼로 삶에 작별을 고했다.

10살에서 15살 된 아이들에게는 큰 충격이었다. 미리엄 루이저는 차 마시는 시간에 아이들방으로 들어와, 그녀와 가정교사를 웃겼던 아버지모습을 기억했다. 병든 뒤로 아버지는 가족과 격리되어 지냈다. 그런 상황에서 아버지를 잃은 것이, 그녀는 더욱 가슴 아팠다.

런던집안에 경영능력 있는 유일한 어른으로 남은 로즈시카는, 트링 영지를 한층 조직적으로 관리하는 일을 맡았다.

그녀와 아이들은 해마다 많은 시간을 여기서 지냈다. 미리엄 루이저가 뒷날 묘사한 바에 따르면, 그것은 '묵직한 금빛 새장에 갇힌 듯한' 생활이었다.

그것은 성장기 아이들에게 특이한 상황이었다. 찰스와 로즈시카 부부의 외아들로, 아버지 찰스가 죽었을 때 12살이던 빅터에게 특히 트링에서의 기억은 강렬했다.

그에게 있어 그곳은 여자세계——귀가 들리지 않는 할머니, 남편잃은 슬픔에서 벗어나지 못한 어머니, 누나와 여동생들 그리고 몇명의 유모와 여가정교사들의 세계였다. 또한 다른 아이들이 그를 '더러운 꼬마유대'라고 부르는, 지저분한 기숙학교의 기억이 사무친 곳이었다.

그곳은 색다른 사람 월터백부의 세계이기도 했다. 백부는 아이들과 가까이하기 싫어하면서도, 과학에 대한 열정을 빅터와 미리엄 루이저에게 가르치고 싶어했다.

1931년, 월터에게 큰 변화가 찾아왔다. 1890년 이래 그를 귀찮게 따라다닌 여귀족의 공갈이 이곳에 있는 동안 더욱 심해졌다. 월터는 여전히 털어놓고 의논하려 하지 않았다. 그녀는 그를 가차없이 협박하여, 월터는 그때까지 생각지도 않았던 일을 하게 되었다. 다름아닌, 수집품 일부를 판 것이다.

교섭은 극비리에 진행되었다. 어머니도 신문에서 그 매매 기사를 볼 때까지 몰랐다. 몇십 년 동안 고생하며 세계곳곳에서 수집해, 장식장에 멋있게 전시해 둔 29만5000마리의 새가, 나무상자에 넣어져 미국에 보내졌다.

그 일은 이 나이든 남자를 크게 변화시켰다. 그의 전기작가는 이렇게 쓰고 있다.

새들을 팔고 난 뒤 월터는, 눈에 띄게 위축되었다. 그의 침묵은, 어떤 생각이나 동요를 품은 게 아니라, 다만 멍한 상태일 뿐이었다. 그는 방심한 듯 따분해 보이는 모습으로, 점심시간 전 두 시간만 박물관에서 지냈다.

찰스의 깊은 병과 너무 빠른 죽음은, 은행과 그의 직계 영국로스차일드의 두 가계 관계에 재앙으로 받아들여졌다. 그는 같은 세대의 로스차일드 가운데, 실제 은행일에 예민한 감각을 가진 유일한 사람이었다.

그는 뉴코트에서 삼촌들에게 억눌려 살았다. 삼촌들이 무대에서 사라지고 은행에서 좀더 창조적인 길을 모색할 수 있게 된 순간에, 그 역시 죽고 만 것이다.

전쟁중 N.M.로스차일드부자상회의 무거운 짐을 짊어지게 된 당사자는 그의 사촌들인 라이어널 네이선과 앤서니 구스타브였다. 두 사람은 은행에 고용되었다고 보는 편이 정확할 것이다.

자신을 가리켜 '전문은 정원사, 취미는 은행업'이라고 말하는 라이어널 네이선은 공황 동안 실로 그답게 일했다. 그의 아들 에드먼드가 즐겁게 들려주는 이야기에 의하면, 그는 국제위원회 일조차 가볍게 생각한 것 같았다.

어느 금요일 오후, 위원회회의 중 라이어널 네이선은 햄프셔행 4시35분 열차를 꼭 타고 싶어졌다. 복잡한 문제가 열 가지나 상정되어 있어 그는 맹렬한 속도로 일을 처리해 나갔다.

마지막 문제에서 래저드은행 대표 타이저가 이의신청을 했다. 의장은 그를 제지했다.

"잠깐만, 타이저씨, 그건 심한 종기인가요?"

"네, 그렇습니다. 실제문제로……"

"종기특효약이라면 알고 있지요."

그는 장부에 무언가 휘갈겨 쓰더니 그 부분을 찢어 탁자 맞은편으로 건넸다.

"자, 이대로 처방해 달라고 하면 됩니다. 만일 효과가 없으면, 당신의 자선단체에 10파운드 기부하지요. 자, 어디까지 했더라? 10번째? 마음에 들지 않나요, 타이저씨? 그럼, 이건 빼버립시다. 이의없지요? 좋습니다. 이것으로 모두 끝났습니다. 안녕히 가십시오."

자신이 참전하지 못한 제1차세계대전에 강한 영향을 받은 그는, 그 창의적 에너지를 대부분 꽃에 바쳤다. 그는 진심으로 식물을 사랑한, 타고난 정원사였다.

한때 자동차운전에 열중한 적도 있었지만, 완충장치발명 이후 자동차 타는 재미를 잃고 그보다 식물 키우는 일에 더 큰 보람을 느끼게 되었다.

그는 1914년 이전에 엑스버리 밋포드집안 영지 안의 집을 구한 지 얼마 안되어, 홀턴을 판 돈으로 그 영지를 사들였다.

'큰것을 생각하라'는 말은 로스차일드집안의 가훈이라 해도 과언이 아니다. 라이어닐 네이선은 엑스버리에서 그 전통을 확실하게 따랐다.

그는 자신이 소유한 250에이커의 메마른 땅과, 뉴 포리스트에서 볼뤼하구까지 이르는 푸르고 무성한 삼림을 이 나라에서 가장 아름다운 공원으로 만들려 결심했다.

영국에 자라는 수목은 모두 다 있는 식물원——이 구상만은 완성하지 못했다——인공호수와 강, 고산식물을 위한 록가든, 게다가 상록수 또는 진달래, 목련, 동백나무, 그밖의 떨기나무, 진기한 나무와 함께 특히 철쭉꽃을 많이 심어, 숲을 찾아온 사람들이 마치 만화경을 보는 듯 하도록, 변화무쌍한 환경을 조성할 계획이었다.

그의 첫작업은 이미 있는 수수한 집을 조지양식 저택으로 완전히 고쳐짓는 것이었다. 이것은 로스차일드 저택건축의 마지막 중요한 예가 되었다.

여기에서도 기와와 회반죽이 자연스럽게 도입되었다. 라이어닐 네이선이 채용한 건축가는 목련고목을 둘러싸듯 집을 세우라는 명령을 받고 투덜거렸다.

건축공사와 영지 안의 작업을 위해 몇백 명의 기술자와 노동자를, 햄프셔 사람들이 그리 많이 살지 않는 지역에 살도록 할 필요가 있었다.

엑스버리의 지주는 아무리 성가신 일이 일어나도 전혀 머뭇거리지 않았다. 그들을 위한 집을 지으면 되는 것이었다. 영지 끄트머리에 자리한 이 마을은 로스차일드영주가 자신의 의무로 여겨 제공한 빵집·세탁소·사교장 등이 완성되면서 꽤 크게 성장해 갔다.

땅바닥을 고르게 하여 정원을 조성할 무렵에는 돈으로 할 수 있는 모든 것이 다 이루어진 상태였다. 라이어닐 네이선은 매주 금요일 오후 시티에서 달려와 바위, 설비, 벌채된 재목을 나를 간이철도 건설을 지휘했다.

다 자란 나무를 옮겨 심기 위해, 다이너마이트를 폭파해 나무 심을 구덩이를 만들었다. 또 270피트 깊이로 구덩이를 파고 관개용 파이프를 묻어, 온정원 안에 물이 골고루 흐르게 했다.

한편 그는 사람들을 시켜 근처의 희귀종표본을 모아들였다. 그들

은 그즈음 으뜸가는 식물채집가들이었다. 그들은 온갖 희귀본을 찾
아 중국·티벳·일본·말레이시아를 비롯하여 유럽·미국 등지까지 누
비며 어려움과 위험을 무릅써온 사람들이었다.

라이어닐 네이선은 다양한 꽃이 오래 피어 있도록 하기 위한 교
배실험을 위해 진달래며 철쭉표본을 되도록 많이 모아들이고 싶었
다. 티크나무로 골격을 만든 2에이커 넓이의 엑스버리 온실——오
늘날 아직 남아 있다——에서 정원사들은 묘목과 나무를 기르고,
다른 꽃에 수정시키는 일도 했다.

그 일이 결실을 맺어 1200가지 새로운 품종이 만들어졌다. 왕립
원예협회에서 인정한 품종만도 452종이나 되었다. 꽃들은 무성한
잎을 배경으로 아름답게 피어나 빨강·오렌지·노랑·핑크·자주색 등
오색찬란한 색의 조화를 이룬 거대한 군락을 이루었다.

라이어닐 네이선은 꽃겨루기대회에서 상을 여러 개 받았다. 그
가운데 원예에 대한 독자적 공헌으로 받은 빅토리아 메달이 특히
빛난다. 이 소극적이고 사려 깊은 사나이는 동료전문가들로부터 칭
찬받는 일을 매우 좋아했다. 획득한 컵과 상패를 다음해 대회에서
반납할 때는, 승리의 기념으로 간직하려고 반드시 은으로 복제품을
만들어두었다.

그는 감정을 겉으로 드러내지 않고, 열의가 느껴질 때만 남들과
교류하는, 매우 자기중심적인 사람이었다. 그가 여느 사람들과 너
무도 동떨어진 인물임을 나타내는 이야기가 많이 있다.

어느날, 은행에서 비서실을 지나다 사이드테이블 위에 멋진 나이
프꽂이가 있는 것을 보았다. 물어보니, 그 부서의 상사가 결혼하게
되어 동료들이 선물로 준 것이라고 했다. 그는 잠시 찬찬히 살펴보
고 나서 말했다.

"음, 그리 잘 만들어진 게 못 되는군. 그는 저녁식사에 열두명
이상은 부를 수 없겠어."

그러나 그 자신은 인원제한과 무관했다. 라이어닐 네이션의 내성적 성품이 로스차일드의 전통적 손님접대에 방해되는 일은 없었다. 친구, 사업동료, 원예가 그리고 사교계사람들은 엑스버리에서 융숭한 접대를 받거나 '로도라호' 요트를 타고 즐거운 한때를 보냈다.

10년간 공들여 완성한 삼림공원은 왕족을 맞이하는 데도 부족함이 없어, 조지 5세와 메리왕비가 찾아와 로스차일드가 기적같이 만들어낸 낙원에 아낌없이 감탄했다. 황태자는 자가용비행기를 타고 왔다. 머지않아 조지 6세가 될 요크공작은 아내와 함께 찾아와, 로스차일드가 만든 공원이 세상에서 가장 아름다운 낙원이라며 칭찬을 아끼지 않았다.

앨프릿의 호화로운 시대는 지나갔지만, 라이어닐 네이션의 엑스버리를 주말에 방문한 손님들은 아무 불만이 없었다. 훌륭한 아침식사, 절묘한 와인, 테니스와 사냥, 그리고 온갖 꽃이 만발한 환상적인 정원에 그들은 만족했다. 일요일 오후에는 모두들 무사히 귀로에 올랐다.

그 다음날 아침이면 라이어닐 네이션은 런던행 기차를 타기 위해 볼뤼로드역으로 쏜살같이 자동차를 달렸다. 서류가방 안에는 금방 낳은 달걀 두 개가 들어 있었다. 식당차 종업원에게 주어 그의 아침식사를 만들게 할 것이었다.

앤서니 구스타브 드 로스차일드는 그의 맏형보다 더욱 비밀스런 사람이었다. 그는 집안에 대해 강한 책임감을 가진 진지한 사나이이며, 에드워드왕 때 케임브리지를 공동수석으로 졸업했다.

그는 너새니얼 메이어 삼촌 아래에서 은행일을 배웠지만, 에일즈버리골짜기에서의 시골생활이 훨씬 행복했다. 그는 시즌 중 일주일에 이틀은 반드시 사냥을 즐겼다. 그는 중국도자기에 취미를 지녀, 그 분야에서 전문가가 되었다.

제1차세계대전은 그의 평화롭고 고요한 세계를 파괴했다. 갈리폴

리의 공포 몇 달 뒤 그의 아버지와 형 에블린이 죽었다. 앤서니 구
스타브는 같은 세대의 수많은 사람들이 목숨 바친 세계를 다시 세
우고 보전하기로 마음먹고, 가족이 있는 애스컷의 집으로 돌아왔
다. 그러나 이미 때는 너무 늦었다.

와디스던 또한 권력과 명성에서 거리를 둔 생활이 계속되었다.
1922년, 까다롭던 앨리스도 세상을 떠났다. 그녀의 죽음으로 제임
스 아르망 드 로스차일드가 영지를 상속받았다.

외눈안경에 단정한 차림새로 위엄을 갖춘 그는, 전쟁 뒤 영국에
영주하여 완전한 영국인이 되었다. 액센트에도 사투리가 전혀 없었
다.

와디스던을 물려받았을 때 그는 무척 놀랐다. 갑작스레 대저택
안주인이 된 '제임스 아르망부인'도 당혹감을 감추지 못했다. 그러
나 어느 정도 경제적 개혁이 이루어져 와디스던의 전통이 유지되었
다. 이를테면 새 소유자는 거대한 온실 전체를 이국적인 열대식으
로 꾸밀 필요는 없다고 여겼던 것이다.

제임스 아르망은 1928년부터 45년까지 엘리섬 선출 자유당 국회
의원을 지냈다. 그동안 이 퍼디넌드남작 저택에서는 정치모임이 자
주 열렸다. 제임스 아르망부인은 그때를 다음과 같이 회상하고 있
다.

애스퀴스와 처칠 같은 유력자를 포함한 우리 친구들은 대부분
와디스던을 일에서 해방되어 그즈음 유행하던 골프며 트럼프놀이
며 브리지며 마작 같은 놀이를 즐길 수 있는 곳으로 여겼다.

정치논의는 저녁식사 뒤 이루어졌다. 부인들은 식당에서 물러
나고 남자들만 남아 방해받지 않으면서 편안하고 진지하게 이야
기 나누었다. 이 귀하신 분들의 기분전환이 당사자들에게 얼마나

보람 있었는지 모르지만, 내 생각에는 그들이 그렇게 보낸 시간
은, 상식을 벗어날 만큼 길었다.

제임스 아르망은 와디스던에 말사육장을 만들었다. 경마에 대한
그의 정열은 젊을 때부터 생겨 조금도 수그러지지 않았다. 경마에
열중하는 이유로 그가 언제나 하는 이야기는, 1898년 더비를 보러
처음 경마장에 갔을 때로부터 시작된다. 시험삼아 마권을 샀더니,
100배의 이득을 안겨주었다는 것이다. 공교롭게도 그 뒤로는 돈을
걸어도, 마주(馬主)로서도 그리 행운이 찾아오지 않았다.
어느 짓궂은 친구는 말했다──경주에서 이기지 못하는 말에 돈
을 거는 사람은 많지만, 이기지 못하는 말을 기르는 재능까지 지닌
사람은 제임스 아르망 드 로스차일드 하나뿐이라고.

재미있는 것은 무슨 일을 하든 '실패자' '무뢰한' '검은양'이라고
불린 그의 아우 모리스가 전쟁이 끝난 뒤 정치계에 발을 들여놓은
일이다.
그는 1925년까지 오트피네레 선출 하원의원을 지냈다. 대단한 인
기를 누렸고, 노동자주택계획 등 몇가지 중요한 개혁을 추진하기도
했다. 1926년 이후에는 오트잴프의 상원의원이 되었다.
이 무렵 국제연맹본부는 제네바에 있었다. 모리스는 그곳 가까운
프레니성에서 주요정치가들을 접대했다. 이 성은 1930년대 끝무렵
처칠, 폴 레노, 레옹 블룸 등 나치즘 대두를 경고하며 히틀러에 반
대하는 국제조직을 만들려 했으나, 유화정책으로 뜻을 이루지 못한
정치가들의 회담장소가 되었다.
이 시기에 모리스는 사업진출도 꾀했다. 사업은 매우 잘되었지
만, 결국 그 일로 프랑스로스차일드 본가와 결별하고 말았다. 무슨
일이 일어났던 것일까?

　모리스는 파리부동산건설회사에 자금을 제공했는데, 그 회사는 파리시청이 소유한 토지를 사들여 개발하려 했다. 이 회사가 사업을 시작하기 전에 사채를 모집했는데, 모리스가 로스차일드명의로 응찰했던 것이다.

　사촌 에드와르와 로베르는 모리스가 또 어리석은 짓을 했다면서 몹시 화냈다. 그 회사는 보나마나 실패할 테고, 그렇게 되면 사채 인수가 고스란히 자기네 은행부담이 될 거라고 그들은 믿었다. 그들은 모리스에게 그의 행동은 상식을 벗어났으며, 얼마 전 돌아가신 아버지가 라피트거리에서 차지한 자리에 오르는 일을 도저히 환영받지 못할 것이라고 말했다.

　그뒤 모리스는 드 로스차일드형제회사의 자기 자리를 버리고 독자적인 길을 갔다. 실제로 파리부동산건설회사는 성공적인 투자였음이 확인됐고, 모리스는 사업동료들과 결별했지만 몇해 만에 상당한 이익을 얻었다.

　외아들 에드몽 아돌프가 태어난 뒤 그는 곧 아내와 이혼했다. 그는 혼자 살며 모든 시간을 투자와 정치로 보낸다.

　프랑스로스차일드 본가는 은행에서의 책임완수와 부를 즐기는 일 모두에 그들의 시간을 쏟았다. 제임스 아르망과 마찬가지로 그들은 왕들의 스포츠인 경마에 열중했다.

　에드와르는 도빌에 말사육장을 만들고 우수한 경주마를 길렀다. 브랑톰호는 최대의 챔피온이 되었다. 두세 살짜리 말치고는 승부욕이 강했다. 이 말은 개선문상을 받는 등 프랑스의 대표적인 경마에서 여러 번 우승했다.

　이 멋진 말은 그러다 갑자기 경주에 나갈 수 없게 되었다. 어느 날 샹티에서 경기 직전 말조련사로부터 달아나 미친 듯 거리를 질주했던 것이다. 이 말은 막다른 골목에서 가까스로 붙잡혔으나 이 알 수 없는 사건 뒤로 신경이 이상해져 경주에서 은퇴했다.

젊은 프랑스로스차일드 세대는 대부분 경마를 좋아했다. 그들에게 있어 경마는 사교에 필수적이었다. 1920년대에는 자동차라는 매혹적인 항목이 첨가된다. 에드와르의 아들 기는 그 시대를 이렇게 회상한다.

그때 나는 비야리츠를 알게 되었다. 9월은 시즌이 최고조에 이르는 때다. 내 나이 20살, 사교계에 나갈 해였다. 비야리츠란 아침부터 이튿날 아침까지 계속되는 파티를 말한다. 스페인과 남미 사람들이 많았으며, 모두 젊고 정열적이며 그 무엇에도 구속받지 않았다.

날마다 정오에 '오텔 뒤 팔레' 앞에서 자동차 퍼레이드가 시작되었다. 롤스로이스·패커드·벤틀리·뒤젠버그·이스파노──어느 것 하나 빛나지 않는 것이 없었다. 젊은이들이 거만한 태도로 운전하며 새침해 보이는 미녀들을 태우고 있었다.

우리는 유럽과 남아메리카 명문집안 젊은이들과 함께 '사랑의 방'이라고 불리는 해변이나 '처녀바위'라 불리는 구석진 곳에서 수영하고, 새로 만든 시베르타 골프장에서 골프를 쳤다.

골프옷을 벗어버리면 바스크술집으로 직행해 귀족 등 놀러온 사람들과 합류했다. 모두들 즐겁게 떠들어대며 샴페인을 마시고, 여자들을 유혹하느라 정신없었다.

저녁식사 손님이 20명 이하인 적이 없었던 것 같다. 그들 대부분이 밤마다 서로 초대한다. 넓은 전원 속의 레스토랑 겸 나이트클럽을 거쳐 세헤라자드에서 저녁을 끝내는 전통을 소홀히 하는 일은 결코 없었다.

파리의 앙리남작은 또 다른 모험에 나섰다. 그가 손댄 것 중 가장 호화로운 일은, 피갈이라는 극장의 설립이었다. 전쟁 뒤 그는 자신이 사랑하는 무대로 돌아가 배우들과 함께 지냈다. 그들은 대부분 '에로스'라는 이름의 요트에 초대되었다.

1926년에 아내가 숨졌다. 마틸드는 언제나 앙리의 망상을 심술궂은 경멸의 눈으로 바라보곤 했었다.

미리엄 로스차일드박사는 10대 무렵 파리를 방문했다가 몹시 당혹스러운 일을 경험했다. 마틸드가 그녀를 극장에 데려갔는데, 연극이 시작되자 마틸드가 곧 잠들어버렸다. 연극이 최고조에 이르렀을 때, 그녀는 악몽에서 깨어난 듯 갑자기 새된 목소리로 소리질렀다.

"난 죽을 것 같아요! 죽을 것 같아!"

미리엄은 그녀를 필사적으로 진정시켜 가까스로 자리에 앉힐 수 있었다. 이제 그녀도 죽어 앙리의 여자관계에 방해되는 사람은 아무도 없었다.

거액을 들여 크롬과 네온사인으로 꾸민 최신 스타일로 호화롭게 지은 피갈극장은, 1929년에 첫공연을 했다. 프랑스사교계뿐 아니라 온유럽 유명인사가 방문하여 그 훌륭함에 매료되었다.

그러나 이 극장 역시 앙리의 재정상 어려움으로 오래가지 못한 운명이었다. 극장이 만원일 때도 경영비용과 제작비용이 부족했다. 2년이 지나자 그는 이 새로운 장난감에 흥미를 잃었다. 그는 두 번 다시 극본을 쓰지 않았다. 표현은 안했지만 피갈극장은 그의 마음에 큰 상처를 주었을 것이다.

그의 아들 필립은 이 극장의 디자인에 깊이 관여했다. 그 몇해 동안 이 젊은이는 아버지를 닮아 다양한 분야에 재능과 흥미를 보였다.

그는 경주에 열중했다. 요트·자동차·비행기경주에 나갔다. 회오

리바람처럼 그는 세계를 휩쓸고 다니며, 미술·극장·영화 등 모든 새로운 움직임에 흥미를 나타냈다.

그는 영화감독이 되기로 결정했다. 1932년에 그가 만든 《라크 오담》이라는 작품은 프랑스 최초의 토키영화 가운데 하나이다.

필립 드 로스차일드는 사업에도 뛰어난 재능을 보여, 그의 세대 최고 로스차일드사업가가 되었다.

전쟁 뒤 몇해 지나지 않아 그는 포약에 있는 로스차일드의 무통 포도원을 사랑하게 되었다. 그의 증조부가 구입한 뒤 아무도 거들떠보지 않았는데, 필립이 흥미를 가지게 된 것이다.

그는 그곳과 그곳 사람들을 사랑했다. 고급와인을 만들어 파는 새로운 공정에 매력을 느꼈다. 그는 그 공정개혁을 확신하고, 1922년 아버지로부터 그 영지를 양도받아 실천에 옮겼다.

몇년 동안 전기와 수도를 끌어들이고, 포석을 깐 정돈된 길을 만들고, 집과 저장고 수리에 돈을 들였다. 그러나 가장 혁명적인 발걸음을 내디딘 것은 1924년의 일이었다.

그때까지는 수확기마다 포도주를 술통에 넣어 배에 선적한 뒤 보르도로 수송하여 '감정가'로 불리는 중개인을 통해 병포장했다. 그런 다음 도매상이나 소매상으로 팔려나갔다.

필립의 아이디어는 대단한 것은 아니었다. 중개인들을 생략해 버리고 본고장에서 병포장하여 직접 파는 것이다. 이 방법은 '샤토 포장'이라고 불렸다. 그것이 오늘날 최고의 보르도 와인인 '샤토 포장'이다.

1924년 무렵엔 그런 생각을 실현시키는 일을 아무도 엄두조차 내지 못했다. 병포장설비며 저장시설에 많은 비용이 들기 때문이었다. 그러나 좋은 아이디어를 실현하는 데 있어, 로스차일드에게 돈은 문제가 되지 않았다.

그리하여 커다란 저장고가 지어졌다. 그곳은 말끔하고 넓은 방으로 몇백 개의 술통이 이상적 조건 아래 저장되었다. 지금도 이곳을 방문하는 사람들은 죽 늘어놓여 숙성되는 레드와인과, 와인과 오크가 혼합된 향긋한 냄새에 몸과 마음이 취한다.

다른 포도원 소유자들도 흥미를 나타냈다. 그들도 '샤토 포장' 제품은 훌륭하며, 동시에 수익도 늘어난다는 것을 알게 되었다. 필립은 '프르미에 크뤼(일등 산지)협회'라는 모임을 만들어 이웃동업자들을 참여하게 했다. 신참 와인업자 필립이 당당한 이웃동업자들과 손잡은 형태가 되었다.

그러나 설비와 시장거래에 비용을 들여도, 좋은 수확이 늘 보장되는 것은 아니다. 좋은 해도 있고 나쁜 해도 있다. 여태까지 그러했고, 앞으로도 그럴 것이다.

빛나는 무통 로스차일드의 상표를 붙이기에 어울리지 않는 와인이 생산될 때는 어떻게 하면 좋을까? 여러 궁리 끝에 필립은 새 이름을 고안했다. 그것이 '무통 카데'의 탄생이었다.

지금까지 불가능하게 보였던 부담없는 가격의 맛좋은 와인 생산이 실현되었다. 눈 깜짝할 새 필립 드 로스차일드는 프랑스가 자랑하는 상품의 생산자로서 이름을 날리게 되었다. 그러나 이것으로 끝난 게 아니었다. 이제부터 시작이었다.

파티는 끝없이 계속되었다. 리비에라 휴양지의 광란 속에서, 영국풍 정원의 조용한 아름다움 속에서, 로스차일드와 그 벗들은 자신들의 부를 즐겼다. 그러나 그것이 언제까지나 계속되리라 여기는 건 성급한 판단일 뿐이었다.

사회적 불안은 어디에나 있었다. 유럽대륙에서는 정치적 대립이 암살과 폭동으로 발전해, 의회를 위협하고 있었다.

크레디트안슈탈트의 위기가 해결되었어도 오스트리아의 정치상황이 좋아진 것은 아니었다. 독일국민당과 하임뵈르(파시스트 정치군사군)는 실제로 무슨 일이 일어나기를 바라고 있었다.

중도파 정치가들이 느끼는 적의와 공포는 1931년 10월27일 황폐화된 국회에서 로베르트 단네베르크가 행한 연설에 잘 나타나 있다.

우리 사회민주당에는 '로스차일드사회주의자'라는 별명이 붙어 있습니다. 재무대신에게 법적 권한을 주는 데 동의했기 때문입니다.

우리를 그렇게 부르는 인물은 바로 2년 전 '운동자금을 얻기 위해' 로스차일드남작을 방문한 프프리스너와 슈타이들(하임뵈르 지도자)의 동료입니다.

그 인물의 동지가 어디서 돈을 얻었는지 아십니까? 바로 크레디트안슈탈트와 보든크레디트안슈탈트입니다. (좌익 의석에서 갈채)……

우리는 이 사실을 사람들에게 충분히 이야기하지 않았습니다. 이제 이것을 사람들에게 인식시킬 필요가 있습니다. (우익의석에서 '거짓말이다!' '그만둬라!'하고 고함치는 야유)……

여러분 마음에 들지 않는다는 건 압니다……거짓말이 아닙니다 ……슈타이들의 연설을 생각해 보십시오. 그는 어디에서건 돈을 끌어내 보이겠다고 말했습니다. 실로 맞는 말입니다! (소란)

나는 위원회에 그에 대한 사실규명을 요구합니다……크레디트안슈탈트와 보든크레디트안슈탈트의 서류를 조사하고, 그리스도교도 및 유대교도은행가에 의해 하임뵈르에 몇천의 돈이 넘어갔는지 밝혀주기 바랍니다……

우리는 또한 화장실의 파리처럼 생긴 그 갈고리십자표시를 단 무리들로부터 '로스차일드사회주의자'라 불리고, 보든크레디트안슈탈트 고용인이었던 사나이, 오스트리아 나치지도자 알프레드 프로이엔펠트에게도 그렇게 불리고 있습니다.

    1923년에 동료들이 동맹파업에 들어갔을 때 그 파업을 파괴한 사나이……지금 우리를 '로스차일드사회주의자'라고 부르는 것은 그런 부류의 사람들입니다.

    1년 반 뒤, 오스트리아의 민주당정부는 붕괴되었다. 법령에 의해 엥겔베르트 돌푸스가 1년 동안 정권을 잡고 우익 및 좌익과격파 저지에 힘썼다.

    1934년, 그는 나치스의 쿠데타계획에 휘말려 살해되었다. 쿠데타는 실패했으나 독일과의 통합(안슐루스), 즉 히틀러가 권력을 잡고 민족단결과 사기를 회복한 나라와의 통합에 대한 대중의 지지는 점점 커지고 있었다.

    나치스세력은 두 나라를 통합시키려고 모든 수단을 강구하고 있었다. 1938년 3월9일, 재무대신 슈슈니크는 안슐루스를 국민투표에 부친다고 발표했다. 묵묵히 히틀러가 오스트리아인들에게 자유투표를 허용할 리 없었다. 그는 신속하게 국경으로 군대를 보냈다.

    갑작스런 군사행동에 로스차일드도 놀랐다. 그들은 나치스의 웅변에 익숙해져 침략한다고 위협하는 것 역시 언제나 떠벌리는 선전의 하나로만 생각하고 있었던 것이다.

    위기 상황이 발생하기 며칠 전, 알퐁스 마이어와 클래리스는 런던으로 떠났다. 중요한 우표컬렉션 전람회가 있어 알퐁스 마이어는 세계에 손꼽히는 훌륭한 우표들을 내놓았던 것이다.

    로스차일드부부는 버킹엄궁전 만찬에도 초대받아, 많은 보석류를 갖고 갔다. 그것은 큰 행운이었다.

    오스트리아에서 온 뉴스는 그들을 공포에 떨게 했다. 그들은 독일유대인에게 무슨 일이 일어나고 있는지 너무나 잘 알고 있었다. 더구나 16살 된 아들 알버트는 런던에 함께 있었지만 베티나(14살)와 그웬덜린(11살) 두 딸을 남겨두고 온 것이었다.

불안에 떨며 알퐁스 마이어는 아우에게 전화 걸어 베티나와 그웬
덜린을 급히 빈으로 데려가라고 했다. 루이는 이 말에 코웃음쳤다.
히틀러는 허세 부리고 있을 뿐이며, 그런 일은 2~3일 지나면 괜찮
아질 터이니 걱정할 것 없다고 했다.

냉정하고 침착한 루이지만, 이번만은 너무 태평스러웠다. 위기
따위는 없다고 정말로 믿고 있었던지, 아니면 이미 닥쳐온 공포를
막기 위해 그렇게 가장한 것인지.

은행가의 본능으로 그는 민심을 교란시키는 행동은 무엇이든 조
심하고 있었다. 그에게는 또 다른 동기도 있었다. 지금 자신의 입
장에서 종업원들을 버릴 수 없었던 것이다.

히틀러는 3월12일 오스트리아로 진군했다. 클래리스와 알퐁스 마
이어는 너무 걱정을 한 나머지 제정신이 아니었다. 급히 취리히로
가서 빈으로 몇 번이고 전화를 걸었다.

루이는 침공 몇시간 전에 조카딸들을 스위스로 보냈다. 베티나와
그웬덜린은 인스브루크까지 갔다. 그러나 그곳에서 나치스에게 열
차에서 끌어내려져 감금되었다.

몇 시간 지나서야 공포에 떨던 두 여자아이는 국경을 넘도록 허
락받았다. 그 시각에 루이삼촌의 체포소식이 전해졌기 때문이었다.

유대인은행가 이름은 히틀러의 지명수배명부 맨앞에 있었다. 지
독한 반유대주의세력과 옛명문 로스차일드의 마지막 대결이 지금
막 시작되는 순간이었다.

그 대결에서 루이남작이 보여준 자세는 오늘날 전설이 되어 있
다. 그는 적이 그의 위엄을 해치거나 도의적 권위를 저해하도록 강
요하는 데 조금도 응하지 않았다. 그 뒤 불쾌함이 계속된 몇 달 동
안, 그는 여느 때처럼 귀족적인 태도로 행동하여 영웅이 되었다.

독일군이 들어온 지 몇 시간 지나지 않아 빈의 남작저택에 자동
차 한 대가 도착했다. 나치스장교 둘이 나타나 벨을 울렸다. 집사

가 나오자 방문자는 다짜고짜 주인을 만나겠다고 했다. 집사는 잠시 기다리도록 부탁했다.

이윽고 돌아온 그는 침착하고 정중하게 말했다.

"죄송하오나 드 로스차일드남작께서는 저녁식사를 드시는 중이라 지금 자리에서 일어날 수 없습니다. 만일 필요하다면 나리들께서 면회신청서를 내주시면 고맙겠습니다……."

집사는 현관문을 닫은 채 기다렸다. 당황한 나치스장교들은 돌아갔다.

하인과 사업동료와 벗들이 어딘가로 몸을 피하라고 권했지만, 그는 신변정리와 자택 및 은행의 고용인을 위한 재정적 준비를 하느라 바빴다. 그는 서두르거나 당황하지 않고 그 일을 했다.

이튿날 아침, 모든 일을 정리한 다음에야 그는 공항으로 가야겠다고 생각했다. 비행기시간에 맞추어 공항에 도착했으나, 마지막 순간 그는 되돌아왔다.

오후 시간에 그는 자택에서 체포되었다. 그때도 점심식사를 마칠 때까지 체포하러 온 사람들을 기다리게 했다.

루이는 1년 넘게 감옥에서 온갖 일을 당했다. 끊임없이 심문받고, 중노동을 하고, 어쩌다 정중한 대우를 받기도 했다. 실제로 나치스는 그를 어떻게 다루어야 할지 몰랐다. 그의 정신을 정복하지도, 강건한 몸을 지배하지도 못했다.

파리와 런던에서는 계속 그의 석방을 요구해 왔다. 에드와르는 나치스와 교섭하기 위해 법조계에서 가장 우수한 사람들을 모았다.

독일의 주된 목적은 로스차일드의 재산을 되도록 많이 손에 넣는 일이었다. 특히 비트코비츠의 철과 석탄 콤비나트는, 원료가 부족한 독일의 군수공장을 위해 꼭 손에 넣고 싶어했다.

그러나 루이는 그들의 욕심을 꺾어버렸다. 멋진 책략으로 그 가치있는 공장설비를 압수하지 못하게 해놓은 것이다. 다른 한 사람의 대주주가 손을 떼어 공동조직 재편성이 가능해졌을 때, 그는 미묘한 교섭을 통해 외국을 본거지로 한 회사에 비트코비츠의 소유권을 주는 게 안전하다고 체코슬로바키아와 오스트리아 두 정부를 설득했던 것이다.

그 결과 관리소유권이 런던의 얼라이언스보험회사에 위임되었다. 얼라이언스보험회사 대주주는 지금도 N.M. 로스차일드부자상회이다. 히틀러의 대리인은 온갖 수단으로 위협하고 유혹했으나 루이는 어깨만 으쓱할 뿐이었다. 이젠 그로서도 어쩔 도리가 없는 것이다.

상대가 비트코비츠를 탐낸다면 영국의 소유주와 교섭해야 한다. 그러나 독일은 아직 영국정부와 대결할 준비가 되어 있지 않았다.

그러나 결국 그렇게 하는 수밖에 없었다. 200만파운드의 가격에, 루이남작을 풀어주기로 합의되었다. 드디어 모든 준비가 갖추어져 양측은 계약서에 서명하였다.

어느 날 밤, 빈의 감옥에서 루이가 갇힌 독방문이 열리고, 나가도 된다는 석방 통고가 전해졌다. 그러나 냉정한 남작은 다시 한번 감시인들을 놀라게 했다.

"지금 몇 시지?"

"8시 조금 지났습니다, 남작님."

"너무 늦었군. 어떤 친구도 이 시간에 찾아가 폐를 끼칠 수는 없지. 아침까지 여기 있겠네."

그러나 모든 로스차일드사람들이 이 위험한 시기를 그렇듯 운좋게 헤쳐나간 것은 아니었다.

1910년, 에드몽남작의 막내딸 미리엄은 사촌 알베르트 폰 골트슈미트-로스차일드와 결혼했다. 그들은 깊은 애정으로 맺어진 행복한 부부로 파리에서 살았다.

1914년, 전쟁이 시작되자 알베르트는 독일로 돌아가려 했지만,

미리엄은 함께 가기를 거부했다. 그들은 헤어졌고, 감정적 충돌이 서로에게 상처를 남겼다.

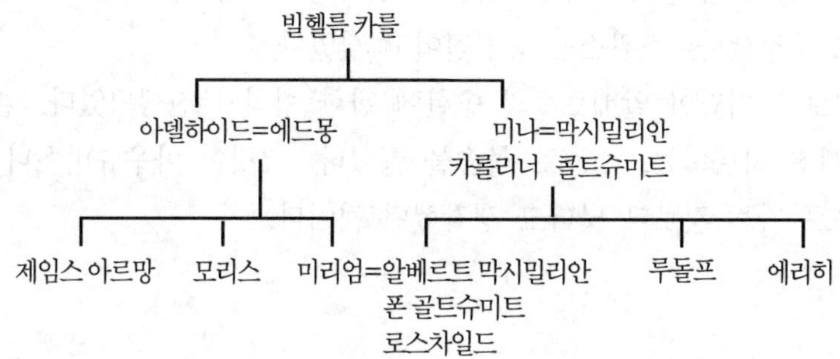

미리엄은 같은 세대 로스차일드 가운데 가장 뛰어난 인물이었으나 세상을 버린 듯 조용히 살았다. 책과 그림과 귀중한 수집품 속에서, 흡사 백과사전 같은 광범위한 지식섭취로 위안을 찾았다.

그녀는 예술·정치·철학에 관한 이해는 깊었지만, 현실적인 일에는 어두웠다. 몸차림도 거의 제대로 하지 않아, 어느 때 낯선 사람이 길에서 그녀에게 지폐 한 장을 쥐어주기도 했다.

"가엾어라, 이걸 가져요."

그녀는 적선을 받은 단 한 사람의 로스차일드였던 셈이다.

그녀는 안전면에서도 마찬가지로 어리석었다. 제2차세계대전이 일어나자 자신의 귀중한 수집품을 '안전하게 지키기 위해' 디에프 근처 모래언덕에 숨겨두었다. 전쟁이 끝났을 때 그곳은 흔적도 없이 사라지고 없었다.

이별에는 정신적 충격이 따르는 법이다. 알베르트의 경우는 그것이 국소마비 형태로 나타났다. 그는 여러해 동안 바퀴의자를 타고 생활해야 했다.

그들 부부는 끝내 이혼했다. 알베르트는 1923년에 재혼했다. 그러나 세계대전이 시작되자 그 결혼도 역시 끝났다.

1939년, 알베르트는 많은 독일유대인이 그랬듯 스위스로 달아났다. 스위스정부는 독일 유대인의 대량유입에 안절부절못했다. 독일은 '독일의 적'을 숨겨주는 것은 우호적인 국제관계를 해치는 일이라고 주장했다. 스위스는 중립적이고 싶었다.

그로 말미암아 알베르트의 송환에 관한 협의가 진행되었다. 혼란에 빠진 사나이는, 스스로 목숨을 끊었다. 그것이 아우슈비츠나 다하우로 가는 것보다 낫다고 생각했던 것이다.

프랑스 로스차일드 1939~85 (1)

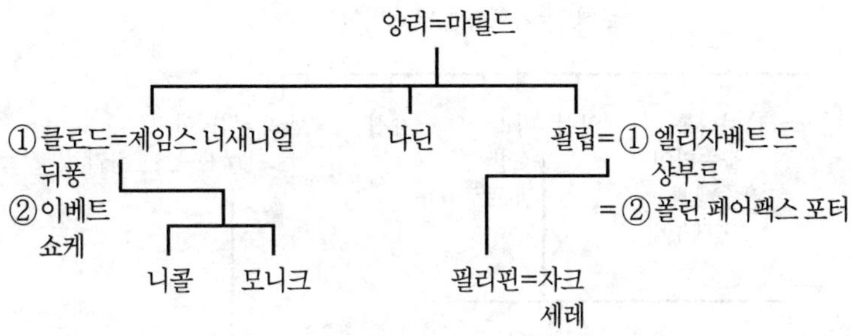

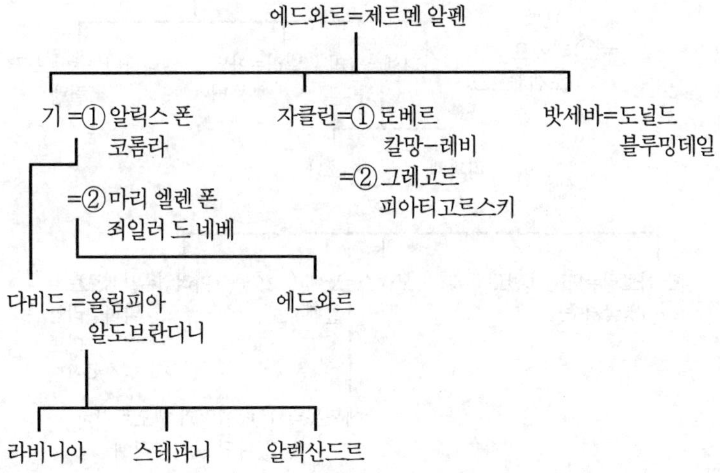

프랑스 로스차일드 1939~85 (2)

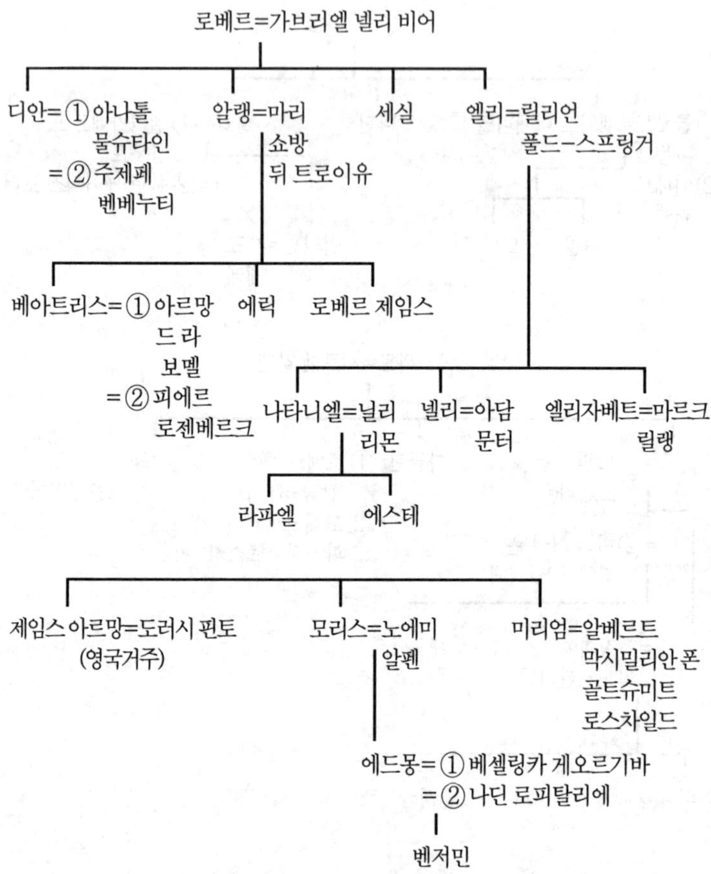

현실이냐 이상이나

자신이 인간 이하의 별종이라는 데 자부심을 가졌다.
그는 야성의 원시인 그 자체였다.

전쟁은 로스차일드에게 비참한 경험을 하게 했다. 집은 약탈당하고 재산은 몰수되었다. 남자들은 전선에서 싸우고, 수용소로 끌려가기도 했다. 친척과 친구들은 아우슈비츠나 부헨발트 아니면 테레지엔슈타트로 사라져갔다.

그러나 좋은 일이 두 가지 있었다. 하나는 로스차일드가 처음으로 미국과 친밀한 관계를 맺게 된 일이고, 또 하나는 밧세바가 말했듯 1939년부터 45년까지의 시기를 통해 '현실에 부딪칠' 기회를 얻은 것이다.

밧세바는 어린시절부터 사춘기까지 파리와 페리에르·도빌 등 여기저기 호사스러운 휴양지를 다니며 지냈다. 그때는 다른 사람들의 세계와 거의 접촉이 없었고, 너그러운 부모의 사랑 속에서만 살았다. 그녀는 이공계 계통에 재능있어, 대학에서 생물학을 전공했다.

언니 자클린은 예술쪽이었다. 약 1세기 전 마틸드가 그랬듯 음악에 뛰어난 소질이 있어, 그즈음의 한 거장에게 피아노를 배웠다. 그 거장은 알프렛 코르토.

자클린은 국제적 연주가 수준에는 이르지 못했지만, 훌륭한 음악가와 결혼했다. 그녀의 두 번째 남편 그레고르 피아티고르스키는 20세기 최대 첼리스트의 한 사람으로 꼽힌다. 자클린은 남편과 함께 전쟁이 터지기 바로 전 미국으로 이주했다.

밧세바의 오빠 기, 6촌 알랭과 엘리는 전쟁의 빛이 짙어가자 곧 군에 입대했다. 프랑스육군은 히틀러가 마지노선을 넘어 벨기에로 물밀듯 쳐들어오는 것을 저지하려다 실패했다.

에드와르는 이때 71살의 노인이었다. 그는 되도록 오래 라피트 거리에서 살고 싶었으나, 1940년 6월에 독일군이 파리로 진주해 오자 수집해놓은 미술품 중 최고의 작품들만 골라 도빌로 옮긴 뒤, 아내와 막내딸 밧세바를 데리고 떠났다.

그때 26살이던 밧세바는 '도망칠 만큼 마음이 강하지 못하여' 부모를 따라갔다. 전쟁에 무언가 쓸모 있는 일을 하기 위해 영국으로 가고 싶었지만, 결국 아버지와 어머니의 압력에 굴복한 것이다.

예전에 에드와르의 아버지와 할아버지는 위기에 처하더라도 그 자리에서 한 발자국도 움직이지 않았다. 그러나 에드와르처럼 전통을 으뜸으로 여기는 명예지상주의자라 할지라도 이미 그 태도를 고집한다는 것은 어리석은 일이었다.

그 무렵에는 벌써 강제수용소에 관한 흉흉한 소문이 세상에 널리 알려져 있었다. 자동차를 탄 세 사람은 걸어가는 피난민들을 앞질러 갔다. 그들은 스페인을 지나 포르투갈에 도착했다. 목적지는 뉴욕이었다. 그곳에서는 자클린이 그들의 안부를 염려하며 기다리고 있었다.

같은 생각으로 길을 떠난 사람들이 몇천 명이나 되어 비행기는 이미 예약이 끝나 있었다. 그들은 가까스로 두 개의 좌석을 손에 넣을 수 있었다. 밧세바는 유럽에 남으라는 뜻인 것 같았다. 그때 친절한 미국인이 표를 양보해 주어 망명자들은 함께 대서양을 건너갔다.

뉴욕은 망명한 로스차일드들의 만남의 장소가 되었다. 전쟁 직전 마리 쇼방 트로이유와 결혼한 알랭은 전선으로 나갈 때 임신중인 아내와 한 살도 채 안 된 딸을 두고 파리를 떠났었다.

1940년 3월, 마리는 남편이 부상을 당하고 포로가 되었다는 통지를 받았다. 아무 방법을 찾지 못한 채 오직 기다림 속에 살고 있는 그녀에게, 알랭으로부터 전갈이 왔다. 되도록 빨리 유럽을 탈출하라는 것이었다.

그녀는 영국인 유모와 라피트로 가서, 그곳에서 다시 스페인으로 갔다. 그리고 남아메리카로 떠나는 마지막 배를 타고, 브라질을 거쳐 9월에 뉴욕에 도착했다.

얼마 뒤 그녀는 아들을 낳아 에릭이라고 이름지었다. 집안의 이름은 아니었으나, 그녀가 누구보다도 고맙게 여기는 사람의 이름이었다.

알랭이 입대하기 전 옛친구 에릭 워버그가 그에게 망원경을 선물했다. 그는 망원경에 끈을 달아 목에 걸고 전선으로 갔는데, 그의 가슴을 향해 날아온 독일의 탄환이 망원경을 스쳐 지나가 팔에 맞았던 것이다.

알랭과 아우 엘리는 전쟁 첫무렵 포로가 되어 여러 수용소에서 5년 세월을 보냈다. 그들은 수용소에서 정중한 대우를 받았다. 독일 장교들은 거의 옛프로이센군사학교 출신으로, 교본대로 싸우고, 포로가 된 사람을 계급에 따라 정중하게 대우하며, 유대인이라고 특별히 차별하는 일은 없었다.

다만 하나 알랭이 견디기 어려웠던 반유대적 행위는, 다른 프랑스장교들이 같은 편인 유대인들을 따로 격리시켜 달라고 요구한 일이었다. 요구사항은 받아들여지지 않았다. 그는 뒷날 수용소 생활의 일화 하나를 소개했다.

어느 날 뤼벡수용소에서 정렬하고 있을 때 느닷없는 명령이 떨어졌다.

"유대인은 한 발자국 앞으로."

알랭은 그 말대로 했다. 그런데 가톨릭사제 한 사람도 그렇게 했다. 지휘관들은 화내며 그에게 다가갔다.

"신부님, 당신은 유대인이 아니잖습니까?"

신부는 대답했다.

"글쎄요, 아무도 할머니시절 일까지는 확실히 알지 못하니까요."

엘리는 그리 운좋은 편이 아니었다. 그는 몇 번이나 도망치려다 실패해 끝내 독일에서 제일 견고한 감옥으로 알려진 콜디츠성에 수용되었다. 그곳에는 인종차별의식을 가진 프랑스장교가 있어, 다른 유대인들과 함께 따로 격리되는 대우를 감수해야 했다.

그런 상태 속에서 그는 결혼했다. 그는 전쟁 전 어려서부터 친했던 릴리언 풀드 스프링거와 약혼한 사이였다. 그녀는 부모와 함께 미국으로 탈출했는데, 1942년에 두 사람은 대리인에 의해 결혼식을 올렸다. 살벌한 시기에 용감하게 장래를 약속한 것이다.

또 한 사람 '색다른 인물' 모리스 역시 전쟁 첫무렵 재미있는 일화를 남겼다. 그것은 시대를 구분짓는 사건이기도 했다. 1940년 5월, 윈스턴 처칠이 영국총리가 되어 나치의 진출을 저지하는 위대한 과업을 떠안았다.

상황은 더 이상 나빠질 수 없는 데까지 이르러 있었다. 프랑스는 붕괴 직전이었고, 주력부대인 영불군(英佛軍)은 됭케르크까지 후퇴했다. 독일군이 파리를 점령하는 것은 이제 시간문제였다.

처칠은 어떻게든 프랑스가 저항정신을 잃지 않게 해야 했다. 그는 육군대신 앤서니 이든과 이야기를 나누었다. 프랑스총리 폴 레노 및 육군장관 조르주 망델과 비밀리에 회담하는 것이 필요하다는 데 의견을 모았다.

그 회담준비를 어떻게 하면 좋을까? 정상적 외교루트를 통해서는 위험이 너무 컸다. 그때 이든은 친구 모리스 드 로스차일드를 생각해냈다. 상원의원이며, 중요한 정치가들을 모두 알고 지내는 인물이다.

그는 남작에게 전화하여 그가 생각하는 회담의 취지를 설명했다. 며칠 뒤 영국지도자들은 비밀리에 파리로 날아가, 은밀하게 리츠로 들어갔다. 모리스는 네 정치가를 위하여 만찬회를 준비했다.

그들은 프랑스사람 한 명을 런던에 보내기로 합의했다. '자유 프랑스'를 향한 충성과 꿈을 가지고 행동할 수 있는 사나이, 비범한 통솔력을 지닌 육군대령 샤를 드 골이었다. 한 달도 못가 레노독립내각은 쓰러지고, 키가 훤칠하고 용맹한 육군장교가 런던에 프랑스 망명정부를 세웠다.

모리스는 드 골이 마음에 들지 않았고, 믿음도 가지 않았다. 물론 모리스가 어떤 의견을 가지든 상관없는 일이었다. 그의 역할은 만찬준비로 시작되고 끝나는 것이다.

모리스는 얼마 뒤 페탱원수와 의견을 달리하여 자신이 위험에 빠졌다는 것을 알게 되었다. 페탱은 6월에 레노의 뒤를 이어 히틀러에게 휴전을 요청했다.

모리스는 영국에 이주할 계획을 세웠으나, 드 골에게 저지당했다. 로스차일드가 그를 싫어하듯 그도 로스차일드를 싫어했던 것이다. 더구나 이제 장군이 된 드 골 입장에서 보면, 그간의 경위를 잘 아는 사람이 런던에 와서 멋대로 그 이야기를 퍼뜨리는 게 달갑지 않았다.

드 골이 주선하여 모리스는 바하마의 나사우로 가게 되었다. 거기에서 1년 반 동안 형 제임스 아르망이 보내주는 돈으로 사치스러운 망명생활을 했다.

1940년 6월, 페탱원수가 침략자를 받아들여 비시에 괴뢰정권을 세웠다. 나치스와 그 협력자는 몇 가지 협정을 맺었다. 그중 하나에, 모든 '국가의 적'이 가진 소유물을 몰수한다는 조항이 있었다.

로스차일드도 물론 그 대상이었다. 독일지배에 반대의 뜻을 나타낸 에드와르, 로베르, 앙리(에드와르와 로베르는 미국으로, 앙리는 포르투갈로 달아남)는 프랑스 국적과 함께 남겨두고 간 전재산을 빼앗겼다.

본인 부재로 열린 재판에서 그들에게 종신징역형이 선고되었다. 바하마로 유유히 도망친 모리스도 마찬가지였다.

모리스의 이혼한 전처와 자식들이 도망가는 일은 그리 간단치 않았다. 그들도 비시정부에 국적을 빼앗기고, 권력자의 손에 내맡겨지는 것은 시간문제였다.

노에미 역시 한시도 머뭇거릴 겨를이 없었다. 1940년 6월 끝무렵, 그녀는 13살 된 에드몽 아돌프와 여자 가정교사를 데리고 스위스로 갔다. 프레니에 있는 전남편 영지로 간 것이다.

그러나 그 거대한 성은 폐쇄되어 있었다. 그렇잖아도 그곳은 두 여성과 10대 소년이 살기에는 마땅하지 않았다. 그들은 영지 안의 작은 집에 거처를 정하고, 제임스 아르망이 달마다 1000스위스프랑씩 보내주는 돈으로 살아갔다.

에드몽 아돌프는 이렇게 회상하고 있다.

"그곳 사람들은 우리에게 그리 친절하지 않았다. 아무도 그것을 탓할 수 없었다. 피난민을 숨겨주면 위험해지기 때문이다. 나치스가 스위스의 중립을 언제까지나 존중한다는 보장은 아무 데도 없었다."

이런 달갑지 않은 일 때문에 그는 그 고장 학교에 다니지 않고 제네바국제학교에 다녔다.

이 무렵 오스트리아의 로스차일드집안은 이미 뉴욕에 도착해 있었다. 알퐁스 마이어네 가족은 안슐루스에서 가까스로 빠져나왔지만, 전쟁이 시작될 때 대륙에서 또다시 어려움을 겪었던 것이다.

알퐁스 마이어는 1939년 여름 스위스에서 요양하게 되어 있었다. 휴가라고 할 수도 있고 치료라고 할 수도 있는 것이었다. 그는 심각한 심장병을 갖고 있었는데, 최근에 두 가지 슬픈 일을 잇따라 겪으면서 병세가 더욱 악화되었다. 하나는 집과 고향을 버리는 일이었고, 또 하나는 외아들을 잃은 것이었다.

16살의 알베르트 안셀름은 1938년에 죽었다. 인후패혈증이라는 진단이 내려졌으나, 실은 그즈음 거의 알려지지 않은 백혈병이었다. 알베르트 안셀름은 잘로몬의 직계자손 가운데 마지막 남자였다.

잘로몬 알베르트의 살아남은 세 아들 중 둘은 오스트리아의 가계를 위해 후손을 낳을 마음이 없었고, 알퐁스 마이어의 다른 자식들은 딸이었다.

안셀름이 죽은 뒤로 빈 로스차일드는 특권의식을 전혀 보이지 않았다. 그들은 은행의 장래에 신경쓰지 않고 자신의 생활만 즐기려 했다. 참사가 되풀이되는 집안의 운명을 그들은 체념으로 받아들이는 것 같았다.

알퐁스 마이어는 사생활의 고민으로 삶의 의욕을 잃고, 우울증에 걸린 듯 멍한 사나이가 되었다. 이 노인은 당시 유럽을 엄습한 격변의 현실을 받아들일 수 없었고, 또 받아들이고 싶은 마음도 없었다.

계속되는 괴로움을 겪어온 그는 오스트리아에서 쫓겨났을 때처럼, 천국이라 생각했던 스위스에서 괴롭힘당하는 현실을 받아들일 수가 없었다. 희망은 분명 아직 남아 있었다. 1939년부터 40년의 '더러운 속임수전쟁' 동안에는 대단한 일이 일어나지 않았다. 그러나 얼마 뒤 몇천 명의 피난민, 그것도 주로 유대인이 국경으로 밀려들자 스위스정부는 차츰 안정을 잃기 시작했던 것이다.

1940년 봄, 알퐁스 마이어와 클래리스는 영국으로 돌아가 보려고 했다. 열차를 여러 번 바꾸어 타고 프랑스를 가로질러, 영국군과 프랑스군이 퇴각해 됭케르크에 집결하기 전에, 영국해협이 바라보이는 해안에 간신히 도착했다.

몇달 동안 그들은 영국친척들의 따뜻한 대접을 받았으나, 전쟁이 끝날 때까지 계속 머무를 수는 없었다.

라이어닐 네이선과 앤서니 구스타브는 그들 자신의 문제도 많이 안고 있었으며, 오스트리아로스차일드는 미국에 가는 편이 안전하다고 주장했다. 히틀러는 영국침략준비를 하고 있었다. 그들은 나중에 혼란상태에서 도망치기보다 지금 움직이는 게 낫다고 판단했다.

알퐁스 마이어네 가족은 다시 짐을 꾸려 대서양을 건넜다. 뉴욕에 도착한 얼마 뒤 라이어닐 네이선의 16살 된 아들 레오폴드 데이빗이 그들과 합류했다. 알퐁스 마이어는 그 여행 뒤 오래 살지 못했다. 병이 매우 악화된 그는, 1942년에 사망했다.

낯선 외국땅에서 적은 돈으로 어린 딸들을 키워야 했지만, 미망인 클래리스는 의연하게 살아갔다. 오스트리아에서의 생활과는 비교가 되지 않았지만 딸들은 나름대로 행복했으며, 어린시절에 갔던 멋있는 별장이나 넓은 정원을 그리워하는 일도 없었다.

이민, 특히 젊은 세대의 이민은 자신을 지켜줄 장래의 희망이 있는 땅에 쉽게 뿌리내렸다. 딸 베티나는 1943년에 미국의 젊은 외교관 매슈 루램과 결혼했다.

프랑스친척 밧세바는 컬럼비아대학을 마치고 취업해 여성복지에 관한 일을 맡아보았다. 그녀는 1948년 상류계급인 블루밍데일집안에 시집갔다.

루이도 다행히 안정을 찾고 상류사교계에 완전히 동화되었다. 그는 64살에 독신생활을 청산하고, 역시 오스트리아에서 이민온 힐데가르트 아우어스페르크와 결혼했다.

1942년, 미국이 전쟁에 참여한 뒤 61살의 모리스가 캐나다를 경유해 뉴욕에 도착했다. 무일푼이었다. 스위스에 투자한 것을 제외하고는 모두 비시정부에 몰수당했기 때문이다. 가난한 노인이 되는 것을 피하는 유일한 수단은, 자신의 일을 시작하는 것이었다.

그는 젊었을 때 했던 일을 다시 시작했다. 주식과 상품시장에 투자한 것이다. 이번에는 전보다 순조로웠다. 먼저 낮은 금리로 돈을 빌렸다. 은행은 로스차일드에게 돈을 빌려주는 데 조금도 주저하지 않았다.

전쟁 때와 그에 이어지는 복구시기에 원료 가치가 상승하는 것을 아는 그는, 구리·철·납·다이아몬드광산과 커피·설탕 농장에 투자했다. 예전의 네이션처럼 전쟁이라는 상황을 유리하게 이용했다. 전화와 경제잡지를 도구로 사무실도 갖추지 않고, 로스차일드로서는 처음으로 은행업 아닌 다른 분야에서 자산을 쌓았다.

그러나 그들 모두가 최악의 공포에서 벗어난 것은 아니었다. 1940년 6월, 필립부부와 딸 필리핀은 무통으로 향했다. 거기서 국외로 나가 반(反)비시 프랑스정부와 연락을 취할 생각이었다.

필립은 가족을 도르도뉴로 보냈다. 외진 곳이므로 위험을 피할 수 있을 거라고 생각한 것이다. 그러나 이 목적지에 이르지 못했다. 모로코 경유 중 비시정부에 체포되어 프랑스로 되돌려 보내진 것이다.

8개월 뒤 석방된 그는 곧 아내 엘리자베트(릴리)와 딸 필리핀을 찾았다. 그는 전황이 더욱 악화되고 있으니 함께 이탈리아로 가야 한다고 아내를 설득했다.

그녀는 듣지 않았다. 자신은 유대교인이 아니므로 무서워할 게 없다고 믿고 있었기 때문이었다. 로스차일드와 관계있는 사람은 누구나 나치스 공격의 위험 아래 있다는 사실을 그녀는 몰랐다.

1942년 나치스는 로스차일드기금(병원)에까지 박해의 손을 뻗쳤다. 병원에 입원해 있던 나이든 환자 35명이 비르케나우로 보내졌다.

그런 잔학행위도 엘리자베트의 안전에 대한 잘못된 과신이나 귀족으로서의 오만함을 흔들어놓지는 못했다. 프랑스가 그녀의 고국이며, 그녀는 언제까지나 프랑스에 있고 싶었다. 그녀는 영어를 못하고, 친구도 없는 외국에 가서 살 생각이 전혀 없었으므로 그들은 헤어져야 했다.

엘리자베트는 딸을 데리고 파리로 갔다. 그리고 1944년까지 그곳에 살았다. 그녀는 결혼 전의 드 샹부르백작부인 칭호로 돌아갔다. 어린 필리핀은 어머니의 종교인 로마가톨릭 세례를 받았다. 로스차일드사람으로서는 처음으로 그리스도교인이 된 것이다.

1944년까지는 심각한 사태가 일어나지 않았다. 노르망디 상륙 직후, 나치스는 '유해분자' 숙청을 조직적으로 개시했다. 그즈음 9살이던 필리핀은 두 게슈타포장교가 집에 와서 어머니를 심문했던 6월22일의 일을 생생히 기억하고 있다.

독일장교들은 그녀를 만나겠다고 끈질기게 요구했고 더 이상 발뺌할 수 없다고 여긴 어머니는 결국 그들의 요구에 응했다.

나치스장교가 필리핀에게 물었다.

"아버지는 어디 있지?"

이 경우에 대비해 단단히 훈련받은 필리핀은 대답했다.

"몰라요, 어디론가 가버렸어요."

엘리자베트가 의자에서 일어났다.

"그 말대로예요. 당신들이 여기서 알고 싶은 것은 모두 알았으니 만족하셨겠지요?"

"아니, 더 자세히 심문할 일이 있으니 당신을 연행해야겠소."

두 남자는 필리핀을 보았다. 한 남자가 독일어로 물었다.

"아이는 어떻게 하지?"

동료는 대답했다.

"놔두고 가세. 우리집에도 같은 또래 아이가 있어."

엘리자베트는 몸을 굽히고 어린 딸에게 키스했다.

"다녀오마. 나중에 다시 보자꾸나."

그녀는 군용차로 소셰거리의 악명높은 심문소로 끌려갔다. 그리고 다시 돌아오지 않았다. 목격자에 의하면 그녀는 몇백 명의 프랑스인 남녀와 함께 죽음의 수용소 라벤슈부뤼크행 마지막 열차에 태워졌으며, 거기서 무참하게 산 채로 소각로에 던져넣어졌다고 한다.

필리핀은 어느 시골친척집으로 보내졌다. 며칠 뒤 군복 입은 낯선 남자가 찾아왔다. 어린 소녀는 잠시 뒤, 이 남자가 헤어진 지 2년 반이나 되는 아버지임을 알게 되었다.

로스차일드 사람들 중 엘리자베트만이 강제수용소에서 희생된 것은 아니다. 로즈시카의 자매 한 사람은 육용 갈고리에 찔려 죽었고, 남자형제 한 사람은 다하우에 보내졌으나 '운좋게' 살아남았다.

필립에게도 전쟁은 처참한 경험이었다. 숱한 고초를 겪으며 영국에 도착한 그는 영국육군에서 2년 동안 훈련받고 대반격——대륙진격개시를 기다렸다. 1944년 6월 끝무렵, 노르망디 상륙작전에서 교두보를 구축한 뒤 필립의 부대는 영국해협을 건넜다.

그의 업무는 해방군과 해방되는 주민의 연락 및 일반시민 사이의 법질서 확립에 관한 것이었다. 그 일은 쉽지 않았다. 영국육군에 대한 초기의 충성심은 조금씩 엷어져 갔고, 연합군의 지배가 현실적으로 다가오자 긴장감은 더욱 커졌다. 게다가 프랑스의 선량한 시민들이 적국에 협력한 자들을 폭행하는 일도 말려야 했다.

필립은 군대와 함께 파리에 들어갔으며, 거기서 아내 엘리자베트가 체포된 것을 알았다. 그녀는 이미 죽은 것으로 생각되었고, 무통의 집마저 독일공군사령부가 되어 있는 것을 보자, 그는 참았던 울분이 폭발하는 듯했다. 어린 필리핀이 무사한 사실이 그나마 다행이었다.

앙리는 전쟁 뒤의 부흥을 볼 수 없었다. 뛰어난 재능을 가진 이 사람은, 1946년 로잔에서 죽었다. 전쟁중에는 포르투갈에서 지냈다. 그는 어쩌면 이곳을 전쟁과 박해는 물론 모든 욕구불만과 인생의 절망으로부터 벗어날 수 있는 장소라고 생각했는지도 모른다.

기 로스차일드남작의 전쟁 체험은 그리 비참하지 않았다. 그는 됭케르크로부터 철수하는 군인들 속에 있었다. 그는 거기에서 십자훈장을 받았다.

휴전협정이 맺어지자 무기를 버리고, 아내 알릭스와 함께 비시정권이 있는 남프랑스에서 살았다. 그곳에는 군대의 지배가 미치지 않았다.

그 무렵 로스차일드의 재산과 시민권을 박탈한다는 포고령이 내려졌다. 그들도 다른 친척들처럼 하는 수밖에 없었다. 1941년 10월, 기와 알릭스는 스페인과 포르투갈을 거쳐 미국으로 건너갔다. 그들은 친척과 친구들이 있는 뉴욕에 자리잡았다

얼마 뒤 아들이 태어났다. 기는 아버지 에드와르와 로베르의 작은 사업에 참여했다. 처음에는 그들의 동산(動産)과 태환성(兌換性)자산——채권과 주식, 외화, 외국에 있는 소유물——에 조금만 손대려고 시작했다.

개인과 은행소유물을 분류하고, 그 동결 여부를 확인하는 작업은 복잡하고 많은 시간이 걸렸다. 거기에서 나오는 수익은 막대한 로스차일드자본에 비하면 매우 보잘 것 없었지만, 아무 일도 하지 않는 것보다는 훨씬 나았다.

조금씩 자산이 다시 쌓여가 그는 5번거리에 조그만 사무실을 얻어 새로운 사업을 시작했다. 그때 이 장사가 어느 정도로 커질지는 아무도 상상할 수 없었다.

그러나 기는 여자며 노인들과 함께 전쟁을 피해, 대서양 건너편의 안전한 곳에서 태평하게 지내는 생활에 만족할 수 없었다. 그는 자유프랑스군에 입대했다. 선단을 편성하여 영국으로 향하던 도중 독일잠수함을 만나 배가 침몰했으나, 그는 다행히도 호위함 승무원에 의해 구조되었다.

스코틀랜드에 도착한 며칠 뒤, 기는 와디스던에서 제임스 아르망과 함께 1895년산 라피트와인을 마셨다——로스차일드의 전쟁체험에는 아무래도 비현실적인 면이 있다.

런던의 드 골 장군 아래에서 그는 프랑스장교 훈련과 연합군부대에 임무를 할당하는 업무를 맡았다. 드디어 유럽대륙 진격개시일이 다가와, 몇주일 뒤 기는 라피트거리로 돌아왔다. 남아서 은행을 지키고 있던 종업원들은 그를 열렬히 환영했다.

1939년, 런던의 로스차일드사는 1914년에 있었던 일과 같은 문제에 맞닥뜨렸다. 라이어닐 네이선과 앤서니 구스타브 두 사람 모두 전성기를 지났고, 로스차일드의 다음 세대를 맡을 능력과 의지가 있는 젊은이들은 그리 없었다.

그들은 자연스럽게, 자손이 없는 월터의 조카로서 다음 로스차일드경으로 예정되어 있는, 찰스의 외아들 빅터에게 기대를 걸었다 (실제로 빅터는 1937년에 작위를 물려받았다).

그러나 그 기대는 깨졌다. 빅터 로스차일드는 로스차일드 왕조의 가장 뛰어난 인물 가운데 하나지만, 몹시 복잡한 성격의 사람이었다. 뒷날 그의 전기를 쓰게 될 작가는, 그의 다양하고 복잡하며 모순된 성격을 묘사하는 데 어려움을 겪을 게 틀림없다.

한마디로 그는 로스차일드가 갖는 근본적인 딜레마를 보여주었
다. 그는 세 가지 유산을 물려받았다. 첫째로 그는 엄격한 규율을
지켜야 하는, 적어도 지키려 애써야 하는 국제적으로 영향력있는
집안의 성인남자였다. 둘째로 비상한 지능을 타고났다. 셋째로 지
독한 개인주의자였다. 이 세 가지 요소가 하나의 유전자 안에 있을
때 그것은 서로 조화되기 매우 어려운 것이었다.

빅터의 백부 월터는 일찍이 그것을 포기하고 자신만의 세계로 은
둔했다. 빅터의 아버지는 세 가지를 조화시키려 무척 애썼으나 그
노력이 그를 죽음으로 몰고 갔다.

빅터는 자신이 견딜 수 있는 범위 안에서 사회에 유용한 사람이
되기 위해, 또 물려받은 유산과 적당히 타협하기 위해 독자적인 길
을 추구하는 한편, 공공활동의 여러 분야에서 상당한 공헌을 했다.
그는 존경과 사랑을 받으면서, 또 한편으로는 경원시되고, 상당수
사람들에게 욕을 먹기도 했다. 어쨌든 그는 강한 개성의 소유자였
으며 이른바 성공한 사나이였다.

그를 잘 아는 사람들의 의견도 다양했다. 빅터와 함께 일했던 한
정치가는 이렇게 썼다.

"그와 함께 했던 시간은 내 일생에서 가장 행복한 순간이었다."
다른 사람은 이렇게 말했다.

"그는 인간이 지닌 여러 성질을 모두 가졌고, 또 그것을 즐겼
다."

더글러스 허드는 좀더 분석적으로 관찰했다.

"그는 때로 사람들을 특별하게 대우해줬지만, 정치에 대해서는
그렇지 않았다."

그러나 루시엔 프로이드는 잘라말했다.

"빅터는 자신이 인간 이하의 별종이라는 데 자부심을 가졌다. 그
는 소름끼칠 정도로 거칠고 공격적이며 변덕이 심하고 야비하다.

그는 '원시인' 그 자체이다."

빅터 로스차일드는 부와 영향력과 사회적 지위를 지녔고, 하고 싶은 건 하고 하기 싫은 건 하지 않았다. 머리까지 좋은 그는 마음속에 떠오르는 것은 무엇이든지 성공시킬 수 있었다.

불행했던 어린시절은 그를 매우 예민한 성격의 소유자로 만들었다. 그는 지적 오만함과 자신감으로 벽을 쌓아 스스로를 보호했다. 그는 후천적 지식이 타고난 정신적 잠재력에 미치지 못하는 수재였다. 정서적으로 불안했지만, 회사에서는 사람들을 즐겁게 해주는 사업가였고, 친구들에게 더할나위없이 충실했으며, 적에게는 복수심으로 가득차 있었다——가끔 아무 이유 없이 적을 만들기도 했지만.

그는 운명이 자신에게 준 카드 가운데 쓸모있는 것은 사용하고 그 나머지는 무시하거나 경멸했다. 그것이 그의 삶의 방법이었다.

그는 불편한 구속은 거부했고, 마음에 들지 않는 책임은 지려 하지 않았다. 한 예로, 그는 세계유대협회 지도자라는 감투는 받아들였지만, 어느 정도의 사회적·재정적 의무를 넘어서는 집안의 선거운동이나 실제적 활동은 다른 사람들에게 넘겼다.

대학, 회사, 삶에 대한 그의 태도는 한결같았다. 빅터는 집안 전통에 따라 해로와 트리니티칼리지를 거치며 과학을 전공했다.

그러나 케임브리지에서는 달랐다. 그곳에서는 집안의 예를 전혀 따르지 않았다. 지도교수의 가르침 아래 자연과학학부를 우등으로 졸업했으나, 박사과정은 그의 몫이 아니었다.

그는 불문학·영문학·생리학을 한꺼번에 공부하여 학위를 땄다. 그 다음에 동물의 수정에 관한 연구를 시작했는데, 이 주제를 택한 이유는 오직 호기심 때문이었다. 트리니티는 1935년 그에게 대학원 연구원직을 주었고, 이 자리는 전쟁이 일어나기 전까지 유지되었다.

실험실에서 그는 자신과 관련된 규정을 대부분 스스로 만들어나갔다. 자신의 조수를 채용했고, 자신이 쓸 실험도구를 자비로 사들였으며, 동물학부에 기부를 했다.

빅터는 뉴코트에서 소환장이 날아왔을 때 순순히 따르지 않았다. 그는 은행일을 그의 지적 능력에 훨씬 밑도는 일로 여겼다.

몇년 뒤 그는 그 오만한 말투로 금융세계를 이렇게 놀려댔다.

……집안에서는 내게 런던의 은행가 삶을, 적어도 한 번 시도해 볼 것을 기대했다. 그 사실을 알았을 때, 21살의 젊은이는 충격받지 않을 수 없었다. 결국 이렇게 되었지만, 그때는 정말 불행한 기분이었다.

1931년은 세계적인 불경기였다. 시티는 괴로워 헐떡거리며 곧 숨이 넘어갈 듯했다. 나는 은행일을 좋아하지 않았다. 그건 본질적으로, 지금 돈이 있는 A라는 곳에서, 돈이 필요한 B라는 곳으로 옮겨주는 일에 지나지 않기 때문이다……

그뒤 빅터는 뉴코트와 일정한 거리를 유지했다. 물론 일반적인 의미의 책임감마저 버린 건 아니었다. 다른 로스차일드처럼 그도 공황기에 뉴코트를 향하여 지갑을 벌리는 일은 하지 않았다.

1939년 런던로스차일드회사에 다시 최악의 위기가 닥쳐와 벼랑 끝에 서게 되었을 때, 집안어른들이 100만파운드를 내놓았다. 그러나 그는 집안사업에 어떻게 손쓸 수가 없었다. 이렇듯 사업과 떨어져 있어 장차 심각한, 예측불가능한 일을 당하게 된다.

어쨌든 1930년대 케임브리지에서 빅터는, 자신의 후한 인심과 재치있고 지적인 말솜씨를 좋아하는 친구들에 둘러싸여, 자극적이며 만족스런 생활을 즐겼다.

1933년 그는 바버러 허친슨과 결혼했다. 그녀는 인습에 얽매이지 않는 발랄한 상류계급 여성으로, 결혼 뒤 로스차일드와 융화하기 위해 유대교로 개종했다.

이 부부는 강변의 대저택에서 대학의 저명인사들을 초대하여 자주 호화로운 파티를 열었다. 거기에는 예술·문학·정치 분야의 뛰어난 인물들이 함께 초대되어 여흥을 즐겼다.

빅터는 속력이 빠른 자동차에 열중했다. 또한 유능한 피아니스트이기도 하여 바흐와 재즈를 즐겼다. 크리켓 솜씨도 훌륭하여, 1929년부터 31년까지 노샘프턴셔의 올라운드플레이어로 활약했다.

그도 역시 로스차일드적인 수집가였다. 18세기의 책과 원고를 의욕적으로 모았으며, 조너선 스위프트에 관해서는 전문가였다. 개인적으로 친한 친구 중에는, 유행하는 블룸즈버리그룹에 속하는 작가와 예술가가 많았다.

빅터는 1935년 연구를 위해 케임브리지에 돌아가 트리니티 칼리지 연구원으로 선발되었다. 그로부터 몇년 동안 그는 유감없이 재능을 발휘했다.

그는 국가적으로 가장 장래가 촉망되는 과학자의 한 사람으로 널리 인정받았다. 그는 정자의 운동과 수정과정을 연구했으며, 동물학 강의도 했다.

실험실에 있지 않을 때는 동료와 함께 스포츠를 하며 즐겼다. 아포스톨즈라는 최고의 두뇌만으로 이루어진 배타적인 토론그룹 구성원이기도 했다. 그가 케임브리지에서 보낸 날들은 지적으로 아주 자극적인 시간이었다.

정치적 사상은 발효상태였다. 옛질서의 붕괴는 지식인에게 복잡한 문제들을 계속 제기하고 있었다. 대학은 퇴폐한 이 세상에 대해 답변할 말이 많다고 믿는 이상주의자로 넘쳤다.

좌익보도기관에 분노의 시와 기사를 쓰는 사람도 있었다. 스페인 시민전쟁에 참가하려는 사람도 있고, 소비에트연방에 채용되어 다가올 국제혁명의 비밀지도자가 되려는 사람도 있었다.

1937년 월터가 죽고 3대 로스차일드남작이 된 빅터는, 마르크스주의자는 아니었다. 몇해 뒤 그는 말했다.

"나는 그즈음 정치와 이데올로기에 관해 전혀 몰랐다. 과학연구며 스포츠며 사교생활에 너무 바빠 다른 일에 마음 쓸 겨를이 없었다."

그러나 그가 사회주의자라는 사실은 부정할 수 없으며, 그 정치사상의 강에는 두 지류가 흐르고 있었다. 즉 조상으로부터 이어받은 사회적 책임감과, 그즈음의 심각한 문제인 대량실업, 파시즘의 지배, 자유방임 자본주의의 명백한 실패 등에 대한 관심이었다. 아마 거기에는 그가 이 세상을 바라보았을 때의 좌절감과 절망감도 있었으리라.

전통적으로 로스차일드는 사회악을 줄이기 위한 활동에 참여해왔다. 자선활동과 정치적 영향력을 이용해 다른 사람들이 도저히 어쩔 수 없는 상황에 개입하기도 했다. 그러나 1918년 이후 유럽은 온정주의를 거부했고, 로스차일드는 이미 권력의 중추세력이 못 되었다.

그 무렵 케임브리지사람들 중에는 뭔가 실천적인 활동을 하고 싶다고 느끼는 젊은이들이 몇 명 있었다. 빅터의 친구 앤서니 블런트도 그중 한 명이었다. 그는 트리니티에서 하이테이블(대학식당에서 교수나 성적우수자들이 앉는 테이블)에 자리하는 훌륭한 미술사가로, 니콜라스 푸생 작품 전문가였다.

지성과 재치가 풍부하고 대화가 통하는 이 친구에게 빅터는 감명을 받았다. 또 그의 판단에 의하면 그 '고결한 도덕관과 윤리관'에도 영향받았다. 블런트는 조언을 구할 수 있는 많지 않은 인물 가운데 하나라고 그는 생각했다.

학생들 사이에서 가이 버제스 또한 색다른 기질의 소유자였다.

그는 화려한 파티를 열어 자신이 공산주의자이며 동성연애자임을 거리낌없이 밝혔다. 그 밖에 도널드 매클린과 킴 필비도 있었다.

그들은 버제스며 블런트와 함께 뒷날 악명높은 '케임브리지 4인방'으로 알려지게 된다. 매클린, 필비, 버제스, 블런트는 모두 30년 대에 소련에 포섭된 스파이 활동으로 영국의 보안에 심각한 타격을 주었다.

빅터는 '케임브리지 4인방'의 반역에 관해 아무것도 몰랐지만, 이 자극적인 젊은이들과의 만남을 무척 즐겼다. 그들의 사상은 영국체제에 대한 자신의 이중적인 태도와 잘 어울렸다. 또한 이 때문에 그들은 그를 경멸하면서도 받아들였다.

어쩔 수 없는 '상류사회일원'으로서 빅터는 자신의 목적을 위해 높은 지위 사람들과의 만남을 이용할 수 있다는 사실이 기뻤다. 동시에 그는 자신의 진로를 트기 위해 웨스트민스터와 클럽거리(런던 서부 세인트 제임스궁전 주변. 사교클럽이 많음)에 쇄도하는 사람들을 몹시 경멸했다.

빅터는 집안일에 여전히 무관심했다. 1937년에 작위를 받고 나서 처음 한 일은, 80년 동안 런던로스차일드의 명소였던 피커딜리 148 번지 맨션을 팔아버린 것이었다. 이 행동은 몹시 상징적인 것이었다.

맨션 안에 있던 수집품 처분은 그해 전세계 미술계의 중요한 행사였다. 250쪽짜리 카탈로그에 나열된 어마어마한 수집품들의 경매에 참여하기 위해 전세계에서 수집상들이 모여들었다.

빅터의 가정생활은 행복하지 않았다. 바버러와 세 아이를 두었지만 부부관계는 긴장의 연속이었다. 빅터는 같이 살기에 어려운 사람이었고, 또 바버러는 그의 변덕을 순순히 받아주기에는 너무 자주적이었다. 그녀는 위안거리를 구해 돌아다녔고, 빅터는 아이들——특히 외아들 제이컵에게 화풀이했다.

빅터가 학술분야에서 경력을 쌓는 동안 사촌 에드먼드는 1938년 금융업에 참여했다. 라이어닐 네이선의 아들 에드먼드는 빅터 로스차일드경보다 6살 아래로, 빅터가 거부한 뉴코트에 종사할 수 있는 유일한 사람이었다. 그러나 1년 뒤 전쟁이 터지고 에드먼드는 의용군에 들어갔다.

1942년에 아버지가 세상을 떠나 에드먼드가 집으로 돌아와 영지정리를 하고 있을 때, 총리로부터 뉴코트에 돌아오지 않겠느냐는 제의를 받는다.

역사는 되풀이된다. 그러나 에드먼드는 라이어닐 네이선이 1914년에 걸린 올가미를 거부했다. 그는 영지로 돌아왔고, 남겨진 숙부 앤서니 구스타브가 전쟁기간 동안 혼자서 은행을 지키게 되었다.

그것은 괴롭고 힘든 일이었다. 야간공습이 있을 때면 앤서니 구스타브는 사업유지뿐 아니라, 직원의 안전과 귀중한 기록들도 책임감을 갖고 지켜야 했다.

전쟁중 그는 거의 뉴코트에 살며, 밤낮없이 모든 위기에 대처했다. 밤새도록 은행순찰을 도는 화재경비원과 공습감시원과도 친해졌다. 종업원은 대부분 비교적 안전한 트링으로 옮겨가 사업은 거의 그곳에서 이루어졌다.

전쟁에 대한 불안이 심해지자 앤서니 구스타브는 장래를 생각할 필요성을 느꼈다. 이러한 시기에 가족경영사업은 특히 공격대상이 되기 쉬웠다. 그 자신이나 형제에게 무슨 일이 생기면, 공동경영은 존속될 수 없음을 잘 알고 있었다.

이 절박한 문제는 1941년에 편의적으로 로스차일드 컨티뉴에이션이라는 회사를 설립하는 방법으로 해결되었다. 그것은 회사 내부의 공동경영자를 지명하는 것이었다.

이것이 뛰어난 결단이었음은 다음해 라이어닐 네이선이 죽었을 때 분명해졌다. 로스차일드 컨티뉴에이션 설립은 로스차일드 공동경영체제에서 일반회사로 노선을 바꾸는 첫걸음이었다.

그러나 은행은 되도록 '여느 때와 같은 사업' 분위기를 계속 유지했다. 야간공습 뒤 유명한 뉴코트의 점심식사가 재개되었다. 위대한 인물, 유명한 인물, 영향력있는 인물이 많이 모였다.

전시의 비공식적인 모임으로 세계의 군사, 정치, 경제정세에 관한 정보가 이곳만큼 잘 통하는 모임은 없었을 것이다. 1945년 5월4일의 손님 중에는 처칠의 비서관 존 콜빌이 있었고, 캐나다와 북아일랜드의 총리도 있었다.

에드먼드와 빅터는 적극적으로 군복무에 임했다. 에드먼드는 영국군 원정부대에서, 초기에 독일의 진군을 저지하는 데 힘썼다. 마지막에는 연대에서 분리되어 됭케르크 철수 직후 셰르부르에서 철수한 500명의 병사를 이끌게 되었다. 북아프리카전선에서는 포병대 소령으로 이탈리아에 진입했으며, 마지막에는 유고슬라비아로 갔다.

에드먼드는 이 전쟁을 '매우 흥미진진한 전쟁'이라고 불렀다. 몬테카시노전투에 참여한 것과, 튀니지 캡본에서 독일군이 항복한 뒤 북아프리카에서 포로 1만명을 돌본 일이 그러했다.

또한 독일의 아군으로 싸운 러시아인을, 우즈베크의 적군(赤軍)에게 인도한 뒤의 씁쓸함도 그랬다. 영국정부는 그 일에 잠시 반대를 표명했으나, 소비에트가 영국군 포로석방을 거부했기 때문에 어쩔 수 없이 공산주의자의 요구에 따라 그런 명령을 내린 것이다. 에드먼드는 몇백 명의 불운한 병사들이 트럭에 실려 러시아국경으로——아마도 죽음의 길로 수송되어가는 것을 지켜보아야 했다.

전쟁중에는 유쾌한 일도 있었다. 영토획득과 관련하여 게릴라부대 지도자와 교섭할 때였다. 그 유고슬라비아인은 자신의 잘못을 알고 있었지만, 사실을 인정하기에 자존심이 허락하지 않았다.

양측은 드 로스차일드소령 부하들과의 축구경기를 통하여 교섭을 매듭짓기로 합의했다. 만약 영국이 이기면 유고슬라비아가 영토를 양도하고, 유고슬라비아가 승리하면 영국이 깨끗이 단념한다는 조건이었다.

그런데 파티가 열리고 모두들 기분좋게 취하여, 참가자 전원이 결과를 끝까지 지켜보지 못했다. 그러나 에드먼드는 자신의 부대가 이겼다고 확신했다.

빅터 로스차일드경처럼 머리 좋은 인물이, 전쟁중 군첩보부에서 지내는 것은 피할 수 없는 일이었다. 그는 음모와 무대 뒤의 힘을 좋아했다. 머리가 매우 좋은 데다 해외의 중요인물들과 교류가 있었기 때문이다.

첩보업무는 아직 상류계급의 일이었다. 1939년 빅터는 MI5(국내첩보부)의 상업부문에 합류했다. 그곳에서 나치에 동조하는 독일사업가들에 관해 그가 알고 있는 지식이 유용한 것으로 증명되었다.

뒤에 그는 파괴활동 저지임무를 맡아, 주로 폭탄을 찾아내어 제거하는 일을 맡았다. 그 폭탄은 흔히 야채상자같이 알아보기 힘든 겉모습을 하고 있었다. 그것은 위험한 일이었다. 그는 그 업무를 훌륭히 수행하여 조지훈장을 받았다.

또 감정에 휩쓸리지 않는 성격을 지녀 심문하는 일도 맡아보았다. 감각이 날카로운 그는 용의자와 적군장교의 거짓진술을 정확하게 꿰뚫어볼 수 있었다.

이 전쟁중 가장 논쟁이 많은 사건 하나를 조사한 것도 그였다. 1943년 7월 폴란드망명정부의 블라디슬라프 시코르스키장군이 지브롤터 부근에서 비행기사고로 사망했다. 시코르스키는 러시아와의 외교관계를 단절시킨 인물로, 전쟁이 절정에 접어든 때 발생한 일이라 연합군은 곤혹스러워했다.

이 완고한 노장군의 죽음을 석연치 않게 생각하는 당파가 여럿 있었다. 로스차일드경에게 사실을 밝혀내라는 명령이 내려졌다. 그의 조사결과는 비밀에 부쳐졌다. 지금도 여전히 그러하다.

그는 또한 총리를 보호하는 역할도 맡았다. 처칠이 지지자들로부터 평상시 받는 많은 엽궐련을 일일이 살펴보아야 했다. 물론 엽궐련만이 아니었다.

……어느 날 의회광장을 가로질러 하원으로 가고 있을 때, 총리는 가까이 다가온 프랑스장군의 인사를 받고 그에게 버지니아햄을 선물받았다. 윈스턴은 기뻐하며 내일 아침식사로 먹으려 했다.

그가 모르게 햄을 조사하고 다음날 아침식사에 내놓으려면 어떻게 해야 할까? 복잡한 외과수술로, 햄 표면에 상처를 내지 않고 아주 얇게 한 조각 잘라냈다. 세균학상 검사에는 시간이 너무 많이 걸리므로, 여러 사람이 토의한 끝에 해결책을 찾았다.

그 한 조각의 햄은 메디컬 리서치위원회 고양이의 먹이가 되었고, 몇시간 동안 그 고양이에 대한 세밀한 조사가 이루어졌다. 고양이는 무사했으며, 총리는 다음날 아침에 그 버지니아햄을 먹을 수 있었다.

1944년 윈스턴이 프랑스인 지지자로부터 1798년산 아르마냑 한 상자를 선물받았을 때도 이와 비슷한 일이 일어났다. 로스차일드는 13번째 병에서 독맛이 난다고 주장했다. 그런 고급브랜디를 시음해보는 것도, 그 일을 맡은 자에게 주어지는 부산물이었다.

1944년부터 45년에 걸쳐 연합군이 독일심장부로 진격해 감에 따라 지성인 집단의 역할은 점점 중요해졌다. 불필요한 살상을 피하기 위해, 되도록 재빠르게 여러 가지 문제를 해결해야 했다.

로스차일드는 포로장교를 심문하는 일을 파리 마리니거리에서 했다. 그의 심문을 받은 중요한 포로 중에, 독일 낙하산부대 지휘관 오토 스코르체니가 있었다.

스코르체니의 가장 유명한 공적은, 1943년 9월 아브루치 산맥 캄포 임페라토레를 침입한 일이었다. 그때 그는 멋지게 맡은 일을 해냈다. 그것은 권력의 자리에서 내몰려 있던 이탈리아 독재자 무솔리니의 구출이었다.

국가최고권력자와 긴밀한 교류를 갖는 일은, 로스차일드의 타고난 특권이었다. 전쟁중에도 빅터는 그 특권을 누렸다. 1944년 2월 7일, 그는 사보이호텔 객실에서 만찬을 베풀었다. 참석자는 총리부부와 딸, 총리의 측근인 정보대신 브라켄과 존 콜빌 등 친구들이었다.

콜빌은 일기에 쓰고 있다.

저녁식사는 근사했다. 트링의 저장실에서 가져온 와인 중에 1921년산 폴 로저와 로스차일드 샤토, 또 상등품 브랜디가 있었다.

식사가 끝날 무렵 마술사가 등장했다. 이런 마술은 지금까지 본 적이 없다고 총리께서 말씀하셨다.

로스차일드는 전쟁중 긴축체제를 거스르는 사람들 속에 있었던 셈이다.

지적 임무는 로스차일드경에게 잘 어울렸다. 머리가 매우 좋았기 때문만은 아니었다. 그가 아직 지니고 있던 그들 집안의 두 가지 특징 때문이었다. 그것은 사물의 중심에 자리하려는 바람, 그리고 비밀주의였다.

다른 MI5장교들은 많든적든 국가기밀법의 의무를 고려하면서도 전쟁에 대한 회상록을 발표하고 있다. 그러나 빅터는 거의 완벽하게 침묵을 지켰다.

빅터가 전쟁 동안 런던에서 자주 찾아가 함께 어울린 사람들은, 당연히 케임브리지 동료들이었다. 앤서니 블런트 또한 MI5와 일했다. 그의 일은 빅터와 겹치지는 않았지만 정보부 내에서 두 사람은 다른 친구들과 흥미거리를 공유했다.

이때 빅터는 벤팅크거리 5번지에 쾌적한 타운하우스를 임대해 MI5 일을 도와주는 테레사(테사) 메이어와 그녀의 친구에게 쓰게 해주었다. 두 여자는 다시 몇개의 방을 다른 친구들과 빅터의 친구들——블런트와 가이 버제스에게 재임대했다.

1940년 버제스는 도널드 매클린이 근무하는 외무성에 합류했다. 두 사람은 블런트가 조직해서 모스크바로 비밀정보를 보내주는 부서에 들어갔다.

모든 사람들은 전쟁이 휩쓸고 간 수도의 답답한 분위기에 내던져졌다. 그러나 전부터 계속되어 온 그들의 우정은 더욱 다져졌다. 테레사는 인사불성이 될 정도로 취해 타운하우스로 돌아온 블런트를 침대에 눕혀주는 일이 잦아 더욱 그에게 애정을 가졌다.

몇년 뒤 블런트가 간첩행위를 한 게 드러났을 때, 가장 충격받은 사람은 테레사였다. 그가 그녀에게 아무것도 눈치채이지 않게 이중생활을 해왔다는 사실을 그녀는 도저히 믿을 수 없었다.

블런트를 좋아했던 것 이상으로 테레사는 빅터에게 애정을 가졌다. 빅터 또한 그녀가 좋았다. 그녀는 똑똑하고, 용감했으며(그녀는 대영제국군 5등훈사지위를 받았다), 바버러보다 순종적이었다.

전쟁이 끝나자 빅터 로스차일드경의 첫번째 결혼은 결국 이혼이라는 예정된 결말로 끝났다. 그는 곧 테레사와 재혼했다.

빅터와 바버러는 영원히 남남이 되었다. 그러나 빅터는 바버러가 재혼하여 행복하게 살자, 몹시 불쾌해 했다.

그가 바버러의 삶에 흠을 낼 수는 없었기에 그는 이혼할 때 9살이었던 제이컵에게 화풀이했다. 아버지와 아들은 서로 적의를 품었고, 그것은 빅터가 죽을 때까지 계속되었다.

전쟁중에 빅터는 자신의 지성을 드러내보일 수많은 기회를 가졌다. 사귀기 쉬운 상대가 못된다는 것은 그 자신도 인정하고 있었다. 이 성격에 대해 그는 '성급한 반(反)보수'라고 말하고 있다.

파리시절 그를 알았던 맬컴 머거리지는 그에 대해 '갈 곳을 잃은' 사나이라고 표현했다. 거기에 대해 그는 상세히 설명하고 있다.

그의 내부 깊은 곳에는 애틋하고 상처입기 쉬우며 예민하여, 때로는 사랑할 만하다고까지 할 수 있는 무언가가 있었다. 그러나 지식으로 위장된 정확함, 부와 명성으로 위장된 예의에 감춰져, 그것은 아주 드물게 표출되었다.

찰스 로스차일드의 장녀 미리엄 루이저는 동생 빅터 못지않은 지성의 소유자였다. 그녀는 우수한 과학자였으며, 또한 자연을 매우 사랑했다. 그녀는 자신을 가리켜 '멸종된, 헌신적 아마추어 자연주의자의 마지막 생존자'라고 말했다.

그녀가 자연연구에 기울인 흥미의 깊이는 발표된 300여 편의 논문에 나타나 있으며, 그 주제는 해발 1만3000미터에서의 자외선 측정에서부터 달팽이의 애정행위나 나비의 이동에 이르기까지 넓고도 다양하다.

미리엄 루이저는 동생처럼 대학에서 연구할 수 있었으나, 로스차일드사람들은 인습주의자들이 아니었다. 두뇌와 독립심과 로스차일드라는 명성이 어우러져 그녀는 독자적인 길을 걸었다.

그녀는 뛰어난 업적을 이루었다. 좁은 학술세계에서 불신의 눈으로 '주창자'를 바라보는 게 관습이 된 많은 전문과학자들도 그녀에게는 고개숙였다.

그녀에게 가장 큰 영향을 준 사람은 아버지였다. 찰스는 공적인 시험으로부터는 아무것도 얻을 수 없으며 시간낭비일 뿐이라는 생각을 딸들에게 심어주었다.

미리엄 루이저는 그 충고에 따랐다. 그녀는 17살 때 영문학과 동물학 학위과정에 동시에 입학했다. 함께 배우는 다른 학생들보다 우수한 것을 교수도 인정했지만, 그녀는 학위시험을 전혀 치르지 않았다.

몇년 뒤 옥스퍼드대학에서 명예박사학위를 수여하려 했으나, 그 하위의 학위가 전혀 없기 때문에 받을 자격이 되지 않아 당국을 곤혹스럽게 했다. 이에 대한 대책으로 신속하고도 신중한 규정변경이 이루어졌다. 같은 문제가 로열 프리병원 객원교수가 되었을 때에도 일어났다.

미리엄 루이저의 관심대상은 광범위하여 벼룩에 관한 아버지의 연구도 이어받았다. 찰스 로스차일드시대에 이러한 생물을 연구하는 일은 실제적 중요성이 매우 컸다. 벼룩은 전염병의 매개가 되는 곤충이기 때문이었다. 그녀는 전염병위원회 위원으로 선출되었다.

몇년 뒤 이 곤충이 남아메리카에서 들어온 점액종(粘液腫)이라는 토끼유행병의 매개체로 유명해졌다. 이 병은 토끼수를 알맞게 조절하는 역할을 했다. 토끼가 이상하게 많은 오스트레일리아에는 벼룩이 모자랐던 것이다.

오스트레일리아정부는 유럽토끼의 벼룩을 도입해 지나치게 많은 토끼 수의 조절 문제를 해결하기로 결정했다. 그때 이 실험의 보좌역으로 미리엄 루이저가 참여했다.

그녀는 먼저 사로잡은 토끼를 사용하여 벼룩을 늘리는 것으로 문제를 해결했다. 그리고 이 곤충의 번식은 숙주의 호르몬에 좌우되므로 임신상태의 토끼에게만 번식가능한 사실을 발견했다.

그녀는 또한 그 토끼에 붙어 있는 여러 종류의 벼룩을 스페인으로 가져가 더운 기후에 적응시켜 다시 모은 뒤, 어머니 로즈시카가 세상을 떠나며 그녀에게 상속한 애슈턴 월드에서, 자신이 기르는 토끼를 이용해 수를 늘렸다.

이 벼룩은 나중에 오스트레일리아로 보내졌다. 그러나 병든 토끼의 비자 취득이 까다로워, 그것들을 인도에 입국시켰다가 다시 출국시키는 데 하원의 전화 통화가 필요했다.

마침내 토끼는 오스트레일리아의 어느 연구소로 보내졌는데, 공교롭게도 휴가 중에 혼자 남아 있던 당직자가 열심히 토끼의 몸을 털고 살충제를 뿌렸다. 미리엄 루이저는 그래도 참을성있게 다시 스페인으로 원정가 벼룩채집을 했다.

제2차세계대전이 시작되기 전, 그녀는 워싱턴의 농림부에서 잠시 일했다. 1940년 영국으로 돌아와 유명한 수수께끼의 계획이 진행되고 있는 블레츨리의 정부정보국에 가담했다. 전황이 위태로울 동안은 대기기간으로, 블레츨리로 옮기기 전에 그녀는 공습감시원 훈련을 받았다.

한편 애슈턴 월드의 그녀 농장에는 대규모 비행장이 만들어졌다. 몇번 비행훈련 비슷한 것을 받은 뒤 '영감'이 용솟음친 그녀는 안장의 복대(腹帶)로 최초의 안전벨트를 고안하여, 자신의 자동차 오스틴 10에 부착했다. 영국에서 모든 자동차에 안전벨트를 부착하도록 규정되기 40년 전 일이었다.

전쟁은 뜻하지 않은 방향으로 그녀를 끌고 갔다. 1942년 블레츨리를 떠나 적십자요양소에서 며칠 지내고 있을 때의 일이었다. 적십자는 애슈턴 월드의 그녀집을 일시적으로 사용하고 있었다.

간호부장이 말했다.

"한쪽 팔을 깁스한 환자가 있는데, 어머니와 관계있는 일이라며 당신을 꼭 만나고 싶답니다."

"그런 일이 있을 리 없어요."

그러나 간호부장은 되풀이해서 말했다.

"그분께 당신 어머님은 이미 돌아가셨다는 말씀을 드렸어요. 그
분은 조지 래니라는 헝가리인이에요."

하는 수 없이 미리엄 루이저는 그를 초대했다. 26살의 잘생긴 중
사가 나타났다. 그가 지갑에서 꺼낸 한 통의 편지는 애슈턴 월드의
편지지에 씌어졌으며 '로즈시카 로스차일드'라는 서명이 있었다. 날
짜는 그녀가 죽기 6개월 전으로, 그녀에게 연락하도록 조지에게 부
탁하는 내용이었다.

조지는 이 편지를 받은 경위를 설명했다. 전쟁 직전 히틀러 지배
를 피해 다른 많은 유대인과 마찬가지로 그도 헝가리를 떠났다. 영
국에 도착하여 저널리스트로 일했는데, 해리지에 도착한 난민에 관
하여 그가 쓴 기사가 미리엄 루이저의 어머니에게 깊은 감명을 주
어 연락해 온 것이었다.

전쟁과 로즈시카의 죽음으로 만남은 이루어질 수 없었다. 그런데
우연한 기회로 그는 애슈턴 월드에 오게 되고 오랫동안 머무르게
된 것이었다.

그뒤 전형적인 전쟁로맨스가 이루어져, 그들의 결혼으로 이어졌
다. 전쟁에 따르는 어려움에 더하여, 조지의 가족들도 미리엄 루이
저의 어머니쪽 친척들 몇 사람과 마찬가지로 나치스에게 죽음을 당
했다. 냉혹한 현실이 두 사람을 강하게 맺어주었다.

그에 이어진 2, 3년은 매우 비참했다. 조지는 유대선발전투군인
제10특별기습대에 지원했다. 파괴활동과 백병전훈련을 받아 적의
배후에서 행동하는 부대로, 50퍼센트가 넘는 사상자가 나리라고 예
상되었다. 그들은 한 부대의 일원이 아니라 한 사람 한 사람 독립
된 전투원으로 훈련받았다. 따라서 이들은 여느 시민과 마찬가지로
아내와 함께 생활할 수 있었다.

미리엄 루이저에게 있어 그 생활은, 남편이 대개 한밤중에 급한

호출을 받고 네덜란드나 프랑스 해안 급습임무를 맡아 떠나는 것을 뜻했다. 그 임무에서 두 번 다시 돌아오지 못하는 일도 있을 수 있었다.

노르망디 상륙작전이 있기 얼마 전 어느 날 밤, 조지는 야간정찰을 위해 칼레 부근에 고속 모터보트를 상륙시켰다. 그 원정에서 그는 전공십자훈장을 받았다. 그리고 그후로는 소식이 없었다.

영국 당국은 조지의 부대가 소속된 제3기병중대에 영국 국적을 부여하지 않았지만, 포로가 되었을 때의 위험을 감안하여 그들의 이름을 영국식으로 바꾸었다. 그래서 미리엄 루이저의 남편은 조지 레인으로 알려지게 되었다.

첫아이를 임신중이던 미리엄 루이저는 걱정이 되어 미칠 것 같았다. 여섯 달 뒤 조지가 프랑스에서 포로가 된 것을 알았다. 만약 국적이 밝혀지면 배반자로 총살될 터이므로, 그녀의 걱정은 조금도 덜어지지 않았다. 그런 와중에 최초의 V2(독일이 개발한 로켓폭탄)가 떨어졌고, 이때 태어난 아기는 며칠 뒤 죽고 말았다.

드디어 연합군이 독일로 밀려들었다. 프레네드 고문수용소에 잠시 머무른 뒤 슈팡켄베르크에 유폐되어 있던 조지가 용케도 탈출했다는 기쁜 소식이 전해졌다. 수용소에서 그는 로멜 육군원수에게 직접 심문받는 영예를 경험했다.

어느 날 로스차일드경의 파리사무소에 조지가 불쑥 나타났다. 미리엄 루이저와 조지는 기쁨 속에 재회했다. 그로부터 1년 뒤의 어느날 아침, 그녀는 외쳤다.

"이건 정말이야! 전쟁이 드디어 끝났다!"

한편 정부는 제3기병중대 생존자에게 영국국적을 주기로 결정했다.

로스차일드가 소유한 집 가운데 군대에 징발된 곳은 애슈턴 월드만이 아니었다. 피커딜리 148번지는 연합군장교클럽이 되었다. 엄밀히 말해 그곳은 로스차일드의 집이 아니었다. 빅터가 1937년에 팔았기 때문이다. 어린시절 그곳에 머물곤 했던 필립은 런던에 있을 때 그 사실을 알고 마음이 씁쓸했다.

트링 파크에는 전쟁중 은행이 옮겨가 있었다. 엑스버리 하우스는 1942년 해군에 접수되어, 이곳에서 노르망디 상륙작전이 고안되었다.

로스차일드저택의 임시주인이 된 사람들은 라이어닐 네이선의 집을 소중히 사용했지만, 그럼에도 불구하고 뜰은 엉망이 되었다.

예전에 환상적 풍경을 자랑하던 그곳은 관리하는 사람이 없어 나무딸기·양치식물·담쟁이덩굴이 나무를 타고 오르고, 잡초가 냇가를 뒤덮었으며, 쓰러진 나무가 오솔길을 가로막는 등 야생으로 돌아가 있었다. 그곳 사람 6명을 고용하여 최고의 표본을 보관하고 온실을 깔끔히 청소했지만, 자연의 위력에 적의 공격이 더해져 영지의 황폐화를 막을 길이 없었다.

야간폭격이 있었을 때는 독일 폭격기를 사우샘프턴 부근에서 유인하려고, 땅에 불을 지른 적도 있었다.

어느날 저녁 에드먼드 드 로스차일드는 자신의 부대장에게 아버지의 상태를 보러갈 수 있게 허락해 달라고 부탁했다. 그가 아버지를 방문해서 저녁식사를 하던 중 소이탄이 정원에 떨어졌다고 집사가 알려와 모두 밖으로 나갔다. 불타는 잔디밭에서 소방수가 열심히 불을 끄고 있었다.

라이어닐 네이선이 무뚝뚝하게 돌아가 저녁식사를 마저 하자고 하자 장교는 항의했다.

"영지가 불타고 있는데 식사를 하고 있을 순 없습니다."

라이어닐 네이선의 태연함은 슬픔을 감추기 위한 가면이었다. 그가 젊었을 때는 즐거움뿐이었던 세상이, 혼돈으로 황폐해져 가고 있었다. 그 혼돈이 사랑하는 엑스버리에까지 이르른 것이다.

1939년 10월 햄프셔 영지에서 주말을 보낸 한 손님은, 주인과 함께 가을색 짙은 아름다운 숲을 거닐면서 나눈 대화를 일기에 적고 있다.

화제는 주로 히틀러의 유대인 학살로 쏠렸다.

라이어닐 네이선은 씁쓸하게 말했다.

"전쟁이 끝나면 승리자들이 독일을 유대인에게 주고, 아리아인을 지구에서 추방하면 좋겠습니다."

제임스 아르망 드 로스차일드와 아내 도러시는 전쟁기간 중 다른 사람들에게 여러 가지로 도움을 주었다. 그들은 재산을 몰수당한 친척들에게는 상당한 재정원조를 해주었다. 고향 부근에서도 해야 할 일이 많았다.

시력이 약한데도 제임스 아르망은 국회의원 활동을 계속했다. 1944년 어느 날 그는 의회로부터 이제까지 받아보지 못한 정중한 대우를 받았다. 즉흥연설에서 나치스 박해를 피해 도망온 유대인들을 숨겨준 영국국민에게 감사의 말을 하자, 의원들이 동정의 뜻을 나타내어 조용히 일어섰던 것이다.

그러나 몇달 뒤에는 전혀 다른 대우를 받았다. 1945년 3월 식량청 차관이라는 새로운 직무를 다하기 위해 질문에 답하려 일어서 있을 때의 일이었다. 야당이 그를 궁지로 몰아넣었다. 처칠은 만약 하원이 로스차일드에게 다시 무례를 범한다면 그를 추밀고문관에 임명하겠다고 엄포를 놓았다.

다른 곳과 마찬가지로 와디스던 역시 그 호화로운 수집품들 때문에 마음놓을 수 없는 곳이었다. 전쟁 초기 제임스 아르망과 도러시는 가장 귀중한 보물을 나무상자에 담아 지하실에 보관했다. 그러나 무슨 일이 일어날지 안심할 수 없었다.

몇주일 뒤 보관상태를 확인해 보았을 때 작품 하나가 습기로 못 쓰게 되어버린 것을 발견했다. 와토, 도우, 게인즈버러, 부셰 등의 작품을 서둘러 다른 장소로 옮기고, 안전하게 보관하기 위해 캐나다 박물관으로 보내기도 했다.

그러나 그들은 다른 많은 사람들이 집을 잃는 고통을 겪었는데, 이 큰 집과 영지를 텅빈 박물관으로 내버려두는 일은 옳지 않다고 생각했다.

전쟁이 시작되기 전에 이미 그들은 독일유대 어린이들을 나치스로부터 극적으로 구출한 적이 있었다.

1938년 9월 로스차일드가 프랑크푸르트에 세운 소년을 위한 박애학교가, 히틀러친위대 위협행위에 의해 공격을 받았다. 학교경영을 맡고 있던 휴고와 릴리 스타인하트부부는, 위험을 감지하고 학생들을 독일 밖으로 피난시킬 방법을 찾았다. 그들은 두 딸의 도움을 받아 여러 사람에게 원조를 구하는 편지를 썼다.

1939년 첫무렵 '런던 로스차일드경' 앞으로 보낸 한 통의 편지가 와디스던에 도착했다. 제임스 아르망은 즉시 대리인을 독일로 파견해 부모의 동의를 구한 어린이들의 국외탈출을 정부와 교섭하게 했다.

그해 봄, 30명의 소년이 스타인하트 집안사람들과 함께 탈출하여 와디스던영지 안의 '시더스(시더는 삼나무라는 뜻)'라고 불리는 집에 머물게 되었다.

뒷날 '시더 보이즈'는 여러 곳에서 활약한다. 이스라엘 고위외교관이 된 사람도 있고, 푸에르토리코에서 공업회사를 경영한 사람도 있다. 그러나 프랑크푸르트에 남겨졌던 그들 친구들 소식은 아무도 알 수 없었다.

얼마 지나지 않아 와디스던의 아이들 수는 더욱 늘었다. 많은 아이들이 야간공습을 피해 런던에서 피난와, 와디스던은 전쟁 내내 어린 소년소녀들이 복도를 떠들썩하게 뛰어다녔다.

아이가 없었던 퍼디넌드가 짓고, 결혼하지 않은 앨리스가 정성껏 손질해 온 비단바른 벽에 온통 손자국이 생겼다.

저택 밖으로 나가면 정원은 옥외 연료창고가 되어 있었다. 가로수 아래 군인들이 반원형 막사를 세우고 가솔린과 디젤 연료가 든 드럼통을 가득 넣어두었다. 과녁을 벗어난 폭탄이 하나라도 와디스던에 떨어지면 결과는 파멸이었다.

그러나 와디스던은 전쟁을 무사히 빠져나왔다. 와디스던이 상징하는 로스차일드의 부와 결속 또한 그렇게 운좋게 살아남을 수 있었을까?

로스차일드 전통을 유지하라

신세대는 새로운 길을 개척하기 시작했다.
로스차일드는 필요한 변신을 한 것이다.

1942년 영국로스차일드은행이 최악의 시기에 처했을 때, 라이어 닐 네이선 드 로스차일드가 사망했다. 로스차일드는 대공황과 그 여파에서 살아남았지만 피폐함은 면할 수 없었고, 제2차세계대전의 혼란 속에 벼랑 끝까지 내몰렸다.

이 위기는 또다시 그들을 결속하게 했다. 런던로스차일드집안이 망명중인 친척들에게 자금원조를 했듯, 이번에는 다른 힘있는 친척들이 뉴코트에 원조의 손을 내밀었다. 빅터 로스차일드경은 자신의 재산으로 은행자본준비금을 증강시키고, 라피트거리 또한 이리저리 자금을 염출해 제공했다.

1947년에는 에드먼드가, 그의 표현에 따르면 '아주 조금 쓸모 있는 공동경영자'로 참여했다. 그는 기억한다.

"그 무렵 런던로스차일드은행은 아주 작은 규모였다. 나는 모든 수표에 서명했다. 은행이나 제련소의 모든 종업원, 때에 따라서는 그들의 자녀까지 한 사람 한 사람 모두 알고 있었다."

하지만 언제까지나 그럴 수는 없었다. 또 한번 금융업자 로스차일드의 진면목을 보여줄 때가 찾아온 것이다. 국제금융계 지도자

지위를 되찾으려면 확장과 근대화는 물론, 뉴코트의 빅토리아양식 회랑도 새로운 사람과 새로운 사상에 개방해야 한다. 과연 이 낡은 은행이 새로워질 것인가.

앤서니 구스타브는 형 라이어닐 네이션이 죽은 뒤, 발작을 일으켜 뉴코트에서 은퇴한 1956년까지 이 은행의 경영을 맡았다. 그는 단호하게 자신이 나아갈 길을 개척한 사나이였다.

동료나 종업원들 눈으로 볼 때, 그는 대담한 혁신자라고는 할 수 없었다. 뉴코트에서 오랫동안 일한 종업원 말로는, 그와 거래하기 위해 비굴하도록 애쓰는 신종 상업은행인들을, 그는 곱지 않은 눈길로 보았다고 한다.

그는 그런 일을 품위 없는 짓, 비행기를 타고 늘 날아다니기나 하는 시시한 짓이라고 생각했다. 돈이 된다고 해서 좋아하지도 않는 사람과 교제하는 일을 경멸했던 것이다. 여행을 떠나지도 않고, 대중집회에 참가하는 일도 없었다. 대중쪽에서는 그가 참여하면 기뻐했겠지만.

그는 고객이 될 가능성이 있는 사람들을 가리켜 말하곤 했다.

"그들은 우리가 어디 있는지 알고 있어. 만일 우리와 거래하고 싶으면, 이리로 와서 우리와 이야기하면 돼."

고객이 찾아오면 얼굴이나 예의범절이 마음에 들건 말건, 망설이지 않고 문을 열어 맞이했다. 그런 교섭으로 얻어지는 이익이 얼마가 되든 관계없는 것이었다.

그러나 어쨌든, 장래 성장의 초석이 될 조직의 재편성을 시작한 사람은, 바로 앤서니 구스타브였다.

그것은 또한 불화의 씨앗이 되기도 했다. 전쟁 직전과 전쟁 기간을 통하여 앤서니의 친척 몇사람은, 뉴코트의 존속을 위해 개인자

금에서 '현금'을 수혈하고 있었다. 이제 그는 다시 그렇게 해주기를
바랐다. 이번에는 새로운 초석을 만들기 위해서였다.

1947년 런던로스차일드은행은 공동경영체제에서 로스차일드 컨
티뉴에이션이라는 지주회사 산하의 개인회사로 완전히 탈바꿈했다.

빅터 로스차일드경과 라이어닐 네이션의 아들 에드먼드와 레오폴
드 데이빗도 모두 주식을 가졌지만, 앤서니 구스타브가 가장 많이
소유했다.

그와 그의 후계자들 손에 실질적 운영이 넘어갔다. 주식지분 분
할없이 권력을 집안의 한 분가(分家)에 넘긴 것이다.

빅터의 아들 제이컵은 말했다.

"1세기 반 동안의 로스차일드역사를 무시한 일이었지요."

앤서니 구스타브가 죽은 지 몇년이 지난 뒤에도, 이 재편성 방법
에 불만인 것은 빅터 혼자만이 아니었다.

그 사람들은 그 무렵엔 소리내어 불만을 말하지 않았다. 빅터는
은행에 흥미가 없고 실제로 자신의 재산을 늘리려는 생각도 없어,
20퍼센트의 주식소유에 만족하고 있었다. 전쟁에서 막 돌아온 에드
먼드와, 아직 20살로 뉴코트 사업에는 참여하지 않은 레오폴드 데
이빗은 어른들 말에 따를 뿐이었다.

이 새로운 편성에는 매우 미묘한 문제가 있었다. 그것은 기본적
으로 은행소유권을 일상적 운영과 별개의 존재로 만들었다. 경영권
은 로스차일드에게 있으면서 시티의 유능하고 야심찬 사람들을 끌
어들인 것이다.

주식분배에 관해서는 앤서니 구스타브 나름의 이유가 있었다. 대
공황과 전쟁을 겪고, 전화(戰禍)도 견디어낸 사람은 그와 그의 형
이다. 반면 빅터는 앤서니 구스타브 자신도 하고 싶었던 연구생활
을 택했고, 뉴코트에서 이루어지는 결정과정에 분명 흥미를 나타내
지 않았다.

새로운 시대에 비생산적인 공동경영자를 가질 사치는, 은행에 허용되지 않았다. 금융에 흥미없거나 재능없는 사람이 생기는 것은, 어느 집안에나 일어나는 문제이다.

앤서니 구스타브는 생각했다. 마치 모리스를 배제한 프랑스의 회사가 다른 이유로 그렇게 생각했던 것처럼, 특권과 책임은 서로 손을 맞잡고 나아가야 한다고.

한편 한 분가에 힘을 집중시키면, 로스차일드의 금융재능이 다음 세대에 나타나지 않을지도 모르는 문제가 생긴다. 그 시점에서는 대단한 일로 생각되지 않았으나 겨우 33년 뒤 이 문제가 표면화되면서 쓰라린 분쟁을 일으키리라고는, 아무도 예상하지 못했다.

앤서니 구스타브의 전략은 어느 의미에서는 효과적이었다. 유능한 젊은이 몇 사람이 뉴코트에 들어왔다. 그 가운데는 윈스턴 처칠의 비서관과 형제관계에 있는 데이빗 콜빌도 있었다. 1960년 7월1일, 역사가 새롭게 시작되었다. 콜빌이 공동경영자가 된 것이다.

148년 동안 그들은 마이어 암셸의 지시를 충실히 지켜왔다. 그가 내린 지침은 로스차일드왕국에 많은 공헌을 해왔다. 그러나 또한 참사의 벼랑으로도 내몰았다. 이제 그들은 로스차일드혈통보다 금융재능에 따라 인재를 뽑아 은행운영을 맡기는, 변화의 큰 첫걸음을 내디딘 것이다.

앤서니 구스타브가 도입한 또 하나의 새로운 시도는 로스차일드와 미국의 관계를 재검토하는 일이었다. 그들은 북아메리카를 그들의 상업제국 전초기지로 보았고, 월거리에 적극 참여하는 것이 그들 전략의 중심이 되야 한다고 생각했다.

전쟁 때 설립한 암스테르담 유한책임회사라는 작은 기업이 5번거리로 진출해 착실히 성장하여, 로스차일드의 자회사로서 중요한 역할을 하고 있었다. 그 회사는 1950년대에 뉴코트증권이라는 투자은행이 되었고, 그 주식자본은 파리와 런던의 회사가 인수했다.

영국 로스차일드 1939~85

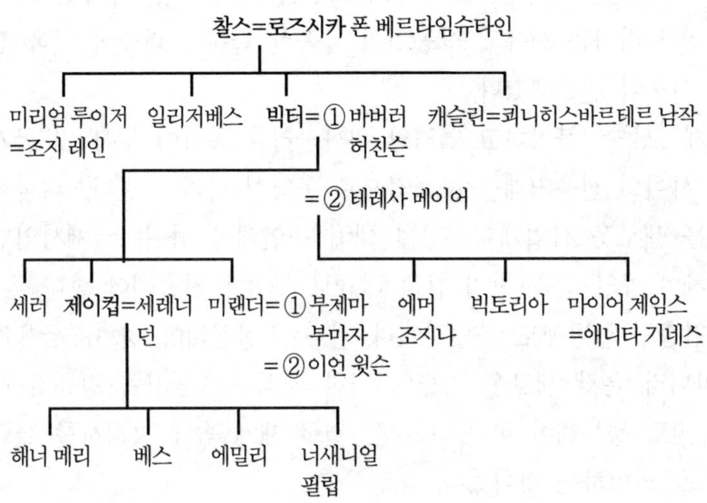

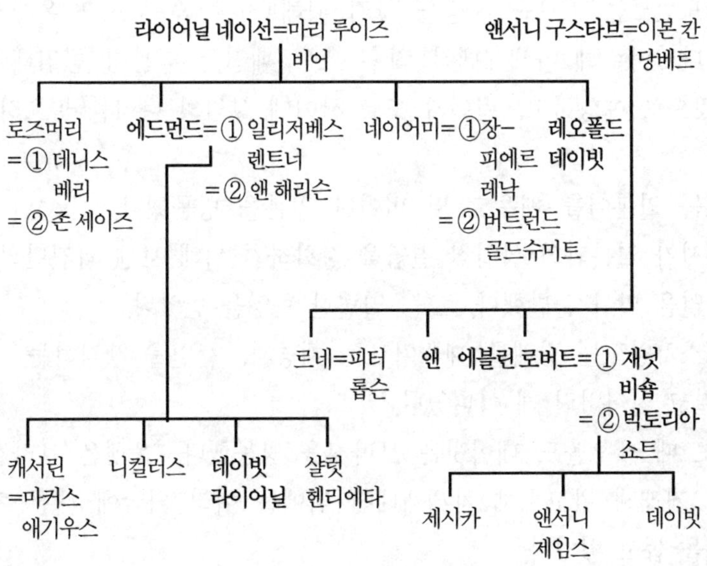

미국 진출은 로스차일드가 의도하는 새로운 국제주의의 한 측면이었다. 물론 그들의 은행은 늘 전세계와 연관을 가져왔지만, 지난 세대에 그것은 외국정부와의 차관교섭을 의미했다. 하지만 1950년대에 이르러서는 서유럽 상공업의 급속한 확대와 더불어 더욱 광범위한 기술이 필요해졌다.

이제 그들은 복잡하고 엄격한 외환관리를 통하여 투자 및 국가와 국가 사이의 신용거래를 조직적으로 운영해 나가야 한다. 다국적기업에는 새로운 사업계획책정에 대해 조언해야 하며, 국제사업단을 통합하여 공업·건축·광업 같은 대규모 사업에 진출해야 한다.

기업흡수·합병에도 조언하거나 실제로 실행해야 하며, 금융지식뿐 아니라 온갖 새로운 기술에 관한 지식——원자력·컴퓨터·레이저 등에도 정통해야 한다. 이것은 결국 세계 속에 자회사를 설립하는 것을 의미하는 것이었다.

에드먼드는 새로운 시장을 찾기 위해 지칠 줄 모르고 온세계를 돌아다녔다. 제2차세계대전 직후 그는 패전국 일본이 공업대국이 될 것으로 예상하고, 런던과 도쿄 사이에 상업의 다리를 놓으려 했다.

그는 일본어를 배우고 몇 번이나 일본을 방문했다. 1962년에는 런던시가 일본과의 상업적 결합을 강화하기 위해 보낸 파견단의 부단장일을 맡아 출발했다. 그는 열렬한 환영을 받았다.

로스차일드는 장래를 꿰뚫어보는 재능과, 큰일을 생각하는 재능을 결코 잃어버린 게 아니었다.

어느때 레오폴드 데이빗은 브라질을 방문했다. 은행은 브라질과 오래 거래해 왔고, 제2차세계대전 뒤에는 여러 외국에 대한 차관반환을 돕고 있었다.

그는 배편으로 리우데자네이루에 들어갔다. 그때 한 사원이 말했다.

"리우와 맞은편의 니테로이 사이가 직선거리로 3마일인데도 다리가 없는 것이 참 유감입니다. 다리가 있으면 경제에 큰 변화가 생길텐데요."

레오폴드 데이빗은 고개를 끄덕였다.

"그럼, 다리를 만듭시다."

그는 국제사업단을 편성하여, 세계에서 가장 훌륭한 다리를 하나 건설했다. 새로운 다리 덕분에, 전에는 페리편으로 가거나 도로를 60마일이나 돌아가야 했던 곳이, 2, 3분으로 단축되었다.

로스차일드가 1950년대에 앞장서서 행한 가장 눈부신 계획은 아마도 브링코, 즉 영국뉴펀들랜드회사일 것이다. 1952년 캐나다뉴펀들랜드주지사 조지프 스몰우드는 영국총리 윈스턴 처칠을 방문했다.

다우닝거리 10번지의 각료회의실에서 그는, 대부분 미개발인 채 남아 있는 나라의 지도를 펼쳤다. 차츰 웅변조가 된 스몰우드는 방대한 자원——목재·광물·수력전기가 개발의 손을 기다리고 있다고 말했다.

스몰우드가 처칠을 방문한 목적은 런던에 기반을 둔 민간회사연합을 결성하여, 래브라도 전체 7만평방마일 가운데 5만평방마일, 그리고 뉴펀들랜드 전면적의 거의 절반인 1만평방마일의 개발허가를 얻을 준비를 갖추려는 것이었다.

처칠은 마음이 움직였다.

"이것은 제국의 위대한 구상이지만, 전혀 제국주의적이지 않군요."

그는 되도록 도움이 되어주겠다고 약속했다. 손님이 떠난 뒤 총리는 존 콜빌에게 물었다.

"시티에 이 일을 맡을 만한 사람이 누가 있나?"

우연히도 그날 뉴코트에서 점심식사를 했던 콜빌은 대답했다.

"로스차일드가 있습니다."

스몰우드는 뉴코트로 찾아가 앤서니 구스타브에게 계획을 설명했다. 그는 앤서니 구스타브를 만만찮은 인물이라고 여겼다.

"은행가가 바로 그래야 하듯, 그의 주장은 사소한 부분에 이르기까지 매우 명확했다."

이 말에서도 알 수 있듯 다행히도 앤서니 구스타브는 이 캐나다 정치가가 마음에 들었다. 스몰우드는 그 유명한 뉴코트의 점심식사에 초대받았다. 매우 맛있지만, 전통에 따라 엄격한 규범이 따르는 식사였다.

먼저 '더 룸'에서 셰리를 한 잔 마신다. 오후 1시 정각에 공동경영자들이 점심식사를 한다는 표시로 블라인드가 반쯤 내려지고, 그날의 주요손님이 타원형 식탁 윗자리에 앉는다. 그리고 2시가 울리면 식사가 끝난다.

하지만 이때는 그 관례가 지켜지지 않았다. 앤서니 구스타브가 여느 때처럼 재빨리 자리에서 일어나지 않았던 것이다. 대화는 3시까지 계속되었다. 그는 스몰우드의 열성에 송두리째 마음을 빼앗겼다.

"미개발로 남은 자연자원으로는 세계최대 보고이며, 또한 우리의 것입니다……영국인의 것이므로, 우리는 이것을 영국인 손에 맡기고 싶습니다.

이곳 런던에는 회사의 본부가 세계 어느 곳보다 많습니다. 각 회사는 지구 구석구석까지 정글이나 불모의 한랭지에 손을 뻗쳐, 철도를 부설하고 광산을 개발하는 등 개척에 열을 올리고 있습니다.

우리는 당신들이 와서 개발해 주기 바랍니다. 몇 세기 동안 그곳의 시간은 멈춰 있었습니다. 우리는 그곳을 개발하고 싶고, 우리가 할 일은 당신들에게 2만, 3만, 아니, 어쩌면 7만, 8만평방마일이라도——얼마든지——그곳의 땅을 맡기려는 것입니다.”

캐나다인의 장황한 웅변은 여기서 끝났다. 앤서니 구스타브는 조용히 예의를 갖추어, 시티의 친구들 가운데 흥미를 가질 만한 몇사람에게 제안해 보겠다고 말했다.

그들은 흥미를 가졌다. 로스차일드가 중심이 되기로 합의하고, 앤서니 구스타브는 상세한 운용을 젊은 공동경영자에게 맡겼다.

그뒤 몇년 동안 에드먼드는, 대부분의 시간을 이 계획에 바쳤다. 로스차일드의 기준으로 보아도 그 가능성은 가슴 두근거릴 만한 것이었다.

뉴펀들랜드 브리티시유한회사(브링코)가 설립되었다. 창업주주로 로스차일드부자상회, 리오 틴토, 보워터스, 앵글로 아메리칸, 영국전기, 프로비셔스, 앵글로 뉴펀들랜드개발회사 등이 참여했다.

이 회원들 가운데 누가 이 사업의 주창자인지는 의심의 여지가 없었다. 스몰우드는 회고록에서 그에게 찬사를 바치고 있다.

브링코—처칠폭포의 전설 속에서 두드러지게 빛나는 위대한 이름은 로스차일드이다. 일반적으로 말하면 로스차일드상회, 개인적으로 말하면 에드먼드 드 로스차일드이다. 그 온유하고 애국적인 영국인의 무한한 관심과 헌신적 은혜가 없었다면, 이 프로젝트는 그 첫발조차 내디딜 수 없었을 것이다.

몇달 안에 대공사가 시작되었다. 벌목 반출기지가 만들어지고, 본격적인 광물조사가 시작되었다. 아무것도 없는 거대한 공간에 사람과 트럭이 투입되어, 도로·저수지·도시를 만들어냈다.

1973년에는 브링코의 활동중심이 되는 거대한 계획이 시작되었다. 이것은 장대한 해밀턴폭포를 이용한 발전소로, 윈스턴 처칠경을 기념하여 처칠폭포라고 이름붙여졌다. 이 발전소 하나로 캐나다 전지역에 522만5000킬로와트의 전력이 공급되었다.

　프랑스회사 또한 로스차일드적 창조력을 크게 발휘하고 있었다. 로베르는 1946년에 죽고, 에드와르는 70대 후반 나이였다. 따라서 젊은 세대가 뒤를 이어받았다.
　전쟁에서 돌아온 기, 알랭, 엘리는 혼란한 나라에서 은행 또한 혼란상태에 놓여 있음을 알았다.
　라피트거리 점포부지는 대부분 다른 목적으로 나치스에 징발되었다. 살아남은 종업원들은 대부분 퇴직연령을 넘어 있었다. 자산은 최소, 고객은 아주 조금 있었고, 금융전문기술은 거의 없었다.
　경영을 인수받은 기는 전쟁 전 드 로스차일드형제상회에서 몇년 동안 일했는데도, 금융에 관해 실질적으로 아무것도 몰랐다. 그러나 폐업은 생각하지도 않았다.
　기와 사촌형제들은 먼저 몰수당한 자산회수에 온힘을 기울였다. 되도록 많은 로스차일드관계기업을 합병했다. 은행에는 자본이 없어도, 다양한 집안사람들이 여러 분야에 중요한 상업회사를 가지고 있었기 때문이다.
　신세대 지도자들은 새로운 길을 개척하기 시작했다. 드 로스차일드형제상회는 단순한 상업은행에서 금융·상업복합기업으로 변신했다. 사업 및 산업에의 출자를 확대하여, 민간 자금을 이용하는 몇 백 개의 지점을 거느린 상업은행이 된 것이다.
　프랑스 은행 대부분이 대중노선을 취한 시기에 이것은 꼭 필요한 변신으로 생각되었다. 기는 뒷날 전쟁 뒤의 방침에 대해 다음과 같이 술회했다.

　그 중에는 공동경영체제를 대규모 법인조직으로 바꾸어, 파리를 비롯한 대도시에 지점을 여는 계획이 포함되어 있었다.

　세밀히 분석하자 다른 요소, 주로 규모문제가 떠올랐다. 어느 수준까지의 이야기지만, 양과 힘이 결합되는 범위에서 은행이란 경쟁상대에게 먹히는 법이다……대부분의 사업은 성장지향적인 방향으로 향하고, 때로 보다 더 큰 집합체를 만들기 위해 합병하는 경향이 있다……

　오늘날 좋은 경영에는 세련된 관리체제가 요구되며, 그 노력은 사업 속에서 최대한으로 펼쳐져나가야 한다. 경제확장에 전력을 쏟고 있는 프랑스에서, 로스차일드집안이 선도자로서의 그 전통적 역할을 유지해야 한다는 것은 우리에게 당연한 일이었다……

　석유·광업·냉장·선박·호텔 등 여러 분야에서 확실하게 투자범위를 확대해 나가는 것도, 그 역할의 하나였다.

　1967년 드 로스차일드형제상회 창업 150주년 기념식에서 이 회사의 대대적 변혁이 발표되었다. 로스차일드은행이라는 이름의 법인이 된 것이다. 새로운 체제의 본질은 합병으로, 그들은 주식의 40퍼센트를 소유한 주주가 되고 나머지는 로스차일드가 관여한 북부회사(옛북부철도회사)가 소유했다.

　에드먼드처럼 기도 상업활동을 은행만으로 제한할 수는 없었다. 그가 지금도 자랑스럽게 이야기하는 업적은 프랑스의 광산복합기업 IMETAL 설립이다. 전쟁 뒤 원료수요가 한동안 지속된다고 본 그는 리오 틴토광산회사 위원자리를 손에 넣었다. 대주주였던 까닭에 드 로스차일드형제상회는 두 자리를 할당받았다.

　그 일에 관하여 그는 하버드 비즈니스스쿨에 다닐 때보다 더 열심히 공부했다. 이렇게 얻은 지식을 사용하여 19세기 이래 그들이 소유해 온 두 개의 작은 회사에 활기를 되찾게 했다. 페나로야라는 석탄채굴회사와, 뉴칼레도니아에서 니켈광상을 개발하기 위한 소시에테 르 니켈이라는 회사였다.

기 남작과 관계자들은 새롭게 허가를 얻어 생산방법을 개량하고 일련의 합병과 기업매수를 통해, 비철금속광업을 전문으로 하는 다국적기업을 만들었다.

이 놀라운 로스차일드의 부활은, 국제금융계의 대사건이었다. 두 개 남은 은행이, 실질적인 무의 상태에서 단번에 전통적인 월등한 지위를 되찾은 것이다.

빈에서도 같은 일이 일어나기를 바랐지만, 루이남작은 의식적으로 빈에 은행을 다시 설립하지 않기로 결정했다.

그는 이미 미국에 뿌리내리고 있었으며, 만족스러운 결혼도 했다. 뒤를 이을 아들도 없었다. 사실 그와 오이겐(역시 미국 거주)이 죽고 나면, 지난 세기 첫무렵 잘로몬으로부터 이어져온 남자후손은 끊기게 된다.

그러나 이 일만이 그를 그런 판단에 이르게 한 것은 아니었다. 전쟁 뒤 빈으로 돌아가 그곳 실상을 보고, 그는 슬픔에 잠기고 완전히 실망하고 말았다.

'로스차일드 돌아오다'라는 뉴스는 희망의 물결처럼 이 도시에 퍼졌다. 옛친구, 먼 친척, 예전종업원, 감옥에서 그의 간수였던 자들까지 찾아와 돈을 요구하고 정부에 청탁을 부탁했으며, 이주하도록 도와달라고 머리를 조아렸다.

예전에 그가 사랑했던 빈의 광경을 생각하면 너무나 비통했다. 모든 곳이 폐허가 되고, 자주 가던 국립오페라며 브루크극장 같은 건물도 무참히 파괴되었다. 승리자인 연합군에 의해 도시가 몇개의 점령지대로 나뉘어져 있었다.

루이는 이곳으로 돌아올 이유를 찾을 수 없었다. 더욱이 이곳에서 사업을 다시 할 생각 따윈 전혀 들지 않았다.

다만 그가 염려한 것은 늙은 가족과 은행종업원들을 보살피는 일

이었는데, 그 일은 안셀름이 만들어놓은 제도에 의해 충분히 이루
어지고 있었다. 장기근속한 고용인 전원에게 100퍼센트 연금을 주
는 것이 그들의 의무였다.

루이, 오이겐 그리고 알퐁스 마이어의 미망인 클래리스는 중요한
일을 하나 성취했다. 나치스에 몰수당한 재산을 모두 되찾은 것이
다.

그것은 오래 끌어온 힘든 일이었다. 탐색과 예술품 감별문제는
아무것도 아니었다. 그것들은 티롤의 알트 아우세암염갱(岩塩坑)에
숨겨져 있었다.

그곳은 소설에나 나올 법한 약탈재산 은닉장소로, 1945년 진군중
인 연합군에게 발견되었다. 히틀러의 명령으로 차갑고 건조한 길다
란 갱도에, 나무테로 포장된 회화·조각·가구 등이 유럽에서 날라져
와 겹겹이 쌓여 있었다.

이 귀중품을 특별히 지명된 3인위원회가 소유권이 확실한 경우에
만 진짜 주인에게 돌려주었다. 다행히 전쟁 전에 루이와 오이겐이
집안의 모든 귀중품 명세서를 작성해 두어, 소유물임을 증명하는
데 아무 어려움이 없었다.

먼저 그것들을 가려내는 일이 필요했다. 문제는 국외로 반출하는
일이었다. 정부는 반출허가를 단호히 거부했다. 긴 토론 끝에 타협
이 이루어졌다. 로스차일드는 몇 가지 예술품을 반출해도 좋지만,
그 나머지는 모두 오스트리아에 '기증'한다는 조건이었다. 몇몇 미
술관과 박물관이 로스차일드의 본의아닌 시혜로 윤택해졌다.

영지를 되찾는 일은 더욱 어려웠다. 로스차일드의 영지와 저택은
대부분 소련군 점령지역에 있었고, 소련정부는 '독일의' 소유물을
몰수한 것으로 여겼다. 강제로 빼앗긴 유대인 토지는 '독일의' 소유
물이라 할 수 없다고 항의했지만, 아무 소용 없었다. 소련군 점령
이 1955년에 끝나기까지 그들은 영지반환교섭을 할 수 없었다.

철의 장막 저쪽의 토지·성·저택은 영원히 되찾지 못했다. 비트코비츠는 공산당 지배 아래 들어갔다. 웅장한 실러스도르프도 마찬가지였다. 그곳은 체코슬로바키아 관광산업이라는 왕관을 장식하는 보석이 되었다. 오늘날 그곳은 호텔 겸 종업원의 훈련소가 되어 있다.

오스트리아 로스차일드는 외국에 계속 살았다. 루이는 롱아일랜드로 돌아가 늘그막까지 그곳에서 건강하게 지냈다. 그는 73살 때 몬테고 만에서 수영하던 중 숨졌다. 사체는 오스트리아로 운반되어, 1955년 1월 빈에 매장되었다.

오이겐은 1952년 68살 때, 24살 어린 잔 스튜어트와 두 번째 결혼을 했다——키티는 1946년에 죽었다. 잔은 그에게 최선을 다했다. 두 사람은 영국에서 몇해 살다가 몬테카를로로 옮겼다. 오이겐은 그곳에서 92살에 죽었다.

알퐁스 마이어의 미망인 클래리스와 그녀의 아이들은 오스트리아와의 연결고리를 계속 유지했다. 그녀는 소유물을 되찾는 싸움에 열심히 참여해, 랑가우의 영지를 지켜냈다.

그녀는 우수한 관리인을 고용하고, 로스차일드에서 여러 세대 일해온 고장사람들의 도움을 얻어, 아름다운 수목으로 뒤덮인 그 지대를 상업용도로 전환시켰다.

그녀는 딸들 그리고 사위들과 마을 한복판에 자리한 잘로몬 알베르트의 낡은 사냥오두막에서 살았다. 그곳은 지금 영지 사무소가 되어 있다.

그들은 도로를 정비하고 제재소를 세웠다. 스키 리프트를 만들어, 랑가우 마이어호펜을 그곳 주민과 관광객들이 즐길 겨울휴양지로 바꿔놓았다.

1974년, 오스트리아로스차일드의 마지막 생존자가 돌아왔다. 외교일로 온 미국을 돌아다니며 바쁘게 살던 베티나와 그 남편 매튜

루람이, 랑가우에 은거하기로 한 것이다. 베티나의 여동생 그웬덜린은 1972년에 이미 죽었다

그들은 숲이 우거진 가파른 비탈면과 물안개 피어오르는 폭포가 내려다보이는 산 위에 아름다운 집을 세웠다. 이 높은 고지대 성에서 그들은 영지를 운영하며 스키·낚시·사냥을 즐겼다. 베티나는 자기가 마지막 남은 몇천 에이커의 땅을 물려받은 '영락한' 로스차일드라면서 쓸쓸히 웃었다.

"은행도 없어졌어요. 실러스도르프도, 다른 멋진 성들도, 빈의 타운하우스도 모두 없어져버렸지요. 잘로몬 알베르트 할아버지가 사랑했던 아름다운 랑가우만 남겨져, 지금 젊은 자손들을 끌어들일 수 있는 유일한 장소가 되었답니다."

베티나와 마찬가지로 전쟁중 미국으로 망명했던 밧세바는, 오빠기와 함께 프랑스로 돌아가지 않았다. 그녀는 이스라엘에 정착했다. 그것은 종교적 의미에서가 아니었다.

짧은 결혼생활이 끝난 1951년에 유명한 마사 그레이엄이 이끄는 미국 무용단과 함께, 처음으로 그녀는 이 신생국을 방문했었다.

그레이엄은 현대무용발전에 창조적인 공헌을 한 사람이었다. 두 사람의 만남은 우연히 이루어졌다.

밧세바는 여러 해 동안 체조에 흥미를 느끼고 있었다. 전쟁 전에는 파리에서 요가를 바탕으로 학생들을 지도하는 스승 밑에서 공부했다. 뉴욕에서는 무용과 요가의 상호작용을 더 깊이 알기 위해 무용학교에 다녔다.

그 학급사람이 그녀에게 말했다.

"위층에 있는 마사 그레이엄을 만나봐요."

이 만남이 그녀의 인생을 완전히 바꿔버렸다.

마사 그레이엄은 그때 50대였고 무용가, 안무가 또 교사로서 강

한 개성의 소유자였다. 그녀는 댄스와 발레를 고전적 형식주의의 틀에서 해방시켜 강렬한 감정을 표현하기 위한 수단으로 삼아, 무용계에 무한한 영향을 미치고 있었다.

그녀는 어떤 마력을 지닌 사람이었다. 단원들에게 최고 연기를 끌어내고, 후원자로부터 돈을 듬뿍 얻어내며, 아론 코플랜드(미국의 작곡가)를 비롯한 인정받는 작곡가들을 설득해 그녀를 위한 곡을 쓰게 했다.

밧세바 드 로스차일드 역시 그녀가 뿜어내는 마력의 포로가 되었다. 밧세바는 설명한다.

"만일 로스차일드 여성이 성공하려면, 전통적인 로스차일드 활동 범주에서 자유로울 필요가 있어요. 우리 가운데 몇 사람은 로스차일드와 관계없이 명성을 날리고 있지요."

재능을 지닌 19세기 선조들 중에 같은 생각을 한 사람들도 있었지만, 그들 대부분은 결국 로스차일드가 기대하는 유형으로 흘러들고 말았다. 20세기 중반에 그 유형은 파괴되었지만, 그렇다고 자신의 운명을 개척하는 일이 쉬운 건 아니었다.

그녀들에겐 돈이 있다. 어디에나 통용되는 이름이 있다. 그러나 '로스차일드'가 열쇠가 되는 한편, 스스로의 힘으로 성공하려는 사람에게는 도리어 족쇄가 되기도 한다. 그녀들은 또한 고집스러운 성격——일을 이루려 할 때의 성급함, 지나칠 정도의 완벽주의도 물려받았다.

밧세바도 자신 속에 이런 특징이 있는 걸 인정한다.

"뭔가 탁월한 일을 향하여 노력하고 있을 때만, 나는 그것을 지지해요. 타협을 시작한 순간, 나는 그 일에서 떠나버린답니다."

무용이라는 표현방법에서 그녀는, 무의식중에 찾고 있던 자신의 에너지와 재능을 펼칠 매개체를 발견한 것이다. 그녀는 마사 그레이엄 무용단과 함께 여행했다. 의상일을 맡아 국무부가 스폰서가 된 극동순회공연에 참가했다. 그 마지막 공연은 테헤란에서 있었다.

그녀는 개인적으로 여행일정을 늘렸다. 그리고 활력넘치는 새로운국가, 급성장하는 국가, 현대문명의 온갖 예술과 기술을 자각하고 발현한 국가 이스라엘을 방문했다. 그곳에서는 로스차일드라는 이름이 큰 존경의 뜻으로 받아들여졌다.

1954년, 에드몽과 아내 아델하이드(1934년, 35년에 각각 사망)의 사체가 프랑스에서 운반되어, 새로 개척된 카에사리아항구가 내려다보이는 언덕 라마트 하나디브에 묻혔다.

그들의 무덤은 이스라엘인들의 순례지가 되었다. 묘비명은 간단하다.

이 땅의 아버지 에드몽 드 로스차일드남작과 그의 부인, 하느님을 높이 받든 여인 아델하이드남작부인 여기에 잠들다.

3년 뒤, 그들의 아들 제임스 아르망 드 로스차일드가 죽고, 그의 유언에 따라 1600만이스라엘파운드가 국회의사당 크네세트 건축을 위해 유증되었다. 그것은 시오니스트의 이상에 대해 60년 넘게 계속된 헌신의 마지막 것이었다.

그들의 이름은 이스라엘에서 매우 존경받고 있었으며, 그 존경은 자신이 생각한 것보다 훨씬 뿌리 깊은 것을 밧세바는 느꼈다. 그녀에게 뭔가 할 수 있을 것 같은 중요한 의미를 안겨주었다.

1958년 뒤로 그녀는 이스라엘에서 차츰 더 많은 시간을 보내게 되었다.

그녀는 말한다.

"사람들이 가족 사이의 다툼에서부터 왼손잡이를 돕는 방법에 이르기까지, 다양한 문제에 관하여 충고를 들으러 나를 찾아왔답니다.”

그녀는 주택개량으로부터 과학기금 형성에 이르기까지 여러 가지 계획의 스폰서가 되었다. 돈만 제공한 게 아니었다——그녀는 너무도 로스차일드적이었다. 위원회 자리에 앉아 계획 세우는 일을 돕고, 계획을 실행에 옮기는 사람들이 자유롭게 일할 수 있도록, 가능한 모든 도움을 주었다.

유능한 전문가를 세상에 많이 배출하고 싶은 소망에서 그녀는 1967년에 바트 도르학교, 1968년에는 바트 도르무용단을 설립했다.

그즈음 뛰어난 무용예술지도자 자넷 오르드먼이 텔아비브에 학교를 설립했는데, 얼마 뒤 그녀와 손잡고 새로운 전문학교를 탄생시켰다. 고전발레와 모던댄스를 모두 훈련시키는 최초의 학교였다.

마담 드 로스차일드를 프로듀서로, 자넷 오르드먼을 예술감독겸 수석댄서로 하는 무용단이 만들어졌다. 이 무용단은 곧 유명해져서, 세계의 젊은 예술가들이 그들을 주목했다. 그들은 유럽·아프리카·북아메리카를 순회하며 놀랍고 멋진 공연을 보여주었다.

바르샤바에서 공연할 때에는, 박수갈채와 ‘비스(앵콜)’라는 외침소리가 15분 동안 계속되었다. 그디냐에서는 자넷 오르드먼이 에디트 피아프 역을 춤춘 뒤, 22분 동안이나 되풀이해서 앵콜에 불려나갔다.

이러한 것은 밧세바가 스스로 자랑스럽게 여기는 자신의 업적이었다. 그러나 무용단을 위해서이지 자신을 위한 일은 아니었다. 개인적으로 공적 장소에 나가기 싫어하는 그들 집안의 특질을, 그녀도 지니고 있었다.

그녀는 말한다.

“어떤 곳에서 나는 주위의 칭찬을 한 몸에 받았어요. 그 일은 나를 성나게 했어요.”

마침내 그녀는 이스라엘 국적을 취득했다. 그녀가 프랑스 이름

베사베를 버리고 헤브라이어 이름 밧세바를 쓰기 시작한 것은 그때부터였다.

그녀의 여동생 자클린은 남편과 함께 미국에 남아 로스앤젤레스에 정착했다. 남편은 1976년에 죽었다.

그녀 역시 그들 집안에 존재하는 놀라운 재능의 소유자였다. 음악에서는 큰 업적을 이루지 못했지만, 그 에너지를 다른 방면으로 쏟았다.

체스 실력이 뛰어났고, 테니스 선수권도 많이 차지했다. 나중에는 조각에 열중하여, 여러 곳에 그녀의 작품이 전시되었다. 상업작가가 되는 것을 굳이 사양하여, 일반에게 파는 일은 없었지만.

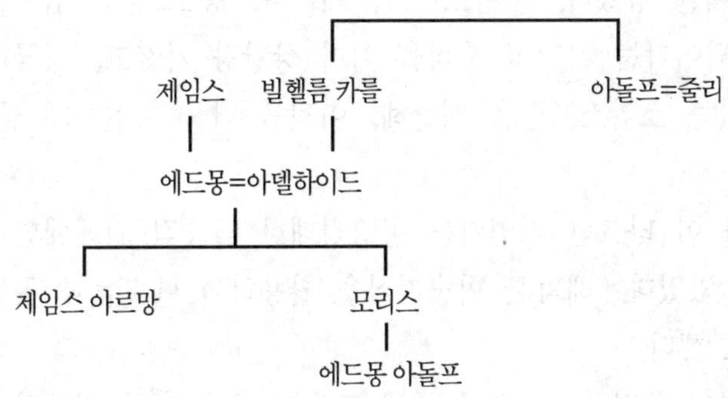

그들 집안의 '검은 양' 모리스는 양털을 한껏 치장하여 망명지에서 돌아왔다. 제네바에서 충격적인 일이 그를 기다리고 있었다. 그가 없는 동안 부정을 저지른 사람들이 있어, 스위스의 현금자산을 모두 가지고 도망친 것이다.

그러나 그는 상속재산에 자신의 노력을 더하여, 집안에서 첫째가는 부자가 되었다. 자식이 없거나, 근친결혼을 했거나, 남계(男系)를 유지할 수 없게 된 집안 사람들의 운명에 의해 그는 로스차일드의 산더미같이 많은 부, 지금까지로는 최대의 부를 상속받는 사람이 되었다.

아돌프로부터는 나폴리지사의 나머지 재산을 물려받았다. 아델하이드는 프랑크푸르트회사 마지막 사람인 아버지의 공동상속인이었고, 에드몽은 프랑스의 재산을 상당부분 물려받았었다.

이 막대한 부가 모두 제임스 아르망과 모리스에게 굴러들어온 것이다. 아우 모리스는 또한 1940년대에 개인적으로 모은 재산을 여기에 보탰다.

모리스는 프레니로 돌아가, 제네바호수가 내려다보이는 그 거대하고 웅장한 궁전에 다시 거처를 정했다. 재산은 변함없이 늘어났다. 이 성은 확장하는 금융망의 발전소가 되었다.

그는 소파에 파묻히고 다섯 대의 전화에 둘러싸여 세계 금융시장에서 매매를 행했다. 남아프리카, 캐나다, 콩고 등 광업으로 급속히 확장되어가는 지역의 주식을 이미 상당량 가졌고, 저금리로 빌릴 수 있는 스위스프랑을 대출해, 이것을 더욱 확실하게 불려나갔다.

그러나 이 타고난 기업가는 공명정대한 금융적 거래에만 머물러 있을 수 없었다. 해박한 미술지식을 활용하여 예술품과 골동품 중개역할도 했다.

1957년에 죽었을 때 현금·증권·부동산·예술품 등 막대한 재산이 31살난 외아들 에드몽 아돌프에게 남겨졌다. 에드몽 아돌프는 전혀 새로운 로스차일드금융업을 시작하여 거대한 상업제국을 건설하게 된다.

매혹된 욕망

금빛과 빨강과 장밋빛 장막을 걷으면
다이아몬드 눈물을 흘리는 마리엘렌이 나타난다.

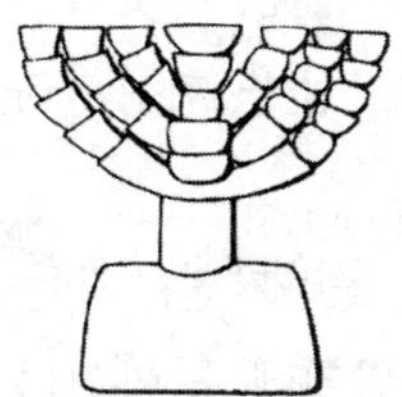

기 드 로스차일드남작은 1960년에 페리에르의 문을 다시 열었다. 12년 동안 그곳은 각국 제트족(자가용 제트기로 놀러다니는 부호들)의 메카가 되었다.

그 당당한 성은 전쟁이 시작된 이래 비어 있었다. 나치스의 약탈을 당해 볼품없는 모습으로 20년 동안 방치되었던 것이다. 구조상의 수리, 중앙난방, 내버려진 정원손질과 식물 갈아심기, 개장(改裝), 고급 페인트칠, 훌륭한 가구배치 등에 몇백만의 비용이 들었다. 기 남작은 그 비용이 전혀 아깝게 생각되지 않았다.

그것은 두 가지 의미에서 회복의 상징이었다. 그는 3년 전 18살 어린 가톨릭 신자 금발미녀 마리 엘렌 반 쥘런 드 네베와 결혼하기 위해, 유대인 아내와 이혼했다. 그녀와의 열렬한 사랑은 그에게 젊음을 되찾게 해주었다.

그러나 그가 보여주려는 건 그 자신의 새로워진 정신만이 아니었다. 페리에르에 전쟁 전의 영광을 되찾게 하는 일은, 로스차일드의 재력이 예전과 다름없이 부활되었음을 의미하는 것이었다.

새로 단장한 성에서는 이국적인 만찬회와 화려한 무도회가 날마다 열렸다. 영화스타·왕족·예술가·정치가 등 유명인사들이 로스차일드가 베푸는 융숭한 대접을 받으러 온세계에서 모여들었다.

그 접대는 참으로 훌륭했다. 이를테면 초현실적인 무도회에 참석한 8백여 손님들은 잊을 수 없는 하룻밤을 지냈다.

기남작은 자랑스럽게 그즈음을 회상했다.

손님들이 중앙계단을 올라가면, 모든 것이 언제나처럼 조용하고 호화로운 엄숙한 분위기에 휩싸인다. 층계참마다 고양이가면을 쓴 하인들이 실로 기묘한 모습으로 잠들어 있는 듯 보인다.

이 어둑어둑한 미궁 속으로 언제 끝날지 모르는 여행이 시작된다. 검은 리본숲의 무성한 가지를 헤치면서 어둠 속을 손으로 더듬어나아간다. 때때로 제복입은 고양이 몇 마리가 회중전등을 들고 불쑥 나타난다. 거대한 거미집에 걸린 동물의 기묘한 모습처럼 오싹하다.

즐거운 공포에 몸을 떨면서 긴 미궁을 걸어나와 드디어 지옥의 마지막 관문을 통과할 때, 손님들은 안도의 한숨을 내쉰다.

그들은 금빛과 빨강과 장밋빛으로 짜여진 장막을 걷고 그 속으로 들어간다——거기에서는 다이아몬드 눈물을 흘리는 암사슴 머리를 쓴 마리 엘렌과, 큰 접시에 정물을 보기좋게 담은 모양의 머리장식을 쓴 내가, 미친 듯 요란스럽게 도착하는 손님들을 맞이한다.

그동안 내내 피아니스트가 숨어서 사티의 음악을 연주한다.

사치스럽기 그지없는 '가면무도회' 손님들은 유행을 따를 줄 아는, 화려하고 기지에 넘치며 돈있는 사람들로 한정되었다. 저마다 의상에 몇백만, 몇천만의 비용을 들였다. 주인과 여주인이 고안해낸 하나의 엉뚱한 장치에 맞추어, 상상력과 사치를 경쟁하는 것이었다.

기와 마리 엘렌의 창의성은, 장식면에서도 부족함이 없었다. 이 무도회는 호화로운 동시에 이국적이었다.

테이블마다 하늘을 그린 테이블보가 씌워지고, 초현실주의 화가나 시인 누군가가 생각해낸 장식물이 한복판에 놓여 있었다. 그것은 광기와 모순과 시적인 것을 동시에 표현하려는 디자인이었다. '피렌체풍 달걀'이라는 제목의 테이블에는, 요리된 시금치 더미에 거대한 새의 시체가 꽂혀 여자의 가슴으로 장식되어 있는 식이었다……

열렬한 박수속에 맞은 클라이맥스는, 여덟 사나이가 날라온 거대한 접시로, 나체의 여자가 장미침대에 누워 있는 진기한 광경이었다. 이것은 모두 먹을 수 있는 솜사탕으로 만들어져 조금씩 떼어먹도록 되어 있었다. 이른바 '야만인 디저트'라고나 할까?

파티는 새벽까지 계속되었다……모두들 황홀한 분위기에 취해 있었다.

기 로스차일드의 기억은 선명했다. 만일 1960년대가 진정으로 '활기넘친 시기'였다면, 프랑스 로스차일드집안만큼 활기넘친 곳도 없었을 것이다. 1920년대 이래, 그들은 이렇듯 엄청난 비용을 써도 될 만큼 부를 누려본 적이 없었다.

지난세기 끝무렵 이래 이토록 영향력을 미친 일도 없었다. 확장주의를 적극적으로 전개한 1960년대와 70년대 첫무렵, 로스차일드가 금융계와 상류사회에서 전통적 지도력을 다시 장악함으로써, 그들의 정치적 영향력도 되살아났다.

물론 자신의 조부들이 행사한 영향력과는 종류가 달랐다. 너새니얼 메이어는 정책담당자에게 압력을 가하거나 조언하는 것도, 정부나 국가에 대한 의무의 하나라고 생각했다. 알퐁스는 대신이며 대표자들과 자주 밀담을 가졌다.

두 사람 다 뚜렷한 정치적 견해를 가지고 그것을 밝혔다. 그 영향력을 나쁘게 보고, 편협한 분파적 이해관계로 행동하는 반대자와 저널리스트들이 있었지만, 그 불평과 비평을 두 사람은 무시했다.

그러나 60년 지난 지금, 세상은 많이 변했다. 정부와 대기업 사이에는 늘 석연치 않은 무언가가 있다고 의심하는 게 이미 세상의 통념이 되어 있다. 공적인 자리에서 일하는 사람은 남녀를 불문하고 법률에 따라, 사업상 이익은 무엇이나 신고할 의무가 있었다.

국회의원이나 정부기관에 대한 건의에는, 명확한 지침이 설정되어 있다. 정치가도 기업인도 은행도 이것을 무시하면 추문으로 망신당하고 타락했다고 비난받는다. 그러므로 영향력은 개인적 수준에서 멈출 수밖에 없다.

1962년부터 68년까지 퐁피두는 프랑스총리를 지내고, 69년부터 74년까지 대통령으로 있었다. 그는 로스차일드와 평생 친구였으며, 파리은행을 경영하기도 했었다.

62년 선거 뒤의 며칠 동안, 보도기관은 대활약을 했다. 최근 기 남작이 경마에서 승리한 일에 빗대어, 어느 신문이 이런 기사를 실었다.

'로스차일드마구간의 퐁피두, 그랑프리 마티뇽에서 우승하다(오텔 마티뇽은 프랑스총리관저).

다른 신문들도 표제며 풍자화로 비슷한 기사를 실었다. 이러한 공격도 그 두 사람의 서로에 대한 감정에, 아무 영향을 미치지 않았다.

몇년 동안 기남작과 총리는, 한 달에 한 번씩 만나 개인적으로 점심을 함께 했다. 로스차일드사람들은 공식행사 내빈 명부에 자주 이름이 올랐다. 그들은 많은 사항에 관하여 공통된 의견을 가지고 있었다.

정부가 자유주의경제를 유지하고, 사회주의자의 압력에 저항할 필요가 있는 시점에서 특히 그러했다. 퐁피두는 재정에 관한 전문적 조언에 감사하고, 재직중의 어두운 나날들, 특히 1968년 프랑스를 진동시킨 학생운동과 파업, 민중데모의 파문이 요동치던 시기에 도와준 데 깊이 고마워했다.

정치적·사업적으로 퐁피두와 로스차일드의 관계는 정당한 것이었으나, 이 은행가집안을 못마땅하게 여기던 좌익정당이 권력을 장악하자 그들은 노골적으로 불쾌감을 나타냈다.

그러나 얼마 동안은 모든 일이 장밋빛이었다. 기는 말사육장을 고쳐짓고, 사촌 및 조카들과 함께 해협 양쪽에서 경마에 열을 올렸다.

그들은 수많은 훌륭한 말을 세상에 내보냈다. 지금까지 청색과 황색제복의 기수가 탄 말 가운데 최고 말은, 에드먼드의 영국 영지에서 기른 엑스버리라는 이름의 망아지였다. 이 말은 로스차일드 확장주의의 표상이었다. 1960년대에 프랑스와 영국의 전통있는 경기에서 그 말은 우승을 독차지했다.

그 화려한 시대에, 로스차일드의 안주인으로 멋지게 활약한사람은 마리 엘렌 한 사람만이 아니었다. 에드몽 아돌프남작의 아내 나딘은 프레니에서 페리에르에 못지않은 이국적인 향연을 베풀었다.

볼디니 무도회를 위해 그녀는 저택부지 안의 큰 승마학교를 연보라와 자주색 긴 비단천으로 장식하고, 볼디니가 19세기 끝무렵 파리에서 그린 '바람둥이여자들' 그림을 벽에 걸었다. 무도장을 만들어 난방과 조명시설을 하고, 화분에 꽃과 나무를 심었으며, 호화로운 식사를 준비했다.

손님들은 19세기 끝무렵 의상을 입도록 정해졌다. 500여 명의 손님들 중에는 엘렌 로셔, 율 브린너, 에스티 로더, 에드워드 케네디, 오드리 헵번, 지나 롤로브리지다, 글로리아 스완슨, 나폴리의 빅토르 에마누엘, 그레고리 펙 등이 있었다.

나딘 자신이 나중에 썼듯, '로스차일드 스타일'이란 쾌적함과 세련된 장식이 미묘하게 어우러진 건축양식만을 가리키는 게 아니다. 그것은 생활양식을 가리키기도 하고, 호화롭고 완벽한 접대를 가리키기도 했다.

에드몽 아돌프와 나딘의 이야기는 신데렐라와 신드바드를 합한 듯한 현대판 동화였다. 그는 아버지가 세상을 떠난 뒤 '세계 어느 로스차일드보다도 어마어마한 재산을 상속받았으며, 책임은 거의 없었다.'

여기에는 이중적인 의미의 큰 야유가 내포되어 있었다. 그들 집안의 '제쳐놓은' 아들은 말 그대로 '제쳐놓은' 존재였기 때문이다.

그에게 무슨 잘못이 있었던 것은 아니지만, 가장 부유한 로스차일드는 또한 가장 비난받기 쉬웠다. 그의 아버지 모리스는 은행과 고의적으로 관계를 끊었는데, 그 상황으로 인해 에드몽 아돌프는 고립되어 버렸다.

그와 비슷한 나이의 가까운 친척은 아무도 없고, 줄곧 외가에서 자라다가, 에드몽 아돌프는 성장기인 10대에 혼자 스위스에서 살았다. 전쟁이 끝난 뒤 은행에 들어갈 생각도 해보았지만, 기회가 없었다. 그의 말에 의하면 '들어갈 만한 은행'이 없었다.

그는 1949년에 미국으로 가서 로스차일드의 자회사인 코메르시얼 트랜스오세안에 근무했으나, 1년밖에 있지 않았다. 뭔가 좀더 유망한 일을 하고 싶어 법률공부를 했지만, 진지하게 개업을 생각한 일은 없었다.

24살 때 에드몽 아돌프는 자기 사업을 시작하기로 했다. 로스차일드라는 배경, 특히 아버지의 존재가 그에게 거의 필연적으로 작용한 것 같으나, 그 자신은 특별한 이유는 없었다고 주장했다. 아버지와는 그리 친밀한 사이가 아니었다.

"내 말을 듣고 아버지가 기뻐한 적은 한 번도 없었다."

아버지는 물론 다른 친척들에게서도 아무 도움을 받지 못했다. 조부는 군대장교였고, 외가쪽은 예술애호가였다.

"나는 금융에 관해 아무것도 몰랐다. 사업을 시작하기 전에는 한 주의 공채도 가져본 적 없었다. 대차대조표를 읽는 것도 혼자 익힐 수밖에 없었다."

그러나 그에게는 로스차일드 아닌 사람은 누릴 수 없는 특권이 있었다. 조부가 1백만 달러를 남겨준 것이다. 이 돈과, 나중에 은행가 친구에게서 빌린 돈으로 땅·상품·수출입품 등 이익될 만한 것이면 무엇이든 사고팔았다.

아버지 유산을 상속받을 즈음에는 이미 사업에 대한 요령을 터득하고 있었다. 그는 자신의 잇따른 성공이 '좋은 충고'를 받은 덕분이었다고 겸손하게 말했다.

에드몽 아돌프의 사업활동에서 바탕이 된 것은, 언제나 토지개발이었다. 금융활동에 비교적 다각적인 투자를 하여, 전망있어 보이는 프로젝트에 돈을 쏟아넣었다.

그는 진지한 얼굴로 이야기한다.

"이것이 벤처 캐피털이라고 불리는 것임을 나중에야 알았지요."

생 오노레거리에 자리한 에드몽 아돌프의 호사스러운 사무소는, 급성장하는 상업제국의 중심이 되었다.

그가 초기단계에 후원한 사업의 하나로, '휴가에 대한 재미있는 새로운 시도'를 개척하는 작은 회사가 있었다. 에드몽 아돌프는 클럽 메디테라네라는 이름의 이 작은 회사 지분을 35% 가졌는데, 이 회사는 10년 동안 급속도로 발전해 비교적 고급스러운 패밀리레저 회사로, 세계에서 가장 성공한 기업이 되었다.

그러나 에드몽 아돌프 드 로스차일드가 구상한 사업이 다 성공한 것은 아니었다. 그가 출자한 사업 중에는, 이를테면 염가상품판매에 손댔다가 비참한 결말을 본 경우처럼 실패한 경험도 있었다.

그러나 이익이 손실을 훨씬 웃돌았다. 이로써 드 로스차일드형제상회의 권력과 명성에 조금도 뒤지지 않는, 제2의 로스차일드 조직이 파리에 출현한 사실이 순식간에 널리 알려졌다.

1968년에 친척들이 은행재건을 꾀할 무렵, 에드몽 아돌프는 이제 예전에는 생각할 수 없었던 일을 자유스럽게 할 시기라고 생각했다. 그는 스위스에 본거지를 둔 자신의 은행, 프리베은행을 설립했다.

성공이 확실했지만, 에드몽 아돌프는 인생에서 돈벌이보다 더 소중한 일이 있음을 알았다. 그는 결코 '몸과 마음을 모두' 쏟아부어 상업활동에 몰입하는, 네이선 로스차일드가 좋아할 듯한 민첩하고 활동적인 사업가는 아니었던 것이다.

1950년대와 60년대에 자기와 같은 민족의 종교와 토지문제가, 그의 인생에서 차츰 무게를 더해갔다. 유대교 가르침에 따라 성장하지 않고, 청년이 되어서야 선조의 신앙을 '발견'했을 때의 충격은 매우 컸다. 그는 열렬한 시오니스트가 되었다.

너무도 열성적이어서 아버지와 제임스 아르망백부는 그의 이스라엘 방문을 저지시키기 위해 그를 설득해야만 했다. 그가 무슨 어리석은 짓을 저지르지 않을까 염려되어서였다.

1956년 수에즈 위기 때, 에드몽 아돌프는 착잡한 심경에 빠졌다. 이듬해 제임스 아르망백부가 세상을 떠났다. 그는 비로소 '이스라엘의 아버지'인 로스차일드의 유일한 직계자손이 되어, 개인적으로도 강한 책임감을 갖게 되었다.

1958년 처음으로 이스라엘을 방문했을 때, 에드몽 아돌프는 할아버지가 말한, 진정한 의미의 새로운 국가란 무엇인지 깨달았다. 집안 전통에 따라 개인적 관계를 맺고 싶은 바람을 갖게 된 것이다.

그는 다비드 벤 구리온과 이야기 나누었다. 그 현명한 정치가는 젊은이의 열성을 환영하면서 충고했다.

"자선운동은 도러시백모님에게 맡기고, 자네는 자신이 가장 잘 아는 금융에 충실하는 편이 좋을걸세. 자네 돈은 사업이나 일을 창출해 내는 데 쓰도록 하게."

계속된 2, 3년 동안 연약한 유대인국가를 위해 그는 많은 사업을 진척시켰다. 홍해에서 지중해에 걸쳐 파이프라인을 깔고, 수요가 많은 이탈리아 석유를 이스라엘로 운반했다. 또 화학공장을 건설하고, 이스라엘 제너럴은행을 설립했다.

에드몽 아돌프가 텔 아비브에서 펼친 활동이 일반에 어떻게 받아들여지든, 집안사람들 모두가 칭찬하거나 인정한 것은 아니었다. 특히 제임스 아르망의 미망인 도러시는 조카가 조부의 평판을 이용해 돈벌이하려 한다고 믿어 좋게 생각하지 않았다.

남편이 죽은 뒤 그녀는 새국가 건설이라는 남편의 사업을 솔선해 인계받았다. 다른 목적을 향하고 있을지라도, 그녀는 선대 에드몽과 제임스 아르망의 박애적 태도를 지켰다.

이제 필요한 것은 이주할 토지가 아니라, 이스라엘의 생활력과 독립심을 높일, 기술적·과학적·문화적 계획이었다. 그녀는 하나디브기금을 설립하고, 광범위하게 이루어진 혁신적 사업을 지원했다.

그 가운데에는 예루살렘의 헤브라이대학 원조, 교육텔레비전 창설, 아트 갤러리의 충실한 운영, 병원과 노인보호센터 건설, 장애자 원호, 장학기금 기부, 시민대학 건설, 과학 및 기술업적을 기리는 상의 제정, 골프장과 동물사육센터 건설을 비롯한 많은 것이 있었다.

도러시의 아낌없는 지원은 그녀의 이름과 연관된 것 말고도 많았다. 그녀가 1982년 '예루살렘 자유상'을 받았을 때, 그녀는 '알려지지 않은 후원자'라는 평을 받고 있었다.

그 뒤로도 다른 로스차일드들 역시 이스라엘의 여러 박애사업에
공헌했다. 하지만 에드몽 아돌프처럼 상업노선으로 나아간 예는 없
었다.

그가 이교도 여배우와 깊은 관계에 빠져 결혼한 일은, 물론 민족
을 위해 헌신하는 경건한 디아스포라 유대로서의 그의 이미지를 높
이지는 못했다.

에드몽 아돌프는 1958년에 처음 결혼했는데, 실패로 끝났다. 그
리 놀랄 일도 아니다. 활력에 넘친 정열의 야심덩어리 사나이와 함
께 살기는, 쉬운 일이 아닌 것이다.

그의 아내는 파리의 집, 또 다른 파리의 집, 아르망빌리에의 시
골별장, 프레니의 성과 영지를 비롯한 10채나 되는 집의 살림을 꾸
려나가야 했다. 남편이 데려오는 사업관련 손님과 각나라 정치가들
이 모이는 식탁에서, 그녀는 여주인 역할을 해야 되었다. 남편이
별안간 요트를 타거나 경마에 가고, 뉴욕이며 텔 아비브며 나이로
비행 비행기를 탈 경우에 대비해, 언제나 짐을 준비해 두고 있어야
했다.

1960년 에드몽 아돌프는 금발의 여배우이며 댄서인 28살 나딘
로피탈리에를 만났다. 그녀는 파리빈민가에서 프랑스인 노동자의
사생아로 태어나, 14살 무렵 이미 공장에서 미숙련노동자로 일해야
했다.

그뒤 예술가의 모델로 파트타임 일을 하게 되었는데, 이것이 그
녀를 낭만적 세계인 영화로 이끌었다. 처음에는 엑스트라 일을 했
고, 다음은 유명스타의 누드 대역을 했다.

나딘은 현명하게도, 성적 매력은 일시적인 것에 불과하다는 걸
알고 있었다. 그녀는 모든 기회를 찾아 심신을 연마하고, 여행중에
도 예술·패션·문화 등 세련된 사람들이 화제로 삼는 것에 관해 되
도록 많은 것을 배우려 애썼다.

에드몽 아돌프와 만나기 전에 영국귀족과 약혼한 경험이 있던 그녀는, 사교계의 어느 만찬에서 드 로스차일드의 눈에 띄었다. 억만장자와 빈민가출신 여배우의 만남, 영화에나 나올 법한 운명적인 만남이었다. 그는 그녀에게 다가와 그녀의 목걸이를 보고 말했다.

"정말 아름다운 다이아몬드군요…… 다만 가짜라는 게 안타깝습니다."

에드몽 아돌프가 아내와의 이혼을 결말 짓는 3년 동안, 그들은 동거생활을 했다. 남작은 앞으로 어떻게 할 것인지 궁리했다. 그는 나딘에게 신앙을 바꾸도록 요구하지는 않았지만, 가톨릭교도와의 결혼에 신중하게 대처할 필요가 있었다. 에드몽은 망설였다.

나딘이 임신했다. 그가 결심했을 때, 그녀는 의사가 합병증 위험이 있다고 진단하여, 출산을 위해 병실에 있었다. 친구 몇 사람이 참석한 가운데 나딘의 병실에서 결혼식이 거행되었다. 신부는 의자에 앉고, 신랑은 그녀에게로 몸을 굽혀 결혼서약을 했다.

뒷날 회상록에서 나딘은 이야기했다.

결혼할 때, 한 친구가 장담했다.

"너는 저 사람들 속에서 24시간도 견디지 못할 거야."

하지만 지금 나는 에드몽과 24년째 살고 있다.

24년 동안 나는 온갖 경험을 충분히 겪어왔다. 24년 동안 나는 일해 왔다……한 인간이 이루어온 일에 하나의 신념을 안겨주는 열의를 가지고.

현실적으로 이 결혼은 누가 보아도 드라마틱하기는 하지만 위태로웠다. 실제로 이것은 에드몽 아돌프에게도 최고의 도박이었다. 그러나 그 결혼은 모든 사람들의 예상을 뒤엎고 성공했다. 무엇보다도 여배우인 나딘이 자신에게 요구되는 책임과 역할을 열심히 익히고 노력했기 때문에 가능한 일이었다.

로스차일드와 결혼하여 '로스차일드보다 더 로스차일드처럼' 되는 것은 대개 여성쪽이라고 엘리남작은 지적했다. 그는 자신의 아내를 예로 들어, 로스차일드의 역사와 전통에 완전히 매혹된 사람 중의 하나라고 말한다. 그밖에도 보기는 얼마든지 있다.

제임스 아르망 드 로스차일드부인은 이제 그들 가운데 최고령자로, 남편의 친척들에 관해 3대에 걸친 이야기를 알고 있는 유일한 인물이다. 그녀는 와디스던의 완벽한 여주인이며, 남편이 살아 있을 때나 죽었을 때나, 이스라엘의 로스차일드사업을 열심히 지원했다.

필립남작의 두 번째 아내 폴린은, 현대적인 무통저택을 지을 때 개념적·구성적인 천재성을 발휘했다.

알퐁스 마이어와 결혼하기 전에 조용한 영국여성이었던 클래리스는 오스트리아친척의 불행에 가슴 아파했다. 전쟁이 끝난 뒤 소유물 반환에 관해 누구보다도 열심히 힘썼다. 그녀는 랑가우의 토지와 주민에게 루이와 오이겐 못지않은 애착을 가지고 있었다.

로스차일드집안 딸들 가운데 몇은 자신이 바라는 일을 위해 '달아났는데', 로스차일드아내들 몇 사람은 이 왕국에 만족하며 완전히 녹아든 것은, 참으로 재미있는 사실이다.

나딘 로피탈리에도 마찬가지였다. 그녀는 가장 전통적인 로스차일드부인이 되었다. 스스로 원하여 유대교로 개종했고, 능력있는 안주인이 되기 위해 열심히 공부했으며, 지칠 줄 모르고 여행하고, 사업에 관심을 가졌으며, 자선사업에도 적극적으로 참여했다.

기 드 로스차일드처럼 에드몽 아돌프도 역시, 돈과 성공과 젊고 아름다운 아내와 더불어, 60년대를 충분히 만끽했다.

그는 말했다.

"우리 인생의 가장 멋진 시기로, 우리는 참으로 많은 일을 했습니다.”

파티며 할리웃친구들과의 이국적인 여행, 또 요트와 아프리카 사파리여행, 스키를 즐기는 휴일, 그밖에도 많은 오락이 있었다.

국제적 사업가이자 은행가이며 유대세계지도자인 에드몽 아돌프는 이에 만족하지 않고, 1972년에 또 하나의 전통적 로스차일드 활동영역에 들어갔다. 메독의 포도원을 구입한 것이다.

동기는 순수하게 좋은 와인을 즐기고, 새로운 도전을 하고 싶어서였다. 전쟁 뒤 와인제조업자, 적어도 시장의 상층부에 있던 이들은 돈벌이에 혈안이 되어 있었다.

그뒤 활기넘치는 60년대가 찾아왔다. 서방세계에서 와인 마시는 일이 갑자기 각광받기 시작했다. 부자미국인은 특히 레드와인을 좋아했고, 부자 아닌 사람들도 그 멋을 흉내내어 레드와인은 좋은 투자가치를 지녔다. 메독의 포도주가격은 10년 사이에 10배나 올랐다. 지금이야말로 와인에 손대기 좋은 시기였다.

그러나 에드몽 아돌프에게는 라피트나 무통의 친척들과 경쟁할 생각이 없었다. 만일 상등급 포도원이 있더라도 가격이 크게 올라 있을 게 뻔했다. 남작은 그 대신 서민용 생산지를 찾아 포약에서 10킬로미터 떨어진 리스트락의 샤토 클라르크를 택했다.

그가 노리는 시장은, 좋은 와인을 보는 눈은 있어도 최고의 것은 도저히 살 능력이 없는 소비자였다. 그의 판단은 옳았다. 그들이야말로 전세계적으로 급속히 증가하는 소비층이었다.

그가 자신의 예측을 의논했던 라피트의 사촌들도, 에드몽 아돌프의 견해에 동조했다. 그들도 다음해 샤토 라 카르돈이라는 서민용 포도원을 구입했기 때문이다.

샤토 클라르크의 새로운 소유자는, 전형적인 로스차일드적 정열과 날카로운 사업감각과 선견지명을 가지고, 이 사업에 열중했다. 그는 오래된 포도나무를 절반 이상 뽑아내고 새 포도나무를 심었다. 새로운 양조통과 술창고를 짓고, 최신식 설비를 구입했다.

　상당한 비용이 드는 일이었지만, 에드몽 아돌프는 가치있는 투자라고 생각했다. 와인은 큰 사업이 되었다. 전통을 지킨다는 감상적인 기분으로, 낡은 건물과 경영에 매달려 있어서는 안 되었다.

　'포도원싸움'은 로스차일드신화 속에서 되풀이되는 특성 중 하나로, 곧잘 과장되어왔다.

　마이어 암셸이 아직 게토의 하찮은 유대인일 무렵, 이미 무통과 라피트는 라이벌관계였으며, 영주보다 영내노동자들이 서로 겨루고 있었다.

　필립남작이 개인적으로 무통에 관심 기울이기까지, 소유자가 포약에 머물거나 파리에서 찾아가는 일은 드물었다.

　1855년의 등급분류는 무통 최초의 로스차일드소유주 너새니얼을 괴롭혔지만, 그의 아들과 손자들에게는 아무 상관 없는 일이었다.

　제2차세계대전 뒤 그 해의 판매가격을 둘러싼 경쟁이 라피트 로스차일드와 무통로스차일드 사이, 다시 말해 엘리와 필립 사이의 씁쓸한 싸움으로 발전했다.

　라피트는 기, 알랭, 엘리 그리고 제임스 아르망의 공동소유로 되어 있었다. 1946년에는 그들 모두가, 이 포도원의 장래에 연관되어 있었던 셈이다.

　몇년 동안 포도원이 방만하게 운영되어 그들은 더 이상 여기에 출자할 여유가 없었다. 29살의 엘리가 자청해 그 운영을 맡았다.

　매부리코에 키크고 훌쭉한 몸매의 무뚝뚝한 이 젊은이는, 라피트를 스스로 도전의 기회로 생각했다. 엘리는 착실한 운영과 능률적인 노동효과로 2년 사이에, 비록 조금이지만 주주들에게 이익배당을 할 정도가 되었다. 그는 샤토 라피트의 일을 열심히 돌보았다.

　그것이 문제가 되었다. 두 이웃한 포도원이 이제 양쪽 모두 열심히 일하는 소유주를 두게 된 셈이다.

엘리와 필립은 성격과 기질이 전혀 다른데다, 서로 그리 호감을 갖지 못했다. 필립이 15살 위로, 그 지역과 주민에 대해 잘 알고 있었다. 엘리는 하룻강아지 범 무서운 줄 모르는 새내기 젊은이였다. 필립은 흥행사였다. 엘리는 귀족처럼 신중하게 행동한다. 단한 가지 그들의 공통점은, 강한 의지력이었다.

필립은 연극적 행동을 즐기는 타고난 선전가였다. 자신의 와인, 포도원, 메독 전체의 인기를 높이기 위해서라면 무슨 일이든 민감하게 반응했다.

1945년에 그가 돌아왔을 때 무통은 처참한 상태였다. 연합군의 폭격으로 건물은 파괴되고 땅은 울퉁불퉁했다. 나치스는 포도생산은 계속 하도록 두었으나 보기흉한 포상(砲床)을 세우고, 샤토를 약탈했으며, 전쟁 끝무렵에는 마룻바닥을 뜯어 땔감으로 썼다.

무통을 소생시키려면 당장 수리부터 해야 되었다. 파괴한 독일인이 복구해야 한다고 필립은 판단했다. 그 고장 수용소에는 몇백 명의 전쟁포로가 있었다. 그들 중 몇 사람이 무통으로 일하러 와, 군사시설을 제거하고 가옥과 토지를 말끔히 정리했다.

당시 긴축재정상태의 유럽에는 심한 경쟁의식이 소용돌이쳐 시장 재건을 꾀하려 하고 있었다. 상점에 진열된 와인 가운데에서 무통을 선택하게 하는 방법 중 하나는 상상력을 자극하는 상표이다.

두 세계대전 사이의 시기에 필립은 실험을 시도했다. 젊은 예술가에게 유명한 '승리의 V' 전설을 이미지화한 특별기념상표 디자인을 주문했다.

이 아이디어는 효과를 발휘했다. 그해의 모든 와인병에 무통을 상징하는 상표가 붙여져, 애호가들이 한눈에 알아보게 되었다.

남작은 그 시도를 계속하기로 하고, 그즈음 최고 예술가를 설득해 특별한 디자인을 부탁했다. 그뒤 오랫동안 샤토 무통로스차일드의 와인병은 브라크·달리·헨리 무어·샤갈·칸딘스키·앤디 워홀·피카소 같은 거장들 그림으로 장식되었다.

아버지 앙리가 1946년에 죽고, 포도원은 세 자녀에게 남겨졌다. 필립은 곧 형과 누이로부터 이것을 사들였다. 이제 되돌아갈 수는 없었다.

전쟁 전 무통을 혁신했음에도 불구하고, 필립은 거기에서 많은 시간을 보내지 않았었다. 시민생활로 돌아가 영화제작을 다시 하고, 또 다른 일도 했다.

그러나 이제 그는, 이 영지의 부흥을 끝까지 이루어내고 말겠다는 의사를 분명히 했다. 그는 포도생산량을 늘리고, 술창고를 개량했으며, 별관을 그랑 무통으로 알려진 훌륭한 집으로 개축하여, 샤토를 메독의 주요관광명소로 만들었다.

이 모든 일에 그의 두 번째 아내의 도움이 컸다. 그녀는 상상력과 정열에 있어, 그에게 잘 어울리는 아내였다. 필립이 1954년에 결혼한 폴린 페어팩스 포터는, 미국인 의상 디자이너이면서 사교계 스타이기도 했다. 그녀의 그런 예술적 재능은 무통을 새로이 꾸미는 데 크게 작용했다.

그가 50살 생일 때 생각해낸, 얼마쯤 벅찬 계획까지도 그녀는 그를 도와 실현했다. 그것은 건물의 가장 오래된 부분을 와인박물관으로 만들려는 생각이었다. 그림, 베네치아 글라스, 태피스트리, 유적에서 나온 출토품, 르네상스 성배(聖杯), 중국 도자기, 라틴 아메리카에서 건너온 도기상(陶器像), 로마의 모자이크 등 와인을 만들고 마시는 일에 관련된 가치있고 아름다운 것이면 무엇이든 구하기 위해, 두 사람은 세계 각지를 돌아다녔다.

그리고 무통으로 돌아와 오래된 지하저장고를 개축해 6개의 화랑으로 만들고, 극장 같은 효과를 최대한 살려 독특한 수집품을 진열했다. 박물관은 1966년에 개관했다. 그것은 곧 세계에서 가장 뛰어난 박물관의 하나로 인정받았다.

그곳을 찾아온 사람들에게 그것은 잊기 어려운 경험이 되었다. 오래된 술창고가, 4000년 넘게 사람들 눈길을 받아온 창작품을 수집 전시하는 데, 단순한 무대장치가 되어 있었던 것이다.

이러한 일들이 '이웃'에 알려지지 않을 수 없다. 그곳에서는 엘리 남작이 좀더 평범한 방법으로 라피트 명성의 재건을 꾀하고 있었다.

그는 '기발함'을 피하고, 대신 1855년의 등급분류에서 그해 메독 포도원의 최고등급으로 분류되어 라피트의 명예를 높였던 품질증명에 눈을 돌렸다. 비록 같은 영예를 받은 다른 세 샤토가 동의하지 않아도, 라피트는 늘 스스로 '최고 중의 최고'로 자부하고 있었다. 상업적 성공을 이루기 위해 필사적인 라피트의 새 지배자가 그 점을 강조하는 것은 당연한 일이었다.

한편 이미 1920년대에 필립은 프르미에 크뤼라는 1등급을 받은 네 포도원 라투르·마고·오 브리옹·라피트와 무통의 대표자로 구성되는 프르미에 크뤼협회를 결성했었다. 그것은 뻔뻔스러운 행동이기는 했지만, 사업이 부진한데다 필립남작의 아이디어가 좋아서 효과가 있었다.

그러나 이 협회를 존속시키는 것은, 1855년 등급분류에 대한 끝없는 도전이었다. 1952년에 엘리는 본래의 프르미에 크뤼 경영자들만 회의에 참석시켜 조직을 재편성했다. 4인협회였다.

필립은 노여움을 가라앉히고 반격에 나섰다. 백년 역사를 지닌 등급분류를 폐지하고 새로운 것으로 바꾼다는 명목 아래, 되도록 많은 생산자를 모아 조직을 만들기로 했다.

당연히 메독 와인생산자들은 둘로 갈라졌다. 등급갱신으로 이익을 얻는다고 생각한 사람들은 모두 그쪽에 따랐지만, 아무리 새롭게 등급을 짜도 그것이 내려갈 우려가 있는 사람들은 반대했다.

충분한 지지를 얻는다 해도 필립은 또 관료들을 설득하기 위해 싸워야만 되었다. 싸움은 이미 치열한 양상을 띠고 있었다. 필립과 엘리는 친척 사이인데도 거의 말을 하지 않았다. 신문들이 야유했다. 그들이 서로 헐뜯는 이야기가 메독 사회에 퍼졌다.

싸움은 20년이나 끊임없이 계속되었다. 필립이 농업장관에게 제출한 신청서는 보르도 상공회의소에 맡겨졌다. 문제는 학술적 수준으로까지 번졌다. 분명한 사실은, 보편적으로 인정될 만한 등급분류 재심방법 따윈 없다는 것이다.

시장이 상승되는 경향에 있으면 그런 일은 아무 상관없다. 경영자들은 모두 번영하고 있다. 모든 것이 더할 나위 없이 잘되어가고 있는데 왜, 제도를 다시 손질해야 하는가?

문제는 자존심이다. 명예심이 만족되어야 한다. 결국 1973년, 문제는 처음 일이 시작되었던 4인협회회의에서 결말이 났다. 엘리 남작은 조카 에릭에게 지위를 양보하는 일로, 샤토 무통로스차일드가 프르미에 크뤼에 속하는 데 반대한 그의 뜻을 거두도록 설득당했다.

필립과 그의 포도원노동자들은, 1924년산 무통와인으로 축배를 들었다. 옛노래가락에 새로운 가사가 덧붙여졌다.

첫째는 지금의 나
둘째는 예전의 나
무통은 변함없다네

그러나 축배의 흥겨움도 잠시였다. 폴린이 심장병으로 중태에 빠졌다. 1970년부터 76년까지 세계 각국 의사를 찾아다니며 꾸준히 치료했지만, 낫기 어렵다는 사실을 확인받았을 따름이었다. 그녀는 1976년 3월 캘리포니아에서 세상 떠났다.

필립은 74년 동안의 긴 생애에서 처음으로 큰 상처를 입었다. 그 슬픔이 어느 정도 극복되자, 그는 가슴이 뻥 뚫린 듯한 허전함을 메우기 위해 다른 데 애정을 쏟았다. 그것은 딸 필리핀, 시, 그리고 무통이었다.

배우 자크 세레와 결혼한 필리핀은, 아버지와 매우 사이가 좋았다. 1981년부터는 필립에게 무거운 짐으로 여겨지는 일을 돕기 시작했다. 그녀는 무통의 이동대사가 되어 관광을 위한 전시회나 강연, 보도기관과 텔레비전 인터뷰에 응하는 일들을 맡았다.

필립은 2개 국어를 할 줄 아는 높은 수준의 교양을 지닌 사람으로, 프랑스문학과 영국문학에 깊은 애정을 가졌다. 시를 써서 출판하고, 잡지에도 실렸다. 영시 번역으로 격찬을 받기도 했다. 1960년 그는 크리스토퍼 프라이의 작품을 프랑스어판으로 세상에 내놓았다. 같은 무렵 엘리자베스여왕시대 시인 컬렉션을 시작하였고, 1970년대에는 말로의 《파우스트박사와 탬벌레인대왕》 번역본을 출판했다.

무통에 관한 필립의 계획은 아직 다 이루어지지 않았다. 해야 할 일은 언제나 있었다——확장이며, 설비개량이며, 그와 폴린이 생각했던 여러 계획을 실행에 옮기는 일이. 그러나 필립의 마음속에는 그 혼자만의 또 다른 새로운 계획이 있었다.

캘리포니아에서는 오랫동안 와인을 만들어왔지만, 프랑스인들은 캘리포니아와인 따위는 거들떠보지도 않았다. 하지만 1960년대 끝 무렵부터 애호가들은, 미국에서 만들어진 와인 가운데에도 좋은 게 있다는 것을 알게 되었다.

연구진들의 전문적 기술을 사용하면 좀더 좋은 와인을 만들 수 있고, 로스차일드라는 이름이 더해지면 더 잘 팔릴 수도 있을 거라고 필립은 생각했다.

아이디어를 실행할 기회가 주어지기까지 시간이 걸렸지만, 1978년 필립은 샌프란시스코 북쪽 100마일 지점에 자리한 내퍼 밸리의 주요생산자 가운데 한 사람인, 로버트 몬더비를 초빙했다.

몬더비는 아내와 함께 무통을 찾아왔다. 이 소박한 미국인은 그 사치스러움·음식·와인·순수한 스타일 등 모든 것에 깜짝 놀랐다.

그는 말한다.

"필립은 어디로 보나 남작다웠으며, 오래 신은 신발처럼 편안한 사람으로 이야기가 잘 통했다."

어느 날 아침 필립의 침실에서 활기찬 대화가 이루어졌다. 그 노인은 언제나 오전에는 침대에서 일하고 있었다.

힘들지만 우호적인 협상이 3시간이나 계속되었다. 가슴두근거리는 새로운 사업——새로운 포도원, 새로운 양조장, 서로의 전문기술을 합쳐 생산을 시작하기로 기본적인 합의에 이르렀다.

이 일에는 많은 시간이 필요하므로 우선 몬더비의 현재 포도원을 사용하고, 곧 내퍼와 포약에서 뽑은 사람으로 팀을 구성하여 최초의 와인을 만들기로 했다.

1980년 4월, 파리와 샌프란시스코 보도기관에 이 새로운 거래가 발표되었다. 그것은 독창적인 일이었다. 프랑스 와인 생산자가 캘리포니아 토지를 사들인 일은 예전에도 있었지만, 프랑스와 미국 양쪽에서 기술과 열의를 가진 사람들로 한 팀을 만들어 새로운 와인을 빚는 아이디어는, 어느 누구도 생각지 못한 일이었다.

필립 드 로스차일드, 78살 노인인 그의 혁신적 기풍은, 여전히 건재했다.

우리는 결코 멈출 수 없다
젊고 아름다운 두 여성이 사라졌다.
그들은 납치된 것일까?

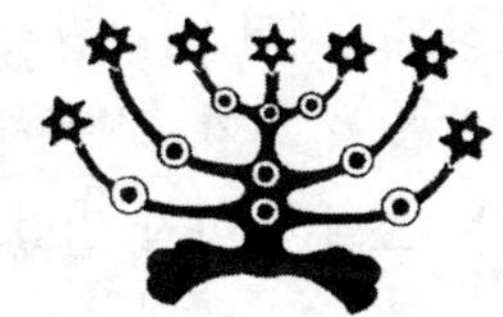

　　영국과 프랑스로스차일드 사이에는, 언제나 분명한 생활양식의 차이가 있었다. 영국로스차일드는 프랑스친척들보다 개인생활에 더 무게를 두었다. 그들의 즐거움은 보다 점잖고 개인적이었다.

　　에블린은 주로 폴로를 즐겼다. 왕실사람들과 함께 자주 게임을 했다. 에드먼드는 낚시애호가였고, 제이컵은 테니스를 즐겼다. 레오폴드는 도자기와 영국초상화수집이 취미였으며, 요트를 즐겼다. 그것은 대체로 기질문제였지만, 개인적인 부의 차이도 어느 정도 영향을 미쳤다.

　　제임스 아르망이 1957년에 죽었을 때, 그 영지에 거액의 상속세가 부과되었다. 그는 사적명승 보존단체인 내셔널 트러스트에 와디스던영지를 기증하도록 미리 손써두었다. 젊은 로스차일드들은 아무도 그런 호화로운 집에 살려고 하지 않을 것이기 때문이다. 국가에 기증하는 것이 저택은 물론 그 멋진 컬렉션과 아름다운 정원을 보존하고, 퍼디넌드남작의 음울한 예언을 반박하는 유일한 방법이었다.

내가 정성을 기울인 것에서 미래세대는, 많은 혜택을 받을지도 모른다. 와디스턴이 자손없는 소유자의 것이 되어 황폐한 운명을 밟지 않을까 하는 두려움도 느끼지만.

정원에 잡초가 무성하고, 테라스는 먼지에 덮이고, 그림수집품이 영국해협이나 대서양을 건너가, 쏙독새의 우울한 울음소리가 잊혀진 탑에서 들려오는 그날이 아직 멀었기를.

엑스버리의 집 또한 텅 비어 고요에 잠겼다. 전쟁 뒤 에드먼드와 어머니는 이 영지를 관리했지만, 가깝고 작은 실용적인 집이 살기에는 더 좋았다. 저택유지보수는 하지 않고 정원복구만 하는 데도 대단한 비용이 들곤 했다.

그들은 덤불을 치우고, 잔디밭과 길을 예전대로 고쳤으며, 마른 식물과 덧자란 식물을 다른 식물로 바꿔심는 일을 시작했다. 그 일이 모두 끝나자 엑스버리의 정원은 다시 개방되었다——왕족이 아닌 일반 사람들에게.

지금 엑스버리정원은 사람들이 하루 일정으로 찾아와, 영지 유지를 위한 입장료를 내고 관람할 수 있다. 인기관광지가 흔히 그렇듯, 몇년이 지나는 동안 안내서·그림엽서·표지·레스토랑 등 설비가 늘어났다.

온실에서는 상업적 생산이 이루어지게 되었다. 엑스버리를 위한 식물을 만드는 동시에, 라이어닐 네이선이 완성한 인기있는 교배종을 보육원과 지방자치단체에 공급하기도 했다. 엑스버리는 무성(無性)번식이라는 새로운 기술실험도 계속하고 있다.

빅터 로스차일드경은 전쟁 뒤의 세월을 결코 헛되이 보내지 않았다. 언제나 새로운 길을 개척하려는 실천적인 정신, 쓸모있는 존재가 되려는 자세, 사물의 중심에 자리하려는 소망은 그를 계속 새로운 일로 나아가게 했다.

1948년부터 58년까지 그는 농업연구회 의장직을 맡아 순수과학을 실제에 적용시키는 방법을 연구했다. 동시에 그는 1950~70년까지 케임브리지대학 동물학부 연구지도자로 대학과의 연결고리를 유지했다.

1961년에는 역시 이론과 실제를 겸비하려는 동기로 산업쪽에 눈을 돌려 로열 더치 셸의 일을 맡아, 마침내 종합연구책임자가 되었다. 그 일은 1970년까지 계속되었다.

이러한 일들도 그의 엄청난 정신에너지를 결코 소진시키지는 못했다. 그는 정부의 일과 비공식적인 활동도 다양하게 했다. 영국과 외국 여러 정치가들의 신임을 받아 그들은 그에게 자주 조언을 구했다. 로스차일드가 다시 웨스트민스터며 화이트홀이며 다우닝거리 주민들 속을 자유롭게 돌아다니게 된 셈이다.

빅터는 학문세계 중심에 있으면서도 정보부 일을 계속했다. 전쟁이 끝난 뒤에도 영국정보부는 특권계급의 아마추어 정보원들을 계속 활용했고, 미국 CIA는 이에 놀라움과 분노를 금치 못했다. 빅터도 그 가운데 하나였다.

그는 MI5와 MI6(국외정보부) 관계자들에게 기술적·과학적 자문을 할 뿐만 아니라, 중국과 이란에 개인정보원을 두고 활발하게 운용했다. 또 그는 이스라엘 고위당국자들과 밀접한 관계를 맺어, 이 신생국가의 정보부서인 모사드 창설에 많은 도움을 주었다.

전쟁중 정보부 일을 거들면서 국가기밀에 접근하고 음모 꾸미는 일을 즐기던 그는, 1945년 이후에도 이 일에서 손뗄 수가 없었다.

영국정보부책임자는, 정보부 내에 아무 공식지위를 갖지 않은 사람과 국가중대기밀을 의논하는 것이 아무렇지도 않은 듯했다. 이런 일은 빅터의 자존심을 한껏 세워주었고, 그를 국가의 중요인물로 만들었다.

로스차일드경의 전화 한 통화면, MI5 요원이 즉시 외국공사관으로 공사를 만나러 가거나 '원자폭탄 연구소' 부소장을 찾아갔다. 물론 '공식경로'를 통하는 시간낭비가 일절 없었다. 셀의 과학자들과 로스차일드경의 1분1초는 모두, MI5를 위한 기술적 문제해결에 쓰이도록 되어 있었다.

1958년에 MI5 책임자가 피터 라이트라는 정보부 기술부서 요원을 빅터에게 소개했다. 그것은 운명적인 만남이었다. 두 사나이는 공생협력관계를 구축했다.

빅터는 정보를 가져다주고 일이 돌아가는 형편을 알 수 있게 해주는 부하로 라이트를 활용했고, 라이트는 자신의 아이디어를 직속 상관을 거치지 않고 정책결정권자에게 직접 보고하는 통로로 빅터를 이용했다.

피터 라이트는 그의 유명한 회고록 《스파이캐처》에서 로스차일드경의 첫인상을 이렇게 썼다.

……그는 비밀정보세계의 음모와 가십에 굉장한 흥미를 가지고 있었다……이런 생각이 뇌리를 스쳤다……그가 뒤를 받쳐주기만 하면, 뭔가 큰 일을 해낼 수 있으리라……

그러나 곧 알게 되지만, 빅터에게는 피터 라이트를 키워줄 개인적인 절박한 사정이 있었다.

정보부와 관련되어 있는 일은 칼날의 양면과도 같았다. 냉전기간 중에는 첩자와 이중첩자, 잠든 사람의 발밑을 두더지처럼 파고드는 사람들에 의하여, 편집증에 걸리지 않은 사람이 드물 지경이었다.

민주주의지지자들은 영국정보부가 의회에 대해 책임질 것을 요구했다. MI5, MI6, 특수분과(Special Branch)와 GCHQ 책임자들은 그들이 '알아야 할 필요성'의 근거를 지켜냈지만, 한편 그들 조직이 반역자들에게 침투당했다는 증거에 계속 시달려야 했다. 사실상 지난 몇 년 동안 비밀기관들은 계속되는 칼질에 온몸이 만신창이가 된 상태였다.

1951년, 대스파이사건이 발각되었다. 도널드 매클린이 소련측에 정보를 누설했다는 의심을 받았다. 앤서니 블런트는 매클린이 도망칠 수 있도록 계획을 세웠다. 배신자는 운좋게 가이 버제스와 함께 모스크바로 달아났다. 그 충격의 물결이 영국보안기관 전체를 흔들었다.

여러 사람이 의심을 받게 되었다. 빅터 로스차일드도 케임브리지 시절 매클린과의 관계에 대해 진술했다. 그는 조사관들에게 그가 알고 있는, 대학에서 공산주의자였던 사람들의 명단을 제공했다. 그는 공식적으로 결백을 인정받았고, 그것은 블런트도 마찬가지였다.

블런트는 높은 신용을 얻고 있었다. 몇가지 명예학위와 다방면의 학술적 지위를 갖고 있었다. 로열빅토리아 기사대장이었고, 레지옹도뇌르훈장도 받았다. 1945년에는 궁정소속 기관의 명령을 받아 왕의 회화감정인이 되었다.

그런 사람이 비난의 대상이 될 일을 하리라고 생각하는 사람은 없었다. 블런트 같은 우수한 시민이 반역자로 가면이 벗겨진다면 누굴 믿어야 좋단 말인가? 이 무렵 로스차일드경과 블런트의 우호관계가 식어, 1950년에 그들은 사실상 결별했다.

킴 필비라는 사람이 조사를 받았다. 그 역시 블런트 정보망의 구성원으로, 그뒤 MI6에서 일하고 있었다. 이미 의혹은 풀렸지만, 이 기관을 떠나는 편이 좋겠다고 생각한 그는 저널리스트로 직업을 바꿨다.

마침내 추문에 대한 대중의 관심은 사그러들기 시작했다. 그러나 당사자 대부분은 아직 신경이 곤두서 있었다. 정보부는 더이상 폭로의 위험을 무릅쓸 수 없었다. 위신이 걸린 문제였다. 모든 사람이 자기 등 뒤를 살펴보았다.

이것이 바로 로스차일드가 피터 라이트와 밀접한 관계를 유지하는 이유였다. 빅터는 비밀의 세계 한복판에서 어떤 일이 벌어지고 있는지 모두 알아야 했다——누구와 관련되어 어떤 이야기가 나도는지, 특히 빅터 자신에 대해 어떤 이야기가 있는지.

물론 빅터가 독자적인 정보망을 운용하는 이유는, 정보부와 국가에 대한 충성심에서라는 것을 의심할 여지가 없지만, 한편으로는 MI5 친구들에게 로스차일드의 전통적인 충성심을 보여줄 필요도 있었다.

1962년 10월 이스라엘 레호보트에 있을 때 빅터는 옛친구 플로라 솔로몬을 만났다. 그들이 나눈 대화는 파장이 컸다.

그녀 이야기로는, 킴 필비가 현재 베이루트에 있으며 겉으로는 《옵서버》와 《이코노미스트》 통신원이지만 사실 러시아간첩이고, 그 행위가 케임브리지시절부터 계속되어 왔다는 것이었다. 로스차일드는 영국의 정보책임자가 필비를 아직도 신뢰하며 일을 맡기는 사실을 알고 있었다.

런던으로 돌아온 빅터는 그녀가 알고 있는 사실을 MI5와 모사드의 책임자에게 알려주기 위한 모임을 주선했다.

그때부터 정보부는 일을 망치기 시작했다. MI5와 MI6은 서로 다투기 시작했다.

킴 필비의 반역행위가 낱낱이 드러났고, 정보부책임자들을 안심시키기 위해 필비에게 그 동안의 간첩활동과 정보망을 자백하는 대가로 사면이 제안되었다. 그는 그 제안에 동의했다——그리고 잠적해 버렸다.

영국에는 다시 간첩사냥열풍이 불기 시작했다. 이제 소련 간첩들이 30년대에 케임브리지에서 얼마나 활발한 활동을 했는지 명백해졌다.

신문은 '네 번째 사나이'에 대해 추측하기 시작하고, 다시 '다섯
번째 사나이(공산주의조직은 전통적으로 다섯 명으로 이루어졌다)'
가 있을 거라고 예상했다.

로스차일드의 이름이 다시 언급되었다. 필비의 가면을 벗기는 데
공헌한 빅터로서는 참으로 참기 힘든 일이었다. 더구나 정보부법에
의해 그 일과 관련된 자신의 역할에 대해 침묵을 강요당하여, 더욱
화가 났다.

필비가 자취를 감춘 지 1년이 지나, 마이클 스트레이트라는 미국
인이 케임브리지 재학중 소련스파이 그룹의 유혹을 받았다고 고백
하고 유혹한 사람은 앤서니 블런트였다고 폭로했다.

증거를 들이대자 블런트는 반역행위를 인정했다. 정부는 크게 당
혹했다. 사실을 공표하면 보도기관의 마녀사냥이 시작될 것이리라.
보수당내각 또한 위태로워질 게 뻔했다. 비열한 사건의 전모는 말
소되어야 한다.

정부는 블런트에게 전체 정보망의 상세한 명세서를 제출하면 죄
값을 면제해 주겠다고 제안했다. 블런트가 정보부 책임자와 얼마나
친분 있는지 나타내는 증거였다.

블런트 관련 사실에 내밀히 관여한 사람은 실제로 극소수였는데,
빅터 로스차일드가 그 속에 포함되었다.

그 폭로에 그는 몸이 오싹했지만, 그가 알기로 테사는 훨씬 더
크게 충격을 받았다. 빅터는 테사에게 더이상 소식을 전해주지 말
도록 라이트에게 부탁했다.

그러나 오랫동안 믿어왔던 친구가 조국을 배반한 사실이 로스차
일드를 뒤흔들게 되리라는 생각은, 누구나 할 수 있었다. 블런트의
죄가 어떤 식으로든, 늘 자신에게 악영향을 미치리라는 걸 빅터는
알고 있었다.

뒷날 그는 기록하고 있다.

　그 사건은 너무 큰 충격이어서 도저히 믿을 수 없었다……그러나 의심할 여지는 없었다.
　왜 '그들'이 나에 대해 잔혹하고 무의미한 장난을 치는 것일까? 그 보복으로 그들은 내가 무엇인가 고백하기를 원한다. 대답은 간단하다. 아무것도 없다. 그들도 알고 있듯, 나는 소련의 대리인이 아니다.

그때부터 빅터의 마음 한구석에는, 제공하겠다는 제안만 있으면 아무리 작은 정보라도 눈에 불을 켜고 달려들 정도의 갈망이 늘 담겨 있었다.

1967년 킴 필비는 모스크바에서 자신의 회고록을 출판했다. 그는 누구의 잘못을 직접 나무라지는 않았지만, 블런트와 로스차일드를 함께 언급했다.

앤서니 블런트는 수시로 심문받았기 때문에, 앙심을 품은 그가 빅터와 테사를 지목하지 않을까 하는 공포가 늘 밀려왔다. 1972년, 반역자는 암에 걸렸다. 그가 죽음에 임박하여 어떤 치명적인 증언을 남기게 되지 않을까?

이 무렵 빅터는 개인 최대의 영향력을 발휘하고 있었다. 1971년 에드워드 히스총리가 사람들에게 '싱크탱크'로 알려진 중앙정책평의위원회, 곧 새로운 독자적 정부기관을 설립할 것을 결정했다. 그는 그 우두머리에 빅터 로스차일드를 불렀다.

그 구상은 이제까지 그 예가 없던 일이므로, 히스는 그가 이 새로운 조직에 그가 원하는 게 무엇인지 잘 설명할 수 없었다. 이 일에 관해 로스차일드경은 뒷날 다음과 같이 회상하고 있다.

히스총리가 말했다.

"지금까지 만나뵙지 못했다니 이상하군요."

침묵. 나는 뭐라고 말해야 좋을지 몰랐다. 잠시 뒤 나는 말했다.

"각하, 이 조직책임자로는 경제학자를 두는 편이 좋다고 생각지 않습니까?"

"나는 옥스퍼드에서 경제학을 공부했습니다."

다시 침묵. 한참 뒤 나는 얼마쯤 자포자기하여 말했다.

"각하, 이 조직에서 다루어야 할 문제를 무언가 하나 예를 들어 말씀해 주시겠습니까?"

"콩코드입니다."

그 순간 나는, 아마 잘못 생각했는지도 모르지만, 버크 트렌드 경과 윌리엄 암스트롱경이 뭔가 괴로운 듯 웅얼거리는 것 같은 느낌이 들었다. 그들은 그곳에 함께 자리하여 뒤쪽에서 어슬렁거리고 있었다.

그들의 괴로움에는 까닭이 있었다. 한 시간 전 그들은 내게, 정부는 싱크탱크가 콩코드 같은 것은 절대로 연구하지 않기를 바란다고 말했던 것이다.

총리가 실제로 요구한 것은, 내각과 과학기술계의 교량역할을 할 지성과 학술적·전문적 지식을 갖추고, 정치적 편견이 없는 조직이었다. 즉 정부의 기본적 정책 수립에 도움을 주고, 정보를 잘 요리해 알기 쉬운 형태로 제공하며, 복잡한 문제의 해결책을 제시하라는 뜻이었다.

매우 이론적이고, 권위있는 분위기를 지녔으며, 관공서 방식의 일을 참아내지 못하는 빅터 로스차일드는, 이 일에 알맞은 인물이었다. 그는 젊고 열성적인 사람들을 모아 조직을 만들고, 그들과의 일을 대단히 즐겼다. 그것은 자극적이고 중요했으며……새로웠다!

3년 반 동안 싱크탱크는 정부 관리들을 위해 인종관계, 영국 컴퓨터산업, 핵반응, 인구경향 등 여러 사항에 관해 많은 보고서를 작성했다. 그것은 거름종이와도 같은 활동이었다. 매우 복잡한 전문적인 정보를 부어넣으면, 간결한 보고와 정책에 대한 충고가 나왔다.

중앙정책평의위원회 위원장 자리는 매우 특권 있는 지위였다. 로스차일드경은 모든 분야의 지도자 및 전문가와 가까워졌다. 그는 총리에게만 책임을 지며, 선거구민이나 관리들에게는 책임지지 않았다.

더 이상 맡고 싶은 임무는 없었다――다만 MI5 책임자자리 말고는. 로스차일드의 새로운 명성은 영국정보부를 향한 가능성을 열어주었다.

몇년 동안 비밀조직의 활동은, 전에 없이 비열한 수준까지 떨어져 있었다. 정치적 음모와 더러운 술수와 파벌싸움이 판을 쳤다. 60년대 간첩사건 이후 의회는, MI5와 MI6이 좀더 책임 있는 기관이 되어야 한다고 계속해서 요구했다.

한편 정보부 책임자는 총리를 포함한 그들의 정치적 상관으로부터 신중하게 정보를 보호했다. 노동조합원과 노동당뿐 아니라 그들이 '지나치게 온건하다'고 여기는 에드워드 히스까지 포함하여, 정보부의 발밑을 파고드는 우익의 활동은 여전히 악의적이었다.

로스차일드경은 이러한 모든 정치적 음모 한가운데 있었고, 비록 그 자신은 주어진 권력을 즐겼지만, 그럼에도 불구하고 그의 위치는 위험으로 가득했다.

그는 본능적으로 정보부의 독립을 바라고 있었다. 총리가 MI5와 MI6을 뒤따라오게 할 결심이었기 때문에, 빅터는 히스를 매우 주의

깊게 조종해야 했다.

빅터와 그의 친구, 그리고 전 MI6 책임자이자 정보부 담당각료 리처드 화이트경은, 간첩활동 책임자와 간첩 잡는 책임자를 외부의 교란으로부터 보호하고 있었다. 그 대표적인 성과는 1972년 MI5 후임책임자로 추천된 종교재판소의 개혁주의자를 히스로 하여금 거부하게 하고, 대신 내부자인 마이클 헨리를 임명하게 설득한 것이었다.

중앙정책평의위원회 책임자로서, 정보부와 관련된 일은 언제나 살얼음판을 걷는 것 같았다. 민주주의 체제에서 행정부와 입법부 그리고 정보부의 관계는 늘 모호했다. 규칙은 분명 존재했다. 정보부의 정보는 정당의 정치적 목적으로 결코 사용되면 안 되었다.

1972년 히스는 소련이 노동당과 노동조합운동에 침투했다는 정보부 보고서를 받았다. 그는 그 정보를 확신할 수 없어 빅터에게 확인해 주도록 요청했다.

빅터는 다시 피터 라이트에게 부탁했다. 라이트는 상관의 승인 아래 정보를 가져왔다——노동당 당수 해럴드 윌슨과 그와 가까운 사람들에 관한 심각한 진술을 포함한 것이었다.

영국정보부가 여왕폐하의 적에 대항하는 일에 대해, 정부관리들 가운데 항의하는 목소리가 높았다. 반대로 라이트에 의하면, 중앙정책평의위원회가 정보보고서를 읽을 권리를 가져야 한다는 로스차일드경의 신념은 확고했다.

이 문제는 그것으로 끝나지 않았다. 어떤 토리 활동가들이 자신들의 우월성을 공표하기로 결정했다. 몇몇 동료들과 사업가들이 라이트에게 개인적으로 접근해, 윌슨과 다른 사회주의 지도자들의 정치적 입지를 무너뜨릴 정보를 달라고 요구했다. 라이트는 늘 하던 대로 로스차일드경에게 조언을 청했다.

빅터는 자신의 생각을 이야기했다.

"나도 자네만큼 윌슨을 싫어하네. 그렇지만 그 일에 말려들면 자네는 난도질당해 끝장나버릴 걸세."

피터 라이트는 은퇴를 앞두고 있었다. 그는 MI5에서 연금을 받으려 했는데, 협상이 길어지자 점점 화가 나고 환멸을 느꼈다.

빅터는 일찍이 이런 상황을 예측하고 있었다. 라이트의 인간성, 지식, 불평불만이 뒤섞여 위험한 상태였다.

빅터는 친구에게 왕실 보장을 받도록 주선했다. 그에게 로스차일드집안과 은행을 위험에 빠뜨릴 수 있는 잠재적 테러리스트의 명단을 입수하는 데 돈을 지불했다.

그는 피터 라이트에게 런던로스차일드회사에 합류할 것을 제안했고, 만약 MI5 책임자가 꺼려하면 그가 손해보는 일이 없도록 다른 직업을 주선할 계획이었다.

토리당 정권의 파렴치한 책략에도 불구하고, 노동당은 윌슨의 지도 아래 1974년 정권을 탈환했다.

로스차일드경은 바로 이때가 싱크탱크 책임자자리를 그만둘 때라고 결정했다. 그간 완벽한 아성을 구축해 놓은 곳을 떠나려는 이유는, 그의 가슴속에 묻혀 있었다.

그는 그 이유를 뒷날 이렇게 말했다.

"나는 지쳤다. 그리고 걱정되기 시작했다. 나는 반대파의 핵심인물로 굳어지고 있었다. 그런 일이 일어나면 물러나는 게 좋다."

빅터는 감정을 믿지 않았다. 그런 그가 왜 이 일에는 감정적이되었는가?

그는 결국 단순히 의견을 내는 임무에 실망한 것이었다. 특히 그 제안이 일의 집행에 아무 영향을 주지 않을 때 더욱 그러했다. 일의 주도권과 관련하여, 꼼꼼하게 쌓아올린 자료들을 주의깊게 검토해 제출한 정책제안이 한순간에 묵살당하는 게 그를 짜증나게 했다. 그의 독재성향이 싱크탱크 영향력에 방해되기 시작한 것이다.

근본적으로 빅터에게는 관료사회의 음침한 구석에 순수한 이성의 빛을 비추어, 그들을 혼란으로 비틀거리며 뒷걸음치게 만들 절대적 능력이 있었다. 1974년까지 그의 공격을 받은 사람수는 점점 늘었고, 그들은 뭉쳐서 그의 힘에 저항했다. 공무원들은 밀착했다.

빅터와 히스의 상호신뢰는 깨어졌다. 그는 정부정책의 일반적인 흐름에 불만을 표시했고, 총리는 빅터도 결국 대중의 공복임을 자주 지적했다.

토리당 정부 끝무렵에 문제는 더욱 불거졌다. 1973년 9월 로스차일드경이 다우닝거리 10번지와의 관계를 아무 망설임 없이 청산하려고 의회에서 연설했을 때, 행정부는 차츰 늘어나는 압력 아래 놓여 있었다.

그 연설에는 국가경제에 대한 우울한 평가가 담겨 있었다.

우리는 스스로 고삐를 강하게 잡아당겨야 합니다. 우리가 세계에서 가장 부강하고 가장 영향력 있으며 가장 중요한 국가——바꾸어 말해 빅토리아여왕시대가 계속되고 있다는 생각을 버린다면, 우리는 한 가지 사실을 발견할 것입니다. 1985년 대영제국의 GNP는 프랑스나 독일의 절반, 이탈리아와 비슷한 수준이 될 거라는 사실입니다.

이 연설은 다음날 신문머리를 장식했다. 빅터는 곧 총리와 장관들에게 불려가야 했다.

그는 이 일이 히스와의 관계나 위원회를 떠나려는 결심에 아무 영향을 주지 않았다고 강조했다.

그러나 맛없는 파이는 로스차일드의 메뉴에 결코 오르는 법이 없었고, 흥미를 느끼지 않는 일 또한 마찬가지였다. 몇주일 뒤 빅터는 싱크탱크로부터 휴가를 얻었고, 1년 뒤 자리를 케네스 베릴경에게 넘겨주었다.

빅터가 무대에서 완전히 내려오지 않았다면, 1974년 광부 파업과 히스정부의 몰락으로 이어지는 결정적인 몇달 동안 위원회가 정책을 올려 그 위기를 피했을 것이며, 히스는 살아나고, 영국도 그뒤 11년 동안 이어진 '피의 마거릿' 전제정치로부터 벗어났을 거라고 어떤 이는 주장한다.

이것이 로스차일드가 역사에 간접적으로 큰 영향력을 미친 마지막 사건이 아닌가 생각된다.

은퇴하는 나이, 하고 싶었지만 못했던 취미에 눈을 돌릴 나이에, 빅터 로스차일드도 이르렀다. 그러나 로스차일드경은 새로운 도전을 추구했다. 그는 서적수집을 그만두고 초판본 모두와 독특한 스위프트 원고수집품을 케임브리지동료들에게 증정했다. 그는 새롭게 수리통계학을 배우기 시작하여, 케임브리지의 유능한 학자에게 개인지도를 받았다.

그러나 그에게는 공적인 일이 필요했다. 때마침 왕립갬블위원회 의장에 지명되어, 그 소망은 얼마쯤 충족되었다.

그는 또 집안의 회사일에도 다시 참여했다. 그러나 엄밀히 말하면, 금융가로서 뉴코트에 돌아간 것은 아니었다. '돈을 현재 있는 A지점에서, 필요로 하는 B지점으로 옮기는' 일이 싫었던 그의 생각은 결코 달라지지 않았다.

그는 여전히 본질적으로 과학자이며, 과학기술발전원조를 위해 할 수 있는 모든 일을 하고 싶었다. 그는 바이오테크놀러지투자회사(뒤에 N.M. 로스차일드 자산운용회사로 이름이 바뀜)사장이 되었다.

로스차일드은행으로부터 재정적 조언을 받지만, 독립된 회사로서 과학과 기술프로젝트에 돈을 융통해 주려는 것이었다. 안주하지 않고 새로운 일에 계속 도전하려는 그의 욕구는, 이것으로 얼마쯤 충족되었다.

미리엄 루이저 로스차일드박사는 어떤 저널리스트로부터 받은 '벼룩여왕'이라는 칭호를 좋아했다.

전쟁 뒤 그녀는 학자로서 개인적 연구를 계속하고 있었다. 과학 분야에서 광범위하고 다양한 사항에 관한 기사와 책과 논문을 썼다.

다른 연구자와 공동으로 연구한 〈벼룩의 도약메커니즘 발견〉은 꽤 흥미 깊은 것이었다. 그것은 미국에 보도되고 소련의 민간 신문에도 실렸다.

이 놀라운 곤충은 엉덩이에 고무 같은 물질이 붙어 있어, 그 도움을 빌어 149중력가속도——달로켓이 대기권으로 돌아올 때의 20배——를 낸다는 것을 그녀는 밝혀냈다.

그녀는 자신에게 여왕칭호가 주어진 것은, 아버지 찰스의 벼룩수집품을 은퇴한 공무원 해리 홉킨스와 공동연구하여 목록을 정리한 업적에 의한 것으로 여겼다.

이 원대한 작업은, 이 분야에서 아버지 찰스가 위대한 개척적인 일을 해냈다는 인정을 받고 싶어한 어머니의 열렬한 소망 때문에 착수한 것이었다. 이에 관한 학술논문은 그의 노력과 과학적 통찰력을 잘 반영하고 있다.

미리엄 루이저는 그 일을 '좋아해서 오래 입게 된 해진 셔츠(속죄 고행하는 사람이 입는 셔츠)'라고 말한다. 게다가 몇십만 단어를 쓰고 7000개나 되는 그림을 조사해 라벨을 붙이는 것은 어린아이를 기르면서 하는 일로 안성마춤이었다. 모두들 잠자리에 든 시간에 할 수 있었기 때문이었다. 그녀는 가족이 언제나 우선이었다.

그녀는 말한다.

"어린아이들이 훨씬 더 즐거움을 주지요, 벼룩의 등묘사 따위보다는……"

1952년, 이 목록은 공식적으로 인정받았다. 미리엄 루이저는 CBE메달(영국 상급훈장)을 받았다. 거기에는 '……분류학 공헌에 대하여'라고 칭찬하고 있다.

그녀는 어느 기자의 질문에 대답했다.

"그래요, 그것은 놀라운 기록이에요. 그렇듯 많은 단어를 쓴 로스차일드는 나 말고 없으니까요."

공식적으로 인정된 일을 객관적으로 바라보는, 자부심과 호기심 뒤섞인 초연한 태도였다. 그것이 그녀의 전형적인 태도이다.

미리엄 루이저의 평판에 관하여 스크랩된 사진과 공문서가 있다. 그 수많은 명예로운 장식품 속에는 메달과 증서가 있고, 저지종 소며 구즈베리며 야생화상 등도 과학업적에 뒤섞여 장식되어 있었다.

그 가운데 그녀가 가장 자랑스러워하는 것은 미국 제8공군 제351 폭탄그룹협회 명예회원으로 선출되었던 두루마리 증서였다.

1970년대에 들어선 어느날 그녀는 선언했다.

"50년 동안 놋쇠관을 들여다보았으니 이젠 충분해요."

그녀는 곤충의 미시적 해부학에 관한 책을 한 권 출판한 다음, 현미경 검사에 종지부를 찍고 이제 연구보다 보호에 많은 시간을 바치려고 결심했다.

어느 날 아침 그녀는 잠에서 깨어나, 아버지 찰스가 제시한 방향을 따라서만 자연보호를 실행하는 일은, 이미 너무 늦어 불가능하다는 것을 깨달았다.

현대과학과 기술공학의 발전은 들이나 산울타리에서 꽃들을 멋대로 뽑아버리고 짓밟고 쫓아버렸다. 우리의 아름다운 식물이 유럽 어딘가에서 곡물 산더미 밑에 깔려 없어지고 있다. 줄어드는 꽃들을 보호하여 예전처럼 가꿀 때가 왔다——먼저 공원과 정원, 황무지, 길가며 목초지 등에.

지금이야말로 그런 보호운동에 나설 시기이다. 왜냐하면 지금은 미나리아재비꽃으로 황금색이 된 들이나 하얀 제비꽃으로 기슭이 장식된 수로를, 지난 시절의 향수로 떠올리는 사람들이 아직도 많기 때문이다.

그녀가 열성적인 캠페인을 전개한 결과, 들꽃 육성이 갑자기 유행처럼 번졌다. 야생화 꽃다발이 내셔널 트러스트의 매점이며 가든 센터에서 팔렸고, 공식적인 보호위원회가 들꽃 육성에 나섰다.

들꽃이 도시의 쓰레기 폐기장에서 자라자, 사람들은 갑자기 그곳에서 미적 가능성을 발견했다. '보호'라는 새로운 시대가 시작되었다——생식환경과 보호지구의 '재창조'시대다.

'벼룩여왕'은 '들꽃숙녀'가 되었다——그녀의 에너지·끈기·정열에 참으로 어울리는 찬사였다.

한편 미리엄 루이저와 빅터의 막내여동생은 형제들과 전혀 다른 자신만의 생활을 만들어갔다. 매우 개인주의적이면서도 발랄한 삶이었다. 캐슬린 애니 패너니카(니카)는 1930년대 세계적 최신유행 추종자였다.

빅터처럼 그녀도 스포츠와 파티와 재즈를 좋아했다. 그녀는 1935년 프랑스외교관 쥘 드 쾨니히스바르테르남작과 결혼한 뒤 세계 각 나라를 돌아다녔다.

1951년까지 세계를 순례하고 부부는 멕시코에 부임했다. 하지만 패너니카는 외교관생활에 흥미를 잃게 되어, 쥘의 곁을 떠나 뉴욕에 살 곳을 마련했다.

그녀는 곧 대도시의 돈많은 괴짜들 가운데 하나로 명성을 얻었다. 그녀의 생활은 차츰 두 가지 열정을 축으로 돌아가기 시작했다——그것은 재즈와 고양이였다. 5번거리 스탠호프 호텔 1층에 있는 그녀의 호화로운 방에는 다양한 종류의 고양이들이 늘 몇십 마리 우글거렸다.

또한 발전기 재즈에 대한 공헌으로 그녀는 이름이 알려졌다. 그녀는 충동적으로 비밥의 메카로 온 것이 아니었다. 그녀는 재즈혁신의 선두주자인 찰리 파커, 디지 길레스피, 마일즈 데이비스, 텔로니어스 몽크의 오랜 팬이며 후원자였다.

그들은 춤곡으로 시작한 재즈를 자유로운 리듬형태로 전환시킨 장본인들이었다. 그들의 음악은 그녀가 그 속에 한몫끼기를 오랫동안 갈망해 온 예술적이며 황홀한 세계였다.

1951년 그녀는 충동에 굴복했다. 그녀는 밤마다 뛰쳐나가 브로드웨이의 나이트클럽이나 싸구려 재즈술집에 출입했다. 가끔 그녀는 연주가들을 집으로 데려와 밤새도록 연주하게 했다.

패너니카의 돈과 열정은 방탕한 생활로 자신의 재능을 낭비하는 몇몇 피아니스트, 색소폰 연주자, 트럼펫 연주자, 드럼 연주자들의 생활을 버티게 해주었다.

그녀는 그들의 거칠고 '신나는' 생활습관과 하나가 되었으며, 연주자들의 작은 세계에 비연주자로서 받아들여진 아주 드문 경우가 되었다.

그들 가운데 몇몇은 그녀에게 노래를 지어 바쳤다. 텔로니어스 몽크는 《패너니카》를, 또 개성적인 피아니스트 호레이스 실버는 《니카의 꿈》이라는 곡을 그녀에게 바쳤다. 1955년 3월 위대한 찰리 '버드' 파커는 그녀의 아파트에서 숨졌다.

패너니카가 재즈를 사랑한 것은, 흥미를 잃으면 내던지고 마는 단순한 열정이 아니었다. 그녀의 재즈 사랑은 그녀가 1988년 74살의 나이로 죽을 때까지 계속되었다.

'네 자신의 일을 하라'는 표현이 널리 쓰이게 된 것은 1960년대와 70년대 일이었다. 영국로스차일드의 본가사람들은 그렇게 살았다. 그들은 사회적 구속으로부터 자유로울 수 있는 부를 가졌고,

그 부를 최대한 활용했다.

그러나 빅터와 누이동생들, 그리고 다른 로스차일드들이 자유와 사치를 계속 누리려면, 누군가 은행 일을 해야 했다.

고지식한 앤서니 구스타브가 전쟁 중 그 무거운 짐을 혼자 떠맡았다. 전쟁이 끝났을 때 그는 58살이었다. 라이어닐 네이션의 아들인 그의 조카 에드먼드가 군복을 벗자마자 은행으로 돌아왔고, 곧 그의 동생 레오폴드 데이빗이 합류했다.

앤서니 구스타브의 아들 에블린(전쟁영웅인 그의 삼촌을 기려 따온 이름) 로버트가 뉴코트의 책상 하나를 차지함으로써 다음세대 로스차일드남자들이 모두 제자리를 잡았다.

아니, 예외가 하나 있었다. 빅터 로스차일드경의 장남 제이컵이었다. 그는 조상으로부터 물려받은 뛰어난 지능과 독립정신으로 집안의 전통을 완벽하게 파괴했다.

영국로스차일드는 대체로 해로에서 케임브리지로 진학했는데, 제이컵은 이튼에서 옥스퍼드로 진학한 것이다. 아버지와 할아버지는 과학자였는데, 제이컵은 역사를 전공했다.

할아버지 찰스는 마지못해 은행업무를 맡았었다. 아버지 빅터는 시티를 경험해 보고 그것을 거부했다. 그러나 제이컵은 정열을 갖고 뉴코트에 들어갔다.

그는 최우수 학생으로 올 솔스칼리지(옥스퍼드대학 칼리지 중 하나) 특대생을 제안받았으나, 집안의 압력으로 학술생활을 포기했다. 대신 그는 로스차일드은행을 더 활동적인 것으로 만드는 도전에 그 재능을 바쳤다.

제이컵은 시티의 다른 회사, 그리고 뉴욕의 모건 스탠리사에 2, 3년 근무했다. 그뒤 회계사무·중개업무 등 금융계의 여러 가지 일을 배우고, 1963년부터 로스차일드은행 업무를 보기 시작했다.

얼굴이 갸름하고 두뇌회전이 빠른 기민한 정신을 지닌 호리호리한 몸매의 이 젊은이는 곧 그 세계 경쟁자들의 존경의 대상이 되었다.

그는 잇따라 능숙하게 일을 처리해 나갔다. 그중에는 성공한 일도 있고 그렇지 못한 일도 있었으나 경쟁상대들은 로스차일드가 잠에서 깨어난 사실을 갑작스럽게 깨달을 수 있었다.

1967년 인터뷰에서 제이컵은 자기 철학을 간결하게 표현했다.

"우리는 해내야 합니다. 우리 은행을, 돈의 은행인 동시에 두뇌의 은행으로 만들어야 합니다……우리는 상업발전을 위한 촉매가 되어야 합니다. 결코 멈추면 안 됩니다. 언제나 진취적 정신을 유지하기 위해, 계속 새로운 시도를 해야 합니다."

확실히 그들은 진취적 정신을 이어갔다. 이제는 시장에 들어가 사업을 선전하는 일에도 주저함이 없어져 기업매수, 합병, 로스차일드은행이 재정원조하는 유럽석탄강철공동체 같은 다국적기업과 초국가조직 등 새로운 상업세계에서 선도적 역할을 담당했다.

뉴코트의 움직임이 활발해져 더 많은 인력이 필요했다. 지금까지의 점포로는 은행일을 감당할 수 없어, 세인트 스위신스 도로 반대쪽 건물을 사들였다.

로스차일드는 '사랑스러운 옛은행'이 비경제적으로 공간만 낭비한 사실을 깨달았다. 1966년, 몇 대의 불도저가 네이선 로스차일드건물을 부수었다. 대신 그곳에 콘크리트와 유리만으로 이루어진 현대적 오피스빌딩이 들어섰다.

전보다 멋스럽고 낭만적이지는 않지만, 20세기 머천트 뱅크에 필요한 것은 훨씬 잘 갖추어졌다. 로스차일드선조들의 커다란 초상화는 지금도 그곳 현관을 장식하고 있다.

그곳은 겉보기에 전통이 거의 느껴지지 않는다. 방문자들은 기능본위의 의자에 앉아 기능본위의 파란 제복을 입은 안내원이 기능본위의 전화로 비서를 호출해, 다음 예약자가 와 있음을 알리는 동안 대기실에서 기다린다.

영국 친척들이 새 은행건물로 옮기고 나서 3년 뒤, 프랑스로스차일드도 라피트거리에 새건물을 짓기 시작했다. 공사는 1968년에 시작되어 2년 뒤 완성되었다.

그 건축구조는 다른 상업조직의 본거지와 매우 달라 파리 실업계를 놀라게 했다. 제2제정풍 거리에서 좀 들어가 떨기나무와 목련이 심어진 테라스 맞은편에 흰 돌과 유리로 지어진 건물이 큰길을 바라보는 모습으로 서 있다.

기남작은 분명하게 말했다.

"일반 고객들이 찾아와서 쓰는 방뿐 아니라 사무실 장식에도 꽤 신경을 썼습니다. 쾌적하면서도 아름다워야 한다는 걸 잊지 않았지요."

그것은 그들이 전원저택에서 노동자주택에 이르기까지 프랑스로스차일드가 손댄 모든 계획에 뚜렷이 흔적을 남기고 있는 자세였다.

라피트거리와 뉴코트의 현대 오피스빌딩만큼 프랑스와 영국로스차일드의 양식 차이를 명확히 보여주는 것은 달리 없으리라.

그러나 두 건축물에 담긴 정신은 같다. 확장의 필요성이었다.

자산의 65퍼센트를 비(非)은행업에 투자하고 있는 파리의 '방크 로스차일드'는 대규모 산업복합기업이다. 프랑스광산복합기업 IMETAL은 너무 크고 강력해져, 1975년에 미국의 코퍼웰드사를 매수하려 하자 연방재판소에 이의가 신청되었다. 독점금지법에 위배된다는 것이다.

피츠버그에서 열린 심리는 큰 소동을 불러일으켰다. 조합은 데모했고, 보도기관은 유럽의 거대기업이 미국의 작지만 정직하게 운영되는 회사를 먹어치우려 한다는, 적의 품은 논평을 실었다.

결국 판결은 IMETAL에 유리하게 났다. 자유로운 사업활동이 이루어지는 나라에서 성공이야말로 마지막 변명이며, 거대한 것은 아름답다. 로스차일드의 적들이 아무리 자신의 뜻을 관철시키려 해도 무리한 일이었다.

시대는 변하고 있었다. 몇해 뒤에는 로스차일드에게 몹시 불쾌한 사건이 기다리고 있었다. 행복에 넘친 60년대가 70년대 속으로 사라졌다. 70년대——그것은 석유위기, 소용돌이치는 인플레이션, 산업불안, 실업증가, 서유럽 전체 일반국민의 떨어진 사기로 점철된 10년이었다.

로스차일드 역시 환경변화를 피하지 못했다. 호화로운 파티는 이미 없어졌다. 그러한 능력이 없기 때문만은 아니었다.

기는 그 이유를 간단히 설명했다.

"그런 것은 이제 인기가 없기 때문이지요."

좀더 관찰력 있는 에드먼드는 말했다.

"우리들 자식 벤저민의 세대는 너무도 진지하여, 화려한 생활양식에 흥미가 없습니다. 그러므로 우리는 우리 생활양식의 한 장(章)을 닫은 겁니다."

1975년, 프랑스 로스차일드주인은 샤토 드 페리에르의 모든 재보를 치우고, 340에이커의 건물을 파리대학에 기증했다. 텅 빈 궁전 문이 닫히면서 한 시대가 막을 내렸다.

유화, 팔걸이의자, 가죽에 그려진 큰 패널그림들은 파리 한복판 생 루이 섬에 웅장하고 훌륭하게 새로 지은 기의 집 오텔 랑베르로 옮겨졌다.

과거와의 상징적인 연결은 끊어졌다. 기와 마리 엘렌이 페리에르에서 쌓아올린 화려한 꿈은 1920년대의, 또는 심하게 요동친 1890년대의 잔영에 지나지 않았음이 증명되었다.

프랑스로스차일드가 이스라엘과 서서히 밀접한 관계를 맺어가던 1970년 외교적 사건이 터졌다. 모르데카이 리몬제독이 프랑스정부의 통제를 무시하고 셰르부르항구에 다섯 척의 무장선을 출항시켰다. 그것은 이스라엘의 주문으로 새로 건조한 배였다.

엘리제궁이 분노했고, 퐁피두대통령은 외교관계를 단절시키려 했다. 그는 '주권침해 행위를 한 자들'을 공식적으로 프랑스에서 추방해 위안을 삼았다. 며칠 뒤 그들은 고국에서 대중의 열렬한 환영을 받았다.

그렇다고 에드몽 아돌프 드 로스차일드가 자신의 뜻을 굽힌 건 아니었다. 사건 얼마 뒤 그는 리몬제독을 자신의 개인적·사업적 대리인으로 지명하여 텔 아비브로 보냈다.

두 나라 관계는 조금씩 정상으로 돌아왔고, 5년 뒤 리몬제독은 아주 색다른 일로 파리에 돌아왔다. 그의 딸 닐리와 엘리 드 로스차일드남작의 외아들 미셸 나타니엘이 결혼식을 올리게 된 것이다.

다음 10년으로의 전환기에 은행은 두 번의 위기에 흔들렸다. 하나는 런던회사의 진로에 큰 영향을 미쳤다. 집안에서 일어난 일이었으나, 소문은 그것을 국제적 사건으로 만들었다.

1975년부터 중역회의의장을 지낸 제이컵은, 뉴코트의 중추적 역할에 잘 어울렸으나 최대주주는 친척인 에블린 로버트였다. 이 몇 해 동안 에블린 로버트는 제이컵이 화려한 성공을 추구하는 데 불만이 없는 듯했다. 그의 열정은 대부분 가정생활과 다른 많은 취미에 쏠려 있었다.

1966년에 그는 9살 어린, 눈부시게 아름다운 패션 모델 재닛 비숍과 결혼했다. 그들은 서로 사랑했으며, 얼마 동안 매우 행복했다.

그러나 두 사람은 자라온 환경이 너무 달랐고, 재닛에게는 우울증 발작까지 있었다. 거기다가 아이를 낳을 수 없다는 사실이 최후의 결정타가 되었다. 1971년 두 사람은 합의이혼했다. 그 뒤 두 사람은 친구 사이로 지냈다.

2년 뒤 에블린 로버트는 재혼했다. 1978년까지 에블린 로버트와 새아내 빅토리아는 아들 둘과 딸 하나를 두었다.

그즈음 경제정세변화가 제이컵의 은행경영전략에 장애물이 되었다. 제이컵은 더 활발한 역할, 사실상 회사의 주인이 되려고 했다.

계속된 몇년 동안 일어난 일들——그것이 왜 일어났으며, 또한 그 주역들의 동기가 무엇인지에 대해서는 의견차이가 보인다. 에블린 로버트는 분쟁의 밑바닥에 깔린 것은 재정방침의 차이라고 믿고 있다.

그것은 금융기관의 급속한 변화와 때를 같이하여 일어났다. 주로 증가하는 컴퓨터와 위성기술사용에 의해 초래된 변화였다. 1970년대 중반부터 사람들은 정보가 지구를 몇 초에 한 바퀴 돌고 시장이 더욱 활발해져, 여기저기 대륙의 대리인들이 매우 복잡한 거래를 키보드 위에서 손가락을 몇 번 움직이는 것만으로 성립시킬 수 있는 상황에 적응해야 했다.

금융활동은 이제 전문가들 사이에서 뱅커, 브로커, 보험업자, 투자회사 등으로 분업화되었다. 동시에 세계금융시장은 금융사업의 모든 부문을 합친 미국과 일본의 복합기업이 지배하고 있었다.

제이컵은 공공자금을 이용해 로스차일드은행의 구조를 바꿔, 이러한 거대기업과 경쟁할 수 있는 대규모 회사를 만들고 싶었다.

한편 에블린 로버트는 은행을 개인사업으로 유지하여 신중하게 성장시키며, 더 한정된 분야에서 경쟁력을 키워가고 싶어했다.

두 친척이 상반된 방침을 추구하면, 그것은 피할 수 없다. 대결은 1980년에 일어났다. 큰 결정에 관해 서로 합의하지 못하는 일은 곧바로 해결해야만 한다.

빅터 로스차일드경이 중재자로 내세워졌다. 빅터는 중립적 태도를 취했다. 제이컵은 아버지의 지원을 생각만큼 받을 수 없음을 느꼈다.

실제로 결과는 정해져 있었다. 제이컵이 비통한 얼굴로 인정한 것처럼, 합법적 투표권을 쥔 사람에게는 이길 수 없는 것이다.

그러나 아버지 빅터가 취한 입장에 그는 크게 상처를 받았다. 제이컵이 명예롭게 몸을 뺄 수 있도록 상황은 조정되었지만, 실제로는 쫓겨난 것이나 다름없었다.

관계자 저마다에게 어려운 시기였다. 에블린 로버트의 생활에도 비극이 찾아와, 그의 이름은 몇개월 동안 사람들 입에 오르내렸다.

1980년 11월 전처 재닛 비숍이 친구와 함께 중앙이탈리아 국경지방을 여행하다 행방불명되었다. 그녀의 자동차는 한적한 산길에 버려져 있는 게 발견되었다.

이 사건은 대중의 흥미를 끌었다. 두 여성은 납치된 것일까? 재닛은 재혼했지만 여권의 이름은 아직 로스차일드였고, 사르나노호텔에 '재닛 로스차일드'로 묵고 있었다.

대부호와 관계있는 사람이, 더욱이 여자끼리 무방비 상태로 황량한 지방을 여행하는 것은 시칠리아의 갱에게 기회를 주는 것이나 다름없었다.

에블린 로버트는 질문을 받았다.

"몸값을 요구해 왔습니까?"

"아직, 아니오."

경찰조사에서는 아무것도 알아낼 수 없었다. 그러나 재닛의 남편이 단념하지 않고 어떤 정보에든 돈을 내겠다고 한 덕분에, 음산한 이야기는 다시 전개되었다.

1982년 1월 재닛의 자동차가 버려져 있던 곳으로부터 5마일쯤 떨어진 황량한 숲속에서 두 사람의 유품이 발견되었다. 보도가 점점 요란스러워졌다.

이탈리아당국은 사고사라고 단정지었다. 두 여성은 눈보라 때문에 고립되어 오두막에 잠시 피해 있다가 걸어내려 왔지만, 비극적 종말을 피할 수 없었다고 발표되었다.

보도기관은 납득하지 않았다. 미스테리는 몇 달 동안 계속되었다. 기자들은 경찰의 무능, 공공기관의 은폐공작에 대해 얘기했고, 실제로 무슨 일이 일어났는지 알고 있지만──그들은 살인이라고 믿고 있었다──그 고장의 범인을 두려워한 나머지 입 밖에 내지 못하는 농민들의 이야기가 폭로되었다고 하거나 또는 그러한 소문이 있다고 주장했다.

진상이 어떻든 납치되어, 아마도 유명한 이름을 가졌기 때문에 살해당했을지도 모르는 그 아름다운 여성과 가깝게 지냈던 모든 사람들에게 그것은 비통한 일이었다.

영국은행의 소동은 라피트거리를 강타한 참사에 비하면 아무것도 아니었다.

1981년 5월 프랑스와 미테랑이, 철저한 사회주의로 나라를 불황에서 구하겠다고 맹세하며 프랑스대통령에 선출되었다. 1년도 지나지 않아 그는 민간금융부문을 국유화했다. 라피트거리의 당당한 건물에는 '유럽은행'이라는 새 간판이 붙었다.

창립된 지 165년 지나, 갑자기 예기치 못한 사이에 날카로운 도끼가 내리쳐진 것이다. 기와 알랭에게는 견딜 수 없는 일이었다. 그들은 이 타격을 각자 개인적으로 받아들였다.

기는 《르 몽드》신문에 다음과 같이 토로했다. 로스차일드에게는 독자적인 이미지가 있다고 그는 주장했다.

로스차일드는 널리 알려진 '부'의 상징이다. 그 생활양식 속의 부는, 양심에 부끄러움 없음이 증명된 부이다. 그들의 사업지도

자는 세대에서 세대로 계승되어, 하나의 왕조 같은 인상이 사람들 머릿속에 새겨졌다. 그러나 그것은 단순한 공상의 산물에 지나지 않는다.

그들은 사업에 어떤 적성을 지녔고, 또 주도면밀하게 행동해온 것으로 알려져 있다. 그러나 그들이 비대한 개인지배 자본주의와 동일시되는 풍조 속에서, 그들의 이미지는 기피해야 할 존재로 변해왔다. 이 프랑스에서 자본가는 로스차일드 이외에 없다고 생각해버리는 것이다.

그 변화에 따라 대응도 달라진다——미국에서는 그렇듯 오랜 세월을 통해 이룬 성공은, 호의적 관심거리로 보여진다. 영국에서는 전문적 능력의 증명으로 여겨지고, 그 명성을 국가적 금융 자산의 하나로 인정하고 장려한다.

병원, 학교, 탁아소, 양로원, 수많은 진료소와 요양원 등 각종 사회복지시설을 로스차일드가 만들고 유지해온 것을 시민들은 잘 알고 있다. 또한 박물관에 많은 예술품을 기증하고, 저마다 살던 시대에서 수많은 예술가·과학자·의사·작가들을 지원한 일도 알고 있다.

그러나 프랑스인은 부에 대한 질투심이 강하다. 그러므로 정치가들은 로스차일드와 거리를 두려고 한다.

페탱정권에서는 한 유대인, 미테랑정권에서는 바리새인——나에게는 그것으로 충분하다.

두 번이나 쓰레기 속에서 인생을 재출발해야 하다니, 나에게는 짐이 너무 무겁다.

은퇴를 강요받은 나는 저항운동을 하기로 했다.

가장 마음 아픈 것은 충실한 고용인들과 헤어져야 하는 일이었다. 괴로운 송별식이 끝나자, 기는 그곳을 떠나 미국으로 향했다.

엘리는 로스차일드가 취리히에 소유한 은행의 회장을 맡고 있었
으므로, 런던에 살 곳을 정했다. 알랭은 2년 전에 세상 떠났다. 그
러나 파리에는 아직 로스차일드가 남아 있었다. 알랭의 아들 에릭,
기의 아들 다비드는 아직 젊고 충격으로부터의 회복도 빨랐다. 이
번 일도 그들이 여러 번 맞닥뜨렸던 위기가 다시 온 것일 뿐이라고
생각했다.

다비드는 1982년에 어느 기자에게 말했다.

'유럽은행이 어떻게 될지, 그리고 로스차일드가 어떻게 될지, 10
년 지나면 알 수 있을 겁니다.'

위로 향한 화살, 아래로 향한 화살
자연보호주의자들의 이상과 냉정한
상업적 현실주의가 화려한 결혼식을 올렸다.

최근 몇년 동안 로스차일드는 많은 이야기를 털어놓았다. 적어도
그들 가운데 몇사람은 그러했다. 선조대대로 서류를 모두 불태우며
견고하게 그 벽을 지켜온 비밀요새에서, 두세 사람이 빠져나온 것
이다.

예전에도 퍼디넌드처럼 일지나 회상록을 쓴 사람은 있었다. 그러
나 결코 공개적인 종류의 것은 아니었다. 앙리의 광범위한 저작 속
에도 자서전은 두 권밖에 없으며, 모두 어린시절과 청년시절에 한
정되어 있다.

네이선이나 베티나 라이어닐남작의 제1인칭 이야기가 남겨졌다
면, 또 대남작 자신이 기록한 19세기 중엽의 세계정세 등이 있다면
——얼마나 매혹적인 게 되었을까! 슬프게도 그들은 후세를 위해
자신의 견해를 기록해둘 여유가 없었고, 또 그런 성격도 아니었다.

유일한 예외는 콘스턴스 배터지였다. 1922년에 그녀의 회고록이
출판되자 곧 품절되었다. 그것을 제외하면 로스차일드 사람들은 치
밀하게 비밀을 지켜온 셈이었다.

그러므로 1980년대 첫무렵 그 비밀스러운 이야기가 폭발하듯 드

러났을 때, 한층 더 흥미를 불러일으켰다.

1983년, 주목할 만한 전기 두 권과 자서전 한 권이 발표되었다. 앙카 물슈타인이 쓴 자신의 종증조부 제임스남작의 기록과, 미리엄 루이저 로스차일드박사가 기인 월터백부의 생애에 관해 쓴 저술, 그리고 기남작이 은행국유화 뒤 가슴에 품어온 생각을 쓴 책이었다.

미리엄 루이저의 동생 빅터 로스차일드경은 이미 1977년 반자전적 수필을 출판했으며, 1984년에 또 한 권을 냈다. 같은 해 필립남작의 회상록이 활자화되었고, 나딘 남작부인이 에드몽 아돌프와의 생활을 기록한 것도 출판되었다.

이러한 일은 모두 오랜 시간 동안 서서히 태도변화가 이루어져 나타난 결과이다. 마치 은행이 사업쪽으로 나아가는 것을 어쩔 수 없었듯, 그들 개개인이 신문논평이나 일반비평에 대해 귀족적인 무관심만 나타내고 있을 수는 없다고 느낀 것이다.

그들은 자신들 일을 설명하고 대중이 그들의 견해를 알아주기를 원했다. 빈틈없이 사생활을 지키는 에블린 로버트나 빅터와 마찬가지로 그들도 로스차일드 사람인 것은 변함없었으나, 공인으로서의 역할이 커졌음을 깨닫는 이들이 점점 늘어났다. 그들은 스스로 책을 썼고, 저널리스트의 방송인터뷰에도 응했다. 몇년 전까지는 생각할 수도 없던 일이었다.

유명인은 누구나 그렇듯 미디어에 노출되는 것을 고통스럽게 여기게 된다. 제이컵은 에블린 로버트와의 불화에 대중의 눈이 쏠리는 것을 불쾌하게 생각했다. 언론에 그의 이름이 거의 날마다 보도되었던 것이다.

1980년에 로스차일드은행을 영원히 떠난 정신적 충격을 받은 뒤로 제이컵은 늘 경제평론가들의 주목의 대상이 되었다. 로스차일드 집안에서 그처럼 성공을 거둔 사업가는 네이선 이래 그뿐이었던 것이다.

실제로 제이컵과 네이선의 업적에는 닮은 점이 많았다. 네이선도 '프랑크푸르트는 너무 좁다'는 판단으로 집을 나와 자신의 사업을 시작했다. 사기충천한 이 이민자는, 폭풍처럼 영국 재계를 석권했다. 제이컵도 마찬가지였다.

또 런던로스차일드사 창설자 네이선은 저널리스트와 풍자만화가들의 표적이 되었는데, 제이컵도 그 점에서 비슷했다. 금융계의 높은 지위로 너무도 빠르게 올라간 그에 대해, 눈치 빠른 카피라이터들은 '야곱의 사다리(제이컵의 출세수단)'라는 표현을 만들어내, 싫증날 정도로 사용했다.

뉴코트를 떠날 때 제이컵은 은행에 대한 불쾌한 감정에서, 그들이 거절한 그의 아이디어가 이론적으로 옳다는 것을 증명해 보이기로 결심했다. 그것은 압도적인 성공을 거두려는 단순한 개인적 감정에서가 아니었다.

그는 변동하는 금융계를 주의 깊게 지켜보고, 그에 알맞은 계획을 세웠다. 전문적인 기관은 전통적으로 빈틈없는 틀 속에 굳건하게 들어앉아 있어도 그 벽은 새고 있으며, 시티의 급진적인 사람들은 상황이 크게 변화할 것을 예언하고 있었다.

제이컵도 그 가운데 하나였다. 앞으로 금융기관이 대형화되고 다각화하리라는 것을, 그는 어느 때보다도 확신하고 있었다.

1983년 10월 금융가회의에 출석한 그는 자신의 소견을 말했다.

"거대금융기업이 조속히 설립되기를 기대합니다. 영국 안에서 먼저 한두 개 회사가 자진해 적극적으로 금융분야 경쟁범위를 새롭게 정의하는 게 중요하다고 나는 믿습니다."

그는 이 말을 이미 실행에 옮기고 있었다. 1980년 그는 로스차일드 자회사인 금융회사의 일을 맡게 되었다. 로스차일드투자신탁(인베스트먼트 트러스트)이라는 이 작은 민간회사는 주주들의 자금을 성장주(成長株) 회사에 효과적으로 투자하여 평판을 얻고 있었다.

그런데 뉴코트가 금융거래에서 로스차일드이름의 사용을 허가하지 않아 제이컵은 신탁명을 RIT로 바꾸었다. 그리고 자산 9940만 파운드의 이 회사를 대규모 금융서비스사업으로 확대시켰다.

여분투자를 찾아 가능한 한 가장 유능한 금융전문가들과 일하던 그는, 1982년에 다른 신탁회사 노던과 합병했다. 그해 RITN은 런던주식중매회사와 연계하여 채권매입업무, 오피스 설비, 리스, 보험관계 신탁기금업무를 전문으로 하는 회사의 주식을 매입했다.

그는 또 1983년 8월에 뉴욕의 머천트뱅크 주식 50퍼센트를 가지고 월거리로 진출했다. 두 달 뒤 RITN과 채터하우스은행그룹의 대형합병 뉴스에 금융시장은 술렁거렸다. 1983년 끝무렵까지 새로운 로스차일드은행 채터하우스 J. 로스차일드가 세상에 나와, 4억파운드의 자본을 가진 거대한 상업은행이 되었다.

그러나 제이컵은 만족하지 않았다. 그는 이전부터 함브로 생명이라는 거대보험회사에 관심을 가지고 있었다. 그 회사는 다른 방면으로 진출하는 길을 모색하고 있었다. 지금까지 제이컵의 사업규모는 너무 작아 함브로의 마크 와인버그에게 조건이 좋은 제안을 할 수 없었다. 그러나 이제는 와인버그가 주도적으로 나서 함께 일하자고 제안했다.

제이컵의 특급열차가 갑자기 임시정차한 곳은 이 지점이었다. 몇 달 동안의 교섭 뒤 자본금이 몇조파운드에 이르는 복합기업을 만들어내려던 함브로협정은 취소되었다. 이는 제이컵의 기획 전체에 역행하는 것이었다.

주주들에게도 말했듯 그가 바란 것은, 미국에서 다각적 운영을 하는 대규모 금융회사와 경쟁할 수 있는 조직을 만드는 일이었다. 그런데 그는 종류가 다른 병아리 집합체 같은 회사들과 함께 남겨져버렸다. 그 회사들은 대부분 뻐꾸기알처럼 다른 둥지에 놓여진 셈이었다.

한편 이런 회사들은 금융제국을 세우려는 다른 금융가에게는 몹시 매력적이었다. 이듬해 제이컵은 주요주식 대부분을 꽤 좋은 값으로 팔았다

그는 이것을 '모스크바에서의 철수'라고 불렀다. 그 결과 J. 로스차일드사라는, 꽤 축소된 규모이긴 하지만 자산 6억350만파운드(1986년 3월)를 마음대로 할 수 있는 기구가 생기게 되었다. 역시 신탁회사로, 전의 RIT보다 금융적으로 훨씬 튼튼한 회사였다.

가치가 올라갈 회사를 노려 단기와 중기채권을 취득해, 대규모기업의 매수·합병에도 개입할 수 있었다. '차익금 매매'라고 불리는 이 새로운 수법의 상업파워게임은, 오늘날 현대 국제금융계에서 가장 비약적으로 발전을 이룬 것 가운데 하나다.

이것은 가장 용감한 선수들이 승리를 쟁취하는 게임이다. 제이컵과 그의 주주들은 이 게임에서 상당한 이익을 얻었다. 그리고 그는 그 이후로도 계속할 예정이었다.

그는 그즈음의 축소화 경향의 하나로, 스타워즈사령선에 비유된 세인트 제임스궁 근처의 청동색 철강건물을 내놓고, 같은 길가의 눈에 띄지 않는 집으로 이사했다. 현재 그의 사무실은 화려하진 않지만, 입구 간판은 자랑스런 선조를 내세우며, 뉴코트를 영원히 비웃고 있다.

거기에는 5개의 화살을 묶은 그림이 그려져 있다. 런던의 로스차일드은행을 떠난 뒤 제이컵은, 은행이 늘 사용해 온 이 심벌이 상표로 등록되어 있지 않은 것을 발견하고 자신의 것으로 등록했다. 추방된 로스차일드가, 로스차일드의 결속과 협조를 강조하는 심벌을 사용하는 것은 참으로 아이러니컬하다!

그런 행동만으로는 마음풀리지 않는 듯 제이컵은, 1세기 전의 앨프릿처럼 내셔널 갤러리 평의위원도 되었다. 사업재능은 물론 우수

한 예술품을 보는 안목도 이어받은 그는 틀림없이 갤러리재산의 이
상적인 감독관이 될 것으로 보였다.

1985년에 평의위원회의장이 되자마자 그는 갤러리 확장문제를 다
루었고, 관장경력이 없는 사람을 새 관장으로 지명해 주목받았다.

그와 대화하면 교수에게 개인수업을 받고 있는 듯한 느낌이 든
다. 그는 학자처럼 온후하고 편안한 인품을 지녔지만, 무심히 무책
임한 표현이나 부주의한 판단을 하게 되면, 부드러운 채찍 같은 대
답이 돌아온다. 그는 정확한 사고를 갈망하는 사람으로, 그 지적
수준에 어울리는 동료만이 그 팀에서 살아남는다.

에블린 로버트가 런던로스차일드은행 지도자로 성공한 것을 맨처
음 인정한 사람은, 제이컵이었다. 시티코프 같은 미국의 거대복합
기업이 런던에 진출해 치열한 경쟁상황에 놓인, 전통적 상업은행으
로선 어려운 시기에 뉴코트는 경쟁상대에 비해 새로운 단체고객을
많이 끌어들였다. 고객의 자금은 1986년까지 그 신탁부문에서만
1981년의 다섯 배에 이르는 4조5천억파운드가 모이게 되었다.

그러나 합병과 흡수만으로 사업확대가 이루어지는 것은 아니다.
에블린 로버트는 1986년 중반에 다음과 같이 말했다.

"나도 걱정하고 있지만, 시티에서는 지금 몇 개의 새로운 금융기
관통합이 진행되고 있으며, 그 신속함에 우려할 만한 점이 있다.
우리들은 이미 부정적 결과를 몇 가지 보고 있다."

많은 사람들은 그것을 제이컵의 활동에 대한 언급으로 보고 있
다.

그는 금융기술에서 형태가 다른 회사의 매상에는 마음 내켜하지
않았다. 중매인들의 주식을 소극적으로 사들이고, 시장 움직임을
다만 조용히 지켜보았던 것이다.

뉴코트의 현대적 '토끼사육장'에는, 아직 전통이 뿌리깊게 남아
있다. 직원 한 사람 한 사람이 크리스마스에 칠면조 한 마리와 직

위에 맞는 보너스를 받는다.

이 회사는 지금도 조합노동자는 고용하지 않는다. '우리들의 일은 로스차일드가 돌봐준다'는 생각이 종업원들 사이에 아직까지 남아 있다. 은행정련소에서는 지금도 금괴를 만들며, 여전히 이 나라에서 가장 중요한 금제조업자로 군림하고 있다.

과거와 가장 기묘한 연계를 지닌 것은 아마도 날마다 금값결정실에서 거행되는 의식일 것이다. 런던의 주거래업자들이 테이블에 둘러앉아 금가격을 결정한다. 저마다의 앞에, 전화와 작은 영국기가 있다. 국기가 내려지면 거래가 시작된다. 모든 구두약속이 존중된다.

만일 한 참석자가 자신의 사무소에 뭔가 문의하거나 2, 3분 생각할 시간이 필요할 경우, '기, 올립시다!'라고 한마디 하면 모든 심의가 중지된다.

마지막에는 로스차일드대표가 '숫자를 부탁합니다'라고 하면, 업자들이 값을 말하면 그것은 전화를 통해 잉글랜드은행으로 전달된다. 이 결정은 타워(런던탑)에서 매일 밤 행해지는 여왕의 열쇠의식과 마찬가지로 불변하는 것이다.

에블린 로버트는 전통주의자다. 로스차일드사람은 과거로부터 완전히 벗어나기 어렵다. 더구나 조상이 170여년 전에 사업을 시작한 장소에서 지금도 여전히 은행을 경영하고 있다면, 그것은 더욱 어렵다.

런던로스차일드은행을 개인은행으로 두고, 그들의 손안에서 로스차일드가 지금까지 잘해온 만큼만 사업을 집중한다. 에블린 로버트는 그의 철학을 다음과 같이 요약해서 말하고 있다.

"오늘날 런던에는 480개 은행이 있습니다. 다른 곳보다 뛰어나려면 질높은 서비스를 제공해야 합니다"

그의 고집스러운 사업방식에 경의를 나타내지 않는 사람은 거의 없다. 이 런던로스차일드은행 우두머리에게는 누가 어떻게 비판하든 흔들리지 않는 게 두 가지 있다. 하나는 로스차일드가 국제금융 세계에서 차지하고 있는 지위이다.

런던로스차일드은행은 창설 때부터 은행업무를 중단한 적 없이 계속해 온 단 하나의 회사로, 위대한 이름의 영광을 지켜왔다.

또한 순수한 가족경영은행으로 어느 은행보다 오래 존재해 왔다. 오늘날 여전히 창설자의 자손이 실권을 쥐고 있는 다른 은행은 베어링뿐이며, 베어링은 로스차일드에 비하면 매우 작은 조직이다.

에블린 로버트는 1989년까지 인수업자위원회 의장을 지냈다. 스레드니들거리의 노부인(잉글랜드은행의 속칭)과 특별한 관계에 있고, 16개 은행을 대표하는 시티의 엘리트이다. 이것은 런던의 비공식적인 계급에서, 잉글랜드은행 총재 다음지위에 해당된다. 1989년에 그는 나이트작위를 받았다.

에블린 로버트가 자신하는 또 하나는 그의 은행사업이 계속 확장되리라는 믿음이다. 그는 건지·취리히·뉴욕·홍콩·싱가포르·시드니·멜버른에 사무실을 가진 자회사와 관련회사의 최고책임자이다. 이들 사무실을 통해, 또 대리인들을 통해 로스차일드는 은행과 투자서비스기관을 세계의 모든 주요금융중심지에 두고 있다.

이 은행그룹이사인 닉 매컨드류는, 런던로스차일드은행이 예전 어느 때보다 국제적이라고 이야기한다.

그룹은 정부와 다국적기업과 억만장자, 그리고 대서양 건너편의 거대보험회사에 로스차일드회사채와 통화시장에서의 솜씨를 사도록 권유한다.

그룹의 기술자에게 의존하는 광산왕에게는 유망한 금은 광맥을 찾도록 도와주고——그룹의 금융부문은 귀금속 거래 전반에 걸쳐 열쇠로서의 역할을 해준다——여러 개의 금괴를 금고실에 쌓아두고 있다.

은행은 합병으로부터 유러채권까지, 수출금융준비로부터 브리티시페트롤리엄 민영화까지, 상업활동의 모든 방면에 조언을 하고 있다.

에블린 로버트는 공직을 권유받아도 단호히 거절하고, 과거에 그랬던 것처럼 지금도 로스차일드를 필요로 할 때에는 언제든지 개인의 자금확대가 가능하도록 해주었다.

1986년 중반, 로스차일드 컨티뉴에이션은 3천만달러 보증부 변동금리채권을 발행해 성공했다. 그것이 그의 역할과 위치를 잘 나타내 준다.

에블린 로버트는 전통주의자이며 동시에 현실주의자이다. 이를테면 그들의 방침과 소유권이 상반될 경우에는, 그들의 철칙을 버릴 수도 있다는 생각을 지녔다.

뉴코트에는 다른 두 로스차일드가 있다——에드먼드의 동생 레오폴드 데이빗과 아들 데이빗 라이어닐. 그리고 에블린 로버트의 어린 아들들이 언젠가 그의 뒤를 이어 회사를 경영할 것이다.

그는 자신의 입장을 뚜렷이 밝히고 있다.

"모든 사업은 되도록 효과적으로 운영되어야 하며, 집안사람이라는 이유로 승진시키는 것은 잘못이지요."

따라서 다음 세대에는 누가 은행을 이끌지 관심거리가 아닐 수 없다. 제이컵의 이복동생 암셸이 될 수도 있고 에블린 자신의 아들이 은행에 들어올 수도 있다. 누가 되든 소유와 경영이 분리될 날이 멀지 않아 보인다.

누가 에블린 로버트의 후계자가 되든, 그는 다른 곳으로 향하는 열정을 억제하고 경영에 온힘을 쏟아야 할 것이다.

사업과 공적인 활동을 병행하는 사촌과 달리 그는 은행 외의 활동은 되도록 억제해왔다. 그러면서도 그는 수년 동안 세인트메리병원 의학교 학장과 《이코노미스트》 잡지 회장을 지냈다.

그러나 그가 가장 사랑한 것은 말이었다. 경마장연맹 의장으로서 경마산업이 어려움에 처했을 때 대중의 지원을 얻기 위해 애썼으며 엡섬경마장 시설을 현대화하는 데 많은 노력을 기울였다.

1980년대의 두 라이벌은 이렇게 저마다 다른 형태로, 세계금융시장에서 로스차일드가 단순히 전설상의 이름이 아님을 증명했다.

그동안 프랑스친척들도 로스차일드가 잊혀지지 않았다는 것을, 극적인 방법으로 증명하고 있었다. 1981년 이래 그들의 놀라운 회복, 패배주의를 조금도 느낄 수 없는 적극적이고 과감한 정신을 뚜렷이 드러냈다.

로스차일드의 심볼마크를 보면, 기묘하게도 영국에서는 화살촉이 아래를 향하고 프랑스에서는 위를 향하고 있다.

런던로스차일드은행은 그 상표를 남작집안의 방패형 문장에서 따왔다. 이 문장에는, 방패를 네 등분하여 그 두 개의 '바탕에 팔꿈치를 구부린 팔 하나가, 방패 아랫부분쪽으로 화살촉이 향한 다섯 개의 화살을 쥔' 그림이 그려져 있다.

프랑스에서는 아마 날카롭고 뾰족한 화살촉이 위를 향하는 편이 더 솔직하고 낙관적 전망을 뜻한다는 생각으로 그렇게 한 것이리라. 제이컵 로스차일드도 역시 화살촉이 위를 향하고 있는 상표를 사용하고 있다.

국유화가 이루어졌을 때, 파리오를레앙주식회사 사장은 에릭남작이었다. 조용하고 의젓하며 침착해 보이는 41살의 사나이. 유년시절을 미국에서 보내고, 그뒤 영국학교에 진학했으며, 취리히대학에서 공학을 전공한 그는 현대적이고 국제감각이 풍부한 사업가가 되었다.

그는 로스차일드의 수송관계 자회사 하나에서 일을 시작해, 회사 안에 자신의 길을 닦아왔다. 그리고 공동구조에 대한 섬세한 이해를 가지고, 로스차일드종업원들에 대해 큰 책임감을 갖게 되었다. 사촌 다비드와 함께 그는 상업제국의 잔해를 긁어모아 확장의 기초로 사용했다.

그들에게는 정부로부터 받은 보상금 1억프랑이 있었다. 포도원이 있었으며, 국제로스차일드그룹과의 관계도 있었다. 또한 파리오를레앙이 있었다. 예전에 철도망을 건설하던 이 회사는 이제 석유정제로부터 냉장에 이르기까지, 로스차일드의 비교적 작은 상업활동을 통합한 지주회사가 되어 있었다.

에릭과 다비드는 이들 재원을 모두 종합하여, 새로운 민간은행 편성을 위한 자금으로 축적했다. 국유화를 개인적 타격으로 받아들이는 집안어른들과 달리, 두 젊은이는 그것을 기회로 삼은 것이다.

에릭은 말한다.

"새로운 은행에 있어서는 매우 활기찬 시기였습니다. 특히 강력한 국제그룹과의 연계에 있어서는 더욱 그러했습니다."

돌이켜보면, 1981년 사건 때 그는 말했었다.

"미테랑은 그 강력한 한 모금의 독이, 로스차일드를 끝장냈다고 생각했겠지요. 하지만 그것은 우리에게 자극이 되어주었습니다.”

옛로스차일드은행은 자산의 65%를 비금융활동에 할당하고 있었다. 게다가 국제시장의 악화로 광산과 비철금속 가공사업이 큰 부담이 되어왔다. 국가에 의한 몰수 덕분에 로스차일드는 조직을 정리할 수 있었고, 가장 자신 있는 부문에만 힘을 기울이게 되었다.

국유화된 바로 뒤 그들은 파리오를레앙관리회사를 설립하여 금융에 관한 전문적 조언을 하고, 투자운용 전문지식을 받아들이는 업무를 보았다. 종업원 몇사람은 두 로스차일드를 따라 새로 설립한 회사에서 일했다. 예전의 고객 대부분은 그대로 그들의 단골이 되었다. 몇달 안에 그들은 새 은행설립 허가를 신청했다.

그것은 사회주의정부에 대한 도전이며, 이 도전은 그들이 의도하는 것이다. 기 로스차일드남작이 쓴 《르 몽드》신문의 기사는 이미 상당한 지지를 받고 있었고, 미테랑이 반유대주의자가 아닐까 하는 의심도 확산되었다.

1985년 1월에 다비드는 개인적인 승리를 거두었다. 그것도 대중으로부터의 반향에 힘입은 바 컸다. 그는 겁없이 기수클럽 회원자격을 신청한 것이다.

1868년에 에드몽이 강한 반대에 부딪혀 선출되는 데 실패한 뒤로, 배타적인 위원회는 전보다 더욱 이교도 귀족의 참여 금지에 힘썼다. 사실 경마에 쏟는 그 헌신적인 지원에도 불구하고, 거의 1세기 동안 로스차일드 누구도 그토록 소원했던 그 명예를 획득한 사람이 없었다.

그 때문에 다비드가 추천된 것은 큰 반향을 불러일으켰다. 지지자도 반대자도 맹렬하게 운동을 시작했고, 지지자는 몇백통의 편지를 써서 다비드의 경마에 대한 공헌을 지적했다. 투표에 참가하기 위해 은밀하게 파리로 향한 회원수 또한 기록적이었다. 다비드의 지지자에게 이것은 나쁜 징조로 보였으나, 결과적으로 그는 승리를 거두었다.

한편 똑같이 완고한 반대파와 싸우는 더욱 중요한 문제가 있었다. 로스차일드가 프랑스금융업계로 다시 진출하는 것을 인가하면 정부는 위신을 잃게 되므로, 도저히 허락할 수 없는 일이었다.

사태를 더욱 악화시킨 것은, 정부의 정책이 어려운 국면에 접어들었다는 사실이었다. 특히 울로페엔은행을 비롯한 국유화된 많은 은행이 적자를 내고 있었다. 1983년에 발행된 기남작의 자서전은 정부에 대한 평론가들의 공격에 한층 힘을 실어주었다. 그 속에서 그는 비웃는 어조로 정적을 깎아내렸다.

"경제에 관한 좌익의 전반적인 무지함은, 프랑스정치에서 늘 보아온 일이다."

다비드와 에릭이 당국과의 까다로운 교섭을 하는 데 2년 이상 걸린 것도 그리 놀라운 일은 아니었다. 그들은 새로운 조직에 예전의 로스차일드형제회사 이름을 부활시키고 싶었지만, 정부는 받아들이지 않았다. 로스차일드이름을 사용하는 것은 당치도 않다는 것이다.

결국 'P.O.(파리오를레앙)은행'이라는 이름으로 면허가 나왔다. 새로운 파리회사는 1984년 7월에 문을 열었다. 로스차일드가 실업계에 돌아온 것이다.

은행의 새 용지에는 로스차일드라는 이름이 금지되었다. 그러나 유망한 고객은 예전 그대로 남아 있었다. 친숙한 그들의 상징표지 밑에 창립취지가 적혀 있었다.

로스차일드의 화살 다섯 개는 마이어 암셸의 다섯 아들을 상징한다. 그들은 18세기 끝무렵 프랑크푸르트를 떠나, 국제적 금융회사조직을 만들었다.

제임스 드 로스차일드는 1817년에 파리에서 창업하여, 짧은 시

일에 탁월한 재정가로 명성을 얻었다.

그의 자손들은 프랑스의 확장과 공업화에 참여하여 광산·전기·수송기관의 발전에 이바지했고, 특히 파리～오를레앙 철도체계 발전에 크게 기여했다. 이 P.O.가 금융지주회사로 전환되었고, P.O.은행은 여기에서 이름을 따온 것이다. 로스차일드의 영업이 2년 동안(1982～84) 중단된 뒤, 이제 P.O.은행으로 다시 금융세계에 돌아온 것이다.

샹젤리제거리에 가까운 라블레거리, 프랑스로스차일드 사무실 업무기구의 신경중추에 이르려면 경관이 경호하는 관문을 지나야 한다. 이것은 로스차일드를 지키기 위해서가 아니다. 옆건물에 이스라엘대사관이 있기 때문이다.

2층 은행사무실로 올라가면 편안하게 쉴 수 있는, 녹색 벽에 둘러쌓여 의자가 가지런히 놓인 로비가 나온다. 대남작의 큰 초상화가 침묵 속에 위엄을 나타내며 사람들을 내려다보고 있다. 그리고 이곳에서 그의 자손 몇 사람을 만날 수도 있다. 이 사무실에는 은행뿐 아니라 로스차일드의 개인사무실도 들어 있기 때문이다.

기남작은 날마다 여기에서 몇 시간을 지낸다. 애견인 검은 푸들을 산책시키고, 점심식사를 하기 위해 길가의 레스토랑에 나가는 일도 있다.

로스차일드의 금융활동 부활은 그가 1981년에 느낀 분노를 가라앉히는 데 도움이 되었다. 그는 미국에 가 있다가 파리로 돌아와 다시 생 루이섬의 훌륭한 저택에 살게 되었다.

자신의 본분을 떠나야 했던 쓰라린 경험을 한 뒤, 그는 이제 다시 미래를 향하여 눈을 돌리고 있는 것이다. 그는 로스차일드의 사업을 다시 세우려는 작업을 자랑스럽게 여기며, 미테랑의 간섭이 없었더라도 전의 은행은, 변혁이 필요한 시기에 이르러 있었음을 인정했다.

  "라피트거리의 건물은 너무 컸고, 재산도 좀 정리할 필요가 있었
  지요. 다비드와 에릭은 새로운 투자에 도전하려 하고 있습니다.
  그들은 훨씬 유연하답니다."

  그러나 아직도 기억이 생생한 그 사건의 상처는 사라지지 않고
있었다. '전은행'에 대한 일이나, 이미 로스차일드를 위해 일하지
않는 예전 직원들 이야기를 할 때면, 놀랍도록 밝고 푸른 그의 눈
동자가 흐려진다. 지금도 그는 라피트거리에는 자동차를 타고 들어
가지 않는다.

  엘리남작 역시 파리에 있을 때는 라블레거리를 본거지로 하고 있
다. 대부분 런던에서 지내지만, 파리에도 아름다운 저택을 가지고
있다. 그곳에서 그를 여러 해 모셔온 집사가 흰 장갑을 끼고 시중
드는 매우 우아한 점심식사를 하며, 그는 자신의 집안에 대한 정열
과 애정의 감정을 털어놓았다.

  "우리는 무슨 일을 하든 언제나 전문가라고 할 수 있습니다."

  여윈 몸에 은발을 가진 기민하고 품위있는 모습의 그는, 68년 동
안 많은 일을 성취한 인물이었다. 은행가로 살아온 파란만장한 인
생에 대하여 그는 담담하게 이야기해 주었다.

  나치스의 포로, 폴로 선수, 예술품 수집가——그는 특히 현대미
술 작품을 전문으로 모아들였다——그리고 포도원 경영자로서 겪
은 일들에 대해. 참된 전문가답게 그는 열성적이고 지식이 풍부했
다.

  고맙게도 그는 필자에게 유창한 영어로 이야기해 주었다. 좀 까
다로운 표현을 사용할 때만 모국어로 말했다.

  루이 15세풍으로 꾸며진 거실은 파티를 열 수 있을 만한 곳이었
다. 맛있는 음식과 와인——물론 샤토 라피트였다——도 훌륭했
으며, 모든 게 인상적이었다. 그러나 엘리의 정열과 단호한 의견에

비하면, 그 인상에서 받은 감동도 엷어질 정도였다.

그의 표정이 가장 밝아질 때는, 금융이나 포도재배 같은 이야기를 할 때가 아니라, 집안의 자선사업으로 화제가 옮겨갈 때였다.

130년에 걸친 사회·의료분야에서의 업적을 자랑으로 여기는 것은 엘리 혼자만이 아니다. 현재 로스차일드기금의 의장을 맡은 에릭은 최신지식과 기술을 파악하기 위해 늘 여기저기 여행다니고 있으며, 다비드가 적절하게 표현한 말은 그들 모두에게 통용된다.

"인생은 일과 놀이만이 아니다. 우리에게는 시민으로서의 책임도 있다. 그러므로 이 기금은 우리에게 두 번째로 삶의 보람을 주는 사업이다."

그들이 설립한 여러 병원, 연구센터, 주택 등이 전면적 또는 부분적으로 국유복지기구에 편입되어 있으며, 국가에 소속된 기관의 위원회에 대해서도 로스차일드는 지금까지 활발하게 협조하고 있다.

그리고 그들은 더 새로운 일에 도전하려고 한다. 1975년에 정신장애아를 위해 최첨단 설비와 기술을 구비한 시설물을 만들었고, 1960년 파리 13구에 알랭이 세운 정신병센터를 증설했다.

1976년에는 나딘이 부르세병원에 심장병 전문수술실을 만들어주었다. 그리고 1985년에는 에드몽 아돌프가 로스차일드기금으로 핵자기공명 스캐너 등, 프랑스에서 가장 앞선 진찰시설을 제공하였다.

많은 시설 가운데 픽퓌스거리의 시설은 그들이 특별히 애착을 갖는 곳이다. 그곳은 제임스가 유대병원을 개설했던 곳으로, 로스차일드대자선사업의 첫걸음이 되었던 곳이다.

이곳은 오늘날에도 운영되고 있는데, 종교와 상관없이 노인병진료를 위한 시설이다. 이곳은 여느 노인병원과 다르다. 아이들이 뜰에서 뛰어놀고, 여자들은 휴게실에서 커피를 마시며 방문자와 이야기를 나눈다. 남자들은 카드놀이를 즐기고, 손자들과 풀에서 수영을 하기도 한다. 친구와 친척들이 자유롭게 찾아올 수 있기 때문이다.

말기 환자에게는 최고 간호사가 배정된다. 각 방은 호화로운 호텔이 무색할 정도로 시설이 완벽하고, 내부장식은 현대적이며 멋지다.

여기에 사는 500명의 노인들에게 이 센터는 하나의 공동체사회이다. 그들은 이 속에서 개인생활을 보장받고, 원하는 만큼 자유를 누리며, 필요한 보호를 받을 수 있다. 그리고 그곳은 보다 넓은 공동체사회로 열려 있는 공동체이다.

프랑스로스차일드는 이 센터의 유지·경영·개량을 완벽하게 하고 있다. 이런 활동들은 결코 언론에 보도되지 않지만 라피트와 무통의 포도재배, 몇천만 달러의 거액을 움직이는 사업거래, 수집품에 더할 훌륭한 예술품 감정 등과 마찬가지로 세심한 주의와 집중력이 여기에 돌려지고 있다.

새은행 창설은 로스차일드에게 이제까지의 60년보다 더 완벽에 가까운 전문적 통일을 안겨주었다. P.O.은행의 주주 중에는 런던로스차일드와 에드몽 아돌프남작도 있다. 새회사는 '민간국제사업은행'이라고 스스로 선언하고, 상업은행으로서의 완전한 서비스를 제공한다. 자본은 대부분 그들 집안에서 나온다.

세계적 규모의 로스차일드그룹에 참가하는 것은 고객에게 큰 행운이고, '초기단계 이익보장 방법을 유지하는 편이 쉽기 때문에' 주식을 미공개로 해야 계획대로 성장할 수 있다고 다비드는 믿고 있었다.

그의 분석이 옳다는 것은 첫 2년 동안의 업적을 통해 분명해졌다. 국유조직인 경쟁상대가 어려움을 겪는 동안, 파리오를레앙주식회사는 주식가격이 3배로 뛰었고, 은행은 25%의 세금을 치르고도 자본에 대한 충분한 수익을 얻었다고 보고했다.

이번에도 로스차일드는 정적보다 오래 살아남았다. 보수세력이 권력의 자리로 돌아와 민영화를 약속한 것이다. 몰수된 로스차일드의 산업자산도 얼마쯤 돌려받게 되었다.

그러나 무엇보다도 통쾌한 일은 '로스차일드'라는 이름이 문 위에 다시 씌어지게 된 사실이다. 1986년, P.O.은행은 로스차일드 에 아소시에라는 이름으로 바뀌었다.

20세기 끝무렵 로스차일드금융왕국 주요기둥의 하나로 뉴욕거점이 있었다. 1981년부터 82년에 걸쳐 미국의 기구는 완전히 모습을 바꾸었다.

기와 에블린의 감독 아래 파리와 런던의 로스차일드사도 더욱 확고한 지배력을 지니게 되어, 뉴코트증권은 새회사인 로스차일드 인코퍼레이테드가 되고 미국금융계에서도 큰 힘을 획득하려고 계획했다.

그러나 그 실현이 매우 어렵다는 게 밝혀졌다. 내부의 불협화음 문제도 있었다. 개인적으로는 집안에서 가장 부자인 에드몽 아돌프가 참여를 거부했다. 뉴코트증권사장은 새로운 회사조직이 싫다며 사임했다. 1984년에는 같은 위원회에 속한 로스차일드, 즉 엘리의 아들 미셸 나타니엘이 런던의 제이컵 밑으로 떠나버렸다.

그러나 새은행의 발걸음이 둔한 진정한 이유는, 역사가 가르쳐준다. 현대의 로스차일드는 선조들이 미국에 개인적 친분관계를 갖지 않았던 공백에 대한 대가를, 이제야 치르고 있는 것이다.

지난 전쟁을 계기로 그들은 뉴욕에서 나름대로 미국사회에 파고들었는지는 모르지만, 미국인 입장에서 보면 로스차일드는 아직 외국인이었다. 그곳에서는 그들의 이름도 유럽 국제금융 중심에서처럼 마력을 발휘할 수 없는 것이다. 신세계에서 새로운 조직은, 한

걸음씩 신중한 자세로 나아가야 하는 것이다.

이제 로스차일드는 성공을 위해 필요한 전략을 공격적으로 수행해 나가고 있다. 첫작업은 유능한 이사를 지명하는 일이었다. 상법 전문가 봅 피리가 뽑혔다.

봅은 예전의 로스차일드 대리인 벨몬트와 똑같은 기질의 사람으로, 롱아일랜드에서 영향력있는 사업가로 활약했다. 그는 하버드대학 출신으로 정치활동도 하고 있으며, 매우 발이 넓어 영국 및 유럽명사들과 교분이 두터웠다. 희귀본 수집을 하고, 별장도 소유하여 매사추세츠에서 사냥을 즐기고, 마인 해변에서는 요트를 즐긴다.

그의 지휘 아래 회사는 차익매매와 법인거래 분야에서 주로 기업인수합병을 행했다. 이 일은 기존 금융계를 혼란시켜 충격을 주었다. 그러나 고객에 대해서는 하나의 상업은행으로서 광범위한 서비스를 제공하는 회사였다.

벨몬트와 달리 봅은 상사로부터 절대적인 신임을 받고 있는 듯, 다비드 드 로스차일드는 말했다.

"우리는 작은 회사로 시작하여 이제 비로소 좀 눈에 띌 만한 회사가 되려 하고 있습니다. 그것이 어떻게 실현될지는 봅에게 달렸지요."

이에 부응하기 위해 봅이 하는 일은 로스차일드의 이미지를 파는 것이다. 즉 미국인에게 금융업뿐 아니라 예술·과학·고급와인 분야에서 그들이 이룩한 업적을 이해시키는 일이다.

프랑스에서는 처음에 취미로 시작한 포도원이, 이제 집안 사업상 빼놓을 수 없는 부분이 되었다. 에릭은 엘리가 시작한 이 제국의 건설을 조용히 진행시키고 있다.

회사는 이제 라피트와 그곳에 가까운 뒤아르 밀롱(4등 산지)과라 카르돈을 소유하고, 1984년에는 소테른의 주요 포도원인 샤토 뤼섹도 손에 넣었다. 80년 동안 재정적으로 침체해 있던 사업이 이제 눈에 띄는 전진을 계속하게 된 것이다.

에릭은 밝게 웃으며 말했다.

"이제 중요한 문제는 해마다 이익을 내느냐 손해를 보느냐가 아니고, 어느 정도 큰 이익을 올리느냐 하는 것입니다."

주식의 6분의 1을 소유한 에드몽 아돌프남작은 말한다.

"라피트는 파는 게 아니고 사는 것이오."

최근에는 보세창고의 와인 한 상자가 400파운드에서 500파운드에 팔려, 샤토 라피트를 마시는 것은 예전보다도 더 큰 부자들의 사치가 되었다.

1985년 12월 크리스티경매에서는 1787년산 라피트 포도주 한 병이 10만5000파운드라는 놀라운 액수에 팔려 사람들을 현기증나게 했다. 그것은 로스차일드조차도 지불할 수 없는 액수였다.

실내복과 빅토리아여왕시대풍 프록코트가 한 벌인 검정 벨벳 옷을 입은 에릭은, 샤토에서 느긋하게 저녁식사하는 것을 즐긴다. 그는 라피트의 유명한 저장실에 연도별로 와인을 늘어놓은 그 독특한 와인도서관을 위하여 그것을 손에 넣고 싶었는데, 실제로는 경매에 참가하지도 못했다고 안타까워했다.

그는 예전부터 계속되어 온 무통과의 경쟁관계에 대해 말했다.

"등급을 매기는 싸움이 끝났을 때, 그 경쟁관계도 사라졌지요. 필립에게는 그 나름의 방법이 있습니다. 그는 포도원을 소유한 대상인이지요. 그러나 우리는 농장에 더 애착을 가지고, 포도원 그룹을 만들려 하고 있습니다."

세계에서 가장 풍요로운 150평방마일의 농경지 메독고원과 깊은 이해관계를 가진 로스차일드는, 확실히 단순한 농장주가 아니다. 포도원 넓이를 보면 그들이 이미 이름난 상표에 구애받지 않고, 다양한 가격의 병와인을 생산하고 있음을 알 수 있다.

1990년 라피트지사(지금은 로스차일드남작 소유)는 확장계획을 계속 진행시켜, 포메롤에 있는 샤토 레방질을 사들였다. 이곳은 다른 대부분의 1등급 보르도보다도 젊은이들이 선호하는 달콤한 와인 생산지로 유명한 곳이다. 오늘날에는 이 점이 생산자들에게 가장 중요하다.

라피트 로스차일드는 또 필립의 지도로 내퍼 밸리에 있는 샬론포도원과 협상에 들어갔다. 그들은 또한 칠레에 투자를 시작하여 로스 바스코스주식을 획득했으며, 1991년에는 포르투갈에서 킨타 도 카르무와 제휴했다.

필립남작은 80대 중반 병으로 쓰러져, 1988년 1월에 세상을 떠났다. 죽기 직전까지 그의 기민한 정신에서 끊임없이 나온 새로운 아이디어에는, 유명한 상표를 붙여 판매하는 와인처럼 늘 맑고 향기로운 맛이 있었다. 천개(天蓋)달린 침대에서 그는 계획을 세우고 지시를 내렸다.

그는 자주 여행했다. 런던과 파리의 자기 집에서 지내는 것은 해마다 한정된 날뿐이었다.

1984년 2월에는 제1호 와인을 팔기 위해 내퍼 밸리에 있었다. 고도의 선전기술로 전세계를 돌아다녀야 하는 와인세계에서, 이것은 몹시 바라던 이벤트였다.

최초로 팔린 병와인은 미국에서 기록을 세웠다. 1981년 7월 한 상자가 경매에 붙여졌고, 치열한 경합을 벌인 끝에 2만4000달러에 경락되었다. 3년 뒤 거래금지가 풀렸을 때는 값이 그보다 조금 내려갔으나 그래도 명성높은 와인으로서의 목적은 달성되어, 많은 선전을 하지 않아도 내퍼 밸리의 명주(銘酒)라는 지위가 확립되었다.

집으로 돌아온 필립은 자신과 마찬가지로 열성적인 딸의 도움을 받아, 계속 무통의 개량에 힘썼다. 오늘날 무통을 찾아오는 사람은 메독을 빠져나오는 동안 역사적 건조물로도 인상적인 샤토를 많이 볼 수 있지만, 대부분 무통로스차일드의 업적에만 눈길을 보낸다. 그의 성공을 나타내는 박물관에 관심이 집중되는 것이다.

그 박물관의 주차장은 날마다 말끔하게 쓸고 닦아 눈부실 정도로 깨끗하다. 잔디와 떨기나무숲은 가지런히 정돈되어, 옛것과 새것의 유행을 잘 조화시켜 만든 엷은 황색 석조건물을 돋보이게 한다.

안으로 들어가면 너무나 간소한 분위기가 더욱 인상적이다. 그리고 그곳의 엄청나게 값비싼 진열품은 관광과는 거리가 먼 이 지역에 사람들을 끌어들여, 방문객이 해마다 늘고 있다.

로스차일드의 와인제조에 새로 뛰어든 에드몽 아돌프남작도 샤토 클라크르에서 꽤 성공을 거두었다. 이식과 건축에 들인 거액의 비용을 회수하는 데는 좀 시간이 걸리겠지만, ‘로스차일드’란 이름이 와인가격에 몇프랑을 얹어주어 에드몽 아돌프의 와인은 으레 50프랑부터 경매가 시작된다. 시작된 지 얼마 안된 포도원제품으로는 매우 높은 값이다.

필립과 마찬가지로 에드몽 아돌프도 내퍼 밸리를 찾아가 캘리포니아방식에서 많은 것을 배웠다. 현재 로스차일드의 최대기업가인 그는 미국인의 프로의식에 큰 감명을 받아, 자신의 메독 영지경영을 능률적으로 바꾸었다.

클라르크에서는 무통과 같은 연극적 느낌이나 라피트 같은 고전적 우아함은 찾아볼 수 없다. 컴퓨터로 제어되는 큰 스테인리스통에서부터 예상생산량에 대한 시장의 정확한 전술적 계산에 이르기까지, 와인의 효과적 생산과 판매에 맞추어 모든 게 조정되고 있다.

리스트럭에 가끔 오는 에드몽 아돌프가 낡은 차고를 개조하여 지은 집은, 로스차일드의 기준으로는 매우 소박한 편이다. 여기서 떨어진 곳에 내방객을 접대하기 위한 방이 줄지어 있다.

그는 여기에 전용주방이 붙은 연회용 홀과 보르도 와인에 관한 온갖 책을 갖춘 도서관을 가지고 있다. 그 옆의 남작 서재에는 광택있는 오크 목재 벽이 눈에 띈다. 에드몽 아돌프의 파리저택을 장식했던 것을, 먼 길을 마다하지 않고 이곳으로 날라온 것이다.

그것은 1세기 전에 아돌프가 멀리 이탈리아로부터 날라온 것이며, 본디 르네상스시대 어떤 제후의 궁전 장식의 일부였다. 지금도 거기에는 1497년이라는 건축연대가 적혀 있다.

최근 그는 어떤 모험을 위해 보르도에서 한참 떨어진 곳으로 갔다. 세인트 키츠라는 카리브해 섬에서, 새로운 음료 케인 스피릿 로스차일드생산에 착수한 것이다.

로스차일드 최후의 대저택인 장대하고 화려한 샤토 드 프레니는 지금도 여전히 에드몽 아돌프가 주로 사는 거처이다. 해마다 두 달을 여기서 보내고, 주말에도 가끔씩 들른다. 하지만 얄궂게도 이 집은 그의 소유가 아니다.

그는 설명한다.

"젊은 시절 어느 날, 나는 아버지께 말씀드렸지요. 이곳을 호텔로 만들면 좋겠다고요. 정말 바보 같은 말을 했습니다. 아버지는 그 말을 기억하고 제네바시에 기부해 버렸으니까요. 내가 그 생각을 실행에 옮겨선 안된다고 생각해서였지요."

사실 에드몽 아돌프남작은 지방당국과 교섭해, 그와 그리고 뒷날 아들 벤저민이 프레니에 계속 살 수 있도록 허가받았다. 그와 나딘은 샤토의 12개나 되는 방을 자유롭게 활용하고 있다. 벤저민이 넓은 숙소를 사용하고, 나머지는 방문하는 친구들과 사업동료들이 종종 이용한다.

에드몽 아돌프남작 자신은 프레니의 웅장한 풍경 속에서 매우 조촐하게 지낸다. 그는 남작이라는 칭호를 대단치 않게 여기며, 다른 사람들을 편안하게 해주려 노력하는 사람이다.

왕궁 같은 호화로운 곳에 사는 억만장자를 방문하는 것은, 아무래도 편안한 일이라 할 수 없다. 특히 택시가 샤토 정면 현관의 깨끗이 청소된 층계 앞에 도착한 바로 그때, 여러 대의 검은색 리무진을 탄 사람들이 떠나는 중이기라도 하면 더욱 그러하다.

훌륭한 대기실로 안내되어 더 중요한 손님들과 함께 차례를 기다려야 할 거라고 생각하고 있었는데, 집사가 다가와 내가 타고 온 택시문을 열어주었다.

회색 고수머리에 땅딸막한 몸집의 바빠 보이는 그 사나이가 내 손을 따뜻하게 잡으며, 에드몽 아돌프 드 로스차일드라고 이름을 댔을 때 나는 깜짝 놀랐다.

떠나가는 자동차 행렬을 향하여 손을 흔들며 그는 말했다.

"국제적 은행가들입니다."

그는 나를 안내하여 넓은 대리석 홀을 지나 호수가 바라보이는 서재로 갔다.

"이야기하면서 메모하시려면 이 팔걸이의자에 앉으시는 게 좋을 겁니다."

그는 루이 16세풍 책상 맞은편의 편안해 보이는 가죽 회전의자를 가리키며 말했다.

그와의 인터뷰는 이렇듯 시작부터 격식을 없앤 화기애애한 분위기 속에 이루어졌다. 에드몽 아돌프는 방문객에게 성공에 관해서도 실패에 관해서도 매우 솔직하게 이야기해 주었다.

1984년 첫무렵, 그는 캘리포니아 은행주식 30퍼센트를 처분해야만 하게 되었다. 그런데 이것은 큰 행운이었다. 몇달 뒤 이 은행은 경영난에 빠졌다.

그러나 1985년에는 아이들 흥미가 컴퓨터게임으로 전환될 것을 예상하지 못하여, 그때까지 프랑스 최대였던 그의 완구사업이 거의 도산 직전까지 갔었다. 이 회사 매상은 6000만달러에서 1000만달러로 떨어졌다.

한편 같은 시기에 그는 다른 방향으로 활동영역을 넓히고 있었다. 제이컵처럼 그 또한 자신의 재정기관 재편성 기회를 놓치지 않았다. 1986년의 시티 규제완화에 따라 그 움직임이 크게 가속화되었다.

1984년, 그는 유가증권 취급기관 창설에 관해 잉글랜드은행의 지지를 얻었다. 친척 제이컵과 같은 거리에 있는 아담한 사무실에서, 그는 소규모 개인은행 경영에 착수했다. 그것은 그의 제네바주식회사 산하에 있는 다양한 회사 가운데 하나였다.

규모는 작지만 런던에서 세 번째인 이 로스차일드 금융조직은, 여러 종류의 투자 서비스를 실시하는 지점을 여기저기로 넓혀나갔다.

전문분야가 아니라고 해도 좋은 프로젝트로, 에드몽 아돌프는 이탈리아 금융계에서도 큰 지위를 쌓아올렸다. 1985년 봄에 그는 티브르티나 은행주식 27퍼센트를 획득하여, 이탈리아 최대 국영금융기관인 라보르노은행과 공동으로 운영하고 있다.

이 은행과 프랑스·스위스·미국·이스라엘 시장에 대한 그의 흥미 및 P.O.은행의 주식유지 등을 본다면, 에드몽 아돌프가 프랑크푸르트 다섯 형제 체제의 정신을 충분히 이어받은 로스차일드의 한 사람인 것은 분명하다.

신앙생활에 대해서도 같은 말을 할 수 있다. 이스라엘에 관해 이야기할 때, 그의 목소리는 열기를 띤다. 1987년의 6일전쟁에 대한 기억이 그에게는 아직도 선명하다.

6월5일, 프랑스라디오에서 전쟁시작을 알렸을 때 에드몽 아돌프는 목욕 중이었다. 그는 곧바로 옷을 입고 프랑스유대민간인 우두머리 알랭에게 전화했다.

몇시간 뒤 친척인 그들 두 사람은 텔 아비브로 향하는 비행기 안에 있었고, 다음날에는 나딘이 합류했다. 요르단사람들이 서안지구에서 내쫓긴 뒤, 흥분으로 들끓는 옛시가로 들어간 최초의 시민 속에 그들도 있었다.

1900년 가까이 지나 유대인에게 되돌아온 '통곡의 벽' 앞에서 벤구리온과 함께 간절히 기도했던 일을 떠올리면서, 에드몽 아돌프는 눈시울을 적셨다.

6년 뒤, 이스라엘은 중동전쟁(욤 키푸르전쟁)에서 다시 한번 아랍인과 싸웠다. 이번에는 루가노에서 저녁식사를 하던 중 그 소식을 들었다.

"너무도 불안하여 기분이 좋지 않았지만, 몇시간 동안 그대로 앉아서 사람들과 이야기를 나누어야만 했습니다. 내 생애 최악의 밤이었지요."

에드몽 아돌프는 자신이 이스라엘에서는 실패했다고 믿고 있으며, 그 일이 마음에 걸렸다. 그것은 어떤 사업상의 좌절보다도 훨씬 더 언짢은 일이었다. 그는 친구 헨리 키신저처럼 강력한 정치적 영향력을 행사하고 싶었지만 불가능했다.

그가 늘 마음 아픈 것은, 새국가 이스라엘이 방향을 잃고 있는데 그것을 막는 일에 자신이 아무 힘도 되지 못한다는 생각 때문이었다. 그는 지금 이스라엘의 도덕적·종교적 향방에 불안감을 품고 있으며, 그것을 '레반트화(化)'라 부르고 있다.

조부 에드몽의 정신을 떠올리며, 손자는 깊은 상념에 잠겼다. 그는 자기 자신에게 이야기하듯 말했다.

"할아버지께서 시작한 병원과 분자생물학연구소에서 우리가 이룩한 일에 나는 긍지를 갖고 있지만, 이스라엘은 할아버지를 실망시키고 말았습니다. 나는 아무것도 하지 못했지요.

이스라엘과 나의 관계는 뜻하는 대로 되지 못한 결론 같은 것입니다. 낙담은 하지만 아직 미련이 남아 있어요. 물론 프랑스에 있든 영국에 있든 우리 집안사람들은 모두 전보다 더 이스라엘에 관심을 갖고 있습니다."

환상에서는 깨어나야 한다는 뜻이리라. 그것은 확실히 그렇다. 이 유대국가에 관해 그들은 저마다 다른 이해관계를 갖고 있지만, 그것은 접어두고 그들 대부분이 알랭 드 로스차일드 기금에 관여하고 있다는 게 중요하다. 이것은 1983년에 알랭이 죽은 뒤, 프랑스 유대의 요청으로 설립된 것이다.

종교적 관점에서 말한다면, 오늘날의 로스차일드는 대부분 관습을 지키지 않거나, 적어도 어쩌다 신앙심을 나타낼 뿐이라 해도 지나치지 않다. 그러나 이스라엘에 대한 지지면에서 보면, 지금도 여전히 이주할 마음은 없으면서도 지금처럼 강하게 이스라엘을 지지한 적은 일찍이 없었다고 말해도 좋을 것이다.

모순되지만, 1948년의 사건으로 그들은 시오니즘과 동화주의를 융합시킬 수 있었다. 그들은 여전히 디아스포라──이산(離散)유대인이지만, 팔레스타인에서 거둔 유대인들의 승리는 그들을 대신해 그들을 자유롭게 해준 거라고 느끼고 있다. 적어도 남작은 그렇게 생각하고 있다.

우리들 디아스포라유대인은 이스라엘인의 그 용기와 과감한 전투성을 자랑스럽게 생각한다. 몇세기 동안의 굴욕을 거쳐, 유대의 명예와 위엄이 온세계에 증명된 것이다.

우리들은 이제 적의에도, 다른 사람의 시기와 의심에도, 다시 비극이 일어나지 않을까 하는 공포에도, 예전처럼 소심하지 않다.

이스라엘은 우리나라가 아니다. 그 깃발은 우리들 국기가 아니다. 하지만 이스라엘은 우리들 내면에 있는 자기 해방자이다.

에드몽 아돌프가 확실하게 성취해낸 한 가지 일은, 두 세대 이전에 생긴 친척 사이의 틈을 메운 것이다. 지금 그는 다양한 전문적 사업과 자선활동에 바쁘다. 집안의 협조를 다시 이룬 그의 공적은 크다. 이 협조야말로 오늘날 로스차일드의 두드러진 특징이 되고 있기 때문이다.

1979년말, 과거의 망령이 다시 빅터 로스차일드경 앞에 나타났다. 앤서니 블런트가 죽고, 정부는 그의 배반행위를 공표했다. 매스컴은 당연히 들끓었다.

케임브리지 4인조 블런트, 버제스, 매클린, 필비에 관한 무시무시한 기록에 관해서만이 아니고, 16년 전 발각된 이래 블런트의 공범자가 어떻게 은신해 있었는가에 대해서도 일대 논란이 벌어졌다.

그리고 상층부에 스파이가 있다는 식으로, 의혹이 또 다른 의혹을 자꾸만 불러일으켰다. 당혹스러워하면서도 정부는 어떤 인물의 명성을 지키기 위해 비밀을 드러내지 않고 있는 것일까?

블런트 조직과 기밀기구의 방파제가 된 '제5의 사나이가 있다'는 이야기도 나왔다. MI5 지도국장이었던 로저 홀리스경이 의혹의 대상이 되었다.

총리는 내부조사를 명령했다. 홀리스경의 결백이 증명되었다. 하지만 매스컴은 만족하지 않았고, 국회의원 중에도 납득하지 못하는 사람이 몇 있었다.

대체 '국가의 이해'에 관련된 사항이란 무엇인가, 영국의 지식계급과 그밖의 민간관계기관 및 정부와 국회 그리고 언론계와의 관계는 어떻게 정해져야 하는가 하는 문제가 제기되었다. 1980년 내내 그러한 사항이 언론보도의 표제에서 사라지는 일이 거의 없었다.

빅터 로스차일드경은 물론 '자신'이 결백하다는 것을 알고 있었다. 싱크탱크 두뇌집단 위원장에 지명되기 전에 그는 철저한 조사를 받았다. MI5는 전쟁 중 그의 행위에 대한 기록을 모두 파악하고 있었고, 그 충절을 의심할 이유는 어디에도 없었다.

하지만 기밀사항이 있어 100% 결백이란 있을 수 없음을 빅터는 알고 있었다. 블런트 사건에 관해 그는 이렇게 쓰고 있다.

이런 종류의 공격은 극복할 수 있는 게 아니다. 존은, 피터는, 토머스는 어떤가? 첩보기관은 같은 질문을 되풀이한다. 물론 더 많은 질문도. 그들 세계에서 조사 파일이란 결코 덮여지지 않는 법이니까.

빅터 로스차일드경은 또한 정부에 대해 자신의 결백을 증명할 수 없음을 알고 있었다. 그는 정부기밀기관에 대해 자유롭지 못한 몸인 것이다. 이에 더하여 그 자신의 애국주의와 친구에 대한 신의가, 그가 정부기관에 나가는 것을 허락하지 않았다. 그는 표면상으로는 아무 일도 아닌 듯 꾸미면서 계속 침묵을 지켰다.

1980년에 또다른 전직 MI5 장교가 기밀사항 발설금지 규정을 어기려 한다는 뉴스가 들려왔다.

피터 라이트는 퇴직한 뒤 농장경영을 시작했는데, 곧 은퇴는 자신이 원했던 게 아니라는 사실을 깨달았다. 그는 속았다는 생각이 들었다.

만일 자신의 인맥과 지식을 잘 이용하면 큰 부자가 될 수 있을 거라는 생각에 그는 마음이 초조해졌다. 그는 짐을 꾸려 오스트레일리아로 떠났다. 영국의 법망을 피해 그곳에서 회고록을 출판하기로 결심한 것이다.

《스파이캐처——어느 첩보부 고위간부의 적나라한 자서전》이라는 책은 사실 너무나 적나라하여, 영국정부는 1985년에 출판을 금지하도록 권고했다. 은퇴한 장교가 정부기밀기관을 배신하거나 손

해를 끼칠 만한 증언을 하지 못하도록 라이트를 본보기로 삼으려
한 것이다.

라이트가 오스트레일리아에서 《스파이캐처》를 출판하려 한 사건
은 법정으로까지 비화해, 오랫동안 세상을 떠들썩하게 했다. 영국
매스컴에 책 내용의 일부가 누출되고, 미국에서는 출판이 자유로우
므로 결국 널리 알려지게 되었다.

정부는 라이트의 회고록이 오스트레일리아에서 나돌아다니는 것
을 막으려다 실패한 뒤에도, 재판을 통해 언론이 《스파이캐처》의
개요를 지면에 싣는 것을 저지하려 계속 노력해, 일반에 공개되기
까지 몇달이 흘렀다.

그 공개가 빅터 로스차일드경에게는 특히 반갑지 않았다. 그의
이름이 라이트의 회고록이며 재판보도 등에, 지식층에 영향력을 끼
친 사람으로 나와 있었던 것이다. 하지만 이런저런 상상으로 언급
되는 일들에 대해, 그는 아무 변명도 하지 않았다.

다만 한 가지만은 가만히 있을 수 없었다. 그것은 베일에 가려진
‘제5의 사나이’가 마치 자신인 듯 비쳐지는 일이었다. 몇몇 신문이
빅터의 과거를 여러 형태로 공표하여, 이 비밀스럽고 흥미로운 사
나이를 싸고 있는 껍질을 벗기려 했다.

빅터 로스차일드경은 이 모든 일에 깊은 상처를 받았다. 1986년
12월3일 그는 《데일리 텔레그래프》 신문사로 편지를 보내, 간결하
지만 격렬한 어조로 분통을 터뜨렸다. 그 편지는 다음날 1면에 게
재되었다.

편집자 및 독자 여러분에게

적어도 1980년 이래 지금까지, 보도기관에서는 내가 ‘제5의 사
나이’, 즉 소련 앞잡이인 것처럼 추정해 왔다.

MI5의 지휘장교는 내가 소련 첩자가 아니며, 지금까지 한 번

도 그런 일이 없었다는 사실을 명백하게 공식적으로 반복해 밝혀야 한다. 만일 MI5의 '규정' 때문에 그런 성명을 내는 것이 불가능하다면, 법률고문을 통해서나 이에 상응하는 다른 믿을 만한 루트를 통해서라도 해야 한다.

나는 정부기밀기관에 묶여 있는 처지지만, 침묵이 완전한 결백 이외의 것을 나타내는 게 되어서는 안된다고 생각하여 이 편지를 썼다.

앞으로 이에 대한 통보가 있을 때까지 나는 언론에 아무 이야기도 할 의사가 없다.

로스차일드

대처총리는 곧 응답했다.

다우닝거리 10번지
'보도기관 통고'

1986년 12월4일자 《데일리 텔레그래프》 지면에, 자신이 소련의 앞잡이라는 의혹을 받는 데 대해 언급한 빅터 로스차일드경의 편지는 충분히 검토했다.

나는 기밀사항에 대해서는 언급하지 않는 역대 정부의 자세를 유지하는 게 중요하다고 생각한다. 그러나 빅터 로스차일드경에게 닥친 일에 관해서는 머뭇거림없이 이를 예외로 인정한다.

그가 소련 첩자였다는 소문이 있지만, 그것은 사실무근이라는 보고가 들어와 있다.

1986년 12월5일

빅터 로스차일드경의 조국에 대한 각별한 봉사에 대해서는 아무

언급도 없이, 국회가 요구해도 대처총리는 더이상 아무 말도 하지 않았다. 필비의 정체를 밝히는 데 빅터가 큰 역할을 한 사실조차도, 사람들이 그를 호의적으로 보게 만들지는 못했다.

필비 자신이 나중에 공식적으로 밝힌 일인데, 1962년에 플로라 솔로몬 부인이 말한 필비에 관한 의혹을 MI5에 알려 주의하도록 한 것은 빅터 로스차일드경이라는 사실을, 정부는 그때 이미 알고 있었다. 이 '제4의 사나이(앤서니 블런트)' 발견에 직접 관련된 것은 이 정보였다.

아마도 이 이야기에서 가장 중요한 것은 하나의 역설이다. 로스차일드의 영향력은 1세기 전과 변함없이 강력하지만, 영국의 일반대중에게는 아직 그 영향력을 용인할 여유가 없는 것이다. 정부나 시민조직의 어떤 지위도 갖지 않은 채 35년 동안이나 그런 영향력을 유지하는 것을, 로스차일드 이외에 생각할 수 있을까?

일반적으로 알려진 그의 업적은 확실히 훌륭하지만, 그가 아니더라도 저명한 시민은 적지 않다. 지식·교양·정보부원으로서의 경험도 그 혼자만 뛰어났던 것은 아니다. 사립학교 출신자 네트워크가 신화적 활동을 한다고 해서, 빅터가 비공식적 힘을 가졌다고 설명하는 것도 맞지 않는다.

그 영향력은, 왜곡주의자나 광신자들을 역사적 음모이론에 빠뜨리는 현상으로 나타난다. 하지만 음모이론을 제기할 필요 따위는 없다. 의식하든 않든 로스차일드는 조국에 대한 특별한 책임을 지니고 있다는 신념을 품고 빅터는 성장해온 것이다. 그 견해는 고위직의 다른 사람들에게도 공통된 것이리라.

그렇지만 20세기 끝무렵 4반세기에, 영국 매스컴과 사람들은 '지나치게 힘을 가진 인물'로 묘사되는 사람을 그리 좋게 생각하지 않았다. 너새니얼 메이어가 정치인들을 교묘히 조정하고 비밀교섭에 몰두하여 나라 안팎으로 영향력을 끼쳤을 때, 일반대중은 그런 이

유로 그를 사랑했었다. 그러나 그것은 100년 전 일이었다. 빅터가 지금 조상의 흉내를 낸다면, 질투와 의혹과 원한을 살 뿐이다.

사회적 평준화, 로스차일드금융의 분가가 이루어지고 로스차일드 은행에 재능있는 외부사람들이 점점 많아졌음에도 불구하고, 아직 로스차일드는 '특별'했다. 세계유대인사회에서, 은행계에서, 수집세계에서, 포도농장에서, 경마계에서 로스차일드라는 이름은 아직도 마법의 주문이다.

1994년 프랑크푸르트시 창립 1200주년 기념행사의 하나로, 시 역사상 가장 뛰어난 수출품을 기리는 전시회가 기획되었다——그것은 로스차일드였다. 그 행사에는 빅터 로스차일드도 적극적으로 참가했다.

많은 면에서 그는 1990년대 로스차일드의 대표적 본보기였다. 그것은 빅터가 영국로스차일드의 제일 윗어른이기 때문만은 아니었다. 그는 2세기에 걸친 로스차일드의 역사가 명백히 밝혀주는 몇몇 뛰어난 혈통을 스스로 대표했으며, 그 역사를 몹시 의식하고 있었다.

1988년 12월에 도러시가 죽었다. 그녀와 제임스 아르망이 앨리스로부터 뜻하지 않게 와디스던을 물려받았듯, 그녀는 9300만파운드에 이르는 부동산을 제이컵에게 남겼다. 그녀 소유의 이 부동산은 영국에서 가장 규모가 큰 것이었다.

이에 대해 빅터는 별로 놀랄 일이 아니며, 몇년 동안 제이컵이 도러시의 환심을 샀기 때문이라고 시큰둥하게 말한 것으로 전해졌다.

이 노부인은 제이컵에게 유산을 물려주면, 그녀의 관심사들에 대해 제이컵이 후원을 계속할 것이라고 생각했다. 그리고 그 생각은 맞았다.

그는 이스라엘의 로스차일드재단인 야드 하나디브를 이끌었다.

그 재단은 실질적으로 유대국가에 많은 도움을 주고 있었다.

1992년 제이컵은 도러시가 10년 전에 그랬듯 예루살렘 명예시민이 되었다. 그 시기는 그녀가 그토록 관심 가졌던 프로젝트를 그가 실현시킨 해였다. 야드 하나디브는 이스라엘에 웅장한 대법원건물을 새로 지어 기증했는데, 그것은 도러시의 시아버지가 예레츠 이스라엘에 첫 정착지를 건설한 지 100년, 크레셋이 처음 문을 연 지 35년 되는 해였다.

작위를 상속받고, 그에 따라 잠정적으로 세계 유대인사회의 지도적 역할을 시작한 뒤로 제이컵은 유대인사회에서 탁월한 역할을 수행했다. 1992년 그는 유대문제연구소 소장이 되었다. 그 연구소는 이스라엘 국외의 연구소 가운데 선두적 위치에 있다.

이는 시오니즘에 대한 그의 태도와 그것에 관련된 모든 것을 명백히 밝혀주었다. 제이컵은 아버지 빅터의 솔직한 무신론을 수용하지는 않았지만, 자신이 마음내킬 때만 시나고그에 가는 '세속적인 유대인'임을 늘 확실히 밝혔다. 그는 유대교 개혁파를 선호했다. 이스라엘을 후원하고 이런 입장에 있으면서도 그는 동화주의를 따르는 모든 유대인들에게 관대했다.

나는 동화주의를 위해 싸우는 투사가 아닙니다. 동화주의에 찬성하지도 않습니다. 나는 그저 그 길을 가는 사람들의 선택을 인정할 뿐입니다. 만일 이 나라같이 자유스러운 분위기를 지닌 사회에서 살고 있다면, 동화주의를 공격하는 것은 명백한 실수라고 나는 믿습니다.

또한 동화하지 않은 유대인들이 반유대주의나 그런 비슷한 것들로 인해 오랫동안, 몹시 오랫동안 불행했던 역사도 알고 있습니다. 그러나 동화주의는 본질적으로 반유대주의에 대한 해답은 아닙니다.

　제이컵은 도러시가 사랑했던 저택으로 관심을 돌렸다. 비록 와디스던영지는 내셔널 트러스트 소유지만, 아직 로스차일드가 재정적으로 돕고 있었다. 그 운영위원회 의장은 제이컵이었다.

　1980년대 끝무렵 퍼디넌드남작의 웅장한 저택은 이미 100년이 넘어 대대적인 보수작업이 필요했다. 제이컵은 필요를 기회로 만들자고 제안했다. 위원회는 와디스던을 21세기를 지향하는 곳으로 만들려는 웅대한 계획을 추진했다.

　목표는 네 가지 목적을 수행할 하나의 센터를 1995년까지 만드는 것이었다. 갑옷·직물·도자기·그림·가구 등의 수집품을 전시할 시설과 방문객을 맞을 시설들이 가장 뛰어난 현대 기술로 세워지고, 식당·세미나실 및 그밖의 모든 필요한 기능들을 갖춘 객실들이 와디스던을 새로운 공간으로 만들 것이다.

　또한 로스차일드의 역사를 보여줄 영구전시관이 들어서고, 제이컵과 그의 상속자들은 집과 토지를 개인적으로 언제나 사용할 권리를 갖게 되었다. 그 결과 자연보호주의자들의 이상과 냉정한 상업적 현실주의가 화려한 결혼식을 올렸다.

　제이컵은 이 계획에 푹 빠져, 1990년 작위를 상속받은 이래 더 많은 관심을 쏟았다.

　최후까지 논쟁적이고 보복적이었던 빅터는, 그해 3월 죽은 뒤 다시 한 번 신문머리를 장식했다.

　그의 유언은 사실상 첫번째 결혼에서 얻은 아이들을 무시하고 있었다. 그것은 그가 그 실패를 얼마나 가슴 아프게 간직하고 있었는지, 세상에 처음으로 드러내보인 것이었다. 고 빅터 로스차일드경은 순전히 세금문제 때문에 값나가는 미술품들을 미리 몇년 전에 제이컵에게 넘겨주었을 뿐, 그와 두 딸들에게는 오직 유품 몇 가지만 남겼다.

　생전의 빅터가 마음의 문을 꽉 닫고 대했기 때문에, 제이컵은 아주 별난 로스차일드경으로 성장했다. 그는 상원에서 그의 아버지가 찬성하지 않는 제도인 무소속으로 남아, 미술품과 국가적 유산에 대한 정부지원을 얻어내는 데 그 위치를 이용했다.

국립미술관에서 맡은 일이 끝났을 때 그는 국가 유물기념관 건립기금 의장으로 임명되었다. 새로운 역할을 맡아 그는 그의 개인적 지식과 열정을 쏟고, 역사적으로 가치있는 아름다운 물건들을 보존하는 데 꼭 필요한 재정문제에서 그의 국제적 인맥을 충분히 활용했다.

그러한 건물 가운데 하나는 세인트 제임스 플레이스에 있는 그의 사무실과 길을 사이에 두고 있어 그가 날마다 마주치는 것이었다. 1762년 무렵 초대 스펜서 백작을 위해 존 바디와 '아테네인' 스튜어트가 팔라디오 양식으로 지은 스펜서 하우스는 런던의 가장 웅장한 타운맨션 가운데 하나로 손꼽혔다.

그러나 1927년 당시 스펜서경이 과다한 유지비용 때문에 관리를 포기한 이래 그 건물은 정부기관이 들락거리고, 전쟁으로 상처입고, 일반 사무실로 전용되어, 과거의 영화를 찾아볼 수 없는 우중충하고 무너져가는 기념물로 퇴락되고 말았다.

건물소유주인 다이애너(웨일즈공주)집안은 적절한 복구계획을 세우지 못했다. 이때 제이컵의 자회사인 RIT자본조합 주식회사가 그 건물을 96년간 임대하여 2000만파운드를 들인 완벽한 복원계획에 착수했다.

가구와 장식을 세밀히 연구하기 위해 학자들이 고용되고, 기술자들이 벽을 세우고 칠하는 등 수리를 맡았다. 석공들은 18세기 벽난로 도면을 검토하고, 중개업자들이 이 건물에 있던 가구들을 추적했으며, 수집가와 박물관은 건물의 의전실을 장식할 여러 물건들을 빌려주었다. 그것은 글자 그대로 '돈을 아끼지 않은' 프로젝트였다.

하지만 RITCP는 마냥 관대하지만은 않아, 투자한 만큼 뽑아낼

계획도 가지고 있었다. 크고 좋은 방들은 중요한 행사를 위해 체면을 세울 공간을 필요로 하는 기업체나 부자들에게 임대되고, 나머지 공간도 사무실로 빌려주었다.

유물보전과 사업이라는 두 마리 토끼를 한꺼번에 잡아, 제이컵 로스차일드경은 조지왕조시대 영광을 부활시켰다. 그것은 한 개인의 재산이나 공공기금, 그 어느것이라도 쉽게 해낼 수 있는 일이 아니었다.

로스차일드사람들 내면에는 확실히, 자신들이 특별한 존재라는 의식이 있다. 또한 오늘날 여기저기 흩어져 다양한 모습으로 살고 있을지라도, 마이어 암셸이 무엇보다도 강조한 결속은 지금도 계속 유지되고 있다. 아마 '결속'이라는 말보다 '공동체의식'이라는 말이 더 어울릴 것이다.

남자든 여자든 현대의 로스차일드사람들 누구나가 공통된 숙명을 지니고, 그것이 그들을 북돋아 뭔가 중요한 일과 관련된 느낌을 가지게 한다.

하지만 그들을 개인주의적인 생활로 향하게 하는 강한 구심력은 확실히 존재한다. 결혼도 그런 힘의 하나이다. 로스차일드에 대해 생각하는 일반사람들의 이미지에 대한 반발도 그러하다.

그 힘 중에서도 가장 강력한 것은 그들만이 가진 순수한 재능임은 부정할 수 없다. 에드먼드의 두 번째 아내 앤이 엑스버리의 석남수목원을 거닐면서 말했듯이.

"로스차일드사람들은 모두 한결같이 매우 흥미를 불러일으키지요."

그녀가 인생의 대부분을 로스차일드와 밀접하게 관련 맺어온 일을 느끼고 있는 것이리라. 그녀는 1940년에 에드먼드와 만났고, 제2차세계대전 뒤 그가 소개한 친구와 결혼했다. 그녀와 에드먼드는

저마다 행복한 결혼생활을 했으며, 두 사람 다 반년 안에 잇따라
부인과 남편을 잃게 되었다.

두 사람은 1982년에 결혼했다. 엑스버리가 그들 인생의 중심이
되었다. 그들은 자신들 인생을 벌충했을 뿐 아니라, 다른 사람들
인생도 즐겁게 해주었다. 그들이 영지 안을 안내해 줄 때 나는 생
각했다——그들의 정열은 전염성을 가지고 있다고.

유쾌한 아저씨 같은 느낌의 에드먼드는 싱그러운 나무들과 흐드
러지게 핀 꽃들 사이를 걸어다니며, 그가 아끼는 식물에게 마치 대
화하듯 말을 건넸다. 철쭉과 진달래를 격려하고 치켜세워 최고의
꽃을 피우게 할 수 있다는 믿음을 그는 갖고 있었다.

그는 마음에 드는 로스차일드종 '아이디얼리스트'에게 다짐하듯
말한다.

"넌 정말 아름다워."

그 우아한 꽃은 분홍빛으로부터 녹색띤 황색에 이르기까지 여러
가지가 어우러져, 떨기나무 숲속에 뽐내듯 피어 있었다.

"노송나무가 두 그루 보이지요?"

그는 가까운 덤불 위로 솟아 있는 두 개의 녹색기둥을 가리켜보
였다.

"1852년 웰링턴공 장례 때 관에서 떨어진 꽃다발에서 채취한 것
인데, 이렇듯 크게 자랐답니다."

그는 숲속을 성큼성큼 걸으며, 능란한 안내원처럼 여러 가지 이
야기를 들려주었다.

"조지 포리스트는 아버지를 위해 일한 사람들 중 가장 훌륭한 식
물채집가였지요. 희귀종 채집을 위해 위험을 무릅쓰고 미개척지
를 돌아다니곤 했었지요.

언젠가 티벳의 뒤브나르신부 전도집회에서 그곳 승려들의 습격
을 받았습니다. 포리스트는 열두 사람과 함께 달아났고, 적은 8

일 동안이나 그들을 찾아다녔지요.

승려들은 마침내 그들을 뒤쫓아와 좁은 강을 사이에 두고 그와 얼굴을 마주하게 되었습니다. 그는 궁지에 몰린 거지요. 그때 뒤브나르신부가 그들과 함께 있는 게 눈에 들어왔습니다. 아마도 포로가 되어 끌려온 듯했지요.

늙은 신부는 그에게 강을 따라 아래로 가라고 손짓했습니다. 그는 그 말대로 했고, 길을 찾아내어 도망쳐올 수 있었답니다.”

에드먼드는 갑자기 멈춰서서 자신의 이야기를 듣는 사람쪽으로 고개를 돌려, 최대한의 극적인 효과를 노리듯 잠시 사이를 두었다.

“나중에 안 일이지만, 뒤브나르신부는 강에서 만나기 며칠 전 살해되었다고 합니다.”

엑스버리영지 안에서 길잃은 한 노인관광객을 만나 여행은 끝났다.

에드먼드는 노인에게 말했다.

“여기 계십시오.”

그리고 자동차 있는 데로 달려가 자동차를 몰고 와서는 그 노인을 태워, 함께 온 사람들이 있는 곳까지 데려다주었다.

집으로 돌아오자, 앤이 남편이 잡아온 훌륭한 연어를 점심식사에 내놓았다. 관광객들의 시중을 들고 그들이 떠난 뒤 청소를 하는 게, 앤과 에드먼드의 중요한 일 가운데 하나였다.

그녀는 즐겁게 한 관광객에 대한 일을 떠올리며 이야기했다. 그 사람은 버려진 담뱃갑이며 빈 과자봉지를 줍는 그녀에게 다가와 말했다.

“그 일로 보수를 받았으면 좋겠군요. 로스차일드집안에는 그만한 돈이 분명 있을 테니까요.”

사실 그들은 보수를 지불할 수 없다. 관광사업과 상업원예 일을 열심히 해야만 하는 것이다. 전쟁 뒤 비어 있던 엑스버리저택은 최근에야 수리가 끝나 다시 거주할 수 있게 되었다.

앤이 돌봐야 하는 건 영지만이 아니다. 그녀에게는 다 자란 의붓자식이 셋 있는데, 저마다 흥미로운 인생을 출발하려 하고 있다. 하나는 은행가, 또 하나는 영화와 텔레비전 제작회사 경영자, 그리고 셋째는 소프라노가수이다.

뛰어난 능력을 가진 사람은 분명 드물다. 대부분의 가정에서는 소수의 특별한 재능을 가진 사람을 자랑할 수 있을 뿐이다. 하지만 로스차일드집안 사람은 대체로 재능을 갖고 태어난다.

피터버러 가까이 자리한 집에서 미리엄 루이저는 설명했다.

"우리 집안사람들 특징 중 하나로, 누구나 어떤 사물에 열정적인 흥미를 가진다는 것이 있습니다. 예를 들어 아버지는 과학분야뿐 아니라 화폐에 관해서도 매우 흥미있는 논문을 몇편 쓰셨지요."

그녀가 사는 애슈턴 월드에 도착했을 때, 마치 '잠자는 숲속의 미녀' 이야기에 발을 들여놓는 듯한 느낌이 들었다. 인적 드문 깊은 숲속의 울퉁불퉁한 길을 거의 2마일이나 가야 했던 것이다. 길은 점점 좁아져 오솔길이 되고, 그 모퉁이를 돌면 무성한 화단으로 칸막이한 정원이 나온다.

집은 온통 덩굴로 뒤덮여 숨겨진 비밀장소 같았다. 집 안은 쾌적하고 넓었다. 꽃병에는 세련된 꽃이 아닌 야생화가 꽂혀 있지만, 야생의 자연은 분명 문 있는 데에서 멈춰 있다. 조그맣고 방문객에게 까다로워보이는 콜리종 개 한 무리가 집을 지키고 있었다.

이곳에서 미리엄 루이저는 온세계에서 찾아오는 저명한 손님들, 대개 박물학자와 과학자인 그들을 로스차일드풍으로 접대했다. 여기서 그녀는 그 과학자들과 함께 나비를 연구하고, 그에 관한 기사며 논문을 썼다.

금세기보다 8살 젊은 1908년생인 그녀의 지식은 방대하고, 정신은 맑고 고우며, 유머감각이 날카롭다. 활기차게 이야기를 들려주며, 때로 장난스럽게 사람을 대화에 끌어들이기 위한 언어도단적인 한마디를 끼워넣는 것을 즐겼다.

자신의 에너지는 지칠줄 모르는 '호기심'이라는 로스차일드사람들 특성에서 오는 거라고 그녀는 생각했다.

미리엄 루이저는 1981년 로열소사이어티 회원이 되었다. 빅터 또한 33년 전에 그 회원이었으므로, 그들은 같은 명예를 같은 시기에 가지게 된 유일한 남매라는 새로운 기록을 세웠다.

미리엄 루이저는 로스차일드의 한 사람으로서, 그리고 자연과학자로서 집안에 대대로 전해내려오는 호기심이라는 특성을 강하게 자각하고 있었다.

그녀는 설명한다.

"젊은 세대 사람들은 대개 이전 세대와 달리 학술적으로 뛰어나지요."

빅터와 그의 누이의 자녀들 몇사람은 대학에서 장학금을 받는 우등생이며, 특별연구원 지위도 얻었다. 문학·예술·과학분야에서도 계속 좋은 성과를 거두고 있다.

그들과 같은 세대 프랑스로스차일드 가운데에는 화가·작가·우수한 소아과 의사도 있다. 이처럼 모든 사람이 저마다 다른 분야에서 자신의 길을 열어나가고 있다.

하지만 각 세대 사람들을 새로운 활동으로 움직이게 하는 힘이 여전히 강한 것은, 그들 하나하나를 휘감는 원심력이 있기 때문이다. 로스차일드사람들을 만나고 있으면 '여기저기로 눈을 돌릴수록 같은 결론에 이르는' 느낌이 강해진다.

그들의 훌륭했던 무대도 몇가지는 사라져버렸다. 페리에르는 비어 있다. 멘트모어는 몇해 전 금세기 최대의 경매에 붙여져 훌륭한 재보들이 뜯겨나가 벌거숭이 상태다. 와디스던은 국가소유가 되고, 에블린 로버트가 살고 있기는 하나 애스콧도 마찬가지다.

위로 향한 화살, 아래로 향한 화살　785

그러나 로스차일드는 아직 존재한다. 그들은 전통적 역할을 오늘도 계속하고 있다——은행가·와인제조업자·수집가·목축가·예술전문가·사회실력자·공직자 등으로. 그리고 그들의 가족의식은 예전과 거의 마찬가지로 변함없이 강하다.

빅터 로스차일드경은 상세하고 정확한 족보를 편찬했다. 거기에 실린 모든 이름은 번호로 표시되어 있다. 그의 친척 대부분이 그것을 하나씩 갖고 있으며, 그들은 탄생·결혼·사망에 관한 정보를 빅터에게 알려, 해마다 최신판이 만들어졌다. 빅터가 죽은 뒤에는 아들 암셸 메이어가 그 일을 맡았다.

데이빗 라이어닐 드 로스차일드는 내 조사에 많은 도움을 주었다. 살아 있는 로스차일드사람들의 모든 명부를 나와 함께 조사해 주었다——몇십명이었다. 그는 그 한 사람, 한 사람에 대하여 설명해 주었다.

서로를 끌어당기는 힘도 건재하다. 내가 실제로 만나 이야기해 본 그들은, 내게 자신들의 기억을 이야기해 주는 것과 마찬가지로 열심히, 내 조사로 밝혀진 새로운 이야기를 듣고 싶어했다.

나에게 있어 그 모든 것은, 거너즈버리저택 안의 신고전주의풍 건물인 교회당에서 이루어진 자선 리사이틀에 참석한 어느 여름날 오후의 일로 상징된다.

무더운 날이었다. 작은 실내는 만원이었다. 쾌적한 상태라고는 말할 수 없었다. 그러나 그 두 시간쯤 동안, 우리는 일찍이 1세기쯤 전에 거너즈버리며 애스턴 클린턴이며 페리에르에서 되풀이되어 펼쳐졌을 오락——샬럿 드 로스차일드가 재현해 준 그것에 완전히 매료되었다.

그녀는 네이선과 앨프릿과 대남작과 콘스턴스에 관한 일화를 노래로 불러 보였다. 그녀는 쇼팽·로시니·리스트를 연주했다. 그녀가 작품을 모아 상연준비를 한 마틸드 로스차일드의 곡들도 노래했다.

젊고 현대적인 느낌의 한 로스차일드사람도 출연했는데, 그녀 또한 자신의 일에 대한 흥미·애정·참다운 긍지를 유산으로 이어받고 있었다. 이른바 불멸의 비범한 '로스차일드현상'에 이끌리는 마음을 그 몸속에 주입받고 있다.

그리고 거기에는 늘 집안사업이라는 흡인력이 있다. 파리와 런던 은행은 아직도 로스차일드들이 다양한 취미를 추구하고, 그들 특유의 생활양식을 유지하는 데 필요한 수입 대부분을 제공하고 있다.

금융책임을 맡기 거부하거나 런던과 파리집안에서 내몰린 사람들일지라도, 집안의 몇몇 남자들은 높은 지위를 차지하고 있다. 아직도 여자는 사업에 참여할 수 없다. 남자들은 사업본부, 또는 뉴욕·취리히 및 다른 주요지역의 로스차일드 운영센터에서 책임을 맡기 바라는, 거부하기 어려운 기대를 받고 있다.

나이든 어느 로스차일드의 사무실에 있을 때 나는, 세대에서 세대로 내려온 그들의 강한 충성심을 알 수 있었다. 그는 잠시 내게 실례를 구하고 이미 중년에 접어든 자신의 아들에게 전화를 했다. 내가 들은 그의 말은 다음과 같다.

"애야, 블랭크가 이번 주에 오는데 나는 다른 데 볼일이 있어서 가보아야 한다. 화요일에 저녁을 대접하고 네 어머니와 함께 오페라에 데려가주지 않겠니? 뭐라고? 그럼, 그걸 취소해라.

그래, 난 네가 있어주기를 바란다. 이건 은행일에 중요해. 그에게 전화해서 네가 그를 기다린다고 얘기해도 되겠지? 훌륭하다. 그럼, 잘 있거라."

대부분의 금융기관들처럼 로스차일드은행에도 1990년대 첫무렵은 어려운 시기였다. 프랑스는 다시 사회주의체제가 되었다가, 1992년 끝무렵 정부가 바뀌었다. 영국에서는 보수당이 집권했으나, 경기후퇴에 대처하는 데 무능함을 드러냈다. 전세계에 걸친 무역침체, 유럽사회 장래의 불확실성, 소련 붕괴와 유고슬라비아해체 등으로 복잡한 경제상황에 대처하기는 어느 정부도 쉽지 않았다.

옛날에는 로스차일드자본가가 경제위기에 중요한 활동을 했었다. 그들은 국제적 사건에 주도적 역할을 할 자본력이 있었다. 오늘날에도 그들은 강력하지만, 사건의 경과를 결정할 정도는 아니다.

현대 로스차일드현상에는 역설이 존재한다. 원심력과 구심력이 공존하는 것이다.

로스차일드사람들은 그 '로스차일드현상'을 저마다 다르게 생각하고 있다. 필립은 로스차일드 전체를 '신화'라고 말했고, 빅터 로스차일드경은 일찍이 어느 저널리스트에게, 그것은 '과거의 잔재'라고 말했다.

에블린 로버트에게는 은행이 전부다. 그의 견해에 의하면, 로스차일드는 그 재정적 기반이 없으면 아무것도 아니라고 한다. 한편 엘리남작은 이처럼 여러 분야에서 성공하는 것은 유전적인 전문가 기질에서 비롯된다고 확신하고 있다.

미리엄 루이저는 말한다.

"로스차일드의 진짜비밀은, 믿어지지 않을 정도의 근면함에 있어요."

데이빗 라이어닐은 케임브리지에서 우등상을 받기 위해 얼마나 필사적으로 공부했는지를 이야기해 주었다. 그 이하의 것은 생각할 수 없기 때문이었다. 그는 로스차일드유산의 하나로, 최고수준을 바라는 마음이 있다고 믿는다.

나딘은 로스차일드 성공의 열쇠는 '어떤 상황에서도 현실주의와 선견지명을 가지고 적응하는 능력'이라고 말한다.

논의의 여지가 없는 사실이 하나 있다. 그 이름에 마력이 있다는 것이다.

에드몽 아돌프는 제2차세계대전 뒤, 그들이 부흥하는 데 '로스차일드'라는 한마디가 얼마나 큰 중요성을 지니고 있었는지를 강조했다. 밧세바는 그 이름이 그녀의 댄스 컴퍼니에 대해, 그것이 없었다면 닫혔을 문을 열어주었다고 냉철하게 인정하고 있다.

그 이름이 상표로 붙는 것만으로도, 와인 한 병의 값이 몇 프랑 올라간다. 프랑스의 병원에서 아프리카의 기린에 이르기까지, '로스차일드'처럼 여러 가지 사물에 붙여진 이름은 달리 없을 것이다. 빈에는 '로스차일드비스킷'이라는 이름이 붙여진 손가락 모양 초콜렛 과자까지 있다.

그것은 물론 유능하고 힘있는 한 사람 한 사람이 그 이름을 강력한 것으로 만들어 얻어진 평판이다. 하지만 그 이름이 평판을 만들고 평판을 뒷받침해 주는 사실 역시 부정할 수 없다.

유전·신화·신중한 훈련·부(富)와 인맥으로 얻어지는 기회, 이 모든 것이 근대사에서 큰 주목을 받는 로스차일드를 만들어내는 데 중요한 역할을 하고 있다.

장자상속권에 의해 존재를 유지하려는 세습군주를 예외로 하면, 일곱 세대나 세계에 영향력을 끼친 왕국은 거의 없다.

로스차일드는 늘 유능한 인재를 배출하여 이 위업을 달성할 수 있었다.

나는 몇년 전 와디스던 영지를 방문하면서 로스차일드의 매력에 빠져들게 되었다. 나는 그곳의 사치스럽고도 섬세한 심미안에 압도되었다.

세브르 도자기, 회화, 태피스트리, 프랑스가구, 그리고 대저택이 상징하는 생활양식은 비교적 최근에야 끝났다. 그것은 오랫동안 빛났던 영광을 담은 박물관이었다. 그것은 독특한 왕조의 연속을 말해주었다.

1993년 여름에 나는 와디스던을 다시 방문했다. 그때 우아한 빌딩은 비계로 둘러싸이고 내부는 비어 있었다. 샹들리에와 패널화는 먼지가 들어가지 않게 가려져 있었다. 안전모를 쓴 사람들이 난방

설치를 하거나 벽돌을 새로 쌓고 새로운 전시공간을 세우느라 분주했다.

매력적이고 열정적인 안내인이, 도자기는 특별히 새로 마련하는 방에 다른 컬렉션을 추가시켜 전시하고, 와인저장실에는 라피트와 무통 및 그밖의 다른 가족 포도원에서 가져오는 병을 들여놓고 거기서 시음과 연회가 베풀어지며, 로스차일드집안 전시품은 어떻게 놓여질 것인지 등 작업공정을 자세히 설명해 주었다.

저택 바깥쪽에 빅토리아양식으로 복구한 야생화 화단, 정성들여 만든 호수공원, 세미나장으로 사용할 새 복합건물이 보였다. 작업의 규모는 놀라울 정도였다.

세부적으로 세심하게 기울이는 정성, 옛것과 새것의 절묘한 섞임, 이 분주한 활동을 지휘하는 넓은 시야 등, 1990년대의 그 어느 곳에서도 이와 견줄 수 있는 것을 찾을 수 없을 것이다.

그것은 지난 몇년 동안 로스차일드에 대해 내가 배운 모든 것을 요약해 주는 듯했다.

로스차일드 각 세대는 저마다 자신의 시대를 살며, 새로운 아이디어를 개발하고 당대의 문제해결에 다양한 재능을 사용하여 놀라운 역사를 이룩했다.

그 진실이 계속되는 한 로스차일드는, 과거만큼 훌륭한 기록을 남기는 미래를 누릴 것이다.

로스차일드 집안 가계도(1550~1985년)

빅터 로스차일드의 《로스차일드가계도(1450~1973, 케임브리지도서관)》 및 그 가족이 제공한 자료에 바탕함.
=는 부부, 숫자는 결혼한 해. 진한글씨는 주요등장인물임.

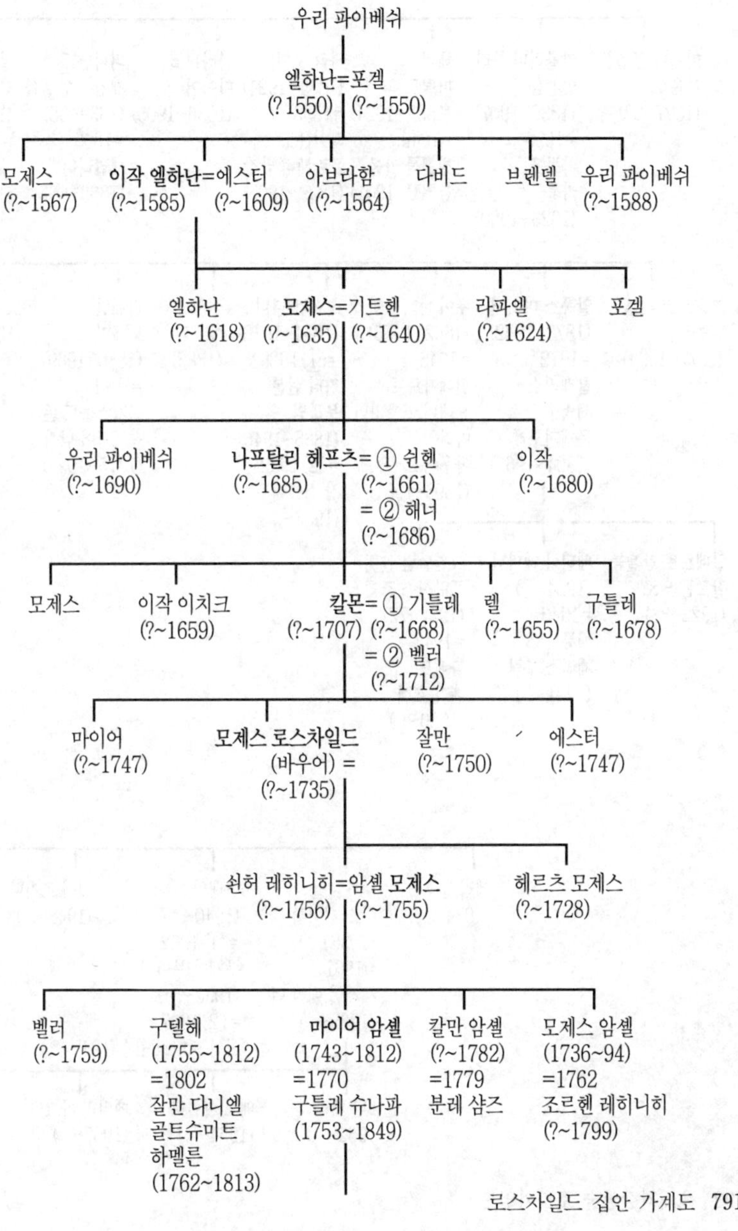

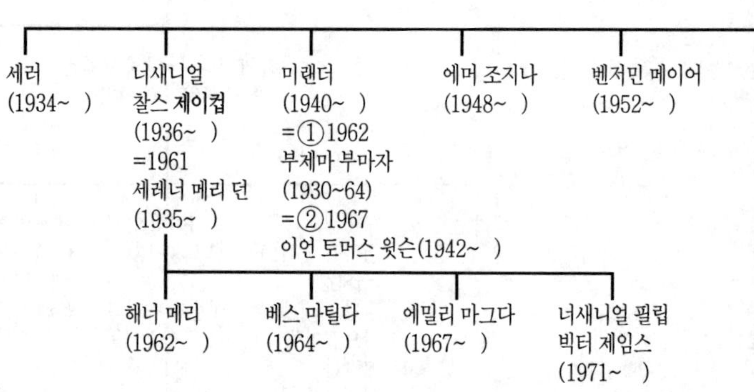

마이어 안셀름 레온 (1827~28)

카롤리너 줄리 안셀름 (1830~1907) =1850 **아돌프 카를** (1823~1900)

해너 **마틸드** (1832~1924) =1849 **빌헬름 카를** (1828~1901)

사라 루이즈 (1834~1924) =1858 라이몬도 프란체티 남작 (1829~1905)

나타니엘 마이어 (1836~1905)

퍼디넌드 제임스 안셀름 (1839~98) =1865 **에벌리너** (1839~66)

잘로몬 알베르트 안셀름 (1844~1911) =1876 베티나 카롤리너 (1858~92)

앨리스 샬럿 (1847~1922)

게오르그 안셀름 알퐁스 (1877~1934)

알퐁스 마이어 (1878~1942) =1912 클래리스 세벅- 몬테피오레 (1894~1967)

루이 **나타니엘** (1882~1955) =1946 힐데가르트 요해너 카롤리너 마리 아우어스페르크 (1895~1981)

오이겐 다니엘 (1884~1976) =①1925 **키티 쇤본 부하임** (1885~1946) =②1952 잔 스튜어트 (1908~)

샬럿 에스터 (1885)

발렌틴 노에미 (1886~1969) =1911 지기스문트 폰 슈프링어 남작 (1875~1928)

오스카 루벤 (1888~1909)

알베르트 안셀름 잘로몬 님로드 (1922~38)

베티나 제미너 (1924~) =1943 매튜 제임스 루람 (1921~)

그웬덜린 샬럿 프란시스 조앤 (1927~72) =1948 롤랜드 헨리 호겟 (1920~)

세러 (1934~)

너새니얼 찰스 **제이컵** (1936~) =1961 세레너 메리 던 (1935~)

미랜더 (1940~) =①1962 부제마 부마자 (1930~64) =②1967 이언 토머스 윗슨 (1942~)

에머 조지나 (1948~)

벤저민 메이어 (1952~)

해너 메리 (1962~)

베스 마틸다 (1964~)

에밀리 마그다 (1967~)

너새니얼 필립 빅터 제임스 (1971~)

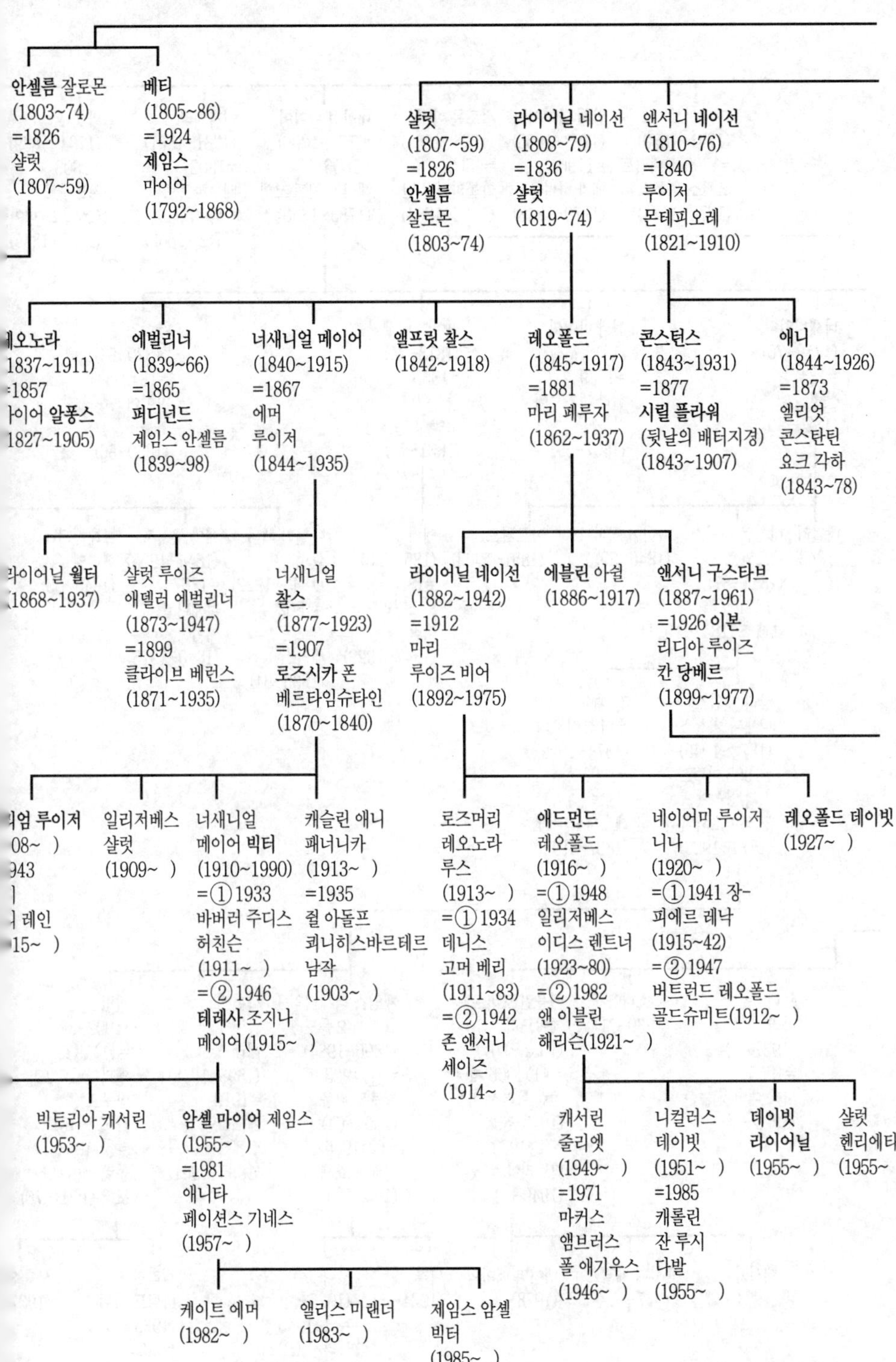

안셀름 잘로몬
(1803~74)
=1826
샬럿
(1807~59)

베티
(1805~86)
=1924
제임스
마이어
(1792~1868)

샬럿
(1807~59)
=1826
안셀름
잘로몬
(1803~74)

라이어닐 네이션
(1808~79)
=1836
샬럿
(1819~74)

앤서니 네이션
(1810~76)
=1840
루이저
몬테피오레
(1821~1910)

레오노라
(1837~1911)
=1857
마이어 알퐁스
(1827~1905)

에벌리너
(1839~66)
=1865
퍼디넌드
제임스 안셀름
(1839~98)

너새니얼 메이어
(1840~1915)
=1867
에머
루이저
(1844~1935)

앨프릿 찰스
(1842~1918)

레오폴드
(1845~1917)
=1881
마리 페루자
(1862~1937)

콘스턴스
(1843~1931)
=1877
시릴 플라워
(뒷날의 배터지경)
(1843~1907)

애니
(1844~1926)
=1873
엘리엇
콘스탄틴
요크 각하
(1843~78)

라이어닐 월터
(1868~1937)

샬럿 루이즈
애델러 에벌리너
(1873~1947)
=1899
클라이브 베런스
(1871~1935)

너새니얼
찰스
(1877~1923)
=1907
로즈시카 폰
베르타임슈타인
(1870~1840)

라이어닐 네이션
(1882~1942)
=1912
마리
루이즈 비어
(1892~1975)

에블린 아설
(1886~1917)

앤서니 구스타브
(1887~1961)
=1926 이본
리디아 루이즈
칸 당베르
(1899~1977)

엄 루이저
(08~)
943
레인
(15~)

일리저베스
샬럿
(1909~)

너새니얼
메이어 빅터
(1910~1990)
=① 1933
바버러 주디스
허친슨
(1911~)
=② 1946
테레사 조지나
메이어(1915~)

캐슬린 애니
패너니카
(1913~)
=1935
쥘 아돌프
쾨니히스바르테르
남작
(1903~)

로즈머리
레오노라
루스
(1913~)
=① 1934
데니스
고머 베리
(1911~83)
=② 1942
존 앤서니
세이즈
(1914~)

애드먼드
레오폴드
(1916~)
=① 1948
일리저베스
이디스 렌트너
(1923~80)
=② 1982
앤 이블린
해리슨(1921~)

네이어미 루이저
나나
(1920~)
=① 1941 장-
피에르 레냑
(1915~42)
=② 1947
버트런드 레오폴드
골드슈미트(1912~)

레오폴드 데이빗
(1927~)

빅토리아 캐서린
(1953~)

암셸 마이어 제임스
(1955~)
=1981
애니타
페이션스 기네스
(1957~)

캐서린
줄리엣
(1949~)
=1971
마커스
앰브러스
폴 애기우스
(1946~)

니컬러스
데이빗
(1951~)
=1985
캐롤린
잔 루시
다발
(1955~)

데이빗
라이어닐
(1955~)

샬럿
헨리에타
(1955~)

케이트 에머
(1982~)

앨리스 미랜더
(1983~)

제임스 암셸
빅터
(1985~)

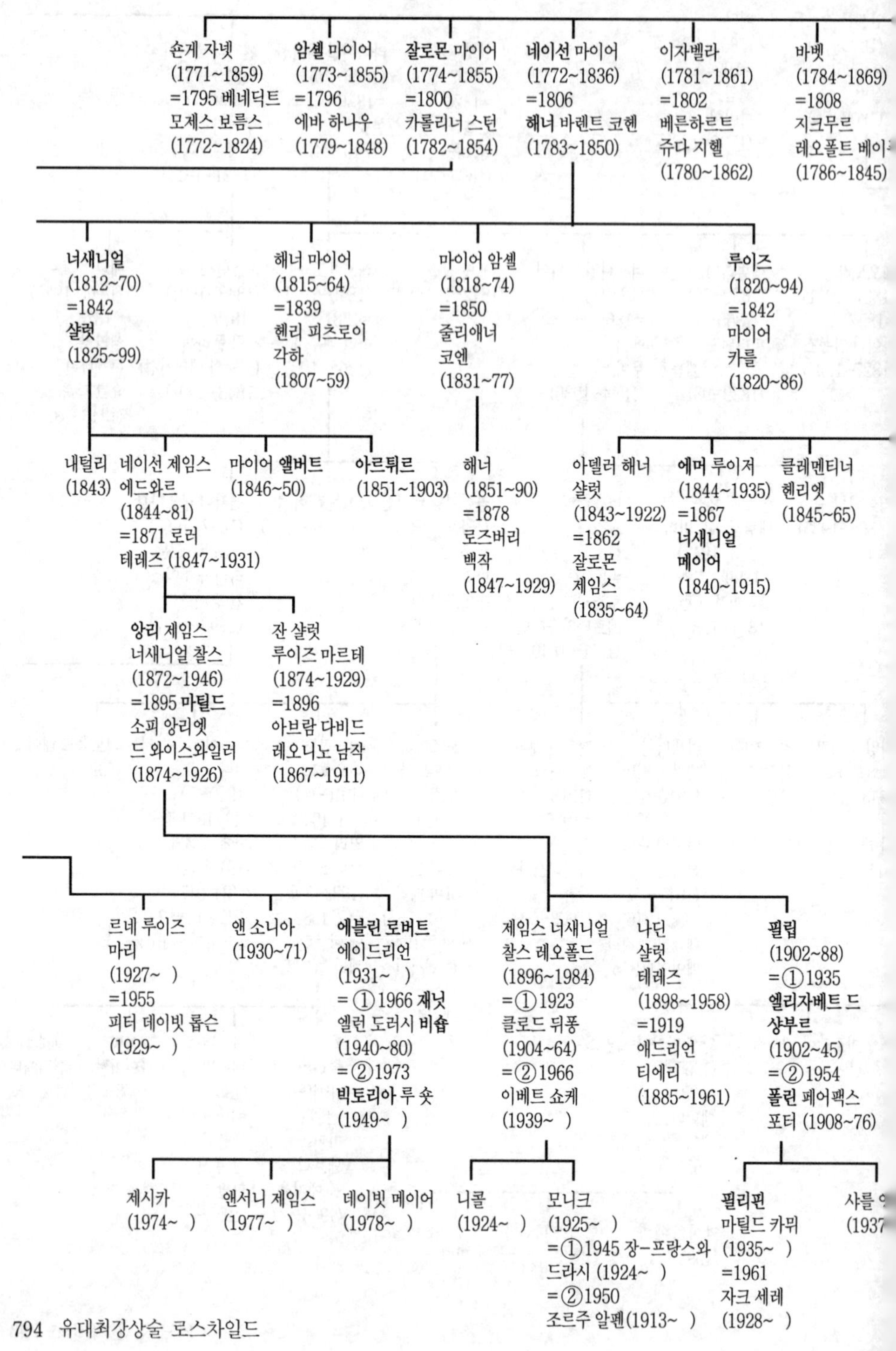
숀게 자넷
(1771~1859)
=1795 베네딕트
모제스 보름스
(1772~1824)

암셸 마이어
(1773~1855)
=1796
에바 하나우
(1779~1848)

잘로몬 마이어
(1774~1855)
=1800
카롤리너 스턴
(1782~1854)

네이선 마이어
(1772~1836)
=1806
해녀 바렌트 코헨
(1783~1850)

이자벨라
(1781~1861)
=1802
베른하르트
쥬다 지헬
(1780~1862)

바벳
(1784~1869)
=1808
지크무르
레오폴트 베이
(1786~1845)

너새니얼
(1812~70)
=1842
샬럿
(1825~99)

해녀 마이어
(1815~64)
=1839
헨리 피츠로이
각하
(1807~59)

마이어 암셸
(1818~74)
=1850
줄리애너
코엔
(1831~77)

루이즈
(1820~94)
=1842
마이어
카를
(1820~86)

내털리
(1843)

네이선 제임스
에드와르
(1844~81)
=1871 로러
테레즈 (1847~1931)

마이어 앨버트
(1846~50)

아르튀르
(1851~1903)

해녀
(1851~90)
=1878
로즈버리
백작
(1847~1929)

아델러 해녀
샬럿
(1843~1922)
=1862
잘로몬
제임스
(1835~64)

에머 루이저
(1844~1935)
=1867
너새니얼
메이어
(1840~1915)

클레멘티너
헨리엣
(1845~65)

앙리 제임스
너새니얼 찰스
(1872~1946)
=1895 마틸드
소피 앙리엣
드 와이스와일러
(1874~1926)

잔 샬럿
루이즈 마르테
(1874~1929)
=1896
아브람 다비드
레오니노 남작
(1867~1911)

르네 루이즈
마리
(1927~)
=1955
피터 데이빗 롭슨
(1929~)

앤 소니아
(1930~71)

에블린 로버트
에이드리언
(1931~)
=①1966 재닛
엘런 도러시 비숍
(1940~80)
=②1973
빅토리아 루 숏
(1949~)

제임스 너새니얼
찰스 레오폴드
(1896~1984)
=①1923
클로드 뒤퐁
(1904~64)
=②1966
이베트 쇼케
(1939~)

나딘
샬럿
테레즈
(1898~1958)
=1919
애드리언
티에리
(1885~1961)

필립
(1902~88)
=①1935
엘리자베트 드
샹부르
(1902~45)
=②1954
폴린 페어팩스
포터 (1908~76)

제시카
(1974~)

앤서니 제임스
(1977~)

데이빗 메이어
(1978~)

니콜
(1924~)

모니크
(1925~)
=①1945 장-프랑스와
드라시 (1924~)
=②1950
조르주 알펜(1913~)

필리핀
마틸드 카뮈
(1935~)
=1961
자크 세레
(1928~)

샤를
(1937

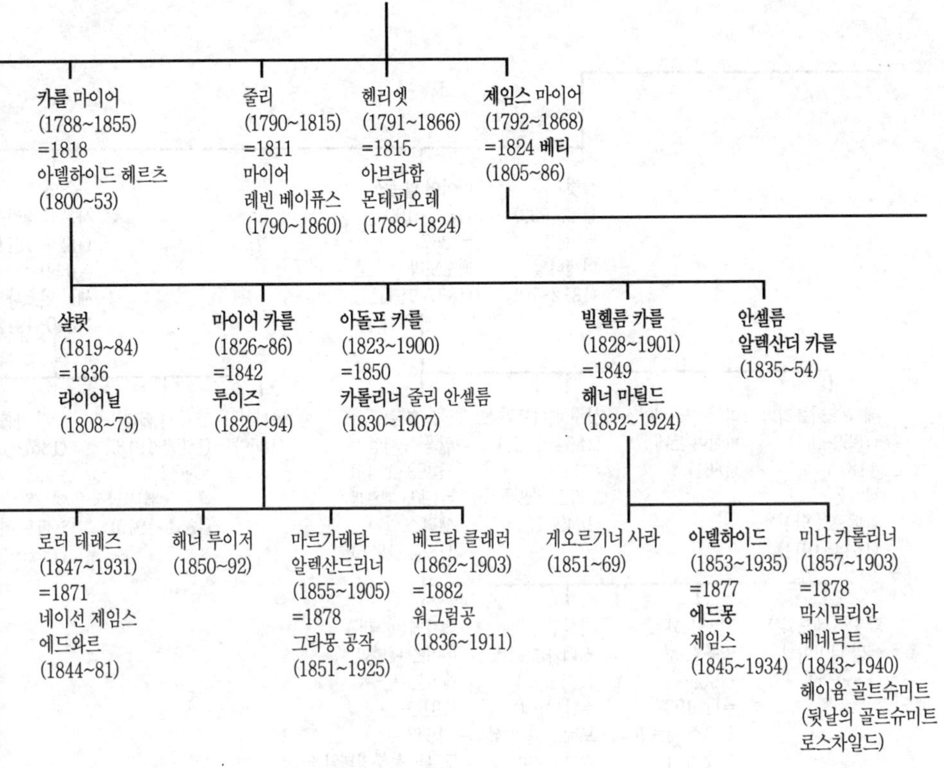

카를 마이어
(1788~1855)
=1818
아델하이드 헤르츠
(1800~53)

줄리
(1790~1815)
=1811
마이어
레빈 베이퓨스
(1790~1860)

헨리엣
(1791~1866)
=1815
아브라함
몬테피오레
(1788~1824)

제임스 마이어
(1792~1868)
=1824 베티
(1805~86)

샬럿
(1819~84)
=1836
라이어닐
(1808~79)

마이어 카를
(1826~86)
=1842
루이즈
(1820~94)

아돌프 카를
(1823~1900)
=1850
카롤리너 줄리 안셀름
(1830~1907)

빌헬름 카를
(1828~1901)
=1849
해너 마틸드
(1832~1924)

안셀름
알렉산더 카를
(1835~54)

로러 테레즈
(1847~1931)
=1871
네이션 제임스
에드와르
(1844~81)

해너 루이저
(1850~92)

마르가레타
알렉산드리너
(1855~1905)
=1878
그라몽 공작
(1851~1925)

베르타 클래러
(1862~1903)
=1882
워그럼공
(1836~1911)

게오르기너 사라
(1851~69)

아델하이드
(1853~1935)
=1877
에드몽
제임스
(1845~1934)

미나 카롤리너
(1857~1903)
=1878
막시밀리안
베네딕트
(1843~1940)
헤이윰 골트슈미트
(뒷날의 골트슈미트
로스차일드)

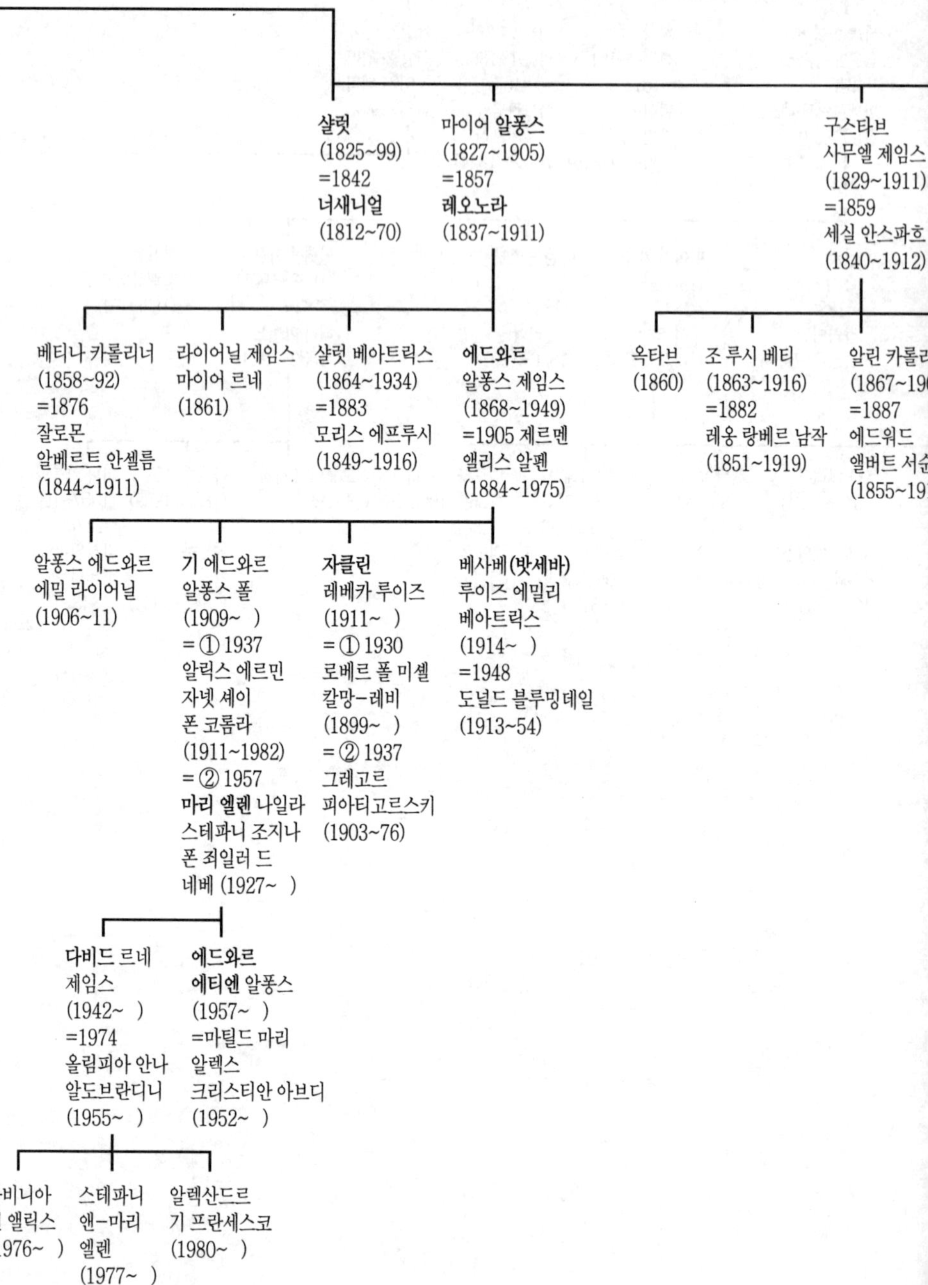

샬럿
(1825~99)
=1842
너새니얼
(1812~70)

마이어 알퐁스
(1827~1905)
=1857
레오노라
(1837~1911)

구스타브
사무엘 제임스
(1829~1911)
=1859
세실 안스파흐
(1840~1912)

베티나 카롤리너
(1858~92)
=1876
잘로몬
알베르트 안셀름
(1844~1911)

라이어닐 제임스
마이어 르네
(1861)

샬럿 베아트릭스
(1864~1934)
=1883
모리스 에프루시
(1849~1916)

에드와르
알퐁스 제임스
(1868~1949)
=1905 제르멘
앨리스 알펜
(1884~1975)

옥타브
(1860)

조 루시 베티
(1863~1916)
=1882
레옹 랑베르 남작
(1851~1919)

알린 카롤라
(1867~190
=1887
에드워드
앨버트 서순
(1855~19

알퐁스 에드와르
에밀 라이어닐
(1906~11)

기 에드와르
알퐁스 폴
(1909~)
= ① 1937
알릭스 에르민
자넷 셰이
폰 코롬라
(1911~1982)
= ② 1957
마리 엘렌 나일라
스테파니 조지나
폰 죄일러 드
네베 (1927~)

자클린
레베카 루이즈
(1911~)
= ① 1930
로베르 폴 미셸
칼망-레비
(1899~)
= ② 1937
그레고르
피아티고르스키
(1903~76)

베사베(밧세바)
루이즈 에밀리
베아트릭스
(1914~)
=1948
도널드 블루밍데일
(1913~54)

다비드 르네
제임스
(1942~)
=1974
올림피아 안나
알도브란디니
(1955~)

에드와르
에티엔 알퐁스
(1957~)
=마틸드 마리
알렉스
크리스티안 아브디
(1952~)

라비니아
앤 앨릭스
(1976~)

스테파니
앤-마리
엘렌
(1977~)

알렉산드르
기 프란세스코
(1980~)

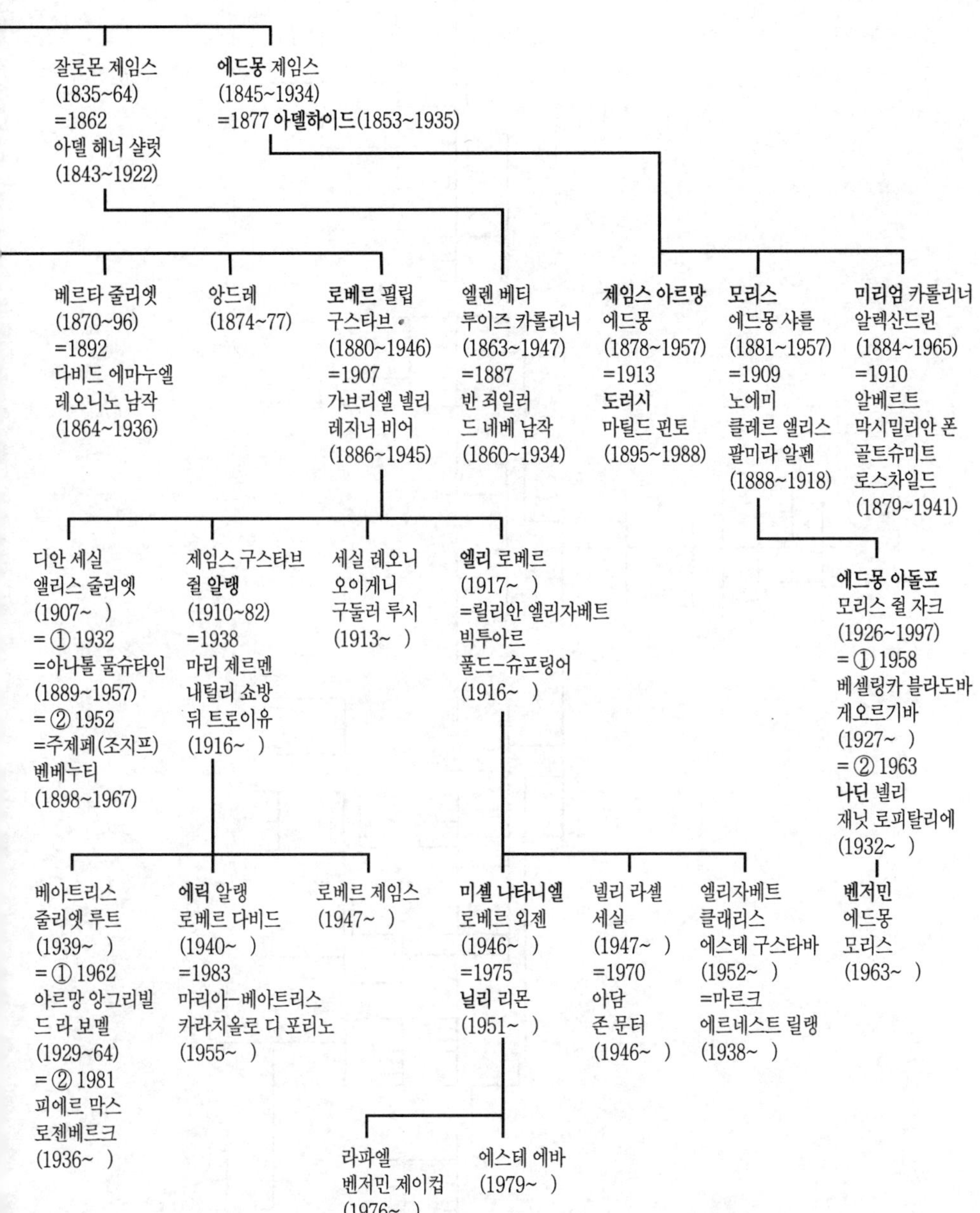

잘로몬 제임스
(1835~64)
=1862
아델 해너 샬럿
(1843~1922)

에드몽 제임스
(1845~1934)
=1877 아델하이드(1853~1935)

베르타 줄리엣
(1870~96)
=1892
다비드 에마누엘
레오니노 남작
(1864~1936)

앙드레
(1874~77)

로베르 필립
구스타브
(1880~1946)
=1907
가브리엘 넬리
레지너 비어
(1886~1945)

엘렌 베티
루이즈 카롤리너
(1863~1947)
=1887
반 죄일러
드 네베 남작
(1860~1934)

제임스 아르망
에드몽
(1878~1957)
=1913
도러시
마틸드 핀토
(1895~1988)

모리스
에드몽 샤를
(1881~1957)
=1909
노에미
클레르 앨리스
팔미라 알펜
(1888~1918)

미리엄 카롤리너
알렉산드린
(1884~1965)
=1910
알베르트
막시밀리안 폰
골트슈미트
로스차일드
(1879~1941)

디안 세실
앨리스 줄리엣
(1907~)
=① 1932
=아나톨 물슈타인
(1889~1957)
=② 1952
=주제페(조지프)
벤베누티
(1898~1967)

제임스 구스타브
쥘 알랭
(1910~82)
=1938
마리 제르멘
내털리 쇼방
뒤 트로이유
(1916~)

세실 레오니
오이게니
구둘러 루시
(1913~)

엘리 로베르
(1917~)
=릴리안 엘리자베트
빅투아르
풀드-슈프링어
(1916~)

에드몽 아돌프
모리스 쥘 자크
(1926~1997)
=① 1958
베셀링카 블라도바
게오르기바
(1927~)
=② 1963
나딘 넬리
재닛 로피탈리에
(1932~)

베아트리스
줄리엣 루트
(1939~)
=① 1962
아르망 앙그리빌
드 라 보멜
(1929~64)
=② 1981
피에르 막스
로젠베르크
(1936~)

에릭 알랭
로베르 다비드
(1940~)
=1983
마리아-베아트리스
카라치올로 디 포리노
(1955~)

로베르 제임스
(1947~)

미셸 나타니엘
로베르 외젠
(1946~)
=1975
닐리 리몬
(1951~)

넬리 라셸
세실
(1947~)
=1970
아담
존 문터
(1946~)

엘리자베트
클래리스
에스테 구스타바
(1952~)
=마르크
에르네스트 릴랭
(1938~)

벤저민
에드몽
모리스
(1963~)

라파엘
벤저민 제이컵
(1976~)

에스테 에바
(1979~)

로스차일드 집안 가계도

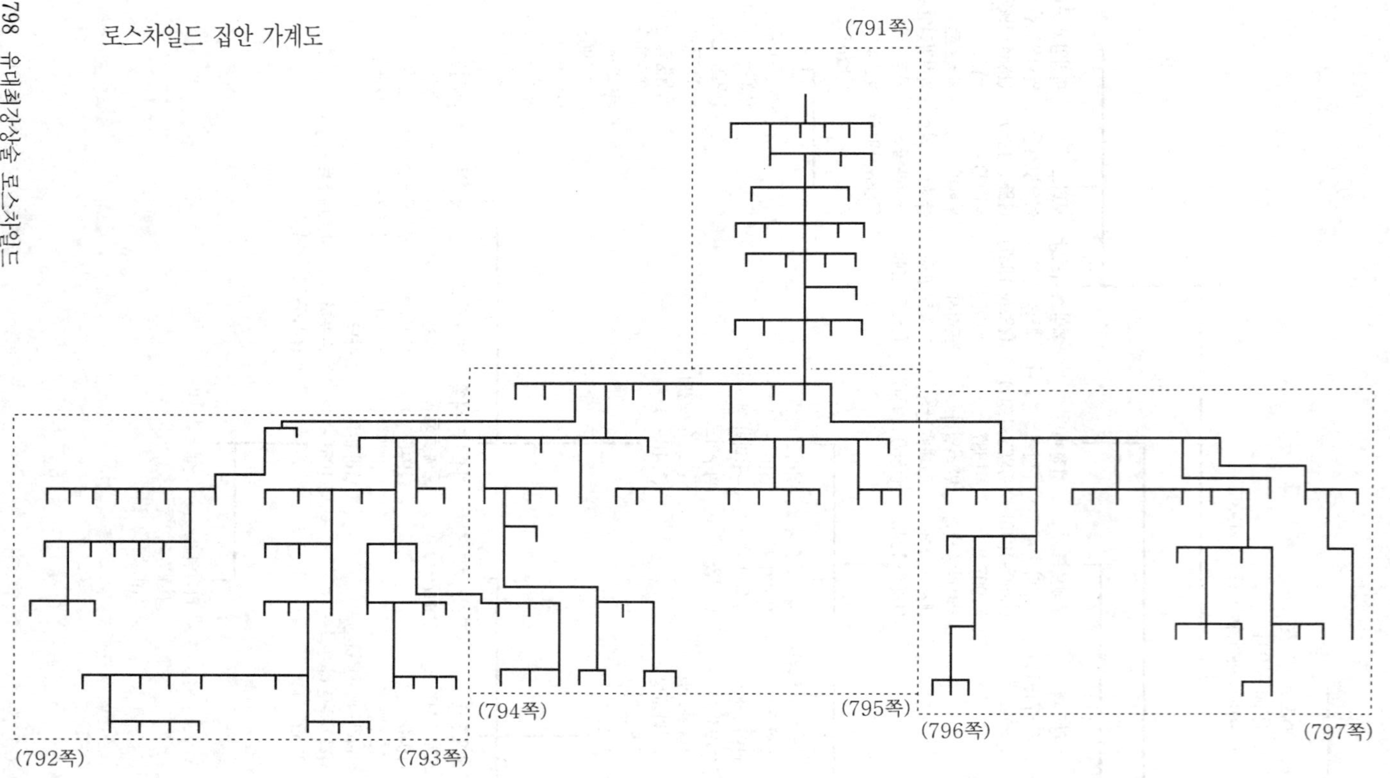

로스차일드를 쓰기까지

금융의 천재, 역전의 달인, 불굴의 유대거인을 찾아서

　로스차일드 집안사람들의 너그러운 도움 없이는 나는 이 책을 쓸 수 없었을 것이다.

　로스차일드 사람들이 준 자료를 바탕으로 나는 정확한 역사를 재현하는 데 힘썼다. 그러나 해석은 모두 나 자신이 행한 것이며 기술에 오류가 있다면 그것은 모두 내 책임이다.

　라이어닐 드 로스차일드는 나에게 집안사람들을 소개해주고 또한 최신 계보를 보여주었다. 개인적으로 만나거나 전화 또는 편지로 정보와 사실확인의 도움을 주신, 로스차일드경, 제임스 드 로스차일드부인, 미리엄 로스차일드박사, 기 드 로스차일드남작, 엘리 드 로스차일드남작, 밧세바 드 로스차일드부인, 에드먼드 드 로스차일드, 이블린 드 로스차일드, 에드몽 드 로스차일드남작, 필리피너 드 로스차일드남작부인, 제이컵 로스차일드 각하, 베티너 루람부인, 라이어닐 드 로스차일드, 샬럿 드 로스차일드양 등 여러분께도 고마움을 전한다.

　여러 공공 기록보관소, 도서관의 직원들에게도 감사를 드린다.

　특히 파리국립기록보관소, 빈의 국립박물관, 국립도서관, 국립자료관, 오스트리아경제자료관, 프랑크푸르트 역사박물관, 대영도서관, 대영박물관 자료실 및 사본국, 켄트주도서관, 케임브리지대학도서관의 직원들에게 감사드린다. 삽화와 사진들도 많은 분들이나 회화도서관에서 제공받았다.

내 연구에는 적지 않은 답사여행과 많은 분들에게 입은 은혜가 포함되어 있다. 빈 방문시에는 독일출판사인 졸나이사의 환대를 받았으며, 아리안 엔겔호른 씨에게는 국립자료관·경제자료관의 서류나 대학·지방도서관의 서적, 옛 시문의 조사·번역에 몇 주간이나 많은 지원을 받았다. 그녀는 그밖에 많은 번역일도 맡아주었다.

에두아르트 메르츠교수와 디터 슈티펠박사에게는 크레디트안슈탈트의 역사에 관한 고찰, 특히 1931년 금융위기 때의 고찰에 도움을 받았다.

파리의 엘리 드 로스차일드남작에게는 프랑스 집안사람들의 예술유산 및 자선활동에 관한 이야기들을 들었으며, 또한 픽퓌스거리에 있는 로스차일드기금을 견학하게 해주었다.

자료조사하는 나에게 이런 것들은 정말로 얻기 어려운 행운이었다.

실비아 앤더슨 부인을 아는 어떤 친구가 마이어 암셀 로스차일드 직계자손의 한 사람인 게오르그 드 보름스남작의 미발표 회상록을 부인으로부터 입수해 준 일도 크나큰 행운이었다.

이 회상록은 19세기의 로스차일드 집안사람들의 고찰에 상당한 도움을 주었다. M.B. 컬린은 컬린 집안사람들의 역사조사결과를 제공하였고, 마이클 홀씨는 로스차일드 컬렉션의 그다지 알려지지 않은 부분들에 대하여 나로 하여금 주의를 끌게 했다.

편집은 안드레 독일사의 사라 멩스부인이 해 주었다. 그녀의 정열과 인식력 덕분에 많은 오류나 모순을 지적받을 수 있었다.

내 워드프로세서의 불가사의한 작업을 통해 이 책은 몇 번이나 고쳐 쓰여졌다. 아내는 불평도 하지 않고 한 구절도 빠짐없이 입력해 주었다.

마지막으로 이 책을 집필하도록 처음으로 권해준 친구 앤서니 윌킨슨에게 고마움을 전한다.

데릭 월슨

지은이 데릭 윌슨

영국의 명성높은 역사가·전기작가. 저서 「1000년 세월 아프리카」 「토마스 모어 시대의 영국」 「드레이크 대항해」 등 30여권이 있다. 그의 필생의 대작 「유대최강상술 로스차일드」는 로스차일드 250년사(史)이다. 1대 마이어 암셸 로스차일드는 프랑크푸르트 게토 구멍가게 고물상으로 시작, 로스차일드은행 창설, 빈·런던·나폴리·파리지점을 네이션을 비롯 아들들에게 맡겨 세계금융대제국 기초를 닦는다. 그들은 나폴레옹전쟁·제1·2차세계대전을 활용, 어마어마한 부를 쌓아올린다. 로스차일드는 디즈레일리·비스마르크·처칠·드골을 후원 정경계 막강한 영향력을 행사 이스라엘 건국을 실질적 주도하는 장대한 드라마를 펼친다.

옮긴이 신상성

동국대학교 국어국문학과 및 동대학교 대학원 문학박사. 1974년 시 「풀과 별」 신석정 추천 등단. 용인대학교 국문학과 교수. 중국 낙양외국어대 객원교수. 단호학술상 수상. 저서 창작집 「처용의 웃음소리」 장편 「늑대와 달빛」 평론 「예술문장론」

옮긴이 이희영

성균관대학교 대학원 사학과 졸업. 파리사회과학고등연구원 EHESS 역사인류학 박사과정. 지은책 「솔로몬 탈무드」 「유대인 공부 잘하는 방법」 옮긴책 「세계최강성공집단 유대인」

아들아, 돈을 쏴라!

ROTHSCHILD : A Story of Wealth and Power by Derek Wilson

데릭 윌슨 지음/신상성 이희영 옮김

3판 1쇄 발행/2009. 3. 21
3판 2쇄 발행/2009. 3. 31
3판 3쇄 발행/2009. 4. 11

발행인 고정일/발행처 동서문화사

창업 1956. 12. 12. 등록 16-3799(윤)
서울강남구신사동 540-22 ☎ 546-0331~6 (FAX) 545-0331
www.epascal.co.kr

*